Baedeker

Allianz Reiseführer

Sachsen

VERLAG KARL BAEDEKER

Hinweise zur Benutzung

Sternchen (Asterisken) als typographisches Mittel zur Hervorhebung bedeutender Bau- und Kunstwerke, Naturschönheiten und Aussichten, aber auch guter Unterkunfts- und Gaststätten hat Karl Baedeker im Jahre 1844 eingeführt; sie werden auch in diesem Reiseführer verwendet: Besonders Beachtenswertes ist durch * einen vorangestellten 'Baedeker-Stern', einzigartige Sehenswürdigkeiten sind durch ** zwei Sternchen gekennzeichnet.

Zur raschen Lokalisierung der Reiseziele von A bis Z auf der beigegebenen Reisekarte sind die entsprechenden Koordinaten der Kartennetzmaschen jeweils neben der Überschrift in Rotdruck hervorgehoben: Bautzen **F 17**.

Farbige Streifen an den rechten Seitenrändern erleichtern das Auffinden der Großkapitel des vorliegenden Reiseführers: Die Farbe Blau steht für die Einleitung (Natur, Kultur, Geschichte), die Farbe Rot für die Reiseziele, und die Farbe Gelb markiert die praktischen Informationen.

Wenn aus der Fülle von Unterkunfts-, Gast- und Einkaufsstätten nur eine wohlüberlegte Auswahl getroffen ist, so sei damit gegen andere Häuser kein Vorurteil erweckt.

Da die Angaben eines solchen Reiseführers in der heute so schnellebigen Zeit fast ständig Veränderungen unterworfen sind, kann der Verlag weder Gewähr für die absolute Richtigkeit leisten noch die Haftung oder Verantwortung für eventuelle inhaltliche Fehler übernehmen. Auch lehrt die Erfahrung, daß sich Irrtümer kaum gänzlich vermeiden lassen.

Baedeker ist ständig bemüht, die Qualität seiner Reiseführer noch zu steigern und ihren Inhalt weiter zu vervollkommnen. Hierbei können ganz besonders die Erfahrungen und Urteile aus dem Benutzerkreis als wertvolle Hilfe gar nicht hoch genug eingeschätzt werden. Vor allem **Ihre Kritk, Berichtigungen und Verbesserungsvorschläge sind uns stets willkommen**. Sie helfen damit, die nächste Auflage noch aktueller zu gestalten. Bitte schreiben Sie in jedem Falle an die

Baedeker-Redaktion
Karl Baedeker GmbH
Marco-Polo-Zentrum
Postfach 31 62
D-73751 Ostfildern
Telefax: (0711) 4502-343; E-Mail: baedeker@mairs.de

Der Verlag dankt Ihnen im voraus bestens für Ihre Mitteilungen. Jede Einsenderin und jeder Einsender nimmt an einer jeweils zum Jahresende unter Ausschluß des Rechtsweges stattfindenden Verlosung von drei JRO-Leuchtgloben teil. Falls Sie gewonnen haben, werden Sie benachrichtigt. Ihre Zuschrift sollte also neben der Angabe des Buchtitels und der Auflage, auf welche Sie sich beziehen, auch Ihren Namen und Ihre Anschrift enthalten. Die Informationen werden selbstredend vertraulich behandelt und die persönlichen Daten nicht gespeichert.

Titelbild: Jagdschloß Moritzburg
◂ Porzellan aus Meißen trägt Sachsens Namen in alle Welt

Vorwort

Dieser Reiseführer gehört zur neuen Baedeker-Generation. In Zusammenarbeit mit der Allianz Versicherungs-AG erscheinen bei Baedeker durchgehend farbig illustrierte Reiseführer in handlichem Format. Die Gestaltung entspricht den Gewohnheiten modernen Reisens: Nützliche Hinweise werden in der Randspalte neben den Beschreibungen herausgestellt. Diese Anordnung gestattet eine einfache und rasche Handhabung. Der vorliegende Band hat das Bundesland Freistaat Sachsen zum Thema. Der Reiseführer gliedert sich in drei Hauptteile: Im ersten Teil wird über allgemeines, Naturraum, Klima, Pflanzen und Tiere, Bevölkerung, Politik und Verwaltung, Wirtschaft, Geschichte, berühmte Persönlichkeiten sowie Kunst und Kultur berichtet. Eine kleine Sammlung von Literaturzitaten leitet über zum zweiten Teil des Reiseführers, in dem zunächst einige Routenvorschläge gemacht werden, um dann die Reise-

Meißen ist die Wiege Sachsens und Zentrum des Weinbaus an der Elbe.

ziele in Sachsen im einzelnen zu beschreiben. Daran schließt ein dritter Teil mit reichhaltigen praktischen Informationen, die das Zurechtfinden vor Ort wesentlich erleichtern. Specials beschäftigen sich mit den Postdistanzsäulen, der sorbischen Minderheit, dem Bergbau im Erzgebirge, der Leipziger Messe, den Herrnhuter Brüdern, dem Meissener Porzellan, dem sächsischen Uranbergbau, mit Spielzeug und Schnitzkunst aus dem Erzgebirge, mit dem legendären Trabi und mit dem Weinbau an der Elbe. Baedeker Allianz Reiseführer zeichnen sich durch Konzentration auf das Wesentliche sowie Benutzerfreundlichkeit aus. Sie enthalten eine Vielzahl eigens entwickelter Pläne und zahlreiche farbige Abbildungen. Zu diesem Reiseführer gehört als integrierender Bestandteil eine ausführliche Reisekarte, auf der die im Text behandelten Reiseziele anhand der jeweils angegebenen Kartenkoordinaten leicht zu lokalisieren sind. Wir wünschen Ihnen mit dem Baedeker Allianz Reiseführer viel Freude und einen erlebnisreichen Aufenthalt in Sachsen!

Baedeker
Verlag Karl Baedeker

Inhalt

Natur, Kultur Geschichte
Seite 8 – 79

Reiseziele von A bis Z
Seite 80 – 341

Praktische Informationen von A bis Z
Seite 342 – 388

Baedeker Specials

Gesegnetes

"Preise dein Glück, gesegnetes Sachsen..." Zwar hatte Johann Sebastian Bach in seiner Kantate 215 die sächsischen Herrscher August den Starken und dessen Sohn August III. als Adressaten derlei Lobes im Sinn und forderte daher die Untertanen auf, ob solcher Herrscher glücklich zu sein, doch ohne weiteres hätte man auch den beiden Barockfürsten zu ihrem Land gratulieren können: Sachsen hat wirklich etwas von einem gesegneten Landstrich.
Zunächst war es vor allem einmal gesegnet mit einem Reichtum, um den es die anderen deutschen Lande beneideten: das Silber aus dem Erzgebirge, mit dem sich die Wettiner die Schatullen füllten, ihrem Land aber auch manch ansehnliches Schloß bescherten. Gleichwohl traf der Silberreichtum ein sehr umtriebiges Völkchen, das den Segen nicht verpraßte, sondern in stolze Städte und vor allem in Handel, Wandel und Manufakturen investierte. So wurden die Sachsen zu den eigentlichen deutschen Musterknaben: Hier nahm die industrielle Revolution in Deutschland ihren Anfang, und hier schlug das industrielle Herz Vorkriegsdeutschlands; auch zu DDR-Zeiten waren die drei sächsischen Bezirke führend, und wie selbstverständlich steht der wiedererwachte Freistaat Sachsen an der Spitze aller neuen Bundesländer.
Was Fleiß und Tüftlertum anbelangt – Sachsen haben so wichtige Dinge des täglichen Lebens erfunden wie das erste gebrauchsfähige Kondom, den Kaffeefilter aus Papier und die Reise-

Im Erzgebirge

sind Bergbau und Schnitzkunst zu Hause

Sachsen

schreibmaschine – können allenfalls noch die Schwaben mithalten. Mit diesen teilen sich die Sachsen allerdings auch die zweifelhafte Ehre, einen Dialekt zu sprechen, der von den Restdeutschen bestenfalls belächelt wird. Für die Sachsen erschwerend hinzu kommt dabei Walter Ulbricht, die Inkarnation des kommunistischen Apparatschiks, dessen näselndes Sächsisch dafür sorgte, daß viele im Westen die DDR mit Sachsen gleichsetzten – sächselten denn nicht alle unfreundlichen DDR-Grenzer, egal, wo man über die innerdeutsche Grenze ging? Doch halt – Sächsisch ist es nicht allein, was Sachsen ausmacht. Da gibt es auch noch die Erzgebirgler mit ihrem ganz anderen Dialekt und ihrer Vorliebe für hölzerne Nußknacker und Räuchermännchen, oder gar die slawischen Sorben mit ihrer völlig eigenständigen Kultur. Ihnen muß man ebenso einen Besuch abstatten wie den Kaffeesachsen zwischen Leipzig und Dresden, den Vogtländern im Musik- und Bäderwinkel und den Lausitzern in der hintersten Ecke von Deutschland. Vielleicht kann man danach dem Geheimen Rat Goethe zustimmen, als er meinte: "Sachsen! Sachsen! Ey, Ey! Das ist ein starker Tobak!"

August der Starke

Er vor allem drückte Sachsen seinen barocken Stempel auf

Bad Muskau

Der großartige Park von Fürst Pückler machte Gartenbaugeschichte

Idyll

und Ruhe an der Elbe bei Bad Schandau

Winterfreuden

verspricht der Fichtelberg

Natur, Kultur
Geschichte

Zahlen und Fakten

Allgemeines

Lage und Fläche

Der Freistaat Sachsen ist das östlichste Bundesland in Deutschland. Er grenzt im Westen an Thüringen und Sachsen-Anhalt, im Norden an Brandenburg, im Osten, wo die Neiße die Grenzlinie bildet, an Polen, im Süden an die Tschechische Republik und im Südwesten an den Freistaat Bayern. Die Länge der Landesgrenze beträgt insgesamt 1194 km. Äußere Grenzpunkte sind der östlichste Ort der Bundesrepublik, Deschka bei Görlitz, und das vogtländische Langenbach im Westen; nördlichster Ort ist das bei Torgau gelegene Wörblitz, der südlichste Punkt Sachsens liegt im vogtländischen Schönberg.
Die Fläche des Freistaats beträgt 18 412 km^2, davon entfallen 4389 km^2 auf den Regierungsbezirk Leipzig, 6091 km^2 auf den Regierungsbezirk Chemnitz und 7932 km^2 auf den Regierungsbezirk Dresden.

Naturraum

Geologie

Sachsen hat Anteil an zwei geographischen Großlandschaften Europas. Teile Nordsachsens gehören zum mitteleuropäischen Tiefland, das schmal in Flandern ansetzt und sich nach Osten hin wesentlich verbreitert. Sedimentations- und Erosionsvorgänge der Eiszeit und der Nacheiszeit sind im wesentlichen verantwortlich für die Formung der Oberfläche. Die Ablagerungen fallen hier allerdings geringmächtiger als in Norddeutschland aus, auch ist das eiszeitliche Relief im Süden wesentlich älter.
Der südliche, reich gegliederte Teil Sachsens gehört zum nördlichen zentraleuropäischen Mittelgebirgsland. Von wenigen oberflächennahen Ablagerungen abgesehen, ist diese Zone geologisch wesentlich älter als das Tiefland; die ältesten Gesteine entstammen der Erdfrühzeit (Präkambrium; älter als 570 Mio. Jahre). Die höchste Erhebung im Freistaat ist der Fichtelberg (1214 m ü.d.M.), den niedrigsten Punkt (74 m ü.d.M.) markiert die Elbe in Dommitzsch beim Verlassen des Bundeslandes.

Nordwestsachsen

Leipziger Tieflandsbucht

Nordwestsachsen erstreckt sich ungefähr von Leipzig bis Riesa. Seinen Westteil bildet die weite und flache Leipziger Tieflandsbucht, die durch eine Senkung entstanden ist und im Tertiär von der Nordsee überschwemmt worden war. Nach dem Rückzug des Meeres blieben Sümpfe und Moore zurück, aus denen Braunkohlenflöze hervorgingen. Eiszeitliche Ablagerungen – die südlichste erkennbare Endmoräne liegt westlich von Leipzig bei Rückmarsdorf – sowie Flußauen sind heute charakteristisch für die Landschaft. Die Auen sind teilweise noch mit Mischwald bestanden,

◂ *Weit reicht der Blick vom Lilienstein in der Sächsischen Schweiz über Königstein und Bad Schandau hinweg bis nach Tschechien.*

Freistaat Sachsen

Lage: zwischen 11° 55' und 15° östlicher Länge sowie 50° 20' und 51°40' nördlicher Breite

Hauptstadt: Dresden

Fläche: 18 407 km²

Einwohnerzahl: 4 614 000

Leipziger Tieflandsbucht (Fortsetzung)

ansonsten ist die Region extrem waldarm. Der Tagebau der Braunkohle allerdings hat sich ebenfalls sehr auf das Antlitz der Landschaft ausgewirkt, wie manche Abraumhalde und aufgegebene Tagebaugrube belegen.

Mulde-Niederung Düben-Dahlener Heide

Nordöstlich von Leipzig schließt sich die Flußniederung der Mulde an. Die teilweise mehrere Kilometer breite, überschwemmungsgefährdete Auenlandschaft ist innerhalb der Dämme durch Mäander, Altarme und Grünland gekennzeichnet. Östlich an die Mulde grenzt das sandige Hügelland der Düben-Dahlener Heide an, auf dessen wenig fruchtbaren Böden ausgedehnte Kiefernforste wachsen.

Wurzen-Oschatz-Rochlitz

Der Raum um Wurzen-Oschatz-Rochlitz östlich und südöstlich von Leipzig ist vulkanischen Ursprungs, doch waren es auch hier die Eiszeiten, die die Vulkankuppen abschliffen, sowie der Mensch, der der Landschaft seinen Stempel aufdrückte in Form von Steinbrüchen und Kaolinbergwerken, Rohstoff u. a. für das Meißner Porzellan. Die markanteste Erhebung ist der waldbestockte, 314 m hohe Collmberg bei Oschatz.

Erzgebirgsvorland

Landschaftsbild

Im Gebiet südlich der Leipziger Tieflandsbucht bis hin zum Anstieg des Erzgebirges, etwa im Raum zwischen Zwickau im Westen und der Flöha im Osten, bestimmen die flachwelligen Höhen des Granulitgebirges (Weißstein) die Landschaft, in das sich die Zwickauer und die Freiberger Mulde, Flöha und Zschopau einschnitten und reizvolle, bewaldete Täler bildeten, die der Region teilweise gebirgigen Charakter verleihen. Die maximal 350 m hohe, heute lößlehmbedeckte Ebene ist landwirtschaftlich genutzt und wirkt recht eintönig.

Niederlausitz

Landschaftsbild

Das Landschaftsbild der Niederlausitz ist wenig prägnant. Lokal ragen Härtlinge über die flache Umgebung heraus wie der Schwarze Berg (413 m ü. d. M.) sowie der Hutberg (293 m ü. d. M.) bei Kamenz und, weniger eindrucksvoll, Erhebungen bei Wittichenau. Zudem sind die Böden ausgewaschen und wenig fruchtbar, so daß Forste mit der anspruchslosen Kiefer das Bild der Landschaft bestimmen. Durch den Abbau der umfangreichen Braunkohlenvorkommen wurde die ursprüngliche Landschaft der Niederlausitz allerdings stark verändert, was besonders eindringlich in der

Die höchste Erhebung Sachsens, der Fichtelberg im Erzgebirge, zeigt sich im winterlichen Kleid.

Niederlausitz (Fortsetzung)

Gegend um Hoyerswerda und nördlich davon bei Schwarze Pumpe (bereits in Brandenburg) ins Auge fällt. Nördlich von Bautzen gewinnt man Kaolin.

Erzgebirge

Entstehung und Landschaftsbild

Das Erzgebirge steigt im Westen ohne scharfe Grenze vom Vogtland auf und sinkt im Nordosten ebenso unauffällig zur Elbtalzone hinab. Es ist in seiner heutigen Gestalt das Ergebnis eines vor ca. 30 Mio. Jahren vollzogenen Prozesses, der die Erzgebirgsscholle mehr als 1000 m hob und nach Nordwest schrägstellte. In derselben Zeit entstanden auch die plattenartigen Basaltkegel wie Scheibenberg, Pöhlberg und Bärenstein als Folge vulkanischer Aktivität. Das gegenwärtige Bild des Erzgebirges stammt also aus geologisch jüngerer Zeit. In den vergangenen ein bis zwei Millionen Jahren haben die der Nordabdachung folgenden Flüsse Täler eingeschnitten; besonders markant ist das Flöhatal, das das Gebirge in einen östlichen und westlichen Teil scheidet. Das Erzgebirge erscheint dem Besucher so – vergleichbar dem Harz, dem Vogtland oder dem Thüringischen Schiefergebirge – als eine tief zertalte Hochfläche. Echten gebirgigen Charakter erhält es vor allem da, wo die Erosion zwischen benachbarten Tälern nur schmale Höhenrücken übrigließ. Die Tallagen sind waldbestanden, währenddessen die Hochflächen, insbesondere im Osterzgebirge, durchaus noch landwirtschaftlich als Ackerfläche oder Grünland genutzt werden. Die höchste Erhebung des sächsischen Erzgebirges und damit höchster Punkt des Freistaats überhaupt ist der 1214 m ü.d.M. aufragende Fichtelberg.

Bergbau

Seinen Namen verdankt das Erzgebirge dem seit 1168 nachweisbaren und berühmt gewordenen Silberbergbau, dem bald das Schürfen nach Zinn, Eisenerz, Kobalt, Nickel, Uran, Wismut, Blei und Zink folgte. Ohne den Silberbergbau wären Städte wie Freiberg, Schneeberg, Annaberg oder Marienberg, die seinerzeit zu den reichsten Europas gehörten, nicht entstanden. Der Bergbau und die nachfolgende Industrialisierung machten das Erzgebirge zum dichtbesiedeltsten Gebirge überhaupt. Nicht zufällig bildete sich mit der heutigen Technischen Universität Freiberg (Bergakademie) die älteste montanwissenschaftliche Einrichtung der Welt heraus. Als weitere Bodenschätze sind Marmor bei Hammerunterwiesenthal und Serpentinit bei Marienberg zu nennen.

Waldsterben

Die auf Braunkohle basierende Industrie Nordböhmens führte in den Kammlagen zum berüchtigten Waldsterben des Erzgebirges. Betroffen sind insbesondere die Nadelholz-Monokulturen, die naturräumlich eigentlich nur in die höchsten Gebirgslagen gehören. Die schnellwachsenden Hölzer haben erst im 19. Jahrhundert den Mischwald verdrängt. Heute findet dieser, weil weniger abgasempfindlich, wieder stärkere Verbreitung, sogar bis in höchste Lagen. Im Bereich wenig zerschnittener Kammlagen treten im Erzgebirge auch einzelne Hochmoore auf, u. a. das Georgenfelder Moor bei Zinnwald und der Kranichsee bei Carlsfeld.

Vogtländisches Schiefergebirge

Landschaftsbild

Das Thüringisch-Vogtländische Schiefergebirge ist – ähnlich dem Erzgebirge – eine im Süden stärker angehobene Tafel, die flach nach Nordwest geneigt ist. Ohne geologische Grenze geht das Gebirge im Süden in den Frankenwald und das Fichtelgebirge, nach Osten allmählich in das Erzgebirge über. Weiße Elster, Trieb und Göltzsch haben tiefe Täler in die Hochfläche eingeschnitten. Die einstigen Mischwälder sind im östlichen Übergang zum Erzgebirge weitgehend durch Fichtenbestände verdrängt worden. Im Grenzbereich zu Thüringen bestimmt hingegen rascher Wald-Offenland-Wechsel das Bild.

Naturräumliche Gliederung

Elbtalzone

Elbtal

Das sächsische Elbtal erstreckt sich von Riesa im Nordwesten über Meißen und Dresden nach Bad Schandau im Südosten. Naturräumlich unterscheidet sich das Elbtal von den Hochflächen beidseits und auch diese wiederum voneinander. Während linkselbisch Löß dem Boden hohe Fruchtbarkeit verleiht und hochintensiven Gartenbau und Sonderkulturen ermöglicht, ist die Oberfläche der rechtselbischen Höhenlagen durch Sande gekennzeichnet. Auf den dortigen, nach Süden ausgerichteten Hängen zwischen Pillnitz und Meißen gedeiht dank der klimatisch äußerst günstigen Verhältnisse Wein.

Elbsandsteingebirge

Der zweifellos interessanteste Abschnitt der Elbtalzone und die schönste Landschaft Sachsens ist das bei Pirna beginnende und bei Bad Schandau ausklingende Elbsandsteingebirge, auch Sächsische Schweiz genannt. In der 400 Meter mächtigen Schichtenfolge des Elbsandsteins bildete sich hier auf knapp 990 km² Fläche eine der faszinierendsten Landschaften Mitteleuropas aus. Zugleich prägt der hier gebrochene Baustein nicht allein das Bild Dresdens und der umliegenden Städte, er wurde auch in Berlin, Leipzig, Hamburg und anderswo verbaut. Leicht zu bearbeiten, steht er heute für den Barock der sächsischen Landeshauptstadt. Gebrochen ist er allerdings wenig widerständig gegen Umwelteinflüsse, so charakterisieren heute dunkle Fassaden das Stadtbild Dresdens.

Die Landschaftsform der Sächsischen Schweiz entstand vorwiegend durch die zerstörende Arbeit der Elbe und ihrer tertiären Vorläuferin sowie ihrer Nebenflüsse. Tiefere, weiche Schichten boten der Erosion gute Angriffsmöglichkeit. Darüberliegende feste Sandsteinbänke lösten sich an senkrechten Klüften und erzeugten die heute so markanten steilen Felswände. Allerdings hat auch der Mensch, insbesondere im Elbtal, Anteil an der Herausbildung des heutigen Reliefs. Über Jahrhunderte wurde der

An den Hängen der Lößnitz auf dem rechten Ufer der Elbe wird Wein angebaut.

Elbsandsteingebirge (Fortsetzung)

Sandstein beiderseits des Stromes in zahllosen Steinbrüchen gebrochen und auf Kähnen flußabwärts verfrachtet.
Drei Ebenen kennzeichnen das Elbsandsteingebirge: Das Niveau der Elbe liegt lediglich 120 bis 130 m über dem Meeresspiegel, 100 bis 120 m darüber breitet sich ein flaches Gelände – die sog. Ebenheit – aus, das wiederum etwa 120 m hoch von zwei Dutzend steilwandigen Zeugen- oder Tafelbergen, den sogenannten Steinen, überragt wird. Dazu gehören u. a. der Lilienstein (415 m ü. d. M.), der Königstein (360 m ü. d. M.) oder der Zirkelstein (385 m ü. d. M.).
Die Vegetation des Elbsandsteingebirges ist ähnlich mannigfaltig wie seine Oberflächengestalt. Wärmeliebende Traubeneichenmischwälder kennzeichnen die elbnahen Gebiete des Gebirges. Auf den Ebenheiten hat der Wald Ackerflächen weichen müssen. In den feuchten Gründen finden atlantische Pflanzen gute Existenzbedingungen, der wasserdurchlässige Sandstein bietet hingegen fast wüstenhafte Bedingungen. Auf felsigen Standorten gedeiht die Kiefer. Die höheren Bereiche im östlichen Gebirge tragen hingegen Buchenmischwälder.

Oberlausitz

Landschaftsbild

Die Oberlausitz ist ein landschaftlich sehr abwechslungsreiches Gebiet. Sie reicht südlich der Lausitzer Überschiebung bis zum Höhen von 800 m erreichenden, vorwiegend aus Sandstein gebildeten Zittauer Gebirge, geht im Norden in das Tiefland der Niederlausitz über und grenzt im Südwesten schließlich scharf gegen die Elbtalzone. Weit geschwungene Höhenzüge bestimmen die Landschaft des zwischen Dresden, Görlitz und Zittau gelegenen größten Granitgebietes Mitteleuropas. Selbst die höchsten Erhebungen – so der Faltenberg (587 m ü. d. M.) und der Czorneboh (554 m ü. d. M.) – weisen weiche Oberflächenformen auf. Nur einige kleinere Vor-

Naturraum, Oberlausitz (Fortsetzung)

kommen anderer Gesteine, etwa Basalt (Burgberg Stolpen, Löbauer Berg, Landeskrone Görlitz), differenzieren lokal das Landschaftsbild.
Die geringe Höhenlage und die dadurch bedingte geringe Zertalung haben zu einer sehr starken Besiedlung der Oberlausitz geführt. So ist der ursprüngliche Waldbestand durch menschliche Siedlungen und das Betreiben von Ackerbau weitgehend zurückgedrängt worden, und nur im Westen und auf den Bergrücken des inneren Berglands treten geschlossene Fichtenbestände auf. Auf den vulkanischen Erhebungen hingegen finden sich Laubmischwälder.

Zittauer Gebirge

Landschaftsbild

Bei Zittau überragen Sandsteinberge und die höheren vulkanischen Phonolitberge (Klingstein) Lausche und Hochwald mauerartig das Vorland des Zittauer Beckens mit seinen mächtigen Braunkohleflözen. Deren Abbau hat im letzten Jahrhundert weithin die Oberflächengestalt der vorgelagerten Becken verändert. Ansonsten gedeiht auf den flachgründigen Böden über dem Sandstein heute überwiegend ein artenarmer Fichten-Kiefernwald, wie im Elbsandsteingebirge kann auf Felsstandorten allein die Kiefer stehen. Auf den Phonolitbergen entwickelten sich hingegen Braunerden, die Buchenwälder zulassen.

Blühender Raps bei Saalendorf im Zittauer Gebirge

Klima

Häufig wechselnde Wetterlagen

Sachsen befindet sich im Übergangsbereich zwischen gemäßigt ozeanischem und – je weiter man nach Südosten kommt – kontinentalem Klima. Neben den saisonalen Schwankungen, die sich in erster Linie in der jahreszeitlichen Temperaturkurve widerspiegeln, sind häufig wechselnde Wetterlagen mit unterschiedlichen Temperatur- und Niederschlagsverhältnissen kennzeichnend.

Wetterlagen (Fortsetzung)

Die höchsten Niederschlagsmengen fallen in Sachsen im Monat Juli, die niedrigsten im Februar oder Januar. Lokal gesehen treten im äußersten Nordwesten Sachsens, im Regenschatten des Harzes, mit weniger als 500 mm die niedrigsten Niederschlagsmengen auf. Wenig weiter westlich, in Aseleben am Süßen See (bereits in Sachsen-Anhalt), werden mit 429 mm sogar die niedrigsten Niederschläge in Deutschland überhaupt gemessen. Dementgegen verzeichnet die östlichste deutsche Wetterstation, Görlitz, im langjährigen Durchschnitt 673 mm.

Niederschläge

Station	Februar	Juli	Jahresmittel	Höhenlage
Dresden	34 mm	90 mm	660 mm	222 m NN
Leipzig	29 mm	63 mm	529 mm	131 m NN
Chemnitz	39 mm	98 mm	726 mm	418 m NN
Görlitz	34 mm	90 mm	673 mm	237 m NN
Zinnwald	68 mm	124 mm	1020 mm	877 m NN
Fichtelberg	85 mm	135 mm	1134 mm	1214 m NN

Durchschnittliche Niederschläge ausgewählter Wetterstationen in Sachsen (1950 – 1980)

Recht deutlich spiegelt sich die zunehmende Kontinentalität in Richtung Südosten in der Sonnenscheindauer wieder. Im westlichen Sachsen liegt die durchschnittliche Jahressumme in Leipzig-Schkeuditz bei 1517 Stunden, in Chemnitz bei 1549 Stunden und auf dem Fichtelberg bei 1521 Stunden. In Dresden-Klotzsche im mittleren Sachsen scheint die Sonne im Jahresdurchschnitt schon 1629 Stunden, im ostsächsischen Görlitz sogar 1703 Stunden.

Sonnenscheindauer

Becken und Niederungen zeigen gegenüber den Gipfellagen ihre wachsende Kontinentalität in durchschnittlich höheren Jahresschwankungen der Temperatur an. Beträgt die Jahrestemperaturamplitude auf dem Fichtelberg lediglich 16,6 °C, liegt sie in Dresden bei 18,6 °C. Neben großräumigen Faktoren spielen auch regionale und lokale Bedingungen eine entscheidende Rolle für das Klima in Sachsen. So nimmt die Lufttemperatur auf je 100 m Höhenzunahme um rund 0,6 °C ab. Die Jahresdurchschnittstemperatur liegt im Dresdner Elbtalkessel bei über 9 °C, in Leipzig bei 8,6 °C, während sie auf dem Fichtelberg lediglich 2,8 °C erreicht. Dementsprechend dauert die Vegetationsperiode in der Leipziger Tieflandsbucht 230 Tage, in Oberwiesenthal am Fuße des Fichtelberges hält sie dagegen nur 137 Tage an.

Temperaturen

Station	Februar	Juli	Jahresmittel	Höhenlage
Dresden	– 1,0 °C	17,7 °C	8,5 °C	222 m NN
Leipzig	– 0,5 °C	17,8 °C	8,6 °C	131 m NN
Chemnitz	– 1,6 °C	16,3 °C	7,5 °C	418 m NN
Görlitz	–1,7 °C	17,4 °C	8,0 °C	237 m NN
Zinnwald	– 5,0 °C	13,1 °C	4,1 °C	877 m NN
Fichtelberg	– 5,3 °C	11,2 °C	2,8 °C	1213 m NN

Durchschnittliche Temperaturen ausgewählter Wetterstationen in Sachsen (1950 – 1980)

Klima (Fortsetzung) Erzgebirge

In den Kammlagen des Erzgebirges ist das Klima als rauh, kühl und feucht einzuschätzen. Der Fichtelberg wird häufig von Stürmen heimgesucht. Obwohl weit weniger ozeanisch geprägt als z. B. der Harz, ist die erzgebirgische Westflanke, aber auch das relativ weit ins Tiefland reichende Lausitzer Bergland durch vergleichsweise starke Stauniederschläge charakterisiert. Insbesondere die Gegend um den Auersberg (1019 m ü. d. M.) und die Stadt Klingenthal im Westerzgebirge sind weithin für ihre Schneesicherheit bekannt. Auch auf dem Fichtelberg sind Schneehöhen von weit über einem Meter Höhe keine Seltenheit.

Dresdner Elbtalgebiet

Das Dresdner Elbtalgebiet ist außerordentlich vom Klima begünstigt. Als Besonderheit sind hier bei absteigenden Südwinden aus dem Erzgebirge föhnartige Erscheinungen zu beobachten. Hinzu kommen die günstigen Sonnenscheinverhältnisse an den Südhängen, die andererseits den Talkessel vor kalten Nordwinden schützen. Dies ermöglicht den Anbau von Wein. Allerdings neigt das Elbtal zu Nachtfrösten oder Inversionswetterlagen. Letztere bedingen die Ausbildung einer von den Hängen des Elbtals gut einsehbaren Dunstglocke über dem Talkessel.

Pflanzen und Tiere

Flora

Erzgebirge

Im Erzgebirge, im Vogtland, im Elbsandsteingebirge, im Lausitzer Bergland bzw. im Zittauer Gebirge ist der Nadelwald (besonders Fichten und Kiefern) die typische Vegetationsform. Verschiedene Gräser (u. a. Reitgras), Moose (u. a. Peitschenmoos), mehrere Farnarten (u. a. Frauenfarn und Rippenfarn), Sauerklee sowie Heidelbeer- und Preiselbeergestrüpp bilden den Unterwuchs. Charakterbaum des Erzgebirges ist jedoch die im Volksmund Vogelbeerbaum genannte Eberesche, deren Früchte auch heute noch in der Volksmedizin zur Anwendung kommen. Auf den Bergwiesen kann man

Ein schöner Anblick: Frühlingswiese im Erzgebirge

Flora im Erzgebirge (Fortsetzung)

mit dem Auge des Kenners noch etliche eher unscheinbare Orchideenarten erblicken. Leicht zu identifizieren ist die Waldhyazinthe mit ihren weißen Blüten. Auch die als Heilpflanze sehr geschätzte Arnika trifft man zuweilen in größerer Menge an.

Waldhochmoore

Auf den Höhen gibt es noch einige kiefernbestandene, uhrglasförmig aufgewölbte Waldhochmoore mit ihrer speziellen Flora. Wollgräser, Binsen, Moosbeeren und der fleischfressende Sonnentau sind die wichtigsten Pflanzen dieser Feuchtbiotope.

Hügel- und Bergland

In Höhen bis etwa 800 m ü.d.M. – somit auch im Sächsischen Hügelland – trifft man noch auf einige alte Tannen- und Buchenwälder, die von bis zu 50 m hohen Weißtannen und mächtigen Rotbuchen beherrscht werden. Charakteristisch für ihren 'Unterbau' sind Heidel- und Preiselbeere, Heidekraut, Labkraut, Wachtelweizen, Rippenfarn, Wildkirsche, Waldmeister und verschiedene Moose. An den schattigen, nordwestlich bis östlich ausgerichteten schattigen Berghängen sowie in den Talschluchten gedeihen Bergahorn, Esche, Eiche, Linde und Bergulme. Die hier besonders üppige Krautschicht bilden Christophskraut, Hirschzunge, Silberblatt, verschiedene Farne (u. a. Wurmfarn, Frauenfarn, Eichenfarn), Waldgeißbart, Waldmeister, Bingelkraut und Schaumkraut. Aronstab und Türkenbund, Storchschnabel, Johannisblume und Veilchen erfreuen in der warmen Jahreszeit das Auge jedes passionierten Naturliebhabers.

An Gewässern

An Bächen und Wasserläufen gedeihen Schwarzerlen, Eschen und Traubenkirschen. Mit diesen Bäumen sind Seggen, Sternmieren, Milzkraut und Springkraut vergesellschaftet.

Landwirtschaftlich genutzte Regionen

In den fruchtbaren, von Löß bedeckten Gebieten Sachsens, die von Acker- und Gartenbau genutzt werden, gibt es kleinere Mischwaldinseln mit Buche, Ahorn, Birke, Linde und Eiche. Zittergräser, Reitgräser und Sternmieren bilden den Unterwuchs.

Heidelandschaft

Größere Kiefernbestände mit Heidekraut, Farnen, Heidelbeeren und Preiselbeeren sind charakteristisch für die Oberlausitzer Heide und die Düben-Dahlener Heide. Hier sind Sandflächen mit junger Bodenbildung von Trokkenrasen bedeckt, und es herrschen Silbergras, Schillergras und Schafschwingel vor.

Fauna

Säugetiere

Eine artenreiche Tierwelt bevölkert die Wälder und Felder Sachsens. In den letzten Jahrzehnten hat vor allem in den Bergwäldern die Rot- und Rehwildpopulation stark zugenommen und sorgt durch starken Verbiß mancherorts bereits für Probleme. Recht häufig sieht man auch Füchse, Marder und Iltisse. Wildschweine kommen in den sächsischen Wäldern zwar etwas seltener vor, doch dort, wo sie in größeren Gruppen auftreten, ist mitunter erheblicher Flurschaden zu verzeichnen. Noch im vorigen Jahrhundert war in der gesamten Sächsischen Schweiz der Luchs heimisch, mittlerweile ist diese Großkatze vereinzelt wieder aus ihrem böhmischen Rückzugsgebiet herübergekommen. In den Heidegebieten sieht man sehr häufig Feldhasen und Kaninchen.

Vögel

In den Bergen und an Felshorsten kann man Turmfalken, Waldkäuzchen, verschiedene Spechte und Tauben beobachten. Goldammern, Lerchen, Rotschwänzchen sowie Goldhähnchen, Tannenmeisen und Fichtenkreuzschnäbel gehören zu jenen Vogelarten, die in den Wäldern Sachsens in größerer Zahl anzutreffen sind. Auch Girlitze und Waldschnepfen erkennt das geübte Auge. In den Tannen-Buchen-Wäldern kann man sogar einen Auerhahn zu Gesicht bekommen. Die Hochmoore in den Bergwäldern sind als Brutgebiete von Kranichen bekannt. In den Feuchtgebieten Sachsens, so beispielsweise in der von zahlreichen Teichen durchsetzten Lausitz, sind über 100 verschiedene Vogelarten heimisch. Während des Vogelzuges im Frühling und Herbst gesellen sich mehrere Dutzend weitere Arten hinzu. Besonders gern gesehen ist der Storch, für den man vielerorts künstliche Horste angelegt hat. In der Heidelandschaft halten sich gerne Fasanen und Rebhühner auf.

Reptilien

Im Elbsandsteingebirge gibt es im Vergleich zu anderen Regionen Sachsens noch relativ viele Kleinreptilien, so beispielsweise Eidechsen, Feuersalamander, ungiftige Ringelnattern und giftige Kreuzottern.

Pflanzen und Tiere (Fortsetzung)

Naturschutzgebiete

Nationalpark Sächsische Schweiz

Naturpark Erzgebirge/Vogtland

Im Jahr 1990 wurde der 93 km² große Nationalpark Sächsische Schweiz gegründet, der die landschaftlich attraktivsten Gebiete des Elbsandsteingebirges umfaßt. Der zweiteilige Nationalpark ist Kernbereich des fast viermal so großen Landschaftsschutzgebietes gleichen Namens, zu dem auch das Polenztal mit seinen Märzenbecherwiesen, die Bastei, das wildromantische Kirnitzschtal und der Große Zschand mit einigen seiner Nebentäler gehören.

Ebenfalls 1990 wurde der Naturpark Erzgebirge/Vogtland ins Leben gerufen, der momentan 1270 km² groß ist und demnächst um 225 km² erweitert werden soll. Er erstreckt sich ganz im Südwesten von Sachsen entlang der tschechischen Grenze und umfaßt Teile des Vogtlandes, des Elstergebirges und vor allem des klimatisch recht rauhen Erzgebirges mit dem 1214 m hohen Fichtelberg.

Insgesamt sind in Sachsen über 160 Naturschutzgebiete ausgewiesen. Dazu gehören nicht nur die Jonsdorfer Felsenstadt im Zittauer Gebirge, das Grünheider Hochmoor, das Georgenfelder Hochmoor, das Schwarzwassertal bei Marienberg, die Waldbiotope an Geisingberg und Lausche, die Zeidelweide bei Adorf, der Schneckenstein und natürlich der Fichtelberg, sondern auch der Lichtenhainer Wasserfall, die Kuhstallhöhle, die Schrammsteine, die Bastei und die Kirnitzschklamm.

Waldsterben

Wer die Kammlagen des Erzgebirges durchmißt, dem bleiben Waldschäden enormen Ausmaßes nicht verborgen. Spätestens hier wird jedermann der Ausdruck 'Waldsterben' begreifbar. Saurer Regen, manchmal so sauer wie Essig, und mit Schadstoffen aller Art geschwängerte Aerosole machen sowohl dem Blattwerk bzw. Nadelkleid als auch dem Wurzelwerk der Bäume schwer zu schaffen. Die aggressiven Niederschläge werden in erster Linie durch die schwefelsäurehaltigen Abgasfahnen von Braunkohlekraftwerken, Heizungsanlagen, Industriebetrieben und Autoabgasen, in zweiter Linie aber auch durch Stickstoffemissionen der Landwirtschaft und des Autoverkehrs hervorgerufen. Die Schadstoffemissionen schädigen die Blätter von Laubbäumen und die Nadeln der Koniferen. Ein Großteil der aggressiven 'Brühe' läuft am Baumstamm herab zu den Wurzeln und setzt dort sein zerstörerisches Werk fort. Eigentlich wertvolle Nährstoffe wie Kalium, Kalzium und Magnesium werden neutralisiert. Der Mutterboden versauert. Die Bäume haben zunehmend unter Mangelerscheinungen zu leiden und werden anfällig für allerlei Krankheiten. Außerdem sind sie ein 'gefundenes Fressen' für Schädlinge wie Borkenkäfer, Buchdrucker und Schimmelpilze. Ferner können sie Stürmen immer weniger standhalten. Mittlerweile versucht man, durch Kalken einer weiteren Versauerung der Waldböden entgegenzuwirken, und zudem bemüht man sich seit geraumer Zeit beiderseits der deutsch-tschechischen Grenze um eine beträchtliche Verminderung des Schadstoffausstoßes von Kraftwerken und Industriebetrieben.

Auch die 'Bepflanzungspolitik' vergangener Jahrzehnte hat im Erzgebirge dieser Entwicklung Vorschub geleistet. Örtlich hat man Nadelholzforste künstlich angelegt, um den Holzertrag zu maximieren. In diesen gleichförmigen Wäldern aus gleichalten und dicht an dicht gepflanzten Koniferen fehlt die krautige Bodenvegetation fast völlig. Durch die hohe Nadelstreu versauern die ohnehin schon sauren Böden noch mehr, so daß beispielsweise vor Ort gebundene Schwermetalle freigesetzt und ausgeschwemmt werden und die Gewässergüte stark beeinträchtigen können.

Bevölkerung

Bevölkerungszahl

Sachsen zählt rund 4,6 Millionen Einwohner. Davon lebten im Regierungsbezirk Leipzig 1,2 Mio. (Stadt Leipzig: 492 600), im Regierungsbezirk Chemnitz 1,7 Mio. (Stadt Chemnitz: 280 800) und ebenfalls 1,7 Mio. im Regierungsbezirk Dresden (Stadt Dresden: 482 000). Als weitere Großstadt zählt noch Zwickau in Westsachsen mit 108 800 Bewohnern.

Große und kleine Bergleute beim Bergstreittag in Schneeberg

Bevölkerungsentwicklung

Lag die Bevölkerungszahl Sachsens – bezogen auf den jeweiligen Gebietsstand – 1855 bei 2 Mio., überschritt sie noch vor 1900 die Viermillionengrenze und erreichte um 1950 mit 5,7 Mio. ihren bisherigen Höchstwert. Seit den fünfziger Jahren jedoch sinkt die Einwohnerzahl beständig. Die Gründe dafür sind in der starken Abwanderung der fünfziger, achtziger und vor allem der beginnenden neunziger Jahre einerseits, andererseits aber auch im Sterbefallüberschuß seit 1969, in extremer Weise nach 1990, zu sehen. Mitte der neunziger Jahre verzeichnet das Bundesland erstmals wieder einen Wanderungsgewinn. Den dramatischen Verlauf der natürlichen Bevölkerungsentwicklung – die Geburtenrate ist rückläufig – vermag das jedoch in keiner Weise auszugleichen. Die aktuellen Prognosen verheißen einen weiteren Rückgang, und für das Jahr 2030 prognostiziert das Statistische Landesamt ein Unterschreiten der Viermillionengrenze.

Bevölkerungsdichte

Sachsen liegt mit 249 Einwohnern pro Quadratkilometer an der Spitze der neuen Bundesländer hinsichtlich der Bevölkerungsdichte und damit auch über dem deutschen Durchschnitt von 228 Menschen pro Quadtratkilometer. Innerhalb Deutschlands steht es, die Stadtstaaten Berlin, Hamburg und Bremen ausgenommen, an vierter Stelle.

Religion

Das Kurfürstentum Sachsen war das Kernland der Reformation. Heute bekennen sich 1,3 Mio. Menschen als Mitglieder der protestantischen Kirche. Ihnen stehen ca. 200 000 Katholiken gegenüber.

Sorben

Im Nordosten Sachsens leben 45 000 der insgesamt 60 000 Mitglieder der westslawischen Minderheit der Sorben, die bereits im 6. Jh. in die Lausitz, der Landschaft längs der Spree zwischen Spreewald und Lausitzer Bergland, eingewandert waren. Im Lauf der Jahrhunderte teilte sich unter der deutschen Oberherrschaft ihr Siedlungsgebiet, was sich heute in der Existenz zweier kultureller Zentren manifestiert. Bautzen (sorb. Budyšin) in Sachsen ist Mittelpunkt der 45 000 Oberlausitzer Sorben, während die

Bevölkerung, Sorben (Fortsetzung)

15 000 Niederlausitzer Sorben in Brandenburg um Cottbus (sorb. Chošebuz) leben. Auch sprachlich unterscheiden sie sich: Das Obersorbische ähnelt dem Tschechischen, das Niedersorbische dem Polnischen. Konfessionell allerdings ist die Verteilung anders gelagert. Drei Viertel aller Sorben sind Protestanten, die katholische Minderheit lebt um Bautzen und Wittichenau und ist besonders traditionsverbunden.
Die Landesverfassungen von Sachsen und Brandenburg gewähren den Sorben Minderheitenschutz und garantieren u. a. kulturelle Autonomie, zweisprachige Straßenschilder, Schulen und Kindergärten sowie Zweisprachigkeit auf Behörden. Im Alltag allerdings stößt vor allem letzteres an seine Grenzen, denn kaum ein Deutscher und noch weniger deutsche Beamte sprechen Sorbisch. Die Interessenvertretung der Sorben nimmt die 1912 gegründete 'Domowina' ('Heimat') wahr, die ihren Sitz in Bautzen hat. Die Sorben sind neben den Südschleswigern und den Friesen die dritte anerkannte ethnische Minderheit in Deutschland (zu Geschichte und Bräuchen der Sorben s. *Baedeker Special* S. 104–106).

Politik und Verwaltung

Tradition als Territorialstaat

Der Freistaat Sachsen ist eines von wenigen Bundesländern, das als Territorialstaat auf die Tradition einer jahrhundertelangen Existenz zurückblikken kann. Im Jahr 1952 wurde das Land aufgelöst und in die drei Bezirke Leipzig, Chemnitz (Karl-Marx-Stadt) und Dresden aufgegliedert, denen Teile Thüringens (um Altenburg), Sachsen-Anhalts (westlich und nördlich von Leipzig) und Brandenburgs (Streifen zwischen Torgau und Görlitz) zugeschlagen wurden. Mit der Neugliederung der Verwaltung 1990 wurde der Freistaat aus diesen drei Bezirken neu gebildet. Das Gebiet um Altenburg fiel dabei erneut an Thüringen, neu zu Sachsen kamen jedoch im Nordosten die niederschlesisch-brandenburgischen Altkreise Hoyerswerda und Weißwasser.

Landeshauptstadt

Alte und neue sächsische Landeshauptstadt ist Dresden. In der Kunststadt an der Elbe haben Parlament und Regierung sowie alle bedeutenden landespolitischen Einrichtungen ihren Sitz.

Landtag

Der Landtag von Sachsen hat in der Regel 120 Sitze und wird alle fünf Jahre gewählt. Er bestimmt den Ministerpräsidenten, der wiederum die Minister beruft.

Verwaltungsgliederung

Der Freistaat Sachsen gliedert sich in die drei Regierungsbezirke Leipzig, Chemnitz und Dresden, die seit der Neustrukturierung 1994 und 1995 in insgesamt 23 Landkreise unterteilt sind. Kreisfreie Städte sind neben den bereits genannten Amtssitzen der Regierungspräsidien noch Zwickau, Görlitz, Plauen und Hoyerswerda.

Flagge und Wappen

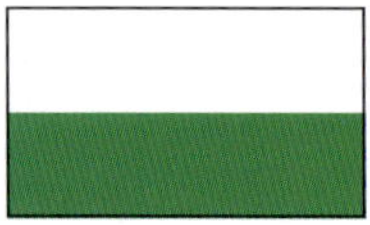

Flagge und Wappen gehen auf die Farben des 1815 auf dem Wiener Kongreß neu definierten Königreichs Sachsen zurück. Die weiß-grüne Flagge, 1813 eingeführt, zitiert die grünen Kokarden und silbernen Portepees der sächsischen Armee. Das Wappen zeigt die schwarzen und goldenen Balken des Stammwappens der Askanier, die diesem seit 1261 zur Unterscheidung vom Wappen des sächsischen Herzogtums einen Blätterzweig auflegten, der im Lauf der Zeit zum heutigen Rautenkranz umgewandelt wurde.

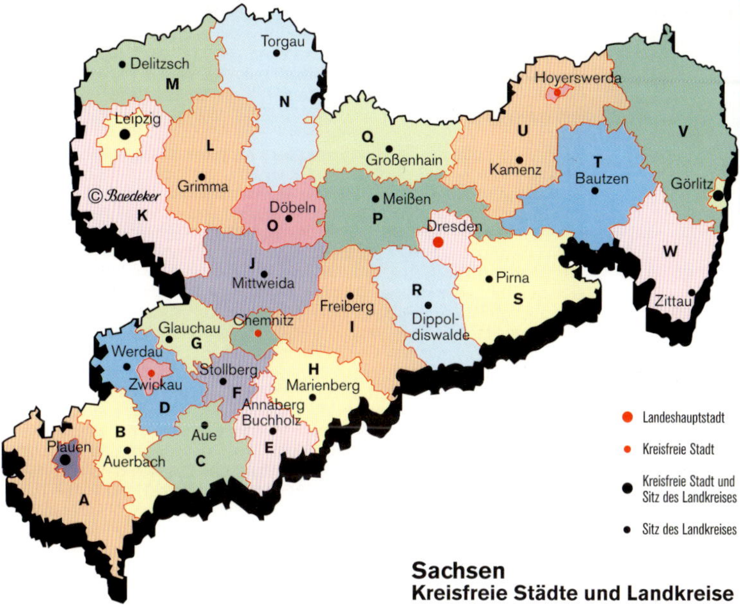

Sachsen
Kreisfreie Städte und Landkreise

A Elstertalkreis
B Göltzschtalkreis
C Westerzgebirgskreis
D Zwickauer Land
E Annaberg
F Stollberg
G Chemnitzer Land
H Mittlerer Erzgebirgskreis
I Freiberg
J Mittweida
K Leipziger Land
L Muldentalkreis
M Delitzsch
N Torgau-Oschatz
O Döbeln
P Meißen-Dresden
Q Riesa-Großenhain
R Weißeritzkreis
S Sächsische Schweiz
T Bautzen
U Westlausitzkreis
V Niederschlesischer Oberlausitzkreis
W Sächsischer Oberlausitzkreis

Wirtschaft

Rückblick

In Sachsen entwickelte sich schon sehr früh eine von der bloßen, durch Landwirtschaft und Kleinhandwerk bestimmte Versorgungsfunktion andersartige, vorindustrielle Wirtschaftsform. Verantwortlich dafür war der Erzreichtum, der seit dem 12. Jh. den Bergbau zum herausragenden Wirtschaftsfaktor werden ließ. In seinem Gefolge stiegen Handwerk und Handel auf und machten beispielsweise Leipzig im 15. Jh. zu einem Handelszentrum von europäischem Rang. Mit der allmählichen Erschöpfung der Erzvorkommen besannen sich die Menschen auf Handwerke, die heute noch eine große Tradition – insbesondere im Erzgebirge – haben: Spielzeugproduktion, Spitzenklöppelei, Weberei und Musikinstrumentenherstellung, die von einzelnen Handwerkern oder von Kleinmanufakturen betrieben wurden. Das 19. Jh. brachte dann die Industrialisierung im großen Stil. Vor allem Textilindustrie und Maschinenbau, später Feinmechanik und Elektrotechnik und auch das polygraphische Gewerbe in Leipzig, verzeichneten einen solchen Aufschwung, daß Sachsen es schließlich bis vor dem Zweiten Weltkrieg zur führenden Industrieregion Deutschlands mit einem hohen Innovationsgrad brachte. In Sachsen erfand man u. a. die Spiegelreflexkamera, die Reiseschreibmaschine, aber auch den ersten papierenen Kaffeefilter (von einer Dresdnerin namens Melitta Bentz) und auch das erste gebrauchsfähige und sichere Kondom. In der DDR änderte sich an der traditionellen Wirtschaftsstruktur als solcher recht wenig. Die drei säch-

Rückblick (Fortsetzung)

sischen Bezirke erwirtschafteten 40 % der DDR-Industrieproduktion, wobei die Textilindustrie mit 85 % überragte und auch der Maschinen- und Fahrzeugbau (der 'Trabi' aus Zwickau und die 'MZ' aus Zschopau in den ehemaligen Horch- bzw. DKW-Werken) mit 40 % eine dominierende Rolle spielten. 54 % aller sächsischen 'Werktätigen' waren in der industriellen Fertigung beschäftigt.

Strukturwandel

Nach dem Ende der DDR und vor allem nach der Währungsunion zeigte sich sehr rasch, daß auch die sozialistisch organisierte Wirtschaft Sachsens nicht konkurrenzfähig war. Die osteuropäischen Märkte waren weggebrochen, die Industrie zu groß dimensioniert und überdies veraltet, einen Mittelstand gab es nicht. Auch die Wirtschaft Sachsens wurde einem Strukturwandel unterworfen, der bis heute anhält. Die Anteile von Landwirtschaft und Industrie am Gesamtwirtschaftsaufkommen verringerten sich deutlich, während der Dienstleistungsbereich wuchs, wie sich an den Beschäftigtenzahlen ablesen läßt: 1995 waren 3,2 % der Beschäftigten in der Landwirtschaft tätig (1989: 7,0 %), 38,0 % im produzierenden Gewerbe (1989: 54,4 %) und im Dienstleistungsbereich 58,8 % (1989: 38,6 %). Gleichzeitig reduzierte sich in diesem Zeitraum die Zahl der Erwerbstätigen von ca. 2,8 Mio. auf heute 1,95 Mio. – mit anderen Worten: fast eine Million Arbeitsplätze sind weggefallen. Parallel dazu wurden die ehemals volkseigenen Betriebe von der Treuhand entweder verkauft (1994 waren bereits 92 % aller als rentabel eingeschätzten Firmen privatisiert) oder geschlossen, Existenzgründungen vor allem im Handwerksbereich gefördert (1995: 35 900 Betriebe mit insgesamt 395 000 Beschäftigten) und mittelständische Unternehmen angelockt (1995: 2000 Firmen unter 500 Beschäftigte). Selbstverständlich hielt man auch Ausschau nach Großinvestoren und hatte damit Erfolg: Volkswagen montiert in Mosel bei Zwickau und errichtete dort ein neues Fabrikgebäude, Siemens hat in Dresden Europas modernste Chipfabrik gebaut, das Versandhaus Quelle betreibt nahe Leipzig das modernste Frachtzentrum Deutschlands, und der finnische Konzern Enso Gutzeit unterhält in Eilenburg Europas größte Papierfabrik. Zur Erhaltung traditioneller und regional wichtiger Betriebe sprang auch der Freistaat in die Bresche; so rettete er gemeinsam mit dem Bund das eigentlich als unrentabel erkannte Motorradwerk MZ in Zschopau (heute MuZ), das zwischenzeitlich ins Schlingern geriet und nun an einen malaysischen Konzern verkauft wurde. Allerdings: Im einst größten Motorradwerk der Welt arbeiten heute weniger als 100 Menschen.

Die sächsische Wirtschaftspolitik hat den Freistaat vorübergehend zum Musterknaben unter den neuen Bundesländern werden lassen, dessen Wachstumsraten die anderen hinter sich ließ. Mittlerweile ist allerdings erheblich Sand ins Getriebe geraten: das Baugewerbe ist überhitzt, und auch die Standortnachteile – wenig attraktive, weil abgelegene Gebiete entlang der tschechischen und polnischen Grenze – machen sich bemerkbar. Mit einer Arbeitslosenquote von 20% Ende 1997 weist der Freistaat ähnlich schlechte Werte wie alle neuen Bundesländer vor; noch 1995 zählte man die wenigsten Arbeitslosen unter den neuen Ländern.

Industrie

Nach wie vor sind Fahrzeugindustrie und Metallverarbeitung (Raum Chemnitz-Zwickau), Maschinenbau und polygraphisches Gewerbe (Leipzig) sowie Elektrotechnik und Elektronik (Dresden) die Hauptstandbeine der sächsischen Industrie. Die Wende überstanden haben auch die traditionellen, kleiner dimensionierten Zweige wie die Spielzeugherstellung und Textilindustrie im Erzgebirge, im Vogtland und in der Oberlausitz, während die Stahlindustrie nach Schließung des Kombinats in Riesa aus Sachsen verschwunden ist. Der gesamte Industriebereich ist im Wandel begriffen: etwa ein Viertel der Arbeitsplätze ging verloren, die traditionellen Branchen gingen zurück, der Fahrzeug- und Maschinenbau stagniert, während High-Tech-Industrien wachsen. Zu ihnen gehört u. a. die Freiberger Firma FCM, Nachfolgerin eines VEB, deren 90 Mitarbeiter höchstwertige Gallium-Arsenid-Scheiben für Computer-Chips produzieren, damit bereits einen Anteil von 12 % am Weltmarkt halten und technologisch weltweit führend sind.

Noch immer fressen sich die stählernen Ungetüme durch die Braunkohlenreviere der Leipziger Bucht und der Oberlausitz.

Bergbau und Energie

Der seit dem Mittelalter im Erzgebirge traditionell betriebene Bergbau wurde 1968 eingestellt. 1990 kam auch das Aus für den Uranbergbau im Erzgebirge, der zuletzt mit einer Jahresförderung von 220 000 t Uranerz drittgrößter Produzent der Welt war und fast ausschließlich die sowjetische Atom- und Rüstungsindustrie belieferte. Zurückgeblieben ist ein 35 km^2 großes ökologisches Katastrophengebiet mit 150 Mio. m^3 arsenhaltiger, schwach radioaktiver Schlämme und Abraumhalden, das innerhalb von 10 – 15 Jahren für die Summe von 13 Mrd. DM saniert werden muß.
Wichtigster Energieträger ist immer noch die Braunkohle, die im Tagebau in der Leipziger Bucht und in der Oberlausitz gefördert wird. Die Förderquoten werden jedoch kontinuierlich zurückgefahren.

Landwirtschaft

Die Landwirtschaft, traditionell stark in Mittelsachsen, Leipziger Bucht, Lausitz und Oberlausitz, hat den vielleicht stärksten Strukturwandel erfahren. Die landwirtschaftliche Nutzfläche hat sich um mehr als 20 % verringert, die ehemals 815 Landwirtschaftlichen und Gärtnerischen Produktionsgenossenschaften (LPG bzw. GPG) sind in 8000 Privatbetriebe und 650 Agrarunternehmen umgewandelt worden. Mit durchschnittlich 100 ha bewirtschafteter Fläche liegen diese Betriebe weit über dem Bundesdurchschnitt. Gleichzeitig ist die Zahl der Arbeitsplätze zurückgegangen: Bestellten 1989 noch durchschnittlich 15,7 Arbeitskräfte 100 ha, benötigt man dazu heute nur noch vier. Hauptanbauprodukte sind Getreide, Ackerfutter, Ölsaaten, Hackfrüchte, Blumenkohl und Zwiebeln. Ein großes Obstanbaugebiet, hauptsächlich Äpfel, gibt es bei Dürrweitzschen. Nicht vergessen werden soll der Weinbau im Elbtal zwischen Pillnitz und Meißen, das kleinste deutsche Weinanbaugebiet. In der Viehzucht hat sich der Schwerpunkt von der Schweinemast hin zu Rinderzucht und Milchwirtschaft verschoben; der gesamte Viehbestand hat sich seit 1989 halbiert.
Eine Problemzone bleibt die Erzgebirgsregion entlang der tschechischen Grenze, die verstärkt mit EU-Mitteln gefördert wird.

Wirtschaft (Fts.)
Dienstleistungsbereich und Tourismus

Wie zuvor schon erwähnt, hat der Dienstleistungsbereich deutlich zugelegt. Herauszuheben ist die seit dem 12. Jh. existierende Messe Leipzig, die nach der Wende zunächst durch die Konkurrenz von Hannover, Berlin und Frankfurt bedroht war, nun aber wieder einen festen Platz im Messegeschehen hat. Ausdruck der neugewonnenen Stärke ist das im Frühjahr 1996 eröffnete neue Messegelände, der modernste Messeplatz Europas. Viele kleine innerstädtische Einzelhandelsgeschäfte sind in ihrer Existenz jedoch durch außerhalb der Städte entstandene Einkaufszentren bedroht. So steht nahe Chemnitz der 'Saalepark', das größte derartige Einkaufszentrum Deutschlands.
Große Hoffnung setzt Sachsen in den Tourismus, bietet es doch das einmalige Nebeneinander herrlicher Natur wie die Sächsische Schweiz und einzigartiger Kulturschätze wie z. B. die Schlösser Augusts des Starken. Kamen 1993 2,4 Mio. Besucher in den Freistaat, waren es 1997 bereits über 5 Mio., die 13,5 Mio. Übernachtungen buchten. Durch die Deklarierung von touristischen Routen wie der 'Sächsischen Silberstraße' und der 'Sächsischen Weinstraße' erhofft man sich einen weiteren Zuwachs an Reisen in den Freistaat.

Viel Hoffnung setzt man in die Neue Messe Leipzig. Mit ihrer großen Glashalle setzt sie auch architektonische Akzente

Verkehr

Straßenverkehr

Unter den 13 698 km Straßen des überörtlichen Verkehrs in Sachsen sind lediglich 424 Autobahnkilometer zu finden. In den nächsten Jahren soll die A 4 zwischen Bautzen und Görlitz zum Anschluß nach Polen fertiggestellt werden. Geplant sind die Verbindung von Dresden an die tschechische Grenze und weiter nach Prag (A 17) sowie die Südumgehung von Leipzig (A 38). Der Ausbau bzw. die Instandsetzung der A 72 zwischen Hof und Chemnitz ist 1995 abgeschlossen worden.

Baedeker Special

Herrn Zürners Leidenschaft

Allüberall in Sachsen fallen sie ins Auge, die exakt 4,53 m hohen und exakt gleich aufgebauten Sandsteinobelisken mit einer Reihe von Entfernungsangaben in 'Stunden' und einem zumeist farbenprächtigen sächsisch-polnischen Doppelwappen: die kursächsischen Postdistanzsäulen. Ihr Entwurf stammt vermutlich aus der Feder des Barockbaumeisters und genialen Architekten des Dresdner Zwingers, Matthäus Daniel Pöppelmann, die Idee dazu aber hatte Adam Friedrich Zürner aus Marieney im Vogtland (1680 bis 1742), seines Zeichens 'Königlicher Land- und Grenzkommissär' in Sachsen.

Zu diesem Titel kam er allerdings erst 1713. Zuvor hatte er Probleme mit der Obrigkeit, denn als er 1711, damals noch Pfarrer in Skassa mit einer heftigen Leidenschaft für die Kartographie, eine "Special-Landt-Charte von Großenhain" herausgegeben hatte, wollte sie Sachsens Militär gar nicht gedruckt sehen, denn sie war ihm zu genau. August der Starke aber war weitblickend genug, um das Potential in Zürners Talent zu erkennen und gab ihm Titel und Auftrag, Sachsen zu vermessen. Zwar hatte bereits 1586 Matthias Oeder mit der Vermessung begonnen, doch der Dreißigjährige Krieg hatte seiner Arbeit ein Ende gesetzt. Zürner machte sich also in seinem 'geometrischen Wagen' auf den Weg und legte bis 1742 18 000 sächsische Meilen zurück, "dreimal um die Erde", wie er sagte. Jeden Zentimeter registrierte ein am Wagen angebrachtes Meßrad mit einem Durchmesser von 1,44 m, so daß der daraus resultierende Umfang von 4,53 m per defitionem als eine Rute festgelegt wurde. Jede von einem Zählwerk registrierte Radumdrehung zeigte somit eine Rute Wegs an. Zürner setzte seine Meßergebnisse in exakte "General- und Special-Charten" um, von denen 1732 bereits 902 Einzelblätter erschienen waren. So hat er sich als Vater der "zweiten sächsischen Landvermessung" seinen Platz in der Landesgeschichte gesichert.

Seine Karten interessieren heute jedoch allenfalls noch Historiker, die Postdistanzsäulen aber künden für jedermann von seiner Arbeit. Als erstes Ergebnis seiner Vermessungen veröffentlichte er 1718 die "Chur-Sächsische Post-Charte", der er 1719 einen Anhang mit Routenbeschreibung und praktischen Hinweisen beigab. Für einen Taler war dieser Vorläufer des Baedekers an allen Poststationen zu haben. Daraus entsprang der Gedanke, auch sichtbare Landmarken mit Entfernungsangaben zu setzen. 1721 schließlich erließ August der Starke das Dekret über die Aufstellung von Postdistanzsäulen. Von 1722 an, nach Vereinheitlichung des Längenmaßsystems (1 Stunde = 0,5 Meilen = 4,531 km = 1000 Ruten) wurden die Säulen aufgestellt, und jeder sächsische Untertan konnte nun den vor ihm liegenden Weg von seinem Standort in andere Orte ablesen. Zur Ergänzung stellte man am rechten Straßenrand noch 3,75 m hohe Ganzmeilensäulen, 3 m hohe Halbmeilensäulen und 1,70 m hohe Viertelmeilensäulen auf. Sachsen hatte damit ein verkehrstechnisches Entfernungssystem, das im absolutistischen Europa seinesgleichen suchte und letztlich der Leidenschaft eines einfachen Landpfarrers zu verdanken war.

Verkehr

Schienenverkehr

Sachsen ist ein traditionelles Eisenbahnland. Zwar verkehrte die erste deutsche Eisenbahn bekanntermaßen 1835 zwischen Nürnberg und Fürth, doch die erste Fernbahnstrecke wurde 1839 zwischen Dresden und Leipzig eröffnet. Noch heute besitzt der Freistaat das dichteste Schienennetz aller Bundesländer, allerdings in teilweise marodem Zustand, so daß Instandsetzung – vor allem auf den Hauptstrecken Dresden – Leipzig und Hof – Chemnitz – Dresden – eine der Hauptaufgaben der Deutschen Bahn sein wird. Weiterer Schwerpunkt ist der Anschluß von Dresden und Leipzig an das ICE-Netz.

Flugverkehr

Mit Dresden-Klotzsche und Leipzig-Halle besitzt Sachsen zwei Flughäfen, von denen Direktverbindungen zu allen wichtigen deutschen und vielen europäischen Städten bestehen.

Binnenschiffahrt

Die Elbe ist nach dem Rhein der verkehrsreichste deutsche Fluß. Der Warenumschlag in den beiden großen Häfen Riesa und Dresden ist seit 1989 deutlich zurückgegangen, doch während der Hafen Riesa nach der Aufgabe der dortigen Stahlindustrie kaum noch von Bedeutung ist, kann man für Dresden wieder steigende Mengen angeben, auch wenn sie deutlich hinter den Zahlen aus DDR-Zeiten zurückbleiben. Einen großen Teil ihrer Frachtschiffahrt, in erster Linie nach Hamburg, wickeln auch tschechische Reedereien über die Elbe ab.

Geschichte

Der Begriff 'Sachsen' rührt vermutlich aus dem althochdeutschen 'sahs' her, mit dem ein westgermanischer Volksstamm, der zur Zeitenwende nördlich der Unterelbe siedelte, sein Kurzschwert bezeichnete und aus dem sich auch die Namensgebung für das ganze Volk als 'Schwertgenossen' ableitete. Die Namensgeber Sachens hatten also mit dem Gebiet des heutigen Freistaats ursprünglich nichts zu tun.

Namensherkunft

Vor- und Frühgeschichte

Älteste Hinweise auf Menschen im Gebiet des heutigen Sachsen stammen aus der Altsteinzeit (vor 250 000 Jahren), wie Ausgrabungen in Markkleeberg bei Leipzig belegen. Auf kurzfristige Siedlungen der Mittelsteinzeit (vor 10 000 Jahren) machen Funde im Raum Rochlitz und Wurzen aufmerksam. Die ersten Ackerbausiedlungen lassen sich um 5000 v. Chr. im Dresdner Raum und südlich von Leipzig nachweisen. Eine relativ dichte Besiedlung war bereits mit der Lausitzer Kultur (1400–400 v. Chr.) verbunden, die bis ins Vogtland hinein Holz- und Erdburgen hervorbrachte.

Lausitzer Kultur

Bis zur Zeitenwende führen die Spuren des germanischen Stammes der Hermunduren im mittelelbischen Raum. Heute ist unklar, warum diese in der Völkerwanderungszeit das Territorium verließen. In das entstandene Siedlungsvakuum stießen von Böhmen her auf friedliche Weise slawische Stämme (Daleminzier, Milzener, Lusitzen), die sich ab dem Ende des 6. bis ins 8. Jh. hinein in weiten Teilen des nördlichen und mittleren Sachsen niederließen. Nicht allein die Namen von Dresden, Leipzig oder Chemnitz lassen sich auf sie zurückführen, eine große Zahl heutiger Ortsnamen, die auf '-witz' oder '-nitz' enden, deuten auf slawische Herkunft hin. Im fränkischen Herrschaftsgebiet wurden die Slawen als 'Wenden' bezeichnet.

Hermunduren und Slawen

Im 5. Jh. eroberten Teile der westgermanischen Sachsen gemeinsam mit den Angeln und Jüten England ('Angelsachsen'). Die auf dem Festland Verbliebenen breiteten sich in den folgenden Jahrhunderten im Raum Niedersachsen, am Niederrhein, in Hessen und in Thüringen aus und widersetzten sich von dort aus lange dem Frankenreich. Erst Karl der Große konnte die Sachsen bezwingen und sie gewaltsam zum Christentum bekehren. Aus dem Stamm der Sachsen wurde ein Herzogtum.

Die Sachsen

Markgrafschaft Meißen

Im Jahr 919 erhielt der Sachsenherzog Heinrich I. die deutsche Königskrone. Zehn Jahre später gründete er mitten im slawischen Siedlungsgebiet die Burg Meißen und gab damit das Signal zur Einwanderung deutscher Siedler und zur gewaltsamen Verdrängung der Slawen. 965 erfolgte unter Otto I. die Gründung der Markgrafschaft Meißen und drei Jahre darauf der Bistümer Meißen, Zeitz und Merseburg, die bereits weite, ehemals slawische Gebiete umfaßten. Mit der Unterwerfung der in der Gegend um

929: Heinrich I. errichtet die Burg Meißen

965: Gründung der Markgrafschaft Meißen

Der Fürstenzug

Otto der Reiche (1156–1190), Markgraf von Meißen, Förderer des Silberbergbaus ▽

Sachsens Herrscher auf dem 102 m langen Porzellan-Bild am Schloß in Dresden
(in Klammern die Regierungszeit)

△ Herolde und Bannerträger

△ Konrad der Große (1123–1156), von Kaiser Heinrich VI. 1125 bestätigter Markgraf von Meißen

Markgrafschaft Meißen (Fts.)

Bautzen lebenden Milzener durch Markgraf Ekkehard im Jahr 1002 war die erste Phase der Ostexpansion abgeschlossen.

1089: Die Dynastie der Wettiner beginnt

Nachdem der letzte ekkehardinische Markgraf 1046 ohne Erben gestorben war, wurde erst 1089 ein neuer Markgraf bestimmt: Heinrich von Eilenburg vom Geschlecht der Wettiner, deren Stammburg nahe Halle zu finden ist. Mit ihm begann die bis zur Abdankung des letzten sächsischen Königs im Jahr 1918 dauernde Herrschaft dieses Fürstenhauses. Der erste Wettiner von Bedeutung war Markgraf Konrad (1098–1157), dem der deutsche König 1125 die Erblichkeit des Titels zusicherte und der das Territorium erheblich vergrößerte. Unter ihm und seinem Sohn Otto (1130–1190) drangen deutsche Siedler in einer zweiten Expansionsphase weiter nach Osten in die Lausitz vor, doch wurden die dort ansässigen Slawen dieses Mal friedlich assimiliert. Deren Nachfahren – die Sorben – leben heute noch in Ostsachsen und Südostbrandenburg.

1168: Beginn des Silberbergbaus im Erzgebirge

Zur selben Zeit – im Jahr 1168 – begann bei Freiberg der systematische Silberbergbau im Erzgebirge. Dieser sog. Bergsegen legte den Grundstein für den Wohlstand Sachsens (und der Wettiner) und beschleunigte dessen weitere Entwicklung immens. Markgraf Otto hieß fortan 'Otto der Reiche'.

Heinrich der Erlauchte

Heinrich der Erlauchte (1215–1288) vergrößerte die wettinischen Besitzungen noch einmal deutlich. Durch die Verheiratung seines Sohnes Albrecht mit der Kaisertochter Margarethe erhielt er das Pleißner Land um Chemnitz und Grimma sowie Anspruch auf die Landgrafschaft Thüringen, der 1247 auch de jure erfüllt, de facto und nach langen Auseinandersetzungen aber erst 1264 vollzogen wurde.

Teilung des Stammherzogtums Sachsen

Gegen Ende des 12. und im 13. Jh. kam es außerhalb des wettinischen Herrschaftsbereichs zu Ereignissen, die sich über 200 Jahre später entscheidend auf das weitere Schicksal der Dynastie auswirken sollten. Nach dem Sturz Heinrichs des Löwen im Jahr 1180 wurde das sächsische Stammherzogtum zerschlagen und unter dem Erzbistum Köln und den Askaniern aufgeteilt. Diese übernahmen die Herzogswürde, herrschten aber nur im Raum Wittenberg und Lauenburg. Ihr Gebiet wurde 1260 noch ein-

Dietrich der Bedrängte (1197–1221), Markgraf von Meißen, mußte gegen Heinrich VI. und seinen Bruder Albrecht Krieg führen ▽

Friedrich der Gebissene (1307–1323), Markgraf von Meißen, den seine Mutter im Abschiedsschmerz in die Wange gebissen hatte ▽

△ Albrecht der Stolze (1190–1195), Markgraf von Meißen

△ Heinrich der Erlauchte (1221–1288), prachtliebender Markgraf von Meißen, u. a. Bau der ersten Elbbrücke in Dresden

△ Albrecht II. (1288–1307), Markgraf von Meißen, von der Familie wenig gelitten

△ Friedrich II. der Ernsthafte (1324–1349), Markgraf von Meißen

Fortsetzung auf S. 32

mal in Sachsen-Lauenburg und Sachsen-Wittenberg geteilt, wobei letzteres von 1356 an mit der Kurwürde verbunden war.

Stammherzogtum Sachsen (Fts.)

Nach Heinrich des Erlauchten Tod sah sich die Markgrafschaft den Begehrlichkeiten des Reiches ausgesetzt, doch König Albrecht I. handelte sich in der Schlacht von Lucka im Jahr 1307 eine Niederlage gegen Markgraf Friedrich den Freidigen ein. Damit gewann dieser die zwischenzeitlich vom Königtum eingezogene Mark Meißen und Thüringen zurück und festigte die Macht seines Hauses wieder, was sich auch im Erwerb weiterer Gebiete – so das Vogtland – im 14. Jh. niederschlug. Auch die Gründung der Universität Leipzig 1409 ist in diesem Zusammenhang zu sehen: Für viele Professoren und Studenten der Universität Prag war die Markgrafschaft offenbar so attraktiv, daß sie an die neue Universität zogen.

1307: Schlacht von Lucka

1409: Gründung der Universität Leipzig

Kurfürstentum Sachsen

Die jenseits des Erzgebirges tobenden Hussitenkriege bedrohten auch die Markgrafschaft. Friedrich der Streitbare (1370–1428) war ein treuer Gefolgsmann des böhmischen Königs Sigismund, der auch die deutsche Kaiserwürde trug. Diese Treue wurde am 6. Januar 1423 belohnt: In seiner Eigenschaft als Kaiser belehnte Sigismund Markgraf Friedrich mit dem Herzogtum Sachsen-Wittenberg, das nach dem Tode des letzten Askaniers Albrecht III. herrscherlos war. Viel wichtiger als der Gebietszuwachs war für die Wettiner aber die mit dem Herzogtum verbundene Kurwürde, denn als Kurfürsten von Sachsen waren sie berechtigt, an der Kaiserwahl teilzunehmen. Die Markgrafschaft Meißen und die Landgrafschaft Thüringen waren nun zum Kurfürstentum Sachsen geworden. Erst dadurch kam der Name 'Sachsen' in die Region um Elbe und Erzgebirge.

Hussitenkriege

1423: Die Wettiner werden Kurfürsten

Die Enkel Friedrichs des Streitbaren, Kurfürst Ernst (1441–1486) und Herzog Albrecht (1443–1500), regierten von 1464 bis 1485 gemeinsam. Dann aber beschlossen sie, ihre Herrschaft zu teilen: Ernst erhielt – zusammen mit der Kurwürde – Torgau, Wittenberg, Gotha, Jena, Coburg, das Vogtland und Weimar, das er zu seiner Residenz machte, Albrecht bekam die

1485: Leipziger Teilung

Friedrich der Streitbare (1381 – 1428), seit 1423 Herzog und Kurfürst von Sachsen ▽

Friedrich II. der Sanftmütige (1428 – 1464), Kurfürst von Sachsen ▽

△ Friedrich III. der Strenge (1349 – 1381)

△ △ Ernst und Albrecht der Beherzte, 1464 – 1485 gemeinsam Herrsche 1485 Teilung in ernestinische und albertinische Linie: Albrecht bis 1500 Herzog zu Sachsen in Dresden

Kurfürstentum Sachsen (Fortsetzung)

Markgrafschaft Meißen und die Landgrafschaft Thüringen. Die Brüder vollzogen mit diesem Entschluß die wohl folgenschwerste Weichenstellung in der sächsischen Geschichte. Nicht nur war das wettinische Haus nun in eine albertinische und eine ernestinische Linie gespalten, vor allem wurde die Landesteilung nie wieder rückgängig gemacht. Während die ernestinischen Besitzungen nach und nach zerfielen, blieben die albertinischen Lande dank eines die Unteilbarkeit verfügenden Hausgesetzes von 1499 unteilbar und bildeten den Kern des heutigen Freistaats.

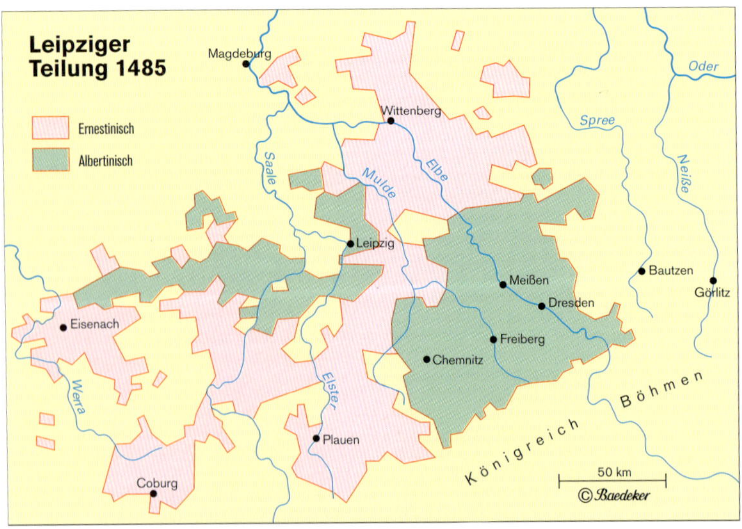

Johann der Beständige (1525–1532), Ernestiner, Kurfürst von Sachsen, Haupt des Schmalkaldischen Bundes ▽

Georg der Bärtige (1500–1539), Albertiner, Herzog zu Sachsen in Dresden ▽

Moritz (1541–1553), Albertiner, seit 1548 wieder Kurfürst von Sachsen ▽

Christian I. (1586–1591), Kurfürst von Sachsen ▽

△ Friedrich III. der Weise (1486–1525), Ernestiner, Kurfürst von Sachsen, Förderer der Reformation

△ Johann Friedrich der Großmütige (1532–1547), Ernestiner, verlor die Kurwürde

△ Heinrich der Fromme (1539–1541), Albertiner, Herzog zu Sachsen, trat zur Reformation über

△ August (1553–1586), Kurfürst von Sachsen, Begründer der Dresdner Kunstsammlungen

Fortsetzung auf S. 34

Kurfürstentum Sachsen (Fortsetzung)

Die Teilung der wettinischen Lande fiel Ernst und Albrecht umso leichter, als ein erneuter 'Bergsegen' auch Segen für die fürstlichen Kassen bedeutete. Im Laufe des 15. Jh.s erschloß man im Erzgebirge neue Silber- und dazu Zinn- und Eisenerzvorkommen. Schneeberg, Annaberg und Marienberg wurden gegründet, und um die Wende zum 16. Jh. ist in den beiden Residenzen und den Städten reichlich gebaut worden. Auch die Textilwirtschaft kam allmählich in Schwung. Leipzig erhielt 1497 das kaiserliche Messeprivileg und war von nun an für den Handel mit Waren aller Art offen. Die beiden Teile Sachsens waren das reichste Land im Deutschen Reich.

Kernland der Reformation

An Allerheiligen des Jahres 1517 schlug Martin Luther seine 95 Thesen an die Tür der Schloßkirche zu Wittenberg und zog Sachsen damit in das Licht des weltpolitischen Geschehens. Sein Landesherr, der Ernestiner Friedrich der Weise, nahm ihn von Anfang an in Schutz und ermöglichte ihm den Aufenthalt auf der Wartburg. Nur folgerichtig war die Einführung der Reformation in den ernestinischen Landen im Jahr 1527.

Der Albertiner Georg der Bärtige dagegen hielt nach dem Kirchenbann gegen Luther von 1521 dem Papst die Treue. Erst nach seinem Tod 1539 wurden unter Heinrich dem Frommen auch die albertinischen Lande protestantisch.

Moritz von Sachsen

1541 folgte Herzog Moritz (1521–1553) Heinrich dem Frommen nach. Mit ihm trat ein Mann auf den Plan, der Sachsens Geschicken eine neue Richtung gab. Im eigenen Land förderte er die Bildung, indem er die Leipziger Universität finanziell sanierte und reformierte, sicherte sich durch die Gründung der Fürstenschulen Meißen, Schulpforta und Grimma den Beamtennachwuchs und baute Dresden und Leipzig aus.

Nach außen hin verfocht er die Idee der Territorialgewalt, die die Fürstentümer als tragendes Element des Deutschen Reiches sah. Er scheute sich nicht, als Oberhaupt eines formell protestantischen Staats ein Bündnis mit den katholischen Kräften einzugehen und im Schmalkaldischen Krieg auf der Seite Kaiser Karls V. gegen die Protestanten zu ziehen. Diese erlitten 1547 in der Schlacht bei Mühlberg eine entscheidende Niederlage; der Ernestiner und Kurfürst Johann Friedrich, Bruder von Moritz, wurde dabei gefangengenommen und verlor seine Kurwürde. Sein Nachfolger als Kur-

1547: Die Kurfürstenwürde geht auf die Albertiner über

Johann Georg I. (1611 – 1656), Kurfürst von Sachsen, Taktierer im Dreißigjährigen Krieg ▽

Johann Georg III. (1680 – 1691), Kurfürst von Sachsen, zog gegen die Türken vor Wien ▽

Friedrich August I. der Starke (1694 – 1733), Kurfürst von Sachsen, seit 1695 als August II. König von Polen, führte Dresden zu barocker Pracht ▽

Friedrich Christia (1763), Kurfürst von Sac ▽

△ Christian II. (1591 – 1611), Kurfürst von Sachsen

△ Johann Georg II. (1656 – 1680), Kurfürst von Sachsen, beginnt die absolutistische Hofhaltung in Dresden

△ Johann Georg IV. (1691 – 1694), Kurfürst von Sachsen

△ Friedrich August II. (1733 – 1763), Kurfürst von Sachsen und als August III. König von Polen, erwarb die "Sixtinische Madonna"

△ Friedrich Augu der Gerechte (1763 – 1827), seit 1806 Köni in der Völkerschlacht 1813 Napoleons Se

Kurfürstentum Sachsen (Fortsetzung)

fürst wurde binnen kürzester Zeit Moritz – schließlich hatte er sich das vom Kaiser zusichern lassen. Zur Kurwürde gab es einige ernestinische Gebiete hinzu. Dresden wurde Residenz, die Landesverwaltung straff organisiert.
Bereits wenige Jahre nach der Schlacht bei Mühlberg vollzog Moritz eine Wendung: Als Wortführer der deutschen Fürsten trat er nun gegen Karl V. auf und handelte 1552 in Passau einen Vertrag aus, der den Augsburger Religionsfrieden von 1555 vorbereitete.
Sachsen war danach die führende protestantische Macht im Reich. Moritz' Bruder August setzte dessen Werk fort. Mit dem Geheimen Rat führte er ein neues Regierungsinstrument ein, mit seinen 'Konventionen' schuf er Rechtssicherheit. Besonders aber lag ihm die Wirtschaft am Herzen, indem er u. a. neue Techniken in Bergbau und Hüttenwesen förderte und landesherrliche Mustergüter einrichtete. Den daraus fließenden Reichtum setzte er u. a. in die Gründung der 'Kunstkammer', des späteren Grünen Gewölbes in Dresden, um.

Dreißigjähriger Krieg

Sein Nachfolger Johann Georg I. (1585 – 1656) verspielte im Dreißigjährigen Krieg durch eine Politik des Lavierens jedoch Sachsens Stellung. Er schlug sich zunächst auf die Seite der Schweden, wechselte nach deren Niederlage in der Schlacht von Nördlingen 1634 aber die Seite und wurde dafür im Frieden von Prag ein Jahr später mit der Lausitz als Lehen belohnt. Der Preis dafür war die Abhängigkeit vom Hause Habsburg und der Sturz in die politische Bedeutungslosigkeit.
Kurfürst Johann Georg III. gelang es allmählich, die wirtschaftlichen Folgen des Krieges zu mildern. Er schuf 1682 ein stehendes Heer, mit dem er 1683 an der Seite des polnischen Königs Johann Sobieski die Belagerung Wiens durch die Türken sprengte.

August der Starke

Kurfürst August der Starke (1670 – 1733; offiziell Friedrich August I.) versuchte, Sachsen wieder auf die politische Bühne Europas zurückzubringen. Er hatte ein Auge auf die polnische Königskrone geworfen, die nach dem Tod Johann Sobieskis verwaist war. Es machte ihm als Schutzherr des deutschen Protestantismus keine Probleme, dafür – wie von den Habsburgern gefordert – katholisch zu werden, ein Affront gegen alle protestantischen Länder und auch gegen die sächsischen Städte. Um die im-

Anton der Gütige (1827 – 1836), König von Sachsen, seit 1831 erster konstitutioneller Monarch ▽

Johann (1854 – 1873), König von Sachsen, als "Philaletes" Dante-Übersetzer ▽

Georg (1902 – 1904), König von Sachsen ▽

Wissenschaftler und Künstler, darunter Ludwig Richter (1803 – 1884), Zeichner und Maler ▽

△ Friedrich August II. (1836 – 1854), König von Sachsen

△ Albert (1873 – 1902), König von Sachsen

△ Friedrich August III. (1904 – 1918), letzter König von Sachsen

1697: August der Starke wird König von Polen

mensen Bestechungsgelder aufzubringen, verkaufte er Teile des sächsischen Territoriums. Er hatte Erfolg: 1697 wurde er als August II. zum König von Polen gekrönt. Er übernahm sich politisch allerdings gewaltig, denn die polnischen Verpflichtungen im Ostseeraum führten ihn in den Nordischen Krieg gegen Schweden, in den er fast ausschließlich sächsische Soldaten schickte und dem er nur durch das Eingreifen Rußlands einigermaßen ungeschoren entrann. Auch mit seinem Plan, Polen zur Erbmonarchie zu machen, scheiterte er. Immerhin konnte sein Sohn Friedrich August II. noch eine Zeitlang die polnische Königskrone tragen. Daß August der Starke dennoch als einer der Barockfürsten schlechthin gilt, verdankt er seiner ausufernden Bautätigkeit, die ihren Höhepunkt im Zwinger in Dresden fand, der Gründung der Meißner Porzellanmanufaktur und einer verschwenderischen Hofhaltung, die ohne Rücksicht auf die Ressourcen des Landes rauschende Feste veranstaltete.

Siebenjähriger Krieg

Was August der Starke begonnen hatte, setzte sein Sohn Friedrich August II. fort. Sachsen erblühte als Land der Wissenschaft und Künste. Der kunstliebende Fürst baute die Gemälde- und Skulpturensammlung zu einer der ersten in Europa aus und machte Dresden zum Nabel der zeitgenössischen Oper, wie überhaupt die Musik in Sachsen – Johann Sebastian Bach in Leipzig – Triumphe feierte.
Die Politik überließ der Kurfürst seinem Kanzler Heinrich Graf von Brühl. Er hatte sich mit dem erstarkten Preußen auseinanderzusetzen, das gegen Österreich löckte und dazu auch dessen Bundesgenossen Sachsen provozierte. Die Preußen machten der Leipziger Messe Konkurrenz, behinderten die freie Schiffahrt auf der Elbe und rückten mit der Besetzung Schlesiens im Jahr 1740 dem sächsischen Kernland bedrohlich nahe. Als 1756 der Siebenjährige Krieg ausbrach, war es nach wenigen Wochen bereits um Sachsens Heer geschehen. Kurfürst und Kanzler flohen nach Warschau, und Preußen und Österreicher trugen einen großen Teil ihrer Schlachten auf sächsischem Boden aus. Am Ende des Krieges 1763 war Sachsen politisch ohne Bedeutung und Teile des Landes verwüstet.

Erholung von den Kriegsfolgen

Bis zum Beginn des 19. Jh.s erholte sich Sachsen jedoch verhältnismäßig rasch von den Folgen des Krieges. Nach wie vor war der Bergbau – 1765

Kurfürstentum Sachsen (Fortsetzung)

wurde in Freiberg die erste Bergakademie der Welt gegründet – ein Hauptstandbein der Wirtschaft, zunehmend wurden Manufakturen für Textilien und Luxusgüter gegründet.

Königreich Sachsen

1806: Sachsen wird Königreich

Auch in den Napoleonischen Kriegen stand Sachsen meist auf der falschen Seite. Nach der verheerenden Niederlage in der Doppelschlacht von Jena und Auerstedt 1806 an der Seite Preußens schloß sich Sachsen dem Rheinbund an und begab sich damit in völlige Abhängigkeit von Frankreich. Zur Belohnung machte Napoleon Kurfürst Friedrich August III. zum König Friedrich August I. von Sachsen. Dessen Untertanen aber marschierten nun unter französischem Befehl in der Grande Armée durch halb Europa. Allein 20 000 sächsische Soldaten zogen 1812 mit nach Moskau, nur 1000 von ihnen sahen die Heimat wieder. Selbst als der Stern Napoleons zu sinken begann, hielt Friedrich August weiter zu ihm: In der Völkerschlacht von Leipzig standen sächsische Truppen immer noch unter französischem Befehl, doch wechselten viele Soldaten die Seite. Nach der Schlacht, die allein 84 000 Tote forderte, geriet der sächsische König in preußische Gefangenschaft; das Land durchlebte eine Hungersnot.

Folgen des Wiener Kongresses

Zwar beteiligte sich das reorganisierte sächsische Heer auf Seiten der Alliierten an der Schlacht von Waterloo, doch bewahrte dies Sachsen nicht davor, auf dem Wiener Kongreß erhebliche Gebietsverluste hinnehmen zu müssen. Es verlor drei Fünftel seines Territoriums, allein die Hälfte fiel an Preußen, und wurde damit auf die Grenzen zurückgedrängt, die der Freistaat im wesentlichen heute noch hat.

Industrialisierung

Erneut erwies sich in den Folgejahrzehnten Sachsens wirtschaftliche Stärke. 1829 wurde in Mylau die erste Dampfmaschine in Betrieb genommen, 1830 gab es schon 200 Textil- und Metallfabriken. 1834 trat Sachsen dem Zollverein bei, 1837 wurde der Dampfschiffverkehr auf der Elbe aufgenommen, und 1839 eröffnete man zwischen Dresden und Leipzig die erste Fernbahnstrecke Deutschlands, eine ingenieurtechnische Pioniertat. Bereits 1829 war der sächsische Industrieverein gegründet worden, der erste deutsche Unternehmerverband. Das kleine Königreich gab den Takt bei

1839: Erste Fernbahnstrecke Deutschlands zwischen Dresden und Leipzig

der Industrialisierung Deutschlands an, vollends mit der Forcierung des Braun- und Steinkohlenabbaus und mit ihm der Eisenindustrie. Das Gebiet um Riesa, Lauchhammer und Freital stieg im Verlauf des 19. Jh.s nach dem Ruhrgebiet und Oberschlesien zu Deutschlands drittgrößtem Eisen- und Stahlproduzenten auf.

Königreich Sachsen (Fortsetzung)

Auf politischer Ebene vollzog sich der Wandel nur zaghaft. Erst 1831, unter dem Eindruck der Pariser Julirevolution, gab sich Sachsen eine in demokratischer Hinsicht allerdings eher halbherzige Verfassung. So blieb es nicht aus, daß die revolutionären Ereignisse von 1848/1849 auch auf Sachsen und insbesondere auf Dresden übergriffen. Dort errichteten Revolutionäre, unter ihnen auch Gottfried Semper und Richard Wagner, im Mai 1849 Barrikaden und riefen zum Widerstand gegen die – preußischen – Truppen der Reaktion auf. Sachsen wurde von den Preußen besetzt, politisch kehrte man zu den Verhältnissen des Vormärz zurück.

Politischer Wandel

Im preußisch-österreichischen Krieg stand Sachsen wieder einmal auf der falschen Seite. Das Schlachtfeld von Königgrätz im Jahr 1866 verließ das sächsische Heer zusammen mit seinem österreichischen Bundesgenossen als Verlierer. Das Königreich wurde nun Mitglied im Norddeutschen Bund und verlor damit erheblich an staatlicher Souveränität. An Preußens Seite zog es in den Deutsch-Französischen Krieg und trat nach der Proklamierung in Versailles dem Deutschen Kaiserreich bei.

Einbindung in das Kaiserreich

1871: Beitritt zum Deutschen Reich

Die herausragende Stellung Sachsens in der Industrialisierung – 1895 arbeiteten 58 % aller sächsischen Erwerbstätigen in der Industrie (Reichsdurchschnitt: 39 %) – ließ die damit heraufbeschworenen sozialen Probleme offen zutage treten. In Sachsen erlebte die deutsche Arbeiterbewegung ihre Geburtsstunde, als 1863 Ferdinand Lasalle in Leipzig den Allgemeinen Deutschen Arbeiterverein gründete. August Bebel, wie Wilhelm Liebknecht auch in Leipzig aktiv, war bereits 1867 in den konstituierenden Norddeutschen Reichstag als erster sozialistischer Abgeordneter gewählt worden. 1871 erschien in Crimmitschau die erste sozialdemokratische Zeitung, 1876 wurde in Leipzig der "Vorwärts", das Zentralorgan der Sozialdemokratie, gegründet. Bis zur Machtübernahme durch die Nationalsozialisten hatte die Sozialdemokratie in Sachsen ihr Stammland; so eroberte sie bei den Reichstagswahlen von 1903 58,8 % der Stimmen, was 22 von 23 Wahlkreisen entsprach.

Hochburg der Arbeiterbewegung

1863: Gründung des Allgemeinen Deutschen Arbeitervereins in Leipzig

Freistaat Sachsen

Im Ersten Weltkrieg kämpfte die sächsische Armee als Dritte Deutsche Armee an der Marne und wurde später unter preußisches Kommando gestellt. Die Revolution erfaßte das Land am 8. November 1918, als in Leipzig, Chemnitz und Dresden Arbeiter- und Soldatenräte gegründet wurden. Am 10. November wurde in Dresden – im Zirkus Sarrasani (!) – die Republik ausgerufen, zwei Tage später dankte König Friedrich August III. ab.

Erster Weltkrieg und Revolution

10. November 1918: Ausrufung der Republik

Sachsen war nun Freistaat, der im Lauf des Jahres 1919 zwar einige von der äußersten Linken angezettelte Unruhen erleben mußte, sich aber am 1. November 1920 eine republikanische Verfassung geben konnte. Die darauffolgenden Wahlen gewannen knapp aber traditionsgemäß die Sozialdemokraten, die bis 1929 die Regierung stellten.
Allerdings erlebte Ministerpräsident Erich Zeigner eine in der deutschen Verfassungsgeschichte einmalige Situation: Als er 1923 zwei kommunistische Minister in sein Kabinett aufnehmen wollte, setzte Reichspräsident Ebert, sich auf Artikel 48 der Reichsverfassung berufend, die Regierung Zeigner ab und ließ zur Durchsetzung die Reichswehr nach Sachsen marschieren. Diese sog. Reichsexekution führte zu einer Verfassungskrise erster Güte und zum Rücktritt der Reichsregierung unter Reichskanzler Gustav Stresemann.

'Rotes Sachsen'

1923: Reichsexekution

Weltwirtschaftskrise

Das hochindustrialisierte Sachsen hatte unter der Weltwirtschaftskrise stärker zu leiden als andere Teile des Reichs. Fast ein Drittel aller Arbeitslosen in Deutschland lebte in Sachsen. Die Sozialdemokraten verloren an Boden, bürgerliche Kräfte übernahmen die Regierung. Die Nationalsozialisten legten zu, 1930 konnten sie im Vogtland 30 % der Stimmen gewinnen.

Gau Sachsen

Die Nationalsozialisten an der Macht

Mit der Freiheit im Freistaat war es vorbei, als nach den Wahlen vom 5. März 1933 die Nationalsozialisten die Macht übernahmen. Die NSDAP erzielte in Sachsen mit 45,1 % der Stimmen ein Ergebnis, wie es in vielen Teilen des Reichs der Fall war. Rasch besetzten sie alle wichtigen Stellen in Politik und Verwaltung und wandelten das Land zum Gau mit einem Reichsstatthalter an der Spitze um. Politische Gegner wurden verfolgt und ausgeschaltet. Bautzen, Waldheim und Torgau waren die Orte, in die Nazigegner verschleppt wurden, Burg Sonnenstein in Pirna einer der Haupttatorte der Euthanasie.

Zweiter Weltkrieg

Den Krieg erlebten die Sachsen seit 1943 in Gestalt von Luftangriffen, vor allem auf die großen Städte Leipzig, Zwickau, Chemnitz und Plauen, die schwerste Verwüstungen erlitten und Zehntausende von Opfern zu beklagen hatten. Als Fanal für den Wahnwitz des Bombenkrieges steht der Angriff auf Dresden am 13. und 14. Februar 1945, der die bis dahin verschonte, mit Flüchtlingen überfüllte Stadt in Schutt und Asche legte und allein 35 000 Tote forderte. Militärisch war der Angriff ohne Sinn.

25. April 1945: Begegnung an der Elbe

Zu diesem Zeitpunkt näherten sich bereits US-Truppen von Westen und die Sowjetarmee von Osten Sachsen. Ihre Vorhuten trafen sich am 25. April 1945 in Torgau an der Elbe und reichten sich auf der zerstörten Elbbrücke die Hände – so die offizielle Lesart, denn das erste Treffen so-

Bitte nicht in die Kamera schauen: der berühmte Händedruck an der Elbe

wjetischer und amerikanischer Truppen ereignete sich bereits wenige Stunden zuvor etwas weiter südlich bei Strehla, nur hatte niemand eine Kamera dabei. Auch das berühmte Foto des Händedrucks von Torgau ist nicht ganz echt: Die Begegnung wurde am nächsten Tag noch einmal nachgestellt und fotografiert.

Zweiter Weltkrieg (Fortsetzung)

Teil der DDR

Sowjetische Besatzungszone

Im Juli 1945 zogen sich die US-Truppen vereinbarungsgemäß aus Westsachsen zurück. Ganz Sachsen gehörte nun zur sowjetischen Besatzungszone, es war sogar um die westlich der Lausitzer Neiße gelegenen schlesischen Gebiete um Görlitz und Hoyerswerda erweitert worden. Das Sagen im Lande hatte die Sowjetische Militäradministration in Deutschland (SMAD). Daran änderten auch die Landtagswahlen im Oktober 1946 nichts, bei der die inzwischen durch den Zwangszusammenschluß von SPD und KPD gebildete SED die absolute Mehrheit knapp verfehlte und nur durch ein Bündnis mit der extrem kleinen Bauernhilfe die Regierung stellen konnte.
In Landwirtschaft und Industrie wurden alle Betriebe und Güter von einiger Bedeutung verstaatlicht. Dabei war der Agrarsektor im traditionellen Industrieland Sachsen weit weniger betroffen als die Industrie, was eine einzige Zahl verdeutlicht: 50 % aller in der Sowjetischen Besatzungszone enteigneten Betriebe lagen in Sachsen. Was die Sowjets selbst wichtig fanden, wurde entweder demontiert oder unter ihre eigene Verwaltung gestellt. Herausragendes Beispiel ist die Wismut AG, ab 1954 'Sowjetisch-Deutsche Aktiengesellschaft Wismut' (SDAG), die bis 1989 Uranerz fast ausschließlich für die sowjetische Atom- und Rüstungsindustrie lieferte und völlig unter sowjetischer Kontrolle war.

7. Oktober 1949: Sachsen wird ein Land der DDR

1952: Einteilung in Bezirke

Mit der Gründung der Deutschen Demokratischen Republik am 7. Oktober 1949 wurde Sachsen ein Land des neuen Staates. Im Oktober wählte man sogar einen neuen Landtag, der sich jedoch nicht lange seiner Existenz erfreuen konnte, denn bereits im Juli 1952 löste die DDR-Regierung die Länder der DDR auf. Sachsen wurde in die Bezirke Dresden, Leipzig und Chemnitz (ab 1953 Karl-Marx-Stadt) unterteilt.

Ende der DDR

Seit Oktober 1989: Montagsdemonstrationen in Leipzig

Das Ende der DDR kündigte sich im Frühjahr und Sommer 1989 an, als immer mehr ihrer Bürger die Ausreise über Ungarn glückte. Die Botschaftsbesetzer von Prag ertrotzten ebenfalls ihre Ausreise, die sie im September und Oktober 1989 per Bahn von der tschechoslowakischen Hauptstadt über Dresden in die Bundesrepublik führte. Am 2. Oktober gingen 20 000 Menschen in Leipzig zur 'Montagsdemonstration' auf die Straße, um gegen das SED-Regime zu protestieren, am 16. Oktober zählte Leipzig 100 000 Demonstranten. Die Montagsdemonstrationen erhielten trotz Behinderungen durch Polizei und Stasi von Mal zu Mal mehr Zulauf und griffen von Leipzig auf die restliche DDR und vor allem nach Ostberlin über und hielten bis ins Jahr 1990 hinein an.
Am 18. Oktober 1989 löste Egon Krenz Erich Honecker als SED-Generalsekretär ab; am 8. November trat das Politbüro zurück. Fünf Tage später wurde Hans Modrow, SED-Bezirkschef von Dresden, neuer Ministerpräsident der DDR.

Wieder Freistaat Sachsen

3. Oktober 1990: Sachsen wird Bundesland

Doch auch Modrow konnte das Ende der DDR nicht verhindern: Am 3. Oktober 1990 vereinigen sich die Bundesrepublik Deutschland und die Deutsche Demokratische Republik. Sachsen wird Bundesland und führt wieder den Titel eines Freistaats.
Aus den Landtagswahlen vom 14. Oktober 1990 geht die CDU mit ihrem Spitzenkandidaten Kurt Biedenkopf als klarer Sieger hervor. Biedenkopf

Montag, 30. Oktober 1989 auf dem Karl-Marx-Platz in Leipzig: "Wir sind das Volk!"

Freistaat Sachsen (Fortsetzung)

wird auf der konstituierenden Sitzung des Landtags in der Dresdner Dreikönigskirche zum Ministerpräsidenten gewählt. Bei den Wahlen 1994 kann er seinen Erfolg wiederholen, er steigert sein Ergebnis sogar auf 57,9 % der Stimmen.

Wirtschaftlich übernimmt Sachsen eine Vorreiterrolle in den neuen Bundesländern. Es weist die höchsten Zuwachsraten auf, auch wenn sich seit Mitte des Jahrzehnts einige Wölkchen am Wachstumshimmel zeigen.

Berühmte Persönlichkeiten

Hinweis

Die nachstehende, namensalphabetische Liste vereinigt Persönlichkeiten, die durch Geburt, Aufenthalt, Wirken oder Tod mit Sachsen verbunden sind und überregionale, oft sogar weltweite Bedeutung erlangt haben. Es wurden überwiegend Personen berücksichtigt, die auf dem Gebiet des heutigen Freistaats gelebt oder gewirkt haben.

Georgius Agricola (1494 – 1555) Begründer der Bergbaukunde

Georg Bauer wurde am 24. März 1494 in Glauchau geboren. Ganz dem Geist der Renaissance entsprechend, latinisierte er seinen Namen und nannte sich Georgius Agricola. Er arbeitete als Lehrer für Griechisch und Latein in Zwickau, als Stadtarzt in Sankt Joachimstal und in Chemnitz, wo er auch Bürgermeister war. Vor allem aber fand er Zeit, den Bergbau, die Mineralien und die Geologie zu erforschen. Von seinen zahlreichen Büchern zu den verschiedensten Themen gilt das 1546 erschienene "De natura fossilium" als erstes Handbuch der Mineralogie; sein Hauptwerk aber, an dem er 20 Jahre lang arbeitete, erschien erst ein Jahr nach seinem Tod am 21. November 1555: Mit dem voluminösen Buch "De re metallica", der akribischen Beschreibung des erzgebirgischen Berg- und Hüttenwesens, schuf er die Grundlage für den modernen Bergbau.

August der Starke (1670 – 1733) Kurfürst von Sachsen und König von Polen

Nachdem sein älterer Bruder mit 26 Jahren ohne Erben verstorben war, trat der am 12. Mai 1670 geborene August im Alter von 24 Jahren als Kurfürst Friedrich August I. die Regentschaft an. Nach Übertritt zum Katholizismus konnte er 1697 mit Hilfe immenser Bestechungsgelder die polnische Königskrone erringen, die er während des Nordischen Kriegs 1706 wieder verlor, 1709 mit russischer Hilfe aber zurückgewann. Jedoch erfüllte sich sein Streben, Polen in eine Erbmonarchie umzuwandeln, nicht. Während seiner Regentschaft wurde der prachtvolle Dresdner Hof, größtenteils finanziert durch der Bevölkerung immer wieder auferlegte Steuerlasten und durch Ländereienverkauf, zu einem Zentrum von Kunst und Kultur in Europa. Dresden erhielt zahlreiche neue Bauwerke, allen voran den Zwinger. August der Starke verdankte seinen Beinamen seiner imposanten Gestalt und seinen Bärenkräften, mit denen er u. a. Hufeisen verbog. Auch anderweitig stellte er seine Kräfte unter Beweis: Mit allerlei Mätressen – die Rede ist von 150 bis 300 – soll er eine ähnlich hohe Anzahl Nachkommen gezeugt haben. Er starb am 1. Februar 1733 in Warschau und ist im Dom zu Krakau beigesetzt. Sein Herz jedoch ruht seinem Wunsch entsprechend in der Gruft der Hofkirche zu Dresden.

Johann Sebastian Bach (1685 – 1750) Komponist

Als einer der letzten Vertreter einer Epoche, die Musik als öffentliche Aufgabe und nicht als bloße Kunstform betrachtete, schuf Johann Sebastian Bach, am 21. März 1685 in Eisenach geboren, eine Vielzahl von Komposi-

Johann Sebastian Bach (Fortsetzung)

tionen, vor allem Orgelstücke, geistliche Vokalwerke wie das Weihnachtsoratorium, die Johannespassion und die Messe in h-Moll, aber auch weltliche Musik wie die berühmten Brandenburgischen Konzerte. Nach der Lateinschule in Ohrdruf war Bach Organist und Konzertmeister in verschiedenen Städten, bevor er 1723 Thomaskantor in Leipzig wurde, wo er bis an sein Lebensende am 18. Juli 1750 blieb. Aus zwei Ehen gingen 20 Kinder hervor, von denen vier Söhne – Wilhelm Friedemann, Carl Philipp Emmanuel, Johann Christoph Friedrich und Johann Christian – gleichfalls bedeutende Komponisten wurden.

George Bähr (1666 – 1738) Kirchenbaumeister

George Bähr, Hauptmeister des protestantischen Kirchenbaus in Sachsen, am 15. März 1666 in Fürstenwalde im Erzgebirge geboren, war gelernter Zimmermann und wurde 1705 vom Dresdner Rat zum Ratszimmermeister berufen. Nachdem er für die Entwürfe und die Bauleitung mehrerer Kirchen außerhalb Dresdens verantwortlich gezeichnet hatte, erhielt Bähr 1722 den Auftrag zum Bau der neuen Frauenkirche. Nach mehrjährigen Planungs- und Entwurfsarbeiten fand 1726 die Grundsteinlegung für den Kirchenbau statt, der zu einem der Hauptwerke des Barock in Europa gedieh. Bähr hat die Fertigstellung seines gelungensten Bauwerks (1743) jedoch nicht mehr erlebt. Er starb einen Tag nach seinem zweiundsiebzigsten Geburtstag 1738 in Dresden und wurde auf dem Johannis-Friedhof beigesetzt. Sein von Johann Christian Feige d. Ä. für die Frauenkirche gestaltetes Grabmal wurde 1994 bei deren Enttrümmerung freigelegt.

Johann Friedrich Böttger (1682 – 1719) Erfinder des europäischen Porzellans

1705 ließ August der Starke den am 4. Februar 1682 in Schleiz geborenen Alchimisten Johann Friedrich Böttger, der vorgab, Gold herstellen zu können, von Wittenberg, wohin er vor dem preußischen König geflohen war, auf die Festung Königstein bringen und von dort 1707 in die Gewölbe der Jungfernbastei unter der heutigen Brühlschen Terrasse nach Dresden. Graf Ehrenfried Walther von Tschirnhaus lenkte die experimentelle Begabung des jungen Böttger auf die von ihm selbst begonnenen Versuche zur Porzellanherstellung. 1708 gelang Böttger zunächst die Produktion einer rotbraunen Fayence, dem sog. Böttger-Steinzeug, und 1709 die Erfindung des weißen europäischen Hartporzellans, das bald als das Porzellan mit den blauen Schwertern zur heißbegehrten Ware wurde. Die 1710 gegründete erste europäische Porzellanmanufaktur in Dresden, mit Böttger als Administrator, wurde aus Geheimhaltungsgründen noch im gleichen Jahr auf die Albrechtsburg nach Meißen verlegt. Böttger, der ständig abgeschirmt und unter strengster Bewachung lebte, fiel 1719 einem Intrigenspiel zum Opfer, wurde verhaftet und starb kurz darauf am 13. März desselben Jahres in Dresden.

Anna Constanze Gräfin von Cosel (1680 – 1765)

Was es hieß, Mätresse Augusts des Starken zu sein und bei ihm in Ungnade zu fallen, erfuhr wohl kaum jemand härter am eigenen Leib als die Gräfin Cosel. Die am 17. Oktober 1680 in der Nähe von Plön geborene Tochter eines dänischen Offiziers, verheiratet mit dem sächsischen Minister von Hoym, ließ sich 1699 von diesem scheiden, um sich voll und ganz ihrem Liebhaber August widmen zu können. 1707 machte er sie zur Gräfin von Cosel. Die pfeiferauchende 'sächsische Pompadour' hielt neun Jahre lang den Dresdner Hof in Atem und ließ sich u. a. von August Schloß Pillnitz schenken und das Taschenbergpalais bauen. Als August jedoch ein Auge auf die polnische Gräfin Maria Dönhoff geworfen hatte, diese sogar ein Kind von ihm bekam und er der Cosel überdrüssig geworden war, weigerte sie sich, ihren Platz zu räumen. August verbannte sie daraufhin aus Dresden, und sie floh ins Preußische.

Anna Constanze Gräfin von Cosel (Fortsetzung)

Von dort forderte sie die Anerkennung der gemeinsamen drei Kinder als Erben sowie die Einlösung eines Eheversprechens von August. Der aber arrangierte sich mit Friedrich Wilhelm I.: Gegen eine Anzahl preußischer Gefangener wurde die Gräfin ausgetauscht und 1716 auf Burg Stolpen inhaftiert. Dort verbrachte sie die letzten 49 Jahre ihres Lebens allein und starb am 31. März 1765.

Gert Fröbe (1913 – 1988) Schauspieler

Gert Fröbe, einer der wenigen deutschen Filmschauspieler von Weltrang, hieß eigentlich Karl-Gerhard Fröber und wurde am 25. März 1913 in Oberplanitz im Kreis Zwickau geboren. Erst spät zum Schauspielerberuf gekommen, hatte er einen ersten Erfolg als 'Otto Normalverbraucher' in dem Film "Berliner Ballade" (1948). Mit der Darstellung eines Triebtäters in "Es geschah am hellichten Tag" (1958) gelang ihm der Durchbruch zu einer internationalen Karriere, in der er seine Wandlungsfähigkeit und sein schauspielerisches Können in den unterschiedlichsten Rollen unter Beweis stellte: als Familientyrann in "Via Mala" (1961), als Oberschuft "Goldfinger" im gleichnamigen James-Bond-Film (1965), aber auch als Erzkomödiant in der Titelrolle des Kinderfilms "Der Räuber Hotzenplotz" (1974). Gert Fröbe starb am 5. September 1988 in München.

Carl Friedrich Goerdeler (1884 – 1945) Politiker

Der im pommerschen Schneidemühl am 31. Juli 1884 geborene Carl Friedrich Goerdeler war als Mitglied der Deutsch-Nationalen Volkspartei von 1920 bis 1930 zweiter Bürgermeister von Königsberg in Ostpreußen und wurde dann zum Oberbürgermeister von Leipzig gewählt. Den 1933 an die Macht gekommenen Nazis stand er anfangs durchaus positiv gegenüber, wandte sich dann aber angesichts deren Rechts- und Rassenpolitik von ihnen ab, was seinen Ausdruck auch in der Ablehnung seiner Wiederwahl zum Leipziger Stadtoberhaupt im Jahr 1937 fand. Seit 1938 hatte er Kontakt zu Widerstandskreisen in der Wehrmacht, der nach Kriegsbeginn intensiver wurde. Er befürwortete die Absetzung Hitlers und die Errichtung einer auf die Autorität eines Präsidenten gestützte, parlamentarisch kontrollierte Staatsform, lehnte aber ein Attentat auf Hitler er entschieden ab. Dennoch hatten ihn die Männer des 20. Juli als Reichskanzler vorgesehen. Nach dem mißlungenen Attentat floh Goerdeler, wurde aber denunziert und am 2. Februar 1945 in Berlin-Plötzensee gehenkt.

Christian Friedrich Samuel Hahnemann (1755 – 1843) Arzt und Chemiker

Sein Name ist nur wenigen geläufig, sein Werk jedoch – seien es vehemente Kritiker oder begeisterte Befürworter – kennen viele: Der am 10. April 1755 in Meißen als Sohn eines Porzellanmalers geborene Samuel Hahnemann ist der 'Entdecker' der Homöopathie, vielfach fälschlicherweise als bloße 'Naturheilkunde' verstanden. Hahnemann arbeitete u. a. in Torgau und Leipzig, von wo er 1821 auf Betreiben der Apothekerzunft ausgewiesen wurde, bevor er sich 1835 endgültig in Paris niederließ, um dort eine europaweit anerkannte Homöopathiepraxis zu betreiben. Das Prinzip, das Hahnemann zu entdecken geglaubt hat, nannte er das 'Simile-Prinzip', worunter er die Ähnlichkeit von Arzneibild und Krankheit verstand und den Namen seiner Lehre ableitete (griech. Homöopathie = ähnliches Leiden). Er war der Überzeugung, daß die Verabreichung einer vielfach verdünnten Arzneilösung, die in unverdünntem Zustand dieselben oder ähnlichen Symptome auszulösen vermag wie die eigentliche Krankheit, diese heilen würde. Diese beiden Prinzipien – Simile und Verdünnung in Potenzen – formulierte er erstmals 1796 in dem Aufsatz "Versuch über ein neues Prinzip zur Auffindung der Heilkräfte der Arzneisubstanzen nebst einigen Blikken auf die bisherigen" und legte sie umfassend im 1810 erschienenen "Organon der Heilkunst" nieder, das noch heute die 'Bibel der Homöopathen' ist. Samuel Hahnemann starb am 2. Juli 1843 in der französischen Hauptstadt.

Erich Kästner (1899 – 1974) Schriftsteller

Der in Dresden-Neustadt am 23. Februar 1899 geborene Schriftsteller Erich Kästner war der Sohn eines Sattlermeisters. Er besuchte zunächst ein Lehrerseminar, wurde aber 1917 zum Militärdienst eingezogen. Nach Tätigkeiten als Bankbeamter und Redakteur studierte Kästner Germanistik,

Erich Kästner (Fortsetzung)

promovierte 1925 zum Dr. phil. und ging 1927 als freier Schriftsteller nach Berlin. Nach der Machtergreifung durch die Nationalsozialisten wurden seine Bücher verboten und verbrannt; er publizierte fortan im Ausland, z. T. unter verschiedenen Pseudonymen. Nach dem Zweiten Weltkrieg ließ er sich in München nieder, wo er am 29. Juli 1974 verstarb. Erich Kästner schrieb ironisch-sarkastische Gedichte gegen Spießermoral und Militarismus ("Herz auf Taille", 1928), war besonders erfolgreich mit Romanen ("Fabian", 1931; "Drei Männer im Schnee", 1934) sowie mit phantasievoll spannenden Kinder- und Jugendbüchern ("Emil und die Detektive", 1929; "Pünktchen und Anton", 1931; "Das doppelte Lottchen", 1949) und arbeitete auch als Dramatiker und Drehbuchautor (als solcher schrieb er auch unter Pseudonym im Dritten Reich).

Gotthold Ephraim Lessing (1729 – 1781) Schriftsteller und Journalist

Gotthold Ephraim Lessing wurde am 22. Januar 1729 als Pfarrerssohn in Kamenz in der Oberlausitz geboren. Er besuchte die Fürstenschule St. Afra in Meißen und studierte in Leipzig Medizin und Theologie. Von 1748 an lebte er als Journalist in Berlin, wo er u. a. für die Vossische Zeitung schrieb. Nach verschiedenen Zwischenstationen kehrte er 1758 wieder nach Berlin zurück. Zusammen mit dem Verleger Friedrich Nicolai und dem Philosophen Moses Mendelssohn schrieb er dort die "Briefe, die neueste Literatur betreffend", eine grundlegende Auseinandersetzung mit dem Literaturverständnis der Zeit und eine klare Absage an Gottsched zugunsten Shakespeares. In dem Stück "Nathan der Weise" setzte er seinem Freund Mendelssohn ein literarisches Denkmal und machte sich zum Autor des aufklärerischen Ideendramas schlechthin. Lessing, der früh schon Theatererfahrungen mit der Neuberschen Truppe sammelte, gilt als Begründer des bürgerlichen Trauerspiels ("Miss Sara Sampson", "Emilia Galotti") und mit der "Minna von Barnhelm" auch des Charakterlustspiels. In diesem Stück thematisierte er in der Liebe eines preußischen Offiziers zu einem sächsischen Mädchen auch den Gegensatz zwischen Preußen und Sachsen. Seine Auffassung vom Theater legte er in der "Hamburgischen Dramaturgie" nieder. 1770 übernahm er die Leitung der Bibliothek zu Wolfenbüttel. Lessing, der sich auch als Ästhetiker und Fabelerzähler hervortat, starb am 15. Februar 1781 in Braunschweig.

Martin Luther (1483 – 1546) Reformator

Im Alter von 22 Jahren trat der am 10. November 1483 in Eisleben geborene Martin Luther in das Augustinerkloster zu Erfurt ein, wo er 1507 zum Priester geweiht wurde. 1512 promovierte er zum Doktor der Theologie und erhielt einen Lehrstuhl für Bibelexegese im damals kursächsischen Wittenberg. Als Beginn der Reformation werden seine 1517 in Wittenberg veröffentlichten 95 Thesen betrachtet, mit denen er u. a. gegen den Ablaßhandel Tetzels zu Felde zog. Vollends offensichtlich wurde sein Bruch mit dem Katholizismus 1519 bei der Leipziger Disputation mit Eck; 1520 entstanden, teils in Torgau, seine bedeutendsten reformatorischen Schriften. Die Kirche drohte ihm 1521 mit dem Bann, doch verweigerte er auf dem Reichstag zu Worms den Widerruf seiner Thesen. Als 'Junker Jörg' hielt er sich auf der Wartburg verborgen und übersetzte das Neue Testament ins Deutsche. Dies ist seine zweite große

Martin Luther (Fortsetzung)

Leistung: die umfassende Formung eines auf der kurmeißnischen Kanzleisprache fußenden Idioms, das zur Grundlage des Neuhochdeutschen wurde. Martin Luther starb am 18. Februar 1546 in seiner Geburtsstadt.

Karl May (1842 – 1912) Schriftsteller

Karl May, am 25. Februar 1842 als fünftes von vierzehn Kindern einer Weberfamilie in Hohenstein-Ernstthal geboren, war zunächst Volksschullehrer und schlug sich danach für einige Zeit auf recht zweifelhafte Weise, die ihm auch eine Haftstrafe eintrug, durchs Leben. Seit 1890 gehört er mit seinen literarischen Helden Old Shatterhand, Old Surehand, Winnetou, Kara Ben Nemsi u. a. zu den am meisten gelesenen deutschen Schriftstellern. Im April 1883 siedelte Karl May nach Dresden über, 1896 schuf er sich mit der 'Villa Shatterhand' in Radebeul sein endgültiges Heim. Seine in 25 Sprachen übersetzten Bücher – allein die deutschsprachigen Ausgaben nähern sich einer Auflage von 50 Millionen – wurden Vorlagen für zahlreiche Verfilmungen, Dramatisierungen, Hörspiele u. a. Zum Zeitpunkt des Entstehens kannte er die meisten seiner Romanschauplätze nur aus Büchern, um so erstaunlicher seine präzisen Beschreibungen; nachdem er zu Ruhm und Reichtum gelangt war, holte er einige Reisen nach. Er starb am 30. März 1912.
Auf der Felsenbühne Rathen in der Sächsischen Schweiz werden jeden Sommer Stücke nach Karl May aufgeführt.

So sah er sich am liebsten.

Friederike Caroline Neuber (1697 – 1766) Schauspielerin und Theaterprinzipalin

Das deutschsprachige Theater verdankt es auch der am 9. März 1697 in Reichenbach im Vogtland geborenen 'Neuberin', daß die deutsche Hochsprache auf den Bühnen Fuß fassen konnte. Friederike Caroline Neuber war zunächst Schauspielerin bei einer Wanderbühne und betrieb seit 1727 ein festes Theater in Leipzig. Dort arbeitete sie mit Johann Christoph Gottsched (1700 – 1760) daran, das französische Drama in deutscher Hochsprache zu etablieren und die Haupt- und Staatsaktionen sowie die Hanswurstiaden aufzugeben. 1737 verbannte sie gar in einer Allegorie den Hanswurst von der Bühne; vier Jahre später allerdings wurden ihr Gottscheds Pedanterie und Dogmatismus zuviel und sie gab die Zusammenarbeit auf. Sie ging wieder auf Tournee, aber 1750 zerfiel ihre Truppe. Friederike Caroline Neuber starb am 30. November 1766 verarmt im heute zu Dresden gehörenden Laubegast.

Hermann Fürst von Pückler-Muskau (1785 – 1871)

Hermann Fürst von Pückler-Muskau, am 30. Oktober 1785 auf Schloß Muskau an der Neiße geboren, den meisten bekannt als Erfinder der legendären Eisbombe (Rezept s. S. 253), war der erste, der in Deutschland einen Park – eben in Muskau – nach englischem Vorbild schuf. Seine Erkenntnisse schrieb er 1834 in dem Buch "Andeutungen über Landschaftsgärtnerei" nieder, einem Klassiker der Literatur über Gartenarchitektur.

Hermann Fürst von Pückler-Muskau (Fortsetzung)

Allerdings verschlang der Gartenbau seines und vor allem das Vermögen seiner Frau Lucie von Pappenheim – diese machte ihm daraufhin den Vorschlag, nach England zu reisen und dort eine wohlhabende Partie zu finden. Damit hatte der Lebemann und Grandseigneur allererster Güte zwar keinen Erfolg, doch sein Reisebericht "Briefe eines Verstorbenen" verkauften sich so gut, daß er weitere Reisen literarisch verwertete (u. a. "Aus Mehmed Alis Reich"). Zeitlebens verschmähte er auch die Frauen nicht – auf seiner Ägyptenreise kaufte er sich 1837 die abessinische Sklavin Machbuba, zu deutsch die 'Goldige', und brachte sie 1840 mit nach Muskau, wo sie nach wenigen Monaten allerdings an Tuberkulose starb. Seinen Mitmenschen blieb er durch allerlei Extravaganzen in Erinnerung; so ist er als Brautwerber um Lucie eines Tages in Berlin Unter den Linden mit einer von Hirschen gezogenen Kutsche vor der Konditorei Kranzler vorgefahren. Ein solcher Lebensstil hatte seinen Preis: 1845 mußte er sein Stammschloß verkaufen und zog nach Schloß Branitz bei Cottbus um – und begann wieder mit der Anlage eines Gartens. Kaum bekannt ist, daß er von Napoleon III. den Auftrag erhielt, nahe Paris einen idealisierten Eichenwald zu gestalten: den Bois de Boulogne. Noch 1870, mit 85 Jahren, meldete er sich als Kriegsfreiwilliger gegen Frankreich (und wurde natürlich nicht genommen). Er starb am 4. Februar 1871 auf Schloß Branitz. Seinem Wunsch entsprechend, wurde sein Körper in Säure aufgelöst, sein Herz aber in der Seepyramide des Branitzer Parks beigesetzt.

Adam Ries (1492 – 1559) Rechenmeister

Der berühmte Rechenmeister Adam Riese hieß tatsächlich nur Adam Ries. Als solcher wurde er 1492 im oberfränkischen Staffelstein geboren. Im Alter von knapp 30 Jahren zog es ihn nach Annaberg im Erzgebirge, wo der Silberreichtum floß, und er eröffnete eine Rechenschule. Ungefähr zur selben Zeit – 1522 – war bereits sein Hauptwerk "Rechenung auff den Linihen und Federn" (= auf dem Abakus bzw. schriftlich) erschienen, das zur Grundlage des schriftlichen Rechnens wurde. Seitdem rechnet man in Deutschland "nach Adam Riese". Adam Ries aber wurde 1539 'Churfürstlich Sächischer Hofarithmetikus'; er starb am 30. März 1559 in Annaberg.

Helmut Schön (1915 – 1996) Fußballtrainer

Helmut Schön, der 'Lange', ist der bislang erfolgreichste Trainer einer deutschen Fußballnationalmannschaft. Am 15. September 1915 in Dresden geboren, spielte er von 1930 bis 1945 beim SC Dresden, danach bis 1950 bei Dresden-Friedrichstadt und schließlich bei Hertha BSC Berlin. Als Nationalspieler unter Sepp Herberger, dessen Assistent er später wurde, kam er – bedingt durch den Krieg – nur wenig zum Zug; um so erfolgreicher war er seit 1964 als Bundestrainer: Vizeweltmeister 1966, WM-Dritter 1970, Europameister 1972, Weltmeister 1974 und Vize-Europameister 1976. Er brachte so erfolgreiche Spieler wie Franz Beckenbauer und Gerd Müller heraus. Das Ende seiner Laufbahn kam mit dem Ausscheiden gegen den fußballerischen Erzfeind Österreich bei der WM 1978 in Argentinien, nach der er seine berühmte Schiebermütze enttäuscht an den Nagel hängte. Helmut Schön starb am 23. Februar 1996 in Wiesbaden.

Daniel Gottlob Moritz Schreber (1808 – 1861) Arzt

Wofür der am 15. Oktober 1808 in Leipzig geborene Daniel Gottlob Moritz Schreber noch heute bekannt ist, die Schrebergärten nämlich, hatte er so gar nicht im Sinn. Ihm ging es vielmehr um Volksgesundheit im allgemeinen und der der Kinder im besonderen. Unermüdlich gab er als Arzt in Leipzig Anleitungen zur richtigen Säuglingspflege und -ernährung, propagierte Heilgymnastik und Turnen und forderte die Einrichtung von Spielplätzen. Erst zwei Jahre nach seinem Tod am 10. November 1861 gründete

Daniel Gottlob Moritz Schreber (Fortsetzung)

sein Freund Dr. Ernst Innozenz Hausschild den ersten Schreberverein, der aber immer noch keinen Garten besaß, sondern sich der Pflege der Ideen von Dr. Schreber verpflichtete. Es war das Vereinsmitglied Lehrer Gesell, der vorschlug, Kleingärten zum Spiel und zur Erholung einzurichten, den Namen erhielten die Gärten aber nach Dr. Schreber. Der erste Schrebergarten existiert noch in Leipzig nahe der Hochschule für Körperkultur.

Johann Andreas Schubert (1808 – 1870) Ingenieur

Johann Andreas Schubert, ein äußerst vielseitig begabter Ingenieur, war Hochschullehrer, Erfinder, Konstrukteur und Unternehmer und gehört zu den Pionieren der industriellen Revolution in Deutschland. In Wernesgrün im Vogtland am 19. März 1808 geboren, wurde Schubert bereits mit zwanzig Jahren an die eben gegründete Königliche Technische Bildungsanstalt nach Dresden berufen, wo er den praktischen Maschinenbau als Ausbildungsschwerpunkt durchsetzte. 1833 gründete er den Dresdner Gewerbeverein und übernahm dessen Leitung. In dem von ihm 1836 errichteten Aktien-Maschinenbau-Verein Dresden-Übigau, der damals zweitgrößten Maschinenbaufabrik Sachsens, wurden unter seiner Leitung und nach seinen Plänen 1836 / 1837 die ersten Elbe-Personendampfschiffe "Königin Maria" und "Prinz Albert" gebaut sowie 1836 – 1839 die "Saxonia", die erste deutsche Lokomotive. Sie befuhr die Eisenbahnstrecke Leipzig – Dresden seit deren Eröffnung im Jahr 1839 und war 18 Jahre im Einsatz. Schubert verstarb am 6. Oktober 1870 in Dresden.

Robert Schumann (1810 – 1856) Komponist

Clara Schumann (1819 – 1896) Pianistin

Robert Schumann wurde am 8. Juni 1810 in Zwickau geboren. Bereits früh zeigte sich sein Talent für das Klavierspiel, dennoch mußte er 1828 / 1829 für kurze Zeit Jura studieren. Zu diesem Zeitpunkt war ihm jedoch schon klar, daß er eine Karriere als Pianist anstreben wollte, was jedoch eine Handverletzung verhinderte. Er verlegte sich aufs Komponieren und die Musiktheorie, die er in der 1834 von ihm gegründeten "Neuen Zeitschrift für Musik" ausbreitete: Er strebte dem Ideal einer poetischen Musik nach, das sich voll und ganz am romantischen Kunstbegriff orientierte und viele Anleihen und Anregungen aus der romantischen Lyrik empfing. Seine neue Richtungen aufzeigenden Kompositionen – Klaviermusik sowie Lieder und Orchesterwerke, in denen das Klavier eine tragende Rolle spielt – machten Robert Schumann zum Hauptvertreter der romantischen Musik; sein introvertiertes Wesen allerdings versperrte ihm den Weg zu echtem Erfolg. Über Leipzig und Dresden kam er 1850 als Städtischer Musikdirektor nach Düsseldorf, wo er jedoch bald Opfer von Intrigen wurde. Seine Neigung zu Depressionen brach nun vollends durch; die letzten beiden Jahre bis zu seinem Tod am 29. Juli 1856 verbrachte er in einer Heilanstalt bei Bonn.
Im Jahr 1840 heiratete Robert Schumann die Tochter seines Klavierlehrers Friedrich Wieck gegen dessen Widerstand. Clara Schumann, am 13. September 1819 in Leipzig geboren, war zu diesem Zeitpunkt schon eine in Europa sehr erfolgreiche Konzertpianistin, besonders mit Interpretationen von Werken Beethovens, Brahms', Chopins und natürlich Schumanns. Nach dem Tod ihres Mannes kam sie über Berlin und Lichtental in Baden nach Frankfurt am Main, wo sie als Klavierlehrerin am Konservatorium arbeitete und am 20. Mai 1896 starb.

Heinrich Schütz (Henricus Sagittarius; 1585 – 1672) Komponist

Landgraf Moritz von Hessen schickte den am 14. Oktober 1585 in Köstritz geborenen, in seinen Diensten stehenden Heinrich Schütz im Jahr 1609 für drei Jahre nach Venedig zu Giovanni Gabrieli, um ihn zum Musiker auszubilden zu lassen. Nach seiner Rückkehr war Schütz zunächst Hoforganist in Kassel, bis er 1617 als Hofkapellmeister nach Dresden ging und diesen Posten, abgesehen von einigen Unterbrechungen, darunter einem weiteren Studienaufenthalt in Italien, bis zu seinem Tode am 6. November 1672 auch behielt. Heinrich Schütz verband in seinen Kompositionen als erster die neuen Formen der italienischen Musik des 16. Jh.s mit der deutschen kompositorischen Tradition und führte die deutsche Musik vor allem in der Kirchenmusik zu neuer Größe. Aus seiner Feder stammt auch die erste deutsche Oper, "Daphne" (1627), deren Partitur jedoch nicht erhalten ist.

Berühmte Persönlichkeiten

Johann Gottfried Silbermann (1683 – 1753) Orgelbaumeister

Der am 14. Januar 1683 in Kleinbobritzsch bei Frauenstein in einer Orgel- und Klavierbauerfamilie geborene Johann Gottfried Silbermann ging bei seinem Bruder Andreas in Straßburg in die Lehre. Es gelang ihm, Orgeln von ungewöhnlicher Klangreinheit, Klarheit und Klangfülle zu bauen. 1740 erfand er das Cembal d'amour und trug durch die Verbesserung der Hammermechanik des von Christofori erfundenen Pianoforte wesentlich zu dessen Verbreitung bei. In Sachsen baute er ca. 50 Orgeln, darunter zahlreiche im Erzgebirge und in Dresden u. a. die der Frauenkirche (1730 – 1736). Seine letzte und größte Orgel in der Dresdner Hofkirche blieb als einzige in Dresden unzerstört. Deren Bau (1750 – 1755) wurde nach Silbermanns Tod am 4. August 1753 von seinem Neffen Johann Daniel Silbermann und seinem Schüler Zacharias Hildebrandt vollendet.

Walter Ulbricht (1893 – 1973) Politiker

Der am 30. Juni 1893 in Leipzig geborene Walter Ulbricht erlernte den Beruf des Tischlers und engagierte sich früh in der KPD. Zunächst Abgeordneter im sächsischen Landtag, wurde er 1928 Mitglied des Reichstags, emigrierte 1933 nach Moskau, nahm von 1936 bis 1938 als Politkommissar am Spanischen Bürgerkrieg teil und war 1943 Mitbegründer des 'Nationalkomitees Freies Deutschland'. Ende April 1945 kehrte er als Stalins Vertrauensmann an der Spitze der 'Gruppe Ulbricht' nach Berlin zurück mit der Aufgabe, die Vereinigung von SPD und KPD mit dem Ziel eines sozialistischen deutschen Staats zu betreiben. In der DDR bekleidete er zunächst den Posten eines Stellvertretenden Ministerpräsidenten, wurde 1950 Generalsekretär der SED und war von 1953 bis 1971 Erster Sekretär des ZK der SED. Nach dem Tod Wilhelm Piecks wurde er 1960 auch Staatsratsoberhaupt der DDR. In seine Amtszeit fällt der Bau der Berliner Mauer, aber auch der Aufstieg der DDR zum wirtschaftlich stärksten Land des Ostblocks. Das daraus erwachsene Selbstvertrauen suchte er zu einer von der UdSSR unabhängigeren Politik zu nutzen, was jedoch zu seinem u. a. von seinem Nachfolger Erich Honecker initiierten Sturz führte.
Ulbricht, genannt 'der Spitzbart', galt im Westen als der Typus des kommunistischen Apparatschiks schlechthin – immer das Fähnlein in den Wind hängend, Gegner gnadenlos ausschaltend, ohne größere intellektuelle Interessen. Seine hohe, monoton-sächselnde Singsang-Stimme hat viel dazu beigetragen, die DDR als ein einziges Sachsen und Sachsen als 'typisch DDR' zu karikieren. Er starb am 1. August 1973 in Ostberlin.

Barbara Uthmann (1514 – 1575) 'Wohltäterin des Erzgebirges'

Barbara Uthmann ist noch heute als die 'Wohltäterin des Erzgebirges' bekannt. Sie wurde im Jahr 1514 nahe Annaberg geboren und heiratete bereits mit 15 Jahren den reichen Grubenbesitzer Christoph Uthmann. Als dieser 1543 starb, leitete sie selbständig die Gruben und Erzhütten weiter, und als die Erzvorkommen erschöpft waren, hielt sie Ausschau nach einem neuen Gewerbe. Sie fand es in der Spitzenklöppelei, führte dieses Handwerk im Erzgebirge ein und beschäftigte damit zeitweilig fast tausend Frauen. Sie starb am 15. Januar 1575 in Annaberg. In ihrem Testament verpflichtete sie ihre Erben zur Gründung von zwei Armen-Stiftungen.

Richard Wagner (1813 – 1883) Komponist

Ein guter Teil von Wagners Leben und Schaffen ist mit Sachsen, vor allem mit Dresden, verbunden. Am 22. Mai 1813 in Leipzig geboren, wuchs Richard Wagner in Dresden auf und besuchte bis 1827 die Kreuzschule. Nach Gymnasium, Studium und Tätigkeiten als Kapellmeister, Chor- und Musikdirektor kehrte er 1842 nach Dresden zurück und wurde Hofkapellmeister auf Lebenszeit. Wegen seiner Teilnahme am Maiaufstand mußte er 1849 jedoch aus Sachsen fliehen. In seiner Dresdner Zeit fanden in der

Richard Wagner (Fortsetzung)

ersten Semperoper die Uraufführungen von "Rienzi" (1842), dem "Fliegenden Holländer" (1843) und von "Tannhäuser" (1845) statt. Ebenfalls in dieser Zeit begründete Wagner seine bahnbrechenden kunsttheoretischen Schriften und erarbeitete den Plan der "Organisation eines Nationaltheaters für das Königreich Sachsen", der aber scheiterte. Richard Wagner starb am 13. Februar 1883 in Venedig.

Herbert Wehner (1906 – 1990) Politiker

Nicht nur beim politischen Gegner, von denen er manchen im Bundestag durch seine Zwischenrufe aus dem Konzept brachte, auch in den eigenen Reihen war Herbert Wehner, eine der zentralen Figuren der SPD der Nachkriegszeit, als Kritiker und Zuchtmeister gefürchtet.
Der Weg des am 11. Juli 1906 in Dresden geborenen Herbert Wehner zur SPD war weit und ist auch heute nicht völlig unumstritten. 1927 trat er in die KPD ein, wurde 1930 stellvertretender Parteisekretär in Sachsen und im selben Jahr Mitglied des Sächsischen Landtags. Nach der Machtergreifung der Nazis lebte er drei Jahre im Untergrund, bevor er über Belgien, die Niederlande und Frankreich 1937 in die UdSSR kam und dort im Exekutivkomitee der Komintern arbeitete. Diese schickte ihn 1941 nach Schweden, wo man ihn 1942 verhaftete und zu einem Jahr Gefängnis verurteilte.
In der Zeit der Emigration hatte sich Wehner vom Kommunismus abgewandt. 1946 wurde er Mitglied der SPD und 1949 in den ersten Bundestag gewählt, dem er bis 1983 angehörte. Er hatte entscheidenden Anteil am Godesberger Programm, das die SPD zur Volkspartei öffnete und ihr letztlich den Weg zur Regierungsbeteiligung bereitete, die 1966 in der Großen Koalition Realität wurde. Unter Kanzler Kiesinger war Wehner Minister für Gesamtdeutsche Fragen. Nach der Bildung der sozialliberalen Koalition übernahm er das Amt des Vorsitzenden der SPD-Fraktion, in der er für strenge Disziplin sorgte – was ihm den Spitznamen 'Onkel' eintrug – und rückhaltlos die Politik der Regierungen Brandt und Schmidt unterstützte.
Zeit seines Lebens wurde Herbert Wehner seine kommunistische Vergangenheit vorgeworfen, bis hin zur persönlichen Diffamierung. Von schwerer Krankheit gezeichnet, starb er am 19. Januar 1990 in Bonn.

Mary Wigman (1886 – 1973) Tänzerin und Choreographin

Die Tänzerin, Choreographin und Pädagogin des modernen Ausdruckstanzes, am 13. November 1886 in Hannover geboren, studierte von 1910 bis 1913 an der Tanzschule von Emile Dalcroze im heutigen Dresden-Hellerau. In Dresden feierte sie ihre ersten großen Erfolge. 1920 gründete sie hier die Wigman-Schule, mit Zweigstellen in München, Berlin, Hamburg und New York, und 1924 die Wigman-Gruppe, in der auch Gret Palucca (1902 bis 1993) mitwirkte, ihre berühmteste Schülerin. Nachdem die Tanzschule Mary Wigman von den nationalsozialistischen Machthabern geschlossen worden war, verließ sie Deutschland. Nach 1947 erlangten ihre Choreographien vor allem zu Werken Glucks, Orffs und Strawinskys weltweite Beachtung. Mary Wigman starb am 18. September 1973 in Westberlin.

Kunst und Kultur

Kunst in Sachsen

Historische Bedingungen

Das Slawenland zwischen Saale, Elbe und Erzgebirge wurde 929 von Kaiser Heinrich I. erobert. Es war nur dünn besiedelt, und daher verlief die Einwanderung deutscher Bauern in den folgenden zwei Jahrhunderten ohne nennenswerte Konflikte. Das Gemisch slawischer und deutscher Ortsnamen im Land bezeugt die Friedlichkeit dieses Prozesses ebenso wie die Familiennamen beiderlei Ursprungs, die zahlreichen Zischlaute in den sächsischen Dialekten und unterschiedliche Anlagen von Dorfkernen. Diese geschichtlichen Vorgänge der Landnahme und Christianisierung, in denen sich ein neues Staatsvolk mit eigener Kultur erst bildete, vollzogen sich, als westlich der Saale längst große Herzogtümer, Klöster und Städte bestanden. Sachsens Ausbau setzte etwa zwei Jahrhunderte später ein.

Romanik

Entdeckung des Silbers

Dieser Rückstand wurde aufgeholt, nachdem 1168 im mittleren Erzgebirge Silber entdeckt worden war. Sechzig Jahre danach stand dort die Stadt Freiberg und bei der Burg der Markgrafen ein spätromanischer Dom mit der 'Goldenen Pforte', Deutschlands reichstem Gewändeportal. Es war farbig gefaßt, und viele Teile waren tatsächlich vergoldet.

Goldene Pforte in Freiberg

Zu gleicher Zeit bauten die Bischöfe von Meißen, Naumburg und Merseburg ihre Dome. Beim heutigen Nossen entstanden das Kloster Altzella als geistliches Zentrum mit markgräflicher Grablege und in Wechselburg an der Mulde eine Stifts- und Wallfahrtskirche, die zu den feinsten Schöpfungen der deutschen Spätromanik gezählt wird. Ihr Lettner ist von europäischem Rang, wie das Freiberger Portal, doch beide großartige Werke sind nur Vorläufer der Gipfelleistung deutscher mittelalterlicher Plastik: der Stifterfiguren im Westchor des Naumburger Doms. Neun dieser zwölf überlebensgroßen Gestalten sind Wettiner.

Stiftskirche Wechselburg

Gotik

Eine eigenständige sächsische Kunstschule entsteht nur langsam

Das Silber bewirkte diesen Entwicklungsschub, während dessen Sachsens frühe Feudalmächte sich ihre Denkmäler und Machtzentren errichteten, doch sächsisch waren die Baumeister und Bildhauer nicht. Die ersten kamen, wie die Bergleute, aus dem Harzgebiet, aber ihre Handschriften weisen auf Kenntnisse, die sie in Italien und Frankreich erworben haben müssen. Der Naumburger Meister schließlich hatte zuvor an der Kathedrale in Reims gearbeitet. Zwar zogen seine Schüler oder Mitarbeiter anschließend zur Dombauhütte nach Meißen, wo man ihre Arbeiten im Chor, am Lettner und in einer Seitenkapelle sehen kann. Jedoch zur Ausbildung einer eigenständigen sächsischen Kunstschule kam es um die Mitte des 13. Jh.s nicht. Das Land versank in wettinischen Bruderzwisten und in Auseinandersetzungen mit der kaiserlichen Zentralgewalt. Zugleich ging die Ausbeute an Silber zurück, denn mit der herkömmlichen Technologie war

Deutschlands reichstes romanisches Gewändeportal ist die "Goldene Pforte" am Freiberger Dom.

Gotik (Fortsetzung)

nur an Erz heranzukommen, das nahe an der Erdoberfläche lagerte. Die Erschließung neuer Vorkommen, vor allem von Zinn, aber auch Eisen und Kupfer, vermochte nicht, den verringerten Zufluß an Geld aus den Silberminen zu kompensieren. Wohl aber beförderte die Zunahme der Montanwirtschaft und der ihr nachfolgenden Gewerke die Neugründung und den Ausbau der Städte. Leipzig entwickelte sich zu ihrem Fernhandelszentrum, und sächsisches Zinn erschien auf den europäischen Märkten.

Kloster Oybin

Mehrere Bauten aus dem 14. Jh. sind Zeugen dieser gegenläufigen Prozesse. Die Lausitz war an Böhmen verlorengegangen, und Kaiser Karl IV. errichtete von Prag aus auf dem Berg Oybin im Zittauer Gebirge eine Klosterkirche, an deren großartig-romantischer Ruine man das einzige Auftreten des Parler-Stils in Sachsen studieren kann.

Dom zu Meißen

Das bedeutendste Bauwerk in der Markgrafschaft war aber das Langhaus des Meißner Domes. Es gehört zu den klassischen Werken der deutschen Hochgotik, nicht monumental, aber von besonders feiner Formensprache und einheitlicher Erscheinung, obwohl an ihm während des gesamten Jahrhunderts gearbeitet wurde. Diese Tatsache belegt die bemerkenswerte Verlangsamung des Bauablaufes infolge nachlassender Finanzkraft. Das figurenreiche Westportal, geschaffen nach der Jahrhundertmitte und kurz darauf in den als Grablege der Kurfürsten erbauten Westchor integriert, deutet aber schon auf den Beginn einer eigenen mitteldeutsch-sächsischen Kunstsprache hin.

Blüte im 15. Jh.

Um die Mitte des 15. Jh.s setzte in Sachsen eine unvergleichliche und langandauernde Blütezeit ein. Die Gründung von Städten und die Entwicklung neuer Gewerke und des Handels durch vermehrten Bergbau gerieten in eine stürmische Phase infolge Anwendung neuer Technologien im Freiberger Revier, mittels derer tiefliegende Silbergänge erschlossen werden

Blüte im 15. Jh. (Fortsetzung)

konnten. Hinzu kamen neue Silberfunde im Westerzgebirge, die zur Gründung der Bergstädte Schneeberg und Annaberg führten.

Hallenkirchen

Deren Hallenkirchen, errichtet in den Jahrzehnten um 1500, zählen zu den großartigsten Werken der deutschen Spätgotik und präsentieren in ihren festlichen Langhäusern zugleich Höhepunkte eines weit verbreiteten, ausgeprägt obersächsischen Bautypus. Dessen zellen- oder netzgewölbten Hallen, saalartig breit und zuweilen sogar von quadratischem Grundriß, antizipieren die Grundform der lutherischen Predigtkirche. Sie wurden fast gleichzeitig in allen Städten des Kurfürstentums errichtet, auch unter sächsischem Einfluß in der damals böhmischen Lausitz in Bautzen und Görlitz.

Arnold von Westfalen

Diese sächsische Bauschule war von Meißen ausgegangen. Hier errichtete der Baumeister Arnold von Westfalen (um 1430–1482) im Jahre 1470 die Albrechtsburg als Repräsentations- und Verwaltungszentrum des Kurstaates, eigentlich Deutschlands erster Schloßbau. Den damals singulären Aufwand von drei übereinander getürmten gewölbten Geschossen ermöglichten die Erträge des Bergbaus, zugleich erzwang die Montanindustrie auch ein ungewöhnlich hohes Maß an Jurisdiktion und Schriftlichkeit und folglich eine feste Residenz für ein Land, in dem bereits ein Drittel der Einwohner in Städten wohnten. In deren wichtigsten waren schon im 14. Jh. Gymnasien gegründet worden, hier lebten die Adressaten der Lutherischen Bibelübersetzung. Um die moderne – bereits der Renaissance gemäße – horizontale Gliederung der Fassaden zu erreichen, lagerte Arnold von Westfalen die Geschoßwölbungen der Albrechtsburg auf nach innen gezogene Strebepfeiler, mächtige von Geschoß zu Geschoß verstärkte Wandblöcke. Die Zwischenräume besetzen breite Maßwerkfenster, die in sogenannten Vorhangbögen enden, bei denen das Prinzip des konvexen gotischen Bogens in mehrere konkave Schwünge verkehrt ist, die sich gleichfalls der Horizontalen annähern. Ihre Lichtbahnen modellieren die Pfeiler und die tiefen Zellengewölbe, die die Asymmetrien und unterschiedlichen Proportionen der Räume in immer neuen unterschiedlichen Formsystemen ausbalancieren, und deren Grate und Lichtschattenwechsel von ähnlicher plastischer Dynamik sind wie Gewandfalten in der zeitgenössischen Plastik und Graphik. Arnolds Meisterstück aber ist der große Treppenturm. Die gewaltige Tonnage des überwölbten, steinernen Aufgangs wird von drei radial gestellten Strebepfeilern gegen die Fassade gedrückt, denen im Inneren der Spindel drei schmale Streben Widerpart leisten, und das Eigengewicht der Treppe stabilisiert die Druck- und Zugverhältnisse. Statische Entsprechungen zum großen Wendelstein der Albrechtsburg findet man erst in der Ingenieurbaukunst des 19. Jh.s wieder. Zum ersten Mal tritt hier ein Grundmotiv der Kunst dieses frühindustriellen Landes auf: die demonstrativ vorgewiesene Lösung eines technischen Problems als Kunstform im Dienste der Staatsrepräsentation.

Plastik

Arnolds Schüler und deren Nachfolger bauten bis in das vierte Jahrzehnt des 16. Jh.s im ganzen Lande und auch in Böhmen und Brandenburg Hallenkirchen, Schlösser und Rathäuser mit Innenpfeilern, Zellen- oder Netzgewölben und Vorhangbogenfenstern. Viele sächsische Kirchen besitzen noch immer reiche Ausstattungen aus dieser Zeit. Selbst in Dörfern und winzigen Landstädten gibt es prachtvolle Schnitzaltäre und spätgotische Silberkelche. Manche von ihnen wurden während der Reformation aus säkularisierten Klöstern an sie verteilt. Andere waren dem Reichtum der Bergstädte zu verdanken, so der Altar des zinnreichen Ehrenfriedersdorf von 1507, der bis an das Gewölbe reicht und den Chor der Stadtkirche wie einen Rahmen erscheinen läßt.

Hans Witten

Er ist ein Frühwerk des großen Bildhauers Hans Witten (um 1475–nach 1522), der auch die Tulpenkanzel des Freiberger Doms, die monumentale Geißelsäule der Chemnitzer Schloßkirche und die schöne Pforte der Annaberger Annenkirche schuf, Arbeiten, die außergewöhnlich sind an Umfang, Kompliziertheit und Ausdruckskraft und zu den Meisterwerken der deutschen spätgotischen Plastik gehören. Gleichbedeutend neben ihm steht

Gotische Plastik (Fortsetzung)
Peter Breuer

der Zwickauer Bildschnitzer Peter Breuer (um 1472–1541) beeinflußt vom fränkischen Riemenschneider-Stil. Seine Hauptwerke sind die Pietà des Zwickauer Doms (um 1502) und der Freiberger Christus in der Rast, beide geprägt von tiefem seelischen Ausdruck. In dieser Blütezeit des sächsischen Kirchenbaus entstanden mehrere Bildhauerwerkstätten, so etwa in Freiberg, Zeitz und Leipzig.

Malerei
Hans Hesse

Unter den Malern ragt Hans Hesse (um 1491–um 1521) hervor. Sein Gemälde mit der Legende des Propheten Daniel, einem Patron des Bergbaus, auf der Rückseite des Bergmannsaltars in der Annaberger Annenkirche ist eine Sonderleistung in der deutschen Malerei dieser Zeit. Hesse gruppiert darin um die zentrale Gruppe mit Daniel und dem Engel in realistischer Detailtreue sämtliche bergmännischen Arbeitsvorgänge bis hin zur Verhüttung des Silbers.

Auf der Rückseite des Annaberger Bergmannsaltars vereinte Hans Hesse die Legende vom Propheten Daniel mit der Darstellung des Silberbergbaus.

Lucas-Cranach-Werkstatt

Im nördlichen Sachsen dominierten zur gleichen Zeit gemalte Altäre. Kurfürst Friedrich der Weise gründete in seiner Residenzstadt Wittenberg eine Universität, an die er den Augustinermönch Martin Luther als Professor berief, und er ernannte 1504 den bis dahin in Wien tätigen Lucas Cranach zu seinem Hofmaler. Cranach und seine Werkstatt waren es, die in der Folgezeit die meisten Malereien für den Hof, die Patrizier und den Adel in Schlössern, Kirchen, Rathäusern und Universitäten im gesamten nördlichen Mitteldeutschland bis nach Anhalt, Thüringen und Brandenburg hin-

Gotische Malerei, Lucas-Cranach-Werkstatt (Fortsetzung)

ein ausführten. Anfänglich arbeitete die Werkstatt für den Bedarf der Höfe, Universitäten und des Patriziats von Wittenberg, Dresden und Leipzig. Aber nach Luthers Thesenanschlag von 1517 und den beginnenden Auseinandersetzungen um die Reformation galt es, lutherische Streitschriften und Flugblätter zu illustrieren und schließlich eine evangelische Ikonographie zu schaffen. Gleichzeitig waren angesichts des einsetzenden Humanismus an den Universitäten entsprechende neue Themenkreise zu entwickeln und die Prachtbauten des Hofes mit modernen Repräsentationsgemälden auszustatten. Größe und Umfang dieser Aufgaben erklären das manufakturelle Ausmaß der Cranach-Werkstatt, aber auch den gleichzeitigen Zusammenbruch der südsächsischen Bildschnitzerwerkstätten, deren Madonnen und Heiligenfiguren nicht mehr gebraucht wurden. Das wichtigste Denkmal dieser Vorgänge – zugleich ein Hauptwerk der deutschen Renaissancemalerei – ist Cranachs Altar von 1539 in der St. Wolfgangskirche zu Schneeberg im westlichen Erzgebirge. Es kann kaum daran gezweifelt werden, daß Luther selbst, der mit dem Maler befreundet war, am Bildprogramm dieses ersten monumentalen Reformationsaltars beteiligt war. Die Heiligen sind aus seinen zwölf Tafeln verbannt, und nur das biblische Heilsgeschehen selbst ist dargestellt, flankiert von den kurfürstlichen Stiftern.

Schneeberger Altar

Renaissance

Schloß Hartenfels in Torgau

Den Übergang von der Spätgotik zur Renaissance präsentiert am großartigsten das kurfürstliche Schloß Hartenfels in Torgau. Sein elbseitiger Flügel, 1533 bis 1536 erbaut, zeigt noch Vorhangbögen über den Fenstern, und wie in Meißen ist vor seine Mitte ein großer Wendelstein gestellt, doch dessen reiches plastisches Formrepertoire ist von der Loire an die Elbe geholt – wohl von Blois – ein Prachtbau der deutschen Frührenaissance. Die Schloßkirche hat die Gestalt eines dreigeschossigen Saales mit Empo-

Ein Beispiel für die italienisch inspirierte Renaissance in Sachsen: der Lange Gang im Stallhof des Dresdner Residenzschlosses

Renaissance (Fortsetzung)

ren in Formen der Renaissance, 1544 noch von Luther selbst geweiht. Sie ist somit die erste evangelische Kirche überhaupt. Ihre Grundkonstruktion in Gestalt eines mehrgeschossigen, in einen Schloßflügel integrierten Saales war Vorbild der lutherischen Schloßkapellen bis in den skandinavischen Raum.

Residenzschloß Dresden

Unweit von Torgau, bei Mühlberg an der Elbe, gewann 1547 Kaiser Karl V. die Schlacht gegen die protestantischen Fürsten des Schmalkaldischen Bundes. Die ernestinischen Wettiner verloren die Kurwürde an ihre albertinischen Vettern, die in Dresden residierten, und deshalb verlagerte sich der Schwerpunkt der künstlerischen Entwicklungen von Sachsens vom nördlichem zum südlichen Elbraum. Sogleich ließ Moritz, der erste albertinische Kurfürst, die alte Burg am Dresdner Elbbrückenkopf umbauen und zu einem modernen Residenzschloß erweitern. Es wurde zur ersten regelmäßigen Vierflügelanlage der deutschen Schloßbaukunst. Sämtliche Fassaden waren mit Sgraffiti bedeckt, und damit setzte in Dresden jene italienisch inspirierte Richtung der Baukunst ein, die über Jahrhunderte anhielt und in vielerlei Varianten das südlich heitere Erscheinungsbild der sächsischen Residenz bewirkte.

Schloß Augustusburg

Nach dem Tode seines Bruders Moritz 1553 setzte Kurfürst August den inneren Ausbau des Kurstaates mit einem vergleichslosen Bauprogramm fort, das in bereits frühabsolutistischer Weise die fürstliche Herrschaft in allen wichtigeren Städten des Landes repräsentierte, durch vierflügelige Schloßanlagen, die neu errichtet oder mittels Erweiterung älterer Schlösser hergestellt wurden. Fast gleichzeitig ist damals an etwa zwanzig Orten gebaut und die gewaltige Kapazität des spätgotischen Kirchenbaus gleichsam säkularisiert worden. Das wichtigste dieser Schlösser ist das Jagdschloß Augustusburg, auf einem Gebirgsplateau unweit von Chemnitz landschaftsbeherrschend errichtet durch den Baumeister Hieronymus Lotter (1497 / 1498 – 1580) von 1567 bis 1573. Neuesten Prinzipien des französischen und spanischen Schloßbaus entsprechend, ist es über einem Quadrat von 86 x 86 m Größe mit turmartig erhöhten Eckhäusern konstruiert. Zuvor hatte Lotter, der auch Bürgermeister von Leipzig war, dort das alte Rathaus erbaut, Zeugnis kommunalen Reichtums und Stolzes der Universitäts- und Messestadt.

Hieronymus Lotter

Gründung der kurfürstlichen Sammlungen

Kurfürst August gehörte zu den ersten großen Sammlern der deutschen Kulturgeschichte. Er gründete die Rüstkammer, heute eine der drei großen europäischen Prunkwaffensammlungen, auch seine Bibliothek – 1946 nach Moskau entführt – war eine der berühmten der deutschen Renaissance, und aus seiner Kunstkammer ging die Mehrzahl der heutigen Dresdner Museen hervor. Sachsens gestaltende Gewerke – Zinngießer, Glasmacher, Gold- und Waffenschmiede, Tischler, Steinschleifer, Steinzeugtöpfer, Drukker, Buchbinder – gelangten unter seiner Förderung zu hoher Blüte.

Grablege im Freiberger Dom

Auf dieser Grundlage entwickelte sich ein neuer politischer Anspruch des Kurstaates als lutherische Hegemonialmacht. Dessen künstlerischer Ausdruck ist die Grablege der lutherischen Kurfürsten albertinischer Linie, die Christian I., Augusts Nachfolger, im Chor des Freiberger Domes errichten ließ. Um das bereits 1564 aufgestellte, monumentale Freigrab des Kurfürsten Moritz baute der italienische Architekt Giovanni Nosseni (1544 – 1620) seit 1585 eine Blendarchitektur aus edlem sächsischen Gestein vor die Wände des spätgotischen Chores, die Carlo de Cesare, ein Mitarbeiter des großen Giambologna in Florenz, mit lebensgroßen Bronzefiguren der Kurfürsten und ihrer Frauen besetzte. Diese Grabkapelle, ein Hauptwerk des Manierismus, war die erste große dynastische Selbstdarstellung in Deutschland nach dem Grabmal Kaiser Maximilians in Innsbruck.

Dreißigjähriger Krieg

Die große Kunstperiode der Spätrenaissance, in deren Zentrum der Ausbau Dresdens zu einer der prächtigsten Residenzen des nördlichen Deutschland gestanden hatte, endete im Dreißigjährigen Kriege. Etwa seit

Renaissance (Fortsetzung)

1639 brach die Entwicklung vollständig ab – bis auf die immaterielle Kunst des Dresdner Hofkapellmeisters Heinrich Schütz – und setzte mit wesentlichen Werken erst um 1680 wieder ein.

Barock

Alte Börse in Leipzig

Einen neuen Aufschwung im Zeichen des Hochbarock markieren 1678 in Dresden und Leipzig zwei bedeutende Bauwerke. Nach Plänen des kurfürstlichen Oberlandbaumeisters Starcke errichtete Leipzig seine Alte Börse. Sie entstand etwa gleichzeitig mit der von Frankfurt a. M., und beide waren die ersten binnenländischen Börsen in Deutschland. In den Dekorationen des Bürgerbaues scheinen niederländische Vorbilder auf.

Gartenpalais in Dresden

In Dresden aber baute Starcke das Palais im Großen Garten nach italienischen und französischem Vorbildern, jedoch mit einem Reichtum an plastischen Architekturmotiven und Skulpturen, der bereits im sächsischen Manierismus verbreitet war. Wie der Baumeister, waren auch Bildhauer und Plafondmaler Sachsen und dies war die Basis des augusteischen Barock, der diesem bedeutenden Palaisbau unmittelbar nachfolgte.

August der Starke baut Dresden aus

1694 gelangte Kurfürst Friedrich August I. zur Herrschaft, bald August der Starke genannt. Drei Jahre später konvertierte er zum Katholizismus und bestieg als polnischer König August II. den Warschauer Thron. Dresden als eine der beiden Hauptstädte der Sächsisch-Polnischen Union wurde zur königlichen Residenz, jedoch fehlte der Stadt alles, um diesem Anspruch zu genügen. Sie war weitgehend in der Ausbaustufe des Spätmanierismus steckengeblieben. Nach Überwindung der Katastrophen des Nordischen Krieges begann König August um 1710 mit dem Ausbau der Stadt. Künstler aus ganz Deutschland, Italien und Frankreich vereinigten ihre Kräfte und Stile im Zeichen aufklärerischer Toleranz, die geboten war wegen der katholischen Herrschaft in einem protestantischen Land. Geboten war aber auch das Außerordentliche, um Dresden in die großen Machtzentren einzureihen – Polen war das zweitgrößte Land Europas: Johann Friedrich Böttger (1682–1719) erfand das europäische Hartporzellan, das durch die Malerei und die Farben Johann Gregor Höroldts (1696–1775) und durch die Plastik Johann Joachim Kändlers (1706–1775) in der 1710 gegründeten Meißner Manufaktur zu unvergleichlichem künstlerischen Rang aufstieg.

Matthäus Daniel Pöppelmann

Balthasar Permoser

Matthäus Daniel Pöppelmann (1662–1736) baute den Zwinger, und Balthasar Permoser (1651–1732) mit seinen Mitarbeitern schuf dafür Hunderte von Skulpturen und plastischen Dekorationen, so daß im Zusammenklang beider Künste dieser einzige steinerne Festplatz Europas zu einem Hauptwerk des Barock schlechthin geriet. Johann Melchior Dinglinger (1664 bis 1731) erarbeitete für den König die berühmten Juwelierkunstwerke, die ohne Parallele in der europäischen Kunstgeschichte stehen. Die Architekten des Hofbauamtes Pöppelmann, Zacharias Longuelune (1669–1748) und Jean de Bodt (1670–1745) bauten das Jagdschloß Moritzburg und mit Schloß Pillnitz und dem Japanischen Palais die ersten großen Chinoiseriearchitekturen des Kontinents. Gleichzeitig verschönerten neue Paläste der Aristokratie und kaum weniger prachtvolle Bürgerbauten die Stadt, die infolge der Regelungen einer königlichen Bauordnung zu einem künstlerisch gestalteten Raum zusammenwuchs. Sie wurde gleichsam bekrönt von der fast 100 m hohen Kuppel der evangelischen Frauenkirche des

George Bähr

Ratszimmermeisters George Bähr (1666–1738), einem Wunderwerk der Statik, denn sie war die einzige steinerne Kuppel, die in solch monumentaler Größe in Europa nach der Antike gebaut worden war. Im Schloß hatte August der Starke aus den besten Gemälden und mit Kleinbronzen eine

Grünes Gewölbe

moderne Galerie einrichten lassen und im Erdgeschoß mit dem Grünen Gewölbe das erste Schatzkammermuseum Europas in Gestalt eines Raumkunstwerks, das öffentlich zugänglich war. Im Zwinger ließ er wissenschaftliche Sammlungen öffentlich aufstellen, zu denen auch Bibliothek und Kupferstichkabinett gehörten, ein nach neuesten wissenschaftlichen Methoden gegliederter Komplex von Museen, der ohne Vergleich war. Das

Dresden unter August dem Starken (Fortsetzung)

Japanische Palais war als erstes Porzellanmuseum im Innenausbau begriffen, als 1733 der König starb. Sachsen stand in Blüte. Es gab kaum eine bedeutende Stadt, an deren Markt sich keine der barocken Handels- oder Bürgerhäuser des augusteischen Stils erhoben.

Dresden als glanzvolle Residenz

Augusts II. Sohn und Nachfolger, als König von Polen August III., ließ in Dresden am Elbbrückenkopf 1738 die katholische Hofkirche erbauen – heute Kathedrale – ein Repräsentationsbau von rein römischem Barock, für den der italienische Architekt Gaetano Chiaveri (1689 – 1770) nach Dresden geholt worden war. Für den Statuenschmuck wurde der Italiener Lorenzo Mattielli verpflichtet. Er verstärkte entschieden die im Ansatz vorhandene klassizistische Richtung der sächsischen Plastik. Ihr folgte auch der Dresdner Oberlandbaumeister Johann Christoph Knöffel (1682 – 1752). Sein Hauptwerk ist das Schloß Hubertusburg im Wermsdorfer Forst unweit von Oschatz, das größte Jagdschloß der Epoche, das ein sächsisch-polnisches Versailles war bis zur Plünderung durch die Preußen im Siebenjährigen Krieg (1760). Das Hauptwerk König August III. aber ist die Dresdner Galerie. Er war ein besessener Gemäldesammler und einer der besten Kenner seiner Zeit. Dieser Begabung ist es zu verdanken, daß es eine Sammlung von Meisterwerken wurde. Seine Leistung vollendete er mit dem Erwerb der Sixtinischen Madonna von Raffael 1754, kurz vor dem Ausbruch des Siebenjährigen Krieges, der Sachsen ruinierte und alles Sammeln für lange Zeit beendete. Daß dies zugleich die Krönung seiner klassizistischen Bestrebungen war, bezeugt Johann Joachim Winckelmann, der im gleichen Jahr in seiner Dresdner Erstlingsschrift "Gedanken über die Nachahmung der griechischen Malerei und Bildhauerkunst" das Bild als Schöpfung aus dem Geist der Antike feierte, ein Grund dafür, daß Dresden für Jahrzehnte zum Wallfahrtsort europäischer Bildungseliten wurde. Wie Anton Raffael Mengs (1728 – 1779), der Hofmaler Augusts III., ging auch Winckelmann nach Rom, und beide formulierten dort in Theorie und

Johann Christoph Knöffel

Gemäldegalerie Dresden

Bernardo Bellotto hielt das barocke Dresden fest.
Hier: "Der Neumarkt in Dresden vom Jüdenhofe aus".

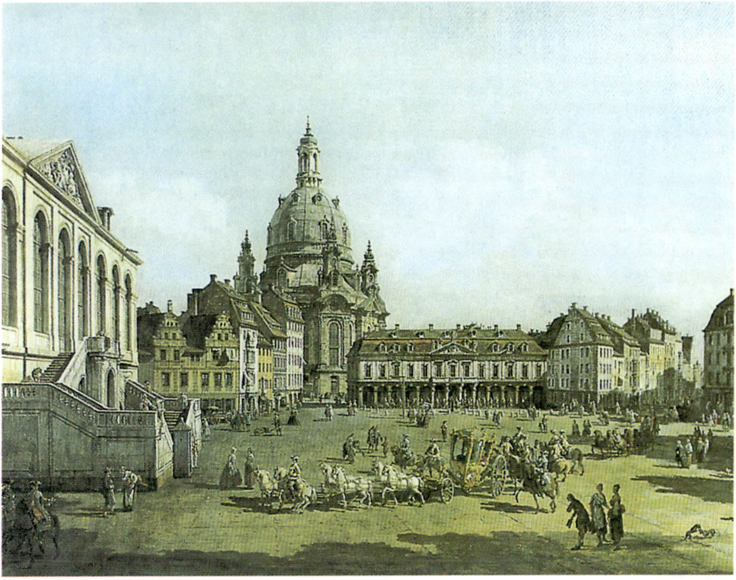

Residenz Dresden (Fortsetzung)

Bernardo Bellotto

Praxis die Grundlagen des kontinentalen Klassizismus. Um die Mitte des 18. Jh.s war die sächsische Kapitale, durch Polens Krone zur königlichen Residenz erhoben, eine der schönsten Städte Europas. Der Hofmaler Bernardo Bellotto (1720–1780) aus Venedig, genannt Canaletto, hat sie in seiner berühmten Serie von Gemälden verewigt, kurz bevor sie die Preußen bombardierten und zu einem Drittel in Trümmer legten. 1763 starb August III., und damit endete die Sächsisch-Polnische Union.

19. Jahrhundert

Dresden bleibt Kunstzentrum

Ernst Rietschel

Caspar David Friedrich

Gottfried Semper

Obwohl Sachsen, seit 1806 Königreich, durch Beschluß des Wiener Kongresses 1815 über die Hälfte seines Territoriums hauptsächlich an Preußen verloren hatte und somit politisch bedeutungslos geworden war, blieb seine Hauptstadt dennoch ein kulturelles Zentrum wegen ihrer künstlerischen Institutionen. Hofkapelle, Bibliothek, Antikensammlung und Gemäldegalerie zählten zu den berühmtesten in Europa und zogen Künstler, Gelehrte, Schriftsteller und Bildungsreisende an. Die Stadt wurde zum Mittelpunkt der deutschen Romantik. Hier lebten und arbeiteten die Komponisten Carl Maria v. Weber, Robert Schumann und Richard Wagner (→ Berühmte Persönlichkeiten S. 48) und der Schriftsteller Ludwig Tieck. Der Bildhauer Ernst Rietschel (1804–1861) schuf hier seine berühmten Geniestandbilder, für Goethe und Schiller in Weimar, Lessing in Braunschweig, Luther in Worms und Carl Maria von Weber in Dresden. 1813 war der große Portraitist Anton Graff (1736–1813) gestorben, zwanzig Jahre später trat Ferdinand von Rayski (1806–1890) seine Nachfolge an. Die romantische Malerei blühte durch Caspar David Friedrich (1774–1840), Clausen Dahl (1778–1857), Carl Gustav Carus (1789–1869) und Friedrich Kersting (1785–1847), in der zweiten Generation durch Ludwig Richter (1803–1884), Schnorr von Carolsfeld (1794–1872) und den Freilichtmaler Christian Friedrich Gille (1805–1899). Gottfried Semper (1803–1879), Deutschlands bedeutendster Architekt jener Jahrzehnte, baute hier das Opernhaus und die Galerie – um nur seine wichtigsten nach 1945 wiedererbauten Werke zu nennen. Er und Richard Wagner mußten 1849 als steckbrieflich gesuchte Revolutionäre aus Dresden fliehen.

20. Jahrhundert

Im Zeichen der Industrialisierung

Max Klinger

Die großen künstlerischen Entwicklungen stockten. Doch Dresden, Leipzig und Chemnitz wuchsen in der zweiten Jahrhunderthälfte zu Großstädten an, und das Königreich Sachsen galt um 1900 als eines der dichtbesiedeltsten Industrieländer der Erde. Die Industrialisierungswelle in Sachsen verursachte soziale, ethische und hygienische Probleme, die um 1900 in einen heftigen Reformdruck umschlugen, auf den auch die Künste reagierten. Am deutlichsten trat dies zutage in den Werken des genialischen Leipzigers Max Klinger (1857–1920), Bildhauer, Maler, Graphiker, Innenarchitekt und Schriftsteller. Seine Arbeiten reflektieren die Probleme der Epoche in kaleidoskopischer Vielfalt, realistisch, symbolistisch, klassizistisch und impressionistisch, und immer bedeutend. Seine sozialkritische Graphik beeinflußte Käthe Kollwitz, seine Expressivität Edvard Munch, seine subjektiven Symbolismen die italienische pittura metafisica. Er beschäftigte sich mit der Farbigkeit der griechischen Plastik, und sein monumentaler Beethoven im Leipziger Gewandhaus aus weißem Marmor, dunkler Bronze und farbigem Gestein ist ein Hauptwerk der Plastik des Jugendstils.

Die Brücke

In der konservativen Residenz Dresden erzeugte der Problemdruck eine künstlerische Revolte. Vier autodidaktisch malende Architekturstudenten – Ernst Ludwig Kirchner (1880–1938), Karl Schmidt-Rottluff (1884–1976), Erich Heckel (1883–1970) und Fritz Bleyl – schlossen sich 1905 zur Künstlergemeinschaft "Die Brücke" zusammen, die eine Kunstrevolution verkündete und den Dresdner Expressionismus schuf.

Ernst Ludwig Kirchner porträtierte 1925 die Maler der "Brücke": Otto Mueller, Ernst Ludwig Kirchner, Erich Heckel und Karl Schmidt-Rottluff.

Gartenstadt Hellerau

Fast gleichzeitig (1907) wurde in Hellerau bei Dresden die erste deutsche Gartenstadt nach Plänen Richard Riemerschmids (1868–1957) nach Gesichtspunkten der Volksgesundheit erbaut, vornehmlich für die Mitarbeiter der 'Deutschen Werkstätten für Handwerkskunst'. Deren Möbel, konstruiert mit einem höheren Anteil von Maschinenarbeit als zuvor, gehören zu den klassischen Kunstprodukten der Zeit. 1910 bis 1912 baute Heinrich Tessenow (1876–1950) dort das Festspielhaus, in dem erstmalig Bühne und Zuschauerraum vereint waren und der Lichtregie eine konstitutive Rolle zukam. Von hier gingen grundlegende Impulse für den modernen Ausdruckstanz aus, für den Mary Wigman und Gret Palucca stehen.

Oskar Kokoschka

Damals, 1911, löste sich die Künstlervereinigung "Die Brücke" bereits wieder auf, und die jungen Expressionisten gingen nach Berlin. Doch 1916 langte Oskar Kokoschka (1886–1980), als österreichischer Offizier auf Genesungsurlaub, in Dresden an, hier malte er die ersten seiner Stadtansichten und erhielt 1919 als erster moderner Maler eine Akademieprofessur. Seine Wirkung erstreckte sich vor allem auf jene sächsischen Maler in der späteren DDR, die auf eine eigenständige Moderne setzten und sich des-

Kunst in Sachsen (Fortsetzung)

Otto Dix

wegen auf ihn, auf die Brücke-Maler und auf den in Leipzig geborenen Max Beckmann bezogen. 1923 verließ Kokoschka Dresden, und 1927 folgte ihm Otto Dix (1891 – 1969) als Vertreter der Neuen Sachlichkeit. Vor allem sein Erbe prägte die Dresdner Malerei nach 1945. Dix wurde 1933 von den Nazis sofort entlassen, ging an den Bodensee, hielt aber die Verbindung nach Dresden bis zu seinem Tode.

Kriegsfolgen

Im Zweiten Weltkrieg wurden Sachsens Großstädte bombardiert: Leipzig, Zwickau und Plauen, doch die Zentren von Dresden und Chemnitz wurden vollständig vernichtet. Deren Wiederaufbau in der DDR ging nach Plänen vonstatten, die weitgehend ohne Rücksicht auf Eigentumsverhältnisse und gewachsene Strukturen am Reißbrett entworfen worden waren. Jedoch vollbrachte die Dresdner Denkmalpflege unter schwierigen Bedingungen beispiel hafte Leistungen mit dem Wiederaufbau des Zwingers, der Galerie und der Oper, und es gelang, die Ruinen des Schlosses und der Frauenkirche vor dem Abriß zu schützen. Ihr Aufbau ist im Gange. Die kleineren Städte des Landes waren vom Verfall bedroht, jedoch bewahrte sie der Mangel an Mitteln auch vor der Zerstörung durch verkehrsgerechte Modernisierungen, so daß die historisch bedeutendsten von ihnen – Meißen, Pirna, Torgau, Bautzen, Görlitz, Freiberg und Annaberg – gerettet durch die politische Wende und die Wiederbegründung des Freistaates Sachsen im Jahre 1990, zu Deutschlands schönsten historischen Städten zählen können, wenn sie mit Respekt vor Geschichte und Kunst restauriert werden.

Literatur und Sprache

Minnesang und Lutherbibel

Mäzenatentum am Meißner Hof

Zog Walther von der Vogelweide in jenem schneereichen Winter 1210/1211 mit Heinrich von Mohrungen durch die Mark Meißen? War sie doch weniger Kulturland als Grenzland und mochte kaum Annehmlichkeiten für Sänger im Gefolge des Markgrafen Dietrich von Meißen bieten, dessen Hof zwar für Walther und seine Kollegen offen stand, doch ehe er noch länger in so einer Falle zubringen müsse, würde er lieber Mönch in Doberlug (einem Zisterzienserkloster) werden, schreibt Walther. Zwar war ihm Deutschland "von der Elbe unz an den Rîn" gut bekannt, zumal die Wartburg. Doch im Sächsischen blieb der Minnesang bescheiden gegenüber der Mitte, dem Süden und Westen Deutschlands – trotz des bedeutenden Heinrich von Mohrungen, der 1217 in das Leipziger Thomaskloster eintrat und dort starb, oder ein Menschenalter

Titelblatt der Lutherbibel von 1545

später des Heinrich von Meißen, genannt Frauenlob. Seine rhetorisch überkünstelte Lyrik nahmen die Nürnberger Meistersinger zum Vorbild, die ihn zu den zwölf Alten Meistern zählten.

Mäzenatentum am Meißner Hof (Fts.)

Das erste große Literaturereignis in Deutschland war seit 1522 die Lutherbibel. Über 250 Jahre lang wurde sie intensiv gelesen und damit bleibender Besitz der deutschen Kultur. Wittenberg, die kleine sächsische Universitätsstadt, durch ihren aufsässigen Professor zu europäischer Berühmtheit gelangt, wurde auch ein Zentrum des Buchhandels: Zwischen 1534 und 1584 druckte Hans Lufft hier gegen 100 000 Bibeln. Luther lieferte mit seinen Schriften und den Reaktionen darauf etwa ein Drittel des gesamten deutschsprachigen Schrifttums seiner Zeit.

Martin Luther übersetzt die Bibel

Der "Sprachzucker" des Meißnischen

Die einzigartige künstlerische Leistung der Bibelübersetzung erhob auch die Sprache, in der sie geschrieben war, zur Norm: Es war die der 'Sächsischen Kanzlei', jener Verkehrssprache des ostmitteldeutschen Kolonisationsraums, in dem sich die unterschiedlichen Mundarten der mittel- und oberdeutschen Siedler verknüpft und in Lautstand und Wortwahl die Züge des Neuhochdeutschen am entschiedensten herausgebildet hatten. So wurde das 'Meißnische' lange als vorbildlich empfunden. Der Thüringer Dichter Caspar Stieler (1632–1707) widmete 1691 sein Wörterbuch "Der Teutschen Sprache Stammbaum und Fortwachs oder teutscher Sprachschatz" dem sächsischen Kurfürsten als dem "Beherrscher der wahren Sitz- und Stammhäuser ..., worinnen die hochdeutsche Sprache glücklich geboren, glücklich erzogen und aufs glücklichste ausgezieret und geschmücket worden, auch noch täglich einen erneuerten und mehr lieblichen Glanz empfähet: Ich meine das prächtige Dresden, das heilige Wittenberg und die süßeste aller Städte, Leipzig, welches auch von seinem Sprachzucker dem sonst salzigten Halle solche eine milde Beisteuer verehret ... In diesen trefflichen Städten regieret und triumphieret die hochdeutsche Sprache, sie sind Richtschnur der hochdeutschen Sprache." Gesprochen wird sie bei August dem Starken, bei Gotthold Ephraim Lessing (1729–1781) aus Kamenz, bei Johann Gottlieb Fichte (1762–1814) aus Rammenau nicht viel anders geklungen haben als heute. Auch Heinrich von Kleist empfindet es bei seinem Aufenthalt am 3. September 1800 in Dresden als wohltuend, "mit welcher Gewandtheit ein solches sächsisches Mädchen auf Fragen antwortet" – im Unterschied zu seinen "maulfaulen Brandenburgerinnen".

Die kursächsisch-meißnische Kanzleisprache als Grundlage des Neuhochdeutschen

Das Obersächsische übte offenbar damals eine besondere Faszination auf die Norddeutschen aus: Luther stammte aus Eisleben, das wie Wittenberg zum niederdeutschen Sprachraum gehörte; Johann Christoph Gottsched kam als Vierundzwanzigjähriger aus Königsberg 1724 nach Leipzig. Seine "Grundlegung einer deutschen Sprachkunst" (1748) geht vom geschriebenen, weniger dem gesprochenen Wort aus; doch das "Meißnische" erhält seine Rechtfertigung, weil Leipzig Zentrum der sächsischen Aufklärungsliteratur war. Auch für den Dresdner Oberbibliothekar Johann Christoph Adelung (1734–1806), geboren bei Anklam, hat dieses Meißnische in seinen Sprachlehren und dem "Grammatisch-kritischen Wörterbuch der Hochdeutschen Mundart, mit beständiger Vergleichung der übrigen Mundarten, besonders aber der Oberdeutschen" (1793) seine Verbindlichkeit bewahrt. Die Literatur des 18. Jahrhunderts freilich, in anderen Sprachräumen angesiedelt, setzte neue Maßstäbe, und das Sächsische als Sprache eines Landes, das von seinem preußischen Rivalen stets besiegt worden war, wurde nun belächelt. Franz Grillparzer hörte 1826 in Dresden das Quäken der Frösche und "ein förmliches Mäh, Mäh von Schafen", und Friedrich Nietzsche, dem sächsischen Sprachraum entstammend, läßt einen Ausländer vermuten: "Alles sei so bescheiden durch die hässliche Sprache und die eifrige Dienstbeflissenheit der Bevölkerung versteckt, dass man kaum merke, hier mit den geistigen Feldwebeln Deutschlands ... zu thun

Der "Sprachzucker" des Meißnischen (Fortsetzung)

zu haben". Der Preuße Theodor Fontane hingegen, der Dresden genau kannte, trennt den "Kaffeesachsen, also den sentimentalischen sächsischen ... Typus" vom "energisch leidenschaftlichen, zornig verbitterten" und spricht von einer Kulturüberlegenheit gegenüber Preußen, die in einer vierhundert Jahre alten Bildungsüberlegenheit wurzele.

Mundarten

Die in Sachsen gesprochenen Dialekte stehen sprachgeschichtlich also der gesprochenen Form des Hochdeutschen recht nahe. Trotzdem hat das Sächsische keinen besonders guten Ruf. Als die Preußen im Verlaufe des 19. Jh.s die Vormacht in Deutschland übernahmen, verschlechterte sich sein Ansehen, und verstärkt wurde die negative Einschätzung durch die deutsche Teilung. Es schienen immer sächsische Grenzbeamte zu sein, die an der innerdeutschen Grenze auffielen, in bundesdeutschen Spielfilmen über die DDR wurde dem unhöflichen Kellner an der Ostseeküste selbstverständlich ein Sächsisch in den Mund gelegt. Für Fremde mag das Sächsische einheitlich klingen. Doch Chemnitzer, Dresdner, Leipziger oder Zwickauer werfen einander sehr wohl ihren Dialekt vor. Daß der Leipziger den Vogtländer, der Dresdner den Erzgebirgler und der Chemnitzer den Lausitzer durchaus nicht verstehen muß, ist erwiesen. Insgesamt lassen sich zwanzig Dialektlandschaften ausgliedern, auf die hier nicht im einzelnen eingegangen werden kann. Auch in der Sprache wird die Tradition als Mittler zwischen Süd- und Norddeutschland deutlich. So ist das Elbe-Elster-Gebiet im äußersten Nordwesten stark niederdeutsch beeinflußt. Das Osterländische (Leipzig, Torgau, Wurzen) bildet den Übergang zum Mitteldeutschen. Dementgegen ist das Vogtland oberdeutsch beeinflußt, das Erzgebirgische (Zwickau) und das Vorerzgebirgische (Chemnitz) stellen hier den Übergang zum Mitteldeutschen dar. Der mitteldeutsche Zentralraum im sprachlichen Sinne wiederum ist in das Meißnische (Meißen, Dresden) und das Lausitzische (Bautzen, Görlitz, Zittau) unterteilt.

Barockliteratur

Sachsens Dichter reüssieren in der Fremde

Die sächsische Literatur des Barock tritt hinter den musikalischen, bildkünstlerischen und architektonischen Leistungen des augusteischen Zeitalters zurück. Überwogen im Kernland der Reformation, des Bergbaus, der Manufakturen eher pragmatische, rationalistische Züge? In Wittenberg hütete der gebürtige Dresdner Augustus Buchner (1591 – 1661), Jurist, Universitätssenior und zugleich Professor der Poesie und Beredsamkeit, das Erbe von Martin Opitz. In Sachsen geborene große Talente vollendeten ihr Werk meist außerhalb der Landesgrenzen. Der Meißner Johannes Klaj (1616 – 1656) ging nach dem Studium in Leipzig und bei Augustus Buchner in Wittenberg als Lateinlehrer und Poet nach Nürnberg. Paul Fleming (1609 bis 1640) aus Hartenstein im Erzgebirge, Absolvent der Leipziger Thomasschule, schrieb seine bedeutende Lyrik in Reval, in Moskau und auf einer fast dreijährigen Reise nach Persien. Sie ist oft große Bekenntnisdichtung, wie man sie auch bei Christian Günther (1697 – 1723) findet. Dieser geniale Student hatte sich 1719 vergeblich als Hofpoet in Dresden beworben und starb, von seinem Vater verstoßen, im Elend. Joachim Walther (geb. 1946 in Chemnitz) hat 1982 diese Dresdner Episode in einem eindringlichen historischen Roman nachgezeichnet und zur hintersinnigen Parabel von Geist und Macht in der DDR werden lassen ("Bewerbung bei Hofe").

Hofpoesie

Nur am Rande des augusteischen Barock konnte sich mit Johann (von) Besser (1654 – 1729), den der sparsame Soldatenkönig in Berlin 1713 entlassen hatte, eine Hof- und Festpoesie nach französischem Muster entfalten. Johann Ulrich (von) König (1688 – 1744) diente sich seit 1718 an seiner Seite vom hofnärrischen Gelegenheitspoeten über den (ersten) Gesang eines oft belächelten Epos "August im Lager" (1730) zum geachteten Zeremonienmeister hoch. Goethes Lob im 7. Buch von "Dichtung und Wahrheit" meint wohl zunächst die Ordnung und Strenge von Königs Poesie; während er Günthers eruptive Erlebnisdichtung mit Befremden registriert.

Rationalismus

Die Aufklärung kommt von außen

Es gab in Dresden keine eigenständige Aufklärungsbewegung. Der an Swift geschulte Satiriker Christian Ludwig Liscow (1701–1760), der seinen bissigen Witz auch gegen seinen Dienstherrn, den allmächtigen Minister Brühl gerichtet hatte, wurde 1749 ins Gefängnis geworfen und verließ danach Dresden. Der Leipziger Gottlieb Wilhelm Rabener (1714–1771), Verfasser von vier Bänden satirischer Schriften, schrieb 1753, nun Dresdner Obersteuersekretär, er müsse "hier mit meinen Satiren viel vorsichtiger seyn ... Ein Märtyrer der Wahrheit will ich nicht werden". Hingegen hatte die weltoffene Handels- und Messestadt Leipzig mit einer vom Hof weitgehend unabhängigen Universität schon früh eine bürgerliche Kultur entwikkelt, die weitgehend von französischen Normen bestimmt war. Christian Thomasius' (1655–1728) Vorlesung von 1687 in deutscher Sprache "Welcher Gestalt man denen Franzosen im allgemeinen Leben und Wandel nachahmen soll" wandte sich im Namen einer klassizistischen Ordnung gegen barocken Schwulst und den Grobianismus der Landsknechtszeit. Mit seiner Monatsschrift "Freimütige, lustige und ernsthafte, jedoch vernunft- und gesetzmäßige Gedanken ..." (ab 1688) erstrebte er in der Nachfolge von Wilhelm Leibniz und des Leipziger Historikers und Dichters Johann Burkhard Mencke (1674–1732) bürgerliche Bildung. Christian Reuter (1655–nach 1712), ein Bauernsohn aus Kütten bei Halle, war um 1690 gewiß einer seiner Hörer. Ein Streit mit der Leipziger Wirtin wurde Anlaß zu zwei Lustspielen und dem Roman "Schelmuffskys Curiose und Sehr gefährliche Reißebeschreibung zu Wasser und zu Lande" (1697). Persönliche Rache verbindet sich virtuos mit Zeitsatire. Reuter, deshalb von der Universität relegiert, fand nun die Unterstützung des Dresdner Hofes; seine letzten Spuren verlieren sich als Hofpoet in Berlin.

Zittauer Schuldramen

Erziehung zum "politischen", also weltklugen und gebildeten Menschen, Einübungen der Fähigkeit zu Rhetorik und Konversation waren das Ziel von 61 Schuldramen biblischen, historischen und bürgerlich-komödiantischen Inhalts, die der Zittauer Rektor Christian Weise (1641–1708) in Verbindung von Lausitzer Volkskultur und an Opitz geschulter Gelehrtendichtung schrieb – in deutscher Sprache, wie die Stücke seines älteren Bautzner Amtskollegen und Vorläufers Johann Sebastian Mitternacht (1613 bis 1679). An drei Spieltagen im Frühjahr, später im Herbst, meist im Zittauer Ratssaal, wurden etwa 150 Schüler des Zittauer Gymnasiums in rund 190 Rollen beschäftigt. In dem Drama "Masaniello" erkannte Lessing Spuren von Shakespearschem Geist.

"Critische Dichtkunst" und gemütvolle Fabeln

Es ist für die weltoffene Messe- und Universitätsstadt Leipzig charakteristisch, daß die Auseinandersetzungen um Theater und Drama hier ihren ersten Höhepunkt fanden. Johann Christoph Gottsched (1700–1766), Professor der Poesie seit 1730, schrieb eine rationalistische Poetik in der Nachfolge von Opitz ("Versuch einer Critischen Dichtkunst vor die Deutschen", 1730). Er wies auf die Vorbilder von Antike und französischer Klassik hin; er suchte das Theater von der effektvollen Blutrünstigkeit der Haupt- und Staatsaktionen und selbstgenügsamen Possen zu reinigen; er wandte sich gegen den barocken Schwulst der Oper und die routinierten Unterhaltungsstücke seines Leipziger Rivalen Friedrich Henrici (Picander; 1700–1764), der auch Texte für Bachs Oratorien schrieb. Mit wenig öffentlichem Erfolg verfaßten er und seine Frau Adelgunde Stücke, die seiner Theorie entsprechen sollten. Er suchte die Begegnung mit den verachteten Wandertruppen und fand in Friederike Caroline Neuberin (→ Berühmte Persönlichkeiten) eine ihm ebenbürtige Partnerin. Bereits eine Generation zuvor hatte Johannes Velten (1640–1693), Leipziger Magister der Theologie und Prinzipal der "kursächsischen Komödiengesellschaft", mit eigenen Stücken in Dresden und Leipzig gegen die Roheit der damaligen Theaterpraxis gearbeitet. 1740 führte die Neubersche Truppe auf einer Gastspielreise nach Rußland 27 Stücke mit, die ihr Gottsched bereitgestellt hatte; 1747 spielte sie Lessings Frühwerk "Der junge Gelehrte".

Rationalismus (Fortsetzung)

Der Rationalist Gottsched hatte stets Gefühl und Phantasie unterschätzt und mußte dies im Streit mit seinen Gegnern erfahren. Christian Fürchtegott Gellert (1715–1769) aus Gräfenhainichen hingegen, wie Rabener und später Lessing Absolvent der Meißner Fürstenschule und wie Gottsched Professor in Leipzig, wußte seine Fabeln, Lustspiele und den Roman "Das Leben der schwedischen Gräfin v. G." aus dem Geist der Empfindsamkeit zu gestalten. Er war um die Mitte des Jahrhunderts der populärste deutsche Schriftsteller, während der Stern Gottscheds sank. Der Siebenjährige Krieg bedeutete eine verheerende Zäsur in der sächsischen Literatur. Als im November 1760 noch einmal preußische Truppen auf die von ihnen schwer beschädigte Festung Dresden vorrückten, starb im nahegelegenen Dorf Laubegast vergessen und verarmt Caroline Neuberin. Auch sie gehörte zuletzt zu den zahlreichen Gegnern Gottscheds.

Romantik

Dresden – eine "Wüste der Geister"?

Christian Gottfried Körner (1756–1831) lebe "in einer Wüste der Geister", schrieb Schiller am 4. Dezember 1788 im bitteren Rückblick auf seine 17 Monate in Dresden bis April 1787. Er hat hier am "Don Carlos" gearbeitet; sie haben das Lied "An die Freude" gesungen – Verse, die nach 1789 von Georg Friedrich Rebmann (1768–1824; 1792/1793 u. a. Herausgeber der "Dresdener Merkwürdigkeiten") bald in ihrem menschheitlichen Gehalt erkannt wurden. Der sächsische Hof und die Einwohner der Residenz boten indes keinerlei Möglichkeiten für eine schriftstellerische Existenz, geschweige eine Dresdner Klassik. Seit etwa 1796 wurde die Stadt – längst nicht mehr Festraum barocker Gesamtkunstwerke, in denen Poesie nur eine dienende Rolle hatte – zum Schauplatz einer neuen Gefühlskultur. Empfindsamkeit und Romantik gingen nahtlos ineinander über. In Christoph August Tiedges (1752–1841) auch von Beethoven hoch geschätztem Lehrgedicht "Über Gott, Unsterblichkeit und Freiheit" (1800) ist es noch die alte arkadische Natur, die fast gleichzeitig seine Gefährtin Elisa von der Recke (1754–1833) in ihren Briefen und Tagebüchern pries oder Tina von Brühl im nahegelegenen Seifersdorfer Tal mit Hütten, Denkmälern und Sinnsprüchen arrangierte. In den Briefen Jean Pauls (1764–1825) und Heinrich von Kleists, in E. T. A. Hoffmanns (1776–1822) Erzählung "Der goldne Topf", später in Gustav Carus' (1789–1865) "Fragmenten eines malerischen Tagebuchs" wird nun das benannt, was zum Mythos von Dresden werden sollte: Stadt- und Naturraum werden als Zeichen einer einheitlichen Kunstfigur gesehen und als Metaphern begriffen, die über sich selbst hinausweisen und der Zeit entrückt sind.

Dresdner Romantik

1755 hatte Johann Joachim Winckelmann (1717–1768) mit "Gedanken über die Nachahmung der griechischen Werke in der Malerei und Bildhauerkunst" hier eine neue, für die Klassik wesentliche Deutung der Antike gegeben. 1798 trafen sich in Pillnitz und in der Gemäldegalerie Friedrich Wilhelm Schelling (1775–1854) und Friedrich von Hardenberg (1772 bis 1801), der sich nun Novalis nannte, die Brüder Friedrich (1772–1829) und August Wilhelm Schlegel (1767–1845) sowie dessen Frau Caroline (1763 bis 1809). Aus dem 2. Heft des "Athenäum", ihrer Jenaer Kunstzeitschrift, läßt sich auf das hohe Niveau ihrer Gespräche schließen.

Poesie, Philosophie, Musik und bildende Kunst wurden in unterschiedlichem Maße zum Gesamtkunstwerk einer "progressiven Universalpoesie" (Friedrich Schlegel), die in der kulturellen Verknüpfungslandschaft des Dresdner Raumes ihren Ausgang nahm. Die Maler Caspar David Friedrich und Philipp Otto Runge kamen 1798 und 1801 aus dem Norden; schon 1796 waren die Berliner Heinrich Wackenroder und Ludwig Tieck in der Galerie und entdeckten in den "Herzensergießungen eines kunstliebenden Klosterbruders" die Religion der süddeutschen Kunst. Friedrich von Hardenberg studierte in Freiberg Montanwissenschaften und zeigte im "Heinrich von Ofterdingen" und den "Lehrlingen zu Sais" die poetischen Tiefen der Erde. Heinrich von Kleist hatte während seines dritten Dresdner Auf-

Dresdner Romantik (Fortsetzung)

enthalts von August 1807 bis April 1809 seine produktivste, vielleicht glücklichste Zeit. Sie alle waren fasziniert von der katholischen Kultur, die ihnen in den Messen der Hofkirche, den Bildern der Italiener in der Galerie und der venezianisch anmutenden Stromsilhouette der Stadt entgegentrat. "... und mit Wollust würde ich katholisch werden", schreibt Kleist am 21. Mai 1801, – ohne, wie sein Freund Adam Müller (1779–1829), diesen Schritt zu vollziehen. Mit ihm, dem konservativen Nationalökonom, gab er 1808 den "Phöbus" heraus, eine der bedeutendsten Dresdner Kunstzeitschriften.

Goethe- und Napoleonzeit

Dresdner Romantik war auch Napoleonzeit. Daß Politik kein Gegensatz zur Kunst sei, hatte der Leipziger republikanische Schriftsteller Johann Gottfried Seume (1763–1810) mehrfach formuliert. Nun hielt Adam Müller in Dresden ab 1807 Vorlesungen "Über die deutsche Wissenschaft und Literatur", gleichsam erste "Reden an die deutsche Nation". Er gewann auch den Arzt und Naturphilosophen Gotthilf Heinrich Schubert (1780 bis 1860). Dieser stellte jenen, die sich von der Zuversicht des sächsischen Aufklärungsdenkens abgewandt hatten, neue und abgründige Bilder und Wirklichkeiten bereit: "Ansichten von der Nachtseite der Naturwissenschaft", von denen Kleist und E. T. A. Hoffmann tief berührt wurden. Noch in Friedrich August Schulzes (Friedrich Laun; 1770–1849) und Johann August Apels (1771–1816) "Gespensterbuch" und in Friedrich Kinds (1768 bis 1843) daraus entwickeltem Libretto zum "Freischütz" ist dieses Lebensgefühl zu spüren.
Die Wendung zur Nationalromantik blieb im franzosenhörigen Sachsen zwiespältig. Kleist, der in Dresden die Ode "Germania an ihre Kinder" und die "Hermannsschlacht" geschrieben hatte, verließ die Stadt. Christian Gottfried Körner schloß sich sächsischen Patrioten wie dem Grafen von Carlowitz und Dietrich von Miltiz an. Bei ihnen hielt sich der preußische Spätromantiker Friedrich de la Motte Fouqué (1777–1843) häufig auf. Körners Sohn Theodor (1791–1813), der mit einigen Gedichten aus "Leier und Schwert" den Nerv der Zeit traf, ist oft überschätzt worden. Goethe sah am 13. August 1813 in Dresden den von ihm stets bewunderten Napoleon zum letzten Male. Er hatte schon am 21. April im Hause Körners und in Gegenwart von Ernst Moritz Arndt sein Mißvergnügen angesichts allzu teutonischer Gefühle ausgedrückt.
Nicht Goethe, der am Abend des 11. August 1813 vom Turm der Frauenkirche über die Stadt blickte – wie schon im März 1768 –, sondern E. T. A. Hoffmann erlebte das Grauen der Augusttage und vertraute es seinen Tagebüchern an. Noch in den spätbiedermeierlichen "Lebenserinnerungen eines deutschen Malers" von Ludwig Richter (1803–1884), in Wilhelm von Kügelgens (1802 –1867) "Jugenderinnerungen eines alten Mannes" und in der zu Unrecht fast vergessenen "Selbstbiographie" des Dresdner Armenschullehrers und Schriftstellers Carl Gustav Nieritz (1795–1876) leben die Schrecken jener Schlacht fort. Arthur Schopenhauer, der zwischen 1814 und 1818 in Dresden sein Werk "Die Welt als Wille und Vorstellung" schrieb, verstand im Hinblick auf Schlachtfelder, "Krankenhospitäler, Lazarette und chirurgische Marterkammern" die Welt als eine Hölle.

Das 19. Jahrhundert

Weltliteratur: Dante, Petrarca, Shakespeare

Die Dresdner Romantik überdauerte die Niederlage des Landes; seit 1817 im banalen Dichterzirkel des "Liederkreises". Doch auch die großen Übersetzungsleistungen der Biedermeierzeit bewahrten den romantischen Geist der Weltliteratur: in Prinz Johann von Sachsens (1801–1873) "Göttlicher Komödie" Dantes, in den Sonetten Petrarcas, die der Lyriker Karl Förster (1784–1841) übertrug. Ludwig Tiecks Tochter Dorothea (1799 bis 1841) vollendete zusammen mit Wolf Graf von Baudissin (1789–1878) jene klassische Shakespeare-Übersetzung, die August Wilhelm Schlegel Anfang des Jahrhunderts begonnen hatte. Noch in den mittelalterlichen Stoffen von Richard Wagners Opern seiner Dresdner Jahre zwischen 1842 und 1849 ist die Romantik gegenwärtig.

19. Jahrhundert (Fortsetzung)

Ludwig Tieck, der 'König der Romantik' (Friedrich Hebbel) lebte zwischen 1819 und 1842 wieder in Dresden. In seiner Wohnung am Altmarkt, Ecke Kreuzgasse, stellte er in virtuoser Vortragstechnik die großen Dramen der Weltliteratur zwischen Äschylos und Goethe vor. Er inszenierte als Dramaturg des Hoftheaters Kleists "Prinz von Homburg" und Szenen aus dem "Faust II"; doch seine Ansprüche an Qualität vermochte er gegenüber der Routine seines Widersachers, des Stückeschreibers und Übersetzers Theodor Winkler (Hell; 1775–1856), nicht durchzusetzen. 1842 ging er resigniert nach Potsdam. Seine Dresdner Novellen sind Abbilder biedermeierlicher Salonkultur.

Einübung des Ungehorsams

Die Villa Cara des Philosophen und Malers Carl Gustav Carus, Hofarzt dreier sächsischer Könige, hatte als Begegnungsstätte einer konservativen Elite für Dresden eine ähnliche Bedeutung wie das Weimarer Haus am Frauenplan. Im Sommerhaus in Strehlen und der Stadtwohnung des Advokaten Julius Mosen (1803–1867) trafen sich dagegen Dichter des Vormärz wie Karl Gutzkow, Ludwig Uhland, Georg Herwegh, Robert Prutz oder Hoffmann von Fallersleben. Unter dem hochgebildeten Minister Bernhard von Lindenau konnte sich in zunehmendem Maße demokratisches Gedankengut durchsetzen. Dresden und Leipzig waren seit 1839 als erste deutsche Städte durch eine Eisenbahn verbunden; auf beide war 1830 zuerst der Funke der Pariser Julirevolution übergesprungen. Arnold Ruge (1802 bis 1880), dessen "Hallische Jahrbücher" die preußische Zensur verboten hatte, gab seit 1841 in Dresden, wo er Stadtrat wurde, die "Deutschen Jahrbücher" heraus. Zusammen mit dem Freiherrn von Brunnow gründete er ein "Literarisches Museum", mit dem die Zeitungszensur umgangen wurde. Auch im "Engelklub" und dem "Hillerkränzchen" diskutierten Dresdner Künstler demokratische und republikanische Ideen. Die Unterdrückung des Dresdner Maiaufstandes des Jahres 1849 setzte alldem jedoch ein jähes Ende. Doch "eine Republik herstellen wollen ist nicht notwendig eine Dummheit, am wenigsten eine Gemeinheit", schrieb Theodor Fontane später, und er erkannte, daß die herbeigerufenen preußischen Truppen "einer wirklichen revolutionären Macht" gegenüberstanden.

Des Bürgers Leib- und Magenblatt

"Gartenlaube" und Marlitt

Die literarische Führung für Sachsen – nicht mehr für Deutschland, wo München und Berlin größere Bedeutung gewannen – übernahm nun wieder das aufgeklärte Leipzig. Gustav Freytag (1816–1894), der in Dresden sein Schauspiel "Woldemar" geschrieben hatte, gab 1848 bis 1870 die Wochenschrift "Die Grenzboten" heraus. Der Leipziger Buchhändler Ernst Keil (1816–1878), 1851 wegen liberaler Publikationen im Gefängnis, faßte dort die

19. Jahrhundert (Fortsetzung)
Einübung des Ungehorsams
"Gartenlaube" und Marlitt

Idee zur "Gartenlaube", die ab 1853 zur populärsten bürgerlichen sächsischen Aufklärungs- und Unterhaltungszeitschrift wurde – nicht zuletzt durch die Fortsetzungsfolgen der Trivialromane von Eugenie John (Marlitt; 1825–1887), einst Opernsängerin auch in Leipzig. Ihre Erfolge wurden noch übertroffen von Hedwig Courths-Mahler (1865–1950), die als Dienstmädchen in Leipzig, später Chemnitz, ihre literarischen Fähigkeiten entdeckt hatte und später mit 207 Büchern in Berlin erfüllte.

Schriftsteller im Umkreis des sächsischen Raums hatten im 19. Jh. wesentlichen Anteil an der Unterhaltungsliteratur. Samuel Carl Heun (Heinrich Clauren; 1771–1854) aus Doberlug-Kirchhain, 1815 bis 1819 zugleich preußischer Geschäftsträger in Dresden, Friedrich Ernst Langbein (1757–1835) aus Radeberg, Beamter in Berlin und Dresden, der Dresdner Friedrich August Schulze (Friedrich Laun) mit etwa 200 Romanen, Erzählungen und seinen kulturgeschichtlich aufschlußreichen "Memoiren", und Carl Gustav Nieritz mit etwa 150 Jugenderzählungen sind fast vergessen. Der bekannteste Jugendschriftsteller wurde Karl May (→ Berühmte Persönlichkeiten), dessen Werk von Radebeul aus in ca. 50 Millionen Exemplaren und in 25 Sprachen um die Welt ging.

Die Zeit bis zum Zweiten Weltkrieg

Während Karl May 65 Romane produzierte, gab Ferdinand Avenarius (1856–1923), sein Widersacher, in Dresden den "Kunstwart" heraus, eine elitäre "Rundschau über Dichtung, Theater, Musik und bildende Künste"; verkündete hier Julius Langbehn 1891 mit seinem Buch "Rembrandt als Erzieher" die Thesen des künftigen Nationalchauvinismus – und es entstand ab 1909 noch einmal, nun im Geist einer toleranten Moderne, ein Gesamtkunstwerk. Es ist mit dem Namen der Gartenstadt Hellerau bei Dresden verbunden. Das Festspielhaus von Heinrich Tessenow, 1911 erbaut, wurde Mitte einer künstlerischen Lebensform, die sich mit Natur und Arbeit verband. Ursprünglich als 'Bildungsanstalt' des Genfer Musikpädagogen Emile Jaques-Delcroze (1865–1950) gedacht, war am 5. Oktober 1913 die Aufführung von Paul Claudels Legendenspiel "Verkündung" eines der letzten großen Ereignisse der europäischen Kunstwelt vor der Katastrophe des Ersten Weltkriegs.
Verwirklichte der Leipziger Reclam Verlag mit der "Universalbibliothek" eine große Bildungsidee und sorgten Karl Baedekers Reisehandbücher für Orientierung in der Fremde, so setzten der Insel-Verlag und in Hellerau der Verlag von Jakob Hegener am Anfang des Jahrhunderts neue Maßstäbe für die Buchkultur. Bei Hegener fanden der expressionistische Hymniker Theodor Däubler (1876–1934; "Das Nordlicht"), der Erzähler Friedrich Schnack (1888–1977) oder der junge katholische Erzähler Reinhold Schneider, der seit 1921 für neun Jahre als Kaufmann in Dresden lebte, ihre verlegerische Heimat. Noch vor dem Weltkrieg entwickelte sich die Hellerauer Künstlerkolonie mit der Familie Georg von Mendelssohn – Sohn Peter de Mendelssohn lebte bis 1926 hier und kehrte, nun englischer Staatsbürger und bekannter Schriftsteller, 1979 noch einmal zurück – , dem Prager Dichter Paul Adler (1878–1948) und mit Emil Strauß (1866 bis 1960). Auch Rainer Maria Rilke und Franz Kafka kamen hierher. Edith Benn, erste Frau des Dichters, lebte hier; Tochter Nele wurde 1915 geboren.

In engem Zusammenhang mit Hellerau und dem Salon der Kunstmäzenin Ida Bienert standen Dichter des Dresdner Expressionismus: die Dramatiker Walter Hasenclever (1890–1940), Berthold Viertel (1885–1953), in den Jahren 1918 bis 1922 Regisseur am Staatstheater, Theodor Däubler, Reinhard Goering (1887–1936), dessen Antikriegsstück "Seeschlacht" im Frühjahr 1918 am Hoftheater intern aufgeführt wurde. Friedrich Wolfs frühes Stück "Das bist Du" wurde 1919 gespielt; Ernst Tollers "Hinkemann" führte 1924 durch Aktionen nationalistischer Studenten zu einem beispiellosen Theaterskandal.

Natur und Heimat

1929 bis 1932 erschien in Dresden als Monatsschrift "Die Kolonne. Zeitung der jungen Gruppe Dresden". Ihr Initiator und geistiger Mittelpunkt war Martin Raschke (1905–1943). Sein essayistisches und erzählerisches Schaffen orientierte sich an Natur, Heimat und Überlieferung, ohne den Versuchungen durch die Blut- und Boden-Literatur der Nazis nachzugeben. Seine Freunde waren Günter Eich und Eberhard Meckel; zu Peter Huchel, Oda Schaefer, Elisabeth Langgässer und Hermann Kasack bestanden enge Beziehungen.

Die große Zäsur

Drittes Reich

1933 zerbrach auch in Sachsen die literarische Kultur. Beweis dafür und eindrucksvollstes, erst 1995 erschienenes Zeugnis sind die Dresdner Tagebücher des jüdischen Professors Victor Klemperer (1881–1960) "Ich will Zeugnis ablegen bis zum letzten". Sie sind auch Quelle für Martin Walsers Dresden-Roman "Die Verteidigung der Kindheit". Erich Kästner (→ Berühmte Persönlichkeiten) hatte in seinen Erinnerungen "Als ich ein kleiner Junge war" und der Reportage "... und dann kam ich nach Dresden" die alte und die zerstörte Heimatstadt beschrieben. Der Dresdner Bibliothekar und Schriftsteller Erhard Kästner (1904–1974) hörte in der Einsamkeit der afrikanischen Kriegsgefangenschaft ("Zeltbuch von Tumilad") vom Untergang der Stadt. 1945 verließ Anton Kippenberg Leipzig, wenige Jahre später Ernst Reclam, die großen sächsischen Verlegerpersönlichkeiten.

Im Zeichen des sozialistischen Realismus

Anders als in den Westzonen konnte sich eine neue Literatur nur zögernd entwickeln. Die großen Dichter der Emigration und die stalinistische Kulturpolitik schufen auf unterschiedliche Weise Begrenzungen. Alfred Kurella, der 1917 und 1918 als Hauslehrer in Hellerau gearbeitet und dort in Künstlerkreisen verkehrt hatte, setzte die Forderungen des 'sozialistischen Realismus' nach seiner Rückkehr aus sowjetischer Emigration durch. Auch Jurij Brežans (geb. 1916) frühe Romane sind davon belastet; mit "Krabat oder die Verwandlung der Welt" hat er Mythos und Realität der sorbischen Kultur gestaltet. Gleichfalls deutsch und sorbisch, in der Nachfolge Johannes Bobrowskis, schrieb der Lyriker Kito Lorenc (1938). Aus dem deutschsprachigen Raum der Lausitz erzählt Joachim Nowotny (1933). Der bedeutendste Erzähler dieser Landschaft aber war Wilhelm von Polenz (1861–1903) mit seinem von Naturalismus und Heimatkunst geprägten Roman "Der Büttnerbauer".

In Chemnitz wuchsen Stephan Hermlin (1915) und Stefan Heym (1913) auf, bevor sie emigrieren mußten. Auch Irmtraud Morgner (1933–1990) ("Amanda. Ein Hexenroman") stammt aus Chemnitz und schöpft aus Renaissance und erzgebirgischer Volkskultur. Peter Härtling, 1933 in Chemnitz geboren, erzählt in "Eine Frau" von der Landschaft der Kindheit. Der Lyriker Reiner Kunze (1933; "Sensible Wege"), der Erzähler Hans Joachim Schädlich (1935; "Tallover") und der Essayist und Erzähler Gerhard Zwerenz (1925) stammen aus dem Vogtland. Im Erzgebirge und dem Leipziger Braunkohlengebiet sind Erzählungen von Angela Krauss (1950; "Der Dienst") angesiedelt. Das Leipzig der DDR-Tristesse und des leisen Widerstands ist Thema der besten Romane von Erich Loest (1926) und seiner Selbstzeugnisse ("Durch die Erde ein Riß"). In "Nikolaikirche" hat er die Leipziger Ereignisse von 1989 und 1990 literarisch verarbeitet.

In Dresden etablierte sich vor allem eine Kinder- und Jugendliteratur, weitgehend nach dem Vorbild des sozialistischen Antifaschismus der jüdischen Schriftstellerin Auguste Lazar (1887–1970), die aus englischer Emigration zurückgekehrt war. In großen Auflagen erschienen die soliden historischen Romane des Dresdner Dramatikers und Erzählers Karl Zuchardt (1887–1968) und Kurt Arnold Findeisens (1883–1963). Im Wolfgang Jess Verlag konnten viele der alten Dresdner Kultur verpflichtete Autoren bis 1958 eine Heimstatt finden, dann wurde er liquidiert. Seit Ende der sechziger Jahre traten jüngere Autoren mit eigenständigen Leistungen hervor: die Erzähler und Lyriker Wulf Kirsten (1934; "Die Erde bei Meißen"), Heinz Cze-

Literatur im Zeichen des sozialistischen Realismus (Fortsetzung)

chowski (1935; "Auf eine im Feuer versunkene Stadt"), Volker Braun (1939; "Training des aufrechten Gangs", "Hinze-Kunze-Roman"); ferner Jochen Laabs (1937), der Lyriker Manfred Streubel (1932–1992), der Erzähler und Essayist Ingo Zimmermann (1940), die Lyriker und Erzähler Thomas Rosenlöcher (1947) und Durs Grünbein (1962).
Viele dieser Schriftsteller waren Absolventen des Leipziger Literaturinstituts "Johannes R. Becher", das sich trotz seines Gründers, des dogmatischen Alfred Kurella, stets eine gewisse geistige Freiheit bewahren konnte. Max Zimmering (1909–1973) aus Pirna, als Lyriker und Erzähler aus der proletarischen Literaturbewegung stammend, Emigrant in England, erwies sich als erstaunlich toleranter Direktor. Ihm folgte der Erzähler Max Walter Schulz (1921–1991) und nach der Wende der Erzähler und Lyriker Bernd Jenzsch (1940). Jenseits aller Konventionen und offiziellen Förderungen schuf der Arbeiter Wolfgang Hilbig (1941) ein sprödes, bedeutsames Werk in Lyrik und Prosa ("Ich").

Musik

Preise dein Glück, gesegnetes Sachsen,
Weil Gott den Thron deines Königs erhält.
Fröhliches Land,
danke dem Himmel und küsse die Hand,
Die deine Wohlfahrt noch täglich läßt wachsen
Und deine Bürger in Sicherheit stellt.

Sachsen – ein musikalisches Land

So preist Johann Sebastian Bach in seiner Kantate 215 das Sächsische Herrscherhaus musikalisch – mit Pauken und Trompeten und Doppelchor. August III., Kurfürst von Sachsen und König von Polen wird solcherart besungen, und nicht zu Unrecht, denn unter seiner Regierungszeit und der seines Vaters August des Starken erlebte das sächsische Musikleben seine höchste Blüte. Doch auch zu anderen Zeiten entwickelte sich das Musikland Sachsen weiter, mit historischen Zentren wie Dresden, Leipzig und Zwickau, aber auch dem Vogtland.

Kirchenmusik in Sachsen

Musik in den Klöstern

Aus der Zeit des Mittelalters ist in Sachsen nur wenig Musikalisches überliefert. Der musikalische Alltag ist vom Gregorianischen Choral geprägt, der in Folge der Christianisierung ab dem 10. Jh. von den Bistümern Erfurt, Mainz und Würzburg aus in der neu eroberten Sorbenmark verbreitet wird. Wichtigster Ort für die Pflege des Chorals mit seinem gesamten Repertoire sind die Klöster. Das um 932 von Hersfeld aus gegründete Johanneskloster auf dem Meißener Burgberg ist das erste im heutigen Sachsen. 967/968 entsteht hier ein eigener Bischofssitz. Weitere wichtige Klöster verschiedener Orden entstehen u. a. in Riesa (1119), Chemnitz (1136), Altzella (1162), Wechselburg (um 1165), Remse (um 1165), Altenburg (um 1168), Görlitz (um 1234) und Marienstein (1248).

Die ältesten Orgeln Sachsens

Die wohl älteste sächsische Musikhandschrift mit Antiphonen und Gradualresponsorien, im 13. Jh. am Leipziger Thomasstift entstanden, ist derzeit verschollen. Ebenfalls in der Thomaskirche findet auch nach 1500 die zweitälteste Orgel Sachsens Platz. Das Instrument wurde 1356 von Joachim Schund für das Kloster Eicha bei Leipzig gebaut.
Das älteste Pfeifeninstrument im heutigen Sachsen ist für die Peterskirche im ehemals schlesischen Görlitz überliefert. Schon um 1340 soll hier eine

Kirchenmusik (Fortsetzung)

Orgel vom Wetter zerstört worden sein. 1382 "ist die Orgel in der Klosterkirche gebaut worden und verfertiget durch M. Orthulpen", wie die Chronik des Minoritenklosters berichtet; ein Jahr später folgt übrigens die erste Orgel der Zwickauer Marienkirche. Der Stolz der Görlitzer Orgelgeschichte allerdings ist die 1697 bis 1703 von Eugen Casparini geschaffene "Sonnenorgel", an der auch der junge Silbermann mitarbeitete.

Chöre und Kantoren

In der Zittauer Johanneskirche werden ab 1381 Kantoren bestellt. Bedeutender ist allerdings auch hier die Orgeltradition, die bis zum Stadtbrand 1757 auf hohem Niveau u. a. durch Schüler Johann Sebastian Bachs fortgeführt wird. Singende Lateinschüler sind an der Görlitzer Peterskirche nachweisbar. Die wenigsten Kantoren an St. Peter tun sich aber als Komponisten hervor, hingegen vergeben sie – im Namen des Rates der Stadt – Kompositionsaufträge an berühmte Musiker ihrer Zeit wie Samuel Scheidt, Heinrich Schütz (→ Berühmte Persönlichkeiten), Jacobus Gallus und Orlando di Lasso. Die Zwickauer Lateinschule, die seit 1523 wöchentliche Komödienaufführungen mit Musik vorsieht, ist zu dieser Zeit neben Leipzig und Dresden die berühmteste im Land. Luther nennt die Zwickauer und Torgauer "zwei treffliche, köstliche und edle Kleinode im Lande".

Dresdner Kreuzchor

Auch an der Dresdner Kreuzkirche wird wohl schon früh gesungen. 1370 erscheinen in einer Rechnung ein "magister scholae" und ein "orgilmeister", und seit dieser Zeit tritt auch der Kreuzchor in Erscheinung. Er singt beim ersten evangelischen Gottesdienst in der Kreuzkirche am 6. Juli 1539. Eine Blütezeit erlebt er unter den Kantoren Christoph Neander (1615 bis 1625) und Michael Lohr (1625 – 1654), die beide vor allem das geistliche Werk des zeitgleich am Dresdner Hofe wirkenden Heinrich Schütz uraufführen. Ab 1651 sind die Kreuzkantoren auch für die Kirchenmusik an der Frauen- und Sophienkirche verantwortlich. Kreuzkantor Theodor Christian Reinhold (1720 – 1755) holt sich 1733 den Bach-Sohn Wilhelm Friedemann (1710 – 1784) als Organisten an die Sophienkirche und tut sich – wie sein Nachfolger Gottfried August Homilius (1755 – 1785) auch als Komponist hervor. Einer der berühmtesten Kreuzschüler, Richard Wagner, hat es in seiner Schulzeit von 1822 bis 1827 allerdings nicht zum aktiven Sänger gebracht. Erst Ende des 19. Jh.s wird das Werk Johann Sebastian Bachs wieder regelmäßig gepflegt. Im 20. Jh. macht Rudolf Mauersberger als Kreuzkantor von 1930 bis 1971 den Chor durch viele Tourneen in der ganzen Welt berühmt. Von 1971 bis 1993 wird der Chor von Martin Flämig geleitet, dem Gothard Stier und im Anschluß kommissarisch Mattias Jung nachfolgt.

Thomanerchor Leipzig

Die Leipziger Thomaskirche ist vor allem durch den Thomanerchor bekannt geworden. 1358 tritt der Chor der Thomasschüler erstmals mit einer Sonnabendsmesse in das Licht der geschichtlichen Überlieferung. Johannes Stefani von Orba (1435 – 1466) ist der erste namentlich bekannte Thomaskantor. Ab dem 16. Jh. wirken große Meister hier, unter ihnen Sethus Calvisius (1556 – 1615) und Johann Hermann Schein (1586 – 1630). Austausch gibt es auch mit der 1409 gegründeten Leipziger Universität, sind doch die Thomaskantoren für die praktische Musikausübung in den Universitätsgottesdiensten zuständig; dazu betreuen sie noch die Nikolaikirche. Die Reformation hält in der Leipziger Kirchenmusik 1524 Einzug, wenngleich nur im Geheimen. 1630 druckt Michael Blum das erste Leipziger evangelische Kirchengesangbuch, in dem erstmals der berühmte Reformationschoral "Ein feste Burg ist unser Gott" in hochdeutscher Sprache erscheint; bereits 1537 war das erste deutschsprachige katholische Gesangbuch in Leipzig gedruckt worden. Seit dieser Zeit gewinnt die Stadt zunehmend Bedeutung als Sitz von Musikverlagen. Die Thomasschule wird immer mehr zum musikalischen Zentrum nicht nur Leipzigs. Thomaskantor Johann Kuhnau (1660 – 1722) schreibt nicht nur zahlreiche Kantaten, sondern ist auch Komponist der ersten mehrsätzigen Klaviersonaten. 1723 übernimmt Johann Sebastian Bach (→ Berühmte Persönlichkeiten) das Amt des Thomaskantors. Bis zu seinem Tod schreibt Bach fast wöchentlich eine Kantate für den Hauptgottesdienst, von denen noch über 200 erhalten sind. Auch seine Passionen und das "Weihnachtsoratorium" – ein Kantatenzyklus – werden in der Thomaskirche uraufgeführt.

Johann Sebastian Bach

Johann Sebastian Bach (Fortsetzung)

Den Großteil seiner weltlichen Kantaten läßt Bach übrigens durch eines der verschiedenen studentischen Orchester "Collegium musicum" erklingen. Für die Collegien läßt der Leipziger Rat – auf Betreiben von Johann Adam Hiller (1728–1804), zuvor Musiklehrer beim Grafen Brühl in Dresden – 1781 einen Konzertsaal im Messehaus der Tuchhändler einrichten. Das noch heute bestehende Gewandhausorchester hat hier seinen Ursprung.

Barocke Opernfreuden am Sächsischen Hof

Staatskapelle Dresden

Der Ursprung der berühmten Staatskapelle Dresden ist ein Chor: Kurfürst Moritz unterzeichnet am 22. September 1548 die Stiftungsurkunde der Dresdner Hofkantorei. Die Aufgabe des Chores, die Gottesdienste in der Schloßkapelle zu gestalten, wird schon bald auf weltliche Musik erweitert. 1555 werden Instrumentalisten bezeugt, und 1568 begründet Kapellmeister Antonio Scandelli den engen, Jahrhunderte währenden Kontakt zwischen der Dresdner Hofkapelle und der italienischen Musiktradition. Kurfürst Johann Georg I. kann den Komponisten Michael Praetorius nur von 1613 bis 1617 halten. Unter spektakularen Umständen wirbt er daraufhin Heinrich Schütz aus Kassel ab, der 55 Jahre lang bis zu seinem Tod 1672 hier wirkt. Als 'Vater der deutschen Musik' macht er sich um die Verbindung von italienischer Polyphonie mit protestantischem Kirchenchoral verdient. Sein Nachfolger Christoph Bernhard (1628–1692) führt die Tradition auf hohem Niveau fort. 1641 wird mit der kurprinzlichen Kapelle ein weiterer Klangkörper gebildet, an dessen Spitze ab 1660 Giovanni Andrea Bontempi (1624 bis 1705) steht, der erste Kastrat in Dresden. Beide Kapellen werden 1666 zusammengelegt und sind fest in italienischer Hand, bis Kurfürst Johann Georg III. (1680–1691) alle Italiener entläßt. Ab 1664 wird die Hofkapelle regelmäßig als Opernorchester eingesetzt – bis heute. Aus dem Chor entwickeln sich die Dresdner Kapellknaben (das katholische Gegenstück zum Kreuzchor) und der Kathedralchor, die abwechselnd heute noch die großen kirchlichen Feiertage musikalisch gestalten. Besondere Bedeutung hat die Kapelle bei der Ausgestaltung der prunkvollen Hoffeste, die zunächst im Stallhof, später im Zwinger und auf Schloß Pillnitz abgehalten werden.

Dresdner Kapellknaben

Oper in Dresden und Leipzig

Die erste deutsche Oper, "Daphne" von Heinrich Schütz, wird 1627 in Torgau uraufgeführt. 1664 wird am Dresdner Taschenberg das erste Opernhaus Sachsens eröffnet. Dresdens Ruf als Opernstadt beginnt früh. Vor allem italienische Komponisten werden – entsprechend der damaligen Mode – aufgeführt. Einen Höhepunkt erlebt die Dresdner Oper mit Johann Adolf Hasse (1699–1783), der 1731 die Leitung der Hofkapelle übernimmt. Mit seiner "Cleofilde" wird das neue Opernhaus am Zwinger am 13. September 1731 eröffnet. Auch Johann Sebastian Bach reist zur Premiere aus Leipzig an. Hasse muß allerdings auch erleben, wie bei der Beschießung Dresdens durch die Preußen 1760 unermeßliche musikalische Schätze verbrennen, darunter alle weltlichen Werke von Schütz. Bedeutendster musikalischer Zeitgenosse Hasses ist Jan Dismas Zelenka (1679–1745), seit 1710 in Dresden und 1735 zum Kirchencompositeur ernannt. Er gilt als bedeutendster tschechischer Meister des Barock. Aber auch der Komponist Johann Georg Pisendel (1687–1755), der ab 1738 als Konzertmeister der Hofkapelle wirkt, hat einen großen Anteil daran, daß das Orchester zu seiner Zeit als "das vollendetste und am besten zusammengesetzte Ensemble" (Rousseau) in Europa gilt. So schreibt Pisendels berühmter Lehrer Antonio Vivaldi seine anspruchsvollsten Concerti "per l'orchestra di Dresda" und macht Dresden damit zum Zentrum der Verbreitung seiner Werke in

Oper in Dresden und Leipzig (Fortsetzung)

Deutschland. Weiterhin verhelfen Georg Philipp Telemann (1681–1767), Johann David Heinichen (1683–1729), Johann Friedrich Fasch (1688–1758), Johann Gottlieb Graun (1702–1771) und Christoph Willibald Gluck (1714 bis 1787) durch ihr zeitweiliges Engagement an der Hofkapelle Dresden zu seinem goldenen Zeitalter der Musik.

1692 erhält der Dresdner Hofkapellmeister Nikolaus Adam Strungk (1640 bis 1700) eine kurfürstliche Opernkonzession für Leipzig, und nur ein Jahr später wird am Brühl das neue Opernhaus eröffnet. 1702 bis 1708 wirkt Georg Philipp Telemann als Leiter der Oper, der sie auch nach seinem Weggang weiterhin mit neuen Bühnenwerken versorgt.

Klassik und Romantik in Sachsen

Höfische Musikkultur in Dresden

E. T. A. Hoffmann

1776 wird Johann Gottlieb Naumann Hofkapellmeister in Dresden und bleibt es bis zu seinem Tod im Jahr 1801. Er betreut Mozart, der 1789 vom Sächsischen Hof empfangen wird, und fördert erstmals wieder deutsche Opern. Ernst Theodor Amadeus Hoffmann (1776–1822) greift 1813 und 1814 diese Idee als Leiter einer Operntruppe in Dresden wieder auf.

Carl Maria von Weber

Carl Maria von Weber (1786–1826), seit 1816 in Dresden engagiert, schafft hier schließlich die deutsche Nationaloper. Sein "Freischütz", 1821 in Berlin uraufgeführt, erlebt ein halbes Jahr später in Dresden seinen Durchbruch, zwei Jahre später wird mit dieser Oper das neuerbaute Theater in Zwickau eröffnet. In seinem Sommerhaus in Dresden-Hosterwitz (heute Museum) komponiert Weber auch die "Aufforderung zum Tanz".

Heinrich Marschner

Weber führt 1820 auch eine der ersten Opern des aus Zittau stammenden Heinrich Marschner (1795–1861) auf. Nach seinem Musikstudium in Leipzig hatte sich Marschner 1821 in Dresden niedergelassen und war 1824 gegen den Widerstand Webers Musikdirektor der Dresdner Oper geworden, verließ den Posten allerdings zwei Jahre später. Mit dem Weggang von Webers weiterem Konkurrenten Francesco Morlacchi (1784–1841), der u. a. einen "Barbier von Sevilla" komponiert und zuletzt noch als Kapellmeister an der Hofkirche gewirkt hat, endet die italienische Operntradition in Dresden.

Richard Wagner

Auf dem heutigen Theaterplatz wird 1841 der erste Opern- und Theaterbau von Gottfried Semper eingeweiht. Zwei Jahre darauf verpflichtet man Richard Wagner (→ Berühmte Persönlichkeiten) als Kapellmeister. "Der Fliegende Holländer" (1843) und "Tannhäuser" (1845) erleben in dieser Zeit ihre Uraufführung im neuen Haus. Seine Inspirationen holt sich Wagner auf langen Spaziergängen durch den Liebstädter Grund von seinem Sommerhaus in Graupa aus (heute Museum) bis nach Lohmen.

Richard Strauss

Nachdem ein Brand den ersten Semperbau zerstört hat, wird 1878 das zweite Theater von Gottfried Semper errichtet. Unter der Leitung von Ernst von Schuch (1846–1914) und Fritz Busch (1890–1951) werden ab 1901 neun Opern von Richard Strauss (1864–1949) uraufgeführt, auch Werke von Dvořák ("Der Bauer ein Schelm") und Puccini ("Tosca") erleben ihre deutsche Erstaufführung. Hoftheater und Hofkapelle sind 1919 bereits in Sächsisches Staatstheater und Staatskapelle umbenannt worden.

Städtische Musikkultur

Städtische, instrumentale Musikkultur gibt es schon seit dem späten 'Mittelalter' in Leipzig, Dresden, Görlitz, Zittau und Zwickau, als Stadtpfeifer festliche Anlässe der Ratsherren musikalisch begleiteten. In Leipzig als Handels- und Messestadt sowie in Görlitz, dem Zentrum der schlesischen Tuchindustrie, kann sich das Bürgertum allerdings schneller als in Dresden entwickeln, und mit ihm auch die bürgerliche Musikkultur.

Görlitz

Das Görlitzer Musiktheater blickt ebenfalls auf eine lange Tradition zurück. Schon für das frühe 18. Jh. sind szenische Musikaufführungen an der Lateinschule ("in Teatro scenico Gymnasii Gorlicensis") bezeugt. 1773 werden – erstmals nachweisbar – Singspiele im Theater im Salzhaus, dem Vorgänger des Stadttheaters, aufgeführt. 1851 wird das heute noch bestehende Stadttheater eröffnet, in dem seit 1907 ein ständiges Opernensemble besteht. Das erste öffentliche bürgerliche Konzert in Görlitz fin-

Werke von Richard Strauss, Giacomo Puccini und Anton Dvořák erlebten in der Dresdner Semperoper ihre Uraufführung.

Klassik und Romantik (Fts.)

det 1781 im Braunen Hirschen statt, veranstaltet vom Kantor und Komponisten Georg Gottfried Petri (1715 – 1795).

Gewandhausorchester Leipzig

Als Gründer der Leipziger Gewandhauskonzertvereinigung, die am 25. November 1781 ihr erstes Konzert gab, kann Johann Adam Hiller gelten. Der Aufschwung des Bürgertums führt dazu, daß gegen Ende des 18. Jh.s bereits 14 weitere Konzertvereinigungen das Leipziger Musikleben bereichern. Um 1800 sind das im Gewandhaus spielende Konzertorchester und das Opernorchester fast zusammengewachsen. Quellen belegen, daß zu dieser Zeit allerdings die Qualität vieler Musikaufführung nicht den Wünschen entspricht. Dies ändert sich, als Felix Mendelssohn-Bartholdy (1809 – 1847) die Leitung des Gewandhauses übernimmt. Er macht Leipzig zu einem Zentrum europäischer Orchestermusiktradition. Ihm ist auch die Wiederentdeckung Bachs zu verdanken; selbst läßt er sich durch den Meister zu eigenen großen Oratorienwerken anregen. 1843 ist Mendelssohn maßgeblich an der Gründung des Konservatoriums beteiligt. Im gleichen Jahr übernimmt Albert Lortzing (1801 – 1851) die Leitung der Leipziger Oper, an der seine beiden Meisterwerke "Zar und Zimmermann" sowie "Der Wildschütz" uraufgeführt werden. 1865 bis 1867 wird auf dem Augustusplatz ein neues, größeres Opernhaus errichtet. Leiter der Gewandhauskonzerte wird 1860 der Komponist Carl Reinecke (1824 – 1910), der sich vor allem um die Aufführung der Werke von Robert Schumann und Johannes Brahms verdient macht. Sein Nachfolger ist 1895 der berühmte Dirigent Arthur Nikisch (1855 – 1922). Er holt namhafte Gastdirigenten und Komponisten für Uraufführungen nach Leipzig, so Anton Bruckner, Gustav Mahler und Hans Pfitzner. Ihn lösen Wilhelm Furtwängler und Bruno Walter ab, der 1933 von den Nazis aus Leipzig vertrieben wird.

Felix Mendelssohn-Bartholdy

Arthur Nikisch

Dresden

1854 wird der Tonkünstlerverein Dresden gegründet, der den Anspruch erhebt, daß bei ihm Instrumentalmusik "aller, auch der neuesten Zeit Pflege und Ausführung finden sollten". Zwei Jahre später folgt die Gründung des Dresdner Konservatoriums (heute Staatliche Hochschule für Musik Carl-

Klassik und Romantik (Fts.)

Maria von Weber). Viele bedeutende Komponisten kommen nach Dresden, unter ihnen Nicolo Paganini, Hector Berlioz und Franz Liszt.

Dresdner Philharmonie

1870 schlägt mit der Eröffnung des Gewerbehaussaales die Geburtsstunde der Dresdner Philharmonie, die seit 1924 unter diesem Namen firmiert und vor allem in jüngster Zeit durch viele Tourneen auch im Ausland bekannt geworden ist.

Theatergründungen im 19. Jahrhundert

Die Gründerzeit wirkt auch auf das sächsische Musikleben befruchtend: Opernhäuser entstehen u. a. in Altenburg (1869–1871 nach Entwürfen von O. P. Brückwald), Döbeln (1871, nach Brand Wiederaufbau durch A. Liebig 1912–1915), Freiberg (1880 Umbau eines kleinen Theaters von 1790) und Chemnitz (1906–1909 durch R. Möbius). In Görlitz gründet Graf Bolko von Hochberg (1843–1926) im Jahr 1876 die Schlesischen Musikfeste, denen auch die 1910 fertiggestellte, 2700 Personen fassende Stadthalle von Sehring mit ihrer großen Konzertorgel ihr Entstehen verdankt. Heute ist die Stadthalle an der Neißebrücke auch Ort für deutsch-polnische Kulturveranstaltungen in der seit 1945 geteilten Stadt.

Robert und Clara Schumann

Von hohem Sockel sinnt Robert Schumann in seiner Heimatstadt Zwickau.

Die beiden wichtigsten sächsischen Vertreter für Klavier- und Orchestermusik der Romantik sind Robert Schumann und seine Frau Clara, geb. Wieck (beide → Berühmte Persönlichkeiten). Robert studiert ab 1826 in Leipzig und nimmt Unterricht bei seinem späteren Schwiegervater Friedrich Wieck. Dort lernt er Clara, als Pianistin ein Wunderkind, kennen. Beide wohnen 1844 bis 1850 in Dresden. Seiner Heimatstadt Zwikkau ist Schumann allerdings weiterhin verbunden. 1847 organisiert der Zwickauer Musiker Emanuel Klitzsch-Kronach (1812–1889) in Anwesenheit des Komponisten das erste Robert-Schumann-Fest in der Stadt. Das Erbe wird bis heute gepflegt, u. a. mit einem Museum in seinem wiedererrichteten Geburtshaus am Markt.

Musikleben nach 1945

Schwieriger Neuanfang und Wende 1989

Am 13. und 14. Februar 1945 werden sämtliche Theaterspielstätten in Dresden zerstört. Im 1948 wiederaufgebauten Dresdner Schauspielhaus gastieren Staatskapelle und Opernensemble bis zur Wiedereröffnung der Semperoper im Jahr 1985. Christine Mielitz' Inszenierung von Beethovens "Fidelio" bringt am 8. Oktober 1989 die ostdeutsche Revolution auf die Bühne – zeitgleich zu den ersten Demonstrationen auf dem Theaterplatz.
Auch in Leipzig sind im Krieg sämtliche wichtigen Spielstätten getroffen worden, doch 1946 bereits tritt das Gewandhausorchester in der Kongreßhalle am Zoo auf. Die Kriegsruine des Leipziger Opernhauses muß in den 50er Jahren dem 1956 bis 1960 von K. Nierade errichteten Neubau weichen. Am 8. Oktober 1981 wird das neue Leipziger Gewandhaus mit den

Musikleben nach 1945 (Fortsetzung)

"Gesängen an die Sonne" des Leipziger Komponisten Friedrich Thiele unter der musikalischen Leitung des Gewandhauskapellmeisters Kurt Masur feierlich eingeweiht. Auch die große neue Orgel ist in diese Uraufführung miteinbezogen. Masur, der seit 1970 in Leipzig wirkt, ist maßgeblich als Sprecher und Mittler am friedlichen Verlauf der ostdeutschen Revolution 1989 beteiligt.
Zwickau erhält 1946 erstmals in seiner Geschichte ein ständiges Musiktheater, auch bedeutende Musikinstitute werden gegründet, so 1947 die Musikakademie, die 1950 in Robert-Schumann-Konservatorium umbenannt wird.

Opernhäuser heute

Das reiche, staatlich geförderte Kulturleben der DDR, das in fast jedem Theater auch feste Opernensembles ermöglichte, übersteht die Wende allerdings nicht völlig. Durch Fusionierungen von Theatern kann dennoch ein flächendeckendes Angebot aufrechterhalten werden. Musiktheater ist in Sachsen derzeit auf folgenden Bühnen zu erleben: Eduard-von-Winterstein-Theater Annaberg-Buchholz, Deutsch-Sorbisches Volkstheater Bautzen, Städtisches Theater Chemnitz (wichtigste Neueröffnung nach der Wende), Sächsische Staatsoper Dresden, Staatsoperette Dresden, Mittelsächsische Theater und Philharmonie Freiberg, Gerhart-Hauptmann-Theater Görlitz, Oper Leipzig, Musikalische Komödie Leipzig, Vogtland-Theater Plauen, Landesbühnen Sachsen Radebeul und das Theater Zwickau. Das Zittauer Theater wird von Görlitz aus bespielt.

Konzert der Dresdner Musikfestspiele vor der Kulisse des Zwingers

Festivals

Internationalen Ruf genießen die Dresdner Musikfestspiele, zu denen sich alljährlich um Pfingsten zwei Wochen lang Dresdner und internationale Spitzenkünstler jeweils unter einem bestimmten Motto präsentieren. Zuvor – im Mai – wird Dresden mit dem zweitgrößten Dixieland-Festival nach New Orleans zur Hauptstadt des Jazz. Zeitgenössische Opern werden regelmäßig in Leipzig aufgeführt. Das Chemnitzer Mozartfest widmet sich besonders der Wiener Klassik. Beim Festival 'Sandstein und Musik' erklin-

Festivals (Fortsetzung)

gen von April bis Oktober in den Kirchen und Burgen der Sächsischen Schweiz Musikwerke verschiedener Epochen. Inmitten des Elbsandsteingebirges gelegen ist auch die Felsenbühne Rathen, die von den Landesbühnen Sachsen von Mai bis September auch mit Opern bespielt wird. Das böhmische Musikfestival bietet in den Sommermonaten grenzübergreifend von Teplice bis Dresden Konzerte, die die engen musikalischen Verbindungen zwischen Böhmen und Sachsen aufzeigen. Zeitlich an den Geburtstag Robert Schumanns (8. Juni) angelehnt ist ein ihm gewidmeter Konzertzyklus in Zwickau. Das Bachfest in Leipzig erinnert an den berühmtesten musikalischen Sohn der Stadt. Im Dreiländereck von Sächsischem Vogtland, Bayern und der Tschechischen Republik klingt es in Klrchen, Burgen und Schlössern beim "Festival Mitte Europa'. Der Mittelsächsische Kultursommer belebt die Baudenkmäler im sächsischen Burgen- und Heideland musikalisch, und der Lausitzer Musiksommer findet alljährlich in Bautzen und Umgebung stattWichtige Orchester in Sachsen sind neben den Opernorchestern die Lausitzer Philharmonie Bautzen, die Chursächsische Philharmonie Bad Elster, die Dresdner Philharmonie, die Sächsische Staatskapelle Dresden, das Gewandhausorchester Leipzig, das MDR-Rundfunksinfonieorchester Leipzig, die Elblandphilharmonie Riesa, das Sinfonieorchester Pirna und die Robert-Schumann-Philharmonie Chemnitz. Die sächsischen Chöre sind kaum zu zählen.

Orchester

Weitere Musikinstitutionen

Weitere wichtige Musikinstitutionen sind der Sächsische Musikrat Dresden (im Schloß Albrechtsberg), das Dresdner Zentrum für zeitgenössische Musik, das unter der künstlerischen Leitung des Komponisten Udo Zimmermann seit 1986 regelmäßig im Herbst die Tage für zeitgenössische Musik veranstaltet, das Bach-Archiv in Leipzig, die Musikhochschulen in Leipzig und Dresden, die Fachschule für Musikinstrumentenbau in Markneukirchen, die Hochschule für Kirchenmusik in Dresden und die Kirchenmusikhochschule Görlitz.

Brauchtum

Erzgebirge und Vogtland

Neben den mannigfaltigen Bräuchen der Sorben in der Oberlausitz (s. *Baedeker Special* S. 104–106) wird vor allem in zwei Regionen in Sachsen lebendige Brauchtumspflege betrieben: im Erzgebirge und im Vogtland. Dort hat sich die Folklore wie kaum anderswo mit der fortschreitenden Industrialisierung entwickelt, die in diesem Gebiet durch den Bergbau sehr früh einsetzte. Kunsthandwerk, Sitten und Gebräuche, Mundartdichtung und Lieder sind deshalb eng mit dem Bergbau, seinen Traditionen und der Geschichte der Bevölkerung verbunden. Bergmannsbrauchtum, Bergparaden, Musik, Trachten und gesellige Zusammenkünfte wurden bis in die jüngere Vergangenheit durch die Lebensweise der Menschen direkt gepflegt und erleben seit der Wende einen neuen Aufschwung. In Zeiten, als der Bergbau kaum noch den Lebensunterhalt gewähren konnte, entstanden Kunsthandwerke wie das Spitzenklöppeln, das Schnitzen, die Musikinstrumenten- und Spielzeugherstellung.

Beim 'Kuch'neingen' oder Kuchensingen ziehen an Kirchweih, aber auch zu Ostern und Fasnacht Kinder von Haus zu Haus und singen für ein Stück Kuchen ein Lied. Zu Hutzenabenden besucht man sich gegenseitig, um zu hutzen = miteinander zu plaudern. Diese Bräuche sind allerdings recht selten geworden. Dagegen wird das Weihnachtsfest mit großem Aufwand begangen. Nicht nur die Zimmer eines Hauses, auch manch öffentlicher Platz wird mit den in aller Welt bekannten Weihnachtspyramiden, Schwibbögen, Weihnachtsbergen, Nußknackern und anderen Traditionsfiguren geschmückt. Derart strahlen die erzgebirgischen Weihnachtsmärkte eine besondere Atmosphäre aus, zumal sie meist mit dem 'Fest des Lichts' verbunden werden, zu dem auch Umzüge gehören.

Weihnachten im Erzgebirge

Sachsen in Zitaten

Georgius Agricola (1494 – 1555) Begründer der Bergbaukunde

Die 24 Tag- und Nachtstunden sind in drei Schichten geteilt, jede Schicht dauert 7 Stunden. Die 3 übrigen Stunden, die zwischen die Schichten eingeschoben werden, sind Zwischenstunden, in denen die Bergleute zu den Gruben kommen oder von ihnen fortgehen. Die erste Schicht beginnt um 4 Uhr morgens und dauert bis 11 Uhr; die zweite beginnt um 12 Uhr und endigt um 7 Uhr; diese beiden sind die Tagschichten und werden in Früh- und Mittagsschicht geteilt. Die dritte ist die Nachtschicht; sie nimmt die achte Abendstunde ihren Anfang und endigt um drei Uhr morgens. Die letztere genehmigt die Behörde für die Arbeiter nur dann, wenn es unbedingt nötig ist. In diesem Falle, sei es, daß sie die Schächte sümpfen oder einen Gang aufschließen wollen, bleiben sie die ganze Nacht hindurch bei ihren Grubenlampen wach. Damit sie aber infolge des langen Wachbleibens nicht einschlafen, so suchen sie sich die harte und lange Arbeit durch Gesang, der weder unangenehm noch ungebildet klingt, zu erleichtern. In manchen Gegenden ist es einem Bergmann nicht erlaubt, zwei Schichten hintereinander zu verfahren, weil ihn sonst meist der Schlaf in der Grube übermannt, wenn er durch so lange Arbeit erschöpft ist, oder weil er dann gern später zur Schicht kommt oder sie früher beendet, als vorgeschrieben ist; anderswo ist es wieder erlaubt, weil er von dem Lohne nur einer Schicht, besonders wenn Teuerung schwer drückt, nicht leben kann. Die Behörde verbietet dann eine außergewöhnliche Schicht nicht, wenn sie auch sonst nur eine ordentliche Schicht zuläßt. Wann sie zur Schicht gehen müssen, das kündet den Bergleuten das Läuten einer großen Glocke an, welche die Fremden “campana” nennen; wenn sie erschallt, so eilen sie aus allen Gassen von hier und da zu den Gruben. In gleicher Weise zeigt das Erklingen der Glocke dem Schichtmeister an, daß die Schicht beendet ist. Wenn er das Läuten gehört hat, schlägt er an das Holzwerk des Schachtes und gibt so den Bergleuten das Zeichen zum Ausfahren. Die Nächsten, die das Signal hören, schlagen mit ihren Fäusteln an das Gestein, und so gelangt das Zeichen bis zu den Entferntesten. Aber auch die Grubenlampen zeigen das Ende der Schicht an, wenn der Unschlitt fast ausgebrannt ist oder ganz ausgeht. An den Samstagen aber arbeiten die Bergleute nicht, sondern kaufen alles das ein, was für den Lebensunterhalt nötig ist. Auch an Sonntagen und den jährlich wiederkehrenden Feiertagen pflegen sie nicht zu arbeiten, sondern opfern dann ihre Schicht heiligen Zwecken.

Aus: Vom Berg- und Hüttenwesen, Viertes Buch (De re metallica), 1556

Johann Friedrich Reichardt (1752 – 1814) Komponist, Musikschriftsteller und Journalist

Nach allen Seiten hin gewährt Sachsen dem teilnehmenden Reisenden einen sehr erfreulichen Anblick. Das Land ist fruchtbar und schön, mit allen Gaben der wohltätigen Natur reichlich ausgestattet; der Landbau wird fleißig und sorgfältig betrieben; der Wiesewachs nicht gegen den Ackerbau vernachlässigt, daher die Viehzucht auch im ganzen gut ist; die Holzungen werden gut unterhalten und häufig mit jungem Anwuchs verschönert. Der innere Verkehr wird wenigstens zum Teil, wenn auch noch nicht soviel, als zu wünschen wäre, durch gute Landstraßen befördert; Posten und Landfuhrwerk sind gut eingerichtet und werden billig und schnell genug bedient;

Johann Friedrich Reichardt (Fortsetzung)

in den kleinen Landstädten sind die Gewerbe in reger Betriebsamkeit; die Menschen sind größtenteils aufgeweckt, arbeitsam, gefällig und manierlich. Überall und an allem sieht man, daß Sachsen einen ansehnlichen Vorsprung vor seinen Nachbarn voraushat, länger und besser kultiviert ist, und wenn es gleich das noch nicht ist, was es ohne den Siebenjährigen Krieg, ohne die vorhergegangene, oft zwecklose, Verschwendung seiner Regenten, und die vielleicht zu große und einseitige Ökonomie seines jetzigen Kurfürsten, sein könnte, – der in seinem beharrlichen Eifer erst die Schulden des Landes ganz zu tilgen, eh' er zu mancher nötigen Beförderung der Industrie in das innere Gewerbe tätig mitwirkt, vielleicht zu weit geht: – so wird doch kein uneingenommener Preuße oder Böhme und Franke anstehen können, dem sächsischen Landmann und Bürger in demselben Grade den Vorzug in der Kultur zuzugestehen, in welchem das Land selbst vor den benachbarten Ländern von der Natur begünstigt worden ist. Diesen Vorzug möcht' ich aber nicht über den Bauern- und Kleinbürgerstand hinaus behaupten und schwerlich von den gebildeten und sogenannten höhern Ständen. Da hat der Preuße offenbar den Vorzug.

Aus: Deutschland. Eine Zeitschrift. Berlin 1796

Anne Louise Germaine de Staël (1766 – 1817) Französische Schriftstellerin

Von den Zeiten der Reformation an haben die Fürsten aus dem sächsischen Haus den Wissenschaften die beste aller Vergünstigungen zuteil werden lassen: Unabhängigkeit, und man darf ohne weiteres die Behauptung aufstellen, daß die Bildung in keinem Land so allgemein ist wie in Sachsen und Norddeutschland. [...]
In Sachsen bestand die unbeschränkteste Pressefreiheit. Diese war aber ohne jede Gefahr für die Regierung, weil der Geist der Schriftsteller sich durchaus nicht einer Kritik der politischen Zustände zuwandte. Die Einsamkeit führt zu abstrakter Spekulation oder zur Poesie; wer aber die menschlichen Leidenschaften benützen will, der muß in deren Mitte stehen. Die deutschen Schriftsteller aber beschäftigen sich nur mit Theorien, gelehrten Dingen, literarischen und philosophischen Untersuchungen, und von diesen Dingen haben die Mächtigen der Erde nichts zu fürchten. Überdies war die Regierung Sachsens infolge der Gewohnheiten des Landes und der Mäßigung der Herrscher wenn auch nicht dem Recht, so doch der Tat nach freisinnig. [...] Die Biederkeit der Einwohner war so groß, daß einem Leipziger Bürger, der an einem Apfelbaum, den er an den Rand der öffentlichen Promenade gepflanzt hatte, einen Zettel mit der Bitte anbrachte, man möge ihm nicht die Früchte wegnehmen, zehn Jahre lang nicht ein einziger Apfel gestohlen wurde! Ich habe diesen Apfelbaum mit einem Gefühl der Hochachtung betrachtet. Und wenn er der Baum der Hesperiden gewesen wäre, man würde an sein Gold nicht mehr gerührt haben als an seine Blüten.

Aus: Über Deutschland, London 1813

Lene Vogt

De säk'sche Lorelei

Ich weeß nich, mir isses so gomisch,
Und ärchendwas macht mich verschtimmt.
S'is meechlich, das is anadomisch,
Wie das ähm beim Mänschen oft gimmt.

De Älwe, di blätschert so friedlich,
Ä Fischgahn gommt aus dr Tschechei.
Drin sitzt 'ne Familche gemiedlich,
Nu sinse schon an dr Bastei.

Un ohm uffm Bärche, nu gugge,
da gämmt sich a Freilein ihrn Zobb.
Se schtriecheltn glatt hibsch mit Schbugge,
Dann schtäcktsn als Gauz uffn Gobb.

Lene Vogt
(Fortsetzung)

Dr Vader da unten im Gahne
Glotzt nuff bei das Weib gans entzickt.
De Mudder mehnt draurich: "Ich ahne
Di macht unsern Babbah verrickt."

Nu fängt di da ohm uffm Fälsen
Zu sing ooch noch an ä Gubbleh.
Dr Vader im Gahn dud sich wälsen
Vor Lachen un jodelt: "Juchheh!"

"Bis schtille", schreit ängstlich Ottilche.
Schon gibbelt gans forchtbar dr Gahn,
Un blätzlich versinkt de Familche...
Nee, Freilein, was hamse gedahn!

Alexander Graf
Stenbock-Fermor
(1902–1972)
Schriftsteller

Wir besuchen die Spielzeugschnitzer. Aus jeder Hütte klingt das Singen der Sägen und Dreheisen. Es riecht nach frischem Fichtenholz, nach Lack, nach Farben und Leim. In den Wohnstuben sitzen die Alten und Jungen, Männer, Frauen, Kinder über die Holzsachen gebückt. Sie schnitzen, leimen, malen, drechseln. Auf den Brettern vor den kleinen Fenstern stehen schon die halbfertigen Spielwaren, bunte Farbentöpfe, Werkzeuge.
Wir beobachten, wie aus dem rohen Fichtenholzklotz langsam das Spielzeug entsteht. Der Arbeiter spannt den Klotz in die elektrisch betriebene Drehbank. Er setzt verschieden geformte Messer und Dreheisen an das rasend um die eigene Achse wirbelnde Stück Holz. Schnell formt sich der 'Tierreifen', ein Reifen, der schon die Konturen irgendeiner Art Tier zeigt. Nun spaltet der Dreher Dutzende von Tieren vom Reifen ab, und auf den Tisch fallen vergnügte Kühe, Schafe, Pferde, Elefanten, Eisbären. Noch muß der Arbeiter die Holzprofile mit seinem Messer sorgfältig ausschnitzen, dann wandern die Stücke durch die Hände der Familienangehörigen. Die leimen die Schwänze, Rüssel, Ohren, Euter, Hörner an das Holztier und bemalen es zum Schluß. So geht ein Stück durch fünfzehn bis zwanzig Hände, ehe es versandbereit ist. Für diese kleinen Holzkunstwerke erhalten dann die Arbeiter 1 bis 10 Pfennig, je nach der Größe.
Die Spaltringdreherei ist eine typisch bodenständige Heimindustrie; sie verbraucht eine bestimmte Art von elastischem weichem Fichtenholz, das nur hier in dieser Umgebung gefunden wird. Versuche mit anderem Holz scheiterten sofort, die Reifen zersprangen.
[...] Schön sind diese Spielzeuge, die wir hier bewundern können, Reste einer alten, sterbenden Volkskunst, und sie würden glücklich machen, wenn man nicht in der Lohnliste blättert und erkennt, unter welchen Arbeitsbedingungen die Heimarbeiter ihre Werke schaffen.
Nach dieser Lohntabelle für die Spielwarenindustrie aus Holz im Erzgebirge beträgt der Stundenlohn: 6 Pfennig, 8 Pfennig, 11 bis 13, 14, 15, 20 bis 25 Pfennig, eine Spanne von 6 bis 25 Pfennig. In dem Fall, wo ein Stundenlohn von 6 Pfennig festgestellt wurde, heißt es im gewerkschaftlichen Bericht: "Drei Familien in einem Haushalt (Ehepaar mit zwei verheirateten Töchtern). Männer arbeiten im Betrieb. Gesamtwochenverdienst 29 Mark.

Aus: Deutschland von unten. Stuttgart 1931.

Anton Günther
(1876–1936)
Volksdichter
und -sänger

Arzgebirgisch Blut

Mei Haamit is in Arzgebirg,
dort wu's e su viel schneit,
wu de Vugelbeer wie Schneeballn blüht,
der Grenzgrobn dorch'n Wald hizieht,
dort sei gemütliche Leit.
E Zessig werd e Zessig bleibn,
de Vugelbeer is rut,
on ich ka aah nischt andersch sei
wie arzgebirgisch Blut.

Reiseziele von A bis Z

Routenvorschläge

Hinweise

Die Ausgangspunkte der nachfolgenden Routenvorschläge – Dresden, Chemnitz und Bautzen – sind so gewählt, daß von ihnen aus Rundfahrten möglich sind, die die Hauptsehenswürdigkeiten der jeweiligen Region berühren und gleichzeitig eine geringe Gesamtkilometerzahl abzufahren ist, so daß Muße zur Betrachtung bleibt. Innerhalb der aufgeführten Routen erscheinen die Orte, die bei den Reisezielen als Hauptstelle beschrieben sind, in **halbfetter Schrift**; Beschreibungen der anderen Orte und Sehenswürdigkeiten können über das Register gefunden werden. Die vorgeschlagenen Routen werden ergänzt durch die Empfehlungen für Abstecher in die jeweilige Umgebung der beschriebenen Hauptstellen.

1. Durch das Erzgebirgsvorland und die Leipziger Bucht (186 km)

Chemnitz

Kohrener Land

Leipzig

Wurzen

Colditz

Rochlitzer Muldental

Chemnitz

Diese Fahrt beginnt in ***Chemnitz**, dem ‘sächsischen Manchester’, heute zwar keine städtebauliche Grazie mehr, aber als einer der epochemachenden Orte der deutschen Industriegeschichte einen Rundgang wert. Man verläßt die Stadt nach Nordwesten auf der B 95, überquert die Zwickauer Mulde – kurz zuvor bietet sich ein kurzer Abstecher zur Rochsburg an – und durchquert das liebliche ***Kohrener Land** mit der Töpferstadt Kohren-Sahlis und der Burg Gnandstein. Bei Borna erreicht man die vom Braunkohlenabbau geprägte Leipziger Tieflandsbucht und kommt bald in die altehrwürdige Messe- und Handelsstadt ****Leipzig**, deren Stadtanlage, die Museen und das Völkerschlachtdenkmal einen längeren Aufenthalt wert sind. Hat man die Stadt ausgiebig besichtigt, macht man sich auf der B 6 auf den Weg nach **Wurzen**, der Geburtsstadt von Hans Bötticher, besser bekannt als Joachim Ringelnatz. Hier muß man sich entscheiden: entweder einen Abstecher nach ***Torgau** an der Elbe (einfache Strecke 36 km), der nach Wittenberg in Sachsen-Anhalt wohl wichtigsten Stadt der Reformation, oder gleich nach Süden der Zwickauer Mulde folgend über **Grimma** und **Colditz** ins ***Rochlitzer Muldental**, wo mit Schloß Rochlitz, der romanischen Wechselburger Kirche und der Rochsburg drei kulturgeschichtlich sehr bedeutsame Bauwerke aufeinanderfolgen. Von Rochlitz aus sollte man sich im übrigen einen Ausflug über Land zur Burg Kriebstein überlegen. Die Rückfahrt vom Muldental nach Chemnitz erfolgt nach der Rochsburg auf der B 95.

2. Von Dresden durch die Sächsische Schweiz (100 km)

Dresden

Für die Fahrt durch die herrlich bizarre Landschaft der ****Sächsischen Schweiz** verläßt man ****Dresden** auf der Bundesstraße 172 und fährt auf

◂ *Über dem Bogen der Spree ragen die Türme des tausendjährigen Bautzen auf. Alte Wasserkunst, Michaelskirche und Petridom prägen das Antlitz der Stadt, die Zentrum der Oberlausitzer Sorben ist.*

ihr zunächst bis Heidenau. Dort muß man sich entscheiden, ob man nicht einen Ausflug durch das romantische *Müglitztal** zum Schloß Weesenstein, Burg Kuckuckstein und der Uhrenstadt Glashütte oder gar weiter bis ***Altenberg** im Osterzgebirge macht (einfache Strecke 37 km). Route 2 (Fortsetzung)

Heißt das Ziel aber unbedingt zuerst Sächsische Schweiz, legt man den ersten Halt in ***Pirna** ein, dem 'Tor zur Sächsischen Schweiz'. Hier bummelt man über den Marktplatz und klettert hinauf zur Burg Sonnenstein. Dann aber geht es wirklich in das Elbsandsteingebirge, entweder im Elbtal auf der Schruppener Straße oder auf der Höhe via Bundestraße. Wer über Struppen fährt, sollte nach dem Ort am Kleinen Bärenstein vorbei hinab nach Oberrathen an der großen Elbschleife fahren und von dort mit der Gierseilfähre – ohne Auto! – nach Oberrathen unterhalb der **Bastei übersetzen. Hier heißt es hinaufklettern, denn sie bietet eine der schönsten Aussichten der Sächsischen Schweiz. Danach geht es dieselbe Strecke zurück, über die Hohe Straße zur Bundesstraße und auf dieser Richtung Königstein. Bald zweigt rechts die Auffahrt zur mächtigen *Festung Königstein ab, auch sie ein Muß. Wer sie zuerst sehen möchte, sollte in Pirna direkt auf die Bundestraße fahren, danach aber auf jeden Fall auch Kurort Rathen nicht auslassen. Hat man die Festung zur Genüge gesehen und vor allem die Aussicht auf das Elbtal und den Lilienstein genossen, bleibt man weiter auf der B 172 und fährt über die Stadt Königstein nach *Bad Schandau, dem touristischen Herz der Sächsischen Schweiz. Hier bleibt fast nichts anderes übrig, als die Wanderstiefel zu schnüren: zu den Zschirnsteinen, zu den *Schrammsteinen und durch das *Kirnitzschtal, das man zwar auch per Straßenbahn und mit dem Auto durchqueren kann, doch eigentlich ist es viel zu schön, um es nicht unter den eigenen Füßen zu spüren. Ist ein Abstecher über die Grenze in die Böhmische Schweiz angezeigt, fährt man weiter nach Schmilka und wandert zum Prebischtor. Wenn nicht, biegt man am westlichen Ortsausgang von Bad Schandau vor der Elbbrücke Richtung *Hohnstein ab, wo eine atemberaubend hoch über dem Tal klebende Burg wartet. Von Hohnstein geht es über Stadt Wehlen zurück nach Pirna in dessen rechtselbischen Stadtteil Copitz und von dort, immer an der Elbe entlang, über Pillnitz, Loschwitz und das Blaue Wunder zurück nach Dresden.

Pirna

Königstein

Bad Schandau

Hohnstein

Dresden

Für das Kennenlernen der Sächsischen Schweiz muß man nicht unbedingt das Auto benutzen. Wer Zeit und vor allem gutes Schuhwerk mitbringt, kann von Dresden oder Pirna aus bequem mit der S-Bahnlinie S 1 das ganze Elbtal bis zur tschechischen Grenze entlangfahren und von mehreren Bahnhöfen zu Wanderungen starten. Noch gemächlicher und noch schöner ist eine Flußpartie mit den von Dresden ablegenden Schaufelraddampfern nach Pirna, Kurort Rathen, Königstein und Bad Schandau.

Mit Bahn und Elbdampfer

3. Von Bautzen durch die Oberlausitz

Die Spreestadt ****Bautzen**, das kulturelle Zentrum der Oberlausitz, bietet sich als Ausgangspunkt für Fahrten durch die Oberlausitz geradezu an. Jedoch sind zwei voneinander getrennte Touren vonnöten, um die wichtigsten Punkte kennenzulernen.

Westliche und nördliche Oberlausitz (96 km bzw. 107 km)

Zu dieser Fahrt, die an einem Tag zu bewältigen ist, verläßt man Bautzen auf der B 6 Richtung Bischofswerda und wendet sich dort nach Norden zum *Barockschloß Rammenau, einem hübschen Landschloß, das durch eine Gedächtnisausstellung für Johann Gottlieb Fichte (und ein gutes Restaurant) sich von anderen, ähnlichen Schlössern abhebt. Danach unterquert die Straße die Autobahn, und man erreicht die Lessingstadt ***Kamenz**. Literaturfreunde müssen hier das dem großen Dichter der Auf-

Bautzen

Rammenau

Kamenz

Route 3 (Fortsetzung)

klärung von seiner Geburtsstadt errichtete Museum besuchen; wer wenig damit anfangen kann, sollte auf jeden Fall über den Marktplatz und durch einige der umliegenden Gassen schlendern. Von Kamenz aus wendet man sich dann zunächst wieder Richtung Osten nach Panschwitz-Kuckau, wo das sorbische Brauchtum, vor allem das Osterreiten, besonders gepflegt wird. Doch auch wenn nicht gerade Ostern ist, lohnt der Besuch: Mit der schön gelegenen Klosteranlage von *St. Marienstern, Ziel vieler Wallfahrer, steht im Ort eines der beiden einzigen Zisterzienserinnenklöster Sachsens – das zweite, Marienthal bei Zittau, wird in der folgenden Tour angesteuert. In St. Marienstern wird übrigens auch Bier gebraut, zu probieren in der Klosterschenke. Ein weiteres Wallfahrtsziel lernt man nördlich von Panschwitz-Kuckau kennen, die Wallfahrtskirche von Rosenthal. Danach wird es etwas kompliziert: Über kleine, kurvige Landsträßchen 'arbeitet' man sich nach **Hoyerswerda** vor. Hoyerswerda? Zugegeben, die Stadt, in der der Plattenbau erfunden wurde, ist nicht gerade eine Schönheit, aber vielleicht sollte man auch diese Seite Sachsens einmal gesehen haben. Andererseits – vor den Toren der Stadt öffnet sich das Biosphärenreservat *Oberlausitzer Heide- und Teichlandschaft, ein Eldorado für Naturliebhaber. Von Hoyerswerda aus kann man nun entweder über die B 96 zurück nach Bautzen fahren oder sich aber zunächst Richtung Weißwasser/Niesky wenden. Auf dieser Strecke wird man rechts der Straße von der Heide- und Teichlandschaft, links vom riesigen, mondlandschaftsähnlichen Braunkohlenabbaugebiet begleitet. Kurz vor Uhyst trifft man auf die B 156, und auf dieser geht es durch eine anmutige Agrarlandschaft zurück nach Bautzen, wobei mehrmals die Spree überquert wird.

St. Marienstern · Rosenthal · Hoyerswerda · Bautzen

Südliche Oberlausitz und Zittauer Gebirge (ca. 128 km)

Um diese Tour ohne Hektik genießen zu können, sollte man vielleicht eine oder, will man wandern, zwei Übernachtungen im Zittauer Gebirge einplanen, ansonsten ist auch sie an einem – etwas längeren – Tag zu bewältigen, doch wird man dann erst am Spätnachmittag in Görlitz ankommen.
Um den Richtung Polen dröhnenden Schwerverkehr auf der E 40/B 6 zu vermeiden, wählt man einen kleinen Umweg und verläßt ****Bautzen** auf der B 96 in südlicher Richtung. Nach 10 km biegt man nach Cunewalde ab, wo die erste größere Anhäufung der für diese Gegend typischen Umgebindehäuser (und die größte Dorfkirche der Oberlausitz) begegnen. Danach trifft man in **Löbau** ein, dem Städtchen am Fuß des Löbauer Bergs, auf dem der einzige gußeiserne Aussichtsturm Europas steht. Von Löbau führt die B 178 nach Süden Richtung Zittau. Unbedingt einen kurzen Abstecher wert ist Obercunnersdorf, denn nirgends sonst in der Oberlausitz findet man ein derart geschlossenes Ensemble teils 200 Jahre alter Umgebindehäuser. Zurück auf der Bundesstraße durchquert man bald *Herrnhut, den Stammsitz der Herrnhuter Brüdergemeine. Danach geht es stracks nach ***Zittau**, Hauptort des Dreiländerecks Deutschland/Tschechien/Polen und Eingangstor zum Zittauer Gebirge. Kurort Oybin, das von Zittau regelmäßig mit der dampfgetriebenen Zittauer Bimmelbahn angefahren wird, ist ein guter Platz zum Übernachten und Wandern.

Löbau · Herrnhut · Zittau

Alternative

Will man von Bautzen direkt nach Zittau fahren, biegt man nicht nach Cunewalde ab, sondern bleibt die ganze Strecke auf der B 96. Dabei kommt man u. a. durch Neusalza-Spremberg, wo das älteste Umgebindehaus der Oberlausitz steht.

Zittau

Für die zweite Etappe wählt man in Zittau die B 99 nach Norden, immer an der Neiße entlang, die die Grenze zu Polen bildet. Auf der polnischen Seite bietet sich zunächst der nicht gerade erheiternde Blick auf das riesige Braunkohlenkraftwerk Bogatynia. Hat man dieses hinter sich, wird die Aussicht erfreulicher, denn bald erblickt man von der Bundesstraße das herrlich im Neißetal gelegene *Zisterzienserinnenkloster Marienthal, größer und vielleicht noch etwas schöner als St. Marienstern. Die Nonnen von

Marienthal

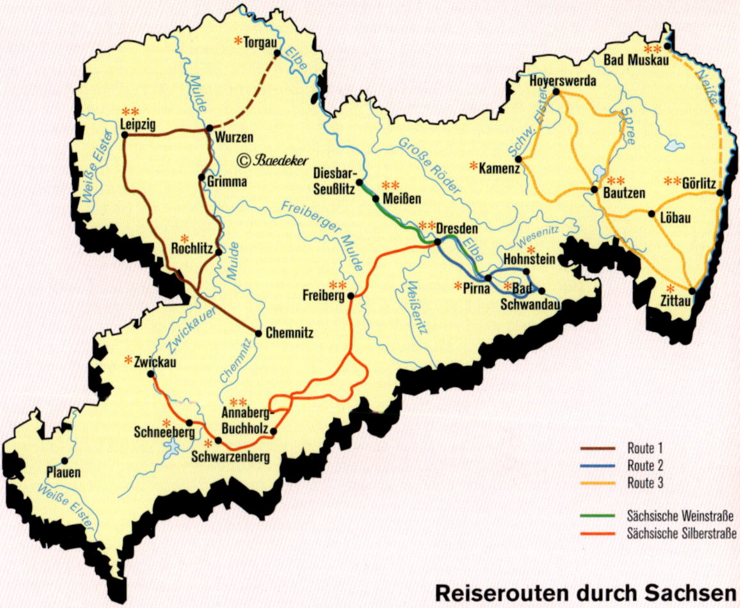

Reiserouten durch Sachsen

Route 3 (Fortsetzung)

Marienthal brauen zwar nicht, dafür backen sie und verkaufen ihre Kuchen und Brote in der heimeligen Klosterstube. Nach verdienter Stärkung geht es nun – direkt vorbei am nicht weniger riesigen, diesmal deutschen Braunkohlenkraftwerk Hagenwerder – ohne Aufenthalt nach **Görlitz**. Die vom Krieg verschonte Grenzstadt zu Polen besitzt vor allem um den Untermarkt eine einzigartige mittelalterliche Bausubstanz. Görlitz ist der eigentliche Höhepunkt der Fahrt, aber auch ihr Schlußpunkt, denn danach fährt man auf der E 40 / B 6 zurück nach Bautzen – es sei denn, man will auf keinen Fall die berühmten Parkanlagen des Fürsten Pückler in **Bad Muskau** versäumen. Das kostet von Görlitz aus weitere 51 km Anfahrt.

Görlitz

Bautzen

Fahrt über Bad Muskau

4. Sächsische Silberstraße (160 km)

Die beste und schönste Art, das Erzgebirge kennenzulernen, ist eine Fahrt auf der Sächsischen Silberstraße. Hier folgt man durch eine herrliche Mittelgebirgslandschaft den Spuren der Bergleute, die im 12. Jh. erstmals ihr 'Bergkgeschrey' erschallen ließen und das Silbererz aus den Stollen zu fördern begannen. Der zu Tage gebrachte Reichtum füllte die Schatullen der Landesherren, ließ aber auch eine Reihe stolzer Städte entstehen, die nun die Hauptstationen entlang der Route markieren. Doch nicht nur Landschaft und Kultur machen die Silberstraße zu einer Attraktion, vielerorts wird auch deutlich, wie mühsam und gefährlich die Arbeit unter Tage war.

Zwickau

Die Fahrt beginnt in ***Zwickau**, der Geburtsstadt von Robert Schumann, die als Station an der Handelsstraße von Leipzig nach Böhmen vom Silber-

Route 4
(Fortsetzung)

Schneeberg

reichtum profitierte. Man verläßt sie auf der B 93 Richtung Südosten und steigt bald sanft aus dem Tal der Zwickauer Mulde zum ** **Erzgebirge** hinauf. Erster Halt ist das 1471 gegründete * **Schneeberg**, der ‘Weihnachtsstadt des Erzgebirges’, die schon 1474 über 220 Zechen im und um das Stadtgebiet besaß, in denen außer Silber vor allem auch Kobalt gefördert wurde. Wie das geschah, erfährt man auf dem Berglehrpfad. Von Schneeberg aus geht es weiterhin auf der B 169 über Schlema nach Aue, einst mit bedeutender Eisenverhüttung, später wichtige Förderstätte des Porzellanrohstoffs Kaolin und in der Nachkriegszeit gemeinsam mit Schneeberg zu trauriger Berühmtheit gelangt wegen der unter sowjetischem Kommando stehenden Uranerzförderung. Über diese Zeiten berichtet das Bergbaumuseum.

Aue

Hinter Aue fährt man nun auf der B 101 hinein ins Erzgebirge nach dem malerisch hoch über dem Tal thronenden * **Schwarzenberg**, wo 1380 der erste Eisenhammer des Erzgebirges in Betrieb genommen wurde. In der Umgebung kann man u. a. die Silberwäsche in Antonsthal besichtigen. Auf der anschließenden Fahrt auf der B 101 Richtung Annaberg-Buchholz überquert man in Scheibenberg den höchsten Punkt der Silberstraße (670 m ü.d.M.) und wirft einen Blick auf das Naturdenkmal der Basaltsäulen am Scheibenberg.

Schwarzenberg

Annaberg-
Buchholz

Dann aber geht es hinein nach ** **Annaberg-Buchholz**, 1492 gegründet und bereits 1509 mit fast 600 Silbergruben eine der reichsten Städte Deutschlands. Hier ließ sich Adam Ries nieder, dessen Haus man ebenso besichtigen sollte wie das Erzgebirgsmuseum und natürlich die Annenkirche. Auf jeden Fall muß man das benachbarte Frohnau besuchen, wo mit dem im 17. Jh. erbauten Hammerwerk ein technisches Denkmal erster Güte steht. Auch ein Ausflug in den Wintersportort * **Oberwiesenthal** an der tschechischen Grenze bietet sich an.

Nach Annaberg teilt sich die Silberstraße. Auf der B 101 führt sie über den Kurort Wiesenbad und das idyllische Wolkenstein nach Schönbrunn; die interessantere Strecke läuft von Frohnau über eine Abzweigung der B 95 nach Geyer, wo es eine 50 m tiefe sogenannte Pinge, einen Einbruchstrichter, zu sehen gibt. Weiter geht es zum Greifenbachstauweiher, der vom ältesten künstlichen Graben des Erzgebirges gespeist wird, und vorbei an den imposanten Greifensteinen nach Ehrenfriedersdorf, wo bereits um 1240 Bergbau betrieben wurde und das Besucherbergwerk ‘Zinngrube’ sowie der Hans-Witten-Altar in der Stadtkirche besonders sehenswert sind. Hier ist man bereits wieder auf der B 95, auf der man ein Stück zurück bis zur Abzweigung nach Wolkenstein fährt und dort wieder auf die B 101 trifft.

Bald darauf teilt sich die Silberstraße noch einmal. Die B 101 berührt nacheinander das Kalkwerk Lengefeld, Forchheim mit seiner Dorfkirche von George Bähr und einer Silbermannorgel, schließlich Mittelsaida.

Marienberg

Wiederum ist die Alternative interessanter: Auf der B 174 fährt man nach **Marienberg**, wo die gesamte Bergwerkslandschaft zum technischen Denkmal erklärt worden ist. Der 1520 gegründete Ort gilt als klassisches Beispiel für eine planmäßig angelegte Bergstadt und ist als solche noch nahezu gänzlich erhalten. Auf Marienberg folgt Pobershau mit einem Schaubergwerk, dann – auf der B 171 – Olbernhau, wo ein Kupferhammer aus dem 16. Jh. und andere Anlagen zur Kupfererzverarbeitung erhalten sind.

Olbernhau

Seiffen

Von Olbernhau sollte man auch einen Abstecher ins Spielzeugdorf ** **Seiffen** unternehmen. Hinter Olbernhau beschreibt die Silberstraße einen Bogen über Sayda und trifft bei Großhartmannsdorf wieder auf die B 101.

Freiberg

Auf dieser geht es nun nach ** **Freiberg**, dem Zentrum des Bergbaus. In der ältesten Bergstadt des Erzgebirges begann 1168 die Silbererzförderung. Entsprechend groß ist das Angebot an Sehenswürdigkeiten: das Huthaus der Grube ‘Einigkeit’, der Dom mit der berühmten Tulpenkanzel, die Geowissenschaftliche Sammlung der Bergakademie, das Stadt- und Bergbaumuseum und Schaubergwerke. Freiberg ist der Höhepunkt und fast auch das eigentliche Ende der Silberstraße. Diese führt durch den **Tharandter Wald** und über Freital, wo nicht Silber, sondern Steinkohle gefördert wurde, nach **Dresden**.

Dresden

In der Elbresidenz wird augenscheinlich vorgeführt, was die Wettiner aus dem im Erzgebirge erarbeiteten Reichtum machten: sie bauten und kauften Kunst.

5. Sächsische Weinstraße (67 km)

Seit dem 12. Jh. wird im klimatisch begünstigten Elbtal zwischen Pirna und Meißen Wein angebaut, und nach einem zwischenzeitlichen Niedergang – im 18. Jh. trank man lieber Bier, im 19. Jh. kam die Reblaus – lebt heute die Tradition im kleinsten deutschen Weinanbaugebiet wieder auf. Die sächsischen Winzer keltern vor allem Weißweine: Müller-Thurgau, Ruländer, Riesling, Traminer und Weißburgunder. Entlang der 1992 eröffneten Sächsischen Weinstraße erfährt und erlebt man die Geschichte und die Qualität des Weins aus dem Elbtal. Man sollte sich allerdings Zeit nehmen, denn wer nur mit dem Auto durchrauscht, wird nicht allzuviel mitbekommen. Am besten radelt man die Weinstraße entlang, denn sie ist nicht allzu lang und hat kaum Steigungen. Immer wieder bieten sich Gelegenheiten zu Wanderungen durch die Weinberge und auf Weinlehrpfaden, zu Besichtigungen von Kellereien und natürlich zu Weinproben.

Pirna

Offiziell beginnt die Sächsische Weinstraße in *Pirna, auch wenn hier heute kein kommerzieller Weinbau mehr betrieben wird. Der schöne Marktplatz aber ist ein idealer Ausgangspunkt für die Tour. Man überquert die Elbe und wendet sich auf der Pratzschwitzer Straße Richtung Dresden, dessen Stadtgrenze man kurz hinter Birkwitz erreicht. Bald darauf ist man

Pillnitz

in Pillnitz mit seinem herrlichen Barockschloß. Rechter Hand erhebt sich der Große Berg, auf dem erstmals 1403 Wein angebaut wurde. Man erwandert ihn auf dem Leithenweg, kommt dabei an Wächterhäuschen und vor allem an der Weinbergkirche von Matthäus Daniel Pöppelmann vorbei. Immer in Sichtweite der Elbe geht es weiter durch die äußeren Stadtteile von

Dresden

**Dresden. Zunächst durch Wachwitz, wo man rechts den 1824 angelegten Königlichen Weinberg sieht, dann nach Loschwitz, wo man das Weinberghaus der Familie Körner, in dem eine Zeitlang Friedrich Schiller wohnte, anschauen kann. Auf der berühmten Brücke 'Blaues Wunder' überquert man die Elbe zum Villenvorort Blasewitz; von ihr sieht man elbabwärts am rechten Ufer die drei Dresdner Elbschlösser, unterhalb derer sich ebenfalls Weinberge ausdehnen. In Blasewitz fährt man weiter in die Altstadt von Dresden mit ihren herrlichen Barockbauten und Kunstschätzen. Den Aufenthalt in Dresden sollte man auf einige Tage ausdehnen. Danach geht es aber auf der Sächsischen Weinstraße auf dem rechten Ufer der Elbe

Radebeul

weiter nach **Radebeul** am Fuß der Lößnitzberge, deren Hänge den Lieblingswein des sächsischen Hofes lieferten. Hier gibt es nicht nur Reminiszenzen an Karl May, sondern auch eine ganze Reihe von Sehenswürdigkeiten, die mit Wein zu tun haben: in Radebeul-Oberlößnitz den Weinberg Goldener Wagen mit der barocken Spitzhaustreppe von Pöppelmann hinauf zum Aussichtspunkt Spitzhaus, das Weinbaumuseum im Haus Hoflößnitz und den Wanderpfad Eggersweg; in Radebeul-Niederlößnitz das Schloß Wackerbarth, Sitz des Sächsischen Staatsweinguts mit Sektkellerei, und traditionsreiche Weingüter wie das von Minkwitzsche, zudem insgesamt 8 km Weinlehrpfad. Nach Radebeul muß man sich entscheiden: entweder gleich weiter der Elbe folgend nach Meißen, oder zunächst einen Abstecher über Coswig auf der Weinböhlaer Straße nach Weinböhla, das bis 1840 das größte geschlossene Weinbaugebiet an der Elbe war. Davon sind heute u. a. der nach Johann Fürchtegott Gellert benannte Gellertberg und 6 km Weinlehrpfad geblieben. Von Weinböhla fährt man wieder zurück auf die der Elbe folgende Straße nach Meißen. Bald steigen rechts die Hänge des Spaargebirges auf, wo seit 400 Jahren Wein angebaut wird und noch manch historisches Weingut wie das von Haagsche, Kapitelberg, Rote Presse oder Alte Deutsche Bosel existiert (3 km Weinlehrpfad). Vom Aussichtspunkt Juchhöh überschaut man das Elbtal und Meißen mit der mächtigen Albrechtsburg.

Meißen

Auch **Meißen ist einen längeren Aufenthalt wert, darf man doch die schon erwähnte Burg nicht versäumen. Was den Wein angeht: Meißen ist die Wiege des Weinbaus im Elbtal.

Reiseziele von A bis Z

Altenberg K 13

Landkreis: Weißeritzkreis
Höhe: 750–905 m ü.d.M.
Einwohnerzahl: 3500

Lage und Allgemeines

*Wintersportgebiet

Die traditionsreiche Bergbaustadt Altenberg liegt am Fuße des Geisingberges im Osterzgebirge an der E 55 von Dresden über Zinnwald nach Prag, nur 4 km entfernt von der deutsch-tschechischen Grenze. Die Umgebung gilt als schneesicheres Wintersportgebiet, das nicht nur Freizeitsportler, sondern internationale Größen vor allem des Bob- und Rodelrennens, von Langlauf und Biathlon zu Wettkämpfen anlockt. Mittlerweile haben zahlreiche Touristen Theodor Körner Lügen gestraft, der im Jahr 1809 notierte, Altenberg sei "das ärgste Nest, das Gott hat bauen lassen".

Geschichte

Um 1440 entdeckte man die Altenberger Zinnlagerstätte. Im Jahre 1451 erhielt der Ort das Stadtrecht, 1502 wurde er Sitz eines kurfürstlichen Bergamtes. Obwohl Kriegsverwüstungen, Epidemien und Brandkatastrophen die kleine Stadt zeitweise heftig erschütterten, konnte sich der Bergbau jahrhundertelang behaupten; lediglich gegen Ende des 19. Jh.s kam er als Folge des Zerfalls der Weltmarktpreise für Zinn vorübergehend fast völlig zum Erliegen. Zu Beginn des 20. Jh.s verschaffte der aufkommende Wintertourismus der Region einen Schub nach vorn. Der Zinnbergbau wurde von 1934 an wieder stark aktiviert, erlebte nach dem Zweiten Weltkrieg nochmals einen Aufschwung, ist aber inzwischen unrentabel geworden.

*Anfahrt mit der Müglitztalbahn

Sehr geruhsam und romantisch ist die Anfahrt per Bahn durch das → Müglitztal von Heidenau bei Dresden aus.

Sehenswertes in Altenberg

*Pinge

Ein durchaus spektakuläres Schaustück und Wahrzeichen von Altenberg ist die Pinge, in die Teile der Stadt hineingebaut sind. Der 440 m durchmessende, fast 200 m tiefe Einsturztrichter ist der größte dieser Art in Europa und entstand am 24. Januar 1620, als die in den Jahrzehnten zuvor schon geschwächten Stützen zahlreicher Einzelgruben des Zinnbergwerks endgültig nachgaben und zusammenbrachen: "Da ist unser liebes Bergwerck alles in einen Haufen gegangen", vermerkt die Altenberger Chronik.

Pingenwanderung

Wer mehr über dieses Ereignis und anderes vom Altenberger Bergbau erfahren will, schließe sich der Pingenwanderung über den Bergbaulehrpfad an, die jeden Mi. 13.30 Uhr am Bahnhof beginnt. Selbstverständlich kann der Lehrpfad auch ohne Führer begangen werden.

Bergbaumuseum

Im Altenberger Bergbaumuseum gibt es eine über 400 Jahre alte Zinnwäsche (Pochwäsche) zu sehen, an der die Technik der Zinnerzaufbereitung früherer Jahrhunderte erläutert wird. Anschließend kann man das 1802 in

Ein Teil von Altenberg liegt heute in der Pinge.

Betrieb genommene jetzige Schaubergwerk 'Neubeschert-Glück-Stollen' per Führung erkunden (Öffnungszeiten: Di. – Fr. 13.00 – 16.00, Sa. und So. 10.00 – 12.00 und 13.00 – 16.00 Uhr).

Bergbaumuseum (Fortsetzung)

Am Platz des Bergmanns stehen zwei restaurierte Zeugen des sächsischen Verkehrswesens: die Postmeilensäule von 1722 und der Stationsstein von 1860.

Postmeilensäule

Umgebung von Altenberg

In der Umgebung von Altenberg stehen verschiedene Wintersportanlagen bereit. Am interessantesten ist sicher die 1413 m lange, über 17 Kurven führende Bob- und Rodelbahn im nahen Kohlgrund, auf der u. a. die Viererund Zweierbob-Weltmeisterschaften 1991, die Viererbob-Europameisterschaft 1994 und die Rennrodelweltmeisterschaft 1996 ausgetragen worden sind. Besonderes Angebot an Wintersonntagen: auch Amateure dürfen – mit fachlicher Begleitung – durch den Eiskanal rasen. Wer es ruhiger haben möchte, schnüre über einige der 70 km gespurten Loipen oder lasse sich von einem der sieben Skilifte auf einen Abfahrtshang ziehen.

Wintersportanlagen

Als die Technik des Zinnauswaschens immer mehr Wasser erforderte, sah man sich gezwungen, künstliche Reservoirs anzulegen. So entstanden von 1545 an die Galgenteiche südlich und westlich der Stadt. Im Kleinen Galgenteich kann man heute baden.

Galgenteiche

Die 824 m hohe Basaltkuppe des Geisingbergs ist das zweite Wahrzeichen Altenbergs und inmitten der Gneise eine geologische Besonderheit. Auf seinen Hangwiesen gedeiht manch seltene Pflanze wie Sibirische Schwertlilie, Himmelsschlüssel oder Fingerhut. Vom Aussichtsturm blickt man weit ins Osterzgebirge, auch hinab zum Ferienort Geising, wo man

Geisingberg

*Aussicht

Altenberg (Fortsetzung)

außerhalb im Erdbachtal in einen alten Silberstollen hinabsteigen kann (Führungen: März – Okt. Di. – Fr. 13.00 – 16.00 Uhr).

Kahleberg

Zwischen Altenberg und Zinnwald-Georgenfeld erhebt sich der Kahleberg, mit 905 m ü.d.M. die höchste Erhebung im deutschen Teil des Osterzgebirges. Wanderwege führen aus beiden Gemeinden hinauf zur Bergbaude. Wer gerade an Silvester in der Gegend ist, sollte sich den Einheimischen anschließen, die auf der Bergesspitze das neue Jahr begrüßen.

Zinnwald-Georgenfeld

Südlich von Altenberg zieht sich direkt auf dem Kamm des Erzgebirges bis zum Grenzübergang nach Tschechien die Streusiedlung Zinnwald-Georgenfeld hin. Es ist der schneesicherste Platz im Osterzgebirge und entsprechend heftig von Wintersportlern aufgesucht. Selbstverständlich hat es auch hier ein Besucherbergwerk, die Grube 'Vereinigt Zwitterfeld zu Zinnwald', in der seit 1686 Zinn- und Wolframerz gefördert wurde (Führungen Di. – Sa. 10.00 – 15.00 Uhr). Im 1853 erbauten Huthaus sind im Erdgeschoß eine Betstube und eine Schmiede, im Obergeschoß die Wohnung des Bergverwalters und das Zinnwalder Skimuseum eingerichtet (Öffnungszeiten: Mo., Mi., Fr. 10.00 – 12.00, Sa. und So. 13.00 – 16.00 Uhr).

Besucherbergwerk

Huthaus

*Georgenfelder Hochmoor

Von Georgenfeld aus kann man das zur Staatsgrenze hin gelegene Georgenfelder Hochmoor auf einem Knüppeldamm durchqueren. Sonnentau, Trunkelsbeere, Moosbeere, Pfeifengras und andere seltene Pflanzen gedeihen in dem vor ca. 18 000 Jahren entstandenen Moor.

Schellerhau

Ein zunächst etwas ungewohnter Anblick auf den rauhen Höhen des Erzgebirges ist die Blütenpracht im Botanischen Garten von Schellerhau 4 km nordwestlich von Altenberg. Beim genauen Hinsehen wird man feststellen, daß sich die ca. 2000 Pflanzen hier sehr wohlfühlen, denn sie stammen allesamt aus Gebirgsregionen (Öffnungszeiten: Mai – Okt. Di. – So. 9.00 bis 12.00 und 13.00 – 17.00 Uhr). In Schellerhaus hübscher Dorfkirche aus dem 16. Jh. finden Orgelvespern und weihnachtliches Kurrendesingen statt.

Kurort Kipsdorf

Das 7 km nordwestlich von Altenberg im Tal der Roten Weißeritz liegende Kurort Kipsdorf gilt als 'Tor zum Osterzgebirge'. Seit 1877 trägt er den Zusatz Kurort und bietet als solcher ein ausgedehntes Wanderwegenetz u. a. zur Tellkoppe und zu den Kurorten Bärenburg und Bärenfels, in dessen Kurpark ein Meissner Porzellanglockenspiel erzgebirgische Weisen spielt.

*Weißeritzbahn (Rabenauer Bügeleisen)

Bekannt ist Kurort Kipsdorf aber vor allem als Endstation der 750-mm-Schmalspurbahn durch das Weißeritztal. Das 'Rabenauer Bügeleisen' ist neben der in → Oberwiesenthal verkehrenden Erzgebirgsbahn die zweite regelmäßig mit Dampfloks betriebene Bahnstrecke der Deutschen Bahn AG in Sachsen. Ihre erste Fahrt von Freital-Hainsberg durch den romantischen Rabenauer Grund und über Malter und Schmiedeberg nahm sie am 3. September 1883 auf. Die Strecke ist 26,3 km lang und bewältigt 351 m Höhenunterschied über 40 Brücken, von denen das 10 m hohe und 191 m lange Viadukt bei Schmiedeberg die markanteste ist (genauer Fahrplan im DB-Kursbuch unter Nr. 513).

Müglitztal

→ dort

Annaberg-Buchholz — M 9

Landkreis: Annaberg
Höhe: 350 – 750 m ü.d.M.
Einwohnerzahl: 26 000

Lage und Allgemeines

Annaberg-Buchholz, das wirtschaftliche und kulturelle Zentrum des Westerzgebirges, liegt rund 30 km südlich von → Chemnitz an den Talhängen der Sehma zwischen Schottenberg und Pöhlberg nur wenige Kilometer vor der Grenze zur Tschechischen Republik. Die Doppelgemeinde ist einer der

Lage und Allgemeines (Fortsetzung)

attraktivsten Stops an der Sächsischen Silberstraße, bietet sie doch zum einen Sachsens größte und für viele auch schönste Hallenkirche, zum anderen mit dem Frohnauer Hammer ein einzigartiges Zeugnis des erzgebirgischen Bergbaus. Seit dem 16. Jh. begeht man in Annaberg die Kät, das größte Volksfest im Erzgebirge.

Geschichte

Zur Geburt von Annaberg erscholl das 'Bergkgeschrey': 1492 hatte man am Schreckenberg reiche Silbervorkommen entdeckt, und schon drei Jahre später begann unter Herzog Georg dem Bärtigen die planmäßige Anlage der 'newen stat bey dem Schreckenberge', die 1496 das Stadtrecht und 1501 ihren endgültigen Namen Annaberg erhielt. "Leipzig die beste, Chemnitz die feste, Freiberg die größte, Annaberg die liebste!" soll der Herzog ausgerufen haben. Der Reichtum aus den zeitweise über 600 Silbergruben floß so enorm, daß Annaberg im 16. Jh. zur wichtigsten und reichsten Stadt des Erzgebirges, größer als Leipzig, und – von 1497 bis 1856 – zum Sitz der Bergbehörde wurde. Die Annaberger Bergordnung von 1509 hatte in ganz Deutschland ihre Gültigkeit. In dieser Glanzzeit lebte und wirkte von 1522 bis zu seinem Tod im Jahr 1559 Adam Ries (→ Berühmte Persönlichkeiten) als Bergschreiber und Leiter seiner Rechenschule in der Stadt; auch die 'Wohltäterin des Erzgebirges' Barbara Uthmann (→ Berühmte Persönlichkeiten) lebte in Annaberg. Die von ihr eingeführte Spitzenklöppelei fing den ab Mitte des 16. Jh.s einsetzenden Rückgang des Silberbergbaus einigermaßen ab, und noch heute ist die Spitzenproduktion neben der Bortenwirkerei (Posamentiererei) ein wichtiger Wirtschaftsfaktor der Stadt.
Das benachbarte Buchholz nahm eine ähnliche Entwicklung. 1945 wurden die beiden bereits räumlich zusammengewachsenen Orte vereint.

Sehenswertes in Annaberg

Markt

Am Markt fällt zunächst das 1751 erneuerte Rathaus auf. Das zweite, grünliche Haus links davon ist das bereits im 16. Jh. eröffnete Gasthaus Wilder Mann (Markt 13). Geht man an ihm vorbei einige Schritte die Frohnauer Straße hinab, sieht man auf der linken Straßenseite die Stadt- und Kreisbibliothek. Früher befand sich hier der Gasthof 'Goldene Gans', in dem der Ablaßprediger Johannes Tetzel (1464–1519) bei seinen Aufenthalten in Annaberg regelmäßig abstieg. Von der Westecke des Marktes führt die Münzergasse zur 1502 erbauten Bergkirche. Sie wurde aus den Meßpfennigen der Bergleute finanziert und ist die einzige nach der Reformation von einer Bergknappschaft weiter benutzte Kirche in Sachsen.

Bergkirche

Adam-Ries-Haus

Von der südlich vom Markt wegführenden Fußgängerzone Buchholzer Straße – gesäumt von stattlichen Bürgerhäusern – zweigt rechts die Johannisgasse ab. Nr. 13 ist das Adam-Ries-Haus, das zwar nicht mehr völlig, zumindest aber in seinen unteren Teilen aus der Zeit stammt, in der der Rechenmeister es bewohnte. Heute dient es als eine Gedenkstätte über sein Leben und Werk (Öffnungszeiten: Di.–So. 9.00–12.30 und 13.00 bis 16.00 Uhr).

Erzgebirgsmuseum mit Schaubergwerk Gößner

Vom Markt die Große Kirchgasse steil hinauf erreicht man gegenüber der Annenkirche zunächst das Erzgebirgsmuseum, das über den Bergbau unterrichtet und auch eine Vielzahl kunsthandwerklicher Erzeugnisse ausstellt. Im zum Museum gehörenden Schaubergwerk Gößner kann man einen 260 m langen Rundgang in einem alten Silberschacht unter der Stadt unternehmen (Öffnungszeiten: Di.–So. 10.00–17.00 Uhr).

****St.-Annenkirche**

Nun aber wendet man sich über die Straße hinweg der St.-Annenkirche zu, der weitaus bedeutendsten Sehenswürdigkeit Annabergs, hoch über der Stadt thronend und weithin sichtbare Landmarke. Diese größte spätgotische Hallenkirche Sachsens wurde von 1499 bis 1525 erbaut und gilt als Kulminationspunkt der obersächsischen Spätgotik. Drei Baumeister waren

St.-Annenkirche (Fortsetzung)

an ihrer Errichtung beteiligt: Conrad Pflüger erarbeitete die Pläne zur dreischiffigen, 56 m langen Hallenkirche mit doppelstöckigen Kapellenanbauten und dem wuchtigen, 80 m hohen Turm an der Südwestseite; Peter Ulrich von Pirna löste ihn 1507 ab und wurde 1513 wiederum durch Jakob Heilmann von Schweinfurt ersetzt.

Innenraum

**Gewölbe

Letzterem ist das herrliche Schlingrippen- und Schleifensterngewölbe zu verdanken, dessen Anblick beim Betreten des nahezu kubischen, in Ocker und Weiß gehaltenen Innenraums überwältigt. Gleichsam spielerisch und doch auf strenger Geometrie beruhend, schlingen sich die in unterschiedlichen Höhen an den Pfeilern ansetzenden Rippen hinauf, um sich in prächtig gestalteten Schlußsteinen zu treffen und so Haupt- und Seitenschiffe optisch zu vereinen. Den allerletzten Schlußstein setzte um 1525 Hans Witten über der Tür zur Neuen Sakristei; er zeigt den hl. Daniel, Schutzpatron des Bergbaus. Kaum weniger prächtig sind die 100 Reliefs, die Franz Maidburg 1520 bis 1522 für die Emporenbrüstungen schuf. Für die Darstellung der Lebensalterallegorien sowie 20 Szenen aus dem Alten und 80 Szenen aus dem Neuen Testament nahm Maidburg ähnliche Werke von Lucas Cranach d. Ä. zum Vorbild. Auch die Kanzel stammt von Maidburg.

*Schöne Pforte

In das nördliche Seitenschiff wurde 1577 aus dem Franziskanerkloster von Annaberg die 1512 von Hans Witten geschaffene Schöne Pforte eingesetzt. Mehr Skulptur als Portal, zeigt sie im Tympanon die zum Symbol des Gnadenstuhls erweiterte Legende des hl. Franziskus, der rechts zu erkennen ist. In den Seitennischen stehen die Figuren der hl. Anna und Joachim. Auf dem waagrechten Abschluß über der Tür erkennt man Moses, Eva, Adam und Johannes den Täufer; sie wurden 1577 hinzugefügt, um in der nun protestantischen Annenkirche die zutiefst katholische Franziskuslegende abzuschwächen.

Annenkirche

1 Schöne Pforte
2 Kanzel
3 Schlußstein von Hans Witten
4 Altar der Bergknappschaft
5 Hauptaltar
6 Taufstein
7 Altar der Münzknappschaft
8 Bäckeraltar

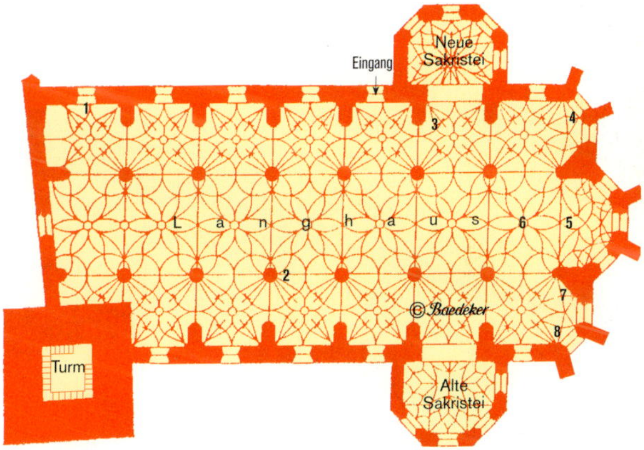

*Hauptaltar

Ebenfalls von Hans Witten stammt der von drei Engeln getragene, aus einem Stück gehauene vollplastische Taufstein. Er steht vor dem Hauptaltar, der ein Werk von Adolf Daucher aus Augsburg ist und spätgotische und Formen der Renaissance vereint. Hauptmotiv ist die aus Solnhofener Kalkstein gehauene Wurzel Jesse. Im Nebenchor links davon steht der 1521 von der Bergknappschaft gestiftete Bergaltar mit Darstellungen des Bergmannslebens von Hans Hesse auf der Rückseite; im rechten Nebenchor finden sich mit dem Altar der Münzknappschaft (1522) und dem Bäckeraltar (1515) zwei Schnitzaltäre von Christoph Walther I. Rechts davon

◀ *Einen einmaligen Raumeindruck vermittelt die Annenkirche: Blick durch das Langhaus zum Hauptaltar.*

St.-Annenkirche (Fortsetzung)

offenbart sich ein wahres Kleinod der Kirche: die als 'Raum der Stille' ausgewiesene Alte Sakristei, in der man die Gewölbegestaltung aus größerer Nähe als im Kirchenschiff studieren kann.

Pöhlberg

Östlich von Annaberg steigt man hinauf zum 831 m ü.d.M. gelegenen Pöhlberg, der neben einer Ausflugsgaststätte und einem Aussichtsturm drei kurze Skipisten und eine Sprungschanze bietet. Geologisch interessant sind im ehemaligen Steinbruch am Nordrand aufgeschlossene Basaltsäulen, die sog. Butterfässer.

Sehenswertes in Buchholz

St. Katharinen

Im Stadtteil Buchholz verdienen die 1504 begonnene und erst 1877 vollendete Stadtkirche St. Katharinen sowie der Fachwerkbau der Stiefelmühle an der Katharinenstraße Beachtung.

**Frohnauer Hammer

Öffnungszeiten
Di. – So.
9.00 – 11.45 u.
13.00 – 16.00

In Frohnau, nicht mehr zur Stadt Annaberg-Buchholz gehörend, aber unmittelbar westlich an Annaberg angrenzend, sollte man es nicht versäumen, den Frohnauer Hammer zu besichtigen. Dieses einzigartige Denkmal der Metallverarbeitung ist seit dem 14. Jh. nachgewiesen und in seiner heutigen Form seit 1657 in Betrieb. Hier wurden bis 1904 mit drei von Wasserkraft betriebenen Schwanzhämmern von 100, 200 und 300 kg Gewicht, die mit einer Wucht von bis zu zwölf Tonnen herabsausen, Werkzeuge, Beschläge und Münzen wie der 'Schreckenberger' und der 'Engelsgroschen' gefertigt. Die Anlage ist heute noch voll funktionsfähig, vorgeführt wird aber nur der kleine Hammer. In zwei weiteren Räumen sind die Funk-

Noch heute voll funktionsfähig ist der Frohnauer Hammer. Vorgeführt wird allerdings nur der kleinste.

tionsweise und die Geschichte des Hammerwerks erklärt und werden Kunstschmiedeprodukte gezeigt. Das Restaurant gegenüber ist im 1697 errichteten Wohnhaus des Hammerbesitzers Claus eingerichtet.

Frohnauer Hammer (Fts.)

Umgebung von Annaberg-Buchholz

Scheibenberg

Im 9 km südwestlich gelegenen Scheibenberg kommen Hobbygeologen auf ihre Kosten, denn hier stehen in Gestalt der 'Orgelpfeifen' 40 m hohe Basaltsäulen. Vom Gipfel des Scheibenbergs hat man eine hervorragende Aussicht auf die Landschaft.

Geyer

Das Wahrzeichen von Geyer, 9 km nordwestlich von Annaberg-Buchholz, ist der 42 m hohe Wachturm, dessen unterer Teil 1395 erbaut und 1561 bis 1564 aufgestockt wurde. Im siebten Stock befindet sich das Heimatmuseum, im fünften die Lotterstube, die an den Erbauer von Schloß → Augustusburg und Bürgermeister von Leipzig, Hieronymus Lotter, erinnert, der sich 1566 den heutigen Lotterhof kaufte. Ganz in der Nähe des Hofes kann man einen Blick in die Pinge werfen, einen 70 m tiefen und 200 m langen, 1803 eingebrochenen Stollen.

***Zschopautal**

*Wolkenstein

Von der Annaberg nach Nordosten verlassenden B 101 erblickt man nach wenigen Kilometern das 70 m hoch über dem schönen Tal der Zschopau thronende Wolkenstein, Sachsens ältestes Heilbad mit seit dem 13. Jh. belegten Thermalquellen. Einen Hauch Mittelalter verspürt man in den engen Gassen rund um das Schloß (12. / 15. Jh.) mit dem Heimatmuseum.

Scharfenstein

Von Wolkenstein folgt man 5 km lang dem Lauf der Zschopau bis Scharfenstein, dem Geburtsort von Karl Stülpner. Über dem Tal erhebt sich die im 13. Jh. angelegte Burg. Man erreicht sie vom Ortsausgang Richtung Zschopau zu Fuß rechts den Hang hinauf und passiert dabei die Stelle, an der Karl Stülpner sein Leben aushauchte. In der Burg bietet das erzgebirgische Spielzeug- und Weihnachtsmuseum einen Überblick über die erzgebirgische Volkskunst; eine Handweberin läßt sich bei der Arbeit zusehen, und wer Stärkung braucht, kehrt in die Burgschänke ein (Öffnungszeiten: April bis Okt. Mo. – Fr. 9.00 – 18.00, an Wochenenden bis 18.30 Uhr).

Großolbersdorf

Karl Stülpner ist auf dem Friedhof des 2,5 km östlich gelegenen Großolbersdorf begraben. Im Schnitzerheim sind mit 100 Holzfiguren Szenen seines Lebens nachgestellt.

Der Sohn der Wälder

Ein wahrer erzgebirgischer Volksheld ist Karl Stülpner, am 30. September 1762 in Scharfenstein geboren. Er wuchs so arm auf, daß er im Alter von 17 Jahren in die sächsische Armee eintrat, bald aber vor den Schikanen desertierte. Noch einmal versuchte er es bei den Preußen, floh abermals und versteckte sich nun im Erzgebirge. Von dort aus brach er zu seinen Zügen gegen die Obrigkeit auf – so soll er einmal einen ganzen Tag lang völlig allein Burg Scharfenstein belagert haben – und vollbrachte manch andere waghalsige Tat, so daß ihn die Einheimischen, die er vor Räuberbanden beschützte und sicher auch mit mancher Gabe bedachte, die er einem Geldsack abgeknöpft hatte, versorgten und verbargen. Nach einer Generalamnestie 1813 kehrte er nach Scharfenstein zurück, wo er am 24. September 1841 in Armut und von Blindheit geschlagen starb. Begraben ist er auf dem Friedhof von Großolbersdorf. Das wilde Leben Stülpners gab den Stoff für manche Biographie und Roman ab, von denen Kurt Arnold Findeisens "Der Sohn der Wälder" (1922) der bekannteste wurde. Der DDR, immer auf der Suche nach 'revolutionär-klassenkämpferischen' Traditionen in der deutschen Geschichte, war Stülpners Vita sogar eine Fernsehserie wert. Die Hauptrolle spielte – es darf geraten werden – Manfred Krug.

Ehrenfriedersdorf in der Umgebung von Annaberg-Buchholz

In der Bergbaustadt Ehrenfriedersdorf, 8 km nördlich von Annaberg-Buchholz, ist die Legende von der 'Langen Schicht des Oswald Barthel' zu Hause. 1568 entdeckte man in einer Grube im Sauberg einen toten Bergmann so unversehrt und komplett gekleidet, daß man ihn fast für schlafend halten konnte. Alte Ehrenfriedersdorfer erinnerten sich, daß sechzig Jahre zuvor der Bergmann Oswald Barthel in die Grube gestürzt war. Seine Witwe soll beim Anblick des Leichnams tot umgefallen sein.

St. Nikolai

Greifbarer als die Legende ist die Besichtigung der Kirche St. Nikolai mit ihrem sechsflügeligen, 1507 von Hans Witten geschaffenen Altar. Nicht nur seine figürliche Gestaltung ist das besondere, sondern auch der Umstand, daß die originale Bemalung von Hans von Cöln weitgehend erhalten blieb.

Zinngrube Ehrenfriedersdorf

In Ehrenfriedersdorf wurde vor allem Zinnerz gefördert, und selbstverständlich hat es heute auch sein Schaubergwerk. Ihm angeschlossen ist ein mineralogisches Museum, das Modelle und Fundstücke aus dem Bergbau zeigt (Öffnungszeiten: Di.–So. 10.00–16.00 Uhr).

*Greifensteine

Ca. 3 km westlich von Ehrenfriedersdorf ragen die als Kletterrevier beliebten Greifensteine – Kreuzfelsen, Gamsfelsen, Seekofel, Kleiner Brocken, Stülpnerwand und Turnerfelsen – bis 731 m ü.d.M. empor. Sie sind die Überreste eines mächtigen Granitmassivs und stehen heute zusammen mit dem Ratsteich und dem Greifenbachstauweiher unter Landschaftsschutz. Im Naturtheater Greifenstein mit seinen 4000 Plätzen werden – wie sollte es in Sachsen anders sein – Stücke nach Karl May aufgeführt. Favorit aber sind die diversen Bühnenadaptionen des Karl-Stülpner-Stoffes, der sich in der nahen Stülpnerhöhle verborgen haben soll.

Marienberg

→ dort

Augustusburg — K 9

Landkreis: Freiberg
Höhe: 505 m ü.d.M.
Einwohnerzahl: 2400

Lage und Allgemeines

Augustusburg, das bis 1899 Schellenberg hieß, liegt 16 km östlich von → Chemnitz im mittleren Erzgebirge oberhalb des Zschopautals. Nach Augustusburg fährt man, um das auf einem Porphyrberg gelegene, weithin aus dem Umland sichtbare Renaissanceschloß zu besichtigen. Einst kurfürstliches Jagdschloß, ist es heute dank seiner Architektur, seiner Museen und der zahlreichen Veranstaltungen ein attraktives Ausflugsziel erster Güte.

Stadt Augustusburg

Das Städtchen selbst bietet nicht allzuviel. Hübsch aber ist die steil zum Schloßeingang hinaufführende Hauptstraße, die von den sog. Heisten gesäumt ist, terrassenartig vor den Häusern liegenden Freitreppen und Vorgärten. Auch der Markt gewinnt durch seine extrem steile Lage einen besonderen Reiz. Von ihm sind es wenige Schritte zum hübschen Kirchplatz mit der gelben, neobarocken Kirche.

**Schloß Augustusburg

Öffnungszeiten
April–Okt., Mo.–Fr. 9.00–18.00; Nov.–März Mo.–Fr. 10.00–17.00; Sa., So. u. Fei. bis 18.30 bzw. 17.30

In der zweiten Hälfte des 12. Jh.s entstand auf dem 516 m hohen Schellenberg die Schellenburg, die 1528 abbrannte und 1547 durch Blitzschlag vollends zerstört wurde. An ihrer Stelle ließ Kurfürst August I. (1526–1586) aus Anlaß seines Sieges im Grumbachschen Händel und der damit verbundenen Eroberung von Gotha von 1567 an ein Jagdschloß errichten. Mit der Bauaufsicht wurde der damals bereits siebzigjährige Leipziger Bürgermeister Hieronymus Lotter (1497–1580) gegen seinen erklärten Willen beauftragt; Unterstützung erhielt er vom Niederländer Erhard van der Meer. Obwohl Lotter für seinen zahlungsunwilligen Landesherrn einsprang und

Quer über den Hof von Schloß Augustusburg blickt man auf das Südportal.

Schloß Augustusburg (Fortsetzung)

15 000 Gulden Lohnschulden aus eigener Tasche bezahlte, wurde er 1572 aus dem Amt gejagt und durch Rochus Graf von Lynar ersetzt. 1573 war das noch heute mächtigste Schloß im Erzgebirge vollendet. Gerade sechzig Jahre schätzte es der kursächsische Hof, dann wandte sich das Interesse der Fürsten nach Dresden und Moritzburg. Schloß Augustusburg verfiel. Zwar wurde es zu Beginn des 19. Jh.s in klassizistischem Stil renoviert, doch nur, um bis 1849 als Gefängnis benutzt zu werden. Die Nazis entdeckten es 1933 wieder und mißbrauchten es zunächst als Konzentrationslager, um später dann eine 'Gauführerschule' daraus zu machen. Erst nach Ende des Zweiten Weltkriegs wurde das Schloß allmählich seiner heutigen Nutzung zugeführt.

Standseilbahn

Vom Bahnhof Erdmannsdorf im Zschopautal fährt eine 1911 erbaute Standseilbahn hinauf zum Schloß. Sie überwindet auf einer Streckenlänge von 1200 m einen Höhenunterschied von 168 m.
Vom Parkplatz am Ortseingang Augustusburg fährt auch ein "Schloßbähnchen" hinauf; ansonsten muß man marschieren.

Außenansicht

Schloß Augustusburg ist auf quadratischem Grundriß um einen Innenhof herum angelegt, dem die an den Ecken sich erhebenden, in ihn hineinstehenden Türme die Form eines griechischen Kreuzes verleihen. Lediglich die Schloßkapelle ragt an der Ostseite aus dem Quadrat heraus. Von der ursprünglichen Renaissancegestalt – eine Vielzahl von Schornsteinen und Zwerchhäusern – hat die klassizistische Restaurierung nicht viel übriggelassen; schon zuvor waren zwei außen und innen umlaufende Balustradengänge abgerissen worden.

Innenräume

Man betritt das Schloß von der Stadt her durch das Torhaus und gelangt durch das triumphbogenähnliche Haupttor in den Innenhof. Geradeaus erblickt man das Südtor mit dem Glockenturm darüber. Rechts – an der

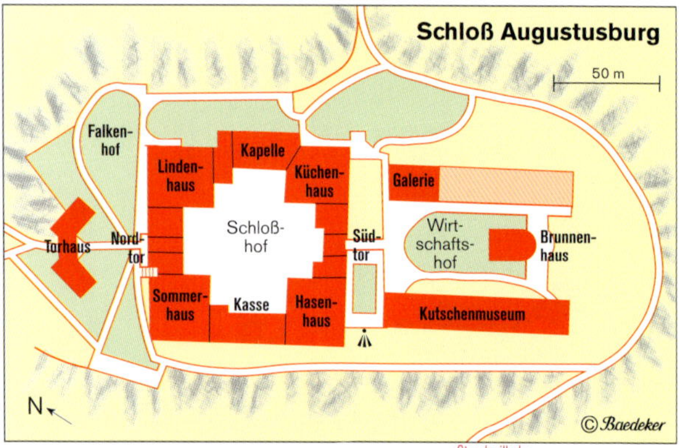

Schloß Augustusburg, Innenräume (Fortsetzung)

Westseite – liegt das Sommerhaus mit Jugendherberge und Restaurant, gefolgt vom sog. Hasenhaus in der Südwestecke. Es verdankt seinen Namen dem Bilderzyklus “Krieg der Hasen gegen die Stadt der Jäger und Hunde”, in dem Hofmaler Heinrich Göding 1572 das Motiv der verkehrten Welt aufgriff. Ebenfalls von Göding stammen die Wandgemälde im Venussaal. Das Hasenhaus beherbergt heute das Museum für Jagdtier- und Vogelkunde des Erzgebirges. Die Südostecke nimmt das Küchenhaus ein, in dem das Motorradmuseum untergebracht ist. Mit über 170 Maschinen – vom ersten Daimler-Petroleum-Zweirad bis zur modernen Rennmaschine – ist es das größte seiner Art in Europa. Im Erdgeschoß zeigt es historische

*Motorradmuseum

Im Motorradmuseum schlägt das Herz der Fans im Zweiertakt.

Motorradmuseum (Fortsetzung)

Motorräder aller Typen und Klassen, im Obergeschoß dreht sich alles um Zweitaktmaschinen. Das Museum ist ein Muß für Motorradfans, zumal insbesondere eindringlich auf die Geschichte der Motorradproduktion im nahen Zschopau (DKW, MZ) eingegangen wird. In der Nordostecke wird im Lindenhaus eine Dokumentation zur Baugeschichte des Schlosses gezeigt; außerdem gibt es hier wechselnde Kunstausstellungen, eine Waffensammlung, und man kann den Turm besteigen und die Aussicht in die Umgebung genießen.

*Schloßkapelle

Zwischen Küchen- und Lindenhaus liegt die 1572 nach Plänen von Erhard van der Meer vollendete Schloßkapelle, ein einschiffiger Raum mit Tonnengewölbe und an drei Seiten umlaufenden, zwei- und dreigeschossigen Emporen. Sie besitzt einen geschnitzten und vergoldeten Altar, 1571 vermutlich in der Salzburger Werkstatt des Wolfgang Schreckenfuchs gearbeitet, der ein Altargemälde von Lucas Cranach d. J. trägt. Es zeigt Kurfürst August I. mit seiner Familie vor dem Gekreuzigten. Die sehens- und hörenswerte Barockorgel von 1738 schuf Georg Renkewitz.

Wirtschaftshof

*Südportal

Vom Innenhof gelangt man durch das Südportal in den Wirtschaftshof mit den Stallungen, den Wirtschaftsgebäuden und dem Brunnenhaus. Das Portal schmückt das prächtige, von Löwen gehaltene kurfürstliche Wappen von 1614. Vom Übergang zum Wirtschaftshof geht es nach rechts zu einer kleinen Parkanlage mit einem Aussichtspunkt, der eine herrliche Sicht über die Landschaft offeriert.

Brunnenhaus

Das Brunnenhaus überdacht den Tiefen Brunnen. Er wurde 1568 begonnen. Sieben Jahre lang hämmerten sich vor allem zu Zwangsarbeit verurteilte Wilderer durch den harten Quarzporphyr, bis man schließlich in 130,6 m Tiefe auf ausreichend Grundwasser stieß. Um die geforderte Wassermenge von 1000 l pro Stunde zu bekommen, konstruierte man ein von Ochsen angetriebenes hölzernes Göpelwerk von 30 m Umfang und einem 7,4 m durchmessenden Zahnrad, mit dem ein 125-Liter-Faß in die Tiefe gelassen wird. Das jetzige Werk stammt von 1831, doch ist es vermutlich ein exakter Nachbau des abgebrannten Originals und somit ein einzigartiges technisches Denkmal.

*Göpelwerk

Kutschenmuseum

In den Stallungen sind im Kutschenmuseum nostalgische Gefährte ausgestellt, darunter die sächsische Staatsberline von 1790.

Jagdfalkenhof

Bei der im Jahr 1421 gepflanzten Schloßlinde unterhalb vom Hauptportal führt der größte Adler- und Falkenhof Sachsens seine Raubvögel im freien Flug vor.

Umgebung von Augustusburg

Flöha

Die Stadt Flöha, 5 km nördlich, muß man nicht unbedingt gesehen haben, doch bietet die Georgskirche immerhin einen spätgotischen Flügelaltar mit einer Mariendarstellung und den vierzehn Nothelfern. Im Ortsteil Plaue stehen noch die 1900 erbauten Fabrikgebäude der 1809 gegründeten Baumwollspinnerei, einstmals die größte Sachsens.

Hetzdorfer Schweiz

Im Tal der Flöha erstreckt sich die idyllische Hetzdorfer Schweiz. In Hohenfichte (4 km östlich) und in Hennersdorf (4 km südwestlich) sind zwei Holzkasten- oder Hausbrücken – 55 bzw. 38,5 m lang – erhalten.

*Flöhatalviadukt

Bei Hetzdorf überquert das geschwungene Flöhatalviadukt die Flüsse Flöha und Zschopau. Die 1866 bis 1868 gebaute Eisenbahnbrücke ist 321 m lang und annähernd 42 m hoch; sie wird heute nicht mehr befahren.

Grünhainichen in der Umgebung von Augustusburg

Im 5 km südlich gelegenen Grünhainichen werden seit jeher erzgebirgische Volkskunst und Spielzeug gefertigt und gehandelt. Entsprechend groß ist dort das Einkaufsangebot. Zu besichtigen gibt es die einzige original erhaltene Spanziehmühle Europas (Öffnungszeiten: Di. – Fr. 11.30 – 14.30 und 17.00 – 23.00, Sa. und So. 11.30 – 23.00 Uhr).

Bad Muskau

→ S. 250

Bautzen · Budyšin F 17

Landkreis: Bautzen
Höhe: 219 m ü.d.M.
Einwohnerzahl: 46 000

Lage und Allgemeines

Bautzen – immer noch denken viele bei diesem Namen an Gefängnis, Zellentrakt und Staatssicherheit. Tatsächlich sind im einst sächsischen Landesgefängnis von Bautzen, ob seiner Klinkersteine vom Volksmund als 'gelbes Elend' tituliert, DDR-Regimegegner, gefaßte 'Republikflüchtlinge' oder einfach nur Leute, die ihre Meinung gesagt haben, zusammen mit gewöhnlichen Kriminellen eingesperrt worden. Beinahe vergessen ist dabei allerdings, daß diese 'Tradition' schon die Nazis begründet haben.

**Stadtbild

(→ Abb. S. 80/81)

Vor allem aber tut man Bautzen mit diesem Image großes Unrecht an. Das über 1000 Jahre alte Zentrum der Oberlausitz, sorbisch Budyšin, ist eine städtebauliche Schönheit erster Güte. Die eindrucksvolle Silhouette der vieltürmigen Stadt auf einem Granitplateau am Oberlauf der Spree sucht ihresgleichen im übrigen Sachsen; man genießt sie am besten von der – allerdings vielbefahrenen – Friedensbrücke oder vom Protschenberg.
Als wichtiger Industriestandort hat sich die Stadt hauptsächlich durch den Waggonbau einen Namen gemacht.

Zentrum der Sorben

Zudem ist Bautzen kultureller Mittelpunkt der Sorben (Wenden), deren Geschichte und Kultur hier und auf Ausflügen von hier aus am besten studiert werden kann (→ *Baedeker Special* S. 104 – 106). Bautzen ist Sitz der 'Domowina', des 1912 in Hoyerswerda gegründeten Interessenverbandes der Sorben, des Sorbischen Nationalensembles und des zweisprachigen Deutsch-Sorbischen Volkstheaters.

Geschichte

Sieht man von steinzeitlichen Siedlungen ab, waren es im 3. Jh. ostgermanische Stämme, die die ersten Behausungen auf dem Fels über der Spree erbauten. Sie wurden im 7. Jh. durch die slawischen Milzener abgelöst, die sich wiederum nach wechselvollen Kämpfen der deutschen Ostexpansion beugen mußten. Die Eroberer errichteten die Grenzfeste Ortenburg; ihr Chronist Thietmar von Merseburg erwähnte den Ort 'Budissin' 1002 erstmals. Am Schnittpunkt bedeutender Handelsstraßen und an einem günstigen Spreeübergang gelegen, begann aber erst um 1200 die planmäßige Anlage der Stadt durch deutsche Kolonisten, die wohl im Jahr 1213 durch den böhmischen König Ottokar I. das Stadtrecht erhielt. Denn Budissin gehörte zu diesem Zeitpunkt zu Böhmen, nachdem es zunächst 1018 an Polen abgetreten worden war, danach den Markgrafen von Meißen und anschließend den Herren von Groitzsch gehörte. Von Böhmen wechselte es dann 1253 zu Brandenburg, um 1319 wieder zurückzukehren. Als reiche Handelsstadt litt Budissin zunehmend unter den Überfällen von Raubrittern. Es schloß daher mit Kamenz, Görlitz, Zittau, Löbau und Lauban 1346 den Lausitzer Sechsstädtebund, der Sicherheit auf den Straßen schaffte. Die Ruhe währte allerdings nicht lange, denn 1400 und 1408 probten die Budissiner Handwerker den Aufstand, der jeweils blutig niedergeschlagen

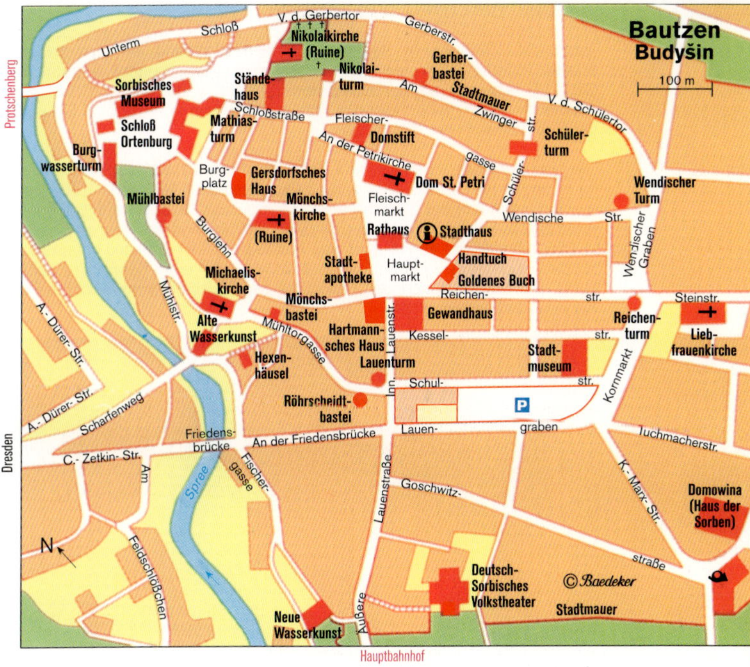

Geschichte (Fortsetzung)

wurde. 1429 standen die Hussiten vor den Toren, die man mit Geld besänftigen konnte. 1469 zog mit dem König von Ungarn ein neuer Herrscher ein, doch währte diese Episode nur bis 1490, als man wieder zu Böhmen kam. Der sog. Pönfall im Jahr 1547 brachte einen Einschnitt in der Stadtgeschichte: Budissin und die anderen Sechsstädte verweigerten dem böhmischen König im Schmalkaldischen Krieg die Gefolgschaft, so daß Ferdinand von Habsburg der Stadt alle Privilegien entzog. 1635 endlich gelangte die Stadt mit der gesamten Lausitz zum Kurfürstentum Sachsen, nachdem es zuvor im Dreißigjährigen Krieg schwer getroffen worden war. Mit der Strumpfwirkerei (17. Jh.) und der Tuchweberei (18. Jh.) entwickelten sich bescheidene Ansätze eines industriellen Aufschwungs, der im 19. Jh. durch weitere ähnliche Fabriken noch verstärkt wurde. Dazwischen kam immer wieder der Krieg in die Stadt – der Schlesische, der Siebenjährige und zuletzt in Gestalt Napoleons I., der im Jahr 1813 eine seiner letzten siegreichen Schlachten bei Bautzen schlug, das diesen Namen übrigens erst 1868 offiziell annahm. Am Ende des Zweiten Weltkriegs wurde Bautzen zur Festung erklärt, was noch einmal zu schweren Zerstörungen führte, jedoch blieb die Altstadt einigermaßen unversehrt. Die sowjetischen Besatzer betrieben bis 1950 im Gefängnis Bautzen I ein Internierungslager, in dem wahrscheinlich Tausende von Menschen umkamen. 1963 übernahm die Staatssicherheit die Anstalt und machte aus ihr das berüchtigtste Gefängnis der DDR.

Sorben

Als Zentrum der sorbischen Minderheit trat Bautzen seit dem 19. Jh. in Erscheinung: 1847 wurde hier die wissenschaftliche Vereinigung 'Maćica Serbska' gegründet, 1850 eine sorbische Buchhandlung und 1875 eine sorbische Druckerei.

⁕Hauptmarkt und Seitenstraßen

Marktbrunnen

Traditioneller Mittelpunkt Bautzens ist der Hauptmarkt, auf den sieben Straßen münden. Man stellt sich am besten am Marktbrunnen auf, um die Gebäude reihum zu studieren. Auf dem Brunnen wacht die von Christoph Walther II. geschaffene Figur des Ritters Dutschmann, wohl eine Spielart der Rolandsfigur, über das Treiben.

Rathaus

Die Nordseite des Platzes nimmt das in barockem Gelb leuchtende Rathaus ein. Es ist 1729 bis 1732 unter Leitung von J. G. Naumann aufgeführt worden, nachdem der gotische Vorgängerbau von 1213 im Dreißigjährigen Krieg zerstört worden war und ein erster, 1697 vollendeter Neubau bereits sieben Jahre später abgebrannt war. Auffälligstes Merkmal des neuen Rathauses ist der hohe Uhrturm mit zwei Normal- und einer Sonnenuhr, doch sollte man auch den schönen Giebel auf der Rückseite vom Fleischmarkt her eines Blickes würdigen.

Der Bautzener Hauptmarkt mit der Stadtapotheke, dem Goldenen Adler und dem Rathaus. Links wacht vom Brunnen herab Ritter Dutschmann über das Markttreiben.

Handtuch · Goldenes Buch

Vom Rathaus wandert der Blick nach rechts über das Stadthaus mit der Bautzener Touristeninformation zur Ostseite des Platzes zum sehr unscheinbaren, gerade zwei Fenster breiten Haus Hauptmarkt Nr. 5. Es trägt den Namen ‘Handtuch’ und ist das schmalste Gebäude am Platz. Sein rechtes, 1730 erbautes Nachbarhaus ist schön renoviert und trägt als Hauszeichen ein Goldenes Buch.

Gewandhaus

Hinter dem Marktbrunnen steht Ecke Hauptmarkt / Innere Lauenstraße das Gewandhaus, ein Bau im Stil der Neurenaissance von 1882 / 1883, der auf das älteste Gebäude dieser Art in der Oberlausitz zurückgeht. Dieses wurde an dieser Stelle im Jahr 1284 erbaut. Im jetzigen Gewandhaus ist noch der Ratskeller von 1472 erhalten.

Jahreszeitenhaus

Gegenüber vom Gewandhaus sieht man Ecke Innere Lauenstraße / Heringstraße das Jahreszeitenhaus, das angeblich 365 Fenster, 52 Zimmer, 12 Schornsteine und vier Treppen besitzt – die Mühe des Zählens sollte man sich allerdings nicht machen, denn zumindest auf 365 Fenster kommt man nicht. Dennoch ist das 1720 erbaute Haus ein stattliches Beispiel barocker Architektur.

Goldener Adler · Stadtapotheke

Links vom Rathaus fallen an der Westseite des Hauptmarkts der Gasthof Goldener Adler mit einer nostalgischen Bierwerbung und daneben die seit 1524 existierende Stadtapotheke auf, die das kursächsische, das böhmische und das Bautzener Wappen trägt.

Innere Lauenstraße

Die von der Südostecke des Hauptmarkts abgehende Innere Lauenstraße säumen auf der rechten Straßenseite stattliche Barockhäuser wie Nr. 8 von 1720 mit korinthischen Pilastern und Nr. 6, ebenfalls von 1720, mit Früchteornamentik und Allegorien auf Glaube, Liebe, Hoffnung und Frömmigkeit. Die Straße endet am Lauenturm, der um das Jahr 1400 in die Stadtbefestigung eingefügt worden ist.

Hauszeichen 'Goldene Kogge'

Reichenstraße

Von der Ostseite des Hauptmarkts geht die Reichenstraße aus, heute Fußgängerzone und Haupteinkaufsmeile. Auch hier trifft man sehr schöne barocke Bürgerbauten an, darunter Nr. 5 mit einer Kogge als Hauszeichen, Nr. 12 mit einem überaus reichen Fassadenschmuck aus Blumen- und Schmuckwerk, Nr. 29 mit einer Goldenen Kogge als Hauszeichen und Nr. 27, trotz seines nicht renovierten Zustands höchst repräsentativ.

***Reichenturm**

Am Ende der Reichenstraße steigt der 58 m hohe Reichenturm auf, erbaut von 1490 bis 1492 als Torturm des Haupttors der Stadt und 1620 zerstört. Dank einer Lotterie konnte 1715 bis 1718 der barocke obere Teil mit Laterne aufgesetzt werden – allerdings geriet er etwas schief, genauer gesagt weicht er um 1,44 m von der Senkrechten ab: auch Bautzen hat also seinen schiefen Turm. Die Turmbasis trägt ein Denkmal Kaiser Rudolphs II. von 1577, an der Laterne prangen das kursächsische und das Stadtwappen. Von der Plattform in 28 m Höhe hat man einen schönen Blick auf die vieltürmige Stadt (Öffnungszeiten: April – Okt. tgl. 10.00 – 17.00 Uhr).

Wendischer Turm

Nördlicher Nachbar des Reichenturms ist der Wendische Turm mit seinem achteckigen Pyramidenhelm, Rest des Wendischen Tors. Beim Turm steht ein von Gottfried Semper entworfener Kasernenbau, heute Sitz des Bautzener Finanzamts.

Stadtmuseum Bautzen

Unweit südlich des Reichenturms kann man im Gebäude Kornmarkt Nr. 1 im Stadtmuseum Bautzen die wechselnden Geschicke der Stadt studieren. Außer Stadtgeschichte bietet das Museum auch Gemälde und Graphik: eine umfangreiche Sammlung von Kupfern und Holzstichen von Albrecht Dürer, an Gemälden u. a. Werke von Lucas Cranach d. Ä., Anton Graff und Max Slevogt (Öffnungszeiten: Mi. – So. 10.00 – 17.00 Uhr).

Fleischmarkt

Hinter dem Rathaus öffnet sich der Fleischmarkt, wo unter Bäumen etwas versteckt das Denkmal des sächsischen Kurfürsten Johann Georg I. steht. An der Ostseite fallen einige Renaissance- (Nr. 2 von 1670, Nr. 4) und Barockwohnhäuser auf.

***Dom St. Peter**

Überragt wird der Fleischmarkt vom Dom St. Peter (Petridom), einer gotischen Hallenkirche mit fast 85 m hohem Turm, begonnen im Jahr 1213 und 1497 vollendet. Das Bauwerk löste die unter den Bischöfen von Mei-

Baedeker Special

Rjana Lužica

Auf dem Weg von Dresden Richtung Osten künden immer öfter zweisprachige Wegweiser und Ortsschilder und zweisprachige Beschriftungen an öffentlichen und privaten Gebäuden davon, daß man sich unter einer der drei anerkannten eth-

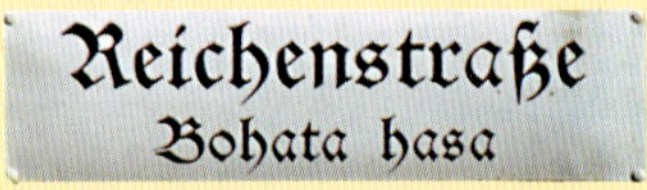

nischen Minderheiten Deutschlands bewegt: den **Sorben** (die anderen sind die Südschleswiger und die Friesen). Ihr Siedlungsgebiet ist die bereits südöstlich von Berlin beginnende Lausitz (von sorbisch 'Luzica' = 'Moor', 'Sumpfniederung') im Bereich der mittleren und oberen Spree, also in Brandenburg und Sachsen. Insgesamt bezeichnen sich in diesen beiden Bundesländern heute ca. 60 000 Menschen als Sorben und damit als Angehörige eines slawischen Volksstamms, der – umgeben von ca. 500 000 Deutschen – eine eigene Sprache spricht und sich intensiv der Pflege seiner Bräuche widmet. Um genau zu sein: In Sachsen – im Viereck Kamenz–Bautzen–Hoyerswerda–Weißwasser – leben die überwiegend katholischen Oberlausitzer Sorben (ca. 40 000), die das eher dem Tschechischen ähnelnde Obersorbisch sprechen, in Brandenburg die mehrheitlich protestantischen Niederlausitzer Sorben, die das dem Polnischen verwandte Niedersorbisch sprechen.

Die Sorben sind die Nachfahren der ehemaligen südlichen Elbslawen. Seit der Völkerwanderung im 6. Jh. n.Chr. besiedelten sie ein Gebiet, das im Osten von Oder, Queiß und Bober, im Süden vom Erz- und Fichtelgebirge, im Westen von der Saale begrenzt wurde und im Norden bis zur Linie Frankfurt (Oder) reichte. Die Milzener in der Oberlausitz, die Lusizer in der Niederlausitz und die Daleminzer im Raum Meißen waren deren größte und bedeutendste Stämme. Zum ersten Mal werden die Sorben ('Surbi') im Jahre 631 in der Chronik des fränkischen Mönches Fredegar erwähnt, in anderen Quellen wurden sie als 'Vendi' bezeichnet, wovon sich der deutsche Name 'Wenden' oder 'Winden' ableitet.
Seit dem 8. Jahrhundert wurden die elbslawischen Stämme in die Kriege und Eroberungszüge ihrer westlichen Nachbarn, der Franken und Sachsen, hineingezogen. Kaiser Heinrich I. richtete seine Eroberungskriege darauf, "den Frieden zu festigen" und "die Wildheit der Slawen zu unterdrücken". Otto I. stellte sich das Ziel, die slawischen Länder in den deutschen Staat einzuordnen, inklusive einer gewaltsamen Christianisierung.

Bereits seit dem 12. Jahrhundert wurde das eroberte Land systematisch mit deutschen Bauern, Handwerkern, Kaufleuten und Bergleuten z.B. aus dem Rheinland, aus Franken und Sachsen besiedelt (vor 1200 gab es hier keine deutschen Ortsnamen!). Herrschte anfangs wohl noch ein Mit- und Nebeneinander, wurden die Slawen bald sozial und ethnisch degradiert. Seit dem 14. Jahrhundert betrieben zuerst die städtischen Zünfte die Diskriminierung der Slawen. So wurde in manchen Gegenden die sorbische Sprache oft unter Androhung der Todesstrafe verboten, beispielsweise 1293 in Anhalt, 1327 um Leipzig, Altenburg und Zwickau, 1424 um Meißen und Dresden. Solche und andere Maßnahmen lösten einen ungeheuren Assimilierungsdruck aus und brachten schließlich eine siebenhundertjährige Periode kultureller Eigenständigkeit zwischen Elbe und Saale zum Erlöschen. In der Niederlausitz (ehem. Mark Lausitz) und in der Oberlausitz (Budissiner Land), beide etwas abseitig gelegene Landstriche, konnte die slawische Kultur aller-

dings überleben. Hier gab es bis um 1500 keine Sprachverbote, so daß die Sorben in den Lausitzen ihre Muttersprache bewahren konnten.

Ab dem 17. Jh. entwickelte sich eine sorbische Literatur, die in der Oberlausitz ihren ersten Höhepunkt mit der Bibelübersetzung und dem obersorbischen Gesangbuch (1696) von H. Swětlik (1650–1729) erlebte. Parallel dazu steigorte sich auch das politisch-kulturelle Selbstbewußtsein, das am Ende des 18. Jh.s mit der Deklarierung der blau-rot-weißen Fahne zum Symbol der sorbischen Volksgruppe und der sorbischen Hymne “Rjana Łužica” (= “Schöne Lausitz”), die bis heute zu festlichen Anlässen erklingt, zum Ausdruck kam. Doch die Teilung der sächsischen Lausitz im Jahre 1815, nach der die nördliche Oberlausitz und die Niederlausitz Preußen zufielen, schuf auch eine religiös-kulturelle Trennungslinie zwischen protestantischen und katholischen Sorben. Dennoch verschaffte sich im Lauf des 19. Jh.s eine sorbische Nationalbewegung immer deutlicher Gehör, die schließlich und erst am 13. Oktober 1912 in Wojerecy (Hoyerswerda) in die Gründung einer Dachorganisation, der “Domowina” (= “Heimatbewegung”) mündete. Nach dem Ende des Ersten Weltkriegs wurde gar ein sorbischer ‘Nationalausschuß’ gegründet, der die Forderungen nach einer Lösung der sorbischen Belange an die Versailler Friedenskonferenz herantrug – allerdings vergeblich. Die Nazis machten dann kurzen Prozeß: 1937 verboten sie alle sorbischen Organisationen, das Vermögen, vor allem aber unersetzliche Schätze der sorbischen Kultur wurden vernichtet. Fluß- und Ortsnamen deutschte man zum Teil ein, viele Sorben wurden in Konzentrationslager gesperrt.

Das Wechselbad hörte für die Sorben nach 1945 nicht auf. In der DDR waren sie plötzlich die geachtete und von den Oberen gern gezeigte Minderheit mit verfassungsmäßig garantierten Rechten. Jedoch – verließ das Selbstbewußtsein den Boden des real existierenden Sozialismus, zeigten SED und Stasi – es gab eine nur für die Sorben ’zuständige’ Abteilung – rasch die Grenzen auf. Folklore war gewünscht, nicht eine andere Meinung.

Heute sind für die kulturellen Belange der ethnischen Minderheit die beiden Bundesländer Brandenburg und Sachsen zuständig. Derzeit bestehen insgesamt 161 sorbisch-deutsche Gemeinden, sechs Grundschulen und zwei Oberschulen, an denen Sorbisch für etwa 4000 Kinder und Jugendliche Unterrichtssprache ist; an 64 Schulen wird Sorbisch als Fremdsprache angeboten. Für die Erhaltung des tradierten Kulturgutes sorgen in Budyšin (Bautzen) die ‘Domowina’ (ca. 12 000 Mitglieder), die Zeitung Serbske Nowiny, eine sorbische Rundfunkredaktion, das Deutsch-Sorbische Theater und ein Folkloreensemble.

Die sorbische Kultur äußerte sich nicht nur in Gestalt der eigenen Sprache, sondern auch in einer lebendigen Folklore. Über die Grenzen der Lausitz hinaus bekannt geworden ist der Krabat. Dieser Sagenkreis um eine Zaubergestalt aus der Hoyerswerdaer Gegend entstand im 17. Jh. und hat als Vorbild einen kroatischen Reiteroberst, dem der sächsische Kurfürst für dessen Taten in den Türkenkriegen ein Gut bei Groß-Särchen geschenkt hatte. Dort trieb er allerlei Schabernack, der auch vor August dem Starken nicht halt machte: Eine der bekanntesten Geschichten berichtet, wie Krabat Augusts Speisen in Frösche und Würmer verwandelt haben soll.

Greifbarer als diese Geschichten sind allerdings die heute noch ausgeübten Sitten und Bräuche. Zunächst sind da die Trachten, die zumindest noch und am auffälligsten von Frauen an Feiertagen getragen werden. So führt man um Schleife bei Weißwasser Trachten mit typischen roten Kappen aus, die zudem durch ihre starke Farbigkeit und Blaudruckteile auffallen. In etlichen Ortschaften um Hoyerswerda trägt man leuchtende Farben und reiche Stickereien. ▶

Baedeker Special

Zwischen Bautzen, Kamenz und Hoyerswerda, also im Gebiet der katholischen Kirchspiele, herrschen Trachten mit der langen dunklen Kopfschleife vor, in strengeren Formen gehalten, aufgelockerter und farbenfreudiger nur in der mit Flachstickereien verzierten Festtagskleidung. Bemerkenswert ist auch, daß sich bis heute archaische Züge in den weißen Umhüllungen der Trauer- und Prozessionstrachten erhalten haben.

Osterreiten im Kloster St. Marienstern

Zu den bekanntesten Bräuchen gehört die Vogelhochzeit am 25. Januar, an der die Kinder traditionelle Hochzeitskleidung tragen oder als Vögel verkleidet sind und Teller aufs Fensterbrett stellen, die mit Nüssen und Süßem gefüllt werden. In verschiedenen Orten finden in dieser Zeit Tanzabende statt, auf denen ein 'Hochzeitsbitter' als Moderator auftritt, in anderen Orten erhalten die Kinder Gebäck in Vogelgestalt als Dank für ihre Fürsorge um die Tiere im Winter.

Der 'Zapust' ist ein lustiger Fastnachtsbrauch in der Niederlausitz mit viel Musik und Tanz von Ende Januar bis Anfang März. Unverheiratete Männer in dunklen Anzügen sowie mit Blumen und Schleifen an ihren Hüten und mittlerweile auch Frauen und Mädchen in farbenfrohen Trachten ziehen durch die Dörfer und 'heischen' Gaben.

Ostern ist ein ganz besonderes sorbisches Fest. Das Verzieren der Ostereier ist besonders im Großraum Cottbus Brauch. Alljährlich findet ein Wettbewerb um das 'schönste Osterei' statt. Höhepunkt des Fests in der Oberlausitz ist das Osterreiten am Ostersonntag, ein Flurumritt auf geschmückten Pferden auf acht Reiterstrekken zwischen den einzelnen katholischen Kirchspielen mit insgesamt etwa tausend Reitern. Das Hexenbrennen findet am Walpurgisabend, dem Vorabend des 1. Mai, in der Oberlausitz und im Übergangsgebiet zur Niederlausitz statt; ebenfalls am Abend vor dem 1. Mai werden vielerorts Maibäume aufgestellt.

Das 'Bescherkind' (sorbisch 'dźěćatko') im Schleifer Trachtengebiet, das in der Vorweihnachtszeit die Kinder in den Familien aufsucht, um kleine Gaben zu verteilen, trägt die Tracht mit bunten Bändern und Schleifen und einen Schleier, der das Gesicht gänzlich verhüllt, so daß niemand das betreffende Mädchen, das nicht sprechen darf, erkennen kann.

ßen 992 errichtete erste Kirche ab. Der Dom, heute Konkathedrale des Bistums Dresden-Meißen, ist sowohl baugeschichtlich als auch kulturgeschichtlich bemerkenswert: zum einen wurde dem dreischiffigen Langhaus 1456 bis 1463 südlich ein viertes mitsamt Vorhalle und Sakristei hinzugefügt, zum anderen ist die Kirche zwischen dem vierten und fünften Joch in der Längsachse geknickt. Die dritte Besonderheit: St. Peter ist seit 1524 Simultankirche – die Katholiken beten im Chorraum, die Protestanten im Langhaus, getrennt durch eine Balustrade.

Dom St. Peter (Fortsetzung)

Im katholischen Teil ist vor allem der Hochaltar sehenswert, den Giovanni Maria Fossati von 1722 bis 1724 schuf. Er trägt ein Altarbild "Petrus empfängt den Schlüssel" von Giovanni Antonio Pellegrini und Sandsteinplastiken des Permoser-Schülers Benjamin Thomae. Das lebensgroße Kruzifix von 1714 stammt von Meister Permoser höchstselbst. Im protestantischen Teil verdienen die reich geschnitzte Fürstenloge (1673 / 1674) und der Altaraufsatz von 1644 mit Kreuzigungsdarstellungen Beachtung.

Innenraum

Aus dem Domschatz, ausgestellt im Haus An der Petrikirche Nr. 6, ragt besonders ein Tragaltar aus der zweiten Hälfte des 13. Jh.s heraus. Auch eine Monstranz des Bautzener Künstlers Hans Ochs ist ein nicht alltägliches Stück (Öffnungszeiten: Mo. – Fr. 10.00 – 12.00 und 13.00 – 16.00 Uhr).

Domschatz

Farbenfroh leuchtet das Portal des Domstifts.

Links am Turm von St. Peter vorbei marschiert man auf dem Weg in die Burgstadt geradewegs auf das farbenfrohe, im toskanischen Pilasterstil gehaltene Hauptportal des 1683 erbauten Domstifts zu.

Domstift

*Burgstadt

Am Domstift biegt man nach links auf die Straße An der Petrikirche ein und kurz darauf in die Schloßstraße. Auf ihr spaziert man in den ältesten Stadtteil, der – im Unterschied zu der geplanten Anlage um den Hauptmarkt – in

Ältester Teil Bautzens

Burgstadt (Fortsetzung)

Bautzens Frühzeit unregelmäßig im Schutze der Ortenburg gewachsen war. Vorbei am ehemaligen Ständehaus von 1668 und der Schloßapotheke von 1699 erreicht man den Eingang zur Ortenburg.

***Ortenburg**

Die kanpp 1000jährige Ortenburg, als Grenzfeste der Markgrafen von Meißen 1002 begonnen und einst Sitz der königlichen Verwalter der Oberlausitz, macht infolge starker Zerstörungen im Dreißigjährigen Krieg und mehrerer Umbauten architektonisch einen wenig geschlossenen Eindruck.

Mathiasturm

Der Eingang zum Burggelände erfolgt unter dem Mathiasturm hindurch. Er stammt aus der Zeit des spätgotischen Umbaus (1486) und wird über dem Durchgang zur Stadtseite hin von einem Sitzbild des ungarischen Königs Mathias Corvinus geschmückt, der von 1469 bis 1490 über die Lausitz als Provinz des Ungarnreiches herrschte. Im Turm befinden sich eine Wachstube und die Schloßkapelle.

Schloß

Bald erblickt man links das mächtige Schloß, das ebenfalls auf einen spätgotischen Baukörper zurückgeht, aber Mitte des 17. Jh.s verändert wurde. Die drei auffälligen Renaissancegiebel an der Längsseite kamen erst 1698 hinzu. Das Schloß ist derzeit nicht zugänglich, so daß der Audienzsaal mit ausgezeichnetem figürlichem Deckenstuck (1662 von Vietti und Comotan) im ersten Obergeschoß leider nicht besichtigt werden kann.

Ein nachgestellter Hochzeitszug im Sorbischen Museum.

*Sorbisches Museum

Wer sich für Geschichte und Kultur der Sorben interessiert, sollte unbedingt das Sorbische Museum auf der Hofseite gegenüber vom Schloß besuchen. Es bietet auf drei Stockwerken u. a. Trachten, Nachbildungen von Wohn- und Arbeitsstuben, eine kleine Ostereiersammlung und zahlreiche Dokumente und Gebrauchsgegenstände aus dem sorbischen Alltag bis in die Gegenwart (Öffnungszeiten: April – Okt. tgl. 10.00 – 12.30 und 13.00 bis 17.00, Nov. – März nur bis 16.00 Uhr).

Burgwasserturm

Die Südwestecke des Hofs nimmt der Burgwasserturm ein, in dem das Wasser der Spree zur Versorgung der Burg hochgepumpt wurde.

Burgplatz

Will man nun wieder zurück zum Hauptmarkt, verläßt man den Schloßhof am Südostausgang und gelangt auf den Burgplatz. Dort stehen mit der Schloßschänke von 1431 und dem Gelsdorfschen Palais von 1680 zwei weitere sehenswerte Gebäude.

Mönchskirche

Über die Große Brüdergasse, vorbei an der Ruine der um 1300 erbauten und 1598 ausgebrannten Mönchskirche, dem letzten Bauzeugen des ehemaligen Klosters, gelangt man wieder auf den Fleischmarkt.

Entlang der alten Stadtbefestigungen

Mehrere Bautzener Architekturdenkmäler kann man auf zwei reizvollen Spaziergängen entlang der alten Stadtbefestigungen, die zur Spreeseite hin fast durchgängig erhalten sind, kennenlernen.

Nördliche Burgstadt

*Nikolaikirche

Der Weg durch die nördliche Burgstadt beginnt an der Ruine der Nikolaikirche, die 1444 erbaut und 1634 – wegen ihrer exponierten Lage als Bollwerk benutzt – in Brand geschossen und nicht wiederaufgebaut wurde. Zu ihr gehört der 1445 angelegte Nikolaifriedhof, der 1745 auf das Ruinengelände ausgedehnt wurde. Zusammen mit den steil zur Spree hinabführenden Nikolaistufen bilden Ruine und Friedhof ein malerisches Ensemble.
Durch die Anlage hindurch geht man zum Nikolaiturm, der vor 1522 aus Holz erbaut und 1775 durch einen Steinturm ersetzt wurde. Die Straße Am Zwinger führt zu weiteren Teilen der Stadtbefestigung: zur heute als Jugendherberge genutzten Gerberbastei, einem fünfgeschossigen Rundturm von 1503, und kurz darauf zum quadratisch auf dem Schülertor thronenden Schülerturm, der vor 1515 erbaut worden ist. Von dort gelangt man in kurzer Zeit zurück zum Hauptmarkt.

Oster-Reymann-Weg

Michaeliskirche

Der Oster-Reymann-Weg führt unterhalb der Burganlage am Hang über der Spree entlang und beginnt am Ausfalltor beim Burgwasserturm.
An der Fronfeste entlang gelangt man zunächst an der um 1480 entstandenen Mühlbastei vorbei und durch das 1606 neu erbaute Mühltor auf den Wendischen Kirchhof mit der Michaeliskirche. Diese dreischiffige, 1498 vollendete Hallenkirche auf quadratischem Grundriß war Teil der Wehranlagen. Seit 1619 ist sie Kirche der evangelischen Sorben.

*Alte Wasserkunst

Der quadratisch-mächtige Turm der Michaeliskirche bildet mit dem runden Burgwasserturm und der benachbarten sog. Alten Wasserkunst den eindrucksvollsten Akzent in der Silhouette Bautzens. Die Alte Wasserkunst führt ihren Namen zu Recht: Sie ist wahrlich ein technisches Kunstwerk. Mit ihr wurde das Wasser der Spree hinauf in die Burgstadt transportiert. Dazu baute Wenzel Röhrscheidt d. Ä. im Jahr 1588 anstelle eines hölzernen Vorgängers den heutigen, 50 m hohen Turm aus Granitbruchsteinen mit Holzaufsatz, der gleichzeitig Teil der Wehranlage war. Die technische Raffinesse des Schöpfwerks zeigt sich daran, daß die Spree selbst dafür sorgte, daß ihr Wasser in die Stadt gelangte: mittels eines Stauwehrs trieb die Strömung des Flusses das Schöpfwerk an, das das Wasser in einen Zwischenspeicher pumpte, um von dort in Holzröhren weitergeleitet zu werden. Die Anlage ist heute noch funktionsfähig und wird vorgeführt (Öffnungszeiten: April – Okt. tgl. 10.00 – 17.00 Uhr).

Weitere Sehenswürdigkeiten in Bautzen

Neue Wasserkunst

Jenseits der Friedensbrücke erreicht man durch die Fischergasse die Neue Wasserkunst, 1606 bis 1610 von Wenzel Röhrscheidt d. J. erbaut. Die Alte Wasserkunst blieb aber einige weitere Jahrzehnte in Betrieb.

Deutsch-Sorbisches Volkstheater

Unweit östlich der Neuen Wasserkunst steht bei den Schilleranlagen das 1975 errichtete Gebäude des Deutsch-Sorbischen Volkstheaters, der einzigen zweisprachigen Bühne im östlichen Teil Deutschlands.

Haus der Sorben ('Domowina')

Noch ein Stück weiter östlich kommt man am Postplatz zum 1956 eingeweihten Haus der Sorben (Serbski Dom), in dem auch der Vorstand des sorbischen Interessenverbandes 'Domowina' seinen Sitz hat.

Gedenk- und Begegnungsstätte Bautzen II

In einen Teil der jüngeren Stadtgeschichte taucht man in der Gedenk- und Begegnungsstätte Bautzen II in der Weigangstr. 8 a ein. Hier wird der Opfer politischer Gewaltherrschaft in sächsischen Gefängnissen gedacht und die Geschichte der Gefängnisse Bautzen I und II erzählt (Führungen nach Vereinbarung unter Tel. 0 35 91 / 49 07 50).

Umgebung von Bautzen

Spreetalsperre

Ein beliebtes Naherholungszentrum nordöstlich der Stadt ist die Bautzener Spreetalsperre mit diversen Freizeiteinrichtungen – vor allem Wassersport – am östlichen Ufer.

Großwelka

*Saurierpark Kleinwelka

Als noch niemand eine Ahnung davon hatte, was ein 'Jurassic Park' ist, da hatte Franz Gruß schon längst einen. In Großwelka, 5 km nordwestlich von Bautzen, hatte er 1978 damit begonnen, seine in Handarbeit aus Stahl und Beton von ihm gefertigten Großplastiken von Sauriern in seinem Gartengrundstück aufzustellen und eine Hobby-Urtierschau zu zeigen, die viele Besucher anzog. Da das Grußsche Grundstück für eine Erweiterung zu klein war, wurde dann von der Gemeinde in einem Teil des Kleinwelkaer Parkes der 'Saurierpark Kleinwelka' eingerichtet und aus Franz Gruß ein Angestellter. Unerfreulich wurde die Geschichte nach der Wende: Der Park, eine wissenschaftlich fundierte, anschauliche Darstellung zahlreicher Saurier in Lebensgröße wie einem 30 m hohen Diplodocus ('Urzoo'; Öffnungszeiten: Sommerzeit tgl. 8.00 – 18.00, Winterzeit tgl. 9.00 – 15.00 Uhr), florierte, und die Gemeinde dachte nicht daran, Franz Gruß an den Einnahmen zu beteiligen. So bastelt er nun wieder in seinem Garten und betreibt

Die Ungetüme von Franz Gruß in heißem Kampf

Großwelka (Fortsetzung)

eine eigene Ausstellung einschließlich Blick in die Saurierwerkstatt (innerhalb des Parks, aber eigene Kasse).

Irrgarten

Als zusätzliche Attraktion haben die Großwelkaer Stadtväter auch einen Irrgarten anlegen lassen, angeblich der größte Deutschlands (Öffnungszeiten: Mitte März – Mitte Nov. tgl. 9.00 – 18.00 Uhr).

Neschwitz

Vom Urzoo sind es noch einmal 6 km auf der B 96 Richtung Nordwesten nach Neschwitz (sorb. Njeswăcidlo). Man kommt dabei durch Luga, wo man von der Straße aus die Saritscher Bockwindmühle sieht, 1733 erbaut, bis 1940 in Betrieb und 1978 hierherversetzt.

Saritscher Bockwindmühle

*Schloß Neschwitz

In Neschwitz ließ sich Herzog Friedrich von Württemberg-Teck 1723 ein zweistöckiges Barockschlößchen bauen, das 1737 an den polnischen Grafen Sulkowski, Minister unter Friedrich August II. verkauft wurde. Leider ist das Gebäude, in dem eine Vogelschutzstation und eine naturwissenschaftliche Sammlung untergebracht sind, nicht öffentlich zugänglich. Das Neue Palais wurde 1945 bei den Kämpfen um die 'Festung Bautzen' zerstört. Der schwäbische Herzog unterhielt hier auch eine Orangenplantage, von der allerdings nichts mehr erhalten ist. Der von Johann Friedrich Karcher angelegte und mit Plastiken von Johann Christian Kirchner geschmückte Park voll exotischer Gehölze dagegen zieht zahlreiche Besucher an. Sie bestaunen auch das in heidnische Zeiten weisende Sonnenkreuz gegenüber vom Parkeingang.

Königswartha

Von Neschwitz geht es wieder 3 km weiter nach Königswartha (sorb. Rakecy). Auch dort gibt es ein Schloß mit Landschaftspark, 1780 für den Reichsgrafen von Dallwitz erbaut. Die sechs Skulpturen an der Schloßfront stammen von Permoser und standen ursprünglich in Luga.

Milkel

Mitten hinein in das Oberlausitzer Seen- und Teichgebiet (→ Hoyerswerda, Umgebung) führt die Strecke von Königswartha 8 km östlich nach Milkel (sorb. Milakał). Auch dort wartet wiederum ein barockes Schloß, dieses Mal um 1720 aus dem Umbau eines Renaissance-Wasserschlosses entstanden und ein wenig an Schloß → Moritzburg erinnernd. Es beherbergt heute eine sorbische Sprachschule. Von Milkel fährt man am besten weiter Richtung Osten zur B 156 und auf dieser zurück nach Bautzen.

Weißenberg

18 km östlich von Bautzen erreicht man Weißenberg, eine Gründung der deutschen Ostexpansion. Sein barockes Rathaus, 1788 vollendet, haben angeblich die Schildbürger erbaut, denn schließlich vergaßen sie, ein Treppenhaus einzubauen: So ist das Rathaus zu seiner außen angebrachten Wendeltreppe gekommen. Realer und vor allem origineller ist da schon ein Besuch im Heimatmuseum 'Alte Pfefferküchlerei', seit 1683 bis zur Geschäftsaufgabe 1937 als Pfefferkuchenbäckerei in Familienbesitz. Zu sehen sind der originale Backofen und Backstuben, der alte Ladentisch und Backmodel aus dem 17. bis 19. Jh. sowie eine Pfefferkuchensammlung (Öffnungszeiten: Di. – Fr. 8.00 – 12.00 und 13.00 – 16.00, Sa. und So. 13.00 bis 17.00 Uhr).
Etwa 2 km außerhalb hat sich im Naturschutzgebiet Gröditzer Skala das Löbauer Wasser eine 40 m tiefe Schlucht gegraben.

Hochkirch

Ein Fall für Historiker und Schlachtfeldwanderer ist Hochkirch, 12 km östlich von Bautzen. Hier wurde im Oktober 1758 eine der blutigsten Schlachten des Siebenjährigen Kriegs geschlagen, als die Österreicher unter Marschall Daun die Preußen besiegten. 15 000 Tote blieben zurück. An sie gemahnen drei Obelisken vor der Dorfkirche.
Erfreulicher ist da schon der Anblick der Himmelsschlüsselwiesen beim nahen Wuischke.

Schirgiswalde

Schirgiswalde (sorb. Šeřachow), das sich gerne die 'Perle der Oberlausitz' nennt, liegt 15 km südlich von Bautzen und ist ein beliebter Ferienort. Beliebt war es auch bei den 'Paschern' (= Schmugglern), denn von 1809, als es von Österreich an Sachsen abgetreten wurde, bis 1845 war der Ort

Schirgiswalde in der Umgebung von Bautzen (Fortsetzung)

quasi Niemandsland. Die Sachsen kümmerten sich nicht um ihre Neuerwerbung, die als eine Art illegale Republik keine Steuern zahlte und keinen Militärdienst leistete, dafür aber dem in Restsachsen verbotenen Böhmischen Lotto frönte. Sehenswert sind der Markt mit dem Rathaus von 1818 und zwei Laubenhäusern sowie einige Umgebindehäuser. Die Pfarrkirche, errichtet 1739 bis 1741, überragen zwei neogotische Türme, die Innenausstattung ist barock. Im ehemals Domstiftlichen Herrenhaus (St.-Pius-Haus) sind handbedruckte Tapeten aus dem 19. Jh. erhalten.

Göda

Wenig südlich von Göda (sorb. Hodzij), das 6 km westlich von Bautzen zu finden ist, existierte eine Wehranlage der Milzener, von der der 9 m hohe sog. Gödaer Wall noch zeugt.

Gaußig

In Gaußig (sorb. Huska), 10 km südwestlich von Bautzen, verdient das zu Beginn des 18. Jh.s erbaute und im 19. Jh. im palladianischen Stil umgestaltete Schloß einen Besuch. Hier war bis 1763 die bedeutende Kunstsammlung des Grafen Brühl untergebracht, die dann nach St. Petersburg verkauft wurde. Der Landschaftspark besitzt reiche Rhododendron- und Azaleenbestände.

Barockschloß Rammenau

→ Kamenz, Umgebung

Cunewalde

→ Löbau, Umgebung

Chemnitz K 8

Kreisfreie Stadt
Höhe: 309 m ü.d.M.
Einwohnerzahl: 280 800

*Das sächsische Manchester

Chemnitz breitet sich in einem weiten Talkessel von etwa 15 km Durchmesser am nördlichen Fuß des Erzgebirges aus. Die dritte große Stadt Sachsens, von 1953 bis 1990 Karl-Marx-Stadt, steht im Schatten ihrer berühmten Schwestern Dresden und Leipzig. Ihr Beiname 'Tor zum Erzgebirge' stempelt Chemnitz zur Durchgangsstation, währenddessen 'Sächsisches Manchester' oder gar 'Ruß-Chemnitz' selbst von einer Stippvisite abzuraten scheinen. In der Tat fehlen der Stadt die wirklich großen Sehenswürdigkeiten, und auch das neuaufgebaute Stadtzentrum kann man kaum als anziehend bezeichnen. Die wenigen Zeugnisse der Blütezeit um 1500 und des eher schlicht ausgefallenen Barocks fielen der Zerstörung der Innenstadt im Zweiten Weltkrieg zum Opfer, und so sind neben einigen wiederaufgebauten historischen Gebäuden heute vor allem die Zeugnisse der Industriearchitektur und die zahlreichen technischen Denkmale von überregionalem Interesse. Und spätestens mit dem großen Industriesterben nach 1989 ist auch die einst starke Luftverschmutzung spürbar reduziert.

Geschichte

Chemnitz verdankt seine Entstehung dem nahen Schnittpunkt zweier Handelswege, der Salz- und der Frankenstraße. Im bis dahin unbesiedelten Miriquidi-Urwald gründete Kaiser Lothar III. 1136 auf dem heutigen Schloßberg ein Benediktinerkloster. Die eigentliche Stadtgründung erfolgte als Fernhandelsmarkt planmäßig durch Kaiser Friedrich Barbarossa im Jahre 1165. Nach der Schlacht bei Lucka kam die Stadt 1308 in den Herrschaftsbereich der Wettiner, nicht jedoch das Kloster, das bis zu seiner Säkularisierung 1541 reichsunmittelbar blieb. Der wirtschaftliche Aufstieg begann mit dem Bleichprivileg von 1357, das Chemnitz zum Zentrum der Leinenweberei und des Garn- und Leinenhandels werden ließ. Der nun fließende beträchtliche Reichtum brachte an der Wende vom 15. zum 16. Jh. einen ersten Höhepunkt von Architektur und Kunst. Der Dreißigjährige Krieg aber lastete so schwer auf Chemnitz, daß es sich nur langsam wieder erholte.

Geschichte (Fortsetzung)

Im 18. und vor allem im 19. Jh. entwickelte sich Chemnitz zum Zentrum des Manufakturwesens und der Industrie Sachsens. Die Gründung der Bernhardschen Spinnerei im Stadtteil Hartau im Jahr 1799 war dabei ein Markstein der Industrialisierung. Richard Hartmann baute in seiner 1837 gegründeten Fabrik Lokomotiven, von denen bis 1928 4700 gefertigt wurden. Einer seiner Ingenieure, Louis Schönherr, konstruierte den mechanischen Tuchwebstuhl und gründete eine Webstuhlfabrik. Aus der um die Jahrhundertmitte entstandenen Werkstatt Joachim Zimmermanns entwickelte sich die erste deutsche Werkzeugmaschinenfabrik. Ende des 19. Jh.s verzeichnete Chemnitz pro Kopf sechsmal so viele Patentanmeldungen wie im deutschen Durchschnitt. 1929 entwickelte der Chemiker Heinrich Bertsch das erste vollsynthetische Waschmittel der Welt (FEWA). Unter diesen Voraussetzungen liegt es auf der Hand, daß Chemnitz als 'erste Fabrik im Lande' ein Zentrum der Arbeiterbewegung wurde. Mit der Chemnitzer Freien Presse erschien hier 1871 eine der ersten deutschen Arbeiterzeitungen. Bei mehreren anglo-amerikanischen Angriffen gegen Ende des Zweiten Weltkrieges wurde die Stadt schwer getroffen. Der Wiederaufbauplan von 1953 sah neben der Rekonstruktion einiger historischer Gebäude die funktionale und räumliche Neuordnung der Innenstadt unter Anlehnung an sowjetisch-sozialistischen Prinzipien vor. Die traditionelle Verwurzelung der Arbeiterbewegung nahm die DDR-Führung im Mai 1953 zum Anlaß, Chemnitz in Karl-Marx-Stadt umzubenennen, obwohl Marx die Stadt nie betreten hatte. 1990 aber stimmten bei einer Befragung 76 % der Bevölkerung für die Rückbenennung der Stadt.

Marktplatz

Mittelalterliches Zentrum

Der trapezförmige, langgestreckte Marktplatz befand sich im Mittelalter im Zentrum der kreisförmigen Stadt. Der Platz wurde bei den Bombenangriffen 1945 weitgehend zerstört und rückte bei der städtebaulichen Neugliederung an die Peripherie Innenstadt.

*Altes Rathaus

Führungen: Mi. u. So. 14.00 u.16.00, Sa. 10.00 u. 12.00

Die Dominante am Markt ist das spätgotische Alte Rathaus, das 1496 bis 1498 in einer Phase wirtschaftlicher Prosperität und wachsenden Selbstbewußtseins des Bürgertums als Ersatz für einen hölzernen Vorgängerbau errichtet wurde. Der dreigeschossigen Gebäudegruppe ist der schon 1486 erbaute Rathausturm mit der Uhr vorgestellt, in den beim Wiederaufbau nach dem Zweiten Weltkrieg das Renaissanceportal (1559) mit den Figuren von Judith und Lukrezia vom zerstörten Patrizierhaus Markt 15 integriert wurde. Versetzt dahinter erhebt sich der auf das 12. Jh. zurückgehende Hohe Turm, Sitz des Stadtvogts und des Türmers. Im 16. und 17. Jh. wurde das Rathaus umgestaltet, erst 1883 entstand die Giebelarchitektur im Neorenaissancestil. Berühmtester Bürgermeister war Georgius Agricola (→ Berühmte Persönlichkeiten), der zwischen 1546 und 1553 mehrfach dieses Amt bekleidete. Das Alte Rathaus ist 1945 völlig zerstört worden, der Wiederaufbau zog sich bis in die achtziger Jahre hin.

Neues Rathaus

Mit dem Alten Rathaus verbunden ist das Neue Rathaus, 1907 bis 1909 nach Plänen von Stadtbaurat Richard Möbius errichtet und 1945 beschädigt. Die Schauseite zur Rathausstraße zeigt sich in historisierenden und Jugendstilformen. Der Maßwerkgiebel über der neuen Rolandfigur war eine Reminiszenz an das abgebrochene Gewandhaus, die Vorhangfenster sind dem Benediktinerkloster entlehnt. Die Innengestaltung besticht durch ihre Jugendstilausstattung. Höhepunkt ist das Monumentalgemälde "Arbeit – Wohlstand – Schönheit" von Max Klinger im Stadtverordnetensaal.

Siegertsches Haus

An der Südostseite des Marktplatzes befindet sich das Siegertsche Haus, ein Beispiel qualitätvoller Bürgerarchitektur. Der nach Plänen von Johann Christoph Naumann 1737 bis 1741 errichtete Barockbau entstand für den reichen Kaufmann Johann Christoph Siegert.

Marlboro
Marlboro
Marlboro
Marlboro

Hinter den Rathäusern erhebt sich die Jakobikirche, deren spätgotisches, dreischiffiges Langhaus mit eingezogenem Chor 1350 bis 1365 anstelle des abgebrannten romanischen Vorgängerbaus errichtet wurde. Anfang des 15. Jh.s entstand der reich verzierte, weite Hallenumgangschor. Ihr heutiges Erscheinungsbild wird aber überwiegend von den 1911 und 1912 von Rudolf Schilling in den Formen des Jugendstils vorgenommenen Veränderungen bestimmt. Die bedeutendsten Teile der heutigen Innenausstattung sind Ersatz für die 1945 zerstörten Kunstwerke: Der Flügelaltar Peter Breuers (1505) stammt aus der Chemnitzer Johanniskirche, die 1612 von Andreas Göding geschaffene Kanzel aus Dresden-Leuben.

*Jakobikirche

Die Westseite der Inneren Klosterstraße wird von Wohn- und Geschäftsbauten mit einer Mischung aus Neobarock und 'Stalinstil' eingenommen. Hervorzuheben ist das Agricolahaus, das anstelle des im Dreißigjährigen Krieg zerstörten Wohnhauses steht, in dem der berühmte Gelehrte und Bürgermeister von 1531 bis 1555 lebte.

Agricolahaus

Westlich der alten Innenstadt um den Marktplatz stößt man auf die 1891 erbaute Chemnitzer Markthalle. Sie wurde erst 1995 restauriert und ist nun mit ihren mehr als 100 Verkaufsständen wieder zum beliebten Einkaufszentrum geworden.

Markthalle

Roter Turm · Straße der Nationen

Die Rathausstraße markiert einen scharfen städtebaulichen Bruch – hier das kleinteilige Stadtviertel um den Marktplatz, dort das in den sechziger Jahren geplante neue Stadtzentrum. Nicht unumstritten erfolgte 1994 die Festschreibung des Ensembles um die Stadthalle und das 93 m hohe, jetzige Hotel Mercure zum Denkmal (sozialistischen) Städtebaus der sechziger Jahre. In der Stadthalle ist vor allem die Galilei-Plastik Fritz Cremers "...und sie bewegt sich doch!" (1972) hervorzuheben.

Neues Zentrum

Stadthalle

Der Rote Turm stammt als Relikt der Stadtbefestigung in seinen unteren Teilen aus dem 12. Jh., das Obergeschoß kam 1555 hinzu. Der Turm diente später als Sitz des Stadtgerichts und als Untersuchungsgefängnis, in dem 1885 auch Arbeiterführer August Bebel sechs Monate lang einsaß.

Roter Turm

Allen Anfeindungen zum Trotz: Er ist immer noch da.

Die nördliche Begrenzung dieser Zentrumsplanung bildet eine langgezogene, neungeschossige Gebäudefront entlang der Brückenstraße, früher Sitz der Bezirksverwaltung und der Bezirksleitung der SED, heute des Regierungspräsidiums. Davor steht das Karl-Marx-Monument, die heute wohl bekannteste Sehenswürdigkeit der Stadt. Der 7,10 m hohe Bronzekopf des Philosophen auf einem 4,30 m hohen Granitsockel stammt von dem sowjetischen Bildhauer Lew Kerbel (1971) und ist das größte Marx-Monument weltweit. Marxens Haupt wird beschirmt von einer Schriftwand aus Aluminiumguß, die in vier Sprachen den Schlußsatz des Kommunistischen Manifests "Proletarier aller Länder, vereinigt Euch!" wiedergibt.

Karl-Marx-Monument

◂ *Wiederaufgebaute Reminiszenz an das untergegangene Chemnitz: das Alte Rathaus mit dem Hohen Turm*

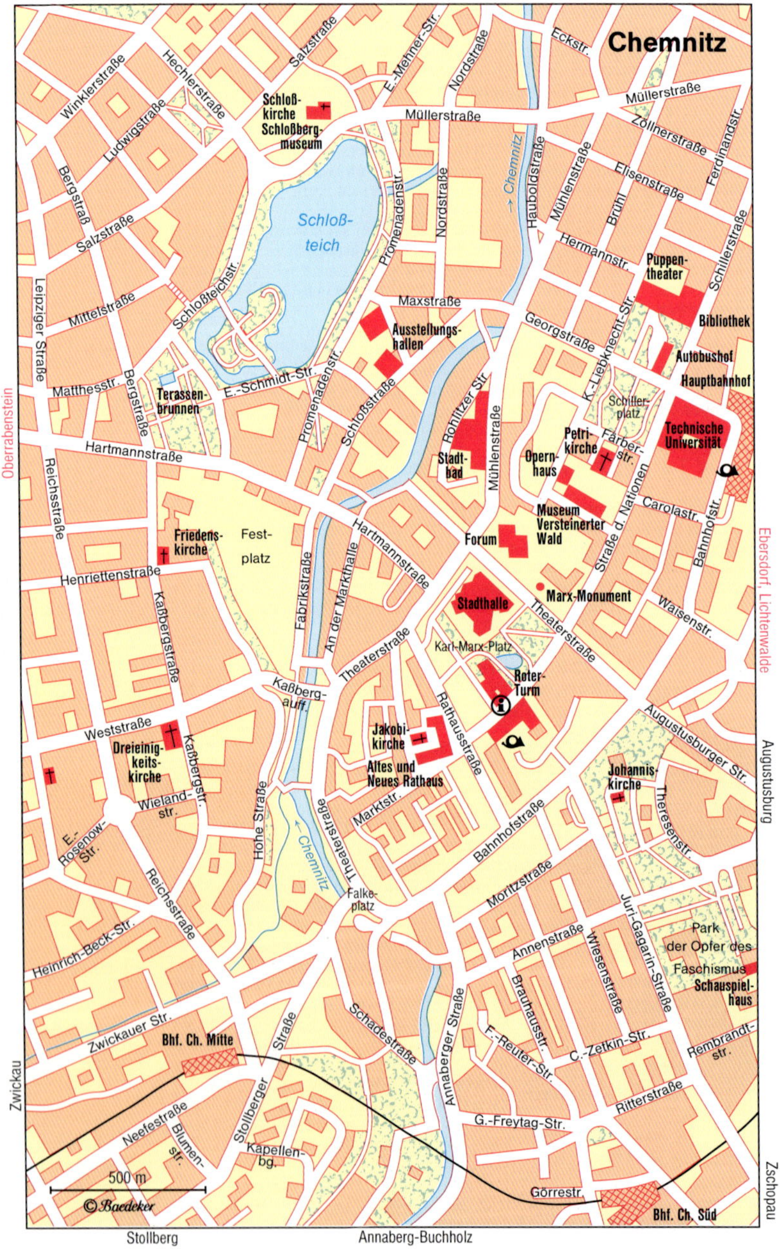
Chemnitz
Schloß-
kirche
Schloßberg-
museum
Schloß-
teich
Ausstellungs-
hallen
Terassen-
brunnen
Puppen-
theater
Bibliothek
Autobushof
Hauptbahnhof
Technische
Universität
Petri-
kirche
Opern-
haus
Stadt-
bad
Museum
Versteinerter
Wald
Forum
Marx-Monument
Stadthalle
Karl-Marx-Platz
Roter
Turm
Friedens-
kirche
Fest-
platz
Dreieinig-
keits-
kirche
Jakobi-
kirche
Altes und
Neues Rathaus
Johannis-
kirche
Park
der Opfer des
Faschismus
Schauspiel-
haus
Bhf. Ch. Mitte
Bhf. Ch. Süd
Falke-
platz
Schiller-
platz
Winklerstraße
Hechlerstraße
Salzstraße
E.-Mehner-Str.
Nordstraße
Eckstr.
Müllerstraße
Zöllnerstraße
Ferdinandstr.
Ludwigstraße
Bergstraße
Promenadenstr.
Chemnitz
Hauboldstraße
Mühlenstraße
Elisenstraße
Brühl
Schillerstraße
Hermannstr.
Maxstraße
Georgstraße
K.-Liebknecht-Str.
Leipziger Straße
Mittelstraße
Schloßteichstr.
Matthesstr.
E.-Schmidt-Str.
Schloßstraße
Rohlitzer Str.
Färber-
str.
Hartmannstraße
Reichsstraße
Straße d. Nationen
Carolastr.
Bahnhofstr.
Fabrikstraße
An der Marktthalle
Hartmannstraße
Henriettenstraße
Kaßbergstraße
Waisenstr.
Theaterstraße
Kaßberg-
auff.
Weststraße
Kaßbergstr.
Rathausstraße
Augustusburger Str.
Wieland-
str.
E.-
Rosenow-
Str.
Hohe Straße
Theaterstraße
Marktstr.
Bahnhofstraße
Theresenstr.
Moritzstraße
Juri-Gagarin-Straße
Annenstraße
Wiesenstraße
Heinrich-Beck-Str.
Zwickauer Str.
Straße
Schadestraße
Annaberger Straße
Brauhausstr.
F.-Reuter-Str.
C.-Zetkin-Str.
Rembrandt-
str.
Ritterstraße
Neefestraße
Blumen-
str.
Stollberger
Kapellen-
bg.
G.-Freytag-Str.
Görrestr.
500 m
© Baedeker
Oberrabenstein
Ebersdorf, Lichtenwalde
Augustusburg
Zwickau
Zschopau
Stollberg
Annaberg-Buchholz

Theaterplatz

Die 1799 angelegte, repräsentative Nord-Südverbindung Straße der Nationen führt zum Theaterplatz. Richard Möbius' Planung von 1902 integrierte die neogotische Petrikirche mit ihrem hohen Westturm (1885–1888) in das Platzensemble. An dem 1909 fertiggestellten neobarocken Stadttheater wirkte von 1912 bis 1930 der Tenor Richard Tauber.

Petrikirche

Stadttheater

Ebenfalls ein Entwurf von Richard Möbius ist das städtische Museum, der 1909 fertiggestellte König-Albert-Bau. Vor dem Gebäude steht eine der wichtigsten Sehenswürdigkeiten der Stadt: der 'versteinerte Wald', 250 Mio. Jahre alte verkieselte Baumstämme aus der Umgebung von Chemnitz. Die städtischen Sammlungen umfassen mehrere Einzelmuseen: die 1920 gegründeten Kunstsammlungen mit Werken deutscher Meister wie u. a. Caspar David Friedrich, Ludwig Richter, Johan Christian C. Dahl, Anton Graff, Carl Spitzweg, Max Klinger, Max Liebermann, Lovis Corinth und selbstverständlich des im Vorort Rottluff geborenen Karl Schmidt-Rottluff, die Textil- und Gewerbesammlung sowie das Museum für Naturkunde mit seinem Insektarium (Öffnungszeiten: Di.–So. 11.00– 17.00 Uhr).

Städtische Sammlungen

*Versteinerter Wald

Weiter nördlich kommt man an der Straße der Nationen zum 1874 bis 1877 in klassizistischen Formen geschaffenen Eduard-Theodor-Böttcher-Bau der Akademie für Technik, heute Hauptbau der TU Chemnitz-Zwickau.

Technische Universität

Zu den schönsten Beispielen der Bauhausbewegung in Chemnitz gehört das 1928 bis 1935 nach Plänen von Stadtbaurat Fred Otto errichtete Stadtbad westlich vom Theaterplatz, das damals größte und modernste Hallenbad Europas.

Stadtbad

Schloßberg

Wenig nordwestlich vom Stadtbad erreicht man den von Parkanlagen umgebenen Schloßteich. Mönche des nahen Benediktinerklosters legten den 11 ha großen Fischteich Ende des 15. Jh.s an, 1860 entstand die romantisierende Insel im Teich. Im Park trifft man auf die 1868 von Johannes Schilling für die Freitreppe der Brühlschen Terrasse in → Dresden geschaffene Figurengruppe "Vier Tageszeiten". Es handelt sich um die Originale, in Dresden stehen seit 1907 Abgüsse.

Schloßteich

Auf dem spornartigen Schloßberg erheben sich die Reste des 1136 gegründeten einstigen Benediktinerklosters und die Schloßkirche. Die Anlage stellt den eigentlichen Siedlungsursprung von Chemnitz dar. An diese Zeit erinnert das frühgotische Kreuzrippengewölbe im Ostflügel des Kreuzgangs. Eine sehenswerte Dauerausstellung veranschaulicht Zweck und Alltag des Mönchtums.

Benediktinerkloster

Im Zuge der Säkularisation 1541 erfuhr das Kloster eine tiefgreifende Umgestaltung zum landesherrlichen Schloß. Die Klosterkirche wurde dabei zur Schloßkirche. Aus romanischer Zeit der Klostergründung stammen noch ihre Nebenkapellen und das Chorquadrat. 1514 bis 1526 erfolgte der Umbau zur spätgotischen Hallenkirche mit Schlingrippengewölben und einer Nordempore. Hervorzuheben ist das monumentale Astwerkportal, heute am südlichen Seitenschiff, ursprünglich aber an der Nordseite gelegen. Das prächtige und reich figurierte Portal – ein 'Triumphbogen aus Stein' – schufen Hans Witten und Franz Maidburg zwischen 1505 und 1525. Unter dem reichen Figurenschmuck erkennt man oben Maria, Johannes den Täufer, den hl. Benedikt und Scholastika, unten sieht man u.a. Kaiser Lothar III. und seine Gattin Richenza, die Gründerin des Klosters. Ein weiteres Meisterwerk von Hans Witten erwartet den Besucher im Chor der Kirche: Die hölzerne Geißelsäule von 1515, Christus umgeben von seinen Henkern darstellend.

***Schloßkirche**

*Astwerkportal (→ Abb. S. 118)

*Geißelsäule

Schloßberg-museum

Das Schloßbergmuseum stellt sakrale Plastik, Grafik und Handwerkserzeugnisse aus. Sehenswert ist der Renaissancesaal im Obergeschoß mit kassettierter Holzdecke (Öffnungszeiten: Mai–Sept. Di.–Fr. 10.00–17.00, Sa. u. So. bis 18.00; Okt.–April Di.–So. 10.00–17.00 Uhr).

Hans Wittens Astwerkportal in der Schloßkirche

Sehenswertes in den Außenbezirken

*Industriemuseum

In der 1875 von C. A. Richter gegründeten Gießerei in der Annaberger Str. 115, bis 1987 Lehrlingsausbildungsstätte, ist seit 1991 das Industriemuseum Chemnitz zu Hause. Es verfügt inzwischen über einen Fundus von mehr als 800 historischen Maschinen. Mehrere Webstühle und Spinnmaschinen illustrieren den industriellen Fortschritt eingangs des 19. Jahrhunderts. Imposantes Glanzstück des Industriemuseums ist eine liegende Einzylinder-Gegendruck-Dampfmaschine von 1909. Einen Eindruck der Arbeitsbedingungen um 1900 gibt eine komplette Einmannwerkstatt (Öffnungszeiten: Di.–Fr. 9.00 bis 15.00, So. 9.00–12.00 Uhr).

Villa Esche

Keine Industriearchitektur, aber ohne Industrie wohl kaum vorhanden, ist die Villa Esche südöstlich des Zentrums an der Parkstraße 58. Textilfabrikant Herbert Esche ließ es sich 1902 und 1903 vom belgischen Jugendstilarchitekten Henry van de Velde erbauen, um ein angemessenes Domizil für seine ebenfalls von van de Velde entworfenen Möbel zu bekommen.

Sächsisches Eisenbahnmuseum

Besichtigung nur auf Voranmeldung unter Tel. 0371 / 4 93 11 57

Im Nordosten von Chemnitz erreicht man im Stadtteil Hilbersdorf das am Rande eines der größten Rangierbahnhöfe Deutschlands gelegene Sächsische Eisenbahnmuseum. Es zeigt u. a. elf Dampfloks, darunter die fahrbereite 38 205 von 1910 aus der Chemnitzer Lokomotivenfabrik Hartmann, Diesel- und Elektroloks sowie historische Waggons. Eine Fotodokumentation erläutert den traditionsreichen Lokomotivenbau in Chemnitz.

***Stiftskirche Ebersdorf**

Besichtigung nur auf Voranmeldung unter Tel. 0371 / 41 10 80

Im Nordosten von Chemnitz, unweit des Autobahnzubringers Chemnitz-Ost, befindet sich die ehemalige Wallfahrtskirche Ebersdorf. Umfangreiche Stiftungen in der Blütezeit der Wallfahrten ermöglichten um 1420 den Bau der spätgotischen, zweischiffigen Stiftskirche über der kleinen romanischen Saalkirche aus dem 12. Jahrhundert.

**Flügelaltar

Zur reichen Innenausstattung gehört zunächst eine eigentümlich lächelnde Sitzmadonna von 1320, vermutlich das Gnadenbild der romanischen Kirche. Der spätgotische Flügelaltar ist einer der bedeutendsten Sachsens. Er zeigt im Mittelschrein Maria umgeben von Barbara und Dorothea; die Flügelgemälde – Passionsszenen, die hl. Petrus, Paulus, Jakobus und Georg vorn sowie die vier Evangelisten und die vier Kirchenväter hinten – schuf 1513 Hans Hesse. Weiterhin besitzt die Kirche vier Arbeiten von

Stiftskirche Ebersdorf (Fortsetzung)

Hans Witten: die beiden lebensgroßen Pulthalterfiguren – Diakon und Engel – von 1513, das Kruzifix (ebenfalls 1513) mit barocker Bemalung und in der Turmkapelle die Grabfigur des Dietrich von Harras (um 1505). Hier sind auch die Kleider der im Altenburger Prinzenraub entführten Prinzen Ernst und Albrecht ausgestellt, die Kurfürst Friedrich der Sanftmütige und seine Gemahlin der Kirche als Votivgabe überließen. Eine andere außergewöhnliche Votivgabe ist das 'Goldene Schiffchen', das wohl älteste Modell einer Karavelle in Europa. Neben der Stiftskirche steht die kleine, achteckige Kapelle mit einigen farbkräftigen gotischen Malereien.

Oberrabenstein

Ganz am westlichen Stadtrand von Chemnitz erreicht man über Rottluff – Geburtsort des expressionistischen Malers Karl Schmidt-Rottluff (1884 bis 1976) – den Vorort Oberrabenstein, um den sich ein beliebtes Freizeitgelände mit mehreren Attraktionen entwickelt hat.

*Schaubergwerk Felsendome Rabenstein

Das Schaubergwerk Felsendome Rabenstein veranschaulicht die zwischen 1375 und 1908 betriebene Kalkgewinnung sowie die historische Kalkverarbeitung im Kalkbrennofen. Vom früheren Kalkwerk erhielten sich der Kalkbrennofen mit drei Schächten sowie das Brennmeisterhaus (Öffnungszeiten: Mi. – Mo. 9.00 – 16.00 Uhr).

Burg Rabenstein

Burg Rabenstein stammt aus der Zeit um 1170 und ist die kleinste mittelalterliche Burg Sachsens. Von der 14 m hoch thronenden Oberburg sind Teile des Rundturms und des Palas erhalten, das Herrenhaus wurde 1776 errichtet. Das Burgmuseum zeigt Waffen und Münzen (Öffnungszeiten: Mai – Okt. Di. – So. 9.00 – 12.00 und 13.00 – 18.00 Uhr).

Rabensteiner Wald

Wanderfreunden sei das jenseits der Stadtgrenze anschließende Landschaftsschutzgebiet Rabensteiner Wald – Pfaffenberg mit einem ausgebauten Wanderwegenetz, Wildgatter, zwei Campingplätzen und dem Stausee Oberwald empfohlen. Vom 481 m hohen Pfaffenberg bietet sich ein weiter Ausblick bis zu den erzgebirgischen Gipfeln Keilberg (1244 m ü.d.M.) und Fichtelberg (1214 m ü.d.M.).

Tierpark

Schließlich befindet sich in Rabenstein auch noch der kleine Tierpark Chemnitz (Nevoigtstraße; Öffnungszeiten: Nov. – Feb. 9.00 – 16.00, März und Okt. bis 17.00, April – Sept. bis 19.00 Uhr).

Umgebung von Chemnitz

Adelsberg

Ein beliebtes Naherholungsgebiet direkt am südöstlichen Stadtrand ist das waldreiche und hügelige Gebiet von Adelsberg und Sternmühlental mit Aussichtspunkten, Wanderwegen und Ausflugsgaststätten.

Wasserschloß Klaffenbach

Unweit der Stadtgrenze im Süden befindet sich die ehemalige Wasserburg Klaffenbach, entstanden in der ersten Hälfte des 16. Jahrhunderts. Frisch renoviert, beherbergt sie heute ein Hotel, eine Kleinkunstbühne und das Museum über die Entwicklung der sächsischen Fahrzeugindustrie.

Stollberg

Das Städtchen Stollberg, 17 km südwestlich von Chemnitz, wird beherrscht von Burg Hoheneck, berühmt-berüchtigtes sächsisches Staatsgefängnis. Am Markt erhebt sich die Stadtkirche St. Jakob (17. Jh.), sehenswerter ist aber die spätgotische Marienkirche in der Herrenstraße mit ihrem Schnitzaltar von 1516. Dorfchemnitz liegt 5 km südlich von Stollberg.

Dorfchemnitz

Hier kann man eine Knochenstampfe besichtigen, in der die Bauern Tierknochen zu Dünger zerkleinerten (Öffnungszeiten: Mo. – Do. 9.00 – 12.00 und 13.30 – 16.30, Sa. und So. 14.00 – 17.00 Uhr).

*Papiermühle Zwönitz

Das noch einmal 3 km südlich von Dorfchemnitz gelegene Zwönitz bietet mit dem Technischen Museum Papiermühle ein einzigartiges technikgeschichtliches Schaustück: eine funktionsfähige Papiermühle aus der Zeit um die Jahrhundertwende (Öffnungszeiten: Mi. – Sa. 10.00 – 12.00 und 13.00 – 17.00, So. 12.00 – 17.00 Uhr). In Zwönitz selbst kann man sich in der Austel-Villa die Sammlung Gebhardt anschauen, die von der Schreibmaschine über ausgestopfte Tiere bis hin zur Briefmarke alles umfaßt (Öffnungszeiten wie vorher).

Hohenstein-Ernstthal in der Umgebung von Chemnitz

Für die Leser von Karl Mays Romanen ist Hohenstein-Ernstthal, knapp 15 km westlich von Chemnitz, ein Begriff: Im Ortsteil Hohenstein wurde der Abenteuerschriftsteller geboren.

Karl-May-Geburtshaus

Sein Geburtshaus in der heutigen Karl-May-Straße 14 ist Gedenkstätte und zeigt nicht nur Dokumente aus seinem Leben als Autor, sondern auch, wie ärmlich die 16köpfige Familie May leben mußte (Öffnungszeiten: Di.–Do. 9.00–12.00 und 12.30–17.00, Sa. und So. 12.30–17.00 Uhr). Ein Karl-May-Wanderweg führt an einigen Stationen seiner Jugend vorbei zur sog. Karl-May-Höhle. Eine Freilichtbühne ist geplant.

In diesem bescheidenen Häuschen erblickte Karl May das Licht der Welt.

Textil- und Heimatmuseum

Das Textil- und Heimatmuseum bietet neben der Geschichte der Stadt und des Sachsenrings eine textile Schauwerkstatt in voller Funktion.

Sachsenring

Seit Ende der zwanziger Jahre machte sich Hohenstein-Ernstthal auch einen Namen mit der Motorradrennstrecke Sachsenring, die, mittlerweile wiederbelebt, um ein Verkehrssicherheitszentrum ergänzt wurde, das als das modernste in Europa gilt.

Zschopau

Zschopau, 13 km südöstlich von Chemnitz, hat unter Motorradfahrern einen guten Namen: Von hier kamen vor dem Zweiten Weltkrieg die DKW-Motorräder. Zu DDR-Zeiten fertigte man die MZ, heute in bescheidenerem Umfang die MuZ. Sehenswert ist Burg Wildeck (12./16. Jh.), Jagdschloß von Kurfürst Moritz von Sachsen, mit dem mächtigen Rundturm 'Dicker Heinrich'. Vom Rathausturm herab erklingt ein Glockenspiel aus Meissener Porzellan.

Gelenau

Im 3 km südlich von Zschopau gelegenen Gelenau, entscheidend geprägt durch die Strumpfindustrie, wurde 1992 das Deutsche Strumpfmuseum mit einem umfangreichen historischen Maschinenpark eröffnet (Öffnungszeiten: Sa. 9.00–13.00 Uhr).

*Zschopautal

Als schöner Ausflug empfiehlt sich eine Fahrt durch das Tal der Zschopau südlich der Stadt nach Scharfenstein und Wolkenstein (Umgebung von → Annaberg-Buchholz).

*Schloß und Park Lichtenwalde

Wenig jenseits der nordöstlichen Chemnitzer Stadtgrenze trifft man in Lichtenwalde eines der stattlichsten Schlösser Sachsens an. Schloß Lichtenwalde ging aus einer bereits im 12. Jh. hoch über der Zschopau gelegenen Burg hervor, die später Dietrich von Harras bewohnte, dessen Grabfigur in der Ebersdorfer Stiftskirche zu sehen ist (s. S. 118). 1722 bis 1726 ließ Friedrich von Watzdorf ein dreiflügeliges Barockschloß bauen, und unter seinem Sohn Friedrich Carl entstand wenig später zur Zschopau hin der reizvolle Schloßpark, vermutlich nach Entwürfen von Zacharias Longuelune, mit Wasserkünsten, Pavillons, Skulpturen, Heckenquartieren und Treppenanlagen. Nach einem Brand im Jahr 1905 baute der Dresdner Hofarchitekt Gustav Fröhlich bis 1907 das Schloß in etwas veränderter Gestalt wieder auf. Vom ursprünglichen Schloß sind die Wandverkleidungen des Chinesischen Zimmers erhalten, während das eindrucksvolle Treppenhaus auf Fröhlich zurückgeht. Im Sommerhalbjahr finden im Schloßpark Lichtenwalde Parkfeste und Konzerte statt.

Zschopau in der Umgebung von Chemnitz (Fortsetzung)

→ Augustusburg, → Erzgebirge, → Freiberg, → Glauchau, → Kohrener Land, → Mittweida, → Rochlitzer Muldental.

Weitere Umgebungsziele

Colditz

G 7

Landkreis: Muldentalkreis
Höhe: 155 m ü.d.M.
Einwohnerzahl: 6000

Lage und Allgemeines

Die von einer ausgedehnten Burganlage beherrschte Kleinstadt Colditz liegt am Osthang der Zwickauer Mulde, wenige Kilometer oberhalb des Zusammenflusses mit der Freiberger Mulde bei Sermuth. Dem reizvollen Muldental und der waldreichen Umgebung verdankt das Städtchen einen regen Besucherstrom. Als Kriegsgefangenenlager für alliierte Offiziere ist Colditz international, vor allem in Großbritannien, bekannt geworden.

Geschichte

Die erste Siedlung beim heutigen Colditz entstand im 12. Jh. ohne räumlichen Bezug zur seit dem 11. Jh. errichteten Burg. Die planmäßige Anlage des Marktes, nunmehr im Vorgelände der Burg, geht hingegen auf das 13. Jh. zurück. Im Jahre 1404 kam Colditz in wettinischen Besitz und wurde bis 1523 kurfürstliche Residenz, das Schloß allerdings wurde in erster Linie als Jagdschloß genutzt. Nach dem Verlust dieser Funktion erfuhr der Ort lange Zeit keine Impulse mehr. Von 1708 an bezog die Meißner Porzellanmanufaktur fast den gesamten Colditzer Ton, so daß erst ab 1804 eine eigene Steingutproduktion entstehen konnte. Seit 1958 wird auch Gebrauchsporzellan hergestellt, dessen Produktion seit der Wende allerdings deutlich zurückgegangen ist.

Sehenswertes in Colditz

Schloß Colditz

Die umfangreiche, hoch über der Zwickauer Mulde aufragende Renaissanceanlage entstand in ihrer heutigen Gestalt im wesentlichen zwischen 1578 und 1591, obwohl sie zu dieser Zeit bereits nicht mehr Residenz war. Mit dem Bedeutungsrückgang verlor Schloß Colditz auch seine einstmals reiche Ausstattung, darunter Gemälde Lucas Cranachs d. J., und hatte als Magazin, Gefängnis und als Konzentrationslager der Nazis zu dienen. Bis vor kurzem war Schloß Colditz mit einer Heil- und Pflegeanstalt belegt; es soll nun einer neuen Nutzung zugeführt werden.

OFLAG IV C

Während des Zweiten Weltkriegs war Schloß Colditz Sonderlager für alliierte Offiziere, die bereits Fluchtversuche aus anderen Lagern unternommen hatten (wehrmachtsdeutsch OFLAG IV C). Durch sie erreichte Colditz in der Nachkriegszeit Berühmtheit weit über Sachsen hinaus, denn die Insassen versuchten weiterhin auf allen erdenklichen Wegen zu fliehen. Insgesamt wurden über 300 Fluchtversuche unternommen, 31 Offizieren – zwölf Franzosen, elf Briten, sechs Holländern, einem Polen und einem Belgier – gelang das Unternehmen. Prominentester Gefangener war der Churchill-Neffe Giles Romilly. Die Chronik der Fluchtversuche wurde nach dem Krieg vom ehemaligen Gefangenen Pat Reid als "The Colditz Story" veröffentlicht und später verfilmt. Im Wachhaus des Schlosses zeigt eine Ausstellung, mit welcher Phantasie die Gefangenen ans Fluchtwerk gingen.

Besichtigung

Ungeachtet des schlechten Bauzustandes und der starken Überbauung läßt sich heute noch die einstige Bedeutung als Residenzschloß erahnen. Wer es besichtigen will, muß sich beim nahen Stadtmuseum melden. Beim Gang durch das um zwei Innenhöfe angelegte Schloß beachte man be-

Trotz seiner idyllischen Lage – auf Schloß Colditz hielt es kaum einen der alliierten Offiziere.

Schloß Colditz (Fortsetzung)

sonders den prächtigen Torturmbau von 1530, das gotische Tor mit Flüsterbogen von 1430 zum inneren Haupthof sowie das Portal der Schloßkapelle, das vermutlich Andreas Walter II. schuf.

Marktplatz

Am von alten Bürgerhäusern gesäumten Marktplatz fällt das Alte Rathaus (16./17. Jh.) mit seinen drei Volutengiebeln mit Frührenaissanceschmuck und der Uhr von 1660 auf, die zu jedem Stundenschlag zwei Ziegenböcke aufeinander losläßt.

Stadtmuseum

Das Stadtmuseum ist in einem schönen Fachwerkhaus in der Tiergartenstr. 1 untergebracht. Außer der Darstellung der Stadtgeschichte und der Entwicklung der Steingut- und Porzellanindustrie legt es besonderes Augenmerk auf Leben und Werk von Johann David Köhler, dem 1684 in Colditz geborenen Begründer der wissenschaftlichen Numismatik (Öffnungszeiten: Di.–So. 10.00–16.00 Uhr).

Umgebung von Colditz

Colditzer Forst Thümmlitzwald

Zwischen Bad Lausick (→ Kohrener Land) und Colditz erstreckt sich der 1700 Hektar große Colditzer Forst, der nach Norden in den Glastener Wald übergeht. Zahlreiche Wanderwege, z.B. nach Bad Lausick (12 km), durchqueren ihn. Nördlich von Colditz befindet sich der ausgedehnte Thümmlitz-Wald mit dem Thümmlitzsee, nahe Sermuth fließen die Freiberger und die Zwickauer Mulde zusammen.

Leisnig

Das Städtchen Leisnig, die 'Königin des Muldengaus', liegt 10 km östlich von Colditz auf einem 60 m hohen porphyrnen Bergsporn über dem tiefeingeschnittenen Tal der Freiberger Mulde. Leisnig ist ein Obstanbauzentrum und begeht alljährlich im Mai ein Blütenfest.

Am Laurentiusmarkt steht die spätgotische, dreischiffige Matthäuskirche, die einen 9 m hohen Altar mit Malereien von Johann Richter und Schnitzwerk von Valentin Otte aus dem Jahr 1664 und eine Barockkanzel besitzt. Benachbart ist das 1956 wiederaufgebaute spätgotische Archidiakonat mit Sitznischenportal.

Leisnig (Fts.) Stadtkirche St. Matthäi

An der Ostseite des Marktplatzes befindet sich das Rathaus von 1803. Die Gedenktafel am Haus Markt 13 erinnert an das Geburtshaus des Astronomen Peter Apian (1494–1552), Lehrer Kaiser Karls V.

Markt

Über dem Ort thront Schloß Mildenstein, auf eine Burgwardei des 10. Jh.s zurückgehend und durch die gotische Bauperiode nach 1387 bis heute geprägt. Anfang des 18. Jh.s – 1706 und 1707 residierte der polnische König Stanislaw Leszcynski auf der Burg – wurde Mildenstein zum Kurfürstlichen Amtsgericht mit Gefängnis umgebaut und als solches bis 1952 genutzt. Der Bergfried wurde 1875 von König Albert als Aussichtsturm eingeweiht. Heutiges Wahrzeichen der ehemaligen Vorburg ist der alte Wehrturm aus der zweiten Hälfte des 12. Jh.s, ursprünglich 30 m hoch und 10,80 m dick. Besonders sehenswert sind im Vorderschloß befanden sich die Wirtschaftsräume Saal II mit einem aus einem Eichenstamm geschnitzten gotischen Pfeiler und der Kornhausboden aus dem 14. Jh., ein im deutschen Raum sehr seltenes balkengestütztes Tonnengewölbe. Das Vorderschloß beherbergt eine heimatgeschichtliche Sammlung. Danach bettritt man den stillen Burghof, in dessen Mitte der 34 m hohe Bergfried emporragt. Die Westseite des Hofes beschließen der 3,50 m hohe Wehrgang und das Herrenhaus mit dem Atelier des Leisniger Heimat- und Kunstmalers Karl Wagler sowie dem 1925 für eine Fachausstellung gefertigten, 3,70 m hohen und damit weltgrößten Stulpenstiefel. Die aus dem 11. Jh. stammende Burgkapelle St. Martini, das älteste Baudenkmal des Döbelner Gebiets bewahrt den aus Pappendorf überführten Flügelaltar, das Werk eines unbekannten, spätgotischen Meisters um 1500. Jüngste Attraktion ist eine ständige Ausstellung über August den Starken.

*Schloß Mildenstein

Nov. – März Di. – Fr. 9.00 – 16.00, Sa. u. So. 9.00 – 17.00; April – Okt. Di., Mi., Sa., So. 9.00 – 17.00, Do. u. Fr. 9.00 – 16.00

Die Stadtkirche St. Nikolai der 13 km östlich von Leisnig gelegenen Kreisstadt Döbeln besitzt einen 1520 entstandenen sechsflügeligen Hochaltar von seltener Schönheit. Das 11 m hohe Werk eines unbekannten Künstlers zeigt innen die lebensgroßen Figuren der hl. Wenzel, Nikolaus und Leonhard, während die Flügelgemälde die Nikolauslegende aufgreifen. Auch die 1599 von David Schatz aus Colditz geschaffene Kanzel ist einzigartig.

Döbeln

Dresden G / H 12 – 14

Hauptstadt des Freistaats Sachsen
Höhe: 120 m ü.d.M.
Einwohnerzahl: 482 000

'Elbflorenz' und 'Venedig des Ostens' sind die schmückenden Namen von Dresden, der Hauptstadt des Freistaats Sachsen. Sie liegt in einem weiten Talkessel der oberen Elbe, der sich zwischen → Pirna und → Meißen über 40 km ausdehnt, eingebettet zwischen den Ausläufern des Osterzgebirges, dem Steilabfall der Lausitzer Granitplatte und dem Elbsandsteingebirge in der → Sächsischen Schweiz. Die landschaftliche Schönheit, die besondere Klimagunst und die Lage an wichtigen Handelsstraßen haben Dresden zu allen Zeiten zu einer besonders bevorzugten Stadt gemacht. Die weltweite Berühmtheit gründet sich auf die reichen Kunstsammlungen – die Gemäldegalerie, das Grüne Gewölbe und das Kupferstichkabinett – wie auch auf die eindrucksvollen Baudenkmäler. Während die Schloßanlage zu den bedeutendsten Renaissancebauwerken Sachsens gehört, sind der berühmte Zwinger und die katholische Hofkirche Teil der barocken Stadtanlage. Durch Gottfried Sempers langjähriges Wirken traten bedeutende Bauten im Stadtzentrum hinzu wie die Gemäldegalerie und die Semperoper.

**Elbflorenz

Elbflorenz (Fortsetzung)

Dresden ist auch eine Stadt der international anerkannten Forschung und Wissenschaft mit einer der größten Technischen Universitäten in Mitteleuropa, ein Zentrum der traditionellen Kulturpflege und des künstlerischen Schaffens der Gegenwart. Als Sitz des sächsischen Landtags und der sächsischen Landesregierung, als bedeutende Industriestadt und Zentrum des Ballungsgebietes 'Oberes Elbtal' ist Dresden der Standort elektrotechnischer und elektronischer Betriebe, des Maschinenbaus, der polygraphischen Industrie, der Nahrungs- und Genußmittelindustrie und der Arzneimittelproduktion. Ein wichtiger Faktor im Wirtschaftsleben ist auch der Tourismus: Dresden ist Reiseziel Nr. 1 in Sachsen.

Geschichte

Der Ursprung Dresdens liegt in der sorbischen Siedlung 'Nisani', die im Schutze der um 1200 errichteten Burg auf dem Taschenberg zum 1206 urkundlich erwähnten "Drezdany" heranwuchs. Bereits zehn Jahre später nennt eine Urkunde den an einem bedeutenden Elbübergang gelegenen Ort eine 'civitas'. 1275 ist die Elbbrücke bezeugt, die Dresden mit dem rechtselbischen Altendresden, der heutigen Neustadt, noch immer verbindet. Dann blieb es lange Zeit ruhig um Dresden. Erst als nach der Leipziger Teilung im Jahr 1485 die Stadt zur Residenz der Albertiner geworden war, trat Dresden allmählich aus dem Schatten von Meißen, Leipzig und Freiberg. 1530 begann der Ausbau der Burg zum Renaissanceschloß und damit der gesamten Stadt zu einer repräsentativen Residenz, vorangetrieben von Kurfürst Moritz, der Dresden 1547 zur Hauptstadt des Kurfürstentums machte. Unter August dem Starken und dessen Sohn Friedrich August II. durchlebte die Stadt dann zwischen 1694 und 1783 das 'Augusteische Zeitalter', während dem sie zu einer der schönsten barocken deutschen Residenzstädte heranwuchs und eine ebenso glanzvolle wie verschwenderische Hofhaltung erlebte, die ihresgleichen in Europa suchte. Zwinger, Taschenbergpalais, Augustusbrücke, Frauenkirche und Hofkirche entstanden, das 1685 niedergebrannte Altendresden wurde als 'Neue Stadt bey Dresden' wiederaufgebaut. In diese Zeit fiel auch der Neu- oder Umbau zahlreicher Schlösser wie Pillnitz und die Anlage von Parks und Gärten in der Umgebung, darüber hinaus die Tätigkeit des Goldschmieds Johann Melchior Dinglinger, des Orgelbauers Gottfried Silbermann und die Erfindung des europäischen Porzellans durch Johann Friedrich Böttger sowie der Ausbau der Dresdner Kunstsammlungen, an der Johann Joachim Winckelmann seine zur Wiederentdeckung der griechischen Antike führende Kunstauffassung ausbilden konnte. Als im Siebenjährigen Krieg preußische Truppen die Stadt beschossen, vernichteten sie wertvolle Bausubstanz.
Doch lebendiges Geistesleben in bürgerlichen Kreisen ließ Dresden dann um die Wende zum 19. Jh. zu einem Mittelpunkt der deutschen Romantik werden, für die Namen wie Caspar David Friedrich, Philipp Otto Runge oder Ludwig Tieck stehen. Carl Maria von Weber wirkte von 1817 bis 1826 und Richard Wagner von 1842 bis 1849 in der Stadt. Bereits 1828 war die Technische Bildungsanstalt, die Vorläuferin der Technischen Universität, gegründet worden. Die industrielle Entwicklung Dresdens setzte mit Beginn der Elbedampfschiffahrt 1837 und mit der Eröffnung der ersten deutschen Ferneisenbahn Leipzig – Dresden zwei Jahre später ein. Dem Charakter der Residenzstadt entsprechend wurden die Fabriken in den Außenbezirken und Nachbargemeinden angesiedelt. Nach dem Jahre 1871 veränderte sich das Gesicht der Stadt durch zahlreiche Bauten wie die zweite Semperoper, das Albertinum und die Kunstakademie.
Die vielbewunderte Kunst- und Barockstadt, militärisch unbedeutend und von Flüchtlingen überfüllt, von der die Rote Armee nur noch 70 km entfernt war, griffen in der Nacht vom 13. zum 14. Februar 1945 britische und US-amerikanischer Flugzeuge an. Ein infernalisches Bombardement vernichtete die historische Altstadt nahezu völlig. Mindestens 30 000 Tote, vielleicht auch 100 000, und rund 18 Mio. m^3 Schutt auf einer Fläche von etwa 15 km^2 waren die Bilanz der Bombennacht, die Gerhart Hauptmann zu dem Ausspruch veranlaßte: "Wer das Weinen verlernt hat, der lernt es beim Untergang Dresdens wieder." Auf dem Städtischen Heidefriedhof sind in einer Gemeinschaftsanlage 30 000 Opfer begraben.

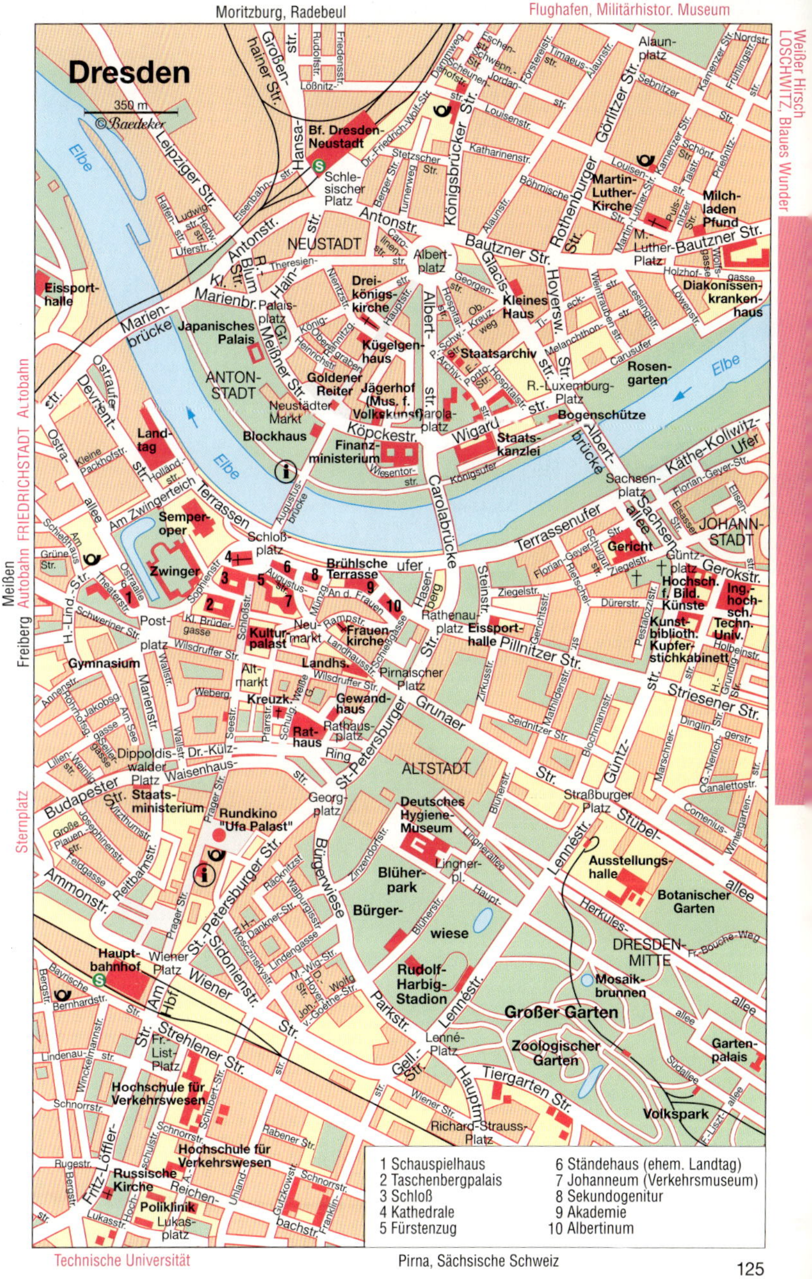
Moritzburg, Radebeul
Flughafen, Militärhistor. Museum
Weißer Hirsch
LOSCHWITZ, Blaues Wunder
Meißen
Freiberg
Autobahn FRIEDRICHSTADT Autobahn
Sternplatz
Technische Universität
Pirna, Sächsische Schweiz
Dresden
350 m
© Baedeker
Elbe
Bf. Dresden-Neustadt
Schlesischer Platz
NEUSTADT
Albertplatz
Martin-Luther-Kirche
Milchladen Pfund
Diakonissenkrankenhaus
Eissporthalle
Dreikönigskirche
Kleines Haus
Japanisches Palais
ANTON-STADT
Kügelgenhaus
Staatsarchiv
Goldener Reiter
Jägerhof (Mus. f. Volkskunst)
Neustädter Markt
Rosengarten
Landtag
Blockhaus
Finanzministerium
Staatskanzlei
Bogenschütze
Semperoper
Zwinger
Brühlsche Terrasse
Gericht
JOHANNSTADT
Hochsch. f. Bild. Künste
Ing.-hochsch.
Techn. Univ.
Kunstbiblioth.
Kupferstichkabinett
Kulturpalast
Frauenkirche
Eissporthalle
Gymnasium
Landhs.
Altmarkt
Kreuzk.
Gewandhaus
Rathaus
ALTSTADT
Staatsministerium
Rundkino "Ufa Palast"
Deutsches Hygiene-Museum
Blüherpark
Bürgerwiese
Ausstellungshalle
Botanischer Garten
DRESDEN-MITTE
Mosaikbrunnen
Rudolf-Harbig-Stadion
Großer Garten
Zoologischer Garten
Gartenpalais
Volkspark
Hauptbahnhof
Hochschule für Verkehrswesen
Hochschule für Verkehrswesen
Russische Kirche
Poliklinik
1 Schauspielhaus
2 Taschenbergpalais
3 Schloß
4 Kathedrale
5 Fürstenzug
6 Ständehaus (ehem. Landtag)
7 Johanneum (Verkehrsmuseum)
8 Sekundogenitur
9 Akademie
10 Albertinum

Geschichte (Fortsetzung)

Nach der sinnlosen Zerstörung begannen im Jahre 1951 der Wiederaufbau der Innenstadt und aufwendige, bis heute fortdauernde Restaurierungsarbeiten. Viele der berühmten Bauten zieren das Stadtbild wieder, allerdings sind rings um sie Gebäudekomplexe von zweifelhafter Qualität entstanden. Nach dem Beitritt der einstigen Deutschen Demokratischen Republik zur Bundesrepublik Deutschland und der Wiedereinführung der Länder anstelle der von 1952 bis 1990 herrschenden Verwaltungsgliederung in Bezirke ist die einstige 'Bezirksstadt' nun Landeshauptstadt des neu wieder gegründeten Freistaats Sachsen. Seither wird der Aufbau historischer Gebäude forciert vorangetrieben.

Stadtbesichtigung

Es ist im wesentlichen die Altstadt auf dem linken Elbufer, die Dresdens Ruf begründet hat. Hier sind nach langen Wiederaufbauarbeiten die berühmtesten Bauwerke und Sehenswürdigkeiten wie Zwinger, Grünes Gewölbe und Gemäldegalerie versammelt, ein geschlossenes Altstadtbild wird man jedoch nicht mehr finden. Innerhalb des Altstadtrings sind alle sehenswerten Plätze bequem zu Fuß zu erreichen. Ein günstiger Gang durch die Altstadt, auf dem man deren berühmteste Bauten passiert, führt vom Zwinger über den Theaterplatz an Hofkirche und Schloß vorbei zur Brühlschen Terrasse, von dort zum Albertinum und dann über den Neumarkt zum Altmarkt.
Die rechtselbische Neustadt hat zwar keine solch berühmten Bauten zu bieten, sie aber ist zumindest teilweise von den Bomben verschont worden, so daß man hier noch einige, mittlerweile restaurierte barocke Straßenzüge findet. Auch die Neustadt kann man gut zu Fuß erkunden: von der Altstadt über die Augustusbrücke und geradeaus weiter zum Albertplatz, von dort zurück auf der Königstraße und über die Große Meißner Straße wieder zum Neustädter Markt an der Augustusbrücke. Die etwas außerhalb liegenden Sehenswürdigkeiten lassen sich meist günstig mit der Straßenbahn erreichen.

Altstadt

**Zwinger

Weltberühmtes Bauwerk

Wohl das allererste Ziel eines jeden Dresdenbesuchers ist der Zwinger, ein in der Welt einzigartiges Meisterwerk höfischen Barocks und Dresdens berühmtestes Baudenkmal. Zwei geniale Künstler – Matthäus Daniel Pöppelmann (1662–1736) als Architekt und der Bildhauer Balthasar Permoser (1651–1732) – vereinten in ihm aufs glücklichste überschwengliche Gestaltungslust und Klarheit des Entwurfs.

Baugeschichte

Der Name 'Zwinger' ergab sich aus der Lage an der Stadtbefestigung, wo 1709 mittels Holzgalerien ein Festplatz abgesperrt wurde. Ein Jahr später beauftragte August der Starke Pöppelmann mit dem Bau einer Orangerie, aus der Pavillon und Galerien an der Wallseite erwuchsen. 1719 kamen Langgalerie, Kronentor und Eckpavillon an der Schloßseite hinzu, 1728 waren Glockenspielpavillon und Eckpavillon an der Stadtseite vollendet. 1732 wurden die Bauarbeiten eingestellt; die Seite zum Theaterplatz hin war nur durch eine Mauer verschlossen, bis 1847 die Bauarbeiten für die Gemäldegalerie nach Plänen von Gottfried Semper begannen. Pavillons und Galerien wurden nach schweren Kriegsschäden bis 1964 wiederhergestellt, bedürfen jedoch laufender Unterhaltungsarbeiten, da ihnen die Luftverschmutzung erheblich zusetzt, vor allem am Figurenschmuck.

Architektonische Formen

Der Zwinger war nie als Residenz oder zu sonstigen Wohnzwecken gedacht. Er diente allein den repräsentativen Ansprüchen Augusts des Starken. Seinen Forderungen und der Genialität derer, die den Zwinger ins Werk setzten, entspringt die vielfältige Formenpracht: die majestätische, 36 Achsen zählende Langgalerie an der Südseite, die vier sich spiegelbild-

◂ *Der Wallpavillon ist der vollkommenste Teil des Zwingers.*
In ihm erreichten Pöppelmanns und Permosers Kunst ihren Höhepunkt.

Zwinger (Fortsetzung)

lich ergänzenden Pavillons an der West- und Ostseite, der Wallpavillon im Scheitel der gegen Westen auswärts schwingenden Bogengalerie, in seiner musikalischen Leichtigkeit das Kleinod des Zwingers, und das Nymphenbad mit den verspielten Wasserkünsten und den mythologischen Frauengestalten aus der Werkstatt Permosers.

*Kronentor

Man betritt den Zwingerhof am besten über seinen eigentlichen Hauptzugang, dem an der Ostra-Allee gegenüber vom Schauspielhaus aufragenden Kronentor. Über der Attika mit reichstem figuralem Schmuck erhebt sich eine zwiebelförmige Kuppel, auf der vier vergoldete polnische Adler die Königskrone tragen.

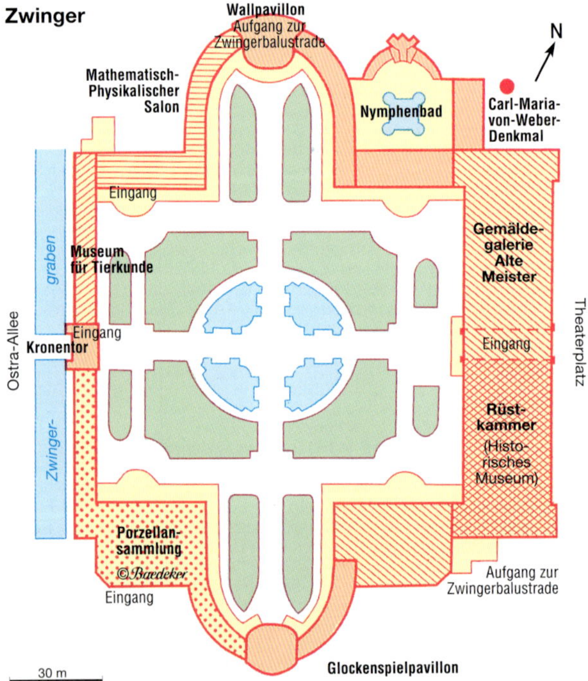

*Nymphenbad

Hinter dem Französischen Salon liegt das Nymphenbad, ein in sich geschlossener, intimer Ort. Der tropfsteinartige Schmuck, das Grottenwerk, wasserspeiende Delphine und Tritonen beleben die phantasievolle Gestaltung, in die sich die Nymphen in den Nischen harmonisch einfügen. Die Nymphenfiguren an der Südwestseite sind überwiegend Kopien aus den zwanziger Jahren unseres Jahrhunderts, diejenigen an der Nordwestseite stammen in der Mehrheit aus dem 18. Jh. von Permoser, Kirchner, Thomae und Egell. Die Nymphe mit der Muschel, die zum Bade gehende und die vom Bade kommende (alle auf der linken Seite zur Kaskade hin) sind eigenhändige Arbeiten Balthasar Permosers.

**Wallpavillon

Der Wallpavillon ist der wohl vollkommenste Teil des Zwingers, kein Bauwerk mehr, sondern eine lebendige Plastik. Obenauf trägt Permosers Herkules Saxonicus anstelle des Atlas die Weltkugel. Die Satyrhermen schuf

Zwinger (Fortsetzung)

Permoser mit 65 Jahren, frei aus dem Stein heraus. Im Hofgiebel ist das sächsisch-polnische Wappen von posaunenden Genien umgeben. Seitlich wendet sich der jugendliche August der Starke als Paris, mit der Königskrone statt des Apfels in der Hand, Aphrodite zu, während auf der anderen Seite die 'verschmähten' Göttinnen stehen. Die vier Winde verkünden der Welt den Ruhm des Kurfürsten und Königs.

Glockenspielpavillon

Der später errichtete Glockenspielpavillon gegenüber ließ im Angesicht des Wallpavillons keine Steigerung mehr zu. Er erhielt 1924 bis 1936 nachträglich durch den Einbau eines Glockenspiels aus Meissener Porzellan, das schon Pöppelmann vorgesehen hatte, seine Besonderheit.

Museen und Sammlungen im Zwinger

Staatliches Museum für Tierkunde

In der Langgaleriehälfte rechts vom Kronentor (vom Zwingerhof aus) zeigt das Staatliche Museum für Tierkunde eine Auswahl seiner besten Stücke wie das Skelett der vor 300 Jahren ausgestorbenen Stellerschen Seekuh sowie die ständige Ausstellung 'Das Tier in der Kulturgeschichte'. Das Museum ging aus der kurfürstlichen Kunst- und Naturalienkammer hervor, die 1720 bereits den Zwinger bezog (Eingang Kronentor; Öffnungszeiten tgl. 9.00 – 16.00 Uhr).

**Porzellansammlung

In der Galeriehälfte links vom Kronentor und dem anschließenden Eckpavillon kann man eine der größten Porzellansammlungen überhaupt genießen. Sie ist 1717 von August dem Starken gegründet worden. Gezeigt werden u. a. chinesische Keramik vom 3. Jh. v. Chr. bis zur Mingdynastie (17. Jh.), frühe japanische und koreanische Keramik vom 16. bis zum 18. Jh. sowie japanisches Imari-Porzellan um 1700. Das Museum besitzt die reichhaltigste und kostbarste Sammlung von Böttger-Steinzeug und Böttger-Porzellan, Meissener Porzellane der Blütezeit der Großfiguren von Johann Joachim Kändler, Johann Christian Kirchner u. a. sowie Stücke von 1730 bis 1760 und aus der Marcolini-Zeit. Am Eingang stehen zwei der berühmt-berüchtigten Dragonervasen, die August bei Friedrich Wilhelm I. von Preußen gegen 600 sächsische Dragoner eingetauscht hatte (Eingang Postplatz; Öffnungszeiten: tgl. außer Do. 10.00 – 18.00 Uhr).

*Mathematisch-Physikalischer Salon

Der Mathematisch-Physikalische Salon im westlichen Eckpavillon ist eine der ältesten und bedeutendsten Sammlungen wissenschaftlich-technischer Geräte sowie die größte deutsche Sammlung von Erd- und Himmelsgloben. Zu sehen ist u. a. die älteste Rechenmaschine der Welt (1642) von Blaise Pascal. Zu den größten Kostbarkeiten gehören der arabische Himmelsglobus von 1279 und die Globusuhr von 1586 (Öffnungszeiten: tgl. außer Do. 9.30 – 17.00 Uhr).

****Gemäldegalerie Alte Meister**

Di. – So. 10.00 – 18.00

Den zur Elbe zeigenden Flügel des Zwingers belegt die Gemäldegalerie Alte Meister. Das Bauwerk wurde nach Entwürfen von Gottfried Semper eigens zu diesem Zweck errichtet. Das Gebäude im Stil der Neorenaissance entstand von 1847 bis 1855 und verdankt seinen Skulpturenschmuck Ernst Rietschel, Ernst Julius Hähnel und Johannes Schilling.
Die Sammlung ging aus der etwa 1560 von Kurfürst August gegründeten Kunstkammer hervor und wurde unter August III. vor allem durch italienische und niederländische Meister systematisch erweitert. Mitte des 18. Jh.s konnte die Sammlung der Wallensteinschen Galerie in Dux erworben werden, 1745 / 1746 gelang mit dem Erwerb von 100 der wertvollsten Gemälde aus der Sammlung des Herzogs von Modena der größte und bedeutendste Ankauf, darunter der "Zinsgroschen" von Tizian. Schließlich wurde 1754 Raffaels "Sixtinische Madonna" von der Klosterkirche San Sisto zu Piacenza angekauft. Im 19. Jh. folgten weitere Zukäufe.
Im Zweiten Weltkrieg sind große Teile der Sammlung ausgelagert und über ganz Sachsen verteilt worden. Der Bombenangriff vom Februar 1945 zerstörte sämtliche Museumsgebäude. 154 Bilder verbrannten, darunter Wer-

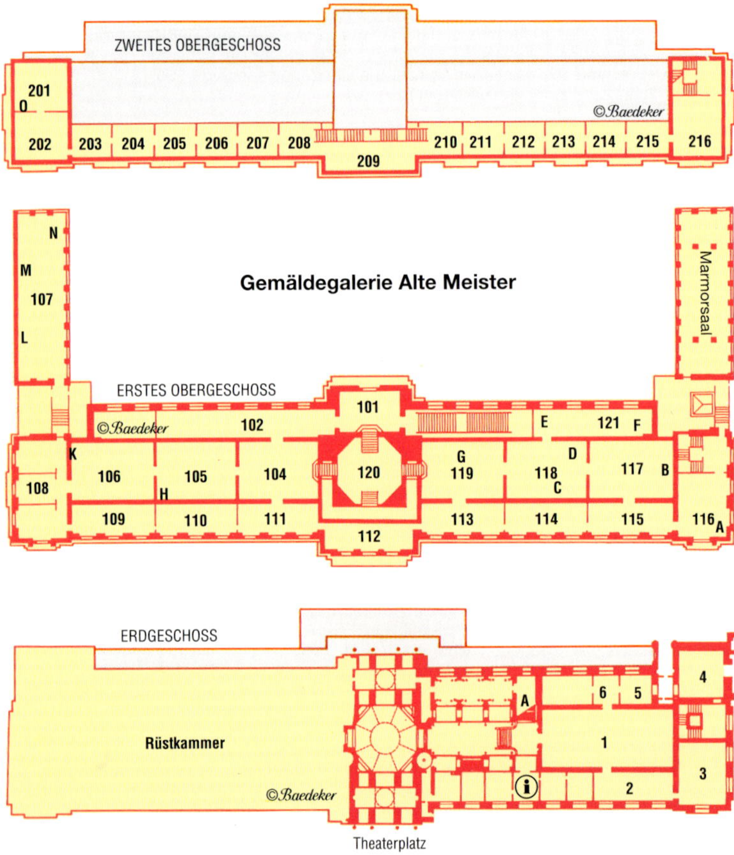

Zwinger, Gemäldegalerie Alte Meister (Fortsetzung)

ke von Lucas Cranach; durch Kriegseinwirkung gingen insgesamt 206 Gemälde verloren. Die ausgelagerten Kunstwerke wurden in die Sowjetunion geschafft und kehrten erst 1955 nach Dresden in die wiederaufgebaute Sempergalerie zurück. Die von 1960 an wieder vollständig zugängliche Galerie mußte 1988 aus bautechnischen Gründen geschlossen werden. Nach der Renovierung wurde die Sammlung Alte Meister am 5. Dezember 1992 an alter Stelle wiedereröffnet. Sie präsentiert sich dem Besucher nun eng angelehnt an die von Semper vorgenommene Ausgestaltung, insbesondere die Hängung in zwei Reihen übereinander und die Stoffbespannung der Wände – Bordeauxrot für die Italiener, Grün für Deutsche und Niederländer, Grau für Spanier und Franzosen – ist wiederhergestellt worden.

Bedeutende Werke

Die Gemäldegalerie Alte Meister ist eine der reichsten Sammlungen von Meisterwerken der europäischen Malerei des 15. bis 18. Jahrhunderts. Sie zeichnet sich durch eine z. T. einmalige Geschlossenheit über große Zeiträume hinweg aus, vor allem bei den Werken der flämischen und

201 Pastelle
Carriera, La Tour, Liotard

FRANZÖSISCHE MALEREI DES 18. JH'S
202 Rigaud, Silvestre, Watteau

ITALIENISCHE MALEREI DES 18. JH'S
203 Bellotto
204 Canal
205 Piazetta, Tiepolo
206 Solimena, Trevisani
207 Crespi, Magnasco

SPANISCHE MALEREI DES 16. UND 17. JH.S
208 Velázquez, Zurbarán
209 Murillo, Ribera
210 El Greco, Ribera

DEUTSCHE, SCHWEIZER, BÖHMISCHE, ÖSTERREICHISCHE UND NIEDERLÄNDISCHE MALEREI DES 17. UND 18. JH.S
211 Elsheimer, Liss
212 Mignon, Ross
213 Denner, Seyboldt
214 Dietrich, von der Werff
215 Caffé, Mengs
216 Füssli, Graff, Kauffmann

101 Entréesaal: Slvestre, Nattier
102 Bellotto gen. Canaletto

FLÄMISCHE UND HOLLÄNDISCHE MALEREI DES 17. JH.S
104 Rubens, Jordaens, Wildens
105 Rubens, van Dyck
106 Rembrandt, Bol, Gelder
108 Vermeer, Honthorst, Dou, Hobbema, Ruisdael
109 Hals, Wouverman, Herda
110 Berckheyde, Ostade, Teniers
111 Momper, Coninxloo

ALTDEUTSCHE und ALTNIEDERLÄNDISCHE MALEREI
107 Baldung, Cranach, Dürer, Holbein, van Eyck

FRNZÖSISCHE MALEREI DES 17. JH.S
112 Lorrain, Poussin

ITALIENISCHE MALEREI DES 16. UND 17. JH.S
113 Strozzi
114 Fetti, Guercino, Reni
115 Maratti, Volterra
117 Raffael, Correggio, Andrea del Sarto, Garofalo
118 Giorgione, Tizian, Correggio, Parmigianino
119 Veronese, Tintoretto, Carracci
120 Rotunde: Carracci, Guercino, Reni

ITALIENISCHE MALEREI DES 14. UND 15. JH.S
116 Botticelli, Mantegna, Pinturicchio

VENEZIANISCHE MALEREI DES 15. UND 16. JH.S
121 Antonello, Tizian

1 Gobelinsaal: Bildteppiche nach Kartons von Raffael; Gemälde von Jordaens, Migliori, Rubens

MALEREI IN DRESDEN DER 1. HÄLFTE DES 18. JH.S
2–4 Bellotto gen. Canaletto
5 Thiele
6 Dietrich

EINIGE BEDEUTENDE WERKE

A Pinturicchio: Bildnis eines Knaben
B Raffael: Die Sixtinische Madonna
C Giorgione: Schlummernde Venus
D Correggio: Heilige Nacht
E Tizian: Der Zinsgroschen
F Antonello da Messina: Der heilige Schatten
G Paolo Veronese: Die Hochzeit zu Kana
H Rubens: Bathseba am Springbrunnen
J Rembrandt: Ganymed in den Fängen des Adlers
K Rembrandt: Selbstbildnis mit Saskia
L Jan van Eyck: Flügelaltar
M Albrecht Dürer: Bildnis des Bernhard von Reesen
N Hans Holbein d.J.: Bildnis des Charles de Solier, Sieur de Moretta
O Jean-Etienne Liotard: Das Schokoladenmädchen

Säle 2–4: Dresden-Ansichten von Canaletto

Zwinger, Gemäldegalerie Alte Meister (Fortsetzung)

holländischen Malerei des 15. bis 17. Jh.s, der italienischen Malerei des 14. bis 18. Jh.s und der spanischen und französischen Malerei des 17. Jahrhunderts. Ergänzt wird das Gesamtbild durch Werke böhmischer, österreichischer und Schweizer Meister sowie durch Gobelins, Pastelle und Miniaturen und die bekannten Dresdenansichten von Canaletto (Bernardo Bellotto). Herausragende Einzelwerke sind bei den Niederländern ein Flügelaltar von Jan van Eyck, "Bathseba am Springbrunnen" von Rubens, "Ganymed in den Fängen des Adlers" und "Selbstbildnis mit Saskia" von Rembrandt, bei der deutschen Malerei Dürers "Bildnis des Bernhard von Reesen" und Hans Holbeins "Bildnis des Charles de Solier" und bei den Franzosen das beliebte "Schokoladenmädchen" von Liotard. Glanzpunkt der Kollektion aber ist die italienische Malerei des 15. – 18. Jh.s, vornehmlich aus der Renaissance und allen voran Raffaels "Sixtinische Madonna"; dazu gesellen sich u. a. Giorgiones "Schlummernde Venus", Tizians "Zinsgroschen", Pinturicchios Knabenbildnis oder Correggios "Heilige Nacht", um nur die wichtigsten zu nennen.

** "Sixtinische Madonna"

Gemäldegalerie Alte Meister: im Saal der Sixtinischen Madonna

**Rüstkammer

Das Untergeschoß des Ostflügels der Sempergalerie belegt die Rüstkammer (Historisches Museum). Die sächsischen Kurfürsten sammelten vom 16. bis zum 18. Jh. Prunkwaffen, Harnische, Jagd- und Reitzeug in ihrer Rüst- und Harnischkammer und trugen so eine der größten und wertvollsten Prunkwaffensammlungen überhaupt zusammen. Zu deren schönsten Stücken zählen der Prunkharnisch des schwedischen Königs Erik XIV. für Roß und Reiter (1562 / 1564), Kinderharnische der sächsischen Kurprinzen, das Scharfrennzeug (Turnierausrüstung) des Kurfürsten August (1550 / 1560), das Kurschwert des Moritz von Sachsen (1547) und der Ornat Augusts des Starken zu seiner Königskrönung 1697 (Öffnungszeiten: tgl. außer Mo. 10.00 – 18.00 Uhr).

*Theaterplatz

Denkmäler

Jenseits des Portikus der Gemäldegalerie öffnet sich der von Sempergalerie, Oper, Taschenbergpalais, Schloß und Hofkirche eingerahmte Theaterplatz, einer der schönsten deutschen Plätze. Im Zentrum steht das 1883 von Johannes Schilling geschaffene Reiterstandbild König Johanns, der sich unter dem Pseudonym "Philalethes" als Danteforscher und Danteübersetzer (u. a. die "Göttliche Komödie") einen Namen machte. Zwischen Zwingerwall und Gemäldegalerie ehrt ein Denkmal von Ernst Rietschel den Opernkomponisten Carl Maria von Weber.

Italienisches Dörfchen

Zur Elbe hin erblickt man ein äußerlich eher unscheinbares Gebäude, die 1913 eröffnete Gaststätte Italienisches Dörfchen, entworfen von Stadtbaurat Hans Erlwein. Sie verdankt ihren Namen den im Bauhof der Hofkirche beschäftigten Italienern, die an dieser Stelle wohnten. Zumindest in das – nicht gerade billige – Café sollte man unbedingt einkehren, denn es gibt nicht nur leckeren Kuchen, sondern eine herrliche Innengestaltung dank üppigst bemalter Wände.

Vom Turm des Schlosses überblickt man den Theaterplatz am besten.

Semperoper

Trotz der Nähe von Schloß und Hofkirche dominiert die Semperoper den Platz. Sie ist das zweite von Semper etwa an gleicher Stelle projektierte Hoftheater, nachdem das erste 1869 abgebrannt war. Wie die Gemäldegalerie greift sie Bauformen der italienischen Hochrenaissance auf und war von ihrer Fertigstellung im Jahre 1878 bis zum Ende des Zweiten Weltkrieges die repräsentativste Bühne der Stadt. Unter weitgehender Wahrung der historischen Form hat man das Opernhaus 1977 bis 1985 rekonstruiert und am 13. Februar 1985 mit der Aufführung der Oper "Der Freischütz" von Carl Maria von Weber als Spielort der Sächsischen Staatsoper und der Staatskapelle wiedereröffnet.

Außenansicht

Der Bau gilt als ein Meisterwerk des 19. Jahrhunderts. In ihm führte Gottfried Semper seine Idee von der Einheit von Form und Zweck zu hoher Blüte. Er entwarf auch die gesamte Innengestaltung und fertigte die Prospekte für die Ausmalung an, Ausführung und Bauleitung oblagen Sempers Sohn Manfred. Der zweigeschossige Arkadenbau in Form eines Bogens mit Seitenflügeln wird durch die Exedra mit der bronzenen Quadriga von Johannes Schilling besonders betont. In den Seitennischen der Fassade befinden sich Skulpturen der Dichter Shakespeare (links unten), Sophokles (links oben), Molière (rechts unten) und Euripides (rechts oben). Auf den Seitenflügeln stehen Skulpturen bekannter Dramen- und Operngestalten. Den Eingang der Oper flankieren Skulpturen von Goethe (links) und Schiller (rechts), beide geschaffen von Ernst Rietschel.

Innenräume

Der Zuschauerraum (→ Abb. S. 73) ist, wie die Foyers, in seiner festlich-heiteren Gestaltung wiedererstanden. Zugunsten besserer Sichtverhältnisse wurde auf den ursprünglich fünften Rang verzichtet.

Altstädter Wache (Theaterkasse)

In der Südostecke des Platzes sieht man Karl Friedrich Schinkels einzigen Bau in Dresden, die 1830/1831 entstandene Altstädter Wache. Er nahm dabei die von ihm stammende Neue Wache in Berlin zum Vorbild. Das auch Schinkelwache genannte Gebäude dient nun als Vorverkaufskasse

Noch fehlt die Kuppel der Frauenkirche, dann aber ist der Canaletto-Blick mit Hausmannturm und Hofkirche wieder komplett. Die Semperoper allerdings konnte Canaletto nicht vorhersehen.

Altstädter Wache (Fortsetzung)

für die Sächsische Staatsoper und die Staatskapelle (Programmansage Tel. 03 51 / 4 91 17 31, Kartenvorbestellungen Tel. 03 51 / 4 91 17 16 / 17).

***Taschenbergpalais**

Von der Altstädter Wache sind es nur noch wenige Schritte zum wiedererrichteten Taschenbergpalais. Es ist u. a. nach Plänen von Pöppelmann von 1705 bis 1708 – die Seitenflügel 1756 und 1763 – auf Geheiß August des Starken für seine Mätresse, die Gräfin Cosel, erbaut worden. Auch dieses Gebäude sank 1945 in Schutt und Asche; erst 1995 ist die Restaurierung als Luxushotel abgeschlossen worden (→ Abb. S. 366).

Cholerabrunnen

Vor dem Palais steht der 1925 vom Postplatz an diese Stelle gebrachte neugotische Cholerabrunnen von Gottfried Semper aus dem Jahr 1843.

Sächsischer Landtag

Hinter der Semperoper steht am Ende der Elbterrassen das 1994 eröffnete Gebäude des Sächsischen Landtags, das erste neue Parlamentsgebäude der neuen Bundesländer. Der Entwurf von Prof. Peter Kulka zeichnet sich vor allem durch den vollverglasten, runden Plenarsaal aus.

*Hofkirche · Kathedrale

Führungen
Mo. – Fr., So. 14.00, Sa. 13.00 und 14.00

Einen weiteren architektonischen Akzent am Theaterplatz setzt die ehemalige Katholische Hofkirche, mit 4800 m² Fläche die größte Kirche Sachsens und letzte große Leistung des römischen Barock in Europa. Im Jahre 1980 ist sie durch vatikanisches Dekret zur Kathedrale Sanctissimae Trinitatis des Bistums Dresden / Meißen erhoben worden.

Baugeschichte

Seit August der Starke 1697 zum Katholizismus übergetreten war, konnten die Kurfürsten inmitten ihres protestantischen Landes nur unzureichend ihren Glauben praktizieren. Deshalb beschloß man den Bau einer repräsentativen neuen Hofkirche. Dieser begann 1738 unter Friedrich August II.

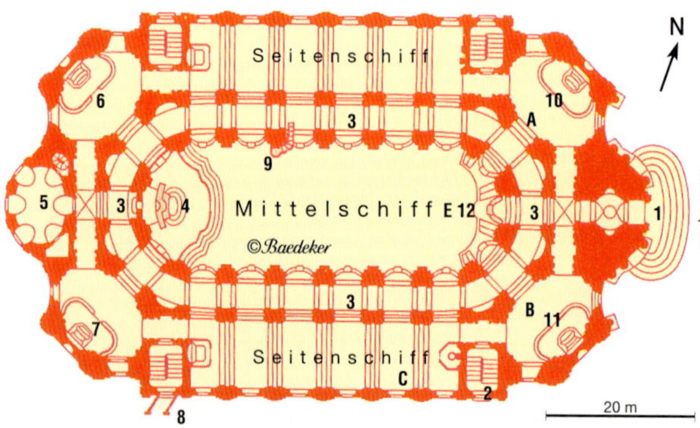

Kathedrale Sanctissimae Trinitatis des Bistums Dresden/Meißen

Ehemalige Katholische Hofkirche

1 Haupteingang (geschlossen)
2 Seiteneingang (Zugang)
3 Zweigeschossiger Prozessionsumgang
4 Hochaltar mit Gemälde "Christi Himmelfahrt" von A.R. Mengs (1751)
5 Sakristei
6 Kreuz-Kapelle
7 Sakraments-Kapelle
8 Verbindungsbrücke zum Schloß
9 Permoser-Kanzel (1722)
10 Gedächtniskapelle (ehem. Nepomuk-Kapelle)
11 Benno-Kapelle
12 Silbermannorgel (urspr. von 1753)

Unterirdische Grufträume
(im Rahmen einer Kirchenführung zugänglich)

A Stiftergruft
B Königsgruft
C Große Gruft
D Neue Gruft
E Gruft des Bistums Dresden-Meißen

Hofkirche · Kathedrale (Fortsetzung)

nach dessen Willen am Brückenkopf der Augustusbrücke. Den Auftrag erhielt der römische Architekt Gaetano Chiaveri (1689–1770), nach dessen Weggang 1743 Sebastian Wetzel u. a. den Bau weiterführten. Die im Rohbau fertige Kirche erhielt 1751 ihre Weihe; erst 1755 war sie vollendet. Bei dem verheerenden Bombardement 1945 brannte das Innere gänzlich aus, die Gewölbe stürzten großenteils ein. Nach dem Krieg begannen die Restaurierungsarbeiten.

Außenansicht

Die Baumeister schufen eine dreischiffige Sandsteinbasilika mit einem filigranen, teilweise freistehenden und heute 85,50 m hohen Turm, der mit den Türmen von Frauenkirche und Schloß die Stadtsilhouette hervorragend bereicherte. Das 52,50 m lange Mittelschiff ist mit 32 m deutlich höher als die Seitenschiffe, in deren Ecken jeweils eine Kapelle eingebaut ist. Ihr charakteristisches Aussehen verleihen der Hofkirche neben dem Turm die 78 Heiligenstatuen von Lorenzo Matielli (1688–1748).

Permosers Kanzel in der Hofkirche ist verspieltestes Rokoko.

Innenraum

Die auffällige Besonderheit des Innenraums der Hofkirche ist der zwischen Haupt- und Seitenschiffen eingefügte doppelgeschossige Prozessionsumgang, der notwendig war, da im protestantischen Sachsen katholische Prozessionen außerhalb des Gotteshauses nicht erlaubt waren. Von den Kapellen verdient vor allem die Nepomuk-Kapelle Aufmerksamkeit, heute Gedächtniskapelle für die Opfer der Dresdner Bombennacht und der Gewaltherrschaft, ausgestattet mit einer Pietà und einem Altar aus Meissener Porzellan. Prunkstücke der Innenausstattung sind aber das Hochaltargemälde "Die Himmelfahrt Christi" (1751) von Anton Raphael Mengs (1728–1779) und die üppig-verspielte Kanzel (1722) von Balthasar Permoser, die Orgel ist eine der letzten von Gottfried Silbermann.

Gruft

Die nur mit Führung zugängliche Gruft war die Grablege der katholischen Wettiner. Ihre letzte Ruhe fanden hier u. a. Kurfürst Friedrich August II. († 1763) mit seiner Gemahlin Maria Josepha von Habsburg († 1757), dar-

Hofkirche · Kathedrale (Fortsetzung)

über die Kapsel mit dem Herzen Augusts des Starken, dessen Körper im Krakauer Dom beigesetzt ist; in der Königsgruft König Johann († 1873), in der Neuen Gruft Friedrich August III. († 1932), der letzte sächsische König.

*Schloß und angrenzende Bauten

Baugeschichte

Direkt an die Hofkirche – und mit dieser in deren Nordwestecke durch einen Bogengang verbunden – schließt das ehemalige Residenzschloß an, einer der bedeutendsten Renaissancebauten auf deutschem Boden. Fast vierzig Jahre lang lag es nach seiner Zerstörung in der Bombennacht 1945 als ausgebrannte Ruine, doch wird es nach dem Ende des sich voraussichtlich bis 2006 hinziehenden Wiederaufbaus zur 800-Jahrfeier der Stadt wieder in altem Glanz erstrahlen. Das heutige Schloßareal trug bereits in der ersten Hälfte des 13. Jh.s eine kastellartige Anlage, die vor allem im 15. und 16. Jh. planmäßige ausgebaut wurde: um 1400 Hausmannturm und Teile des Nordflügels, der 1468 bis 1480 zur ersten Vierflügelanlage ergänzt und diese wiederum 1530 bis 1535 um den Georgenbau erweitert wurde. Unter Herzog Moritz folgten Nord-, West- und Südflügel, u. a. mit dem Grünen Gewölbe, von 1586 bis 1594 schließlich kamen Stallhof und Kleiner Schloßhof hinzu.

Wiederaufbau

Im ersten Obergeschoß des Georgenbaus informiert die Ausstellung 'Das Dresdner Schloß – Wiederaufbau als Monument und Museum' über Geschichte und Wiederaufbau des Schlosses und zeigt dabei auch kostbare Originale (Öffnungszeiten: tgl. außer Do. 10.00 – 18.00 Uhr).

*Georgenbau

Der Georgenbau oder Georgentor verbindet das Schloß mit dem Stallhof. In seiner heutigen Gestalt wurde er von Gustav Dunger und Gustav Fröhlich von 1898 bis 1901 neu errichtet als Nachfolger eines einfachen Vorgängerbaus, der wiederum Ersatz war für das 1701 zerstörte, 1530 bis 1535 entstandene Gebäude. Von diesem ersten Georgentor ist noch der Totentanz erhalten, der nun in der Dreikönigskirche in der Neustadt angebracht ist, sowie an der Westseite des jetzigen Tores das einstige Elbseitenportal. Den plastischen Schmuck, u.a. die Reiterfigur von Herzog Georg dem Bärtigen, fertigte Christian Behrens (1852–1905).

Hausmannturm

Über den Georgenbau kann man auf den 1991 wiedereröffneten, 101 m hohen Hausmannturm aufsteigen, der seinen Namen vom in ihm wohnenden Türmer oder Hausmann hat. Nach dem Wiederaufbau zeigt sich der Turm in der ihm von Wolf Caspar von Klengel 1674 bis 1676 verliehenen Form; er ist aber in seiner Grundstruktur wesentlich älter. Von der Balustrade hat man einen herrlichen Blick über ganz Dresden (Turmbesteigung: April – Okt. tgl. 10.00 – 18.00 Uhr).

Langer Gang und *Stallhof

Der Lange Gang wurde 1586 bis 1588 wahrscheinlich von Giovanni Maria Nosseni erbaut und verbindet den Georgenbau mit dem Johanneum (s. u. Neumarkt). Er begrenzt den Stallhof, dessen Anblick er mit seinen toskanischen Rundbogenarkaden bestimmt (→ Abb. S. 54). Der Stallhof war Schauplatz der ritterlichen Spiele und Turniere, wovon die Ringstechbahn mit den beiden Bronzesäulen von 1601 und einer Pferdeschwemme zeugt, die einzige gut erhaltene Turnieranlage in Europa.

*Fürstenzug

Entlang der links vom Georgentor abgehenden Augustusstraße sieht man an der Außenseite des Langen Ganges den berühmten, 101 m langen Fürstenzug, auf dem alle Herrscher des Hauses Wettin auf Meissener Porzellankacheln dargestellt sind. Anläßlich der 100-Jahrfeier des Fürstenhauses schuf Wilhelm Walther 1870 bis 1876 die Bildnisse in Sgraffitotechnik, die in der Manufaktur Meißen auf 24 000 Porzellanfliesen übertragen wurden. Den Zug der Markgrafen, Herzöge, Kurfürsten und Könige beschließen der Maler Ludwig Richter, die Bildhauer Ernst Julius Hähnel und Johannes Schilling sowie Wilhelm Walther selbst (→ Abb. S. 30 – 35).

Über Schloß und Georgentor ragt wieder der Hausmannturm auf.

Augustusbrücke

Vom Schloßplatz überquert die Augustusbrücke, die älteste Brücke der Stadt, die Elbe hinüber zur Neustadt. Sie ist Nachfolgerin einer bereits 1275 erwähnten Steinbrücke, die von 1727 bis 1731 ausgebaut und von Pöppelmann und J. G. Fehre gestaltet wurde. Am Altstädter Brückenpfeiler steht eine Nachbildung des sagenhaften 'Brückenmännchens', das wohl den Erbauer der ersten Elbbrücke darstellen soll.

Elbanleger

Rechts von der Brücke auf Altstädter Seite befinden sich Anleger und Kassenhäuschen der Elbflotte (→ Praktische Informationen, Elbeschiffahrt).

Ständehaus

Ein weiterer Turm überragt den Schloßplatz. Er gehört zum Ständehaus an der Ecke Ausgustusstraße, das von 1901 bis 1903 nach Plänen von Paul Wallot, dem Architekten des Berliner Reichstags, als Sitz des Sächsischen Landtags erbaut wurde.

Deutsche Fotothek
Museum für Mineralogie und Geologie

Heute beherbergt das Gebäude die Deutsche Fotothek (Öffnungszeiten: Mo.–Mi. 10.00–15.00, Do. bis 18.00 Uhr) und das Staatliche Museum für Mineralogie und Geologie (Öffnungszeiten: tgl. außer Di. 10.00–13.00 und 14.00–16.00 Uhr).

*Brühlsche Terrasse

Der Balkon Europas

Vom Schloßplatz führt die nach Entwürfen von Gottlob Friedrich Thormeyer erbaute und von der Skulpturengruppe "Die vier Tageszeiten" von Johannes Schilling gezierte Freitreppe auf die Brühlsche Terrasse, die sich über dem Elbufer auf den Resten der Dresdner Festungsanlagen erstreckt.

Brühlsche Terrasse (Fortsetzung)

Sie verdankt ihren Namen dem sächsischen Minister Graf Heinrich von Brühl (1700–1763), der das Gelände zum Geschenk erhielt. Er ließ es in einen privaten Lustgarten umwandeln und mehrere Gebäude darauf errichten, von denen jedoch keines erhalten ist. 1814 wurde das Gelände öffentlich gemacht, und in den Jahren danach, vor allem nach Eröffnung der Kaffeehäuser "Belvedere" und "Café Reale", lockte die Terrasse dank ihres wunderbaren Ausblicks und wurde bald 'Balkon Europas' getauft.

Sekundogenitur

Rechter Hand sieht man zunächst die Sekundogenitur, 1897 anstelle der ehemaligen Bibliothek des Grafen Brühl errichtet und stilistisch dem Brühlschen Palais angepaßt. Sein Name bezieht sich auf die Tradition, die königliche Graphiksammlung, die der Neubau aufnahm, dem zweitgeborenen Prinzen zu übertragen (Sekundogenitur = zweite Geburt). Inzwischen gehört es zum Hotel Dresden Hilton und beherbergt ein Café.

Denkmäler und Plastiken

Auf der Brühlschen Terrasse ist eine ganze Reihe von Denkmälern und Plastiken verteilt. Vor der Sekundogenitur erinnert ein Denkmal an den Bildhauer Ernst Rietschel (1804–1861), das ihm sein Schüler Johannes Schilling (1828–1910) am Platz seines Ateliers errichtete.
Eine moderne Plastik in Gestalt der aufberstenden Erdkugel und Bodenmarkierungen weisen auf den Erlaß Augusts des Starken von 1721 hin, die sieben Bastionen der königlichen und kurfürstlichen Residenzstadt Dresden nach der Sonne und sechs ihrer Planeten zu benennen.
Auch das Denkmal für Gottfried Semper (1803–1879) an der Treppe hinab zum Georg-Treu-Platz stammt von Johannes Schilling.

Kunstakademie · Kunstverein

Im Zentrum der Brühlschen Terrasse stehen die Gebäude, die 1891 bis 1894 für die Sächsische Kunstakademie und den Sächsischen Kunstverein im Stil des Historismus nach Entwürfen von Konstantin Lipsius (1890 bis 1891) errichtet wurden. Die Glaskuppel der Kunstakademie mit der Göttin des Ruhms auf der Spitze nennt man in Dresden nur 'Zitronenpresse'.

Kasematten

Am Fuß der vom Semperdenkmal hinabführenden Treppe liegt der Zugang zu den wieder freigelegten, im 16. Jh. entstandenen Kasematten (Öffnungszeiten: Mo.–Fr. 10.00–16.00, Sa. und So. 10.00–17.00; Führungen 14.00, 15.30 und 17.00 Uhr).

Brühlscher Garten

Im Osten der Brühlschen Terrasse legte Graf Brühl auf der ehemaligen Venusbastion seinen Garten an. Aus dieser Zeit stammt der Delphinbrunnen, 1747 bis 1749 von Pierre Coudray errichtet. Die beiden Sphinxgruppen von Gottfried Knöffler (1715–1779) auf der Basteispitze bezeichnen den einstigen Eingang zum Belvedere, Nachfolger des ersten, im 16. Jh. erbauten Lusthauses. In dessen Gewölben wurde Johann Friedrich Böttger festgehalten, um für August den Starken Gold zu machen, doch gelang ihm 'nur' Porzellan. Eine Stele aus Sandstein mit einem Medaillon-Porträt Böttgers aus Meissener Porzellan markiert diese Stelle. Eine moderne Metallplastik in Gestalt einer Staffelei erinnert an Caspar David Friedrich.

Bärenzwinger

Die Tonnengewölbe am Ostende der Terrasse waren einst 'Bärenzwinger', dann Batteriestände und beherbergen heute eine Musikkneipe.

Moritzmonument

Außen an der Nordostecke der Terrassenmauer befindet sich das Moritzmonument, das heute älteste Denkmal Dresdens. Kurfürst August ließ es für seinen 1553 gefallenen Bruder Moritz errichten.

Hofgärtnerei · Ehem. Synagoge

Das schlichte Gebäude gegenüber dem Haupteingang des Albertinums, heute von der Reformierten Kirche genutzt, war zu Zeiten des Grafen Brühl die Hofgärtnerei. Daneben erinnert die Skulptur eines siebenarmigen Leuchters an die von den Nazis zerstörte Synagoge von Gottfried Semper.

Kurländer Palais

Jenseits der Kreuzung sieht man die Ruine des 1729 für den Minister Wakkerbarth erbauten Kurländer Palais, heute Jazzklub "Tonne".

Albertinum

Sammlungen von Weltruf birgt das Albertinum unterhalb des Brühlschen Gartens. Es wurde 1884 bis 1887 von Carl Adolf Canzler unter Einbeziehung von Baugliedern des Zeughauses (1559–1563) als Museums- und Archivbau errichtet. Seinen Namen erhielt es nach dem damals regierenden sächsischen König Albert.

Öffnungszeiten aller Museen im Albertinum
tgl. außer Do.
10.00–18.00

Über reiche Bestände verfügt die Gemäldegalerie Neue Meister im Obergeschoß des Albertinums (Eingang vom Brühlschen Garten). Die Sammlung wurde im Jahre 1931 als selbständiges Museum von der Gemäldegalerie in der Sempergalerie abgetrennt. Gezeigt werden Bilder der Romantik, des Biedermeier und des bürgerlichen Realismus, Werke der französi-

**Gemäldegalerie Neue Meister

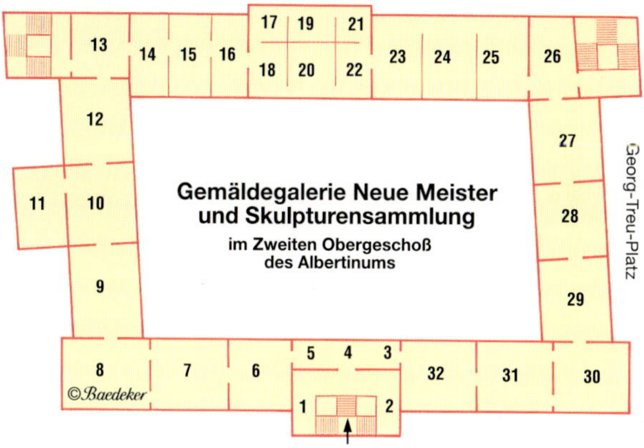

1 Ackermann
2 Stella
3 Strawalde
4 Rodin
5 Morgner
Baumeister, Schumacher, Boštík, Weißberg, Graubner, Caro
7 Wols, Oelze, G. Richter, Szymanski, Uhling, Göschel
8 Baselitz, Penck, Graf, Makolies, Madorf, T. Richter
9 Canova, Schadow, Rauch, Herrmann
10 C. D. Friedrich
11 Carus, d'Angers Dashl
12 Koch, Overbeck, Schnorr, Olivier
13 Richter, Rietschel
14 Rayski, Waldmüller
15 Menzel, Spitzweg, Gille
16 Meunier, Thoma
17 Leibl, Trübner
18 Marées, Böcklin, Uhde
19 Manet, Monet
20 Rodin
21 Degas, Gauguin
22 Kuehl, Liebermann
23 Corinth
24 Slevogt, Kolbe
25 Klinger, Sterl, Lehmbruck
26 Zwintscher
27 Schmidt-Rottluff, Kirchner, Nolde
28 Feininger, Klee, Glöckner
29 Lohse, Felixmüller, Albiker, Lange
30 Dix, Hoffmann, Grundig, Marcks, Blumenthal Lachnit
31 Hegenbarth, Rosenhauer, Körning, Wigand, Seitz, Grzimek
32 Mattheuer, Tübke, Wolff, Förster, Tucholke, Antes

schen, polnischen, rumänischen, ungarischen und belgischen Malkunst des 19. Jh.s, deutsche Impressionisten und Expressionisten, zeitgenössische Gegenwartskunst sowie Stücke aus der Skulpturensammlung. Von den Nationalsozialisten als 'entartete' Kunst diffamiert, wurden u. a. die Bilder des Expressionismus und des Kubismus aus dem Museum entfernt und teilweise ins Ausland verkauft. Andere Kunstwerke verbrannten am 13. Februar 1945. Zu den wichtigsten hier ausgestellten Gemälden zählen Caspar David Friedrichs "Kreuz im Gebirge", Edgar Degas' "Zwei Tänzerinnen" und Otto Dix' Triptychon "Der Krieg"; unter den beigestellten Skulpturen findet man Werke von Thorvaldsen, Rodin und Barlach.

**Grünes Gewölbe

Ein Publikumsmagnet allererster Ordnung ist das Grüne Gewölbe (Eingang Georg-Treu-Platz). Diese einzigartige Pretiosensammlung ist benannt nach ihrer einstigen Heimstatt, den Grünen Gewölben ('Geheime Verwahrung') des Schlosses, wohin sie auch wieder zurückkehren soll. Der prunkliebende August der Starke begründete die Kollektion, indem er die kurfürstliche Schatzkammer laufend durch Ankäufe und eigens in Auftrag gegebene Stücke ergänzte: Gefäße, Geräte, Schmuck und Plastiken aus Gold, Silber, Edelsteinen und Elfenbein. Einmalige Stücke schufen vor allem die Augsburger Goldschmiede Gebrüder Dinglinger: das Goldene Kaffeeservice für August den Starken von 1701, die lustigen Figuren aus Perlen und Edelsteinen und vor allem den "Hofstaat von Delhi am Geburtstag des Großmoguls Aureng Zeb" (1701 – 1708) – ein unglaubliches Diorama von 137 goldenen, emaillierten Figuren mit 3000 Diamanten, Rubinen, Smaragden und Perlen, teurer als der Rohbau von Schloß → Moritzburg.

Skulpturensammlung

Die Skulpturensammlung hat ihren Sitz im Untergeschoß des Albertinums (Eingang Georg-Treu-Platz). Sie umfaßt altägyptische und vorderasiatische Kunst, darüber hinaus eine Antikenabteilung mit griechischen, römischen sowie etruskischen Skulpturen. Seit der Jahrhundertwende ergänzt man die Sammlung durch zeitgenössische Plastiken. Eine Auswahl von Werken des 19. und 20. Jh.s ist der Gemäldegalerie Neue Meister zugeordnet; auch in der Albrechtsburg zu → Meißen sind einige Stücke ausgestellt.

Münzkabinett

Auch das Münzkabinett ist im Albertinum zu Hause (Eingang Georg-Treu-Platz). Sein Bestand umfaßt über 200 000 Münzen, von denen nur ein kleiner Teil ausgestellt ist, Medaillen, Münz- und Medaillenstempel, Siegelabdrücke und Petschafte, u. a. alle sächsischen Münzen und Medaillen.

Neumarkt

Vom Albertinum ist es nicht weit zum Neumarkt, der bis zum Februar 1945 die wohl malerischste Platzanlage Dresdens war. Die Bomben haben nur noch Rudimente der Bauten rundum übriggelassen, doch einige, allen voran die Frauenkirche, werden wieder aufgebaut. Wie der Platz einmal aussah, zeigt das auf S. 57 abgebildete Gemälde von Bernardo Bellotto.

Baustelle Frauenkirche

Den Neumarkt dominiert heute die Baustelle der Frauenkirche, einst Deutschlands bedeutendster protestantischer Kirchenbau. Mit ihrer berühmten Steinkuppel prägte sie die Stadtsilhouette.

Geschichte

Seit dem 11. Jh. bestand an dieser Stelle die erste Kirche 'Unserer lieben Frauen', die 1726 abgebrochen werden mußte. Noch im gleichen Jahr wurde nach Plänen George Bährs mit dem Neubau begonnen, an dem neben Bähr Johann Gottfried Fehre und Johann Georg Schmid entscheidend mitwirkten. Erst 1742 wurde das monumentale Bauwerk vollendet; Bähr erlebte dies nicht mehr. In der Architektur der Frauenkirche waren hochbarocke mit frühen Formen des aufkommenden Klassizismus verschmolzen. Der Zentralbau auf einem quadratischen Grundriß erreichte eine Höhe von 95 m und hatte einen Kuppeldurchmesser von 23,50 m. Im Siebenjährigen Krieg hielt die Kirche einer dreitägigen Kanonade durch preußische Truppen stand. Von 1938 bis 1942 wurden umfassende Erhaltungsarbeiten durchgeführt. Erst nach den Bombenangriffen, am Mittag des 15. Februar 1945, als die Innenstadt schon in Trümmern lag, sank die im Innern aus-

Ein Wunderwerk: Johann Melchior Dinglingers "Hofstaat zu Delhi am Geburtstag des Großmoguls Aureng-Zeb" (1701 – 1708)

gebrannte und ausgeglühte Frauenkirche in sich zusammen.

Innenraum

Das Innere der Kirche entsprach den Erfordernissen des protestantischen Gottesdienstes. Die Predigt als Hauptfunktion forderte eine Zusammenfassung der Gemeinde im Zentralraum. Den Altarraum hatten von 1733 bis 1739 Johann Christian Feige d. Ä. und Benjamin Thomae mit barockem Altarwerk ausgestattet, die Kuppel hatte Johann Baptist Grone ausgemalt. Die verloren gegangene Orgel stammte von Gottfried Silbermann und wurde 1736 von Johann Sebastian Bach eingeweiht.

Wiederaufbau

Die Ruine blieb jahrzehntelang als Mahnmal für die Opfer des Bombenkriegs stehen. Im Februar 1990 dann trat eine Bürgerinitiative an die Öffentlichkeit und rief zu einer symbolischen Friedensaktion auf, die ihren Ausdruck im Wiederaufbau der Frauenkirche finden sollte. Daraus erwuchs ein gemeinnütziger Verein, der die finanziellen Mittel sammelte. Schon Anfang 1993 konnte die archäologische Enttrümmerung in Auftrag gegeben werden, die nach der Räumung von 22 000 t Schutt und Steinen und der Erstellung einer Datenbank am 27. Mai 1994 beendet war. Fast symbolisch zu werten ist dabei die Entdeckung von George Bährs Grabmal. Seitdem läuft der Wiederaufbau unter der Bauherrschaft der "Stiftung Frauenkirche Dresden", der im Jahr 2006 abgeschlossen sein soll. Am 21. August 1996 konnte in der Unterkirche, wo auch George Bährs Grabmal sich befindet, wieder der erste Gottesdienst abgehalten werden. Im Pavillon an der Baustelle kann man sich über den Stand der Arbeiten informieren.

Lutherdenkmal

Das Denkmal für Martin Luther wurde im Jahr 1885 vor der Kirche aufgestellt und stammt von Ernst Rietschel und dessen Schüler Adolf von Donndorf.

Johanneum Das Johanneum an der Westseite des Neumarkts wurde als Stallgebäude unter Kurfürst Christian I. von 1586 bis 1591 als Teil des Schlosses errichtet, wahrscheinlich nach Plänen von Giovanni Maria Nosseni. Nach mehreren Umbauten erfolgte 1872 bis 1876 erneut ein Umbau in Formen der Neorenaissance, um nunmehr als 'Johanneum' (nach König Johann) das Historische Museum aufzunehmen. Nach 1945 wurde das Johanneum als einziges Gebäude des völlig zerstörten Neumarkts wiederaufgebaut und 1956 als Verkehrsmuseum eröffnet.

Verkehrsmuseum Das Museum gliedert sich in die Abteilungen Eisenbahnverkehr, Städtischer Nahverkehr, Kraftverkehr, Schiffahrt, Luftverkehr und die Sonderabteilung 'Geschichte des Fahrrads'. Zu den ausgestellten Glanzstücken gehören die 1861 in Chemnitz gebaute Dampflok 'Muldenthal', die drittälteste in Deutschland, und die 1899 bei Siemens & Halske konstruierte erste Drehstromlok der Welt (Öffnungszeiten: tgl. außer Mo. 10.00 – 17.00 Uhr).

*Schöne Pforte An der Westseite des Johanneums ist die um 1555 für die Schloßkapelle von Giovanni Maria da Padua und Hans Walther II. geschaffene 'Schöne Pforte' angebracht, als edelste, schönste und vollkommenste Portalgestaltung der deutschen Renaissance eingeschätzt.

Türkenbrunnen Der Türkenbrunnen vor dem Johanneum war ursprünglich 1649 als Friedensbrunnen nach Ende des Dreißigjährigen Kriegs auf dem Neumarkt aufgestellt worden und wurde 1866 an seinen jetzigen Standort am ehemaligen Jüdenhof versetzt.

Coselpalais Auch das Coselpalais, 1744 bis 1746 von Knöffel für den Sohn der Gräfin Cosel und August des Starken errichtet, soll wiederaufgebaut werden. Die Zeiten überdauert haben nur die Flügelbauten.

Wilsdruffer Straße · Altmarkt

Wilsdruffer Straße Vom Neumarkt sind es wiederum nur wenige Schritte am Kulturpalast vorbei zur Wilsdruffer Straße, in ihrer heutigen Breite von 1954 bis 1957 als Ost-West-Magistrale 'Ernst-Thälmann-Straße' im neu aufgebauten Zentrum der Altstadt angelegt.

Kulturpalast Der von 1966 bis 1969 errichtete Kulturpalast stellt den Versuch dar, die Nordseite des Altmarkts architektonisch abzuschließen. Er umfaßt u. a. den Festsaal mit 2400 Plätzen und ein Studiotheater und ist Spielort der Dresdner Philharmonie.

***Landhaus** Am Beginn der Wilsdruffer Straße am Pirnaischen Platz ist als eines der wenigen Altstadthäuser das ehemalige Landhaus erhalten geblieben, 1770 bis 1776 von Friedrich August Krubsacius für die sächsischen Landstände erbaut. Die zur Straße zeigende Seite des Hauses im Stil des Frühklassizismus ist eigentlich die Gartenfront, deren Mittelrisalit das großartige doppelläufige Rokokotreppenhaus umschließt.

Stadtmuseum Dresden Das Landhaus beherbergt das Stadtmuseum Dresden. Auf vier Etagen ist die Geschichte der Stadt dokumentiert, u. a. anhand von drei Stadtmodellen. Herausragend sind das älteste Stadtsiegel (1309), die auf Holz gemalten "Zehn Gebote" von Hans dem Maler (1528/1529) und bedrückende Dokumente und Gegenstände über die Zerstörung Dresdens 1945 (Öffnungszeiten: tgl. außer Fr. 10.00 – 18.00; Mai – Sept. Mi. bis 20.00 Uhr).

Altmarkt Der Altmarkt, erstmals 1370 erwähnt, ist das historische Zentrum der Stadt. Er diente nicht nur als Markt, sondern war bis zum Bau des Zwingers Schauplatz prunkvoller Feste und Turniere und war umgeben von eleganten Geschäften und Kaffeehäusern. Der Bombenangriff vom Februar 1945 ließ vom Altmarkt nichts mehr übrig; wenige Tage danach wurde hier eines der traurigsten Kapitel der Dresdner Stadtgeschichte geschrieben: Die Toten wurden auf dem Platz zusammengetragen, auf Rosten aus Straßenbahnschienen aufgeschichtet und verbrannt.

Altmarkt (Fortsetzung)

Nach der völligen Zerstörung erfolgte die heutige Bebauung der Ost- und Westseite von 1953 bis 1956, wobei man auf die typischen Dresdner Barockformen zurückgriff. Mittlerweile sehen neue Pläne die Wiederherstellung der alten Platzstruktur vor.

***Kreuzkirche**

Das einzige historische Gebäude am Altmarkt ist die seit dem 13. Jh. nachgewiesene Kreuzkirche, die Hauptkirche der Stadt. Ihren Namen verdankt sie einem 1234 hierhergebrachten Splitter vom Kreuz Christi. Die jetzige Kirche ist bereits die vierte Nachfolgerin und entstand von 1764 bis 1792 nach der Totalzerstörung im Siebenjährigen Krieg in barocken Formen nach Plänen von J. G. Schmid und C. F. Exner. Den 94 m hohen Turm entwarf G. A. Hölzer, von seiner Spitze bietet sich ein sehr guter Blick über die Stadt (Turmbesteigung: im Sommer Mo., Di., Do., Fr. 10.00 – 17.30, Mi. u. Sa. 10.00 – 16.30, So. 12.00 – 16.30; im Winter Mo. – Fr. 10.00 – 16.30, Sa. 10.00 – 15.30, So. 12.00 – 16.30 Uhr).

Innenraum

Der Innenraum brannte 1897 aus und wurde im Neobarock und Jugendstil neugestaltet; nach 1945 ist er sehr vereinfacht wiederhergestellt worden. Der Altar von Hans Walther II. von 1562 befindet sich heute in der Johanniskirche von Bad Schandau in der → Sächsischen Schweiz.

Kreuzchor

So alt wie die Kirche ist der weltbekannte Kreuzchor (zu seiner Geschichte s. Kapitel "Musik" S. 70). Wer ihn hören will, muß sich samstags um 18.00 Uhr zur Kreuzchorvesper einfinden.

Rathaus

Hinter der Kreuzkirche kommt man zum 1905 bis 1910 erbauten Rathaus, dessen 100 m hoher Turm mit dem 'Goldenen Mann' auf der Spitze die Stadtsilhouette prägt. Ein Blick hinein lohnt sich, denn das Treppenhaus ist in herrlichem Jugendstil gestaltet.

Gewandhaus

Ein bißchen Alt-Dresdner Atmosphäre ist auch in den Durchgängen, den Höfen und Gäßchen des neuen Viertels nördlich vom Rathaus nachempfunden. Hier steht das wiederhergestellte barock-klassizistische Gewandhaus, 1768 bis 1770 von J.F. Knöbel erbaut und heute Hotel, an dessen Rückseite der barocke Dinglingerbrunnen angebracht ist, der vom Wohnhaus des genialen Goldschmieds stammt. Der Gänsediebbrunnen von 1878 in der Weißen Gasse erinnert an den fahrenden Studenten (und Gänsedieb) Thomas Blatter.

Prager Straße

Südlich vom Altmarkt führt die ganz im Geiste des Sozialismus angelegte Prager Straße zum Hauptbahnhof. Sie hat nichts mehr gemein mit der 1945 zerstörten, weltläufigen Haupteinkaufs- und Geschäftsstraße Dresdens, sondern wird heute gesäumt von einförmigen Hotelhochhäusern, Wohnblocks und dem Rundbaukino.

Hauptbahnhof

Die Prager Straße endet beim 1898 eröffneten Hauptbahnhof, der Kopf- und Durchgangsbahnhof zugleich ist. An der Nordseite markiert ein kleiner Rundbau den ehemaligen Sondereingang zum königlichen Gleis.

Um den Großen Garten

***Großer Garten**

Östlich der Altstadt erstreckt sich der Große Garten, Dresdens größte Parkanlage mit Zoo, Botanischem Garten, Freilichtbühne, Parktheater, Puppentheater und Parkeisenbahn. Er geht auf 1676 zurück, als Kurfürst Johann Georg II. einen ersten Garten anlegen ließ. August der Starke sorgte für die Erweiterung auf die heutige Größe; seine Gestalt als englischer Landschaftsgarten erhielt er ab 1873 durch Friedrich Bouché.

Gartenpalais

Mittelpunkt des Großen Gartens ist das Gartenpalais mit dem Palaisteich und den Kavaliershäusern, 1678 bis 1683 nach Entwürfen von Johann Georg Starcke errichtet. Es ist der früheste Barockbau in Sachsen und ein bedeutendes Beispiel des frühen deutschen Barock überhaupt. Es war nie bewohnt, sondern reiner Lustbau.

*Skulpturen im Park

Von den einst zahlreichen Skulpturen an Hauptallee und Herkulesallee sind u. a. erhalten geblieben: vor dem Gartenpalais die Kentaurengruppen "Eu-

Großer Garten (Fortsetzung)

rythos und Hippodamia" und "Nessus und Deianira" und am Palaisteich die 'Üppigkeitsvase', allesamt geschaffen von Antonio Corradini; das Osttor mit der Gruppe "Venus und Adonis" und "Meleager und Atalante" (1719) von Johann Christian Kirchner sowie von den ursprünglich zwölf Herkulesskulpturen aus der Werkstatt Permosers entlang der Herkulesallee am Westeingang "Herkules mit der Lernäischen Schlange" und "Der Ruhende Herkules" sowie am Osteingang "Herkules und Drache im Garten der Hesperiden" und "Herkules mit Busiris".

Parkeisenbahn

Die Parkeisenbahn fuhr erstmals 1931 anläßlich der Internationalen Hygiene-Ausstellung. Heute wird sie von Kindern unter Aufsicht Erwachsener betreut (April und Okt. tgl. 9.00 – 17.00, Mai – Sept. tgl. 10.00 – 18.00 Uhr).

Carolasee

Auf dem 1881 angelegten Carolasee kann man im Sommer rudern und im Winter Schlittschuhlaufen. Die Gaststätte 'Carolaschlößchen' am Ufer ist ein sehr beliebter Sommertreffpunkt.

Botanischer Garten

Der Botanische Garten im Nordwesten des Großen Gartens beherbergt geographisch geordnet die Pflanzenwelt der gemäßigten subtropischen und tropischen Zonen der Erde. Ein Teil des Gartens ist als Heil- und Gewürzpflanzenabteilung gestaltet (Öffnungszeiten: März – Okt. Freiland tgl. 8.00 – 18.00, Gewächshäuser 10.00 – 18.00 Uhr).

Zoologischer Garten

Der im südlichen Teil gelegene Zoo wurde 1861 gegründet und ist damit einer der ältesten deutschen Tiergärten. Sehr erfolgreich ist die Primatenzucht, insbesondere die große Zuchtgruppe der Orang-Utans (Öffnungszeiten: Sommer 8.30 – 18.30, Winter 8.30 – Dämmerung).

*Deutsches Hygiene-Museum

Gegenüber vom Haupteingang des Großen Gartens öffnet sich der Lingnerplatz, benannt nach dem aus Magdeburg gebürtigen Industriellen Karl August Lingner (1861 – 1916), Förderer der medizinischen Volksaufklärung und Erfinder des bekannten Mundwassers 'Odol' samt dessen berühmtem Flaschendesign. Seiner Initiative ist das Deutsche Hygiene-Museum zu verdanken, ein in Deutschland einzigartiges Museum. Die Dauerausstellungen in dem 1928 bis 1930 errichteten Museumsbau beschäftigen sich mit der Biologie des Menschen, medizinischer Aufklärung und Erziehung zu gesunder Lebensweise; hinzu kommen teilweise sehr originelle Sonderausstellungen. Zu sehen ist auch der weltbekannte, 1930 erstmals gezeigte 'Gläserne Mensch', ein lebensgroßes, höchst detailliertes Modell des menschlichen Körpers (Öffnungszeiten: tgl. außer Mo. 9.00 – 17.00 Uhr).

Bürgerwiese

Die Verbindung zwischen Altstadt und Großem Garten stellt die Bürgerwiese her. Sie ziert ein recht ungewöhnliches Mozartdenkmal: Nicht das musikalische Genie ist dargestellt, sondern die Grazien, die um seinen Namen tanzen.

*Kupferstichkabinett

Das Kupferstichkabinett der Staatlichen Kunstsammlungen Dresden ist nördlich vom Großen Garten in der Güntzstraße Nr. 34 untergebracht. Es ist aus den graphischen Beständen der Kunstkammer hervorgegangen und zeigt in ständigem Wechsel Teile seiner 450 000 Blätter (Öffnungszeiten: Mo., Mi., Fr. 9.00 – 16.00, Di., Do. 9.00 – 18.00 Uhr).

*Christuskirche in Strehlen

Im Stadtteil Strehlen – südlich vom Großen Garten – steht die nach Plänen von Rudolf Schilling und Julius Gräbner erbaute zweitürmige Christuskirche (1903 – 1905), das formenreinste Jugendstilbauwerk in Dresden.

Friedrichstadt

Die Friedrichstadt westlich der Altstadt ist die älteste Dresdner Vorstadt. Ihre Entstehung verdankt sie einem kurfürstlichen Patent aus dem Jahr 1670 zur Ansiedlung von Handwerkern, sie wurde aber erst nach 1730 auf Geheiß Augusts des Starken planvoll ausgebaut.

*Tabakkontor Yenidze

Gleich am Ostrand der Friedrichstadt erhebt sich Dresdens ungewöhnlichstes Bauwerk, die in Gestalt einer Moschee mit Glaskuppel und dem

Friedrichstadt (Fortsetzung)

Schornstein als Minarett von 1907 bis 1912 errichtete Zigarettenfabrik Yenidze des Tabakkönigs Hugo Zietz. Nach gründlicher Renovierung ist sie heute Hotel-, Restaurant- und Ladenkomplex.

Marcolinipalais

Am mittleren Abschnitt der Friedrichstraße liegt der Eingang zum Marcolinipalais, das heute Teil des Krankenhauses Friedrichstadt ist. Es wurde 1728 als bescheidener Bau für die Fürstin von Teschen begonnen, danach vom Grafen Brühl erworben und ausgebaut und kam schließlich 1774 in den Besitz des Kabinettsministers Augusts III., Graf Camillo Marcolini. Leider kann es nicht betreten werden, dennoch sei auf ein Zimmer hingewiesen: Im 'Chinesischen Zimmer' verhandelten 1813 Napoleon und Metternich, in deren Folge sich Österreich dem preußisch-russischen Bündnis anschloß. Den Ostflügel bewohnte von 1847 bis 1849 Richard Wagner.

*Neptunbrunnen

An der hinteren Begrenzungsmauer des Gartens ist der 1741 bis 1744 von Lorenzo Mattielli nach einem Entwurf von Longuelune aus Sandstein geformte Neptunbrunnen erhalten, die großartigste barocke Brunnenanlage in Dresden (Besichtigung auf Anfrage an der Krankenhauspforte).

Alter Katholischer Friedhof

Dem Krankenhaus nördlich gegenüber liegt der 1720 angelegte Alte Katholische Friedhof. Begraben sind hier u. a. Carl Maria von Weber, Balthasar Permoser, Gerhard von Kügelgen und Friedrich von Schlegel.

Matthäuskirche

An das Krankenhaus schließt die 1730 geweihte Matthäuskirche an, in deren Gruft ihr Erbauer Matthäus Daniel Pöppelmann ruht. Auf dem Friedhof sind u. a. der Ingenieur Johann Andreas Schubert (→ Berühmte Persönlichkeiten) und Wilhelm Walther, der Schöpfer der Fürstenzugs, begraben.

Neustadt

Die Dresdner Neustadt, auf der rechten Elbseite der Altstadt gegenüber, ist über die Augustusbrücke bequem zu Fuß oder aber mit der Straßenbahn zu erreichen. Die rechtselbische Siedlung Altendresden erhielt 1403 das Stadtrecht und wurde 1549 mit Dresden vereinigt. Nach einem Großbrand 1685 wurde der Stadtteil nach einem Plan von Wolf Caspar von Klengel als 'Neue Stadt bey Dresden' als einheitliche Barockanlage neu aufgebaut.

*Neustädter Markt

**Goldener Reiter

Von der Altstadt über die Augustusbrücke kommend erreicht man den Neustädter Markt, dessen alte Bebauung 1945 fast vollständig zerstört wurde. Den Platz beherrscht das Reiterstandbild Augusts des Starken, der in der Haltung eines Caesaren im römischen Schuppenpanzer auf kurbettierendem Roß posiert. Von Jean Joseph Vinache (1696–1754) entworfen und vom Kanonenschmied Ludwig Wiedemann (1690 bis 1754) in Kupfer getrieben, erhielt es 1736 seinen heutigen Standort, nachdem es zunächst für die Elbbrücke und dann als Bekrönung des Blockhauses gedacht war.

Die südliche Begrenzung des Platzes zur Elbe bildet das Blockhaus, das einzige erhaltene Gebäude, das nachweislich direkt nach Plänen Zacharias Longuelunes geschaffen wurde. 1732 begonnen, wurde der Bau 1749 erhöht und 1755 als Neustädter Wache vollendet.

Neustädter Markt (Fortsetzung) Narrenhäusel

An der elbaufwärts gewandten Seite der Brücke stand einst das Wohnhaus des Hofnarren Augusts des Starken und Augusts III., Joseph Fröhlich (1718–1757), der nebenher auch noch Zahnarzt war. Am Eingang zum Fußgängertunnel erinnert eine Bronzeplastik an ihn.

Innere Neustadt

Hauptstraße
Kügelgenhaus · Museum zur Dresdner Frühromantik

Vom Neustädter Markt führt die Hauptstraße zum Albertplatz. Links sieht man bald ein Ensemble dreier klassizistischer Häuser, von denen Nr. 13 (1765–1770) durch seine Bewohner besonders bekannt geworden ist. Seit 1808 wohnte in ihm die Familie des Malers Gerhard von Kügelgen (1772 bis 1820), der sein Haus zum Treffpunkt von Persönlichkeiten der deutschen Romantik machte, so daß es der passende Ort für das Museum zur Dresdner Frühromantik ist. Vorgestellt werden Christian Gottfried Körner und sein Freundeskreis, romantisches Denken und Dichten, Caspar David Friedrich, Heinrich von Kleist in Dresden und Gerhard von Kügelgen. Ein Teil der Ausstellung zeigt die historische Entwicklung der inneren Neustadt bis zur Gegenwart (Öffnungszeiten: Mi.–So. 10.00–18.00 Uhr).

Societätstheater

Im Hinterhof von Haus Nr. 19 wird das 1750 gegründete Societätstheater, das älteste bürgerliche Theater Deutschlands, wiederaufgebaut.

Dreikönigskirche

Kurz darauf folgt ebenfalls links die Dreikönigskirche, ursprünglich 1404 geweiht, 1429 von den Hussiten zerstört, wiederaufgebaut, 1685 durch den großen Brand erneut zunichte gemacht, wiederum aufgebaut, bereits 1731 wieder abgerissen, weil sie der neu entstehenden Hauptstraße im Weg war, schließlich von 1732 bis 1739 unter Leitung und nach Entwürfen von George Bähr und Matthäus Daniel Pöppelmann erneut errichtet. Diese dritte Dreikönigskirche brannte im Februar 1945 völlig aus, erst 1994 war der etappenweise Wiederaufbau gemeinsam mit dem 'Haus der Kirche' vollendet, das mit der konstituierenden Sitzung des neugewählten Sächsischen Landtags im Oktober 1990 eingeweiht wurde. Der im Krieg schwer beschädigte barocke Altar von Benjamin Thomae (1738) wurde mitsamt seiner Schäden als an den Krieg mahnendes Torso wieder in den Kirchendienst genommen. Unter der Orgelempore sieht man eines der bedeutendsten erhaltenen Renaissancedenkmäler Dresdens, den ursprünglich farbig bemalten und am alten Georgentor des Schlosses angebrachten "Dresdner Totentanz", den Christoph Walther I. zwischen 1534 und 1536 schuf.

*Totentanz

Albertplatz

Die Haupstraße mündet in den Albertplatz mit dem Schillerdenkmal von Selmar Werner (1913). Mittelpunkt des Platzes ist das Rondell mit den beiden stimmungsvollen Brunnen "Stille Wasser" und "Stürmische Wogen" von Robert Diez (1894). Unter den Gebäuden an der Nordseite fallen das 1929 erbaute erste Dresdner Hochhaus auf, das Café Kästner mit einem Denkmal für den Dichter Erich Kästner sowie das Brunnenhäuschen des Artesischen Brunnens (1906, von Hans Erlwein).

*Königstraße

Vom Albertplatz wendet man sich auf der Königstraße wieder zurück Richtung Elbe. Diese Straße hat sich zusammen mit der von ihr abzweigenden Rähnitzgasse zur schönsten Barockstraße Dresdens entwickelt und ist begehrte Büro- und Geschäftslage mit Edelboutiquen und Designerläden geworden. Für eine Kaffeepause mit klassischer Musikbegleitung bietet sich hier das Café Donnersberg in der Rähnitzgasse Nr. 7 an.

Japanisches Palais

Die Königstraße mündet gegenüber vom Japanischen Palais auf den Palaisplatz. Es entstand als Erweiterung des 1715 erbauten Holländischen Palais, das August der Starke kaufte und von 1728 an unter Leitung Pöppelmanns ausbauen ließ, um seine Porzellansammlung aufzunehmen. Dies und die damalige Chinesenmode erklärt die reichen Chinoiserien – Chinesenhermen und das Relief über dem Portikus, auf dem die sächsischen und ostasiatischen Porzellanmacher der Saxonia huldigen. Zur Elbe hin

Japanisches Palais (Fortsetzung)

erstrecken sich Parkanlagen, die einst zu den schönsten Dresdens zählten. Von hier genießt man den 'Canaletto-Blick'. Das Denkmal König Friedrich August I. schuf Ernst Rietschel.

Museen

Im Japanischen Palais sind heute zwei Museen untergekommen. Das Landesmuseum für Vorgeschichte zeigt wechselnde Ausstellungen zur sächsischen und europäischen Archäologie (Öffnungszeiten: tgl. außer Mo. 10.00 – 17.00 Uhr); das Staatliche Museum für Völkerkunde präsentiert ethnographische Stücke u. a. auch aus der Kurfürstlichen Raritätenkammer (Öffnungszeiten: tgl. außer Fr. 10.00 – 17.00 Uhr).

Große Meißner Straße

Über die Große Meißner Straße erreicht man wieder den Neustädter Markt. Man passiert dabei das an der rechten Straßenseite liegende, heute in das Hotel Maritim Bellevue integrierte Barockhaus Nr. 15.

Jägerhof

Museum für Volkskunst

Über den Neustädter Markt hinweg kommt man zum Jägerhof, eines der wenigen Dresdner Gebäude aus vorbarocker Zeit. Es ist unter Kurfürst Johann Georg I. von 1582 bis 1611 aus dem Wirtschaftshof des Augustinereremitenklosters zum Jagdhaus umgebaut worden. Heute beherbergt es das Museum für Volkskunst, dessen vielfältige Sammlung von sorbischen Trachten über erzgebirgische Schnitzereien bis hin zu Möbeln und Hausrat reicht (Öffnungszeiten: tgl. außer Mo. 10.00 – 17.00 Uhr).

Äußere Neustadt

Bunte Republik Neustadt

Die äußere Neustadt ist im 19. Jh. entstanden. Das Areal zwischen Königsbrücker Straße, Bautzner Straße und Bischofsweg kann fast als Dresdens 'Kreuzberg' bezeichnet werden. Hier hat sich nach der Wende eine eigene Szene mit Kneipen, kleinen Geschäften, Bühnen und Treffs entwickelt, die als Bunte Republik Neustadt zum Begriff geworden ist.

Man kann nicht widersprechen:
Pfunds Geschäft in der Neustadt ist der schönste Milchladen der Welt.

Äußere Neustadt (Fts.) Geburtshaus von Erich Kästner

Die Königsbrücker Straße führt vom Albertplatz nach Norden und ist die Hauptstraße der äußeren Neustadt. Im Haus Nr. 66 wurde der Schriftsteller Erich Kästner (→ Berühmte Persönlichkeiten) geboren.

*Molkerei Pfund

(→ Abb. S. 149)

Nach Osten führt die Bautzner Straße vom Albertplatz weg. Der etwas längere Weg zum Haus Nr. 79 lohnt sich, denn das Geschäft der Molkerei Pfund mit seiner farbenprächtigen, originalen Ladenausstattung von 1892 der Keramikfirma Villeroy und Boch ist ganz einfach der "schönste Milchladen der Welt". Darüber ist ein Café eingerichtet, das jede Menge Milchgetränke serviert und gleichzeitig ein kleines Molkereimuseum darstellt.

Militärhistorisches Museum

Im Norden der Neustadt liegt am Olbrichtplatz das Militärhistorische Museum. Drei Abteilungen beleuchten das Mittelalter, den Ersten und den Zweiten Weltkrieg sowie die Geschichte von Nationaler Volksarmee und Bundeswehr. Ausgestellt ist auch die Landekapsel von Sojus 29, in der der Vogtländer Sigmund Jähn 1978 als erster Deutscher durch das All flog (Öffnungszeiten: tgl. außer Mo. 9.00 – 17.00 Uhr).

Kraszewski-Gedenkstätte

Die Kraszewski-Gedenkstätte im Nordwesten der Neustadt (Nordstr. 28) erinnert an den polnischen Schriftsteller und Freiheitskämpfer Józef Ignacy Kraszewski (1812 – 1887), der in Dresden Zuflucht fand und mit sage und schreibe über 600 Büchern als der produktivste Autor der Weltliteratur gilt (Öffnungszeiten: April – Okt. Mi. – So. 10.00 – 18.00 Uhr).

Buchmuseum

An der Marienallee Nr. 12 befindet sich die Sächsische Landesbibliothek, dessen Buchmuseum Kostbarkeiten des Buchdrucks seit dem 16. Jh. präsentiert. Größter Schatz ist eine der drei überhaupt noch existierenden Maya-Handschriften (Öffnungszeiten: Mo – Fr. 9.00 – 16.00 Uhr).

***Gartenstadt Hellerau**

Am nördlichen Stadtrand liegt Hellerau, die erste deutsche Gartenstadt, ab 1910 erbaut auf Initiative des Möbelfabrikanten Karl Schmidt und des Politikers Wolf Dohrn. Für die richtungsweisende Architektur – den landschaftlichen Gegebenheiten angepaßte Fabrikationsstätten für die 'Deutschen Werkstätten' und Einfamilienhäuser mit Garten für die Arbeiter – zeichnete Richard Riemerschmid verantwortlich. Von Heinrich Tessenow stammt das Festspielhaus, in dem Emile Jaques-Delcroze und Mary Wigman in den zwanziger Jahren den modernen Ausdruckstanz entwickelten. Max Reinhardt brachte hier seine ersten Inszenierungen auf die Bühne.

Sehenswertes in den Vororten Dresdens

Striesen

Technische Sammlungen

Wer an Technik interessiert ist, sollte sich in den östlichen Stadtteil Striesen begeben. Dort sind im sog. Ernemanngebäude (Junghansstr. 1 – 3) die Technischen Sammlungen untergebracht mit den Gebieten Elektronik und Mikroelektronik, Rechentechnik und elektronische Datenverarbeitung, Feingerätebau und Fotografie sowie Schreibtechnik. Auch Spieldosen, Grammophone und das 'Guckkastenkino' von einst sind Exponate (Öffnungszeiten: Di. – Sa. 10.00 – 17.00 Uhr).

Blasewitz

Villenviertel

Der linkselbisch östlich der Altstadt gelegene Stadtteil Blasewitz ist von den Bomben weitgehend verschont worden, so daß sich hier wie sonst nirgends in Dresden großbürgerliche Architektur aus der Jahrhundertwende in ihrer ganzen Stilvielfalt erhalten hat.

*Blaues Wunder

Die östlichste und vor allem die berühmteste Brücke Dresdens verbindet vom Schillerplatz aus die Stadtteile Blasewitz und Loschwitz. Die mächtige

Eisenkonstruktion mit einer Gesamtlänge von 226 m wurde 1891 bis 1893 als eine der ersten ihrer Art in Europa erbaut. Da sich der ursprünglich grüne Anstrich rasch zum Blau verfärbte, bürgerte sich bald die durchaus doppelsinnig zu verstehende Bezeichnung 'Blaues Wunder' ein. Die im Mai 1945 von der SS vorbereitete Sprengung konnte durch das Eingreifen zweier Dresdner verhindert werden: Seit 1993 ehrt eine Gedenktafel am Blasewitzer Brückenkopf am Schillerplatz den Klempnermeister Erich Stöckel und den Telegraphenarbeiter Paul Zickler. Auf Blasewitzer Seite bietet sich das Café Toscana zur Pause an (→ Abb. S. 380).

Blasewitz, Blaues Wunder (Fortsetzung)

Auf dem Trinitatisfriedhof an der Fiedlerstraße sind u. a. Ernst Rietschel, Friedrich Wieck und Caspar David Friedrich begraben. Letzterer nahm das Eingangstor als Vorlage für sein bekanntes Gemälde "Friedhofseingang".

Trinitatisfriedhof

*Loschwitz

Über das 'Blaue Wunder' geht man hinüber nach Loschwitz, den attraktivsten Vorort Dresdens. Von der Brücke überblickt man die oberhalb des Elbknies herrlich am Loschwitzhang gelegenen sog. Elbschlösser. Will man sie aus der Nähe besichtigen, muß man sich ihnen von der oberhalb am Hang verlaufenden Bautzner Straße annähern.

***Elbschlösser**

Der Brücke am nächsten steht Schloß Eckberg, 1859 bis 1861 als letztes der drei Elbschlösser und unabhängig von den anderen im Tudorstil vom Semperschüler Christian Friedrich Arnold für den Großkaufmann John Daniel Souchay geplant. Es ist heute ein Hotel.

Schloß Eckberg

Das nächste in der Reihe ist das Lingner-Schloß, eine 1850 bis 1853 vom preußischen Landbaumeister Adolph Lohse für Baron von Stockhausen errichtete spätklassizistische Villa. Sie wurde 1906 vom Odolfabrikanten Karl August Lingner erworben, der in einem kleinen Mausoleum unterhalb am Elbufer begraben ist. Das Schloß dient heute als Tagungsstätte.

Lingner-Schloß

Als einziges der drei Schlösser kann Schloß Albrechtsberg besichtigt werden (Öffnungszeiten Mo.–Sa. 13.00–18.00, So. 10.00–15.00 Uhr; Führungen stündlich). Es entstand auf dem ehemaligen Findlaterschen Weinberg, den um 1800 Lord Jacob Findlater, Pair von Schottland, erworben hatte, um sich darauf ein Landhaus zu errichten. 1850 kaufte Baronin Ernestine von Stockhausen, Gattin des Kammerherrn von Prinz Albrecht von Preußen, den Besitz für den Prinzen, der 1851 bis 1854 das jetzige Schloß von Adolph Lohse bauen ließ. Lohse lehnte sich bei seinem Entwurf an römische Renaissancevillen wie die Villa Medici und die Villa d'Este an. Die schönsten Räume sind der Kronensaal und das von Karl Diebitsch gestaltete 'Türkische Bad', von dem auch das unterhalb am Hang gelegene 'Römische Bad' stammt. Schloß Albrechtsberg ist Domizil der Jugendkunstschule Dresden und wird als Kongreß- und Veranstaltungsstätte benutzt. Im Kronensaal finden sonntags um 16.00 Uhr regelmäßig Kammerkonzerte statt. Außerdem ist hier ein recht gutes Restaurant zu Hause.

Schloß Albrechtsberg

Hat man das Blaue Wunder überquert, steht man auf dem Körnerplatz in Loschwitz. Von ihm führt die Friedrich-Wieck-Straße hinab zum Elbufer. Haus Nr. 10 ist das Wohnhaus des Musikpädagogen Friedrich Wieck (1785–1873), Vater der Pianistin Clara Wieck, die mit Robert Schumann verheiratet war. Nr. 45 ist das alte Fährgut von 1697. Wer schon einen Dresdner "Tatort" gesehen hat, dem wird der Biergarten ein Stückchen weiter unten bekannt vorkommen.

Friedrich-Wieck-Straße

Haus Nr. 6 am Körnerweg, der vom Körnerplatz nach Westen wegführt, war die Sommerwohnung der Eltern des Dichters Theodor Körner. Mozart, Goethe, Kleist, E. M. Arndt, Novalis, die Brüder Humboldt, die Brüder Schlegel u. v.a. waren hier zu Gast.

Körnerhaus

Im Gartenhaus des Weingutes der Körners (Schillerstraße Nr. 19) vollendete Friedrich Schiller in den Jahren 1785 bis 1787 den "Don Carlos".

Schillerhäuschen

Loschwitz, Schillerhäuschen (Fortsetzung)

Schriftstücke und Gemäldereproduktionen geben einen Einblick in diese Zeit (Öffnungszeiten: Sa. und So. 10.00–17.00 sowie 1. und 4. Mi. im Monat 10.00–16.00 Uhr nach Voranmeldung im Stadtmuseum, Tel. 49 86 60). Gegenüber vom Schillerhäuschen zeigt ein Denkmalbrunnen zwei Abschiedsszenen: Friedrich Schiller verläßt die Familie Körner nach seinem zweiten Besuch im Jahr 1801 (links); Theodor Körner verabschiedet sich im Jahr 1813 und zieht in den Krieg gegen Napoleon, in dem er fiel (rechts).

*Standseilbahn

Östlich vom Körnerplatz gelangt man zur Standseilbahn, eine der ältesten Bergbahnen Europas, schon 1895 erbaut. Man erreicht mit ihr den 99 m höher gelegenen Stadtteil Weißer Hirsch. Bergstation ist die beliebte Gaststätte Luisenhof, von deren Veranda, dem 'Balkon Dresdens', man einen sehr schönen Blick auf das Elbtal und Dresden hat.

*Schwebebahn

Noch ein Stück weiter östlich kommt man zur Talstation der Schwebebahn. Sie wurde 1898 bis 1900 gebaut und ist somit die älteste ihrer Art in der Welt. Sie fährt hinauf zur Aussichtsplattform auf der Loschwitzhöhe.

Loschwitzer Kirche

Nahe der Talstation der Schwebebahn sieht man an der Pillnitzer Landstraße die 1705 bis 1708 von George Bähr und Johann Cristian Fehre erbaute Loschwitzer Kirche.

Leonhardi-Museum

Vom Körnerplatz, ein Stück die Grundstraße bergan, sieht man bald die ehemalige Mühle 'Rote Amsel', ein sehr schönes Fachwerkanwesen mit einem kleinen, von einem Atlanten getragenen Turm. Hier hatte von 1880 an der Maler Eduard Leonhardi (1828–1905) sein Atelier. Es ist heute Erinnerungsmuseum, Galerie und Café (Öffnungszeiten: Mi.–Fr. 14.00–18.00, Sa. u. So. 10.00–18.00 Uhr).

Weißer Hirsch

Mit Standseil- oder Schwebebahn fährt man hinauf in den Stadtteil Weißer Hirsch, von dessen Vergangenheit als Kurort manch mondäne Villa zeugt. In der Nähe des Luisenhofs liegt das bekannte Forschungsinstitut 'Manfred von Ardenne'.

Hosterwitz

Fischerkirche Maria am Wasser

Dem Lauf der Elbe aufwärts folgend erreicht man den Stadtteil Hosterwitz. Sehenswert hier ist vor allem die hübsche Fischerkirche Maria am Wasser, um 1500 erbaut und 1774 barock umgestaltet.

Gedenkstätte Carl Maria von Weber

An den Komponisten Carl Maria von Weber errinnern zwei Orte in Hosterwitz: das von ihm 1818, 1819, 1823 und 1824 als Sommerhaus genutzte Gebäude Dresdner Straße Nr. 44, wo er u.a. Teile des "Freischütz" komponierte (Öffnungszeiten: Mi., Fr., Sa. 13.00–18.00 und So. 13.00–16.00 Uhr), und die ehemalige Gaststätte Keppmühle im Keppgrund, wo er sich vom anstrengenden Komponieren entspannte.

**Pillnitz

Weinbergkirche

Der letzte der Dresdner Vororte vor der östlichen Stadtgrenze ist das alte Weindorf Pillnitz. Daran erinnert auch die Weinbergkirche am Hang des Borsbergs, 1723 bis 1725 von Pöppelmann errichtet. Sie bewahrt einen 1694 geschaffenen Abendmahlsaltar von Johann Georg Kretzschmar aus dem Dresdner Residenzschloß.

****Schloß Pillnitz**

Der Grund aber, weshalb man einen Ausflug nach Pillnitz auf jeden Fall unternehmen muß, ist Schloß Pillnitz mit seinem Park, eine durch ihre Anmut und Heiterkeit wahrhaftig bezaubernde Anlage. Sie ist über einen Zeitraum von etwa 100 Jahren entstanden und war ein Geschenk Augusts des Starken an seine Mätresse, die Gräfin Cosel.

Schloß Pillnitz (Fortsetzung)

Die Schloßanlage von Pillnitz besteht im wesentlichen aus drei Teilen: dem Wasserpalais, dem Bergpalais und dem Neuen Palais. Wasserpalais und Bergpalais sind in spiegelbildlicher Anordnung von 1720 bis 1723 nach Plänen von Pöppelmann und Longuelune erbaut worden, 1818 bis 1826 wurde das Neue Palais nach Entwürfen Christian Friedrich Schurichts gebaut, nachdem das alte Schloß abgebrannt war.

Chinesischer Stil

Die Vorliebe August des Starken für Exotisches und die erste Chinoiseriewelle ließen das Schloß von Beginn an in diesem Modestil entstehen. Die chinesischen Motive und Formen des Berg- und Wasserpalais sind indes Phantasieleistungen des späten sächsischen Barock. Die Harmonie von Architektur und Landschaft, die Anmut der Fassadenmalereien kommt besonders an der Elbseite des Wasserpalais' zum Ausdruck. Dort führt eine Treppe hinab zur Anlegestelle der kurfürstlichen Gondeln. Die bereits im 19. Jh. gefertigte Nachbildung einer solchen – die Rote Tritonengondel – ist im Schloßpark aufgestellt.

Kunstgewerbemuseum

Berg- und Wasserpalais beherbergen das Kunstgewerbemuseum. Während im Wasserpalais überwiegend Möbel, Glas, Majolika, Leder, Gobelins und Kunstschmiedearbeiten des 17. und 18. Jh.s zu sehen sind, werden im Bergpalais die Zinnsammlung, Steinzeug, Fayencen sowie Kunsthandwerk bis zur Gegenwart gezeigt. Zudem findet man hier einige erhaltene Innenausstattungen wie den Watteau-Saal (um 1850) und das Weinling-Zimmer (Ende 18. Jh.). Ein weiterer Sammlungsschwerpunkt sind historische Musikinstrumente, auf denen bei den sommerlichen Schloßkonzerten auch gespielt wird (Öffnungszeiten: Mai – Okt., Bergpalais tgl. außer Mo. 9.30 bis 17.30, Wasserpalais tgl. außer Di. 9.30 – 17.30 Uhr).

****Schloßpark**

Der zwischen Berg- und Wasserpalais gelegene Lustgarten wurde erst im 19. Jh. als Schmuckanlage gestaltet. An ihn schließt sich westlich der zu Gräfin Cosels Zeiten entstandene barocke Gartenteil mit den labyrinthi-

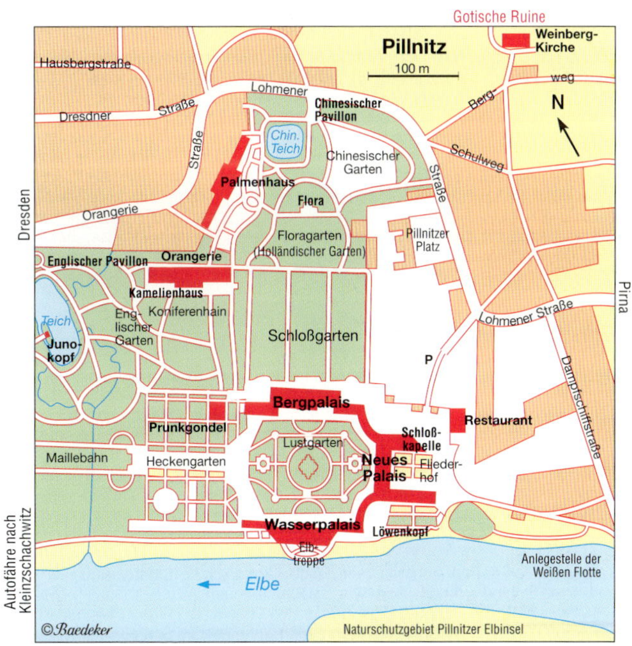

Die Stuhlreihen sind schon aufgestellt für das Konzert im Park von Pillnitz. Im Hintergrund das Bergpalais.

Pillnitz (Fortsetzung)

schen Heckenquartieren an. Am Ende der Chamillen beginnt die 500 m lange Maillebahn für das im 18. Jh. beliebte, golfähnliche Maillespiel.
Von 1778 an wurden Teile des Parks nach dem Vorbild englischer Gärten erweitert. Dazu gehört auch die berühmte, 8,50 m hohe und in der Krone 12 m ausladende japanische Kamelie, einzig erhalten gebliebenes von insgesamt vier 1770 nach Europa gebrachten Exemplaren. Östlich davon liegt der 1874 angelegte Koniferenhain, in dem Nadelgehölze aus aller Welt, darunter auch ein erst 1945 in China entdeckter Urwelt-Mammutbaum, gedeihen. Englischer Garten, Koniferenhain, Chinesischer und Holländischer Garten bilden die 'wissenschaftliche Gartenseite', die dem Pillnitzer Botanischen Garten weltweite Berühmtheit verschafft hat. Hier stehen auch die 1730 von Longuelune entworfene große Orangerie und das Palmenhaus.

Dresdner Heide

Die Dresdner Heide ist ein etwa 50 km² großes Waldstück im nordöstlichen Stadtbereich. 1832 und 1833 überzog man die Heide mit dem sog. Cottaschen Wegesystem, das sie in numerierte rechteckige Flächen von 400 x 900 m einteilt. Im Süden der Heide steigt der 211 m hohe Wolfshügel auf, an dessen Fuß 1903 die König-Albert-Säule aufgestellt wurde. Der 'Saugarten' ist das Zentrum der Heide, unweit nordöstlich davon liegt die Ausflugsgaststätte Heidemühle bei der seit 1558 bekannten Großen Hengstbrücke. Nordwestlich davon liegt die Gaststätte Hofewiese, ein ehemaliger Gutshof und seit 1877 ein sehr beliebtes Ausflugslokal.

Schloß Nöthnitz

Knapp südlich außerhalb des Stadtgebiets liegt an der Bundesstraße Richtung Prag Schloß Nöthnitz. Hier war Johann Joachim Winckelmann (1717–1768) von 1748 bis 1755 als Bibliothekar des Grafen von Bünau angestellt. Über das Wirken des Kunstgelehrten berichtet heute das Schloßmuseum.

Eilenburg D 6

Landkreis: Delitzsch
Höhe: 105 m ü.d.M.
Einwohnerzahl: 21 000

Lage und Allgemeines

Die Heimat des ersten wettinischen Markgrafen, Eilenburg, liegt 22 km nordöstlich von → Leipzig im Muldental. Sie ist Zentrum einer Agrarregion und Sitz mehrerer mittelständischer Betriebe. Nordöstlich beginnt die waldreiche Dübener Heide.

Geschichte

Ab 961 entstand am Ort der heutigen Stadt eine Burg der deutschen Eroberer. 1089 wird der Wettiner Heinrich von Eilenburg Markgraf von Meißen und die Burg zur Residenz ausgebaut, in deren Schutz sich die Stadt entwickelte. 1291 wurde Eilenburg an Brandenburg verkauft, kam 100 Jahre später jedoch wieder zurück. Seit dem Dreißigjährigen Krieg zerfiel die Burg. Zum Ende des Zweiten Weltkriegs besetzten US- und Sowjetsoldaten sie gleichzeitig und teilten sie in zwei Hälften auf.

Sehenswertes in Eilenburg

Burg und Bergkirche

Von der mittelalterlichen Eilenburg sind hauptsächlich drei Türme erhalten, deren mächtigster der sog. Sorbenturm aus dem 12. Jh. im Norden ist (Öffnungszeiten Mi., Sa. und So. 13.00 – 17.00 Uhr). Südwestlich der Burg erhebt sich die Bergkirche St. Marien, ursprünglich romanisch, jedoch anfangs des 16. Jh.s erneuert.

Rathaus

Zentrum der gitterförmig angelegten Stadt ist der Marktplatz mit dem stattlichen Renaissance-Rathaus (1545), das durch seine Volutengiebel auffällt.

Stadtkirche St. Andreas und Nicolai

Hinter dem Rathaus erhebt sich die Stadtkirche St. Andreas und Nicolai. Sie wurde nach einem Brand im Jahr 1435 von 1444 an als dreischiffige Hallenkirche mit Chor und mächtigem Westturm wiedererrichtet. Ihr spätgotischer Schnitzaltar wird dem Leipziger Meister Löbelt zugeschrieben. Vor der Sakristei fand der Kirchenliederdichter Martin Rinckart, der 1586 in Eilenburg das Licht der Welt erblickte, seine letzte Ruhe. 1630 schrieb er als Dank für die erfolgreiche Abwehr der schwedischen Belagerer das berühmte Lied "Nun danket alle Gott".

Stadtmuseum

Zu den Schätzen des Stadtmuseums, Mansberg 26, gehören ein Ritterschwert aus dem 10. Jh. und der wertvolle Silberschmuck einer Eilenburger Bürgerfrau. Ferner werden Frühdrucke von Schriften Thomas Müntzers und Martin Luthers aufbewahrt, die in der Eilenburger Widedruckerei hergestellt worden sind. Auch ein Klassenzimmer von 1925 ist zu sehen (Öffnungszeiten: Mi. – Fr. und So. 9.00 – 12.00 und 13.00 – 17.00 Uhr).

Roterlenwald Gruna

Von Mörtitz, 3 km nördlich von Eilenburg im Muldental gelegen, bietet sich eine Wanderung durch die Dübener Heide nach Rotejahne und zur Heideschänke an. Nordwestlich davon liegt in einer Senke der einzigartige und sehenswerte Roterlenwald Gruna.

Umgebung von Eilenburg

Bad Düben

Dicht vor der Landesgrenze zu Sachsen-Anhalt kommt man 20 km nördlich von Eilenburg nach Bad Düben am Rand der Dübener Heide, als dessen Eingangstor sie betrachtet wird. Im Städtchen, in dem die Korbmacherei traditionell zu Hause ist, wurde 1915 ein Eisenmoorbad eröffnet.

Burg Düben

Die 981 erstmals erwähnte Burg sah gleich mehrere prominente Besucher. Der erste von ihnen kam erst nach seinem Tod zu Ruhm und Bekanntheit:

Burg Düben (Fortsetzung)

Hans Michael Kohlhase, von Heinrich von Kleist in "Michael Kohlhaas" literarisch verewigt, erlebte im Mai 1532 auf der Burg den Prozeß gegen Günter von Zaschwitz, der ihm zwei Pferde gestohlen hatte und dafür nicht bestraft wurde. Wandmalereien im Wartturm erinnern an dieses Ereignis. An den zweiten Gast erinnert ein Gedenkstein an der Dübener Friedhofsmauer: Auf der Burg schloß im September 1631 Schwedenkönig Gustav Adolf vor der Schlacht zu Breitenfeld ein Bündnis mit dem sächsischen Kurfürsten Johann Georg. Und eine weitere, wenn auch bescheidene Tafel gedenkt des letzten hochgeborenen Gastes: Napoleon I. weilte am Vorabend der Völkerschlacht von Leipzig auf Burg Düben. Außer den Erinnerungen an ihre Besucher bietet die Burg noch das Landschaftsmuseum Dübener Heide und im Burggraben eine der wenigen Schiffsmühlen in Deutschland.

Die Schiffsmühle von Bad Düben ist eine Rarität.

***Dübener Heide**

Bad Düben ist ein idealer Ausgangspunkt für Wanderungen durch die Wälder, Heiden und Moore der Dübener Heide, die sich östlich und nördlich der Stadt bis weit nach Sachsen-Anhalt hinein ersteckt.

Delitzsch

Aus der Kreisstadt Delitzsch 18 km nordwestlich von Bad Düben stammt der Begründer des mittelständischen Genossenschaftswesens Hermann Schulze-Delitzsch (1808–1883). Er gründete 1849 in Delitzsch die erste deutsche Tischler- und Schuhmacherassoziation und leitete damit die Entwicklung des mittelständischen Genossenschaftswesens ein. 1850 rief er den sog. Vorschußverein ins Leben, der als Vorläufer der Volksbanken gilt.

Stadtbefestigung

Von der Stadtbefestigung blieben der Wallgraben, Teile der 1,4 km langen Wehrmauer, sowie zwei Tortürme von 1394 erhalten: Im Breiten Turm werden Ausstellungen zur Denkmalpflege, im Halleschen Turm Ausstellungen des Bauhandwerks gezeigt.

Markt

Am Markt steht das Alte Rathaus von 1376, dahinter, Ritterstraße 11, das Stadtschreiberhaus von 1572 mit eindrucksvoller Fassadengliederung und das Bürgermeisterhaus in der Breiten Straße mit prächtigem Portal.

Die im 15. Jh. erbaute dreischiffige Hallenkirche ist außen mit bemerkenswerten Bildhauerarbeiten geschmückt, darunter eine Ölberggruppe mit lebensgroßen Figuren von Meister Hans aus Leipzig aus dem Jahr 1410. Über der Turmuhr sieht man Adam und Eva. Alljährlich zum Peter-Pauls-Markt, pünktlich zu Mittag, reicht Eva Adam einen Apfel, in den dieser zwölfmal hineinbeißt.

Delitzsch (Fortsetzung) Stadtkirche St. Peter und Paul

Das Schloß im Westen der Altstadt beherbergt das Stadtmuseum mit (Öffnungszeiten: Di.–Do. und So. 10.00–12.00 und 14.00–17.00 Uhr).

Schloß

Im Haus Kreuzgasse Nr. 10 erinnert eine Ausstellung an Hermann Schulze-Delitzsch (Öffnungszeiten: Mo.–Fr. 10.00–13.00 und 14.00–17.00 Uhr).

Schulze-Delitzsch-Gedenkstätte

Löbnitz

Im Dörfchen Löbnitz, 12 km nordöstlich von Delitzsch in die Auelandschaft am Rande der Prellheide eingebettet, lebte die eng mit Martin Luther befreundete Familie von Schönfeld. Die Dorfkirche, in der der große Reformator predigte, besitzt eine aus 168 Feldern bestehende und mit biblischen Szenen bemalte Holzdecke, auf der man u. a. auch die Bildnisse von Luther und Melanchthon erkennt.

Erzgebirge I–O 6–14

Lage und **Landschaftsbild

Vom Auersberg nahe dem Vogtland bis zum Geisingberg erstreckt sich 130 km lang und 40 km breit das Erzgebirge (tschech. Krusné hory) als eine von Südwesten nach Nordosten streichende Pultscholle zwischen Elstergebirge und Elbsandsteingebirge, vorwiegend aufgebaut aus Graniten, Gneisen, Glimmerschiefern und Porphyren. Das Gebirge steigt aus dem Mittelsächsischen Hügelland mit 350–450 m ü.d.M. nach Südosten langsam auf 800–900 m ü.d.M. an und fällt jenseits der auf seinem Kamm verlaufenden Staatsgrenze zu Tschechien, der jahrhundertealten historischen Grenze zwischen Sachsen und Böhmen, steil zum Graben der Eger (tschech. Ohře) ab. Der höchste Berg des Erzgebirges, der Klínovec (Keilberg; 1244 m ü.d.M.), liegt bereits auf tschechischem Gebiet; der ihm benachbarte Fichtelberg ist mit seinen 1214 m Höhe der höchste Gipfel im deutschen Teil. Immerhin 1019 m ü.d.M. erreicht der Auersberg bei Johanngeorgenstadt als zweithöchste Erhebung des sächsischen Erzgebirges, weitere herausragende Höhen sind vor allem der Kahleberg mit 905 m ü.d.M. im Osterzgebirge sowie die tafelähnlichen Einzelberge im mittleren Erzgebirge wie der Bärenstein (898 m ü.d.M.), der Pöhlberg (832 m ü.d.M.) und der Scheibenberg (805 m ü.d.M.).

Gliederung

Das Erzgebirge wird in mehrere Teillandschaften gegliedert. Das Tal der Flöha markiert die geologische Grenze zwischen dem West- und dem Osterzgebirge. Im Westerzgebirge sind die Täler tief eingeschnitten, ändern wiederholt ihre Richtung, und die Gesteine wechseln häufig. Im Osterzgebirge – mit Ausnahme der gegen das Elbtal gerichteten östlichen Abdachung – folgen die Flüsse der Abdachung der hier ausgedehnteren Hochflächen nach Nordwesten.

Landschaftsnutzung

Auch zwischen unterem und oberem Erzgebirge lassen sich Unterschiede erkennen. Während im unteren Erzgebirge die landwirtschaftlich genutzten Flächen überwiegen, nimmt in den höheren Lagen der Anteil des Waldes zu; es treten dort größere zusammenhängende Waldgebiete, zum Teil reine Fichtenforste, auf. In der Kammregion wie beispielsweise am Fichtelberg oder bei Altenberg hält sich auch der Schnee sehr lange und bietet so günstige Voraussetzungen für den Wintersport.

Vom Bergbau zur Industrie

Das Erzgebirge verdankt seinen Namen den zahlreichen Edel- und Buntmetallerzen. Seit im Jahr 1168 beim heutigen Freiberg die ersten Silbervorkommen entdeckt wurde, erklang über Jahrhunderte immer wieder das 'Bergkgeschrey' und kündete von neuentdeckten Erzgängen. Dieser Erzreichtum bildete die Grundlage für die wirtschaftliche Erschließung und

Baedeker Special

Glück auf!

Herrlich sprach der Fürst von Sachsen
ist mein Land und seine Macht.
Silber hegen seine Berge
wohl in manchem tiefen Schacht.

Solchermaßen beglückt läßt der schwäbische Dichter Justinus Kerner in seinem Loblied auf den württembergischen Grafen Eberhard im Bart "Preisend mit viel schönen Reden" dessen sächsischen Fürstenkollegen Friedrich den Weisen auf dem Wormser Reichstag sprechen. Und wahrlich, der Kurfürst hatte allen Grund zur Zufriedenheit, denn das **Silber aus dem Erzgebirge** hatte seine Schatullen reichlich gefüllt.

Im Jahre 1168 hatte sich auf der Gemarkung der heutigen Stadt Freiberg das große 'Bergkgeschrey' erhoben: Man hatte in der Erde mehrere Dezimeter lange Drähte und auch zu ganzen Klumpen verflochtene Fäden von gediegenem,weißlich glänzendem Silber gefunden.Die Nachricht von der Entdeckung wunderschön gebogener 'Silberlocken' verbreitete sich in Windeseile und zog viele Schatzsucher und Bergmänner an. In ihrem Gefolge kamen Kaufleute und Handwerker in das Gebirge, das fortan als Erzgebirge in ganz Europa berühmt werden sollte.

Dort, wo man das Silber fand, erblühte Freiberg, das für einen längeren Zeitraum die bedeutendste Stadt Sachsens werden sollte. 1224 gab es hier nicht weniger als fünf Kirchen, zwei größere und zwei kleinere Marktplätze und auch ein Spital. Ab 1256 stand in Freiberg der Bergschöppenstuhl, der bis ins 19. Jh. Recht selbst für weit entfernte Bergbauorte in Skandinavien und auf dem Balkan sprach.

Im 14. Jh. hatte man immer mehr Mühe mit dem Silberbergbau. Schlägel und Eisen zu schwingen genügte fortan nicht mehr. Es mußten Wasserabzugsstollen angelegt und trickreiche 'Bergwerksmaschinen' konstruiert werden. So mancher Grubenbesitzer geriet in Not, und viele Schächte konnten nur mit tatkräftiger Unterstützung finanziell potenter Grundherrn weitergeführt werden.
Ende des 14. Jh.s schlossen sich die in Not geratenen Bergleute zu Bruderschaften zusammen. Man feierte gemeinsame Gottesdienste und begründete diverse soziale Einrichtungen, u. a. eine Kranken- und Hinterbliebenenfürsorge sowie eine sog. Gnadengroschenkasse. Wenig später vereinigten sich die Bruderschaften der im Lohnarbeitsverhältnis stehenden Hauer, Schmelzer und Haspelknechte zur Knappschaft. Ihnen standen die 'Gewerken' genannten Inhaber von Kuxen (Grubenanteilen) und Schmelzhütten gegenüber, die sich ihrerseits in Gewerkschaften formierten. Die einem Oberberghauptmann bzw. Generalbergkommissar unterstellten Bergbeamten des Landesherrn hatten für die Einhaltung der Bergrechte zu sorgen. Sie vermittelten auch zwischen Hauern und Steigern einerseits und Grubenbesitzern andererseits.

Im 15. Jh. zeichneten sich neue Chancen für den sächsischen Bergbau ab. Das stürmisch wachsende Buchdruckergewerbe benötigte immer größere Mengen Blei und Wismut für seine Lettern, und die ebenfalls aufstrebende Glasbläserei war an Kobalt zur Blaufärbung ihrer Artikel interessiert. Auch die sog. Gifthütten hatten großen Bedarf an Arsen und Vitriol, das in einigen Sudhütten des Erzgebirges gekocht wurde, fand ebenfalls guten Absatz. Immer neue Bergstädte wuchsen aus dem Boden. Den Anfang machte Altenberg im Osterzgebirge, wo um 1446 in größerem Umfang Zinn abgebaut wurde. Dann entdeckte man im Jahre 1470 am Schneeberg einen zweiten 'Silbersegen'. Auch hier waren es wieder lange Drähte und Locken, aber auch zentnerschwere

Klumpen und Blöcke. In die Geschichte des Bergbaus ist eine 400 Zentner schwere Silberstufe eingegangen, die man 1477 in der Grube St. Georg entdeckt hat. Der Landesherr ließ es sich damals nicht nehmen, an diesem 'silbernen Tisch' zu tafeln. Man hatte jetzt soviel Edelmetall, um ein ordentliches Münzwesen in Gang zu bringen – von Stund' an sollten die Meißnischen Groschen zu begehrten Zahlungsmitteln werden.

In rascher Folge entstanden neue Bergbaustädte, so Annaberg, Buchholz, Marienberg und Johanngeorgenstadt. Selbst in kleineren Ortschaften wie Eibenstock, ▶

Georgius Agricola: "Drei tonnlägige Schächte"

Baedeker Special

Drehbach, Geyer, Scheibenberg und Oberwiesenthal wurde Bergbau betrieben. So konnte man sich selbst hier oben im Gebirge stattliche Rathäuser, Kirchen sowie Lateinschulen und Apotheken leisten. Überall gab es Erzgruben, Schürfstellen, Pochwerke, Göpelwerke, Siebanlagen, Abraumhalden, Erzwäschen, Schmelzöfen und Metallhütten.

Solch Reichtum zog auch prominente Zeitgenossen an. So unterhielt Adam Ries seine berühmte Rechenschule lange Jahre in Annaberg. Als herausragender Beobachter des erzgebirgischen Bergbaus trat 1527 Dr. Georgius Agricola in Erscheinung. Er hat nicht nur die Grundlagen des Bergbaus, sondern auch des Hüttenwesens, der Mineralogie und des Markscheidewesens unter dem Titel "Vom Bergbau zwölf Bücher" zu Papier gebracht.

Auch abseits der Erzvorkommen profitierte man in starkem Maße vom Bergbau. In vielen kleinen Dörfern lebte man davon, die Bergwerke mit dem nötigen Grubenholz zu versorgen. Durch übermäßigen Einschlag wurden auf diese Weise jedoch die ursprünglichen Buchenwälder nahezu vernichtet. Zur Wiederaufforstung hat man die schnellwüchsigen Fichten genommen, was zu einem geradezu dramatischen Wandel des Landschaftsbildes führte. Erneut machten sich hoffnungsvolle Zuwanderer auf den Weg in die an Bodenschätzen reichen Berge. Die Bevölkerung wuchs rasch an, und viele neue Gewerbe konnten sich entwickeln, so die Tuchmacherei und die Garnherstellung.

Nach 1560 gingen die relativ leicht erreichbaren Silbervorräte zur Neige.Tiefer gelegene Vorkommen konnten wegen mangelnder technischer Mittel und wegen hohen Grundwasserstandes noch nicht aufgeschlossen werden. Lediglich der Bergbau auf Steinkohle, Kobalt und Eisenerz konnte noch einige Bergleute ernähren. Alsbald erfaßte große Not viele Erzgebirgler, die nunmehr gezwungen waren, sich nach neuen Einkommensquellen umzusehen. Während sich die Männer auf den Rohstoff Holz besannen und in Heimarbeit Möbel, kunstvolles Schnitzwerk (u. a. Nußknacker und Weihnachtspyramiden), Musikinstrumente und Spielzeug herstellten, verschafften sich viele Frauen mit Stickereien und Spitzenklöppelei ein bescheidenes Auskommen.

Ab der Mitte des 17. Jh.s benutzte man Schießpulver beim Vortrieb der Stollen. Dadurch kam man an Erzgänge, die man mit Schlägel und Eisen nie erreicht hätte. Großes Geschick im Umgang mit der neuen Technik bewiesen die Bergleute in Freiberg, die der Stadt dadurch zu einem neuerlichen Aufblühen verhalfen. Doch bereits im 18. Jh. erlebten viele der einstmals stolzen erzgebirgischen Bergbausiedlungen einen wirtschaftlichen Niedergang. Lediglich Freiberg konnte seinen Status halten und sogar noch ausbauen, wozu vor allem die im Jahre 1765 erfolgte Gründung der auch heute noch sehr renommierten Bergbauakademie beitrug. Sie war die erste Hochschule der Welt, die sich in Forschung und Lehre nahezu ausschließlich mit technischen Problemstellungen befaßte. Was nur wenige wissen: Hier lauschten Alexander von Humboldt und Freiherr von Stein sowie die Poeten Karl Theodor Körner und Novalis den Vorträgen von Abraham Gottlob Werner, Lampadius und anderen.

Inzwischen hatte sich der Schwerpunkt des wirtschaftlichen Handelns ins Vorland des Erzgebirges verlagert. Dort blühten Chemnitz und Zwickau als Zentren des Tuchmachergewerbes und des Handels auf. Im 19. Jh. sollte sich die sächsische Bergbaulandschaft dramatisch verändern. Die Erzgewinnung verlor immer mehr an Bedeutung. Auch der Steinkohlenabbau ging immer mehr zurück, stattdessen rückte die Braunkohlenförderung in der Lausitz in den Vordergrund des wirtschaftlichen Geschehens. Seine vorläufig letzte 'große Zeit' erlebte der erzgebirgische bzw. sächsische Bergbau von 1945 bis 1991, als einige alte Bergorte durch die Uran-Prospektion und Uranerzförderung zu neuem, 'strahlendem' Leben erwachten – mit allen für Mensch und Umwelt schädlichen Folgen. Darüber berichtet das *Baedeker Special* auf S. 294/295.

Die Geschichte und die Orte des erzgebirgischen Bergbaus kann man auf der Sächsischen Silberstraße abfahren (→ Routenvorschläge, S. 85).

Vom Bergbau zur Industrie (Fortsetzung)

Entwicklung des Erzgebirges. Parallel mit der Rodung der Gebirgswälder und der ackerbaulichen Nutzung der geschaffenen breiten Waldhufen von Siedlungen aus, die sich kilometerlang in den Tälern entlangziehen, verlief die Ausbeutung der Erzlagerstätten und die Gewinnung der verschiedenen Metalle, insbesondere des Silbers. Dazu wanderten Bergleute ein, und es entstanden die meist planmäßig angelegten, bedeutenden Bergstädte wie Freiberg, Mittelpunkt des Silbererzbergbaus, Schneeberg im westlichen und Annaberg im oberen Erzgebirge. Der Erzbergbau hat bis zur Gegenwart an verschiedenen Stellen des Erzgebirges seine Bedeutung behalten. Nach einer um 1600 durch die Erschöpfung vieler Erzlagerstätten einsetzenden Zeit wirtschaftlicher Stagnation führte die Entwicklung im 19. Jh. zu einer durchgreifenden Industrialisierung des Erzgebirges. Hatten bereits vom 16. Jh. an Ersatzerwerbe wie das Klöppeln und später das Holzschnitzen eine gewisse Erleichterung verschafft, blühten nun Metallverarbeitung und Maschinenbau, Holzwaren- und Papierherstellung, vor allem jedoch die Textilindustrie auf. Teile des Erzgebirges und seines Vorlandes stiegen zu den industriellen Schwerpunkten Deutschlands auf mit so bedeutenden Industriestädten wie Chemnitz und Zwickau, vor dem Zweiten Weltkrieg eine der wichtigsten Automobilproduktionsstätten Deutschlands (Horch, Wanderer, Auto Union, DKW) und auch in der DDR die Tradition fortsetzend (Trabantwerke), Zschopau als Motorradhochburg oder Freiberg und Aue. Immer noch ist das Erzgebirge eine industriereiche Region, doch hat der Strukturwandel seit der deutschen Einheit dazu geführt, daß bei weitem nicht mehr soviele Menschen in der Industrie beschäftigt werden: Die Arbeitslosenquote liegt in der einstigen Industriehochburg Erzgebirge weit jenseits der 20 Prozent.

Umweltsituation

In den Kammlagen des Erzgebirges treten wie an keinem anderen Ort in Europa die katastrophalen Ausmaße des Waldsterbens zutage, deren Hauptauslöser die ungefiltert herüberwehenden Abgase der tschechischen Schwerindustrie sind, die in Gestalt des sauren Regens niedergehen; auch die Ozonbelastung durch zunehmenden Straßenverkehr ist mitverantwortlich. Ca. 8300 ha Wald sind in den vergangenen 30 Jahren verlorengegangen, überwiegend reine Fichtenforste, die bereits zu Beginn des 19. Jh.s anstelle des Mischwalds gepflanzt wurden und wesentlich empfindlicher auf Schwefeldioxid reagieren. Unter Führung der Forstakademie Tharandt versucht man seit 1985, durch Kalkstreuung dem Waldsterben Einhalt zu gebieten und abgestorbene Flächen als Mischwälder wiederaufzuforsten.

Reiseziele im Erzgebirge

"O Arzgebirg, wie bist du schie!"

"O Arzgebirg, wie bist du schie!" Also sprach Anton Günther, der 1876 im heute tschechischen Gottesgab (Boži Dar) geborene Sänger und Heimatdichter des Erzgebirges. Und zweifellos: Er hat immer noch recht. Trotz saurem Regen und – inzwischen meist rekultivierten – Abraumhalden, das Erzgebirge gehört zu den schönsten deutschen Mittelgebirgslandschaften und lockt dazu noch mit einem einmaligen, vom Bergbau bestimmten Brauchtum. Stolze Kirchen wie in Freiberg und Annaberg zeugen vom Selbstbewußtsein der Bergstädte, fast zahllose Schaubergwerke, Erzhämmer und Zinnwäschen erzählen von der Arbeit der Bergleute, allerorten lassen sich die Spielzeugmacher, Holzschnitzer und Reifendreher bei ihrem Handwerk über die Schulter schauen, manch ein Schloß und manch trutzige Ritterburg grüßen von den Höhen. Von den Aussichtspunkten auf den höchsten Gipfeln schweift der Blick auf sanftgewellte Höhen, tiefe Täler, finstere Hochmoore, dunkle Forste und verträumte Dörfer, im Frühjahr auf herrliche Blumenwiesen, im Winter auf tiefverschneite Wälder und Fluren. Dann, wenn es weihnachtet, zeigt sich das Erzgebirge von seiner allerschönsten, von seiner märchenhaftesten Seite, denn nirgends in Deutschland feiert man das Fest auf solch zu Herzen gehende, Tradition und Volksfrömmigkeit vermengende Weise: Das Erzgebirge ist 'Weihnachtsland'.

"O Arzgebirg, wie bist du schie!" sang Anton Günther. Man muß ihm Recht geben, wenn man den Bergfichtenwald bei Johanngeorgenstadt sieht.

Westliches Erzgebirge

Wer das westliche Erzgebirge zum Ziel seiner Urlaubsfahrt wählt, dem bieten sich eine Fülle sehenswerter Städte und Dörfer und Möglichkeiten zur Erholung in der Natur. Auch → Chemnitz gehört dazu, zwar nicht unbedingt eine städtische Schönheit, aber als eine der Geburtsstätten der deutschen Industrie allemal interessant. Nur wenig entfernt vom 'sächsischen Manchester' liegt am Rand des Zschopautals die im 16. Jh. als Jagdsitz der sächsischen Kurfürsten erbaute → Augustusburg, dank ihrer vier Museen und der Falknerei eines der beliebtesten Ausflugsziele im Raum Chemnitz. Dazu zählen noch die Wolkensteiner Schweiz, Stollberg und die Karl-May-Stadt Hohenstein-Ernstthal. Autofans müssen sich das Horch-Museum in → Zwickau ansehen. Dann aber geht es in das 'wahre' Erzgebirge: in die Weihnachtsstadt → Schneeberg mit ihrem bergbaulichen Lehrpfad und dem Aussichtsturm auf dem nahen Auersberg, ins 1496 planmäßig angelegte → Annaberg mit seiner monumentalen spätgotischen St.-Annen-Kirche und dem Frohnauer Hammer, nach → Marienberg mit dem Kalkwerk Lengefeld, ins Spielzeugland nach Kurort → Seiffen mit dem Erzgebirgischen Spielzeugmuseum und einem sehr schönen Freilichtmuseum. Schließlich muß man auch → Oberwiesenthal am Fuß des Fichtelbergs gesehen haben, Sachsens Wintersportort Nr. 1. Dorthin fährt man am besten von Cranzahl aus mit der Erzgebirgsbahn, einer von zwei regelmäßig verkehrenden Schmalspur-Dampfzügen der DB im Erzgebirge (→ Praktische Informationen, Museumsbahnen).
Erholung in der Natur ermöglicht ein sehr gut ausgebautes Wanderwegnetz und ein Besuch an einer der vielen Talsperren wie z.B. der Flöha-Talsperren, der Rauschenbachtalsperre und der Sosa-Talsperre.

**Sächsische Silberstraße

Sämtliche zuvor erwähnten Reiseziele des Westerzgebirges und noch einige mehr kann man auf der von → Zwickau nach → Dresden führenden Sächsischen Silberstraße abfahren. Die genaue Routenführung ist auf S. 85 beschrieben.

Östliches Erzgebirge

Auch das östliche Erzgebirge ist ein zu allen Jahreszeiten attraktives Erholungsgebiet. Im Gottleubatal südlich von → Pirna sind Berggießhübel als Kneippkurbad und Bad Gottleuba als Stahl- und Moorbad bekannt. Am Nordrand des Landschaftsschutzgebietes 'Obere Freiberger Mulde' befindet sich in Frauenstein die Ruine einer der bedeutendsten sächsischen Burgen. Andere Burgen und Burgruinen lernt man auf einer Fahrt durch das romantische → Müglitztal kennen: Dohna, Weesenstein, Bärenstein, Lauenstein und, etwas abseits, Kuckuckstein. Kleine malerische Städte, langgestreckte Waldhufendörfer in den Tälern, von denen aus sich die Feldfluren die flachen Bergrücken hinaufziehen, eingestreute Waldstücke auf den Kämmen und ein engmaschiges Straßen- und Wegenetz zwischen den Siedlungen mit ihren Rastmöglichkeiten – das alles bietet dem Wanderer gute Gelegenheiten für eine vielfältige Erholung. Hauptanziehungspunkte im oberen Osterzgebirge sind die Bergstädte → Altenberg und Geising mit ihren Bergbau-Schauanlagen, die 824 m hohe Basaltkuppe des Geisingberges, Zinnwald-Georgenfeld auf dem Erzgebirgskamm, der Kahleberg als die höchste Erhebung des Osterzgebirges (905 m ü.d.M.) mit seinem unter Naturschutz stehenden Blockmeer sowie das Georgenfelder Hochmoor. Das Gebiet um Altenberg ist zudem neben Oberwiesenthal das zweite Wintersportzentrum des Erzgebirges. Und auch Eisenbahnfans werden im Osterzgebirge auf ihre Kosten kommen: Von Freital-Hainsberg schnauft die Weißeritzbahn, zweite DB-Dampfstrecke im Erzgebirge, regelmäßig nach Kurort Kipsdorf.

Freiberg **I 10 / 11**

Landkreis: Freiberg
Höhe: 416 m ü.d.M.
Einwohnerzahl: 50 000

Lage und Allgemeines

**Erste freie Bergstadt Deutschlands

Freiberg, die erste freie Bergstadt Deutschlands, liegt rund 30 km östlich von → Chemnitz am Fuß des Osterzgebirges auf einer Hochfläche oberhalb der Freiberger Mulde. Die einst bevölkerungsreichste Stadt der Markgrafschaft Meißen war durch ihren Silberbergbau Quelle des Reichtums der sächsischen Herrscher – und hatte selbst einen erklecklichen Anteil daran: Man leistete sich prächtige Bürgerhäuser, ein stolzes Rathaus, imponierende Kirchen, ausgestattet mit einigen der feinsten Kunstwerke ihrer Zeit. All das läßt sich heute noch bewundern, denn Freiberg ging recht unversehrt aus dem Zweiten Weltkrieg hervor. So gehört die Bergbaustadt dank ihres historischen Kerns mit einigen hundert Gebäuden, die 300 Jahre und älter sind, zum Pflichtprogramm einer Reise durch Sachsen.
Obwohl der Bergbau 1969 endgültig eingestellt wurde, ist Freiberg unter Bergbaufachleuten noch immer ein Begriff. Als Standort der ältesten bergbautechnischen Hochschule überhaupt, der Bergakademie, ist die nun überwiegend von der Industrie lebende Stadt ein Zentrum montanwissenschaftlicher Lehre und Forschung von Weltgeltung. Ein junger Industriezweig hat es binnen kurzem geschafft, technologisch führend in der Welt zu werden: die Produktion von Gallium-Arsenid-Scheiben für Chips.

Geschichte

Bis zum Jahr 1168 war es ruhig auf der Hochfläche über der Mulde. In diesem Jahr aber entdeckten Hallenser Fuhrleute auf dem Weg durch das Erzgebirge merkwürdig glänzende Streifen an den Rädern ihrer Fahrzeuge. Es war Silber, und das 'Bergkgeschrey' hub an. Die ersten bedeutenden Funde machte man beim Waldhufendorf Christiansdorf. Niedersächsiche Bergleute wurden geholt, aus Christiansdorf wurde 'Sächsstadt'. Aus diesem, einer weiteren Bergmannssiedlung, der von Markgraf Otto gegründeten Burg Freudenstein und einer am Obermarkt angelegten Kaufmannssiedlung wuchs zwischen 1170 und 1220 'Freiberg' zusammen, denn die Silberförderung war jedermann frei, solange er brav seine Abgaben an die Obrigkeit entrichtete. Bei einer durchschnittlichen Jahresfördermenge von

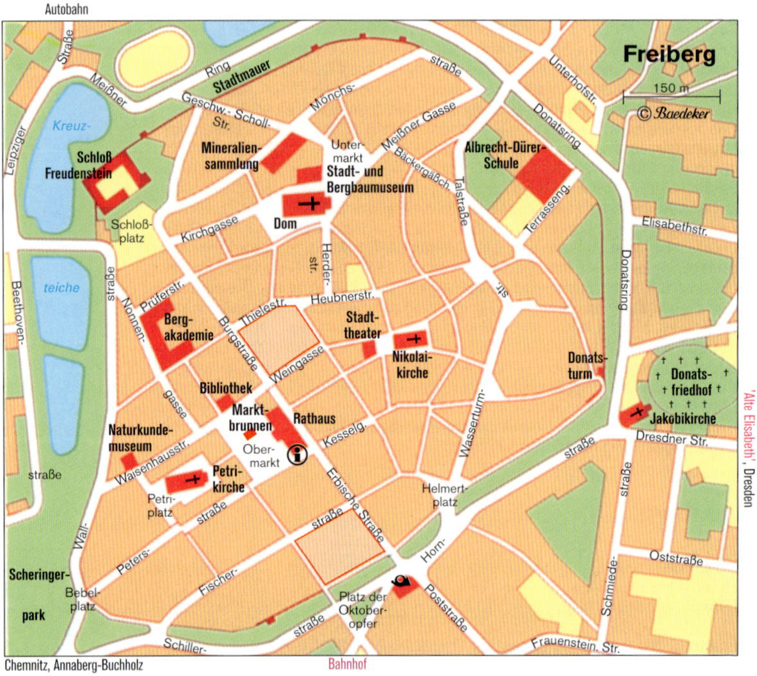

Geschichte (Fortsetzung)

sechs Tonnen Reinsilber kam einiges zusammen. Die neue Stadt entwickelte sich schnell zum wirtschaftlichen Mittelpunkt, ab 1240 zur bedeutendsten landesherrlichen Münzstätte, zum wichtigen Fernhandels- und Finanzplatz. Bedeutende Baudenkmale, allen voran der Dom St. Marien, entstanden; ein Befestigungsring mit 39 Türmen wurde um die Stadt gezogen. Um 1350 versiegte der Silberstrom, doch als 120 Jahre später bei Schneeberg und Annaberg neue Silbervorkommen entdeckt wurden, florierte auch Freiberg trotz des Stadtbrands von 1484 wieder. 1542 setzte Kurfürst Moritz die oberste Bergbehörde in Freiberg ein, die bis 1945 ihre Aufgaben wahrnahm. Die Folgen des Dreißigjährigen – an die Belagerung durch die Schweden im Winter 1642 / 1643 erinnert das Schwedendenkmal im Scheringerpark – und des Siebenjährigen Kriegs kündeten einen allmählichen Niedergang an, der durch die Gründung der Bergakademie 1765 noch einmal aufgehalten werden konnte. An ihr studierten Berühmtheiten wie Alexander von Humboldt, Novalis, Theodor Körner oder Michail Lomonossow. Nach einem letzten Höhepunkt der Silberproduktion im 19. Jh. kam das Aus für die Freiberger Münze mit der Einführung der Goldwährung im neugegründeten Deutschen Reich von 1871, auch wenn der Silberbergbau endgültig erst 1913 eingestellt wurde. Von 1936 an und verstärkt nach 1945 wurde der Erzbergbau auf Blei, Zink und Zinn wieder aufgenommen, doch 1969 schließlich für immer beendet.

*Obermarkt und angrenzende Straßen

Marktbrunnen

Als günstigster Ausgangspunkt für einen Gang durch Freiberg bietet sich der weitläufige Obermarkt an, das alte kaufmännische Zentrum. In seiner

Mitte wurde 1897 der Marktbrunnen aufgestellt, bekrönt von einer Skulptur des Stadtgründers Markgraf Otto. Der 'Dunkelstein' am Brunnen bezeichnet den Ort des Schafotts, auf dem am 14. Juli 1455 der Altenburger Prinzenräuber Kunz von Kaufungen hingerichtet wurde.

Obermarkt (Fortsetzung)

*Rathaus

Das weißleuchtende Rathaus nimmt die Hälfte der Ostseite des Obermarkts ein. Sein Bau wurde um 1420 mit dem Turm begonnen und 1474 vollendet. Ursprünglich besaß es zwei Erker, geblieben ist nur der 1578 am linken Giebel von Andreas Lorentz angebrachte mit einem sog. Gaffkopf, der angeblich Kunz von Kaufungens Portrait sein soll. Ein Relikt seiner Tat hängt in der Rathausdiele: die Strickleiter, mit der die Prinzen aus dem Altenburger Schloß entführt wurden. Vom Turm, in dem die Lorentzkapelle als Betstube für die Ratsherren eingerichtet wurde, spielt ein Meißner Porzellanglockenspiel täglich um 11.15 und 16.15 Uhr das "Steigerlied".

Bürgerhäuser

Rund um den Obermarkt haben sich die wohlhabenden Freiberger eine Reihe stattlicher Häuser erbaut, die teilweise interessante Dachgaubenkonstruktionen aufweisen. Zu den schönsten gehören das Schönlebehaus (Obermarkt Nr. 1), ein 1624 umgebautes, dreigeschossiges Patrizierhaus des Bürgermeisters Jonas Schönlebe, der 1546 von Andreas Lorentz vollendete Renaissancebau des ehemaligen Innungskaufhauses und heutigen Ratskellers mit reichgeschmücktem Portal (Nr. 16), ferner das Lisskirchnerhaus (Nr. 17) von 1530 mit dem künstlerisch bedeutendsten Portal der Frührenaissance in Freiberg mit Bergbaudarstellungen, die Ratsapotheke (Obermarkt Nr. 23) von 1631, Haus Obermarkt Nr. 6, 1696 am Ort der ersten Freiberger Münzstätte erbaut, schließlich Nr. 10 von 1542 im Stil der Görlitzer Renaissance.

St. Petri

An der Westseite des Obermarkts führt das Kirchgäßchen zur dreitürmigen Kirche St. Petri. Auf romanischen Überresten zwischen 1404 und 1440 entstanden, wurde sie nach einem Brand von 1728 an wiederaufgebaut. Aus

Ein stolzes Rathaus für eine stolze Stadt

St. Petri (Fortsetzung)

dieser Epoche stammt auch die Ausstattung, allen voran eine Silbermannorgel von 1735 und ein Lesepult von J. C. Feige aus dem Jahr 1734.

Naturkundemuseum

Schräg gegenüber vom Eingang der Kirche steht an der Waisenhausstraße das Naturkundemuseum. Es ist im 1530 erbauten Haus des ersten Leiters der Bergakademie Christlieb Ehregott Gellert eingerichtet und setzt seine Schwerpunkte beim Bergbau, Naturschutz und den Tieren und Pflanzen der Freiberger Umgebung (Öffnungszeiten: Di.–So. 10.00–17.00 Uhr).

Bergakademie

Von der Waisenhausstraße geht die Nonnengasse ab und führt zur traditionsreichen Bergakademie. Hier kann man – nach Voranmeldung unter Tel. 0 37 31 / 39 34 76 – die Modellsammlung besichtigen, die Bergbaugerät der letzten 200 Jahre in feinen Modellen zeigt.

Schloß Freudenstein

Auf der Nonnengasse geht man weiter zum Schloßplatz vor Schloß Freudenstein, das auf die Anfänge der Stadt zurückgeht. Herzog Heinrich der Fromme residierte hier von 1503 bis 1539, bevor es bis 1576 von Hans Irmisch umgebaut wurde. Das Schloß befindet sich heute in einem erbarmungswürdigen Zustand, die Renovierung wird sicher noch Jahre dauern.

Kirchgasse

Von der Ostecke des Schloßplatzes führt die Kirchgasse zum Dom St. Marien. Dabei kommt man am 1542 gegründeten, 1946 aufgelösten und 1991 wiederinstallierten Oberbergamt (Nr. 11) vorbei. Es besitzt im Erdgeschoß ein gotisches Sterngewölbe und einen bemerkenswerten Fußbodenbelag.

**Dom St. Marien

Führungen

Der Dom St. Marien kann außer zu Gottesdiensten (und dann nur zu diesem Zweck!) nur im Rahmen einer gebührenpflichtigen Führung (Karten schräg gegenüber vom Eingang) betreten werden. Führungen: Mai–Okt. tgl. 10.00, 11.00, 14.00, 15.00, 16.00, Nov.–April tgl. 11.00, 14.00 und 15.00 Uhr.

Baugeschichte

Als der Silberreichtum bereits kräftig sprudelte, legten die Freiberger Ende des 12. Jh.s den Grundstein für eine der Jungfrau Maria geweihte Pfarrkirche. Diese romanische Pfeilerbasilika, seit 1480 im Rang eines Doms, brannte 1484 ab. Unter Verwendung einiger ihrer wesentlichen Teile wurde nun unter Leitung der Gebrüder Falkenwalt der heutige Dom in Gestalt einer hohen dreischiffigen Hallenkirche zusammen mit der Annenkapelle erbaut. 1509 waren die Arbeiten beendet, ohne daß allerdings die Kirche als abgeschlossen betrachtet wurde. Davon zeugt das relativ bescheidene äußere Erscheinungsbild, das die von den damals besten Künstlern Sachsens geschaffene, einmalige Innenausstattung jedoch wettmacht.

Innenraum

Zunächst wirft man einen Blick auf die 1500 bis 1505 geschaffenen, im unteren Bereich der Wandpfeiler angesiedelten 12 Apostelfiguren eines unbekannt gebliebenen Meisters, in dem manche heutzutage den Freiberger Philipp Koch sehen. Der Zyklus der 'Törichten und Klugen Jungfrauen' an den Strebepfeilern entstand 1510, ebenfalls von unbekannter Hand.

Bergmannskanzel

Bürgermeister Jonas Schönlebe beauftragte 1638 Hans Fritzsche mit dem Bau der Bergmannskanzel, die ihren Namen den zwei Bergmannsfiguren verdankt, die sie tragen.

**Tulpenkanzel

Daneben steht die berühmte Tulpenkanzel, ein phantastisches, filigranes Gebilde aus Tuffstein, zwischen 1508 und 1510 von Hans Witten geschaffen und einer der Höhepunkte spätgotischer Bildhauerei überhaupt. Sie symbolisiert die Kirche als Blume im Garten Gottes: Auf einem dicken, von Seilen gebändigten und von Engeln gehaltenen vielblättrigen Strunk thront die vielfach durchbrochene Kanzel in Tulpengestalt, geschmückt mit den Büsten der Kirchenväter Augustinus, Ambrosius, Gregor und Hieronymus.

Die Blätter scheinen zu wachsen, die Figuren scheinen zu leben an Hans Wittens Tulpenkanzel. ▶

268 1–4
166 1+2
278 1+5
248 1–
164
249 1+2

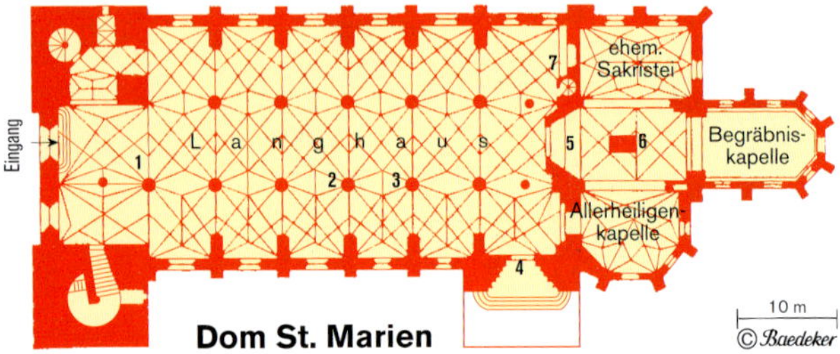

1 Große Silbermannorgel
2 Bergmannskanzel
3 Tulpenkanzel
4 Goldene Pforte
5 Triumph-kreuzbogen
6 Kenotaph für Kurfürst Moritz
7 Kleine Silbermannorgel

Dom St. Marien (Fortsetzung)

Der freie Aufgang ist als von Baumstämmen gestütztes Astwerk gestaltet. An der ersten Stufe sitzt ein entspannter bärtiger Mann, etwas über ihm aber stöhnt ein junger Mann unter der Last der Treppe – in diesen beiden Figuren kommt die Meisterschaft Wittens am besten zum Ausdruck. Von der Tulpenkanzel wird übrigens nur an hohen Feiertagen gepredigt; ansonsten besteigt der Pfarrer die Bergmannskanzel.

Silbermann-orgeln

Wirft man einen Blick zurück zum Eingang, sieht man auf der Empore die dreimanualige Große Silbermannorgel (1711 – 1714), die größte, die der erzgebirglerische Orgelbauer je geschaffen hat. Dreht man sich wieder um, erblickt man links von der Chorempore die um dieselbe Zeit entstandene Kleine Silbermannorgel. An derselben Wand prangt eine feine Christophorusfigur von Philipp Koch.

*Romanische Kreuzigungs-gruppe

Auf der Chorempore ist die Kreuzigungsgruppe angebracht, die schon zur Ausstattung der romanischen Kirche gehörte. Sie entstand um 1230 und zeigt den Gekreuzigten flankiert von Maria und Johannes. Darunter steht der Hochaltar mit einem im Jahr 1560 geschaffenen protestantischen Altargemälde, welches das Abendmahl Jesu und das Abendmahl der Freiberger darstellt.

*Kurfürstliche Grablege

Der durch prunkvolle Gitter abgetrennte Chor dient seit Ende des 16. Jh.s als Grablege der Wettiner Kurfürsten. Die Tradition begründete der 1541 verstorbene Heinrich der Fromme, der unter einer schlichten Metallplatte in der Allerheiligenkapelle beerdigt ist. Bestattet sind hier u.a. auch Kurfürstin Anna Sophia, Mutter Augusts des Starken, und ihre Schwester Wilhelmine Ernestine von der Pfalz in einem Grabmal mit Skulpturen von Permoser. Geradezu riesenhaft und den ganzen mittleren Raum einnehmend präsentiert sich das Moritzmonument, Grabmal für den 1553 gestorbenen Kurfürsten Moritz. Dieses erste Freigrab der deutschen Renaissance ist ein Entwurf der Italiener Benedetto und Gabriele Thola, 1563 vollendet und den Kurfürsten lebensgroß knieend beim Gebet zeigend. Die Begräbniskapelle wurde erst von 1575 an von dem in Dresden lebenden Giovanni Maria Nosseni (1544 – 1620) im Stil des italienischen Manierismus gestaltet, als dessen bedeutendstes Manifest nördlich der Alpen sie gilt.

**Goldene Pforte
→ Abb. S. 51

Den Abschluß der Führung bildet die Besichtigung der Goldenen Pforte, die unter einem Schutzbau an der Südwand des Doms angebracht ist. Auch sie stammt aus der romanischen Kirche und entstand zwischen 1230 und 1235. Sie gilt als das älteste Beispiel eines in Gewände und Archivolten ausgeschmückten Figurenportals in Deutschland. Das ikonographische Programm, das die vorzüglichen Figuren verkörpern, sei nur angerissen: im Tympanon Maria, umgeben von Joseph und dem Erzengel Gabriel, in den Archivolten u.a. die Legende von Abraham, Auferstehung, Engel, Apostel und Evangelisten, im Gewände Salomo, Daniel, die Königin von Saba und Johannes der Täufer (links) sowie Aaron, Bathseba, David und Johannes der Evangelist (rechts).

Annenkapelle

Die Annenkapelle am Kreuzhof bewahrt u.a. eine Sandsteinmadonna von Franz Maidburg aus dem Jahr 1513.

Untermarkt

Hinter dem Dom öffnet sich der etwas abfallende Untermarkt. Von hier offenbart sich ein schöner Blick auf Chor und die hohe Konstruktion des Langhausgiebel des Doms.

Thümerei · *Stadt- und Bergbaumuseum

Rechts davon sieht man den auffälligen Giebel der sog. Thümerei, zusammen mit dem Dom als Domherrenhof errichtet und nach der Reformation u. a. als Lateinschule genutzt. Seit 1903 ist hier das Freiberger Stadt- und Bergbaumuseum zu Hause, das natürlich eingehend über den Bergbau und die damit verbundene Geschichte der Stadt informiert, aber auch eine sehr sehenswerte Sammlung spätgotischer Plastiken besitzt (Öffnungszeiten: Di. – So. 10.00 – 17.00 Uhr).

Mineraliensammlung

Um den Gebäudekomplex herum kommt man in der Brennhausgasse 14 zur Mineraliensammlung der Bergakademie, ein Dorado für Freunde von Erzen, Mineralien und Gesteinen (Öffnungszeiten: Mi. – Fr. 9.00 – 12.00 und 13.00 – 16.00, Sa. 9.00 – 16.00 Uhr). Eine weitere Abteilung befindet sich in der Bernhard-von-Cotta-Str. 2.

Weitere Sehenswürdigkeiten in Freiberg

Buttermarkt

Nordöstlich vom Obermarkt liegt der Buttermarkt. An ihm erhebt sich die spätgotische Nikolaikirche, die aber überwiegend barock, u. a. mit einem Hochaltar von Gottfried Stecher, ausgestattet ist.

Nikolaikirche

Stadttheater

Gegenüber steht das in einem Haus aus der ersten Hälfte des 17. Jh.s untergebrachte Stadttheater (Mittelsächsisches Theater), in dem am 24. November 1800 Carl Maria von Webers erste Oper “Das stumme Waldmädchen” uraufgeführt wurde.

Donatsturm

Am östlichen Rand des Altstadtrings zeugt der mächtige Donatsturm von der einstigen Stadtbefestigung. Der 1455 vollendete Bau war ihr einziger Rundturm. In den angrenzenden Gäßchen ist noch manch altes Bergmannshaus erhalten.

Am Schacht ‘Alte Elisabeth’

**Städtisches Lehr- und Besucherbergwerk 'Himmelfahrt-Fundgrube'

Alle, die an Bergbaugeschichte interessiert sind, müssen in der Wiege des sächsischen Bergbaus das Lehr- und Besucherbergwerk 'Himmelfahrt-Fundgrube' im Nordosten der Stadt besuchen. Es gehört zu den attraktivsten Schaubergwerken Sachsens. Hier wurde 1969 die letzte Schicht des Freiberger Bergbaus gefahren.
Zu sehen sind zwei Schächte mit den dazugehörigen Anlagen. Im Schacht 'Reiche Zeche' wird durch Silber- und Buntmetallerzgänge geführt und die Technik des Bergbaus vom 14. Jh. bis heute an Werkzeugen und Gerät erklärt (Führungen: ganzjährig Mo.–Fr. 9.30, Mai–Aug. auch Sa. 8.00, 11.00, 14.00; Sept.–April nur jeden 1. Sa. 8.00, 11.00 und 14.00 Uhr; Dauer 2 St.). Über Tage bleibt man im Schacht 'Alte Elisabeth', wo die oberirdischen Anlagen, darunter die Dampfförderanlage von 1848, das 33 t schwere Schwarzenberggebläse von 1830, mit dem bis 1926 Frischluft in den Schacht gepumpt wurde, sogar eine Betstube und ein untertägiges Wasserrad besichtigt werden (Führungen: Mai–Sept. Mo.–Fr. 13.00, Sa. 10.00 und 14.00, So. 11.00 Uhr).
Zum Bergwerk gehört auch das Drusenkabinett in der Himmelfahrtsgasse (Führungen: Mo.–Fr. 10.00 und 14.00 Uhr; Dauer 1 St.).

Umgebung von Freiberg

Zuger Bergbaugebiet

Unmittelbar südlich von Freiberg beginnt das Zuger Bergbaugebiet, das von Schächten und Stollen geradezu durchlöchert ist. Entsprechend groß ist die Zahl von Schaubergwerken und alten Anlagen. Erwähnt seien der Schacht 'Alte Mordgrube', wo 1829 bereits eine Pferdebahn fuhr und wo im Förderhaus des Mendenschachts heute eine schöne Gaststätte eingerichtet ist, die von Goethe aufgesuchte Grube 'Beschert Glück hinter den drei Kreuzen' mit schönem Huthaus, oder der Dreibrüderschacht, in dem 1913 das erste Kavernenkraftwerk der Welt in Betrieb ging (Besichtigung nach Voranmeldung unter Tel. 0 37 31 / 7 43 69).

Brand-Erbisdorf

Auch Brand-Erbisdorf, 7 km südlich von Freiberg, lebte vom Bergbau. Davon erzählen die Schauanlage 'Bartholomäusschacht' und das Bergbau- und Heimatmuseum im Huthaus zum Reußen (jew. Öffnungszeiten: April bis Okt. Fr. und Sa. 13.00–16.00, So. 10.00–12.00 Uhr). Außerdem sehenswert ist die spätgotische Pfarrkirche, vor allem dank ihrer lebensgroßen Skulptur eines Bergmanns, die Samuel Lorenz 1585 geschaffen hat.

Großhartmannsdorfer Teichgebiet

Weitere 7 km südlich beginnt das Großhartmannsdorfer Teichgebiet, dessen zur Versorgung der Schächte angelegte Teiche heute Brutplätze für zahlreiche Vogelarten sind.

Oederan

Das Erzgebirge en miniature breitet sich im Stadtpark von Oederan, 14 km südwestlich von Freiberg, aus. Etwa 100 der schönsten Gebäude des Erzgebirges wie etwa Schloß Augustusburg sind hier im Maßstab 1 : 25 nachgebaut (Öffnungszeiten: Mai.–Okt. tgl. 8.00–18.00 Uhr). Auch eine historische Handweberei ist in Oederan zu finden (Richard-Wagner-Str. 1; Di. bis Fr. 9.00–12.00 und 13.00–16.00, 1. und 3. Wochenende 9.00–15.30 Uhr).

Frauenstein

In Frauenstein, 20 km südöstlich von Freiberg, sieht man auf einem hohen Felskegel noch die Reste der 1728 abgebrannten Burg aus dem 13. Jh., darunter den Nordturm 'Dicker Merten', den Südturm und die Ruinen des Palas – alles in allem eine der größten und ältesten sächsischen Burgen. Unterhalb der Burg liegt das von dem kurfürstlichen Baumeister Hans Irmisch 1585 bis 1588 erbaute Renaissanceschloß. In ihm ist das Gottfried-Silbermann-Museum eingerichtet, das über Leben und Werk des im nahen Kleinbobritzsch geborenen genialen Orgelbauers (→ Berühmte Persönlichkeiten) berichtet (Öffnungszeiten: tgl. 9.00–12.00 und 13.00–16.00, an Wochenenden erst ab 10.00 Uhr). Ausgestellt sind auch Originalteile von Orgeln und ein Orgelmodell für Demonstrationszwecke. Sein Geburtshaus in Kleinbobritzsch hat die Hausnummer 2.

Gottfried-Silbermann-Museum

Halsbrücke

Zurück zum Bergbau führt eine Fahrt in das 7 km nördlich von Freiberg gelegene Halsbrücke. Dort wurde 1791 ein Amalgamierwerk gegründet, für das der Freiberger Chemiker und Akademielehrer Wilhelm August Lampadius 1815 die erste Gasbeleuchtungsanlage der Welt schuf. Weitere Zeugnisse des Bergbaus sind die Überbleibsel eines Kahnhebehauses an der Mulde, Teil des ersten europäischen Schiffshebewerks, die 140 m hohe Hohe Esse und die Kaue am Rothschönberger Stollen.

Nossen
Kloster Altzella

Nossen liegt 19 km nördlich von Freiberg und wird überragt von seinem Renaissanceschloß. Etwas außerhalb liegt Kloster Altzella, 1162 von Markgraf Otto gestiftet und 1540 säkularisiert. Im einst größten Kloster Sachsens kann man heute durch die weitläufigen, parkähnlichen Anlagen spazieren und im Konversenhaus die Baugeschichte studieren. Das Sanktuarium wurde zu einem klassizistischen Mausoleum umgebaut.

Das klassizistische Mausoleum auf dem Klostergelände von Altzella entstand aus dem Sanktuarium.

Glauchau **K 6**

Landkreis: Chemnitzer Land
Höhe: 266 m ü.d.M.
Einwohnerzahl: 28 000

Lage und Allgemeines

Die Kreisstadt Glauchau, 15 km nördlich von → Zwickau an der Zwickauer Mulde gelegen, bezeichnet sich selbst als ‘Industriestadt im Grünen’. Bis zur Wende in der DDR war die Stadt ein bedeutender Industriestandort der Textilbranche, doch mittlerweile ist dieses industrielle Standbein sehr schwach geworden. Geblieben ist Glauchaus Position als Eisenbahnknotenpunkt, welche die Stadt zu einem der drei Güterverkehrszentren Sachsens macht.

Geschichte

Glauchau entstand im Schutz des 1170 angelegten heutigen Schlosses und erhielt im 13. Jh. die Stadtrechte. Seit dem 16. Jh. war die Leinenweberei Haupterwerbszweig, zu der im 18. Jh. die Baumwollspinnerei hinzukam und Glauchau zum wichtigen Standort der Textilindustrie werden ließ – u. a. auch so bedeutend, daß 1871 der erste deutsche Webertag unter der Führung von August Bebel in Glauchau stattfand. Prominentester Sohn der Stadt ist Georgius Agricola (→ Berühmte Persönlichkeiten).

Sehenswertes in Glauchau

Markt

Mittelpunkt von Glauchau ist der Marktplatz mit dem Rathaus von 1819 an seiner Westseite.

St. Georg

Die Stadtkirche St. Georg nordwestlich vom Markt entstand 1726 bis 1728 auf den Resten eines gotischen Vorgängerbaus. Sie bewahrt noch einen Flügelaltar von 1510 und Erinnerungen an die Grafen Schönburg, Herren von Glauchau. Die 1730 geweihte Orgel baute Gottfried Silbermann.

Hauptpost

Wer aus Glauchau eine Ansichtskarte schreiben will, sollte sie nicht bloß in einen Briefkasten werfen, sondern sie im Mitte des 19. Jh.s erbauten Hauptpostamt abgeben – dessen Schalterhalle ist allerliebst ausgemalt.

Bismarckturm

Das Wahrzeichen von Glauchau ist der 46 m hohe Bismarckturm, von dem man bei guter Fernsicht bis nach → Leipzig zum Völkerschlachtdenkmal blicken kann.

Schloßkomplex

Glauchau kann sich rühmen, ein doppeltes Schloß zu besitzen. Die Reichsgrafen von Schönburg, bis 1918 über Glauchau und sein Umland herrschend, teilten einst das auf einem Felssporn thronende Anwesen und trennten es durch einen Wallgraben.

Schloß Forderglauchau

Von der Stadt kommend, erreicht man zuerst das jüngere Schloß Forderglauchau. Die hufeisenförmige Anlage im Stil der Spätrenaissance entstand 1527 bis 1534 unter Ernst II. von Schönburg anstelle des alten Schloßvorwerks. In den Schloßräumen hat die Stadt Glauchau u. a. die Galerie für moderne Kunst 'art gluchowe', die Stadt- und Kreisbibliothek sowie eine Musikschule eingerichtet.

Schloß Hinterglauchau

Über den Graben hinweg betritt man Schloß Hinterglauchau. Es geht auf die erste, um 1170 errichtete Burg zurück, verdankt sein heutiges Aussehen aber den Umbauarbeiten zwischen 1460 und 1470 sowie nach 1525. Die Räumlichkeiten – darunter der nunmehr unterteilte und mit Kassettendecken versehene Steinerne Saal im Obergeschoß – belegen die städtische Kunstsammlung und das Stadtmuseum Glauchau. Das 1989 nach umfänglichen Renovierungen wiedereröffnete Museum ist mehr als ein bloßes Stadtmuseum, zeigt es doch eine feine Sammlung von Malerei des 19. und 20. Jh.s sowie eine umfangreiche Graphiksammlung (Niederländer, Dürerzeit), Möbel und Einrichtungen des 16. – 19. Jh.s (Damenschreibtisch von David Roentgen, ostasiatische Keramik), Teile des Callenberger Altars von Peter Breuer (1513), Dokumente zur Geschichte von Schloß und Stadt, zur Geschichte der Weber im Raum Glauchau – Meerane sowie zu Leben und Werk von Georgius Agricola (Öffnungszeiten: Di. – Fr. 9.00 – 12.00 und 13.00 – 17.00, Sa. und So. 14.00 – 17.00 Uhr).

*Stadtmuseum

Umgebung von Glauchau

Waldenburg

Schloß

Das Töpferstädtchen Waldenburg liegt 8 km nordöstlich von Glauchau über der Zwickauer Mulde, wo es lange die Furt an der Handelsstraße von Böhmen nach Altenburg kontrollierte. Zu diesem Zweck entstand im 12. Jh. die Waldenburg, von der heute nur noch Mauerreste am Unterbau des jetzigen Schlosses künden. Dieses ließen die Schönburger 1855 bis 1859 im englischen Tudorstil erbauen. Seit 1945 dient es als Sanatorium.

Gegenüber vom Schloß sollte man einen Blick in das Lincksche Naturalienkabinett werfen. Diese bereits 1670 von einer Leipziger Apothekerfamilie begonnene Sammlung besteht im wesentlichen aus einem Herbarium mit 16 000 Pflanzen, doch ist auch manch anatomische Monstrosität aus Tier- und Menschenwelt zu sehen, mittlerweile ist auch sakrale Kunst wie weitere Teile des zuvor schon erwähnten Callenberger Altars hinzugekommen. Seit 1840 gehört die Sammlung den Grafen von Schönburg (Öffnungszeiten: Di.–Fr. 9.00–16.00, Sa. und So. 9.30–17.00 Uhr).

*Linckschés Naturalienkabinett in Waldenburg

Die 1874 neogotisch umgebaute, auf das 15. Jh. zurückgehende Stadtkirche St. Bartholomäus besitzt einen bemerkenswerten Sandsteinepitaph für Hugo von Schönburg, den Christoph Walther II. 1567 für die Schloßkapelle gehauen hat. Auch der Taufstein soll von diesem Künstler stammen.

St. Bartholomäus

Zum Spaziergang lädt der Grünfelder Park ein, 1780 bis 1795 von C. F. Schuricht als englischer Landschaftsgarten angelegt mit Schlößchen, gotischem Haus und einem vom Schloß geborgenen Renaissancetor.

Grünfelder Park

Von Waldenburg 3 km die Zwickauer Mulde aufwärts kommt man nach Wolkenburg. Auch hier gibt es eine ursprünglich mittelalterliche Burg, die dann im 17. und 18. Jh. zum Schloß umgebaut wurde. Die Familie von Einsiedel ließ sich dazu noch einen schönen barocken Garten anlegen und darin gußeiserne Kunst aus der ihnen gehörenden Lauchhammer Hütte in Gestalt griechischer Gottheiten aufstellen.

Wolkenburg

Görlitz F / G 20

Kreisfreie Stadt
Höhe: 221 m ü.d.M.
Einwohnerzahl: 67 700

Görlitz, die östlichste Stadt Deutschlands, liegt in Niederschlesien genau auf dem 15. Grad östlicher Länge am linken Ufer der Görlitzer oder Lausitzer Neiße, die hier die deutsch-polnische Grenze bildet. Der Straßengrenzübergang gehört zu den wichtigsten Ost-West-Verbindungen in Europa und ist entsprechend stark frequentiert. Waggon- und Maschinenbau sowie die Herstellung elektronischer und optischer Geräte sind die wichtigsten Bereiche der örtlichen Industrie. Zusammen mit Zittau ist Görlitz Sitz der Hochschule für Technik, Wirtschaft und Sozialwesen.

Lage und Allgemeines

Manch Oberlausitzer Städtchen nennt sich gern ‘Perle der Oberlausitz’. Das Kronjuwel aber ist Görlitz, auch wenn die einstige Hauptstadt der Lausitz inzwischen reichlich Patina angesetzt hat. Denn sie fiel am Ende des Zweiten Weltkriegs den Sowjets kampflos in die Hände und hat sich so ihr einmaliges architektonisches Gepräge bewahren können. Ein Gang durch Görlitz ist ein Gang durch die Jahrhunderte der Architekturgeschichte von der Gotik bis zum Jugendstil, einzig etwas getrübt durch den beklagenswerten Zustand, in dem sich große Teile der Altstadt immer noch befinden – man spürt ihn beim Durchwandern auch förmlich, denn ein Großteil der Altstadthäuser ist nicht bewohnt, und entsprechend einsam ist es manchmal. Görlitz ist nämlich nicht nur vom Krieg, sondern zu DDR-Zeiten auch weitgehend von Restaurierungsmaßnahmen verschont geblieben, zumindest was die weniger prominente Bausubstanz anbetrifft. Wer aber auf einer Sachsenreise Görlitz ausläßt, hat eine der schönsten Städte des Freistaats nicht gesehen.

**Stadtbild

Das Görlitzer Wappen am Dicken Turm

Am Kreuzungspunkt der ‘Hohen Straße’ und der ‘Böhmischen Straße’ gelegen, entwickelte sich das 1071 erstmals urkundlich genannte Dorf Gorelic an dem wichtigen Neißeübergang rasch zu einer bedeutenden Siedlung, der im 13. Jh.

Geschichte

Geschichte (Fortsetzung)

eine planmäßige Erweiterung mit regelmäßigem Grundriß und dem langgestreckten Obermarkt folgte. Nach starker Befestigung, Verleihung zahlreicher Rechte und Privilegien und der Ausbildung der bürgerlichen Selbstverwaltung spielte die Stadt ab 1346 eine führende Rolle im Oberlausitzer Sechsstädtebund. Ihre Stellung verdankte sie dem Handel mit Tuche, mit dem 'Waid' genannten blauen Farbstoff und mit Salz, den sie seit 1329 von allen Zöllen befreit betreiben konnte. Seine Blüte erlebte Görlitz während der langen Zugehörigkeit der Lausitz zum Königreich Böhmen, in der es seinen Reichtum mehrte, der sich in großartigen Bauten der Gotik und Renaissance präsentiert. Daran änderte auch der Stadtbrand von 1525 wenig, dem zwar bedeutende spätgotische Bauten zum Opfer fielen, der aber durch die Aufbauarbeiten des Ratsbaumeisters Wendel Roskopf d. Ä. mehr als ausgeglichen wurde. Ihm sind einzigartige Frührenaissancebauwerke zu verdanken, die als 'Görlitzer Stil' weitbekannt wurden. Der Pönfall von 1547 allerdings, bei dem den Städten des Sechsstädtebunds die kaiserlichen Privilegien entzogen wurden, warf Görlitz zurück. Dennoch konnte es sich zu einer Pflegestätte des Humanismus entwickeln, wirkte in seinen Mauern doch der 'Schuhmacherphilosoph' und Mystiker Jacob Böhme (1575–1624), der als einer der frühen geistigen Wegbereiter der klassischen deutschen Philosophie gilt. Vom Dreißigjährigen Krieg schwer heimgesucht, wurde Görlitz 1635 Kursachsen zugeschlagen und konnte seine einstige Bedeutung nie wieder erlangen. Immerhin machte man auf geistigem Gebiet durch die Gründung der Oberlausitzischen Gesellschaft der Wissenschaften im Jahr 1779 von sich reden. 1815 kam die Stadt nach dem Wiener Kongreß zu Preußen. Mit der ersten Tuchfabrik (1816) begann die Industrialisierung, die durch den Anschluß an das sächsische und preußische Eisenbahnnetz 1847 beschleunigt wurde. Am Ende des verheerenden Zweiten Weltkriegs wurden die am Ostufer der Neiße gelegenen Teile der Stadt unter polnische Verwaltung gestellt. Am 6. Juli 1950 anerkannte die damalige DDR-Führung im Görlitzer Abkommen die Oder-Neiße-Linie als Staatsgrenze zur damaligen Volksrepublik Polen; der Vertrag wurde in der fortan polnischen Nachbarstadt Zgorzelec unterzeichnet. Die Bundesregierung unter Willy Brandt anerkannte die Oder-Neiße-Linie im deutsch-polnischen Grundlagenvertrag von 1970, doch erst mit dem im Zuge der Vereinigung von DDR und Bundesrepublik Deutschland 1990 geschlossenen Grenzvertrag mit Polen ist diese Grenze endgültig fester Bestandteil der europäischen Nachkriegsordnung geworden.

Post- und Marienplatz

Aktuelles Zentrum

Die Straßenzüge und Bauten um den Post- und den Marienplatz im heutigen Stadt- und Geschäftszentrum stammen vorwiegend aus dem späten 19. Jahrhundert. Vom Postplatz geht die von stattlichen Gründerzeitbauten gesäumte Haupteinkaufsmeile Berliner Straße Richtung Bahnhof ab.

Frauenkirche

*Westportal

Nur die Frauenkirche am Marienplatz ist eine Schöpfung der Spätgotik aus den Jahren 1459 bis 1486. Sie besitzt ein sehr feines, figurenreiches Westportal; auch das Maßwerkfenster am Westturm verdient Aufmerksamkeit.

*Kaufhaus

Gleich neben der Kirche steht ein Kleinod deutscher Kaufhausarchitektur. Das 1912 / 1913 vom Potsdamer Architekten Schmanns nach dem Vorbild des Berliner Kaufhauses Wertheim erbaute Haus gilt als das einzige in Deutschland original erhaltene Großkaufhaus aus der Zeit vor dem Ersten Weltkrieg. Im Lichthof unter der herrlichen Glaskuppel breitet heute Karstadt sein Angebot aus.

Dicker Turm

Vom Kaufhaus blickt man zum mächtigen, 45 m hohen Dicken Turm, einst Teil des Frauentors, dessen Fundament bereits vor 1305 erbaut worden ist. Er trägt das ursprünglich 1477 am Tor angebrachte, von Briccius Gauske in Sandstein gehauene Stadtwappen, das von Maria und der hl. Barbara flankiert wird (→ Abb. S. 173).

Als Einkaufen noch eine stilvolle Angelegenheit war entstand das Kaufhaus am Marienplatz.

Naturkundemuseum

Das Staatliche Naturkundemuseum links in einem Gebäude vom Dicken Turm ist aus den Sammlungen der schon erwähnten Oberlausitzischen Gesellschaft der Wissenschaften hervorgegangen. Neben Ausstellungen über Tiere und Pflanzen aus aller Welt widmet es sich besonders der Erdgeschichte und der Tierwelt der Oberlausitz (Öffnungszeiten: Di.–Fr. 9.00 bis 17.00, So. 10.00–18.00 Uhr).

Annenkapelle

Dahinter sieht man den Chor der Annenkapelle, 1508 bis 1512 für den Kaufmann Hans Frenzel als privater Betraum erbaut und heute als Veranstaltungssaal benutzt. Sie ziert ein spätgotischer Statuenzyklus.

Demianiplatz

* Kaisertrutz

Vom Marienplatz folgt man der Straßenbiegung am Stadttheater von 1850 vorbei zum Demianiplatz. Der Platz wird fast erschlagen vom massigen Rondell des Kaisertrutzes, das 1490 als Teil des westlichen Stadttores errichtet worden ist. Die Schweden trotzten während des Dreißigjährigen Kriegs in diesem Bollwerk den Kaiserlichen Truppen, daher der Name. Heute ist hier eine Gemäldegalerie der Städtischen Kunstsammlungen Görlitz untergekommen, die ausschließlich deutsche Künstler, darunter Carl Spitzweg und Lovis Corinth, ausstellt (Öffnungszeiten: Mai–Okt. tgl. außer Mo. 10.00–17.00 Uhr).

Reichenbacher Turm

Der vor 1376 angelegte Reichenbacher Turm, 1485 mit dem jetzigen Oberbau und 1782 mit einer Barockhaube versehen, markiert den Übergang zum Obermarkt. An ihm angebracht sind in zwei Reihen die Wappen der Städte des Lausitzer Sechsstädtebundes (unten) und die Wappen der Herrschaften, zu denen Görlitz gehörte (oben). Auch der Turm ist von den Städtischen Kunstsammlungen belegt; gezeigt werden überwiegend Waffen (Öffnungszeiten wie zuvor).

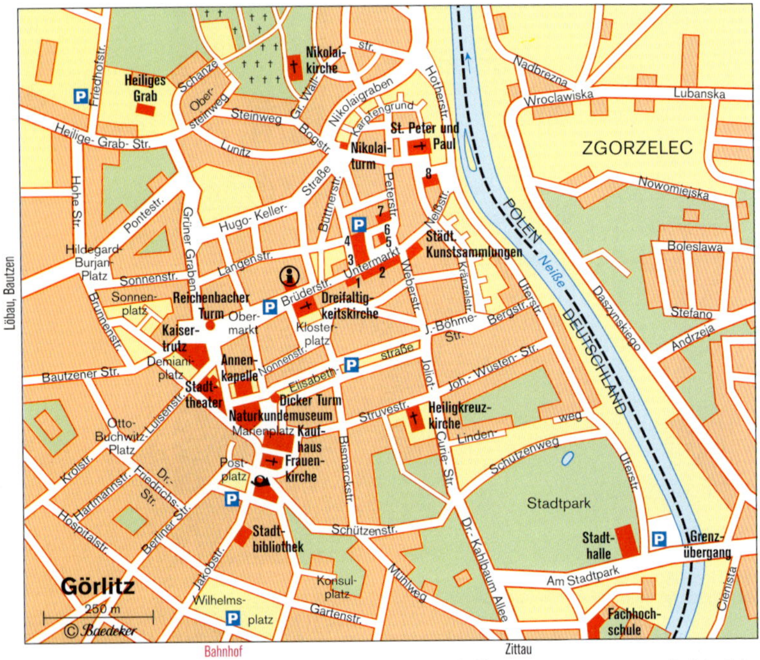

1 Schönhof
2 Lange Läuben
3 Altes Rathaus
4 Neues Rathaus
5 Waage
6 Alte Börse
7 Ratsapotheke
8 Waidhaus

*Obermarkt

Napoleonhaus

Verrätergasse

Der langgestreckte Obermarkt östlich von Kaisertrutz und Reichenbacher Turm ist quasi das Vorzimmer zur 'guten Stube' am Untermarkt. Der Obermarkt ist bereits im 13. Jh. angelegt worden, aber überwiegend vom Barock geprägt. Vor allem an der Nordseite besitzt er einige schöne Häuser, besonders bemerkenswert ist die üppige figürlich-plastische Stuckverzierung am Kolossalpilaster von Nr. 29. Vom Balkon dieses 1718 erbauten Hauses nahm Napoleon I. im Jahr 1813 eine Parade seiner Truppen ab. Heute hat hier die Görlitzer Stadtinformation ihren Sitz. Haus Nr. 25 spielte eine Rolle im Tuchmacheraufstand von 1527: Die Inschrift "D.V.R.T. 1527" am Hinterausgang erinnert an den hier lebenden Anführer des Aufstands, Peter Liebig, und bedeutet "Der verräterischen Rotte Tür", denn hier beginnt die 'Verrätergasse'.

Dreifaltigkeitskirche

Die gotische Dreifaltigkeitskirche an der Platzseite gegenüber ist aus der Kirche des 1234 gegründeten Franziskanerklosters hervorgegangen. Romanisch sind noch die Triumphbogensäulen, der Chor hat 1371 bis 1381 und das Langhaus im 15. Jh. sein heutiges Aussehen erhalten. Der schlanke Glockenturm wird 'Mönch' genannt; seine Uhr geht traditionell sieben Minuten vor – so soll die Wache beim Tuchmacheraufstand rechtzeitig zur Stelle gewesen sein. Die Kriegerfigur auf dem Marsbrunnen vor der Kirche ist eine Kopie des 1670 entstandenen Originals.

Dreifaltigkeitskirche (Fortsetzung)

Die Dreifaltigkeitskirche besitzt noch einige spätgotische Ausstattungsstücke, insbesondere das 1484 entstandene Mönchsgestühl, die Grablegungsgruppe von Hans Olmützer aus dem Jahr 1492 und in der Barbarakapelle den holzgeschnitzten "Christus in der Rast" (um 1500) sowie den um 1511 geschaffenen Wandaltar der "Goldenen Maria". Der alte Kreuzgang zeigt noch Wandmalereien aus dem Jahr 1430. Als Hauptwerk von C. G. von Rodewitz gilt der hochbarocke Altaraufsatz von 1713.

*Innenausstattung

**Untermarkt

Brüderstraße

Den westlichen Ausgang des Obermarktes, die in den Untermarkt hineinführende Brüderstraße, flankieren in eindrucksvoller Geschlossenheit Renaissance- und Barockbauten.

*Schönhof

Rechter Hand, etwas vorspringend, sieht man den 1526 von Wendel Roskopf d. Ä. erbauten Schönhof (Nr. 8), das älteste deutsche Renaissance-Bürgerhaus. Seine reiche Pilastergliederung am Eckerker ist typisch für den 'Görlitzer Stil'. Das Gebäude wird derzeit umfassend restauriert, um künftig das Landesmuseum Schlesien aufzunehmen, das bereits jetzt Ausstellungen veranstaltet (Öffnungszeiten: Di. – So. 10.00 – 17.00 Uhr).

Schwarze Straße

An der rechts abgehenden Schwarzen Straße hatten seit alters her die Görlitzer Glasbläser ihre Werkstätten. Heute ist dieses Handwerk hier wieder zu Hause, und man läßt sich gern dabei zusehen.

Mittelalterlicher Stadtkern

Dann endlich betritt man den leicht zur Neiße abfallenden, seit 1220 nachgewiesenen Untermarkt. Auf engem Raum begegnen sich hier spätgotische, Renaissance- und Barockhäuser und verleihen dem Herzen des mittelalterlichen Görlitz sein unverwechselbares Gepräge. Man stellt sich am besten an den 1756 aufgestellten Neptunbrunnen und läßt ringsum den Blick schweifen.

***Rathaus**

Zunächst blickt man zurück Richtung Obermarkt auf die Westseite des Platzes. Diese begrenzt das in mehreren Bauetappen gewachsene Rathaus; letzte Ergänzung ist das Neue Rathaus von 1902/1903. Kunsthistorisch am bedeutendsten ist der zur Brüderstraße weisende, älteste Baukörper, der vor 1378 begonnen wurde und mittels Wendel Roskopfs berühmter Rathaustreppe von 1537 mit dem Haus Brüderstraße 14 verbunden ist. Deren Balustrade windet sich um die 1591 von Andreas Walther III. hinzugefügte Justitiasäule (Justitia ohne Augenbinde) hinauf zur Verkündigungskanzel mit Reliefs von Andreas Walther I. Rechts halten an der Wand des Rathausturms seit 1488 zwei vollplastische Figuren das Hauswappen des Ungarnkönigs und zeitweiligen Besitzers der Lausitz, Matthias Corvinus. Darüber erhebt sich der 1511 bis 1516 erbaute Turm, der an sich nichts besonderes darstellt, wären da nicht die beiden Kunstuhren von 1584. Die untere mit zwölf Stellen wurde von Bürgermeister und Universalgenie Bartholomäus Scultetus (1540 – 1614) veranlaßt, der dadurch den Gregorianischen Kalender in der Oberlausitz einführte. Der Kriegerkopf in der Mitte klappt zu jeder vollen Stunde den Unterkiefer herab. Darüber zeigt ein 24stelliges Zifferblatt Uhrzeit und Datum an, der goldene Löwe darüber wiederum gab einst per Pfiff den Neumond an. Rechts von diesem Gebäudeteil folgt die 1556 errichtete Münze.

*Rathaustreppe

*Kunstuhren

Lange Läuben

Der Blick wandert vom Rathaus nach links auf die spätgotischen Langen Läuben, die einstigen Tuchhallen. Die Gänge sind den Häusern Untermarkt 2 – 5 untergebaut, die allesamt die originale Innenarchitektur eines Großkaufmannshauses aus der wirtschaftlichen Blütezeit der Stadt zwischen

Lange Läuben (Fortsetzung)

1480 und 1547 dokumentieren und zu den architektonisch wertvollsten Gebäuden der Stadt gehören – leider in keinem sehr guten Zustand.

Neißstraße

In der Südostecke des Untermarkts (Neißstr. Nr. 30) ließ sich der Kaufmann Christian Ameis 1729 ein prächtiges Wohn- und Handelshaus bauen, in das 1804 die Oberlausitzische Gesellschaft der Wissenschaften einzog. Deren wertvolle Bibliothek ist Teil der nun hier residierenden Städtischen Sammlungen mit dem Museum der Oberlausitz. Zu sehen gibt es die wissenschaftliche Sammlung der Gesellschaft, Oberlausitzer Volkskunst, das

Unter den Langen Läuben am Untermarkt – leider offenbart sich auch der schlechte Bauzustand.

Graphische Kabinett und eine Ausstellung über den Görlitzer Maler Johannes Wüsten (Öffnungszeiten: ganzjährig tgl. außer Mo. 10.00 – 17.00 Uhr).

Biblisches Haus

Das 1570 erbaute Nachbarhaus Nr. 29 wird das Biblische Haus genannt, und betrachtet man die Brüstung, wird sofort klar, weshalb: Die feinen Reliefs zeigen Szenen aus dem Alten und Neuen Testament.

Brauner Hirsch

An der Straßenseite gegenüber traf sich im 17. und 18. Jh. im Gasthof Brauner Hirsch die geistige Elite der Stadt. Besonders freute man sich, als man Herrn von Goethe begrüßen konnte.

Ochsenbastei

Am Ende der Straße kann man sich im Barockgarten der Ochsenbastei ausruhen und dabei über die Neiße hinweg nach Zgorzelec blicken.

Zeile

Nun widmet man sich der Häuserzeile unmittelbar hinter dem Brunnen. Diese tatsächlich 'Zeile' genannten Häuser nehmen den Platz des ersten Görlitzer Rathauses ein und teilen den Untermarkt in zwei Hälften. Das auf einer Säulengalerie ruhende Haus ganz rechts an der Ecke ist die um 1600 erbaute alte Waage. Auf den Kragsteinen sind die Köpfe des Baumeisters Jonas Roskopf, des Waagemeisters Alaert und des Maurermeisters Ebermann abgebildet. An die Waage schließt die barocke Alte Börse an, die fast die ganze Rückseite der Zeile einnimmt. Der von C. G. von Rodewitz 1714 vollendete Bau fällt vor allem durch sein prächtiges Portal auf.

Waage

Alte Börse

Nordseite des Untermarkts

*Ratsapotheke

Geht man vollends um die Zeile herum, wird der Blick frei auf die Ratsapotheke von 1550 an der Nordseite des Untermarkts, deren schmale Dachgauben wie Augen wirken. Die Fläche zwischen den Fensterreihen nehmen zwei von Scultetus entworfene, mit "Solarium" bzw. "Arachne" bezeichnete Sonnenuhren ein, die so konstruiert sind, daß sie verschiedene Zeiten und auch die Sternzeichen anzeigen.
Nachbarhaus Nr. 22 besitzt ein spätgotisches Portal, das seines akustischen Effekts wegen im Volksmund 'Flüsterbogen' heißt. Der Renaissancebau Nr. 23 wurde 1536 erbaut.

Auch die Ortszeiten von Nürnberg und Konstantinopel kann man an den Sonnenuhren der Ratsapotheke ablesen. Wie Augenschlitze wirken die Dachgauben.

Peterstraße

Von der Ratsapotheke geht man auf der Peterstraße zur nahen Pfarrkirche St. Peter und Paul. Dabei passiert man das interessanteste unter den Görlitzer Häusern der Frührenaissance, das von Wendel Roskopf d. Ä. 1528 erbaute Haus Nr 8. Wenn möglich, sollte man bei Nr. 4 einen Blick in den Hof werfen; Nr. 14 stammt aus dem 15. Jahrhundert.

Pfarrkirche St. Peter und Paul

Am Ende der kurzen Peterstraße biegt man nach rechts ab zur Pfarrkirche St. Peter und Paul. Dieses spätgotische, 1423 bis 1497 erbaute Gotteshaus ist Nachfolger einer um 1230 geweihten spätromanischen Basilika. Die Renaissance fügte dieser gewaltigsten mittelalterlichen Bauleistung in Görlitz u.a. die seitlichen Portalvorhallen hinzu, die Neugotik steuerte Ende des 19. Jh.s die beiden Türme bei.

*St.-Georg-Krypta

Aus der Entstehungszeit bis heute unverändert geblieben ist die Hallenkrypta St. Georg, die als schönster spätgotischer Raum der Oberlausitz betrachtet wird. Da die spätgotische Einrichtung 1691 verbrannte, ist die Ausstattung der Pfarrkirche heute barock. Dazu gehören drei protestantische Beichtstühle, der Altar von 1695 des Dresdener Bildhauers Heermann, die Kanzel von 1693 und das 1703 von Eugenio Casparini geschaffene Orgelprospekt.

Waidhaus

Rechts der Kirche steht über dem Steilabfall zur Neiße das wehrhafte Waidhaus oder Renthaus, der älteste Profanbau der Stadt, da er bereits Teil der Burg aus dem 12. Jh. war. Seinen Namen hat er nicht vom Jägerhandwerk, sondern vom blauen Farbstoff namens Waid, der in ihm gelagert wurde. Im Erdgeschoß sieht man noch die in den Putz geritzten Zeichen der Steinmetze des Pfarrkirchenbaus.

Nikolaivorstadt

Nikolaiturm

Von der Kirche marschiert man nun die Nikolaistraße bergab zum einsam stehenden Nikolaiturm, der vor 1348 als Teil eines Stadttors erbaut wurde. Über den Nikolaigraben hinweg erreicht man die Nikolaivorstadt, das älteste städtische Siedlungsterrain.

Nikolaikirche · Nikolaifriedhof

Hier erhebt sich die bereits um 1100 existierende Nikolaikirche, somit älteste Kirche der Stadt. Ihr jetziger Bau ist 1452 bis 1520 entstanden und dient seit 1925 als Gedenkstätte für die Görlitzer Gefallenen des Ersten Weltkriegs. Auf dem Nikolaifriedhof findet man neben zahlreichen barokken Grüften und Grabdenkmälern auch das Grab von Jacob Böhme.

Scharfrichterhaus

An der Finstertorstraße hinter der Kirche steht noch das Haus des Scharfrichters – außerhalb der Stadtmauern, denn es war ein geächteter Beruf.

*Heiliges Grab

Im Westen der Nikolaivorstadt befindet sich im Ölberggarten das kunsthistorisch äußerst bedeutende Heilige Grab, eine Kopie des Heiligen Grabes (Jesu) in Jerusalem. Sie entstand zusammen mit Annenkapelle und Golgathakapelle zwischen 1481 und 1504 als Stiftung des Görlitzer Bürgermeisters Georg Emmerich, der auf einer Sühnefahrt ins Heilige Land auch das Grab Jesu besucht hatte. Die Architektur und Plastik vereinende Anlage symbolisiert die Stätten der Passion Christi; ihre bedeutendste Einzelfigur ist die wahrscheinlich von Hans Olmützer um 1500 aus Sandstein gehauene Pietà im Salbhäuschen. Die Gartenanlagen gelten als der erste Versuch von Landschaftsgestaltung in Europa und deuten Ölberg, Jüngerwiese und Bach Kidron an.

Sehenswertes im Süden

Stadtpark · Stadthalle

Südlich der Altstadt erstreckt sich parallel zur Neiße der 1833 angelegte Stadtpark, in dem ein Meridianstein in Gestalt eines Globus den 15. Grad östlicher Länge markiert. Der 1910 im Jugendstil aufgeführte monumentale Bau der Stadthalle nimmt die Südostecke des Parks unmittelbar vor der Grenzbrücke ein.

Schellergrund · Neißeviadukt

Durch den Schellergrund weiter südlich jenseits der Bahnlinie rattert eine Oldtimer-Eisenbahn. Vom hochgelegenen Blockhaus bietet sich der beste Blick auf das 475 m lange und 35 m hohe Neißeviadukt, das 1844 bis 1847 als Eisenbahnbrücke erbaut, 1945 gesprengt und in den fünfziger Jahren wiederhergestellt wurde.

Umgebung von Görlitz

*Landeskrone

Ein beliebtes Ausflugsziel im Südwesten und eines der Wahrzeichen der Stadt ist der aus dem flachen Umland herausragende Vulkankegel der Landeskrone (420 m ü.d.M.), einst Sitz einer bereits 1440 abgebrochenen Burg. Auf ihrer Spitze entschädigen ein Theodor-Körner-Denkmal, ein Aussichtsturm mit einem phantastischen Rundblick und die Berggaststätte für den etwas anstrengenden Aufstieg von der Straßenbahnhaltestelle – vom Görlitzer Demianiplatz über den Bahnhof fahren nämlich die Linien 2 und 4 zur Landeskrone.

Königshainer Berge

Auch die westlich von Görlitz aufsteigenden Königshainer Berge um den Kämpfenberg (411 m ü.d.M.), den Hochstein (406 m ü.d.M.) mit Aussichtsturm und den Schwalbenberg (339 m ü.d.M.) werden gerne von Ausflüglern aufgesucht. Es zieht sie vom Ort Königshain aus, wo es eine historische Dorfschmiede zu besichtigen gibt, zum Teufelsstein mit seinen Granitbrüchen und vor allem zum nahe beim Hochstein gelegenen Totenstein, einer prähistorischen Kultstätte. Eine Plakette dort erinnert an den Besuch des preußischen Königs Wilhelm IV., als Wilhelm I. nachmalig Kaiser des Deutschen reichs von 1871, im Jahr 1844.

Markersdorf

In Markersdorf, 6 km westlich an der vielbefahrenen B 6 gelegen, bietet das in einem typischen Oberlausitzer Vierseitenhof eingerichtete Schlesisch-Oberlausitzer Dorfmuseum eine hübsche Abwechslung (Öffnungszeiten: Mai – Okt. Do. und Fr. 13.00 – 17.00, Sa. und So. 10.00 – 17.00; Nov. – April jeweils bis 16.00 Uhr).

Niesky

Das 20 km nordöstlich von Görlitz liegende Niesky (tschech. 'Niedrig vor dem Herrn') wurde am 10. Juni 1742 von den Herrnhuter Brüdern (→ *Baedeker Special* S. 226) gegründet. Den Aufbau leitete Graf Zinzendorf persönlich. Es entstand eine Stadtanlage, die sich regelmäßig um den großen Zentralplatz erstreckt. An ihm befinden sich das städtische Museum (Öffnungszeiten: tgl. außer Mo. 7.30 – 12.00 und 13.00 – 16.00 Uhr) und daneben das 1760 eröffnete Pädagogium, dessen prominentester Absolvent Friedrich Schleiermacher (1768 – 1834) war.

*Oberlausitzer Heide- und Teichlandschaft

Wie → Hoyerswerda ist auch Niesky ein guter Ausgangspunkt für die Erkundung der geschützten Oberlausitzer Heide- und Teichlandschaft mit ihrer seltenen Flora und Fauna. Nicht allzufern von der Stadt lernt man diese unberührte Natur bereits an der Talsperre Quitzdorf kennen, dem größten See Sachsens.

Rothenburg

Noch einmal Landschaft bietet das 11 km östlich von Niesky an der Neiße liegende Rothenburg – gestaltete in Form des englischen Landschaftsparks und urwüchsige im Schutzgebiet Nieder-Spree, das zahllose Wasservögel bevölkern.

*Kloster Marienthal

Fährt man von Görlitz auf der B 99 an der Neiße entlang Richtung Süden, kommt man zunächst durch Hagenwerder, das von seinem riesigen Wärmekraftwerk förmlich erdrückt wird. Bald aber blinken nach ca. 20 km Fahrt kurz hinter Ostritz linker Hand im Neißetal die goldenen Kreuze und roten Dächer des wirklich malerisch gelegenen Klosters Marienthal, neben St. Marienstern bei → Kamenz das zweite Zisterzienserinnenkloster in Sachsen. Es wurde 1234 von Königin Kunigunde von Böhmen gestiftet, doch ist von diesem Kloster nichts mehr erhalten. Die heutige mauerumgürtete Anlage mit Konventshaus, Klosterkirche, Abtei, Probstei und Wirtschaftsgebäuden ist in der zweiten Hälfte des 17. Jh.s entstanden, Klausurhof und Kreuzkapelle erst Mitte des 18. Jahrhunderts. Blickt man vom Hof mit der 1716 geschaffenen Dreifaltigkeitssäule und der Figur des hl. Nepomuk auf die Gebäude, erkennt man rechts den Ehrenhof (Südflügel) und links den Nordflügel mit der Kuppel der Kreuzkapelle. Diese wurde 1743 und 1744 vom Dresdener Akademieprofessor Giovanni Battista Casanova ausgemalt. Kapelle und Klosterkirche wie auch die herrliche Bibliothek können nur im Rahmen einer Führung (Mo. – Sa. 9.00 und 14.00 Uhr) besichtigt werden, die beim Klosteramt (Tel. 03 58 23 / 8 62 54) vorgebucht werden muß. Der Lebens- und Wohnbereich der Nonnen allerdings bleibt auch bei einer Führung den Besuchern verschlossen.

Klosterschänke

Jedermann (und -frau) offen steht aber die gemütliche, an eine gute Stube erinnernde Klosterschänke, wo von den Nonnen gebackenes Brot und Kuchen zum Kaffee und das Klosterbier der Schwestern aus St. Marienstern serviert werden.

Gelobt
Sey

Am Hang hinter den Wirtschaftsgebäuden steigt vom östlichsten Weinbergs Deutschlands ein steiler Kreuzweg hinauf zu einer monumentalen Kreuzigungsgruppe, die 1728 aufgestellt worden ist. Von hier hat man einen herrlichen Blick auf das Kloster und das Neißetal.

Kloster Marienthal (Fortsetzung)

Passionierte Wandervögel sollten vom Kloster aus unbedingt eine Wanderung durch das idyllische und völlig stille Neißetal Richtung Süden bis maximal Hirschfelde unternehmen.

Neißetal

Grimma

F 7

Landkreis: Muldentalkreis
Höhe: 130 – 150 m ü.d.M.
Einwohnerzahl: 16 000

Lage und Allgemeines

Grimma liegt am Ostrand der Leipziger Tieflandsbucht knapp 30 km südöstlich von → Leipzig. Hier am Übergang zum Mittelsächsischen Bergland hat die Mulde ihre Mäander durch zahlreiche Porphyrkuppen gegraben. Durch die waldreiche Umgebung und einige kulturhistorische Sehenswürdigkeiten ist der Ort zum beliebten Naherholungsziel im Leipziger Raum geworden. Als ein bereits im Mittelalter herausgebildeter Verkehrsknotenpunkt und später durch günstige Eisenbahn- und Autobahnverbindungen entwickelte sich Grimma zu einem wichtigen Standort der Chemie- und Elektroindustrie sowie zahlreicher mittelständischer Betriebe der Baustoff-, Papier-, Lederwaren- und Textilerzeugung. Nach Grimma verlegte 1775 der Leipziger Verleger Göschen sein Domizil und zog zahlreiche Dichter der deutschen Klassik an. Auch Ferdinand Stolle (1806 – 1872), Verfasser der "Deutschen Pickwickier" und Mitbegründer der Zeitschrift "Gartenlaube", lebte in Grimma.

Geschichte

Um 1100 entstand ein Übergang über die Mulde, zu dessen Schutz Markgraf Otto von Meißen um 1170 eine Burg errichten ließ. In deren Schatten entwickelte sich eine Siedlung: ca. 1230 ist der Bau einer romanischen Pfeilerbasilika, 1241 der Stadtmauer, 1287 die Gründung eines Augustinerklosters und 1292 eine erste Muldebrücke erwähnt. Schon frühzeitig gehörte Grimma zu den wichtigsten Städten in Sachsen. Die Burg diente den Wettinern als zeitweilige Residenz, in der bis zum 16. Jh. regelmäßig Fürstentage abgehalten worden sind. Im Anschluß an die Reformation wurde das Kloster säkularisiert und darin durch Kurfürst Moritz von Sachsen nach dem Vorbild von Kloster Pforte bei Naumburg eine Fürstenschule eingerichtet, die als humanistische Bildungsstätte große Berühmtheit erlangte. Mit der Herausbildung Leipzigs als Messestadt ging die Bedeutung von Grimma als Handelsplatz zurück. Erst im 19. und 20. Jh. konnte sich die Stadt, bedingt durch starke Industrialisierung, aufs neue entfalten.

Sehenswertes in Grimma

Marktplatz

Das frei auf dem Markt stehende Rathaus stammt aus dem Jahr 1442, brannte 1538 ab und wurde bis 1585 als Renaissancebau erneuert. Einziger, aber um so ungewöhnlicherer Schmuck des sonst schlichten zweigeschossigen Bauwerkes bilden seine mächtigen Giebel und eine Freitreppe in der Westfront. Das um 1550 erbaute Haus Markt 11 fällt durch seinen gotischen Erker auf. In ihm betrieb von 1797 bis 1828 der berühmte Leipziger Verleger Georg Joachim Göschen seine Druckerei. Die Häuser Markt 14 und 15 mit gefälligem Renaissancegiebel und prächtigem Portal sind im 16. Jh. errichtet worden. Sechs weitere Häuser am Markt sind im Barockstil gestaltet.

◂ *Farbenfroher Barock kennzeichnet Kloster Marienthal.*

Das Rathaus von Grimma bietet einen außergewöhnlichen Anblick.

Muldenbrücke

Die älteste Erwähnung der Muldenbrücke geht auf das Jahr 1292 zurück. Den heute noch vorhandenen Brückenbau errichtete man von 1716 bis 1719 nach Entwürfen des Dresdener Zwingerbaumeisters Matthäus Daniel Pöppelmann. Das Mittelstück wurde später durch eine Stahlkonstruktion ersetzt; der prächtige Wappenstein mit dem Wappen Augusts des Starken ist eine Kopie des Originals von 1724.

Schloß

Am östlichen Brückenkopf steht das Schloß, heute Sitz von Polizei und Justiz. Die ältesten Teile der Burganlage stammen aus dem 12. Jh., im 14. Jh. erfolgte der Ausbau der Burg zu einem gotischen Residenzschloß der Wettiner und im 16. Jh. die Umgestaltung in Renaissanceformen. Im Schloß wurde 1443 Herzog Albrecht der Beherzte geboren. Sehenswert ist der gotische Ostflügel mit schönem, auf einem Mittelpfeiler ruhenden Kreuzgratgewölbe und Treppenturm an der Hofseite.

Pfarrkirche Unserer Lieben Frauen

Am Ende der vom Marktplatz nach Süden wegführenden Langen Straße sieht man die spitzen Türme der Pfarrkirche Unserer Lieben Frauen. Die ältesten und rein romanischen Teile der ursprünglichen Pfeilerbasilika stammen aus der Bauphase von 1230 bis 1240. Nach einem Brand erfolgte ab 1300 der Ausbau zu einer dreischiffigen gotischen Hallenkirche mit schönen Spitzbogenarkaden. Kostbarstes Ausstattungsstück ist der Schnitzaltar von 1520 mit Darstellungen der Geburt Christi im Schrein, der Verkündigungsszene in der Predella sowie Heimsuchung und die Anbetung der Könige auf den Flügeln.

An der Mulde

Von der Kirche kann man noch einen kleinen Spaziergang hinab zur Mulde machen und sieht dabei zunächst die bereits im 12. Jh. erwähnte Großmühle, dann weiter flußaufwärts die Fabrikantenvilla Gattersburg und davor die 1923/1924 erbaute Hängebrücke über die Mulde. Oberhalb der Brücke legen die beiden Boote der Muldenschiffahrt nach Höfgen ab (tgl. außer Mo. ab 10.00 Uhr).

Grimma (Fortsetzung)

Flußabwärts erkennt man die Reste des Augustinerklosters und daneben das derzeit geschlossene Heimatmuseum.

*Göschenhaus

Das um 1775 erbaute Göschenhaus in der Schillerstraße 25 im Vorort Hohnstädt und den von Göschen um 1800 selbst angelegten Park nutzte der berühmte Leipziger Verleger für seine Sommeraufenthalte. Hier empfing er zahlreiche prominente Besucher seiner Zeit, u. a. Friedrich Schiller, Theodor Körner oder Johann Gottfried Seume (1763–1810). Seume arbeitete seit 1797 als Korrektor und Lektor bei Göschen und wohnte in dessen Druckerei am Markt, ehe er 1801 zu seinem berühmten "Spaziergang nach Syrakus" aufbrach. Das Göschenhaus, seit 1963 Museum, spiegelt die großbürgerliche Wohnkultur seiner Zeit wider. Sehenswert sind das Kamin- und das Biedermeierzimmer sowie einige Kostbarkeiten zur deutschen literarischen Klassik, insbesondere auch die Seume-Gedenkstätte (Öffnungszeiten: Di., Do., Sa. und So. 10.00–17.00 Uhr).

Umgebung von Grimma

Wanderung entlang der Mulde

Ein hübsches Unterfangen ist eine Wanderung in den Süden von Grimma von der Hängebrücke zum im 13. Jh. gegründeten Zisterzienserinnenkloster Nimbschen, von dem noch Teile des Refektoriums erhalten sind. Aus diesem Kloster floh 1523 Katharina von Bora, die spätere Ehefrau Martin Luthers, mit neun weiteren Nonnen in die Freiheit.

Kloster Nimbschen

Höfgen

Mit der Stocherkahnfähre über die Mulde (tgl. außer Mo. ab 10.00 Uhr) erreicht man Höfgen mit seiner sehenswerten romanischen Wehrkirche und einer Wassermühle von 1720, deren historische Mühlentechnik erhalten geblieben ist (Öffnungszeiten: Mai–Sept. Mi.–So. 10.00–14.00 und 15.00–16.30 Uhr).

Rabenstein

Auf dem Rückweg von Höfgen entlang des Muldenufers nach Grimma passiert man den Rabenstein, einen Porphyrfelsen mit prächtiger Aussicht auf das Muldental, und durchquert anschließend den Stadtwald mit dem Stolle-Denkmal. Über die große Muldenbrücke geht es zurück in die Stadt.

Großbothen

In Großbothen, 5 km südlich von Grimma, lebte seit dem Jahr 1906 der Chemie-Nobelpreisträger Wilhelm Ostwald (1853–1932) als privater Forscher. Auf seinem Anwesen kann man sein Haus 'Energie' mit Arbeitsräumen und Bibliothek, das Haus 'Werk' mit dem Labor und das Wohnhaus 'Glückauf' seines Sohnes Walter besichtigen (Führungen: Sa. 14.00–16.00 Uhr, wochentags nach Vereinbarung unter Tel. 03 43 84 / 7 14 29).

Dorfmuseum Schönbach

Das Dorfmuseum des Großbothener Ortsteils Schönbach stellt u. a. eine über 1000 Stücke umfassende Korbsammlung aus (Öffnungszeiten: Mai bis Okt. So. 14.00–16.00 Uhr).

Colditz

→ dort

Hoyerswerda · Woyerecy — D 16

Landkreis: Westlausitzkreis
Höhe: 119 m ü.d.M.
Einwohnerzahl: 68 000

Stadt der Braunkohle

Im Nordwesten der Oberlausitzer Heide- und Teichlandschaft, die im Breslau-Magdeburger Urstromtal entstanden ist, liegt an der Schwarzen Elster Hoyerswerda. Die Stadt ist eines der Zentren des Lausitzer Braunkohlenreviers und trotz des beträchtlichen Rückgangs des Braunkohlenabbaus seit der deutschen Wiedervereinigung nach wie vor von Bergbau und Energiegewinnung geprägt – sowohl im Umland durch die teils gespenstische, von den riesigen Braunkohlenbaggern umgepflügte Landschaft als auch im Stadtbild selbst, genauer gesagt in der Neustadt. Sie entstand parallel

Lage und Allgemeines (Fortsetzung)

zum 1955 bei Spremberg aufgebauten, heute in Brandenburg liegenden größten Braunkohlenveredelungswerk Europas 'Schwarze Pumpe' als Wohnstadt für dessen 17 000 Beschäftigte. Für den raschen Aufbau der Neustadt wurde eigens der Plattenbau entwickelt, der künftig in allen Neubaugebieten in der DDR zur Anwendung kam. Insgesamt bescherte der Bergbau Hoyerswerda eine explosionsartige Einwohnerzunahme von knapp 8000 Mitte der fünfziger Jahre auf 72 000 Mitte der achtziger Jahre. Mittlerweile hat der drastische Rückgang der Braunkohlenförderung mehrere Tausend Menschen bewogen, Hoyerswerda zu verlassen; die Arbeitslosenzahl ist überdurchschnittlich hoch. So betrachtet ist Hoyerswerda sicher kein attraktives Reiseziel, doch besitzt es einige hübsche Ecken, und auch die Braunkohlenfelder sollte man einmal gesehen haben.

Geschichte

Hoyerswerda entstand im Zuge der deutschen Ostexpansion im Mittelalter. Den Namen für die neue Ortsgründung lieh Graf Hoyer von Friedeburg, das Stadtrecht gab Freiherr von der Duba 1423. Die Besitzverhältnisse von Hoyerswerda waren mehr als wechselhaft. Mal gehörte der Ort zur polnischen, mal zur böhmischen Krone, mal herrschten hier die Markgrafen von Brandenburg, mal die von Meißen. 1815 kam die Stadt zu Preußen, zu DDR-Zeiten gehörte sie zum Bezirk Cottbus. Nach der Wende entschied man sich für Sachsen. Erst Mitte des vergangenen Jahrhunderts setzte durch den Aufschluß ergiebiger Braunkohlenlagerstätten die industrielle Entwicklung ein, die das Bild der Stadt und ihres Umlands so nachhaltig verändert hat. In Hoyerswerda ist am 13. Oktober 1912 die 'Domowina' (sorb. 'Heimatbewegung') gegründet worden, die um die Pflege der sorbischen Tradition bemüht ist und heute ihren Sitz in → Bautzen hat.

Sehenswertes in Hoyerswerda

Markt

Die Westseite des quadratischen Marktplatzes nimmt das Rathaus ein. Der dreigeschossige Renaissancebau mit schönem Rundbogenportal, Wappenfries und doppelläufiger Freitreppe entstand 1449 und wurde von 1950 bis 1960 bei Verwendung originaler Teile dem Vorgängerbau angeglichen. Im nördlichen Teil des Markts stehen schöne alte Bürgerhäuser, u. a. die alte Apotheke von 1800. Ebenfalls am Markt findet sich das ehemalige Gesellschaftshaus, in dem die 'Domowina' gegründet worden ist.

*Lange Straße

Ein wirkliches Kleinod der Stadt ist die Lange Straße, die man vom Markt über die Senftenberger Straße und die Schwarze Elster hinweg erreicht. Sie folgt dem Lauf eines alten zugeschütteten Elsterbogens und ist nur 2,50 m breit. Gesäumt wird sie von 42 Fachwerkhäusern aus dem 18. und 19. Jh., deren angenehmste Eigenschaft ist, daß in ihnen tatsächlich noch kleine Handwerksbetriebe am Arbeiten sind. Mittlerweile sind auch Galerien und ein Café hinzugekommen.

Trachtenhaus

Auf der Senftenberger Straße kommt man am Trachtenhaus Jatzwauk vorbei, das neben dem Laden ein kleines sorbisches Trachtenmuseum eingerichtet hat (geöffnet zu den üblichen Geschäftszeiten).

St. Johannis

Am Johannisplatz südlich vom Markt erhebt sich die gotische Johanniskirche, die 1346 erstmals erwähnt worden ist. Nach einem Brand wurde sie 1850 erneuert, dabei entstanden ein Sakristeianbau mit Backsteingiebel und der Turm mit oktogonalem Aufsatz. 1945 wurde sie erneut zerstört, danach wieder aufgebaut. Sie besitzt einen aus Zabeltitz stammenden Altaraufsatz aus dem 16. Jh. mit figurenreichen Tafelbildern und zahlreiche Grabdenkmäler aus dem 16. – 18. Jahrhundert.

Schloß

Mit seinem 700jährigen Mauerwerk ist das Schloß das älteste Bauwerk von Hoyerswerda. Obwohl es später mehrfach umgebaut worden ist, erkennt man noch die mittelalterliche Anlage einer Wasserburg, die 1596 zum Renaissanceschloß und unter der Herrschaft August des Starken zum

Auch Hoyerswerda hat seine schönen Ecken, so wie hier am Schloß.

Barockschloß umgestaltet wurde. Hierher schob der sächsische Kurfürst eine seiner überdrüssigen Geliebten ab, die Reichsgräfin Ursula Katharina von Teschen. Sie wurde von der Gräfin Cosel (→ Berühmte Persönlichkeiten) 'abgelöst', der es dann auch nicht viel besser erging. Später wurde das Schloß ganz und gar sächsisches Staatsgefängnis, was durch den Einbau von Gefangenenzellen die weitgehende Zerstörung der Innenarchitektur zur Folge hatte. Nach einer umfassenden Rekonstruktion wird das Schloß heute von Stadtarchiv, Behörden und als Stadtmuseum genutzt. Dessen Sammlungen setzen sich u. a. mit der Ur- und Frühgeschichte der Lausitz auseinander und umfassen auch eine Sorbenstube. Vor dem Schloß steht eine der obligatorischen Postmeilensäulen. Aus dem Schloßpark ist heute ein Zoo mit etwas mehr als 1200 Tieren geworden.

Schloß (Fortsetzung)

Stadtmuseum

Zoo

Gotthold Ephraim Lessings Onkel Theophilus war Stadtschreiber in Hoyerswerda und wohnte südlich vom Schloß in einem 1702 erbauten Haus in der heutigen Lessingstraße. Dort besuchte ihn des öfteren sein berühmter Neffe.

Lessinghaus

Umgebung von Hoyerswerda

Der Abbau der Braunkohle hat mittlerweile für die gequälte Landschaft eine wenn auch bescheidene, so doch gute Seite: Es entstanden der Knappen- und der Silbersee, zwei inzwischen bewährte Erholungslandschaften der Lausitz.

*Knappensee
*Silbersee

Der Knappensee südöstlich von Hoyerswerda ist ein ausgekohlter Braunkohlentagebau, der sich in den letzten Kriegstagen durch eine unkontrollierte Flutung zu einer 264 ha großen Seenlandschaft ausgebildet hat. Inzwischen entstanden hier Badestrände, Campingplätze und Ausflugsgaststätten, und es entwickelte sich ein bedeutendes Urlaubs- und Naherholungsgebiet, ein Paradies zum Segeln und Surfen, jedoch auch mit stillen

Umgebung von Hoyerswerda (Fortsetzung)

Naturidyllen, in denen Graureiherkolonien mit 400 Brutpaaren (beim Bergbaumuseum), Kormorane, Störche, Fisch- und Seeadler leben.
Östlich vom Knappensee liegt der Silbersee. Dieses einstige Tagebaurestloch wurde geflutet und ebenfalls für die Naherholung ausgebaut.

*Lausitzer Bergbaumuseum

Zwischen den beiden Seen liegt die ehemalige Brikettfabrik Knappenrode. In der denkmalgeschützten Anlage zeigen das Lausitzer Bergbaumuseum und ein Informationszentrum mannigfaltige Aspekte des Braunkohlebergbaus: u.a. Führungen durch die Fabrik, das größte Schachtgerüst der Lausitz und Deutschlands größte Feuerstättenausstellung. Mit der Grubenbahn kann man durch das Gelände fahren, und auch der aktive Tagebau in Nochten kann besichtigt werden (Öffnungszeiten: Museum Sa., So. und Fei. 10.00 – 17.00; Informationszentrum auch Di. – Fr. 9.00 – 15.00 Uhr).

*Oberlausitzer Heide- und Teichgebiet

Der Silbersee gehört bereits zum 1996 in die UNESCO-Liste international anerkannter Naturschutzgebiete aufgenommenen Biosphärenreservat Oberlausitzer Heide- und Teichgebiet. Die 26 000 ha große Landschaft mit ca. 2000 Seen und Teichen erstreckt sich von → Kamenz im Westen bis hin zur Neiße im Osten und nach Süden bis vor → Bautzen. Neben den bereits zuvor erwähnten Tieren leben hier auch Fischottern, Dachse, Marder, Sumpfschildkröten, Molche, verschiedene Raubvögel und Schwarzstörche. In der Umgebung von Hoyerswerda können sich Botaniker an den Orchideenwiesen von Groß-Särchen und Zeißholz (hier auch ein zum Museum umgestalteter sorbischer Kleinbauernhof von 1801), im Traubeneichenwald bei Riegel und beim Anblick der Maiglöckchenwiesen bei Weißkollm ergötzen. Kulinariker finden ihr Auskommen mit einem Karpfen aus einem der vielen Fischteiche und mit sorbischer Küche, etwa in den Dorfgaststätten von Dörgenhausen (hier auch eine Bockwindmühle von 1707) oder Groß-Särchen.

Wittichenau

Das 5 km südlich von Hoyerswerda liegende Wittichenau besitzt eine gotische Pfarrkirche, in der der in den Türkenkriegen ausgezeichnete kroatische Oberst von Schadowitz beerdigt ist. Alljährlich an Ostern reiten von der Kirche die sorbischen Osterreiter los, wie überhaupt der Ort noch eine lebendige sorbische Tradition besitzt.

Dubringer Moor

Von Wittichenau empfiehlt sich ein Ausflug ins Dubringer Moor, ein Verlandungsgebiet mit intakter und reicher Pflanzen- und Tierwelt.

Boxberg

Bereitet die intakte Natur der Heide- und Teichlandschaft pure Freude, so kommt einen beim Ausflug ins knapp 30 km östlich von Hoyerswerda Richtung Weißwasser liegende Boxberg schiere Endzeitstimmung an: ein riesiges Braunkohlenkraftwerk inmitten von gigantischen Tagebaugruben, durch die sich die monströsen Bagger, denen schon manches Dorf zum Opfer gefallen ist, unaufhaltsam wühlen – aber vielleicht sollte man das auch einmal gesehen haben.

Kamenz · Kamjenc **F 15**

Landkreis: Westlausitzkreis
Höhe: 200 m ü.d.M.
Einwohnerzahl: 18 000

Lage und Allgemeines

Kamenz liegt im Nordosten Sachsens zwischen der Lausitzer Heide- und Teichlandschaft und dem Lausitzer Bergland an der Schwarzen Elster. Ihr sorbischer Name Kamjenc bedeutet 'Kleiner Ort am Stein'. Das Wirtschaftsleben prägt vorrangig die Landwirtschaft, ergänzt durch einige mittelständische Betriebe. In einem Drittel des Altkreises Kamenz überwiegt die sorbische Bevölkerung; viele, meist katholische Frauen und Mädchen tragen an Sonn- und Feiertagen noch die typische Tracht.

*Lessingstadt

In Kamenz wurde Gotthold Ephraim Lessing (→ Berühmte Persönlichkeiten), der größte Geist der deutschen Aufklärung, geboren. Ihm zu Ehren werden alljährlich im Januar und Februar die Kamenzer Lessingtage mit zahlreichen musikalischen und literarischen Veranstaltungen abgehalten.

Geschichte

Etwa um 600 wurde das menschenleere Gebiet der heutigen Lausitz durch die westwärts ziehenden sorbischen Stämme der Milzenen besiedelt. Im 10. Jh. eroberten sächsische Ritterscharen das Gebiet, denen fränkische, schwäbische und thüringische Siedler folgten. Anfangs des 12. Jh.s geriet das Kamenzer Gebiet unter böhmische Lehnshoheit, und ca. 100 Jahre später entstand die Burg Kamenz, in dessen Schutz sich die 1225 erstmals erwähnte Stadt entwickelte und in deren Peripherie sich zahlreiche sorbische Dörfer herausbildeten. 1319 wurde Kamenz eine freie Stadt und erlebte ab 1346 als Mitglied des Lausitzer Sechsstädtebundes – außer Kamenz noch Görlitz, Löbau, Zittau, Bautzen und das heute tschechische Lauban – eine bis weit ins 16. Jh. reichende wirtschaftliche und kulturelle Blüte, der der sog. Pönfall im Jahr 1547 ein Ende setzte: Der Städtebund unterstützte im Schmalkaldischen Krieg Böhmen nicht mehr, was der Lehnsherr mit dem Entzug der Privilegien bestrafte. 1635 fiel die Oberlausitz, nach 500jähriger Bindung an Böhmen, an die Wettiner, ohne daß dies etwas an der schlechten wirtschaftlichen Lage geändert hätte. 1842 zerstörte ein Brand fast die gesamte Stadt. Erst der Bau der Eisenbahn 1871 ermöglichte einen neuen Aufschwung.

Sehenswertes in Kamenz

Markt

Rathaus

An der Nordwestecke des Marktplatzes leuchtet rostrot das burgartige Neorenaissance-Rathaus. Das historische Rathaus wurde 1842 ein Opfer der Flammen und konnte bis 1848 von Baumeister Carl August Schramm nach Entwürfen Schinkels wiederaufgebaut werden.

Rot leuchtet das Rathaus über dem Markt von Kamenz.

Andreasbrunnen

Der von der Justitia gekrönte Andreasbrunnen ist 1570 auf dem Marktplatz aufgestellt worden. Später hinzugekommen sind die Wappen von Kamenz, von Böhmen und des Deutschen Reichs.

Fleischbänke

Hinter dem Rathaus links schließen entlang der Kirchstraße die Fleischbänke an, in deren Laubengang einst die Metzger ihre Ware feilboten. Im heutigen Schmuckgeschäft Ecke Rosa-Luxemburg-Straße war 1482 eine Garküche zu Hause.

Malzhaus
Basteiturm

Von der Renaissance geprägt ist auch das Malzhaus an der Zwingerstraße Nr. 7, die nordwestwärts am Markt vorbeiführt. Deren Ausgang flankiert der aus dem 16. Jh. stammende Basteiturm, Rest der 1835 niedergerissenen Stadtbefestigung.

Ponickau-Haus mit *Museum der Westlausitz

An der die Zwingerstraße kreuzenden Pulsnitzer Straße steht das Ponickau-Haus, eines der ältesten erhaltenen Wohnhäuser von Kamenz. Es stammt aus dem Jahre 1745, seine romanischen Kellergewölbe jedoch aus dem 13. Jahrhundert. Seit 1961 beherbergt es das Museum der Westlausitz, das Sammlungen zu Geschichte, Kultur und Natur in der Region zeigt, insbesondere auch zur Geologie (Öffnungszeiten: Di. – Fr. 10.00 – 17.00, Sa. und So. 13.00 – 17.00 Uhr).

Roter Turm

Weiter südlich erhebt sich der – gelbgestrichene – Rote Turm aus dem Jahr 1348, vormals Pulsnitzer Torturm. Er überstand den Abriß der Stadtmauer und das Feuer von 1842. Fortan stellten die Kamenzer ihre Feuerwehr hier unter und nennen ihn seitdem den Roten Turm.

Feuerhaus

Am Ende der von der Südostecke des Markts abgehenden Kurzen Straße steht Ecke Am Anger das 1708 vom Leibarzt Augusts des Starken Dr. Haberkamp erworbene Wohnhaus. Über dem Portal stellt ein sehr verblaßtes Wandgemälde den Stadtbrand von 1707 dar – daher der Name.

Schloßberg

Am Ende des Angers beginnt der Schloßberg. Hier stand einst die mittelalterliche Burg- und Schloßanlage, die 1432 abgebrochen worden ist. Auf dem gegenüberliegenden Reinhardsberg sind Überreste einer bronzezeitlichen Ringwallanlage zu erkennen.

St. Marien

Auf einem 35 m hohen Felsen südwestlich vom Markt ragt als bedeutendster Sakralbau der Stadt die Hauptkirche St. Marien empor. Die Arbeiten an der aus bodenständigem Granit errichteten Kirche begannen um 1400, wurden durch den Hussitenkrieg unterbrochen und von 1429 – nun als vierschiffige Hallenkirche gedacht – bis 1480 fortgeführt. Von der Innenausstattung ist besonders der gotische Hauptaltar hervorzuheben, der etwa um 1480 entstanden ist und im Schrein Maria, Johannes den Täufer und Johannes den Evangelisten eindrucksvoll gestaltet darstellt, in der Predella

*Innenausstattung

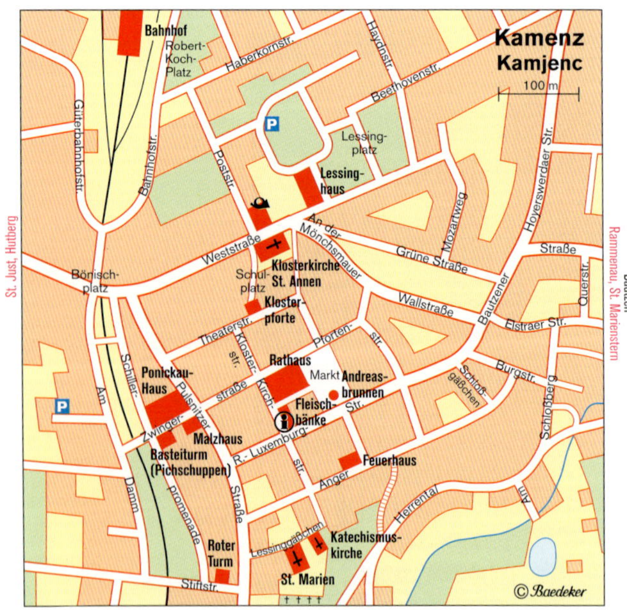

St. Marien (Fortsetzung)

die Abendmahlsszene. Weiterhin beachtenswert sind eine ursprünglich nicht zusammengehörende Triumphkreuzgruppe (Christus von 1500, Seitenfiguren später), der 1498 aufgestellte Michaelisaltar mit der Figur des Seelenwägers, in der Sakristei ein kleiner Flügelaltar von 1505 und daneben ein Reliquienbehälter vom Ende des 14. Jh.s mit zwei Armreliquiaren und beachtlichen Malereien der böhmischen Schule an den Innenseiten der Türen. Die Kanzel von 1566 bemalte Andreas Dreßler für die nun protestantische Kirche; auch die 1542 entstandenen drei Votivgemälde des Cranachschülers Wolfgang Crodel strahlen protestantischen Geist aus.

Katechismuskirche

Gleich neben der Marienkirche steht die 1358 gestiftete Katechismuskirche, teilweise in eine hervorspringende Bastion der ehemaligen Stadtmauer gebaut. Das Obergeschoß mit Schießscharten verrät, daß die Kirche nicht nur als Gotteshaus diente.

Lessinggäßchen

Jenseits der Friedhofsumfassung bezeichnet eine Metalltafel die Stätte des 1842 abgebrannten Pfarrhauses, in dem Gotthold Ephraim Lessing am 22. Januar 1729 geboren wurde.

*Lessinghaus

Am Lessingplatz nördlich vom Markt, zu erreichen über die Klostergasse und durch die Klosterpforte, wurde von 1929 bis 1931 ein Haus als Ersatz für Lessings Geburtshaus errichtet und als Museum eröffnet. Die Ausstellung bietet anhand der Stationen seines Lebens Einblick in das Schaffen des großen Dichters der Aufklärung und Vaters des deutschen Theaters. Wertvollster Besitz ist die 3500 Bände umfassende Bibliothek mit vielen Erstausgaben, Handschriften, Grafiken und Theaterdokumentationen (Benutzung nur auf Anfrage). Die Räume dienen auch der Begegnung, deren Höhepunkt seit 1961 die Lessingtage sind (Öffnungszeiten: Di.–Fr. 9.00–12.00 und 13.00 bis 16.00, Sa. und So. 13.00–16.00 Uhr).

Klosterkirche St. Annen

Die durch ihren Stufengiebel auffallende spätgotische Klosterkirche (1493–1499) des einstigen Franziskanerklosters St. Annen bewahrt vier wertvolle, allesamt zwischen 1510 und 1520 gefertigte Holzschnitzwerke: einen Annen-, einen Franziskus-, einen Heilands- und einen Marienaltar. Die Mönchsmauer an der Nord- und Ostseite gehörte, da das Kloster außerhalb der Stadt angelegt worden war, zur Stadtbefestigung.

St. Just

In der ebenfalls außerhalb der ehemaligen Stadtmauer liegenden einschiffigen Kirche St. Just, 1377 als Begräbniskirche erbaut, kann man im Chor sehr gut erhaltene Wandmalereien aus der Zeit um 1380 bewundern.
Der Kirche gegenüber steht eine der vielen sächsischen Postmeilensäulen.

Umgebung von Kamenz

*Hutberg

Südwestlich der Stadt erhebt sich der 294 m hohe Hutberg, von dem sich ein prächtiger Ausblick auf das Lausitzer Bergland bietet. Die parkähnliche Waldlandschaft ist mit Hunderten großer Rhododendronsträucher bewachsen. Im Frühsommer blüht der Hutberg, der von unzähligen Schaulustigen aus Nah und Fern besucht wird und nur noch der 'Kamenzer Rhododendronberg' genannt wird.

*Seenlandschaft Biehla

Etwa 5 km nördlich von Kamenz beginnt die geschützte Seen-, Teich- und Moorlandschaft von Biehla. Auf einem der vielen markierten Wanderwege bietet sich immer wieder die Gelegenheit, seltene Pflanzen und Tiere zu sehen. So erreicht man auf einem insgesamt 8 km langen Weg über den Damm des Biehlaer Großteichs sicheren Fußes eine Moorlandschaft, das Nordufer des Horstteiches und den Großen Heikteich, von wo aus man zum Ausgangsort zurückkehrt.

Königsbrück

In Königsbrück, 18 km westlich von Kamenz, kreuzten sich einst die Handelswege 'Hohe Straße' und 'Frankfurter Gleis', so daß zu Beginn des 13. Jh.s eine Zollstelle gegründet wurde, aus der sich das Städtchen entwickelte. Die Grafen von Dohna erkoren von ca. 1440 an den Ort zu ihrem Stammsitz; davon geblieben ist das um 1700 erbaute Barockschloß, in das noch ein Renaissanceportal von 1550 integriert ist. Die 1346 geweihte, heute barocke Stadtkirche von Königsbrück besitzt u. a. zwei Tafelgemälde aus dem 15. Jh. sowie ein Holzepitaph von Balthasar Permoser; in der 1579 vollendeten Hospitalkirche gibt es ein spätgotisches Kruzifix zu sehen. Ältestes Haus ist das 1522 erbaute Weiße Roß in der Hoyerswerdaer Straße.

Naturschutzgebiet Tiefental

Am eindrucksvollsten allerdings wird ein Besuch in Königsbrück durch einen Abstecher ins östlich liegende Naturschutzgebiet Tiefental, in dessen Auenwäldern fast alle heimischen Baumarten gedeihen.

Oberlichtenau

Ein weiteres Barockschloß gibt es im 5 km südlich von Königsbrück liegenden Oberlichtenau zu sehen. Heinrich Graf von Brühl war seit 1744 Besitzer des von Johann Christoph Knöffel errichteten Schlosses.

Elstra

Das Ortsbild von Elstra, 2 km südlich von Kamenz, atmet noch etwas den Geist des Mittelalters. Sehenswerte Gebäude aber sind barock: die Stadtkirche von 1726 und das 1717 erbaute Rathaus.

Pulsnitz

In Pulsnitz, 12 km südwestlich von Kamenz, wird nachweislich seit 1558 Pfefferkuchen gebacken, und noch immer sind die Leckereien aus den 'Pfefferkücheleien' begehrt. Ein weiteres traditionsreiches Handwerk der Geburtsstadt des Bildhauers Ernst Rietschel (1804–1861) ist die Töpferei, die man in der seit 1742 bestehenden Werkstatt Jürgel studieren kann, und auch die Blaudruckerei war hier zu Hause, wie das Färbereihaus in der Bachstraße, letztes seiner Art in Sachsen, beweist. Weiterhin sehenswert sind in Pulsnitz der Perfert, ein befestigter bäuerlicher Speicher aus der Zeit der Hussitenkriege sowie die Pfarrkirche St. Nikolai mit einer Gedächtniskapelle für Ernst Rietschel und einem Empire-Altar aus Terrakotta.

*Kloster St. Marienstern

Katholische Insel im protestantischen Sachsen

Im Jahr 1248 gründete Bernhard von Kamenz, späterer Bischof zu Meißen, beim heutigen Panschwitz-Kuckau (sorb. Pančicy-Kukow) etwa 8 km südöstlich von Kamenz das Zisterzienserinnenkloster St. Marienstern als Hauskloster und Grablege der Familie. Es ist zusammen mit Kloster Marienthal bei Ostritz (Umgebung von → Görlitz) das einzige Ordenshaus der Zisterzienserinnen, das seit seiner Gründung über alle politischen Verhältnisse hinweg seinen Fortbestand sichern konnte und auch heute noch von Nonnen bewohnt wird. Als katholische Insel im protestantischen Sachsen ist hier manch prominentes Mitglied des unter August dem Starken wieder katholisch gewordenen sächsischen Hofs begraben. Sieht man von Mängeln an der Bausubstanz ab, hat das Kloster nicht nur ideell, sondern auch materiell keinen Schaden erlitten, sondern im Lauf der Zeit lediglich Umbauten und Erweiterungen erfahren. Zur mittelalterlichen bzw. barock überformten, sehr schön renovierten Bausubstanz gehören der Kreuzgang, die Kreuzkapelle, der Kapitelsaal, das Haus der Äbtissin vom Ende des 17. Jh.s, der 1732 eingeweihte Neue Konvent und die Klausur. In der hübschen Klosteranlage fällt der Brunnen mit dem böhmischen Löwen als Brunnenfigur auf. Außerhalb der Klostermauern ist ein Kräuter- und Lehrgarten eingerichtet. Übrigens: Kloster Marienstern ist das einzige sächsische Kloster mit Brauerei – zu probieren in der Klosterstube.

Klosterkirche

Außerhalb der Gottesdienste kann die zwischen dem 13. und 15. Jh. entstandene, äußerlich ebenfalls barock veränderte Klosterkirche besichtigt werden. Das südliche Seitenschiff der dreischiffigen Hallenkirche ist in den

St. Marienstern ist eines von nur zwei Zisterzienserinnenklöstern in Sachsen. ▶

Kloster St. Marienstern (Fortsetzung)

Kreuzgang einbezogen und sein oberer Teil als Empore gestaltet worden, die wie eine weitere Empore auf der Westseite nur den Nonnen vorbehalten ist. Vor dem prächtigen Hochaltar von 1751, ein Werk des Prager Barockbaumeisters Franz Lauermann, sind die Stifter des Klosters, die Grafen Bernhard III. und Heinrich I. von Kamenz, unter 1629 entstandenen Grabplatten beigesetzt. Aus der frühen Zeit der Kirche stammen u. a. die um 1375 geschaffenen kostbaren Glasmalereien mit Darstellungen weiblicher Heiliger, eine große Vesperbildgruppe (14. Jh.) und ein spätgotischer Schnitzaltar mit der Anna Selbdritt. Von den barocken Gegenständen verdienen noch der Schmerzensmann von 1718 und eine Mater Dolorosa von 1720 besondere Beachtung, die beide dem Prager Matthias Wenzel Jäckel zugeschrieben werden, sowie zwölf Holzstatuen auf der Südempore.

*Osterreiten

An hohen katholischen Feiertagen ist Panschwitz-Kuckau Ziel Tausender von Wallfahrern. Der besondere Höhepunkt wird an Ostern geboten, wenn die Sorben ihr traditionelles Osterreiten veranstalten, das hier in Panschwitz-Kuckau seinen Ausgang genommen hat.
Das sorbische Erbe des Orts wird auch in der Gedenkstätte für den sorbischen Volksdichter Jakub Bart, genannt Ćišinski (1856–1909), in der nach ihm benannten Schule gepflegt.

Rosenthal

Viele Wallfahrer ziehen von Panschwitz-Kuckau noch 6 km weiter Richtung Norden nach Rosenthal (sorb. Róžant), um in dessen Barockkirche (1778) vor der um 1470 geschaffenen und seit 1699 verehrten kleinen Statuette der Jungfrau Maria zu beten. Eine barocke Brunnenkapelle (1766) und die Administratur (1755) runden das Bild des Wallfahrtsorts ab.

*Barockschloß Rammenau

Öffnungszeiten
April–Sept. tgl. 10.00–18.00; Okt.–März tgl. 10.00–16.00

Am Rand des 16 km südlich von Kamenz zu erreichenden Dorfes Rammenau, Geburtsort des Philosophen Johann Gottlieb Fichte (1762–1814), ließ sich der sächsische Kammerherr Ernst Ferdinand von Knoch vom Dresdener Baumeister Johann Christoph Knöffel von 1721 bis 1737 ein Schloß bauen – allerdings übernahm er sich dabei, so daß sein neues Heim bereits 1744 zwangsversteigert werden mußte. Die neuen Besitzer von Hofmann waren noch bis 1798 damit beschäftigt, die Inneneinrichtung zu komplettieren. Heute gehört der dreigeschossige Hufeisenbau gerade wegen dieser hervorragend gepflegten Einrichtung zu den sehenswertesten Barockschlössern Sachsens.

Innenräume

Im rechten Schloßflügel ist im Kornblumenzimmer, im Jagdsalon, im Vogelzimmer und im Gartensaal ein recht gelobtes Restaurant eingerichtet.
Die übrigen Räume spiegeln den Geschmack des vermögenden Oberlausitzer Landadels wieder. Im Erdgeschoß wird per Video und einigen Dokumenten die Geschichte des Schlosses erzählt, daran schließen die zwei Räume mit der Gedächtnisausstellung über Johann Gottlieb Fichte an. Über das Treppenhaus mit seiner illusionistischen Architekturmalerei steigt man in die erste Etage; dort tritt man vom Flur nach rechts in den Festsaal und durch diesen hindurch ins Chinesische Zimmer, wo Chinoiserien von der Wand grüßen. Zurück im Flur betrachtet man eine Uhrensammlung, blickt ins Goldene Zimmer, in dem die Wände mit Porträts und Landschaften der Oberlausitz bemalt sind, und geht durch das Jagdzimmer und den Blauen Salon mit seiner Sammlung Dresdener Porzellans in das schwarzrot dekorierte sog. Teufelszimmer.

Schloßkonzerte

Die auf Schloß Rammenau alljährlich im Herbst veranstalteten Barockkonzerte genießen einen guten Ruf.

Bischofswerda

Nicht ganz 4 km südöstlich von Rammenau kommt man nach Bischofswerda, dem 'Tor zur Oberlausitz'. Sehenswert in der erstmals 1227 erwähnten Kleinstadt sind das klassizistische Rathaus (1818) mit Freitreppe

Barockschloß Rammenau (Fortsetzung)

und die ursprünglich gotische, 1815/1816 umgebaute Marienkirche, heute Christuskirche. In der Kreuzkirche von 1650, noch im Stil der Spätrenaissance, wird ein überlebensgroßes Sandsteinkruzifix von 1535 aufbewahrt.

Kohrener Land H 6/7

Landkreis: Leipziger Land

*Idylle in Mittelsachsen

Mischwälder und Wiesen, Teiche und Bäche, dazwischen manch ein Porphyr-Steinbruch, historische Hinterlassenschaften und eine traditionelle Töpferkunst stehen für den Reiz des Kohrener Landes. Schon in früheren Zeiten war dieser Landstrich am Übergang von der flachen, heutzutage stark industrialisierten Leipziger Tieflandsbucht ins mittelsächsische Hügelgebiet ein beliebtes Erholungs- und Ausflugsziel, und er hat sich seinen idyllischen Charakter und seine in großen Teilen noch intakte Natur bewahren können. Die kleinen Bäche Ratte, Katze und Maus, die vereint zur Wyhra fließen, beweisen, daß unseren Vorfahren Humor nicht fremd war.

Geschichte

Die Ursache für die relative Abgeschiedenheit des Kohrener Lands liegt in der Tatsache, daß es abseits der Handels- und Heerstraßen lag. Der Schutz dreier großer Burgen – Gnandstein, Kohren und Frohburg – sorgte dafür, daß sich Landwirtschaft und Gewerbe einigermaßen unbehelligt entwickeln konnten. Auf der Wolfsburg saß im 15. Jh. Ritter Kunz von Kaufungen, der sich nach dem sächsischen Bruderkrieg (1446–1451) von Kurfürst Friedrich betrogen sah und dafür dessen Söhne Ernst und Albrecht im sog. Altenburger Prinzenraub entführte. Das kam ihn teuer zu stehen: Er wurde in → Freiberg enthauptet.

Kohren-Sahlis H 6

Höhe: 230 m ü.d.M.
Einwohnerzahl: 2000

Kohren

Die 1934 zusammengeschlossene Doppelgemeinde Kohren-Sahlis liegt im Zentrum des Kohrener Lands. Der Ortsteil Kohren geht zurück auf die slawische Burg Korun, die 974 zum Bistums Merseburg gelangte. Die kaiserliche Schenkungsurkunde verzeichnet auch erstmals den Ort, der 1453 zur Stadt erhoben wurde und sich zu einem Zentrum der Töpferei entwickelte.

Töpferei

Als Wahrzeichen erhielt sie daher 1928 den vom Frohburger Künstler Kurt Feuerriegel geschaffenen Töpferbrunnen, auf dessen Spitze die dralle 'Toppfrau' steht. Von den einst 14 Töpfereien arbeiten zwei bis heute: das Töpferhaus Arnold (Burggasse 9) und die Töpferei Müller (Steingasse 120). Sie stellen die gelbbraune Kohrener Irdenware mit Löffel- und Latzmuster sowie blau-weiß dekorierte Keramik her, die man selbstverständlich gleich kaufen kann. Die Geschichte der Kohrener Töpferei dokumentiert in einem sehr schönen Fachwerkhaus (Baumgartenstraße 18) das Töpfermuseum Kohren-Sahlis, zu dem auch eine Schauwerkstatt gehört (Öffnungszeiten: März–Okt. Di.–So. 10.30–12.00 und 13.00–17.00 Uhr). Alljährlich am Sonntag nach Himmelfahrt findet der Töpfe- und Krügemarkt statt.

St. Gangolf

St. Gangolf, eine dreischiffige, romanische Pfeilerbasilika mit zweijochigem Chor, besitzt einen Epithaph-Altar von 1616/1617 und Grabmäler aus dem 17. bis 19. Jahrhundert.

Burg Kohren

Die seit dem 12. Jh. entstandene, oval gestreckte deutsche Burganlage zerfiel seit Mitte des 16. Jahrhunderts. Heute sind nur noch zwei im Kern romanische Rundtürme erhalten, errichtet aus 4 m dickem Bruchsteinmauerwerk und mit einem Durchmesser von 10 bzw. 11 m.

Sahlis

Im Ortsteil Sahlis (altsorbisch 'Zalesno' – 'hinter dem Wald') ist der Barockbau des Gutes Sahlis sehenswert, den der Chemnitzer Tuchhändler Sieg-

Oben die 'Toppfrau', unten wird gearbeitet – der Töpferbrunnen von Kurt Feuerriegel ist das Wahrzeichen von Kohren.

Sahlis (Fortsetzung)

fried Leberecht Crusius 1756 erbauen ließ. Hinter dem Haus erstreckt sich der 1771 angelegte Rokokogarten mit vier Kinderfiguren als Allegorien auf die Jahreszeiten und einem Gartenpavillon.

*Gut Rüdigsdorf

Unbedingt einen Besuch wert ist Gut Rüdigsdorf, das sich Siegfried Leberecht Crusius' Sohn Wilhelm Heinrich von 1823 an erbauen ließ. Er verpflichtete namhafte Künstler seiner Zeit, u.a. Moritz von Schwind, der 1838 vier von neun Fresken zum Thema "Amor und Psyche" in der Orangerie schuf, die heute zu den wichtigsten seiner Frühwerke zählen. Der Saal des Herrenhauses, im Sommer Ort von Konzerten, ist mit einer einzigartigen Grisailletapete mit arkadischen Motiven ausgekleidet, dergleichen es in Deutschland nicht mehr gibt. Sie ist ein Werk des französischen Tapetenmalers Pere aus dem Jahr 1824. Am Südrand des Parks kann man auf dem Teich des Lindenvorwerks eine Kahnpartie machen und in der Lindigtmühle studieren, wie die Kraft des Flüßchens Maus genutzt wurde (Öffnungszeiten: So. 11.00–17.00 Uhr).

Schloß Frohburg **H 6**

Schloß- und Heimatmuseum

Auch das 6 km nördlich von Kohren-Sahlis gelegene Frohburg ist eine Töpferhochburg. Im über der Wyhra aufsteigenden Schloß kann man im Schloßmuseum die Erzeugnisse der Frohburger Töpferkunst bewundern, insbesondere solche aus der Hand des Kunstkeramikers Kurt Feuerriegel, der auch den Töpferbrunnen in Kohren schuf. Auch altes Spielzeug ist ausgestellt. Das Schloß selbst, eine schlichte Vierflügelanlage aus dem 16. Jh., geht auf eine 1199 erstmals erwähnte Burg zurück. Schmuckstück ist der Steinerne Saal, den Carl Ludwig Kaaz 1804 mit einem übergroßen Wandgemälde "Der Nemisee bei Rom" ausstattete (Öffnungszeiten: Mai bis Sept. Di.–Fr. und So. 9.30–12.00 und 13.30–16.00, Sa. 13.00 bis 16.00 Uhr; Okt.–April an Wochenenden geschlossen).

Bad Lausick

In Bad Lausick, 10 km nordwestlich von Frohburg, läßt sich seit der Gründung des Heilbads im Jahr 1821 kuren. Wer Abwechslung vom hübschen Kurpark braucht, schaue in die Kilianskirche. Die turmlose Pfeilerbasilika stammt aus den Anfängen des 12. Jh.s und ist seither kaum verändert worden. Im Chor sind noch Wandmalereien erhalten, die Silbermannorgel von 1722 wurde allerdings erst 1957 aus Pegau herangeschafft.

Volkskundemuseum Neukirchen-Wyhra

Bäuerliches Leben um 1900 veranschaulicht das 5 km nordwestlich zu erreichende Volkskundemuseum Neukirchen-Wyhra (Öffnungszeiten: April bis Okt. Mi., Sa. und So. 10.00 – 18.00, Di. und Do. 8.30 – 15.30 Uhr).

*Burg Gnandstein **H 6**

Älteste romanische Burganlage östlich der Saale

Die dritte der Burgen des Kohrener Lands überragt den Ort Gnandstein und ist schon seit der Romantik ein beliebtes Ausflugsziel für den Leipziger und Chemnitzer Raum. Die älteste erhaltene romanische Burganlage östlich der Saale erhebt sich auf einem von der Wyhra umflossenen Felsen. Burg Gnandstein entstand Mitte des 12. Jh.s zum Schutz der nahen Handelsstraßen Leipzig – Chemnitz – Prag und Altenburg – Leisnig. Sie wurde im 13. Jh. stark ausgebaut und galt danach als die sicherste im Pleißenland, so daß noch bis ins 16. Jh. hinein Adlige in Kriegszeiten ihre Reichtümer hier einlagern ließen. Um 1400 fiel die Burg an die Familie Einsiedel, die sie weiter ausbauen ließ. Während des Dreißigjährigen Krieges wurden weite Teile der Burg durch schwedische Brandstiftung und Unwetter zerstört, um 1680 erfolgte der Wiederaufbau, um 1700 die barocke Umgestaltung des gotischen Südflügels und der Hoffassaden. Im Mai 1813 übernachtete hier Napoleon nach seinem Sieg bei Großgörschen. In der ersten Hälfte des 19. Jh.s wurde die Anlage umgebaut. Heute kann man hier übernachten und sich an ausgedehnten Rittermahlen gütlich tun.

Besichtigung
Feb. – Nov.: Di. – So. 9.00 – 17.00; Dez.: Di. – Sa. 11.00 – 16.00; Jan.: Sa., So. 11.00 – 16.00

Ältester Teil der heutigen Burganlage ist die ursprünglich 18 m hohe Schildmauer. Mit dem romanischen Palas erwuchs der heute wohl bedeutendste Teil von Gnandstein. Im unteren Geschoß befindet sich eine Küche mit gemauertem Herd und Backofen, darüber die Mannschaftsräume. Im dritten Geschoß liegt der in seinem Erhaltungszustand für Sachsen einmalige Festsaal, auch Rittersaal genannt. Bemerkenswert sind der originale, doppelt gekehlte rundbogige Eingang und die vier gekoppelten Rundbogenfenster. Am Südbau entstand um 1490 ein spätgotischer Wendelstein, der durch barocke Umbauung jedoch viel von seiner einstigen Wirkung verloren hat. An den Palas schließt die Kemenate an, ein heute barocker Bau mit drei nachgewiesenen Vorgängerbauten.

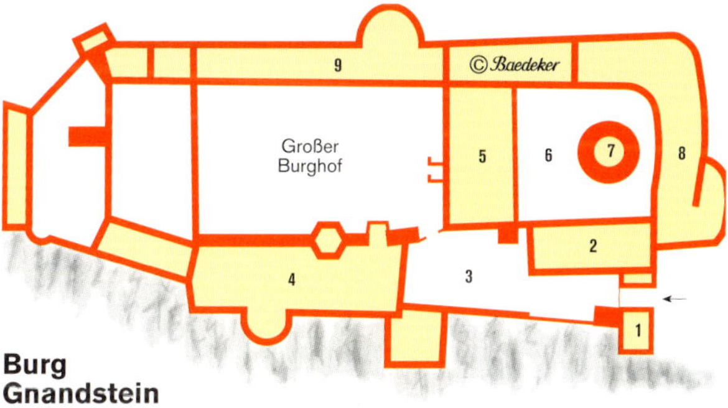

Burg Gnandstein

1 Torhaus
2 Romanischer Palas
3 Torzwinger
4 Gotischer Palas
5 Kemenate
6 Innerer Burghof
7 Bergfried
8 Zwinger
9 Kapellenflügel

Burg Gnandstein (Fortsetzung)

Zwischen Vorhof und Südflügel steht das Brunnenhaus, dessen Brunnenschacht im 13. Jh. 25 m tief in einen Felsspalt getrieben worden ist. Der Schildmauer vorgelagert befindet sich der im Südosten bastionsartig erweiterte Zwinger. Zu einer Erhöhung des Wehrcharakters von Gnandstein führte vor allem der Bau des 33 m hohen Bergfrieds im Turmhof.
Ende des 15. Jh.s errichtete man im Nordflügel, dem sog. Kapellenflügel, die zweigeschossige, spätgotische Kapelle. In ihr sieht man den größten Schatz der Burg, einen Bartholomäus-, einen Annen- und einen Marienaltar des Zwickauer Riemenschneider-Schülers Peter Breuer aus den Jahren 1502 und 1503. Die sternförmigen Zellengewölbe, der Fußboden aus Kohrener Keramik und das Gestühl sind in ihrem ursprünglichen Zustand aus dem 16. Jh. zu erleben.

Burgmuseum

Das Museum bietet u. a. Einblicke in die Burggeschichte sowie ein Barock- und ein Empirezimmer und den Theodor-Körner-Gedenkraum. Der verwundete Körner hielt sich im Juni 1813 zwei Tage auf Gnandstein auf.

Dorf Gnandstein

In der spätgotischen Dorfkirche sind Kanzel mit Blendmaßwerk (1518) und Taufstein (um 1600) hervorzuheben. Im Chor befinden sich 13 Grabsteine aus dem 17. und 18. Jh. der Familie von Einsiedel mit lebensgroßen Figuren.

Geithain — H 7

Höhe: 225 m ü.d.M.
Einwohner: 7100

Geschichte

Das am Ostrand des Kohrener Lands liegende Geithain wird 1168 als 'Chiten' erstmals erwähnt. Heute ist Geithain vor allem durch die Herstellung von Emaillegeschirr bekannt geworden.

Markt

Der große Straßenmarkt wurde um 1200 zwischen Teichen – heute Grünanlagen – angelegt. Der volkstümliche Satz: "Geiten hat zwei lange Seiten, in der Mitte einen großen Plan, vorn und hinten ist nichts dran" ist auch heute nicht von der Hand zu weisen. Das Rathaus stammt im Kern aus dem 15. Jh., Gebäude Markt 8 von 1674, der ehemalige Goldene Löwe, zählt mit Wappenschildern und Korbbogentor zu den schönsten Bürgerhäusern der Stadt. Im 1680 erbauten Bürgerhaus Chemnitzer Straße 20 zeigt das Heimatmuseum u. a. ein Apothekenmuseum und eine Ausstellung über kursächsische Postsäulen, von denen es zwei in Geithain gibt.

Stadtmauer

Im Mittelalter umschloß die im Süden und Westen sowie am Pulverturm (um 1200) erhaltene Mauer die Stadt.

Nikolaikirche

Der spätromanische Westbau der Nikolaikirche am Westende der Altstadt geht ins 12. Jh. und der Chor ins 14. Jh. zurück. Das dreischiffige, spätgotische Hallenlanghaus mit bemalter Felderdecke auf achteckigen Pfeilern entstand im späten 16. Jh. und beherbergt die sehenswerte Kanzel von P. Becker (1597) und den Altaraufsatz von Michael Grünberger (1611). Östlich der Kirche steht das Pfarrhaus aus dem 16. Jh. mit Zellengewölbe und Wandmalereien in der anschließenden Kalandstube.

Leipzig — E/F 4–6

Kreisfreie Stadt
Höhe: 118 m ü.d.M.
Einwohnerzahl: 470 000

**Messestadt

Die berühmte Messestadt Leipzig liegt im Süden der Leipziger Tieflandsbucht an den Mündungen der Parthe und Pleiße in die Weiße Elster. Sieht man von den immergrünen Auewäldern des Elstertales ab, die sich vom

Messestadt (Fortsetzung)

Südosten bis in den Nordwesten der Stadt ziehen und eine ersprießliche Sauerstoffquelle bilden, ist das Umland der größten Stadt Sachsens vom Braunkohleabbau geprägt: So weit das Auge reicht – und es reicht hier sehr weit – Gruben und Abraumhalden des Tagebaus, dem manches Dorf zum Opfer gefallen ist. Mitten darin grüßen schon von ferne die Türme des Neuen Rathauses und der Universität aus dem Zentrum von Leipzig.
An wichtigen Handelsstraßen gelegen, entwickelte sich der Ort zu einer Messestadt von nationalem und bald auch internationalem Rang, namentlich seit dem 17. und 18. Jh. auch als Umschlagplatz für Pelze und Produktionsort von Rauchwaren. Noch heute geben 25 wichtige Fachmessen den Takt im Wirtschaftsleben Leipzigs an; daneben sind auch die Energiewirtschaft, die metallverarbeitende Industrie, die Leichtindustrie und die Elektronik von Bedeutung. Lange und große Traditionen hat auch die polygraphische Industrie. Und mittlerweile hat sich die Stadt, in der im Herbst 1989 die Montagsdemonstrationen begannen und das Ende der DDR einläuteten, nach Frankfurt am Main zum zweitgrößten Bankenplatz in Deutschland herausgemacht.

Kulturstadt

Leipzig ist darüberhinaus eine Stadt ersten Ranges in Sachen Kunst, Kultur und Wissenschaft. Von jeher gilt sie als Stadt des Buches. Zu diesem Ruf trugen vor allem Verleger wie Baedeker, Göschen, Dietrich, Brockhaus, Breitkopf, Reclam und Teubner bei, und noch immer bzw. auch wieder bezeugen zahlreiche, z. T. traditionsreiche Verlage, Bibliotheken wie die Deutsche Bücherei und die Deutsche Zentralbücherei für Blinde, die wiederbelebte Buchmesse und die Hochschule für Graphik und Buchkunst diesen Rang. Leipzig ist darüberhinaus eine exzellente Musik- und Theaterstadt. Hier wirkten u. a. Bach, Mendelssohn-Bartholdy, Schumann, Wagner, Lortzing, Mahler, Schiller und Goethe, Gottsched und die Neuberin; noch immer konzertieren der Thomanerchor und das Gewandhausorchester. Die 1409 gegründete Universität Leipzig, die 'Alma mater Lipsiensis', ist nach der Heidelberger die älteste in Deutschland. Heute studieren an den vier Leipziger Hochschulen über 20 000 Studenten.

Geschichte

Die Spuren menschlicher Existenz reichen in der Leipziger Umgebung bis in die Altsteinzeit zurück. In der Bronze- und Eisenzeit herrschte sogar schon dichtes Gedränge um die Siedlungsplätze, hatten sich doch Germanen und Kelten hier niedergelassen. Im 6. Jh. leerten sich die Ansiedlungen, vermutlich durch eine neue Kälteperiode verursacht, und bald darauf drangen vom Nordosten slawische Stämme vor. Diese wiederum unterwarf die deutsche Ostexpansion unter Heinrich I. und Otto I. Im Jahr 1015 entstand an der Kreuzung der wichtigen Handelsstraßen Via Regia (Königsstraße) und Via Imperii (Reichsstraße), dort 'wo die Linden standen', nahe der späteren Pleißenburg (heute Neues Rathaus) eine Burg. In ihrem Schutz siedelten sich Handwerker und Kaufleute an, entstanden planmäßige Straßenzüge, bis 1165 schließlich Markgraf Otto von Meißen der 'urbs lipsi' (sorbisch Lipa = Linde) das Stadtrecht verlieh. Der Handelsschutzbrief von 1268 ließ auch fremde Kaufleute zu und ebnete den Weg zur Messestadt. Kaiser Maximilian I. erhob Leipzig 1497 in den Rang einer Reichsmessestadt und schränkte das Stapelrecht für Waren auf 15 Meilen, ca. 120 km, ein. Die Leipziger Kaufleute hatten hier freilich mit etlichen Truhen voll Goldmünzen nachgeholfen, um die Mitbewerber aus Naumburg, Weißenfels, Halle, Magdeburg und Erfurt aus dem Rennen zu werfen. Bedingt durch die Erschließung der reichen Silbervorkommen im Erzgebirge kam Leipzig rasch zu Wohlstand.
Eine wichtige Etappe der Reformation spielte sich in Leipzig ab: 1519 fand in der Pleißenburg zwischen Luther und Eck in Gegenwart des strenggläubigen Herzog Georg dem Bärtigen die Leipziger Disputation statt, in deren Verlauf der Reformator mit der katholischen Kirche öffentlich brach. Im Schmalkaldischen und im Dreißigjährigen Krieg wurde Leipzig mehrfach belagert, eingenommen und ausgeplündert. Drei große Schlachten – bei Breitenfeld (1631 und 1642) und Lützen (1632) – wurden vor den Toren der Stadt geschlagen. Was die Kriege nicht vermochten, erledigten schließlich

Geschichte (Fortsetzung)

Cholera und Pest. Doch Leipzig erholte sich immer wieder rasch, und August der Starke selbst sorgte für neue Entwicklungsetappen der Leipziger Messen und in der Stadt, die neben Dresden als der Residenz zumindest wirtschaftliche Hauptstadt Sachsens war. Im 18. Jh. entfalteten sich Buchhandel, Buchdruck, Theater, Universität und Musikleben; im Siebenjährigen Krieg wurde Leipzig von den Preußen eingenommen, König Friedrich II. schlug sein Quartier hier auf und belegte die Kaufleute mit schweren Kontributionen. Im Oktober 1813 erlebte die Stadt die Völkerschlacht der verbündeten europäischen Mächte gegen Napoleons Truppen und wurde aufs neue schwer zerstört.

Im weiteren Verlauf des 19. und 20. Jh.s war die industrielle Entwicklung nicht mehr aufzuhalten, wobei einer der Höhepunkte die Inbetriebnahme der Eisenbahnlinie zwischen den sächsischen Metropolen Leipzig und Dresden im Jahr 1839 war. Nach der Gründung des Deutschen Reiches 1871 wurde Leipzig Sitz des Reichsgerichtes (1879 – 1945) als Revisionsinstanz in Zivil- und Strafsachen. Im Zweiten Weltkrieg zerstörten alliierte Bomben große Teile der Leipziger Innenstadt, bevor im April 1945 US-Truppen einrückten. Von 1952 bis 1990 fungierte Leipzig als Hauptstadt ('Bezirksstadt') des einstigen Bezirkes Leipzig der ehemaligen Deutschen Demokratischen Republik. Spätestens im Frühjahr 1989 manifestierte sich in Leipzig mehr oder weniger deutliche Kritik an den politischen Verhältnissen in der DDR. Die traditionellen Montagsandachten in der Nikolaikirche nahmen die Form offenen Protestes an, der die gesamte DDR erfaßte und schließlich zum Sturz des SED-Regimes führte.

Sehenswertes in Leipzig

*Markt und Umgebung

Leipzigs Zentrum

Das Zentrum des alten Leipzig ist der Markt, den ein überdimensionales, in das Pflaster eingelassenes Stadtwappen mit dem meißnischen Löwen ziert. Von hier aus sind alle wichtigen Punkte innerhalb des Innenstadtrings in kurzer Zeit zu Fuß zu erreichen. Einst fanden auf dem Platz öffentliche Hinrichtungen statt, so 1824 die Enthauptung Woyzecks, der von Georg Büchner zur literarischen Gestalt erhoben wurde. Im Mittelalter wurde auf dem Marktplatz und unter den Arkaden der umgebenden Häuser gehan-

Untergrundmessehaus

delt, heute hat sich das Kaufgeschehen in die Geschäfte des 1925 unter dem Pflaster eröffneten Untergrundmessehauses verlagert.

***Altes Rathaus**

Die gesamte Ostseite des Markts nimmt das Alte Rathaus ein. Es wurde mit großer Eile und zwischen zwei Messen im Jahr 1556 erbaut und gilt als eines der schönsten Zeugnisse bürgerlicher Renaissancearchitektur in Europa. Die Entwürfe stammten vom Leipziger Bürgermeister Hieronymus Lotter, der zwölf Jahre später mit dem Bau der → Augustusburg als sächsischer Renaissancebaumeister berühmt werden sollte. Kolonnaden und hohe Zwerchgiebel schmücken die langgestreckte Westfassade des zweigeschossigen Bauwerks, aus der sich – asymmetrisch angeordnet – der Turm mit Barockhaube von 1744 hervorhebt. Vom Verkündigungsbalkon am Turm wurden wichtige Bekanntmachungen verlesen; vom Bläseraustritt darüber lassen jedes Wochenende die Leipziger Stadtpfeifer ihre Instrumente ertönen. 1672 wurde das Alte Rathaus erneuert, 1906 und 1907 erhielt es die jetzigen Laubengänge. Nach großen Schäden durch die Luftangriffe 1943 und 1944 ist es bis 1950 wiedererrichtet worden.

Stadtgeschichtliches Museum

Im Alten Rathaus befindet sich heute das Stadtgeschichtliche Museum Leipzig. Die ständige Ausstellung beschäftigt sich mit Leipzig in der Renaissance und kirchlicher Kunst des Spätmittelalters und bietet darüberhinaus ein Landschaftszimmer im Spätbarock, die Rüstkammer sowie das Mendelssohn-Zimmer mit Erinnerungen an den Komponisten Felix-Mendelssohn-Bartholdy. Zu sehen sind u. a. Gemälde von Lucas Cranach d. Ä., Oeser und Graff. Gezeigt wird auch eine Auswahl der insgesamt 24 000 Druckgrafiken mit Ansichten der Stadt Leipzig, ferner gibt es Mün-

Zum Weihnachtsmarkt zeigt sich der Leipziger Marktplatz von seiner schönsten Seite.

zen und Medaillen. Im Rahmen des Museums betritt man auch den gewaltig großen Festsaal mit seinen drei Renaissancekaminen (Öffnungszeiten: Di.–Fr. 10.00–18.00, Sa. und So. 10.00–16.00 Uhr).

Stadtgeschichtliches Museum (Fts.)

Königshaus

Das seit 1558 bestehende und 1707 zu einem Barockbau umgewandelte Königshaus an der Südseite des Markts führt seinen Namen zu Recht, denn hier gaben sich gekrönte Häupter als Gäste der Wettiner die Klinke in die Hand: 1695 Zar Peter der Große, 1705 Karl XII. von Schweden, 1760 Friedrich der Große, und 1813 rief vom Balkon aus Napoleon nach der verlorenen Völkerschlacht seinen mit ihm untergegangenen Verbündeten ein "Adieu, mes braves saxons!" zu und entschwand gen Paris.

Alte Waage

An der Nordseite des Markts steht mit der Alten Waage ein weiterer Bau von Hieronymus Lotter, allerdings nur dessen Fassade, die beim Wiederaufbau nach dem Zweiten Weltkrieg rekonstruiert worden ist. In diesem Haus wurden vor jeder Messe die Waren geprüft, gewogen und verzollt.

Hainstraße

Von der Nordostecke des Marktes zweigt die Hainstraße ab, einst eine der lebhaftesten Geschäftsstraßen der Stadt. Hainstraße Nr. 9 ist die Adlerapotheke, in der 1841 und 1842 Theodor Fontane arbeitete.

*Barthels Hof

Leipzigs ältestes erhaltenes Messehaus, Barthels Hof, entstand 1523 als Faktorei der Welser an der Ecke Markt / Hainstraße und ist 1749 / 1750 für den Kaufmann J. G. Barthel barock umgebaut worden. Er ist ein typisches Beispiel für einen sog. Leipziger Durchhof, in den die großen Planwagen zum Be- und Entladen von einer Seite einfahren und auf der anderen Seite wieder hinausfahren konnten. 1872 wurde die einstige Renaissancefassade in den Hof umgesetzt und erstmals eine Passage geschaffen.

*Haus Coffe-Baum

In der Kleinen Fleischergasse 4, wenige Schritte von Barthels Hof entfernt, findet man das Haus Coffe-Baum, eines der ältesten Kaffeehäuser Euro-

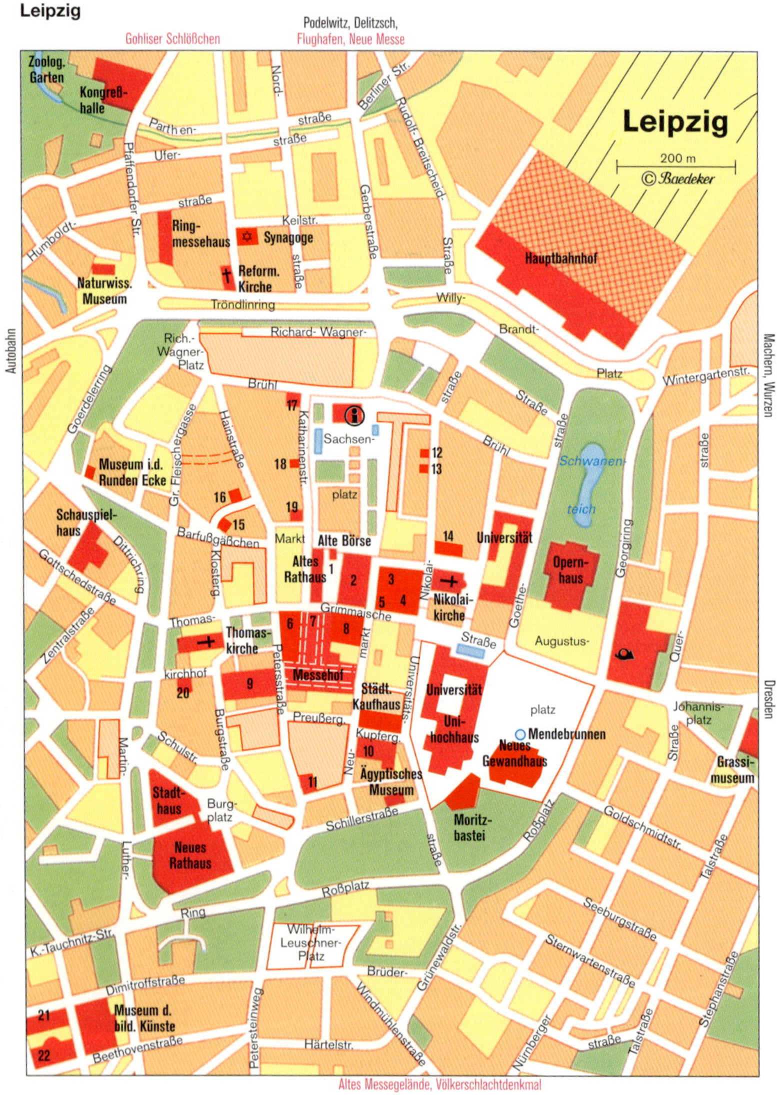

1 Naschmarkt
2 Handelshof
3 Specks Hof
4 Hansahaus
5 Reichshof
6 Messehaus am Markt und Königshaus
7 Mädlerpassage mit Auerbachs Keller
8 Zentral-Messepalast
9 Petershof
10 Dresdner Hof
11 Stentzlers Hof
12 Selters Hof
13 Steibs Hof
14 Antikenmuseum
15 Zum Coffe Baum
16 Barthels Hof
17 Romanushaus
18 Fregehaus
19 Alte Waage
20 Kabarett "Pfeffermühle"
21 Hochschule für Graphik und Buchkunst
22 Universitätsbibliothek

Haus Coffe-Baum (Fortsetzung)

pas. 1694 wurde hier erstmals eine Lizenz für den Ausschank von Kaffee vergeben. Das Hauszeichen zeigt einen unter Kaffeebäumen sitzenden Türken, der einem Putto eine Schale Kaffee reicht. Diese Darstellung gilt als Huldigung für den sächsischen Kurfürsten August den Starken. der hier seinen ersten Mokka zu sich genommen haben soll. Später kehrten auch Goethe, Lessing, Schumann und seine Davidsbündler, Liszt und Wagner gerne auf ein Tässchen ein.

Museum in der Runden Ecke

Mit der jüngsten Vergangenheit – den Machenschaften der Stasi in Leipzig – setzt sich das Museum in der Runden Ecke im ehemaligen Stasiquartier am Dittrichring wenige Minuten westlich vom Coffe-Baum auseinander (Öffnungszeiten: Mi. – So. 14.00 – 18.00 Uhr).

*Thomaskirche

Heimat des Thomanerchors

Südwestlich des Markts liegt der in alter Schönheit restaurierte Thomaskirchhof mit der spätgotischen Thomaskirche als Mittelpunkt. Die Kirche ist in der Musikwelt ein Begriff als Heimat des Thomanerchors. Dieser ist wiederum auf das Engste mit dem Wirken von Johann Sebastian Bach (→ Berühmte Persönlichkeiten) verbunden, der hier von 1723 bis 1750 als Organist und Kantor wirkte (s. hierzu auch das Kapitel "Musik" S. 70/71). Die Thomaskirche dient heute gleichermaßen für Gottesdienste, für Orgelkonzerte und für Aufführungen des Thomanerchors. Wer ihn erleben möchte, besuche die um 18.00 Uhr beginnende Freitagsmotette, die am Samstag darauf um 15.00 Uhr wiederholt wird.

Freitagsmotette

Baugeschichte

Das einstige Gotteshaus des Augustiner-Chorherrenstifts entstand von 1212 bis 1222 zunächst im romanischen Stil, wurde im 14. Jh. und 15. Jh. in der im Inneren im wesentlichen erhalten gebliebenen Architektur einer dreischiffigen Hallenkirche umgebaut und erhielt sein äußeres Bild 1885 bis 1889 durch die von Constantin Lipsius geleiteten Umbauten, bei denen u. a. das Hauptportal verlegt wurde. Der Turm erhielt seinen achteckigen Oberbau 1537 und die Barockhaube 1702.

Innenraum

Der Kirchenraum ist in den sechziger Jahren im ursprünglichen Zustand restauriert worden und beeindruckt durch die von Hieronymus Lotter 1570 für Musikdarbietungen eingebauten Renaissance-Emporen. Zahlreiche Grabmale geben einen Eindruck von der Gießerei- und Bildhauerkunst des 15. bis 17. Jh.s, so die Grabplatte des Hermann von Harras und das manieristische Leicher-Epitaph von 1612. Im einstigen Kreuzgang ist der Minnesänger Heinrich von Morungen begraben. Die bedeutendste in der Thomaskirche beerdigte Persönlichkeit aber ist Johann Sebastian Bach. Der Sarkophag wurde 1950 aus der zerstörten Johanniskirche hierher überführt und unter einer Bronzegrabplatte der Bildhauer Nierade und Tiemann im Chor erneut bestattet (Nach Volkes Meinung hat der Küster der Johanniskirche in einer Bombennacht den Leichnam "in einen Koffer gepackt" und in die Thomaskirche geschleppt). Die Glasfenster der Kirche sind neueren Datums und zeigen u. a. Luther, der hier zu Pfingsten 1539 die Reformation einführte, Bach, den Schwedenkönig Gustav Adolf und Kaiser Wilhelm I.

Bach-Denkmal

Das Denkmal für Bach am Thomaskirchhof vor der Kirche schuf Carl Seffner im Jahr 1908. Ein weiteres, 1843 von Felix Mendelssohn-Bartholdy gestiftetes findet man in den nahen Anlagen am Dittrichring.

Bach-Museum im Bach-Archiv

Der wohlhabende und mit der Familie Bach befreundete Gold- und Silberwarenfabrikant Georg Heinrich Bose ließ sich 1709 bis 1711 den Renaissancebau Thomaskirchhof 16 zum Wohnhaus umbauen, von dessen Eleganz allerdings kaum mehr etwas erhalten ist. Das Haus ist heute Sitz des Bach-Archivs, dem seit 1985 auch das Bach-Museum angeschlossen ist. Es zeigt Möbel, Instrumente und Handschriften aus Bachs Leipziger Zeit (Öffnungszeiten: tgl. 10.00 – 17.00; Führungen tgl. 11.00 und 15.00 Uhr).

Naschmarkt

*Alte Börse

Im Jahr des Rathausbaus wurde an dessen Rückfront der intim wirkende Naschmarkt angelegt. Dessen Nordseite begrenzt die Alte Börse, ein prächtiges Beispiel des sächsischen Barock und Leipzigs ältestes Gebäude dieser Epoche, 1678 bis 1687 von Ratsbaumeister Christian Richter nach Plänen von J. G. Starcke geschaffen. Hier versammelten sich die Kaufleute und später die Stadtverordneten. 1943 brannte die Alte Börse völlig aus, wurde 1953 wiedererrichtet und dient nun kulturellen Zwecken.

Der junge Goethe blickt vor der Alten Börse auf den Naschmarkt.

Goethe-Denkmal

Das 1903 aufgestellte Goethe-Denkmal von Carl Seffner zeigt den großen Dichter als Leipziger Studenten.

Passagen und Messehäuser

Leipzigs kommerzielles Herz

Als man 1895 die Mustermessen im Frühjahr und Herbst einführte, erwiesen sich die traditionellen Kaufmannshöfe wie Barthels Hof als wenig geeignet. Sie wurden abgelöst durch um Lichthöfe angelegte Mustermessehäuser oder Messepaläste, in denen die Kunden einen Zwangsrundgang durch das Angebot absolvierten. Eine Vielzahl historischer Gebäude fiel diesen Neubauten zum Opfer. Von den einst 35 Messehäusern existieren heute noch 15 in Leipzig. Die als Durchhäuser angelegten Handelshöfe verwandelten sich in Geschäftspassagen wie die Mädler-Passage. Die wichtigsten – und begehbaren – sind nachfolgend kurz beschrieben.

Handelshof · Reichshof

An der Ostseite des Naschmarkts steht der 1908 und 1909 als zweites städtisches Messehaus anstelle der Fleischbänke erbaute Handelshof. Hier wird das Museum der Bildenden Künste provisorisch unterkommen. Dahinter liegt Ecke Reichsstraße/Grimmaische Straße der Reichshof von 1896, der noch Kaufhaus und Mustermesse vereint.

Specks Hof

Nachbar des Reichshofs am Ort des Kaufhauses von Maximilian Speck von Sternburg ist Specks Hof, ältestes privates Messehaus. Es wurde zwischen 1908 begonnen und 1929 in seine heutige Gestalt gebracht. Neu an diesem Haus waren die durch Ladenstraßen verbundenen Lichthöfe. In den Passagen geben Wandmalereien und Terrakottareliefs Ereignisse aus der Messegeschichte wider.

Hansahaus · Riquethaus

Ein Durchgang führt zum Hansahaus; das Riquethaus gegenüber der Nordostecke von Specks Hof ist 1909 im Jugendstil fertiggestellt worden und war eine der ersten Adressen für Schokolade und Pralinen.

Zentral-Messepalast

Ecke Neumarkt/Grimmaische Straße gegenüber vom Reichshof wurde 1912 bis 1914 der Zentral-Messepalast errichtet und 1926 um das benachbarte Messehaus Monopol erweitert. Die Staffelgiebel sind eine Hommage an die Renaissance.

Faust, Mephisto und die verzauberten Zecher weisen den Weg hinab in Auerbachs Keller.

***Mädler-Passage**

Auf der Grimmaischen Straße geht man nun zurück zum Naschmarkt und biegt nach links in die Mädler-Passage ein, Leipzigs schönste Ladenpassage, zwischen 1912 und 1914 als Messehaus für Porzellan und Keramik entstanden. Für sie mußte Auerbachs Hof weichen, der 1538 anstelle des Hummelshainischen Hofs erbaut worden war. Bereits in diesem war seit 1525 eine der bekanntesten Schänken Leipzigs betrieben worden; von 1625 an war Auerbachs Hof Leipzigs vornehmster Kaufhof mit einem großen Angebot an Schmuck und Galanteriewaren. Eine Stuckdecke von 1720 mit einem Gemälde des Sonnengotts Helios ist heute im Fotogeschäft Neumarkt 14 zu sehen. Das Glockenspiel aus Meissner Porzellan wurde 1969 in der Passage aufgehängt.

*Auerbachs Keller

Von Auerbachs Hof ist nur noch der durch Goethes "Faust" berühmte Auerbachs Keller erhalten, die nun älteste historische Gastwirtschaft der Stadt und wohl die berühmteste Deutschlands. In der Passage weisen Skulpturen von Mathieu Molitor – Mephisto und Faust auf der einen und

Mädler-Passage (Fortsetzung)

die “Verzauberten Zecher” auf der anderen Seite – den Weg hinab in den Keller. Es war allerdings nicht Goethe, der Faust hierherbrachte, denn tatsächlich besuchte der berühmte Arzt und Quacksalber 1525 die Messe und kehrte hier ein. Bei der Renovierung 1625 verewigte Andreas Bretschneider den legendären Faßritt Faustens auf zwei Wandgemälden und datierte sie auf 1525. Spätere Deckengemälde des 19. Jh.s nehmen Motive aus dem “Faust” auf. Im Faßkeller steht eine Nachbildung des angeblich von Faust benutzten Fasses. Als Rotweinliebhaber Goethe in Leipzig studierte, hat er sich in Auerbachs Keller manche Inspiration geholt.
Die Mädler-Passage ist mittels weiterer Passagen mit den Ladenstraßen im angrenzenden Messehof und im Königshaus verbunden.

Petersstraße

Petershof

Der Westausgang der Messehofpassagen führt auf die Petersstraße. An der gegenüberliegenden Straßenseite steigen die sieben Stockwerke des 1929 abgeschlossenen Petershofs auf. Hier stand einst u. a. der Gasthof Blauer Engel, in dem 1710 Böttger erstmals in Leipzig Porzellan ausstellte und 1785 Schiller abgestiegen war.

Stentzlers Hof

Vorbei am Messehaus Drei Könige von 1915 / 1916 geht man die Petersstraße hinab zu Stentzlers Hof, den man an an seiner Rolandsfigur erkennt. In den Innenhof ist ein eichenhölzerner Renaissanceerker des Vorgängerbaus von 1690 integriert.

Dresdner Hof

An Stentzlers Hof um die Ecke herum führt eine Gasse zum Neumarkt mit dem Dresdner Hof, 1913 zur Frühjahrsmesse eingeweiht und 1928 umgebaut. Der Dresdner Hof galt dank seiner Gastronomie und Serviceeinrichtungen als einer der attraktivsten Leipzigs. Die Einrichtung vom Ende der zwanziger Jahre ist geblieben; im Keller hat seit 1980 das Kabarett “Akademixer” sein Domizil.

Städtisches Kaufhaus

Gegenüber vom Dresdner Hof Ecke Neumarkt / Kupfergasse errichtete die Stadt Leipzig in mehreren Bauabschnitten von 1893 bis 1901 das Städtische Kaufhaus als erstes Mustermessehaus der Stadt, in dem bereits 1895 auch die erste Mustermesse abgehalten wurde und bei der erstmals das Prinzip des Zwangsrundgangs zur Anwendung kam. Eine von Carl Seffner geschaffene Skulptur Kaiser Maximilians über der Einfahrt ehrt den Verleiher des Messeprivilegs. Auch diesem Bau mußten historische Gebäude weichen, darunter die Stadtbibibliothek von 1744, deren Fassade allerdings bis zur Zerstörung durch Bomben im Zweiten Weltkrieg am Gewandhausgäßchen erhalten blieb, und das Gewandhaus von 1481 mit dem Konzertsaal des Gewandhausorchesters.

*Nikolaikirche

Ausgangspunkt der Montagsdemonstrationen

Vom Städtischen Kaufhaus ist es nicht mehr weit zur größten Kirche Leipzigs, der Nikolaikirche. Spätestens seit dem 9. Oktober 1989 ist sie über Leipzig hinaus weitbekannt geworden, als das seit 1982 abgehaltene montägliche Friedensgebet sich zur ersten der schon legendären Montagsdemonstrationen ausweitete, an der 70 000 Menschen teilnahmen.

Baugeschichte

Der Bau der Nikolaikirche begann im 12. Jh. als romanische Pfeilerbasilika, von der noch der mächtige Unterbau der drei Westtürme erhalten ist. Im 14. Jh. kamen der gotische Chor, von 1513 bis 1526 das dreischiffige Langhaus hinzu. Hieronymus Lotter ist die Aufstockung des Mittelturms (1555) zu verdanken, der 1731 durch die barocke Haube noch höher wurde.

*Innenraum

Was aber – sieht man von der zeitgeschichtlichen Bedeutung ab – die Nikolaikirche wirklich sehenswert macht, ist der herrliche Innenraum. Er wurde zwischen 1784 und 1797 von Johann Friedrich Carl Dauthe im Geiste des Klassizismus völlig neugestaltet und bietet seitdem einen überwältigenden Anblick in Rosé, Lindgrün und Weiß, insbesondere dank Dauthes Idee, die Pfeiler in kannelierte Säulen zu verwandeln und in Palmwedeln

Nikolaikirche

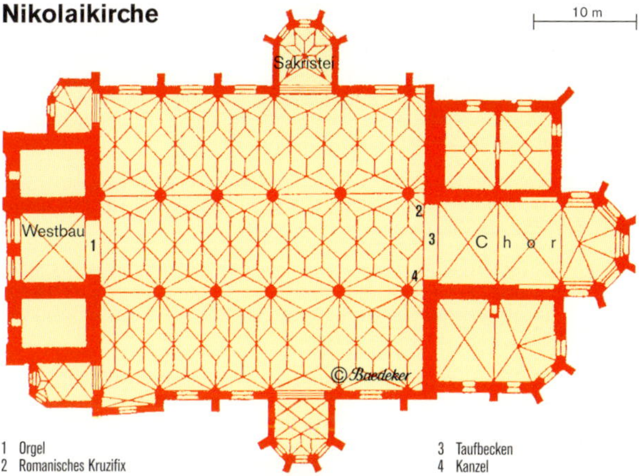

1 Orgel
2 Romanisches Kruzifix
3 Taufbecken
4 Kanzel

Nikolaikirche (Fortsetzung)

auslaufen zu lassen. Der Chor erhielt ein hölzernes Tonnengewölbe und wurde, wie die übrige Kirche auch, von Adam Friedrich Oeser ausgemalt. Bemerkenswerteste Ausstattungsgegenstände sind Kanzel und Taufstein von 1790, eine weitere Kanzel von 1521, von der angeblich Luther gepredigt haben soll, ein gotischer Schmerzensmann und ein Hufeisen am Gitter in der Südostecke, dessen Bedeutung unklar ist. Die sagenhafteste Erklärung will wissen, daß es vom Pferd des hl. Georg stammt.

Alte Nikolaischule

Die Alte Nikolaischule am Nikolaikirchhof wurde 1512 gegründet und ist somit die älteste Schule in Leipzig. Sie kann als Schüler u. a. Leibniz, Seume und Richard Wagner vorweisen. Das jetzige Gebäude wurde Mitte des 18. Jh.s gestaltet. 1872 allerdings ist die Schule verlegt worden, und nach Zerstörung des neuen Schulgebäudes 1943 hat man den Lehrbetrieb nicht wieder aufgenommen.

Antikenmuseum

Die Nikolaischule ist mittlerweile Heimat des zur Universität gehörenden Antikenmuseums geworden. Es präsentiert ca. 500 Stücke aus griechischer, etruskischer und römischer Zeit (Öffnungszeiten: Di. – Do., Sa. und So. 10.00 – 17.00 Uhr).

Nikolaistraße

Die zum Brühl führende Nikolaistraße war einer der Brennpunkte des Rauchwarengeschäfts. Erhalten ist noch Steibs Hof von 1907 mit seinen Reliefs zum Thema Handel und Industrie und Selters Hof von 1909.

Sachsenplatz und Umgebung

Die Bomben des Zweiten Weltkriegs 'schufen' den Sachsenplatz nordwestlich der Nikolaikirche bzw. nördlich vom Naschmarkt, denn sie zerstörten ein altes und nach dem Krieg nicht wiederaufgebautes Stadtviertel. An dessen Stelle ist Ende der sechziger / Anfang der siebziger Jahre der heutige weite Platz mit dem Glaspavillon der Leipzig-Information an der Nordseite und dem Brühlzentrum an der Ostseite entstanden.

Romanushaus

An der Westseite allerdings fällt das prächtige frühbarocke Romanushaus an der Ecke Katharinenstraße / Brühl auf, das sich der Leipziger Bürgermeister Franz Conrad Romanus von 1701 bis 1704 errichten ließ. Es gilt dank seines reichen Figurenschmucks als Höhepunkt des Leipziger Barock und besaß sogar einen Dachgarten. Das Eigenheim des von August dem Starken eingesetzten Bürgermeisters ist allerdings nicht nur ein Archi-

Romanushaus (Fortsetzung)

tekturdenkmal, sondern auch ein einzigartiger Beweis für Amtsmißbrauch und Korruption. Romanus, ganz im Geiste seines Gönners, finanzierte den Baupreis von 25 000 Talern mit einer eigens dafür herausgebenen und als 'Ratsscheine' deklarierten Währung. 1705 wurde er verhaftet und verbrachte die restlichen 41 Jahre seines Lebens auf der Festung Königstein in der → Sächsischen Schweiz. 1770 wurde im zweiten Stock das Kaffeehaus Richter eröffnet, in dem auch Schiller verkehrte.

Fregehaus

Auch Haus Katharinenstraße 11 verdient einen Blick. Es basiert auf einem im 16. Jh. entstandenen Gebäude, wurde zu Beginn des 18. Jh.s umgebaut und 1782 von Kaufmann Frege erworben.

Richard-Wagner-Platz

An der Nordseite des Sachsenplatzes verläuft der Brühl, einst die 'Weltstraße der Pelze'. Ecke Richard-Wagner-Platz / Brühl steht das als 'Blechbüchse' apostrophierte Kaufhaus Horten anstelle von Richard Wagners Geburtshaus.

Naturkundemuseum

Nordwestlich vom Richard-Wagner-Platz kommt man am Goerdelerring zum Naturkundemuseum, das sich mit Pflanzen und Tieren Nordwestsachsens und der Leipziger Tieflandsbucht beschäftigt (Öffnungszeiten: Di. – Do. 9.00 – 18.00, Fr. 9.00 – 13.00, Sa. und So. 10.00 – 16.00 Uhr). Schräg gegenüber steht das Ringmessehaus.

Augustusplatz und Umgebung

Östlich der Nikolaikirche öffnet sich der Blick auf den 40 000 m² großen Augustusplatz, der im ersten Drittel des 19. Jh.s außerhalb der ummauerten Innenstadt angelegt wurde. Bis 1831 stand hier das Grimmaische Tor. Nach den Kriegszerstörungen, dem Abriß des Augusteums und der gegen den Willen vieler Leipziger 1968 von Ulbricht angeordneten Sprengung der alten Universitätskirche prägen ihn heute die im Geiste sozialistischen Bauens entstandenen Gebäude der Oper, des Neuen Gewandhauses und der Universität mit ihrem alles überragenden Hochhaus.

Universität

Die Universitätsgebäude nehmen fast die gesamte Südwestseite des Platzes ein. Die Leipziger Universität wurde 1409 von Markgraf Friedrich dem Streitbaren gegründet und ist damit nach Heidelberg die zweitälteste in Deutschland. Nach der Reformation bezog sie das säkularisierte Paulinerkloster beim heutigen Augustusplatz und erhielt mit der Bebauung dieses Platzes neue Gebäude nach Entwürfen von Albert Geutebrück, die Karl Friedrich Schinkel begutachtete. Von diesen ist mit Ausnahme des am neuen Hörsaaltrakt eingebauten Schinkeltors von 1836, das den Hauptzugang zum Augusteum bildete, nichts mehr erhalten. Was der Krieg nicht zerstörte, wurde 1968 abgegbrochen.

Die neuen Gebäude entstanden bis 1975 nach Plänen von Hermann Henselmann und Horst Siegel. Sie schufen mit dem 142 m und 34 Stockwerke

Uniriese

hohen 'Uniriesen' (auch 'Weisheitszahn' genannt), der ein aufgeschlagenes Buch symbolisiert, ein neues Leipziger Wahrzeichen. Vom 26. Stockwerk (Aufzug) in 110 m Höhe hat man eine großartige Aussicht auf die Stadt. Im Innenhof der Universität werden einige spätmittelalterliche Grabplatten aus der Paulinerkirche aufbewahrt.

Leibniz-Denkmal

Hinter dem Hochhaus an der Universitätsstraße ehrt ein 1883 von Ernst Hähnel geschaffenes Denkmal den großen Sohn der Stadt, Gottfried Wilhelm Leibniz (1646 – 1716).

Neues Gewandhaus

Des Uniriesen Nachbar ist das Neue Gewandhaus, das von 1977 bis 1981 nach Plänen von Rudolf Skoda als letzter Neubau des damaligen Karl-Marx-Platzes errichtet worden ist und dem berühmten Leipziger Gewand-

Am Augustusplatz bei Nacht: ▶
Neues Gewandhaus und Uniriese, auch 'Weisheitszahn' genannt.

Neues Gewandhaus (Fortsetzung)

hausorchester als Wirkungsstätte dient (zur Geschichte des Orchesters s. Kapitel “Musik” S. 73). Der amphitheatralisch gestaltete Große Saal bietet 1900, der Kleine Saal 500 Konzertbesuchern Platz. Das vierteilige Deckengemälde von Sighard Gille im Foyer, mit 712 m^2 Fläche das größte Gemälde in Europa, beschäftigt sich mit den Themen Orchester, Mächte der Finsternis, Lied der Stadt und Lied vom Glück. Im Wandelgang steht eine von 1895 bis 1902 von Max Klingner gearbeitete Beethovenplastik; das Standbild von Felix Mendelssohn-Bartholdy vor dem Gebäude schuf Jo Jastram als Ersatz für das 1936 von den Nazis zerstörte.

Mendebrunnen

Der Mendebrunnen auf dem Platz vor dem Neuen Gewandhaus ist ein Überbleibsel des alten Augustusplatzes. Die Leipzigerin Pauline Mende stiftete die aus Meißner Granit bestehende neobarocke Anlage, die der Architekt Gnauth entwarf, der Bildhauer Jacob Ungerer ausführte und 1886 aufgestellt wurde.

Moritzbastei

*Veranstaltungsort

Wenig südlich vom Neuen Gewandhaus liegt die Moritzbastei, letzter Rest der unter Kurfürst Moritz von Sachsen angelegten ehemaligen Stadtbefestigung. Die fünfeckige Bastion entstand 1551 bis 1553 unter Mitwirkung von Hieronymus Lotter und wurde 1974 bis 1982 ausgegraben. Seitdem ist sie eine der ersten Adressen der Stadt, wenn es um Kleinkunst, Kabarett, Musik oder einfach nur um einen Schwatz am Abend geht.

Ägyptisches Museum

An der zwischen Uniriese und Moritzbastei Richtung Altstadt abgehenden Schillerstraße liegt das Ägyptische Museum, das ebenfalls zur Universität gehört. Abgesehen von den für ein derartiges Haus üblichen Exponaten bietet es u. a. auch eine Sammlung nubischer Keramik und Kleinkunst aus der ersten Hälfte des zweiten vorchristlichen Jahrtausends (Öffnungszeiten: Di. – Sa. 13.00 – 17.00, So. 10.00 – 13.00 Uhr).

Opernhaus

Das Opernhaus am entgegengesetzten Ende des Augustusplatzes ist von 1956 bis 1960 am Standort des 1943 durch Bomben zerstörten Neuen Theaters errichtet worden. Seine Gestaltung zitiert den klassizistischen Stil des Vorgängerbaues, der nach Plänen von C. F. Langhans errichtet und 1868 eröffnet worden war. An die Bühnenseite des Opernhauses schließen sich der Schwanenteich und eine schöne Parkanlage an.

Krochhaus

Westlich gegenüber der Oper fällt das 1928 vollendete Krochhaus auf, weniger seiner Architektur als der beiden Glockenmänner auf dem Dach wegen, die ihr Vorbild im Uhrturm am Markusplatz in Venedig haben.

***Hauptbahnhof**

Im Park hinter dem Schwanenteich erinnert ein Denkmal an die Eröffnung der Bahnlinie Leipzig – Dresden im Jahr 1839. Es ist die rechte Einstimmung für einen Gang durch den kolossalen Leipziger Hauptbahnhof, den man über den Willy-Brandt-Platz hinweg sieht. Mit einer Frontlänge von 298 m, dem 267 m langen Quer- und jeweils 220 m langen Längsbahnsteigen ist er der größte Kopfbahnhof Europas. Entworfen haben ihn die Dresdner Architekten William Lossow und Max Kühne, ausgeführt wurde er unter Leitung der Ingenieure Eilers und Karig von 1906 bis 1915. Der Hauptbahnhof ist aber nicht nur riesig, er ist auch kurios, denn alle wichtigen Teile eines Bahnhofs hat er gleich in doppelter Ausführung: Wartesäle, Schalterhallen, Aufgänge. Der Grund liegt darin, daß zu Kaisers Zeiten eine Hälfte der nach Leipzig führenden Bahnlinien von der Preußischen, die andere von der Sächsischen Staatsbahn betrieben wurde und beide auf ihren eigenen Anlagen bestanden: Gleis 1 bis 13 preußisch, Gleis 14 bis 26 sächsisch. Dieser Zustand hielt bis 1934 an. Der Bahnhof erstrahlt nach aufwendiger Renovierung nun wieder im ursprünglichen Glanz.

***Grassimuseum**

Östlich vom Augustusplatz erreicht man an der Hauptpost vorbei das Grassimuseum. Es steht am Johannisplatz, den bis zu einem Bombenangriff 1943 die barocke Johanniskirche zierte, die erste Begräbniskirche von Johann Sebastian Bach und auch von Christian Fürchtegott Gellert.

Grassimuseum (Fortsetzung)

In den Jahren 1925 bis 1927 entstand auf dem Areal hinter der Kirche der große Neubau des Neuen Grassimuseums, der Elemente des Art Déco und des Expressionismus vereint. Er nahm die Sammlungen des zu klein gewordenen alten Gebäudes am Königsplatz (heute Wilhelm-Leuschner-Platz) auf. Das Grassimuseum ist aus der 1874 gegründeten Muster- und Vorbildersammlung hervorgegangen und trägt den Namen seines Mäzens, des Bankiers Franz Dominic Grassi. Es umfaßt heute drei Einzelmuseen.

Museum für Kunsthandwerk

Dieses Museum ist die alte und mittlerweile erheblich erweiterte Muster- und Vorbildersammlung. Es präsentiert in fünf Sälen europäisches Kunsthandwerk vom Mittelalter bis zur Mitte des 20. Jh.s; Höhepunkte sind die europäische Ornamentblattsammlung und der Leipziger Ratsschatz (Eingang vom Johannisplatz über den Ehrenhof; Öffnungszeiten: Di., Do., Fr. 10.00 – 18.00, Mi. 10.00 – 20.00, Sa. und So. 10.00 – 17.00 Uhr).

Museum für Völkerkunde

Das Museum für Völkerkunde besitzt Exponate aus Asien, Afrika, Amerika und Australien, die vorwiegend zwischen 1870 und 1930 entstanden sind (Eingang vom Johannisplatz über den Ehrenhof; Öffnungszeiten: Di. – Fr. 10.00 – 17.30, Sa. und So. 10.00 – 16.00 Uhr).

Musikinstrumentenmuseum

Von den annähernd 4000 europäischen Musikinstrumenten vom 16. bis zum 20. Jh. dieser der Universität gehörenden Sammlung werden ca. 800 ausgestellt (Eingang übor Dresdner / Täubchenstraße; Öffnungszeiten: Di. bis Sa. 10.00 – 17.00, So. 10.00 – 13.00 Uhr).

Im Südwesten

***Neues Rathaus**

Ganz in der Südwestecke des Innenstadtrings glaubt man zunächst die Zinnen und Türme einer Burg zu erblicken, doch weit gefehlt, es handelt sich um das 1899 bis 1905 gebaute Leipziger Neue Rathaus. Es nimmt den Platz der im 13. Jh. unter Markgraf Dietrich errichteten Pleißenburg ein, deren Turmstumpf in den neuen Mittelturm des Rathauses einbezogen ist. Dieses ist ein Renaissance, Barock und Jugendstil vereinender Entwurf des Leipzigers Hugo Licht. Den Rattenfängerbrunnen und den größten Teil des Fassadenschmucks wie die Allegorien auf Handwerk, Musik, Wissenschaft, Buchdruck und Justiz an der Hauptfront oder das Bildnis des geschröpften Steuerzahlers am Ratskellereingang schuf Georg Wrba.

Stadthaus

Ein Bogengang, die sog. Beamtenlaufbahn, verbindet das Neue Rathaus mit dem ebenfalls von Licht entworfenen und 1912 vollendeten Stadthaus.

Deutsche Bank

Weitere markante Bauten am Burgplatz sind das dreieckige Gebäude der Deutschen Bank von 1901 und das ehemalige Reichsbankhaus von 1888.

Ehemaliges Reichsgericht

Nicht weit entfernt vom Burgplatz erreicht man das an den Berliner Reichstag erinnernde Reichsgericht, 1888 bis 1895 als Sitz dieser neugeschaffenen Institution nach Plänen von Peter Dwybad erbaut. Einer der spektakulärsten Prozesse war der 'Reichstagsbrandprozeß' im Jahr 1933 gegen Georgij Dimitroff, der mit einem Freispruch endete. Der Saal im ersten Stock, in dem dieser Prozeß stattfand, kann besichtigt werden.

*Museum der Bildenden Künste

Der Bau beherbergte bis Ende 1997 das Museum der Bildenden Künste, eine der feinsten bürgerlichen Gemäldesammlungen in Sachsen. Ihre Schwerpunkte sind altdeutsche Malerei, holländische Meister des 17. Jh.s, italienische Zeichenkunst des Barock und deutsche Malerei des 19. Jh.s; zu ihren Schätzen zählen die Miniatur "Liebeszauber" aus dem Jahr 1470, der "Schmerzensmann" von Meister Francke, "Der Mulatte" von Frans Hals, die "Musizierende Gesellschaft" von Pieter de Hooch sowie u. a. Werke von Lucas Cranach d. Ä., Rogier van der Weyden, Caspar David Friedrich, Adolph Menzel und Max Liebermann.

Nach dem Auszug aus dem alten Gebäude – dieses wird bis 2002 für das Bundesverwaltungsgericht umgebaut – wartet das Museum auf einen Neubau. Bis ein neues Museumsdomizil, möglicherweise am Augustusplatz, fertig ist, werden bedeutende Werke in einer provisorischen Ausstellung im Handelshof (s. S. 204) gezeigt.

Baedeker Special

Von der Waren- zur Mustermesse

Messeplatz Leipzig – seit über 800 Jahren ein Begriff. Die Leipziger Messe ging aus den Oster- und Michaelismärkten hervor, die schon 1165 im Stadtbrief Ottos des Reichen erwähnt sind. Im Jahre 1268 erließ der damalige Landesherr, Markgraf Dietrich von Landsberg, einen Schutzbrief für die nach Leipzig reisenden Kaufleute. 1548 verlieh der Kurfürst Friedrich von Sachsen der Stadt einen dritten Markt zu Neujahr, und schon im 15. Jh. erschienen regelmäßig fremde Einkäufer. Kaiser Maximilian I. bestätigte 1497 von Reichs wegen die Vorrechte der drei Märkte und fügte 1507 für einen Umkreis von 15 Postmeilen (= 115 km) das Niederlags- oder Stapelrecht hinzu, das für Leipzig als einem der Brennpunkte des mitteleuropäischen Westost- und Nordsüdhandels besonders wichtig war.

Seit dem Ende des 16. Jh. s unternahmen Leipziger Kaufleute selbständige Handelsfahrten nach Rußland. Während die Händler aus dem Osten Felle und Fleisch in Gestalt von Rinderherden sowie Orientwaren zum Verkauf brachten, waren sie zugleich die besten Einkäufer für flandrische Tuche sowie Galanterie- und Kolonialwaren des Westens. Ende des 17. Jh.s hatte Leipzig sogar das reiche Frankfurt am Main als Handelsplatz überholt.

Napoleons I. 1806 von Berlin aus diktierte Kontinentalsperre, die den europäischen Handel mit Großbritannien lahmlegen sollte, führte zu einem gesteigerten Umsatz französischer Ware. Als die Sperre nach den Freiheitskriegen aufgehoben wurde und Sachsen 1833 dem seit 1828 unter Führung Preußens geschaffenen Zollverein beitrat, folgte ein allgemeiner wirtschaftlicher Aufschwung: Die Leipziger Messen hatten soviele Besucher wie die Stadt Einwohner (ca. 45 000). Seit dem letzten Viertel des 19. Jh.s, als die aufkommende Maschinenarbeit die Erzeugnisse gleichwertig und mustergetreu herstellte und der Ausbau der Eisenbahnen die sichere Versendung von Waren auf größere Entfernungen gestattete, trat die Bedeutung der Warenmessen allmählich zurück.

Aber Leipzig fand neue Wege, die bald große Erfolge erzielten: Die Handelsmessen wurden 1895 abgelöst von den Mustermessen ('MM', daraus entstand das heute allseits bekannte Messeemblem), auf denen im Frühjahr und im Herbst fast alle Erzeugnisse der Industrie und des Gewerbes ausgestellt wurden: Haus- und Küchengeräte, Glas und Keramik, Metall-, Holz-, Papier-, Gummi- und Spielwaren, Musikinstrumente und vieles andere. Nach den Mustern wurde der Kauf abgeschlossen, wohingegen die Ware selbst vom Herstellungsort direkt zum Empfänger gelangte. Lediglich der Pelzwarenhandel, in dem Leipzig eine weltweit führende Stellung einnahm, blieb bei der Warenmesse, da man hier verständlicherweise nicht mit Mustern dienen konnte.

Altes Messegelände · Völkerschlachtdenkmal

Bayerischer Bahnhof

Auf dem Weg zum Völkerschlachtdenkmal im Süden von Leipzig passiert man am Bayerischen Platz – wenn man mit dem Auto oder vom Hauptbahnhof mit der Straßenbahnlinie S 51 auf der Philipp-Rosenthal-Straße hinausfährt – den 1844 eröffneten Bayerischen Bahnhof mit seinem etwas einsam stehenden, vierbogigen Portikus, der die Wappen Bayerns und Sachsens trägt.

So bildete Leipzig vor dem Ersten Weltkrieg einen einzigartigen Austauschplatz für Deutschland und Europa, der sich auch nachher wieder behaupten konnte, zumal seit 1919 die Technische Messe und die Baumesse hinzukamen. Vor dem Zweiten Weltkrieg betrug die Zahl der Besucher der Frühjahrsmesse etwa 300 000. Der Zweiten Weltkrieg beendete diese Entwicklung und zerstörte ihre Grundlagen. Nach dem Zusammenbruch von 1945 mußte auch auf dem Gebiet der Messe ganz neu begonnen werden. Aber schon 1946 konnte die erste Leipziger Frühjahrsmesse ('Friedensmesse') abgehalten werden, der 1947 wieder Frühjahrs- und Herbstmessen folgten.

Es ist ein Irrtum zu glauben, die Leipziger Messe bestünde einzig aus einem riesigen Ausstellungsgelände. Vielmehr verteilen sich die Ausstellungsflächen auf zahlreiche, historische Messehäuser in der Innenstadt sowie auf diverse Hallen, Pavillons und Freiflächen auf dem Messegelände im Süden der Stadt zwischen Deutschem Platz und Völkerschlachtdenkmal und nunmehr auch auf das neue Messegelände im Norden. Die bei den verheerenden Bombenangriffen 1943 und 1944 schwer beschädigten Messehäuser sind inzwischen längst wieder instandgesetzt worden: Barthels Hof, Dresdner Hof, Handelshof, Petershof, Specks Hof, Stentzlers Hof, Ring-Messehaus und der Zentral-Messepalast. Das erste unterirdische Ausstellungsgebäude überhaupt ist das 1925 angelegte Messehaus unter dem Markt. Nach dem Zweiten Weltkrieg hinzugekommen sind der Messehof und das (oberirdische) Messehaus am Markt.

Mittlerweile sind die Universalmessen durch Fachmessen abgelöst worden. Die Schwerpunkte der Frühjahrsmessen sind die Branchen Werkzeugmaschinen, Elektrotechnik, Elektronik, Informationstechnik, wissenschaftlicher Gerätebau, Metallurgie, Schwermaschinen- und Anlagenbau sowie Land- und Nahrungsgüterindustrie. Auf den Herbstmessen stehen Chemie und Chemieanlagen, Textilmaschinen, Straßenfahrzeuge, Freizeitgestaltung und Sportartikel sowie Unterrichtsmittel, Ausstattungen und Möbel für Bildungseinrichtungen im Vordergrund. Auf beiden Messen sind Textilien, Bekleidung, Nahrungs- und Genußmittel, Glas und Keramik vertreten. Auch die Leipziger Buchmesse ist wiederbelebt worden.
1990 beging man in der Pleißestadt das 825jährige Bestehen der Leipziger Messe, die sich mittlerweile – und dank des 1996 eröffneten, hochmodernen neuen Messegeländes wohl auch weiterhin – der Konkurrenz anderer deutscher Städte wie Hannover oder Frankfurt am Main gewachsen gezeigt hat.

Botanischer Garten

Die Philipp-Rosenthal-Straße führt am Friedenspark entlang, zu dem auch der Botanische Garten der Universität Leipzig gehört. Er ist aus dem 1542 gegründeten Kräutergarten der Universität hervorgegangen und verfügt heute über 9000 Pflanzen aus allen Klimazonen der Welt. Der Garten ist der älteste deutsche Universitätsgarten (Öffnungszeiten: April – Sept. Freiland Mo. – So. 9.00 bis 18.00, Gewächshäuser Mi. 13.00 – 18.00, So. 9.00 – 18.00; Okt. – März Freiland Mo. – So. 9.00 – 16.00, Gewächshäuser Mi. 13.00 – 16.00, So. 9.00 bis 16.00 Uhr).

*Russische Gedächtniskirche

In der Russischen Gedächtniskirche wird der 22 000 in der Völkerschlacht gefallenen Russen gedacht.

Am Südrand des Friedensparks strahlt golden die Zwiebelkuppel der Russischen Gedächtniskirche St. Alexi, 1912 / 1913 aus Anlaß der Hundertjahrfeier der Völkerschlacht zu Ehren der 22 000 russischen Gefallenen errichtet. Architekt Pokrowski nahm die Moskauer Himmelfahrtskirche von 1532 zum Vorbild, die älteste Zeltdachkirche Rußlands, und teilte das Bauwerk in eine Ober- und eine Unterkirche. Während die Unterkirche mit der Gruft das eigentliche Mahnmal bewahrt, ist die Oberkirche der interessantere Teil: Er wird beherrscht von einer 18 m hohen Ikonenwand, die die Donkosaken stifteten. Sie zeigt auf Zedernholz gemalte Heiligenporträts, u. a. das des Moskauer Metropoliten Alexi, dem die Kirche geweiht ist. Ausgestellt sind außerdem Ikonen und Fahnen der russischen Befreiungsarmee; eine Tafel erinnert auch an die Gefallenen der mit den Russen Verbündeten: 16 000 Deutsche, 12 000 Österreicher und 300 Schweden sind ebenfalls ums Leben gekommen.

Deutsche Bücherei

Wenig entfernt kommt man am Deutschen Platz zur Deutschen Bücherei, als Nachfolgerin der 1849 gegründeten Reichsbibliothek seit 1913 Sammelplatz jeglicher Veröffentlichung in deutscher Sprache, dem jeder Verlag ein Pflichtexemplar abliefern muß. In dem 1916 eröffneten, von Oskar Pusch entworfenen konkav geschwungenen Gebäude mit seinen sieben Lesesälen werden zumindest alle seit 1912 erschienenen Veröffentlichungen lückenlos aufbewahrt.

*Deutsches Buch- und Schriftmuseum

Aus dieser und aus anderen Quellen schöpft das 1884 gegründete Deutsche Buch- und Schriftmuseum, das umfassend die Geschichte des deutschen Buch- und Verlagswesens von seinen Anfängen bis heute beleuchtet, wobei ein besonderes Augenmerk der 500jährigen Tradition der Buchstadt Leipzig gilt, die in einer 1996 eröffneten ständigen Ausstellung beleuchtet wird (Öffnungszeiten: Mo. – Sa. 9.00 – 16.00 Uhr).

Großmarkthalle

Westlich vom Deutschen Platz sieht man an der Zwickauer Straße die Kuppeln der Großmarkthalle, bei ihrer Einweihung im Jahr 1929 die größte Halle ihrer Art in der Welt.

Altes Messegelände

Am Deutschen Platz öffnet sich das Westtor des Alten Messegeländes. Bereits 1913 fand auf dem Gelände die Internationale Baufach-Ausstellung (in der heutigen Halle 16) und 1914 die Internationale Ausstellung für Buchgewerbe und Graphik statt, bevor man 1920 hier die erste Technische Messe eröffnete. Deren Symbol ist das berühmte, vom Leipziger Graphiker Erich Gruner entworfene Doppel-M, das 27 m hoch drei Eingänge – Ost-,

Geballtes Wissen versammelt sich im Lesesaal der Deutschen Bücherei.

Altes Messegelände (Fortsetzung)

Nord- und Südtor – markiert. Eines der markantesten Gebäude ist der Sowjetische Pavillon. Nach Eröffnung der Neuen Messe (s. u.) sieht das Alte Messegelände einer neuen Nutzung entgegen.

***Völkerschlachtdenkmal**

Mai – Okt. Mo. – So. 10.00 – 17.00, Nov. – April Mo. – So. 9.00 – 16.00

Führungen: 10.30, 11.30, 13.30, 14.30

Jenseits des Messegeländes beginnt das einstige Schlachtfeld der Völkerschlacht mit dem monumental-furchteinflößenden Völkerschlachtdenkmal. 1813 tobte vor den südlichen Toren Leipzigs, bei den Vororten Probstheida, Liebertwolkwitz und Markkleeberg, die größte Schlacht des 19. Jahrhunderts. Die verbündeten Armeen Rußlands, Österreichs, Preußens und Schwedens, insgesamt 225 000 Mann, schlugen die 160 000 Mann der Armee Napoleons und die auf seiner Seite kämpfende Rheinbundarmee, darunter auch die sächsische. Napoleon, der nach dem Schlachtverlauf vom 16. Oktober bereits siegessicher die Glocken läuten ließ, sah sich am 18. Oktober den frischen und eilig herangeführten Reserven der Verbündeten gegenüber. Unter dem Kommando des russischen Feldmarschalls Barclay de Tolly griffen sie erfolgreich das Hauptquartier der französischen Armee in Probstheida an, was die Schlacht entschied. Insgesamt 130 000 Tote blieben auf dem Schlachtfeld. Der Rückzug Napoleons endete im Chaos und kostete abermals Tausenden Soldaten das Leben.
1913, hundert Jahre nach der Schlacht, wurde nach 15 Jahren Bauzeit das 91 m hohe Völkerschlachtdenkmal eingeweiht, dessen Bau außer 6 Millionen Goldmark noch 120 000 t Beton und 26 000 Granitquader verschlang. Initiator war der Deutsche Patriotenbund, der Architekt hieß Bruno Schmitz, der mit dem Kyffhäuser-Denkmal schon einschlägige Erfahrungen vorweisen konnte. Über der Krypta mit den 5,5 m hohen Masken sterbender Krieger erhebt sich eine 60 m hohe Ruhmeshalle mit 324 Reiterfiguren in der Kuppel, die die Heimkehr von Kriegern symbolisieren. Außen an der Kuppel halten zwölf weitere, über 12 m hohe Kriegerfiguren Wache, den Eingang bewacht ein 12 m hoher Erzengel Michael. Insgesamt 500 Stufen führen zur Plattform des Denkmals, von der sich ein prächtiger Ausblick über Leipzig und seine Umgebung bietet.

Ausstellungspavillon

Die Vorgeschichte der Völkerschlacht, ihr Verlauf, das Leiden und Sterben der Soldaten wird im Ausstellungspavillon zur "Geschichte der Völkerschlacht 1813" an der Prager Str. 210 nachvollzogen (Öffnungszeiten: Mai – Sept. Mi. – So. 10.00 bis 18.00 und Okt. – April ebenfalls Mi. – So. 9.00 bis 16.00 Uhr).

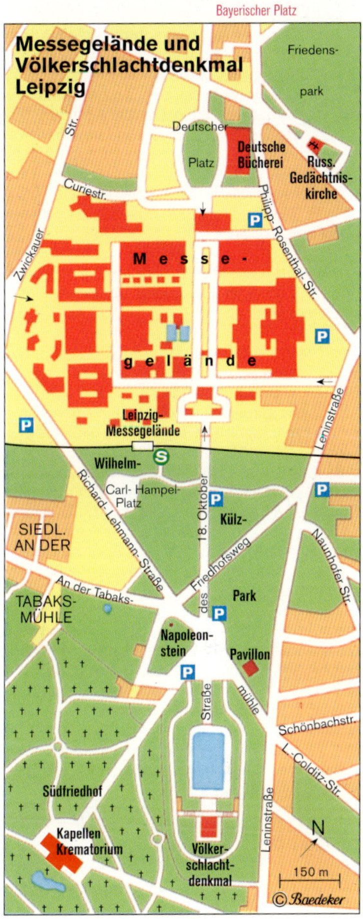

Südfriedhof

Zu Füßen des riesigen Völkerschlachtdenkmals erstreckt sich der Südfriedhof, seit 1886 der Hauptbegräbnisplatz der Stadt, mit einer Abteilung für die Gefallenen der beiden Weltkriege, den Gräbern der beim Kapp-Putsch gefallenen Leipziger Arbeiter und von rund 5000 Opfern der Luftbombardements im Zweiten Weltkrieg sowie einem Ehrenhain für die Leipziger Widerstandskämpfer. Auf dem Friedhof befinden sich neben vielen anderen auch die Grabstätten von Thomaskantoren und Gewandhauskapellmeistern wie Arthur Nikisch (1855 bis 1922) sowie die Reisebuchverleger Fritz Baedeker (1844 – 1925) und Hans Baedeker (1874 bis 1959). Am Eingang zum Friedhof zeigt der Napoleonstein den Standort Bonapartes in der Völkerschlacht an.

Connewitz

Leipzigs Szene trifft sich in den Kneipen des westlich vom Völkerschlachtdenkmal liegenden Stadtteils Connewitz.

Sehenswürdigkeiten in den Außenbezirken

Gohlis

Gohliser Schlößchen

Im westlichen Stadtteil Gohlis, Menckestraße 23, liegt das Gohliser Schlößchen, das sich 1758 der Leipziger Großkaufmann und Ratsherr Caspar Richter als Sommerresidenz aufwendig im Rokokostil errichten ließ. Sehenswert sind das schmiedeeiserne Rokokotor und der Festsaal mit dem Deckengemälde "Lebensweg der Psyche", das 1789 A. F. Oeser schuf, der bekanntlich der Zeichenlehrer von Goethe war. Das Schlößchen wird heute für Konzerte und literarische Veranstaltungen genutzt.

◀ *Eine zyklopenhafte Konstruktion: das Völkerschlachtdenkmal*

*Schillerhäuschen

In unmittelbarer Nachbarschaft befindet sich das Schillerhäuschen (Menckestr. 42), ein Fachwerkhäuschen mit Lehmmauerwerk, das vermutlich um 1700 errichtet worden ist. Friedrich Schiller wohnte hier im Sommer 1785 und schrieb dabei u. a. an der ersten Fassung der "Ode an die Freude", arbeitete am "Don Carlos" und am "Fiesco". 1856 wurde das Haus durch eine Geldsammlung des Leipziger Schillervereins vor dem Abbruch gerettet und später als Museum zugänglich gemacht, in dem Leben und Wirken des Dichters gewürdigt werden. Stube, Küche und Schlafkammer widerspiegeln die bescheidene Lebensweise Schillers (Öffnungszeiten: Di., Mi., Fr. 10.00 – 17.00, Do. bis 10.00 – 16.00, Sa. 11.00 – 17.00; Mai – Sept. auch jeden 1. So. 11.00 – 17.00 Uhr).

Gosenschenke

Nach alldem stärkt man sich am besten bei einer echten Gose, einer obergärigen Leipziger Bierspezialität, in der Gosenschenke Ohne Bedenken in der Menckestr. 5.

Leipziger Auewald

Das Stadtgebiet wird von Südosten nach Nordwesten vom Leipziger Auewald, einem Landschaftsschutzgebiet entlang den Wasserläufen von Pleiße, Elster und Luppe auf ca. 25 km Länge durchzogen, die reichlich Platz für Erholungsgebiete bieten. Dazu gehören ganz im Nordwesten der von einer Parkeisenbahn umzogene Auensee und wenig nordwestlich vom Stadtzentrum das Rosental mit dem Zoologischen Garten, 1878 gegründet und damit einer der ältesten deutschen Zoos, bekannt vor allem durch seine Löwen- und Tigerzucht (Öffnungszeiten: Jan., Feb. Nov., Dez. tgl. 8.00 – 17.00; März, April, Okt. bis 18.00, Mai – Sept. bis 19.00 Uhr).

*Zoologischer Garten

Zentralstadion

Am Elsterflutbecken liegt das Sportforum mit dem 1956 gebauten Zentralstadion, das 100 000 Zuschauer faßt, womit es das größte Stadion Deutschlands ist.

Neue Messe

Ganz im Norden Leipzigs, sehr verkehrsgünstig nahe der Autobahn A 14 gelegen, ist im Frühjahr 1996 nach dreijähriger Bauzeit die Neue Messe Leipzig eröffnet worden. Sie bietet in fünf Messehallen insgesamt 100 000 m² Ausstellungsfläche sowie ein Kongreßzentrum. Diese Gebäude gruppieren sich um die riesige, als Empfangs- und Begegnungszentrum gedachte Glashalle, 225 m lang, 75 m breit, 30 m hoch und lichtdurchflutet (→ Abb. S. 26). Der Gesamtentwurf des Geländes ist ein Gemeinschaftsprojekt der deutschen Architekten Gerkan, Marg & Partner mit dem britischen Büro Ritchie.

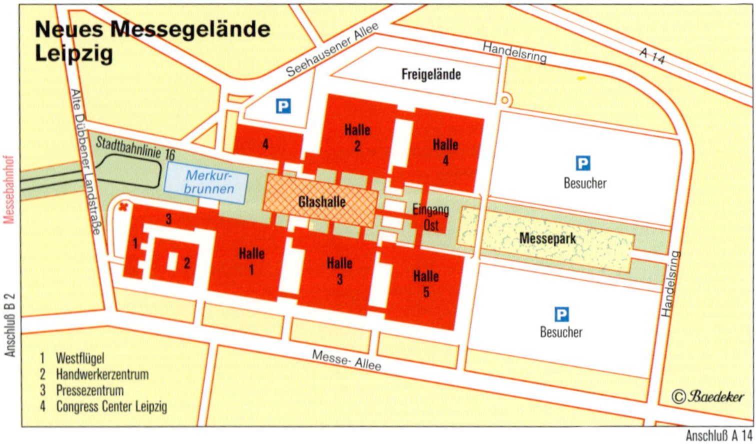

Umgebung von Leipzig

Gelände der Völkerschlacht

Das ehemalige Schlachtfeld der Völkerschlacht zieht sich am Südrand der Stadt zwischen Liebertwolkwitz im Osten bis nach Markkleeberg im Westen dahin. Darüber verstreut sind einige Denkmäler. Der 158 m hohe Monarchenhügel in Meusdorf erinnert daran, daß hier Kaiser Franz I. von Österreich, Alexander I. von Rußland und Preußenkönig Friedrich Wilhelm III. das Geschehen verfolgten. Ebenfalls in Meusdorf steht ein Denkmal zu Ehren des Oberkommandierenden der Alliierten Karl von Schwarzenberg. An der Elster erinnert ein Denkmal an den auf französischer Seite kämpfenden und noch auf dem Schlachtfeld zum Marschall von Frankreich ernannten polnischen Fürsten Poniatowski, der schwer verwundet im Fluß ertrank. Die sog. Apelsteine, gestiftet vom Schriftsteller Theodor Apel, markieren die Positionen der Truppenteile ('N' für die Franzosen, 'V' für die Verbündeten). In Liebertwolkwitz stehen das Galgenbergdenkmal an der Straße nach Wachau, nordöstlich das Kolmbergdenkmal und südlich das Reiterschlachtdenkmal, das an die Kämpfe zwischen den Reiterarmeen Murats und Wittgensteins erinnert.

*Podelwitz

Ca. 12 km nördlich von Leipzig kommt man in das Dörfchen Podelwitz mit seiner sehenswerten Dorfkirche aus dem 15. Jahrhundert. Das einschiffige gotische Bauwerk mit Strebepfeilern, Netzgewölben und schönen Maßwerkfenstern zeigt im Innern einen gotischen, aus sechs Flügeln bestehenden Schnitzaltar, 1520 gefertigt von Stephan Hermsdorf, genannt 'Meister des Podelwitzer Altars'. Er stellt im Schrein Maria mit dem hl. Georg und hl. Mauritius, in der Altarstufe den Marientod dar. Auf den Innenflügeln und auf den bemalten Seitenflügeln sind weitere Heilige gestaltet. Die Kanzel stammt von 1514, die Empore mit barocker Brüstungsmalerei entstand 1701 bis 1704. Der Turm mit Sterngewölben und die Sakristei sind romanischen Ursprungs.

agra-Messepark

In Leipzig-Markkleeberg im Süden der Stadt liegen Park und Ausstellungsgelände der jährlich abgehaltenen Landwirtschaftsausstellung 'agra'.

Torhaus Dölitz

Unmittelbar nördlich vom agra-Park kommt man zum Torhaus Dölitz, Rest eines ehemaligen Renaissanceschlosses und einziger noch erhaltener Bau, der in der Völkerschlacht umkämpft war. Die Schlacht lebt hier in einem Zinnfigurenmuseum wieder auf. Westlich vom Torhaus schließt sich ein Wildgehege an.

Rötha

Durch die wahrlich apokalyptisch anmutende 'Landschaft' des Braunkohletagebaus erreicht man Rötha, 16 km südlich von Leipzig, wo das ehemalige Schloß der Freiherren von Friesen Beachtung verdient, ein Spätrenaissancebau von 1668. In der ursprünglich romanischen, später aber mehrfach veränderten Pfarrkirche St. Georg befindet sich ein bemerkenswerter Altaraufsatz, um 1620 von Johann de Perre geschaffen. Die spätgotische Marienkirche aus der ersten Hälfte des 16. Jh.s hat drei reich gestaltete Stabwerkportale und Backsteinziergiebel; im Inneren ein Flügelaltar um 1520 und eine Silbermann-Orgel von 1722.

Borna

Noch weitere 10 km durch den Braunkohletagebau sollten nur eingefleischte Kunsthistoriker auf sich nehmen, um in der Katharinenkirche von Borna den 1511 von Hans Witten geschaffenen Schnitzaltar zu bewundern, ein Hauptwerk des Künstlers.

Pegau

*Grab des Wiprecht von Groitzsch

Nach 25 km Fahrt in südwestlicher Richtung erreicht man von Leipzig aus Pegau mit seinem von Hieronymus Lotter entworfenen Rathaus. In der romanischen Kapelle der Laurentiuskirche ist der 1124 gestorbene Markgraf Wiprecht von Groitzsch begraben. Die um 1230 gefertigte Grabplatte gehört zu den bedeutendsten romanischen Grabkunstwerken Deutschlands und zeigt den Ritter beinahe vollplastisch und erstaunlicherweise mit offenen Augen.

Löbau · Lubij G 18

Landkreis: Sächsischer Oberlausitzkreis
Höhe: 267 m ü.d.M.
Einwohnerzahl: 18 000

Lage und Allgemeines

Im Vergleich zu seinen Nachbarstädten → Bautzen und → Görlitz, von denen es fast gleich weit (jeweils knapp 20 km) entfernt ist, bietet Löbau, sorbisch Lubij, keine überragenden Sehenswürdigkeiten. Die Kleinstadt am Fuß des 449 m hohen Löbauer Bergs eignet sich aber dank ihrer zentralen Lage in der Oberlausitz als hervorragender Ausgangspunkt für die Erkundung dieser alten Kulturlandschaft und des südlich gelegenen Dreiländerecks bei → Zittau. Auch historisch stand die Tuchmacherstadt, obwohl größter Garnmarkt der Oberlausitz und zweitgrößter Getreidemarkt Sachsens, immer im Schatten der mächtigeren Schwesterstädte im Lausitzer Sechsstädtebund, Bautzen und Görlitz. Einen Namen hat sie sich jedoch mit der Fertigung der 'Förster'-Klaviere gemacht. Heute ist Löbau das Zentrum der Oberlausitzer Textil- und Natursteinindustrie.

Geschichte

Das Löbauer Stadtwappen am Rathaus

Im Jahre 1221 erstmals als Stadt erwähnt, gelangte Löbau als Durchgangshandelsort mit bereits im 14. Jh. beachtlicher Tuchproduktion schnell zu Ansehen. Im Jahre 1346 wurde hier der Lausitzer Sechsstädtebund begründet, dem neben den vorerwähnten Städten noch Kamenz, Zittau und das heute tschechische Lauban angehörten. Obgleich die Entwicklung nicht so günstig wie in den Nachbarstädten verlief – die Hussitenkriege und der Dreißigjährige Krieg hinterließen tiefe Spuren –, blieb Löbau wegen seiner zentralen Lage bis zum Jahre 1815 die Konventsstadt des Bundes. Die ab 1835 um sich greifende Industrialisierung, die zum Anschluß an die Eisenbahnlinie Dresden–Görlitz im Jahr 1847 führte, überformten das alte, schon von mehreren Bränden entstellte Stadtbild am nachhaltigsten.

Sehenswertes in Löbau

Markt

Rathaus

Das alles überragende Gebäude am Marktplatz ist natürlich das barocke Rathaus, das 1711 nach einem Stadtbrand auf den Mauern des spätgotischen Vorgängerbaus errichtet wurde. Wesentliche Teile des burgartigen Turms und das Kellergewölbe stammen noch aus dieser Zeit. Über dem Eingang leuchten farbenprächtig das sächsisch-böhmische Doppelwappen und das Löbauer Stadtwappen.

Bürgerhäuser

Die stattlichsten Bürgerhäuser am Markt sind das links vom Rathaus stehende barocke Stadthaus, auch 'Goldenes Schiff' genannt, dessen Nachbarhaus Nr. 17, Nr. 14 an der Westseite im Stil der Spätrenaissance und die klassizistische Nr. 3 an der Ostseite. Eine Reihe schlichter Giebelhäuser, wie sie für das alte Löbau charakteristisch waren, blieb in der von der Westecke abgehenden Badergasse erhalten.

Johanniskirche

Östlich vom Rathaus steht die frühgotische Johanniskirche, ein einschiffiger, im 17. und 18. Jh. veränderter Bau. Sie gehörte bis zur Reformation

Markt vor dem Rathaus von Löbau ▸

Johanniskirche (Fortsetzung)

dem Franziskanerkloster, in dessen Refektorium im 14. und 15. Jh. die Tagungen des Sechsstädtebundes stattfanden; danach sind sie im Rathaus abgehalten worden.

Stadtmuseum

Das nahe Stadtmuseum (Johannisstr. 5) zeigt u. a. Exponate zur Stadtgeschichte, zur Kultur und zum Handwerk der Oberlausitz. Wertvollster Schatz im Museum ist der Pokal des Sechsstädtebunds (Öffnungszeiten: Di. – Fr. 10.00 – 17.00, Sa. und So. 14.00 – 17.00 Uhr).

Hauptkirche St. Nikolai

Unweit nördlich erhebt sich die Hauptkirche St. Nikolai, die im Lauf ihres Bestehens so oft verändert worden ist, daß die romanisch-gotischen Bauformen immer mehr zurücktraten. Im Chor allerdings haben sich Reste aus dem 13. Jh. erhalten.

Neumarkt

Vom Nikolaiplatz sind es nur wenige Schritte zum Neumarkt. Hier fällt ein außergewöhnliches Jugendstilhaus auf, heute Pelz- und Modegeschäft; gegenüber steht Sachsens östlichste erhalten gebliebene Postmeilensäule, allerdings eine Replik des Originals von 1729.

Alter Friedhof

Mehrere beachtliche barocke Gedenksteine und Grabdenkmale weist der Alte Friedhof südlich der Altstadt auf; ein herausragendes Kunstwerk ist die barocke Gruft des Handelsherrn M. Lücke (1733). Auch Bäckermeister Bretschneider, der den Aussichtsturm auf dem Löbauer Berg erbauen ließ (s. u.), ist hier begraben.

Haus Schminke

Löbau besitzt auch ein bemerkenswertes Zeugnis moderner Architektur: Fabrikant Schminke verpflichtete für den Entwurf seines Hauses an der Kirschallee Nr. 1 keinen geringeren als Hans Scharoun.

Umgebung von Löbau

Löbauer Berg

Im Osten der Stadt erhebt sich als Landmarke und weithin sichtbarer Orientierungspunkt der Löbauer Berg, Standort eines Fernmeldeturms und eines Aussichtsturms. Wer gut zu Fuß ist, sollte ihn auf einem der vielen von Löbau hinaufführenden Wanderwege ersteigen. Er wird belohnt durch den Anblick von Europas ältestem und einzig erhalten gebliebenen gußeisernen Aussichtsturm, dem nach dem sächsischen König benannten Friedrich-August-Turm. Sein Bau geht auf eine Initiative Löbauer Bürger zurück, doch außer dem Namen wollte das sächsische Königshaus nichts weiter dazugeben. So sprang Bäckermeister Friedrich August Bretschneider ein und spendete 2500 Taler gegen das auf 20 Jahre befristete

*Friedrich-August-Turm

Mit dem Friedrich-August-Turm setzte sich Bäckermeister Bretschneider ein gußeisernes Denkmal.

Friedrich-August-Turm (Fortsetzung)

Schankrecht in der Gaststätte am Turm. Das Bernsdorfer Hüttenwerk goß die 176 Eisenplatten, aus denen der Turm zusammengesetzt ist. Am 9. September 1854 feierte man die Einweihung – allerdings ohne den Namenspatron, denn der war einen Monat vorher tödlich verunglückt.
Vom Aussichtsturm, vom nahen Berghaus und vom Honigbrunnen bieten sich prachtvolle Ausblicke in das Umland. Unterhalb des Berghauses bedecken die Basaltblöcke des Großen Steinmeers den Hang; das Kleine Steinmeer sieht man vom Honigbrunnen aus.

Kittlitz

Ein für ein solch kleines Dorf ungewöhnlich großes Gotteshaus besitzt Kittlitz, 4 km nördlich von Löbau. Die barocke Saalkirche, 1749 bis 1769 entstanden, wird überragt von einem mächtigen Westturm und weist innen umlaufende doppelte Emporen auf.

Cunewalde

Die 10 km Fahrt in westlicher Richtung nach Cunewalde, Geburtsort des Schriftstellers Wilhelm von Polenz (1861 – 1903), nimmt man vor allem auf sich, um die größte barocke Dorfkirche der Oberlausitz zu sehen. Der 1780 bis 1793 errichtete Bau erhebt sich am Hang oberhalb des Ortskerns. Im Kirchenraum, von dreigeschossigen Emporen umlaufen, haben nicht weniger als 3000 Gläubige Platz, um die Predigt von der reich gestalteten Kanzel von 1656 zu hören. Auch der alte Kern des Dorfes ist einen Bummel wert, besteht er doch größtenteils aus Umgebindehäusern.

Czorneboh
Bieleboh

Schließlich ist Cunewalde auch ein idealer Ausgangspunkt für Wanderungen zum Czorneboh (561 m ü.d.M.) und zum Bieleboh (499 m ü.d.M.), die ihre Namen slawischen Gottheiten verdanken (der 'Schwarze' bzw. der 'Weiße'). Beide krönt jeweils ein Aussichtsturm.

Neusalza-Spremberg

Wer das älteste Umgebindehaus der Oberlausitz sehen will, muß Neusalza-Spremberg aufsuchen, 15 km südwestlich von Löbau an der tschechischen Grenze. Das sog. Reiterhaus an der Zittauer Straße wurde 1660 erbaut und beherbergt nun ein Heimatmuseum, das Leben und Arbeit der Leineweber und Kleinbauern dokumentiert (Öffnungszeiten: Mai – Okt. Di. – So. 9.00 – 11.00 und 14.00 – 16.00 Uhr).

Zwei von vielen Sonnenuhren in Taubenheim

Taubenheim

Von Neusalza-Spremberg lohnen sich die 5 km weiter nach Taubenheim, wo seit zwei Jahrhunderten einer nicht alltäglichen Kunst gefrönt wird: Man baut hier Sonnenuhren. An zahlreichen Hauswänden prangen die archaischen Chronometer.

Ebersbach

Ebenfalls von schönen Umgebindehäusern geprägt ist das 12 km südlich von Löbau gelegene Ebersbach, ein Weber- und Textilort mit langer Tradi-

Umgebindehäuser

Allerorten in der Oberlausitz, besonders aber in der Gegend um Bischofswerda und zwischen Löbau und Zittau, trifft man sie an: Häuser, deren Obergeschoß im altvertrauten Fachwerkgewand oder schieferverkleidet daherkommt, deren Untergeschoß aber zumindest über zwei Ecken, oft aber auch umlaufend, eine auffallende hölzerne Bogenkonstruktion zeigt. Es sind sog. Umgebindehäuser, ein Haustyp, in dem sich Fachwerk- und Blockhausbauweise vereinen. Die Holzbögen sind kein Zierrat, sondern sie tragen unmittelbar Obergeschoß und Dach. In diese Ständerkonstruktion hinein ist die aus dicken Balken in Blockhausmanier gebaute untere Stube gesetzt, sodaß sie von den Bögen 'umbunden' wird und selbst keine Trägerfunktion hat.
Daß sich dieser Haustyp ausgerechnet im östlichen Sachsen herausgebildet hat, hat seinen guten Grund. Hier trafen sich zum einen die von Osten kommende Blockhausbauweise und die aus Westen mitgebrachte Fachwerkkonstruktion, zum anderen stellte die hier vorherrschende Leinenweberei besondere Ansprüche an die Häuser. Während die Blockbauweise gut isolierte und ideal für Wohnstuben war, aber als Trägerkonstruktion dazu neigte, sich unter dem Gewicht des Obergeschosses zu verziehen, bot das 'atmende', lehmverputzte Fachwerk günstige Bedingungen für die Arbeit mit Naturfasern. So vereinigte man die Vorzüge beider Bauweisen: unten die Wohnstube, oben die Webstube, die dank der Ständerkonstruktion auch noch gut die Schwingungen des Webstuhls dämpfte und nicht nach unten übertrug. Seit dem letzten Viertel des 18. Jh.s setzte sich das Umgebindehaus rasant durch; frühe Häuser sind seit Mitte des 17. Jh.s nachgewiesen, werden aber schon für das 15. Jh. vermutet.

Ebersbach in der Umgebung von Löbau (Fortsetzung)

tion. Besondere Beispiele dieses Haustyps finden sich an der Steinstraße, an der Oststraße in Gestalt eines doppelten Umgebindes, in der Amtsgerichtstraße (schönes Fachwerk von 1780) oder an der Hauptstraße, wo ein Haus mit geteiltem Giebel auffällt. Auch in die barocke Pfarrkirche sollte man eintreten, offenbart sie doch ein prächtiges Inneres mit bemaltem hölzernen Tonnengewölbe, umlaufenden dreigeschossigen Emporen und großartigem Orgelprospekt. Bäuerliche Volkskultur der Oberlausitz in Gestalt von Trachten und Möbeln ist das Thema des Heimatmuseums in der Humboldtbaude auf dem Schlechteberg (Öffnungszeiten: Mi. und Do. 10.00 – 18.00, Fr. 10.00 – 15.00, Sa. und So. 14.00 – 18.00 Uhr).

*Kottmar

Östlich von Ebersbach (5 km Luftlinie), auf der Wasserscheide zwischen der mittleren und der südlichen Lausitz, liegt der breit aufsteigende Berg Kottmar. Der bewaldete Granitsockel mit Phonolithkuppe zeigt sich als schönes Wandergebiet; vom Aussichtsturm auf der höchsten Stelle (583 m ü.d.M.) bietet sich eine weite Rundsicht, südostwärts bis weit nach Tschechien hinein. Am Südwesthang des Kottmar befindet sich die 1890 gefaßte Walddorfer Spreequelle ('Rabenbrunnen', 480 m ü.d.M.), eine der drei Quellen der Spree; eine Steintafel gibt die Entfernung bis ins Zentrum von Berlin mit 353 Flußkilometern an. Den Kottmar ersteigt man am besten von Kottmarsdorf aus, wo noch eine von einst 25 Bockwindmühlen aus der Umgebung geblieben ist. Das Kottmarsdorfer Exemplar stammt von 1843 und kann im Sommer Mi. – So. 14.00 – 16.00 Uhr besichtigt werden.

*Obercunnersdorf

Das Schönste, was es im Umkreis von Löbau an Umgebindehäusern zu sehen gibt, bietet das Dorf Obercunnersdorf 9 km südlich etwas abseits der B 178. Der gesamte, in seiner Geschlossenheit einmalige Ortskern der einstigen Waldhufensiedlung besteht aus über 40 teilweise mehr als 200 Jahre alten Umgebindehäusern, zu denen noch ca. 240 im übrigen Ort hinzukommen. Hier in Cunnersdorf läßt sich die ganze Palette dieses Haustyps studieren; am authentischsten gibt sich der Bereich Im Winkel, besonders schöne Einzelhäuser findet man an der Haupt- und der Bahn-

Ein typisches Oberlausitzer Umgebindehaus

hofstraße. Auch die Dorfkirche aus dem 17. Jh. kann sich mit ihrer bemalten Doppelempore sehen lassen. Etwas außerhalb des Orts kündet ein siebenbogiges Backsteinviadukt von der frühen sächsischen Eisenbahngeschichte.

Obercunnersdorf in der Umgebung von Löbau (Fortsetzung)

*Herrnhut H 19

Die kleine Stadt Herrnhut, 10 km südlich von Löbau, ist Stammsitz der Herrnhuter Brüdergemeine. Diese evangelisch-pietistische Kirche geht auf böhmisch-mährische Exulanten zurück, die in ihrer alten Heimat zunehmend verfolgt wurden und 1722 über die Grenze ins benachbarte Sachsen gingen. Dort fanden sie Aufnahme und Verständnis beim Gutsbesitzer und pietistischen Dichter Nikolaus Ludwig Graf von Zinzendorf (1700–1760), der ihnen Grund und Boden am Hutberg schenkte. Unter seiner Leitung entstand die Brüdergemeine.

Stammsitz der Herrnhuter Brüder

Im Zentrum des Gemeindelebens von Herrnhut steht das 1757 geweihte Gemeinhaus, nichts anderes als die Kirche, doch ohne jeglichen Schmuck und mit getrennten Sitzreihen für Männer und Frauen. Das Gebäude ist nach seiner Zerstörung durch einen Brand am 9. Mai 1945 wiederaufgebaut worden. Vor dem Gemeinhaus öffnet sich der Zinzendorfplatz mit dem Denkmal des Gründers. Den Platz umstanden bis 1945 sog. Chorhäuser, in denen ledige Gemeindemitglieder lebten. Mit dem Witwenhaus ist nur eines dieser Häuser erhalten geblieben.

Gemeinhaus

Auch das Gräflich Zinzendorfsche Herrenhaus am Zinzendorfplatz wurde 1945 zerstört und danach wiedererrichtet. Es dient nun als Rehabilitationszentrum für Hirngeschädigte. Hinter dem Gebäude schließt sich der Herrschaftsgarten an. Verfolgt man durch diesen hindurch den Weg auf der Jubelallee weiter, gelangt man schließlich jenseits der Bundesstraße zu

Herrenhaus

Baedeker Special

Brüderliche Liebe und Unterordnung

Graf Nikolaus Ludwig von Zinzendorf, Gründer der Herrnhuter Brüder

Also lautet der Kernsatz, den sich im Jahr 1727 die Herrnhuter Brüdergemeine, auch Erneuerte Brüderunität genannt, in ihrem Statut gab: Brüderliche Liebe trete anstelle von Glaubens- und Religionsstreitigkeiten, die Ansprüche des Einzelnen ordnen sich den Regeln und Erfordernissen der Gemeinschaft unter.

Die Herrnhuter Brüder sind aus den nach Sachsen versprengten Resten der Böhmischen Brüder hervorgegangen. Diese wiederum auf den Hussiten gründende, urchristliche Glaubensgemeinschaft hatte sich bereits 1467 von der katholischen Kirche losgesagt und 1575 den Lutheranern angeschlossen. Nach der Schlacht am Weißen Berg im Jahr 1620 wurden sie aber in ihrem Stammland zunehmend verfolgt und schließlich zur Auswanderung gezwungen.

In Sachsen fanden sie seit 1722 Zuflucht auf Gut Berthelsdorf in der Oberlausitz. Dessen Besitzer Graf Nikolaus Ludwig von Zinzendorf war selbst Pietist und unterstützte die Exulanten nach Kräften. Unter seiner Anleitung entstanden der Ort Herrnhut und vor allem die Brüdergemeine, deren Grundsätze im Statut von 1727 niedergelegt sind.

Nach diesen Regeln – zu denen u. a. noch die Ablehnung von Besitz, die Verweigerung des Kriegsdienstes, die Ehelosigkeit der Priester und nicht zuletzt der Missionseifer zählen – richtet sich das strenge und sehr einfache Leben der Brüder und Schwestern aus, das in der Gemeinschaft (= Gemeinde) vollzogen wird. Jede große Gemeinschaft ist in Klassen oder Chöre eingeteilt, deren Zugehörigkeit sich nach Geschlecht, Alter und sozialem Stand ergibt. Die Geschicke der Gemeinschaft lenkt ein Ältestenrat. Für jeden Tag gibt es eine 'Losung', ein Wort aus dem Alten Testament, ergänzt um eine Stelle des Neuen Testaments und einem weiteren erbaulichen Spruch. Die Losungen werden seit 1731 für jedes Jahr in Buchform zusammengestellt und sind inzwischen in zahllosen Übersetzungen erschienen; seit 1812 werden alljährlich in Herrnhut die Stellen aus dem Alten Testament per Los ermittelt. Der Gedanke der brüderlichen Solidargemeinschaft, aus der sich niemand hervorhebt, kommt auch in der Kleidung zum Ausdruck – die Männer in Schwarz, die Frauen mit weißer Haube und farbigem Band, das ihren Stand anzeigt: hellblau für Verheiratete, weiß für Verwitwete, rosa für Ledige.

Die Herrnhuter Brüdergemeine zählt heute weltweit 18 sog. Provinzen mit ca. 500 000 Mitgliedern, von denen allein ca. 400 000 in Afrika und der Karibik leben und eifrig missionieren. Alle sieben Jahre tritt die Unitätssynode als oberstes Gremium zusammen; in den Jahren dazwischen obliegt die Leitung dem Unitätsdirektorium, das seinen Sitz im baden-württembergischen Bad Boll hat. Deutschland, dessen Gemeinden der Evangelischen Kirche in Deutschland angeschlossen sind, gehört zusammen mit den Niederlanden, Dänemark, Schweden und der Schweiz zur Europäisch-Festländischen Provinz mit insgesamt ca. 30 000 Mitgliedern in 25 Gemeinden.

Herrnhut (Fortsetzung)

jener Stelle, an der der Zimmermann Christian David am 17. Juni 1722 den ersten Baum für den Bau von Herrnhut fällte.

Heimatmuseum

Mehr über die Lebensweise der Gemeine erfährt man anhand zahlreicher Exponate im Heimatmuseum, das in einem Barockbau in der Comeniusstr. 6 untergebracht ist. Zu den wertvollsten Stücken zählt eine astronomische Uhr mit einem Gehäuse von David Roentgen. Auch die Oberlausitzer Volkskultur ist vertreten (Öffnungszeiten: Di. – Sa. 10.00 – 12.00 und 14.00 bis 17.00, So. 10.30 – 12.00 und 14.00 – 16.00 Uhr).

Gottesacker

Von der Comeniusstraße führt eine Allee zum 1730 angelegten Herrnhuter Gottesacker, der durch Lindenreihen parzelliert und selbstverständlich auch in einen Frauen- und Männerbereich geteilt ist. Familiengräber sucht man vergeblich, die Toten sind in schlichten Gräbern in der Reihenfolge ihres Todes bestattet. Links vom Hauptweg ist Christian David (1692 bis 1751) beerdigt. Auch Abraham Roentgen (1711 – 1793), berühmter Kunsttischler und Vater des noch berühmteren David, hat auf dem Herrnhuter Gottesacker seine letzte Ruhe gefunden, nachdem er 1785 nach Herrnhut auf sein Altenteil gezogen war. Auch Graf Zinzendorf – er ausnahmsweise in einem Familiengrab an erhöhter Stelle – ist hier begraben.

Museum für Völkerkunde

Das 1878 gegründete Museum für Völkerkunde in der Goethestraße zeugt von der Missionstätigkeit der Brüdergemeine in aller Welt: Die Exponate sind ausschließlich von den Missionaren zusammengetragen worden (Öffnungszeiten: Di. – Fr. 9.00 – 17.00, Sa. und So. 13.30 – 17.00 Uhr).

Gildenhaus

Im Gildenhaus in der August-Bebel-Str. 11 betreibt die Herrnhuter Künstlergilde eine ständige Verkaufsausstellung.

Marienberg M 10

Landkreis: Mittlerer Erzgebirgskreis
Höhe: 600 m ü.d.M.
Einwohnerzahl: 11 000

Lage und Allgemeines

Marienberg liegt im mittleren Erzgebirge auf einer Hochfläche unmittelbar an der Grenze zur Tschechischen Republik ca. 16 km nordöstlich von → Annaberg-Buchholz. Die Stadt an der Sächsischen Silberstraße, einst wichtiger Bergbauort, ist Sitz des Kreises Mittleres Erzgebirge und empfiehlt sich für einen Besuch mit ihrer eigentümlichen Stadtanlage und mit einigen Ausflugszielen.

Geschichte

Seit 1484 wurde bei Wüstenschletta in der Nähe der heutigen Stadt Silbererz gefördert. Als ein gewisser Clemens Schiffel 1519 bei Pobershau die Zeche 'Fabian Sebastian Fundgrube' gründete, wurde auch Herzog Heinrich der Fromme aufmerksam und ließ 1521 einen Ort gründen, dem er bereits zwei Jahre später die Stadtrechte verlieh. Es war keine gewöhnliche Stadt, sondern eine planmäßig auf quadratischem Grundmuster angelegte Siedlung, entworfen von Ulrich Rülein von Calw. Um die Mitte des 16. Jh.s waren um Marienberg über 550 Gruben in Betrieb, deren Erlös der Stadt manch schönes Gebäude beschert hatte. Doch 1610 brannte Marienberg fast vollständig nieder, und um 1650 war es auch mit dem Bergsegen vorbei. Erst im 19. Jh. kam es dank der Holzwarenherstellung wieder zu einem nennenswerten Wirtschaftsleben.

Sehenswertes in Marienberg

*Markt

Mittelpunkt von Marienberg ist der 100 × 100 m messende, heute von Linden gesäumte Markt, dessen Mitte das Denkmal des Stadtgründers ziert.

Markt (Fortsetzung)

Schönstes Gebäude am Markt ist das nach dem Brand wiederhergestellte Rathaus (1537–1541) mit seinem Renaissanceportal von 1539 und einer Sonnenuhr. Haus Markt 14 ist das vom Stadtbrand verschonte Bergamt von 1539, Haus Nr. 3 das nun sehr schlichte Fürstenhaus von 1536; auch die Häuser Nr. 5 und 6 sind erhalten geblieben.

St. Marien

Östlich vom Markt steht mit der Stadtkirche St. Marien die jüngste der großen erzgebirgischen Hallenkirchen. 1564 vollendet, brannte sie 1610 ab und wurde bis 1616 erneut aufgebaut. Von der ursprünglichen Ausstattung blieb nichts erhalten; der 1617 aufgestellte Altar von Andreas Helmert trägt Malereien von Kilian Fabritius, die Kanzel stammt aus demselben Jahr.

Lindenhäuschen

An der Bergstraße Nr. 14 steht mit dem sog. Lindenhäuschen noch ein Bergmannshaus aus den Anfangszeiten der Stadt.

Zschopauer Tor

Im stattlichen Zschopauer Tor von 1545, einzig gebliebenes von fünf Stadttoren, ist heute das Marienberger Heimatmuseum untergekommen. Es zeigt u. a. eine Karl-Stülpner-Ausstellung.

Roter Turm

Der Rote Turm am Ostende des Stadtquadrats ist wie das Zschopauer Tor der Überrest der Mitte des 16. Jh.s errichteten Stadtbefestigung.

Umgebung von Marienberg

Pobershau

Im wenig östlich von Marienberg gelegenen Pobershau wurde seit 1484 Zinn, Silber und Kupfer abgebaut. Im Schaubergwerk 'Zum Tiefen Molchner Stolln' gibt es die einzige Gelegenheit in Sachsen, den Zinnbergbau auf Gängen zu studieren (Führungen: tgl. zu jeder vollen Stunde 9.00 bis 11.00 und 13.00–16.00 Uhr). Alle fünf Jahre begeht Pobershau das Bergfest, bei dem der ganze Ort ausgeschmückt wird.

Ein seltenes Stück: Kalkofen in Lengefeld

Marienberg (Fts.)
Lengefeld

Im 10 km nördlich gelegenen Lengefeld lernt man im Museum Kalkwerk Lengefeld, wie der geförderte Kalkstein zu verwendungsfähigem Kalk verarbeitet wurde. Vier Kalköfen des 19. Jh.s sind noch erhalten. Im Stollen des Kalkwerks wurden im Frühjahr 1945 wertvolle Gemälde aus der Kunstsammlungen in Dresden eingelagert; auch dies ist im Museum dokumentiert (Öffnungszeiten: April – Okt. tgl. außer Mo. 9.00 – 17.00 Uhr).

Museum Kalkwerk Lengefeld

*Schloß Rauenstein

Bei Lengefeld erhebt sich malerisch über der Flöha das im 11. Jh. angelegte Schloß Rauenstein, einst berüchtigtes Raubritternest und unter Kurfürst August I. zum Schloß umgebaut. Die herrliche Lage hat später manchen Märchenbuchillustrator veranlaßt, Rauenstein als romantisches Märchenschloß zu verewigen. Zu den Besitzern des heute als Sanatorium dienenden Schlosses gehörten auch die Erben von Johann Gottfried Herder.

Pockau

Eine Ölmühle von 1783 gibt es im 2 km östlich von Lengefeld liegenden Pockau zu besichtigen (Öffnungszeiten: 15. Mai bis 15. Okt. Mi. 15.00 bis 16.00, Sa. 9.00 – 11.00 und 14.00 – 16.00 Uhr).

***Wehrkirchen**

In der Umgebung von Marienberg finden sich einige Wehrkirchen. Sie ersetzten im späten Mittelalter die hier in der Grenzregion fehlenden Burgen und sind allesamt ähnlich gebaut: Auf einem mehrere Meter hohen und bis zu 2 m dicken, mit Schießscharten versehenen Mauerfundament ist ein hölzerner Aufbau mit Wehrgang gesetzt. Als es ab dem 17. Jh. an der Grenze friedlicher wurde, baute man die Wehrkirchen für ihre eigentliche Bestimmung um. Ihr wehrhafter Charakter ist dennoch geblieben.

Großrückerswalde

Die erste solche Wehrkirche steht in Großrückerswalde, 3 km westlich von Marienberg. Der spätgotische Bau besitzt noch einige Schießscharten und einen teils offenen Wehrgang. In den von einer Kassettendecke abgeschlossenen Innenraum wurden nachträglich Emporen eingebaut, die unten mit Szenen aus der Bibel und aus dem Bergmannsleben bemalt sind (18. Jh.). Bemerkenswert sind noch der beschnitzte Kanzelaltar von 1649 sowie zwei 1583 entstandene Wandgemälde an der Westwand, die die Pest in Rückersdorf darstellen.

Lauterbach

Die nächste Wehrkirche befindet sich im 3 km nördlich liegenden Lauterbach und stammt aus der zweiten Hälfte des 15. Jahrhunderts. Zu ihrer Ausstattung gehören die mit den zwölf Aposteln und den vier Evangelisten bemalte Kassettendecke, ein Schnitzaltar vom Anfang des 16. Jh.s und vor allem eine Madonnenfigur, die Peter Breuer von 1502 bis 1505 schuf.

Dörnthal

Schließlich kann man noch über Pockau (s. o.) und Forchheim – die dortige Dorfkirche stammt von George Bähr und besitzt eine Silbermannorgel – ins insgesamt 18 km nordöstlich liegende Dörnthal fahren. Dessen Wehrkirche wurde in der ersten Hälfte des 15. Jh.s errichtet und besitzt noch Schießscharten und Gießluken. Bemerkenswert sind die Kassettendecke (um 1500), der Flügelaltar vom Beginn des 16. Jh.s, die auffallend bemalte Kanzel (17. Jh.) und vor allem das große Holzkruzifix (16. Jh.).

Seiffen

→ dort

Meißen — G 11 / 12

Landkreis: Dresden-Meißen
Höhe: 109 m ü.d.M.
Einwohnerzahl: 36 000

Lage und Allgemeines

**Die Wiege Sachsens

Meißen – wer denkt dabei nicht zuerst an edles und vor allem auch teures Porzellan? In der Tat hat die seit 1710 betriebene Fabrikation des ‘Weißen Goldes’ den Namen der Stadt an der Mündung von Triebisch und Meisa in die Elbe in alle Welt hinausgetragen und ist nach wie vor für die meisten der Hauptgrund für den Besuch. Für den Historiker aber ist Meißen nichts weniger als die ‘Wiege Sachsens’ mit einer über 1000jährigen Geschichte, die sich noch in vielerlei Manifestationen vor Ort erleben läßt, denn glück-

Lage und Allgemeines (Fortsetzung)

licherweise wurde die Stadt von den Zerstörungen des Zweiten Weltkriegs weitgehend verschont. Vierzig Jahre SED haben allerdings auch ihre Spuren hinterlassen, doch dank umfassender Restaurierungsarbeiten gewinnt Meißen sein strahlendes Antlitz wieder zurück. Das läßt sich im übrigen am besten vom rechten Ufer der Elbe schon auf der Anfahrt bewundern: Wie hingegossen schmiegt sich die Altstadt an den steil aufragenden Burgberg. Zuguterletzt hält Meißen auch Freudiges für Genußmenschen bereit, denn hier wird Wein angebaut, den man in einer der Weinstuben oder bei der Winzergenossenschaft selbst auch probieren sollte (→ Praktische Informationen, Essen und Trinken).

Geschichte

Im Zuge der Unterwerfung der Slawen wurde um 929 unter Heinrich I. die Burg 'Misni' gegründet, die 968 zum Bischofssitz erhoben wurde und sich schnell zu einem strategischen Stützpunkt entwickelte. Die Anlage der ersten Siedlung unterhalb der Burg fiel ins Ende des 10. Jh.s, um das Jahr 1000 erhielt sie Marktrecht. Seit 1125 war die Markgrafschaft Meißen in erblichem Besitz der Wettiner, die Meißen zu ihrer Residenz machten. 1150 erstmals urkundlich als Stadt erwähnt, erreichten wirtschaftlicher Aufstieg

Vom Turm der Frauenkirche geht der Blick über den Markt zum Burgberg.

und rege Bautätigkeit bald ihren ersten Höhepunkt mit der planmäßigen Anlage der Stadt und dem Bau des gotischen Domes (1260–1410), des Bischofsschlosses und der Albrechtsburg auf dem Burgberg. Durch Arnold von Westfalen, den bedeutenden Baukünstler des ausgehenden Mittelalters, kam die spätgotische Profanbaukunst in Meißen zu höchster Blüte. Prächtige Hofhaltung und kulturelle Entfaltung prägten den Herrschaftsstil. Mit der sächsischen Landesteilung, der Verlegung der Residenz nach Dresden sowie der Auflösung des Bistums zur Zeit der Reformation verlor Meißen seine wichtige politische Bedeutung. Wirtschaft und Kultur dagegen gelangten während der Renaissance und der Reformationszeit zu neuen Höhepunkten, wie die Einrichtung der Meißner 'Fürstenschule' im verlassenen Kloster St. Afra 1543 zeigt. Im Dreißigjährigen Krieg wurde

Geschichte (Fortsetzung)

Meißen 1637 von den Schweden erobert und durch eine verheerende Feuersbrunst – ausgelöst durch marodierende Soldaten – schwer beschädigt. Erst mit der neuen Ratsordnung von 1726 durch August den Starken war die Grundlage für eine bessere Entwicklung geschaffen worden. Einen großen Beitrag dazu leistete die 1710 auf der Albrechtsburg gegründete Porzellanmanufaktur. Nach der napoleonischen Besetzung war Meißen Ziel romantischer Dichter wie Friedrich von Hardenberg (Novalis) und Friedrich de la Motte Fouqué sowie von Malern wie Philipp Otto Runge, Carl Blechen, Caspar David Friedrich und vor allem Adrian Ludwig Richter. Mit der Gründung einer Eisenhütte (1834) im Triebischtal und anderer Betriebe begann die Industrialisierung. In diese Zeit fiel auch die Verlegung der Porzellanmanufaktur von der Albrechtsburg ebenfalls in das Triebischtal. Den Zweiten Weltkrieg hat die Stadt ohne schwere Schäden überstanden.

Burgberg

Aufgang

Fast jeden Besucher Meißens zieht es zunächst hinauf auf den Burgberg, auf dem sich Albrechtsburg, Dom und Domherrenhöfe versammeln. Man erreicht ihn vom Marktplatz über die von schönen Häusern des Barock und der Renaissance gesäumte Burgstraße. Am Platz mit dem Café Ziegler, bekannt für seine Meißner Fummel, beginnen die Roten oder Schloßstufen, die am Jahnaischen Freihof (s.u.) vorbei zur 1221 bis 1228 erbauten Schloßbrücke hinaufsteigen. Von ihr blickt man hinab auf das Burglehen, bevor man durch Vorder- und Mitteltor den Domplatz betritt.
Wem der Aufstieg zu Fuß zu beschwerlich ist, kann in der Sommersaison mit dem alle halbe Stunde vom Marktplatz startenden City-Bus fahren.

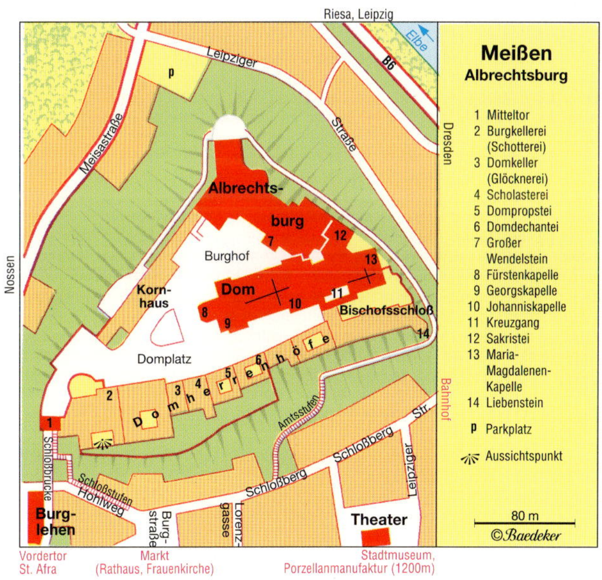

*Albrechtsburg

Hier oben auf dem Burgberg wurde die eigentliche Keimzelle des heutigen Sachsen angelegt, als die deutschen Eroberer im Jahr 929 eine erste Befestigungsanlage begründeten. Die jetzige Albrechtsburg, die ihren Namen 1676 von Kurfürst Johann Georg II. aus Verehrung für Albrecht den Beherz-

Albrechtsburg (Fortsetzung)

März – Nov. tgl. 10.00 – 18.00, Dez. u. Feb. bis 17.00, Jan. geschlossen

ten erhielt, wurde im wesentlichen durch den Baumeister Arnold von Westfalen von 1471 bis etwa 1500 errichtet und um 1520 von Jakob Heilmann von Schweinfurt weiter ausgebaut. Sie ist einer der schönsten gotischen Profanbauten auf deutschem Boden und nimmt gleichzeitig bereits wesentliche Elemente der Renaissance vorweg. Ihren unverfälschten spätgotischen Charakter verdankt sie dem Umstand, daß bei der Leipziger Teilung die Residenz nach Dresden verlegt wurde und so etwelche Umbauten uninteressant waren. Herausragende Merkmale sind der große Wendelstein, in seiner Zeit als Treppenaufgang eine einzigartige technische Leistung, die sehr unterschiedlich gestalteten, reich verzierten Zellengewölbe und die von Christoph Walther I. 1524 geschaffenen Reliefs im Brüstungsfeld des ersten Obergeschosses ("Wie Wein und Weib die Weisen bethöret"), die zu den besterhaltenen Werken der frühen Renaissance in Sachsen gehören. Die Ausmalung der meisten Räume allerdings entstand 1873 bis 1882 in historisierender Auffassung; diese Wandbilder – daran beteiligt waren die Dresdner Akademielehrer Anton Dietrich, Heinrich Hoffmann, Friedrich Preller und Julius Scholtz – illustrieren die Geschichte der Burg und Szenen aus dem Leben von Herzog Albrecht.

Museen

Zwei Ausstellungen informieren über die Architektur der Burg bzw. über die Geschichte der Porzellanmanufaktur, die von 1710 bis 1863 hier ihren Sitz hatte. In einigen Räumen sind zudem mittelalterliche Stücke aus der Skulpturensammlung zu Dresden aufgestellt, darunter ein um 1000 entstandenes Kruzifix und zwei Ausführungen von "Maria mit dem Kind" von Hans Witten um 1510.

****Dom**

April – Okt. tgl. 9.00 – 18.00, Nov. – März tgl. 9.00 – 16.00

Der frühgotische Dom St. Johannis ev. und St. Donatus, die Dominante in der Silhouette Meißens, wurde um 1260 begonnen und über mehrere Etappen bis 1410 erweitert. 1413 jedoch stürzte nach einem Blitzeinschlag die Westfront mit ihren beiden Türmen ein und wurde nicht wieder aufgebaut. An dieser Stelle ließ Friedrich der Streitbare, nachdem er 1423 mit der Kurwürde und dem Herzogtum Sachsen-Wittenberg belehnt und damit zu einem der mächtigsten Fürsten des Reiches aufgestiegen war, 1425 eine Begräbniskapelle anbauen, die das Westportal von 1400 zum Innenportal machte. Friedrich starb 1428 und ist im Dom beigesetzt. Zwischen 1470 und 1477 setzte Arnold von Westfalen ein drittes Geschoß auf. Erst von 1903 bis 1908 erhielt der Dom seine heutigen, 81 m hohen Türme nach Entwürfen des Karlsruher Architekten Carl Schäfer.

Innenraum

Die Ausstattung des Doms zu Meißen gehört zum feinsten, was sächsische Kirchen zu bieten haben. Besonders hervorzuheben sind die um 1260 geschaffenen Skulpturen. Die Bildnisse der Stifter Kaiser Otto I. mit seiner Gemahlin Adelheid, des Evangelisten Johannes und des hl. Donatus im Chor sowie von Johannes dem Täufer, Maria mit dem Kind und des Diakons Stephanus in der Johanneskapelle stammen aus der Naumburger Werkstatt und sind verwandt mit zeitgleichen in und um Mainz. Die Werkstatt Lucas Cranachs d. Ä. lieferte 1526 (oder 1540?) das Gemälde am Laienaltar, der Meister selbst schuf 1534 das Triptychon für die Georgskapelle. Das Kruzifix und die Kandelaber formte Johann Joachim Kändler 1760 aus Meissener Porzellan. In der Georgskapelle sind Herzog Georg und seine Gattin Barbara begraben.

Domplatz

Kornhaus und Domherrenhöfe

Um den Domplatz versammeln sich einige stattliche Gebäude. Die Westseite nimmt das zeitgleich mit der Burg errichtete Kornhaus ein. An der stadtzugewandten Seite steht ganz links das Bischofsschloß von 1597, dessen 'Liebenstein' genannter Rundturm die Burgsilhouette deutlich prägt. An das Bischoffschloß schließen die Domherrenhöfe an. Haus Nr. 5 ist die einstige Domdechantei (1526), Nr. 7 die Probstei (1497–1503). In Nr. 8 wohnte seit 1740 der Porzellan-Modelleur Johann Joachim Kändler; in Haus Nr. 10 war der Maler Georg Friedrich Kersting zu Hause. Haus Nr. 9 ist der Domkeller, die älteste Gaststätte Meißens; ein weiteres Wirtshaus ist der Burgkeller, von dessen mit Kastanienbäumen bestandenen Gartenterrasse man einen sehr schönen Blick hinunter auf die Stadt hat, versüßt durch ein frisches Pils und deftige Kost.

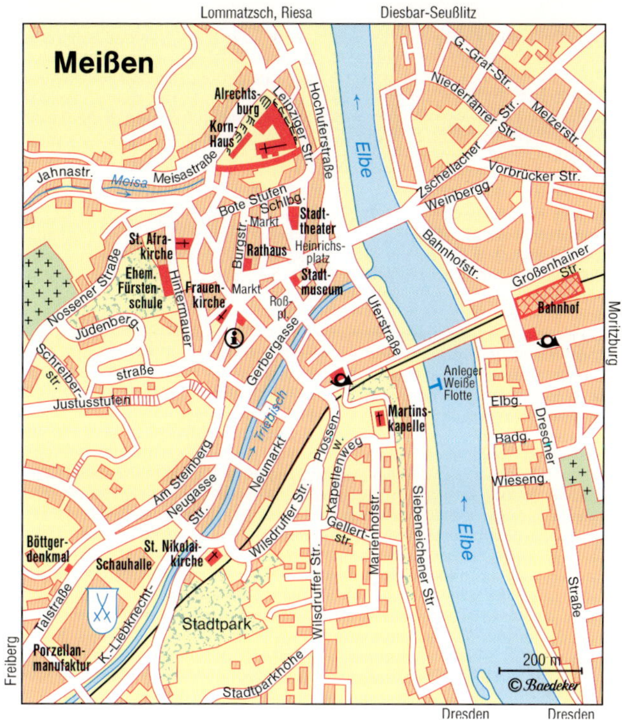

Abstieg vom Burgberg

Wer zurück in die Stadt einen anderen Weg einschlagen möchte, kann von der Schloßbrücke über die Afranische Freiheit zur Frauenkirche und von dort zum Marktplatz hinabgehen.

Sehenswertes in der Unterstadt

***Markt**

Rathaus

Der beste Ausgangspunkt für einen Gang durch Meißens Unterstadt ist der malerische Marktplatz, den das Rathaus und die Frauenkirche – die ihm allerdings den 'Rücken' zukehrt – dominieren. Das um 1472 erbaute spätgotische Rathaus mit seinen charakteristischen Blendgiebeln entstand unter Beteiligung von Arnold von Westfalen. Es fällt vor allem durch sein Dach auf, das höher ist als die gesamte Fassade – Tribut an die Hanglage, die eine unterschiedliche Zahl von Stockwerken an Vorder- und Rückseite erforderte: zwei am Hang, drei zum Marktplatz hin. Am Rathausturm prangt der 'Meißner Judenkopf'.
Von den schönen Bürgerhäusern der Renaissance und Neorenaissance verdienen Beachtung das Hirschhaus, das nach seinem Besitzer Bischof Benno benannte, teils romanische Bennohaus (Markt 9) mit Sitznischenportal und gotischem Gewölbe sowie die Marktapotheke, 1560 eröffnet und 1717 mit einem Erker versehen. Am Eingang zur Burgstraße lädt die Probier- und Verkaufsstube der Sächsischen Winzergenossenschaft ein.

Frauenkirche

Die im 15. Jh. an der Südecke des Marktes errichtete Frauenkirche wendet diesem ihren Chor zu, während sich der 1549 nach einem Brand neu errichtete Turm jenseits des Markts erhebt. Ihrer Form nach ist sie eine spät-

Frauenkirche (Fortsetzung)

gotische Hallenkirche, mit der Besonderheit allerdings, daß das Langhaus breiter als lang ist, wie man beim Betreten feststellen wird. Wertvollstes Ausstattungsstück ist der gotische Altar, den ein unbekannter Meister um 1480 schuf. Im Turm hängt seit 1929 das erste Porzellanglockenspiel der Welt, geschaffen von Emil Paul Börner; es erklingt tgl. 6.30, 8.30, 11.30, 14.30, 17.30 und 20.30 Uhr. Von der Turmplattform hat man einen schönen Blick auf Stadt, Domberg und Elbe (Besteigung Mai–Okt. tgl. 10.00–12.30 und 13.00–16.00 Uhr)

Historische Weinstube Vincenz Richter

Neben der Frauenkirche wartet in einem Fachwerkhaus aus dem 16. Jh. die traditionsreiche Weingaststätte Vincenz Richter mit eigenen Weinen und sächsischer Küche auf (Abb. S. 382). Allein die historische Inneneinrichtung einschließlich Folterkammer ist den Besuch wert; aber die Küche sollte man natürlich auch nicht verschmähen.

Brauhaus · Tuchmachertor

Gegenüber des Frauenkirchturms steht das Bahrmannsche Brauhaus von 1569 mit seinem prächtigen Renaissancegiebel. Es ist Sitz der Meißner Stadtinformation. Das Tuchmachertor daneben ist ebenfalls ein Denkmal der Renaissance, entstanden im Jahr 1600 als Zugang zum Friedhof, heute allerdings nur noch in einer Kopie zu bewundern.

Heinrichsplatz

Stadtmuseum

Nordöstlich vom Markt gelangt man über den Kleinen Markt zum hübschen Heinrichsplatz, den ein Denkmal Heinrichs I. ziert. Hinter dem Stadtgründer erhebt sich die in ihrer heutigen Gestalt 1457 vollendete Kirche des 1258 gegründeten Franziskanerklosters. Sie dient heute als Stadtmuseum, das jedoch einer langwierigen Renovierung unterzogen wird und im Sommer 1996 zunächst den Kreuzgang und das neogotische Haus dem Publikum öffnete. Vom Heinrichsplatz sind es nur wenige Schritte bis zur Elbe. Dort erinnert in einer kleinen Parkanlage der Kändlerbrunnen an den genialen Johann Joachim Kändler, Schöpfer der phantasievollsten Figuren aus Meissener Porzellan.

Theater

Am Theaterplatz steht das 1851 zum Theater umgebaute vormalige Gewandhaus der Tuchmacher (16. Jh.), einst auch Kaufhaus.

Martinskapelle

Die Martinskapelle auf dem Plossen ist ein romanischer Bau um 1200, der erhalten blieb; im Inneren findet der Besucher einen wertvollen spätgotischen Altar.

Afraberg

Der Afraberg steigt südwestlich unterhalb des Dombergs an. Man erreicht ihn am besten – und auf dem schönsten Weg – über die Superintendenturstufen oder die Frauenstufen, die hinter der Frauenkirche hochführen. Auf dem Weg hinauf sollte man den Buchstabenstein nicht auslassen, auf dem auf verschlungene Weise das Alphabet eingemeißelt ist.

Kirche St. Afra

Bald steht man auf der Afranischen Freiheit vor der um 1300 erbauten Kirche St. Afra. Zu ihren schönsten Ausstattungsgegenständen gehören der von Valentin Otte 1660 geschnitzte Altar und die Kanzel vom selben Künstler, die ein Bildnis von Jonas mit dem Wal ziert. Die Familie von Schleinitz, dargestellt auf den Emporenreliefs, stiftete 1408 die nach ihnen benannte Kapelle. Die Taubenheims taten es ihnen 1454 nach und ließen ebenfalls eine Kapelle anbauen.

Afranische Freiheit

Die abgeschlossene Siedlung Afranische Freiheit verdankt ihren Namen dem Umstand, daß an ihr von Steuern und Abgaben befreite geistliche und weltliche Dienstleute im Ritterstand wohnten. Auffallende Gebäude sind die 1535 gebaute Afranische Pfarre mit Renaissance-Eckerker und das spätgotische Haus Rote Stufen Nr. 3 von 1510. Der Jahnaische Freihof besitzt ein schönes Sitznischenportal von 1608.

An der Hintermauer liegt die ehemalige Fürstenschule St. Afra, die 1543 unter Herzog Moritz im aufgelösten Augustinerkloster als Sächsische Landesschule gegründet worden ist und Schüler aus allen Bevölkerungsschichten auf die Universität vorbereitete, darunter Lessing, Gellert und Rabener. Die humanistische Internatsschule bestand bis 1945, ab Ende 1943 allerdings unter dem Namen 'Deutsche Heimschule' als Nazi-Institut.

Ehemalige Fürstenschule

**Porzellanmanufaktur

In die weltberühmte Porzellanmanufaktur pilgern alljährlich Zehntausende von Neugierigen und Sammlern. Seit 1863, als die 1710 bezogenen Räumlichkeiten auf der Albrechtsburg zu klein geworden waren, hat sie ihren Sitz etwas außerhalb im Tal der Triebisch (Talstr. 9), ca. 10 Minuten Fußweg vom Marktpatz entfernt (oder mit dem City-Bus). Gegenüber des Gebäudes ehrt eine Büste Johann Friedrich Böttger (1682–1719), der – nach wesentlichen Vorarbeiten durch Ehrenfried Walther von Tschirnhaus (1651 bis 1708) – das europäische Hartporzellan erfand.

Öffnungszeiten

Schauhalle:
tgl. 9.00–17.00;
Schauwerkstatt:
tgl. 9.00–12.00 u.
13.00–16.45

Größtes Stück der Porzellanmanufaktur: der Tafelaufsatz für August III.

Von der Eingangshalle – links der Verkaufsraum, nicht erschrecken beim Lesen der Preisschilder! – führt eine Treppe hinauf in die Schauhalle. Hier ist alles versammelt, was dem Meissener Porzellan seit 1710 zur Weltgeltung verhalf. Die ausgestellten Stücke wie die berühmte Affenkapelle haben allesamt modellhaften Charakter und dienen noch heute den Bossierern und Malern als Vorlage. Im Lauf der Geschichte der Manufaktur sind mehr als 20000 Modelle zusammengekommen, von denen ca. 3000 – in Teilen jährlich ausgetauscht – im Schauraum zu sehen sind. Besonders prächtig ist die in der Festhalle im ersten Obergeschoß jedes Jahr anders eingedeckte Tafel für zwölf Personen. Im zweiten Obergeschoß sieht man Porzellan aller Epochen und in allen erdenklichen Formen vom Fingerhut bis zum 3,50 m hohen Tafelaufsatz für August III. aus dem Jahr 1749.

Schauhalle

“Tu mir zurecht, Böttger . . .

Meissen

...sonst laß ich dich hängen!” Die Geduld Augusts des Starken war wohl zu Ende, als er solcherart seinen Alchimisten Johann Friedrich Böttger zurechtwies, denn zu lange hatte er schon zugesehen, wie dieser vor sich hin werkte, ohne ein greifbares Ergebnis hervorzubringen, mit dem sich die leeren Staatsschatullen wieder füllen lassen konnten. Zwar war ihm schon des längeren klar, daß der arme Böttger nie und nimmer würde Gold für ihn machen können – auch wenn er damals vor ein paar Jahren beim Apotheker Zorn am Berliner Molkenmarkt auf geheimnisvolle Weise ein goldglänzendes Klümpchen herbeiexperimentierte – aber Porzellan, das Weiße Gold der Chinesen und Japaner, das sollte es schon sein!

Bereits Marco Polo hatte von den feinen, zerbrechlichen Gefäßen berichtet, doch erst seit dem 17. Jh. importierte die Niederländisch-Ostindische Kompanie in großem Umfang Vasen, Täßchen und Teller aus dem Fernen Osten, die an Fürstenhöfen und in sehr reichen Bürgerhäusern zur heißbegehrten Ware wurden. Bald versuchte man, Porzellan selbst herzustellen, doch zunächst kamen nur Ersatzprodukte wie die Delfter Fayencen heraus. Erst dem Naturforscher Ehrenfried Walther von Tschirnhaus, immerhin erstes deutsches Mitglied der Pariser Akademie der Wissenschaften, gelang 1696 die Herstellung einer porzellanartigen Masse. Ungefähr um dieselbe Zeit erregte in Berlin Böttger mit seinem ‘Goldversuch’ die Aufmerksamkeit des Preußenkönigs Friedrich I., entfloh aber dessen Begehrlichkeiten – nach Wittenberg, wo ihn sein Schicksal in Gestalt Augusts des Starken ereilte, der ihn in die Kasematten von Dresden verfrachtete und dort mit Tschirnhaus zusammenbrachte. Unter dessen Einfluß konzentrierte sich Böttger auf die Herstellung keramischer Stoffe. Zuerst gelang ihm das braunrote, nach ihm benannte Böttger-Steinzeug; doch eines Tages um die Jahreswende 1707/1708 war es dann soweit: Johann Friedrich Böttger konnte seinem Fürsten das erste Kännchen aus weißem europäischen Hartporzellan präsentieren.

August der Starke erkannte sofort, welch großes Geheimnis ihm sein Alchimist offenbart hatte und daß es sich hervorragend in klingende Münze verwandeln ließ. Schon am 6. Juni 1710 wurde auf der Albrechtsburg zu Meißen die ‘Königlich-polnische und churfürstlich-sächsische Porzellan-Manufaktur Meissen’ gegründet. Tag und Nacht experimentierten die dreißig Mitarbeiter – die wie Gefangene gehalten wurden, um das große Geheimnis nicht nach außen dringen zu lassen – mit Porzellanrezepten, Bränden, Farbmischungen und Dekoren, bis ihnen ihr Produkt perfekt erschien. Böttger allerdings erlebte den Triumph seiner Erfindung nicht mehr, denn er starb bereits 1719. Den weiteren Ruf des Meissener Porzellans begründeten andere: der Maler Johann Gregorius Höroldt (1696 – 1775), der unzählige Farbkompositionen ausprobierte, die Indischmalerei und die Blumenmalerei einführte, sowie der Bildhauer Johann Joachim Kaendler (1706 bis 1775), ein begnadeter Modelleur, dessen Hände wunderbar phantasievolle Figuren aus dem Porzellan formten, die heute noch unverändert produziert werden und die spielerische Heiterkeit des Rokoko in kongenialer Weise ausdrücken. Seine Schöpfung war auch das 'Schwanenservice' für den Grafen Brühl, mit mehr als tausend Teilen das umfangreichste je geschaffene Tafelservice. War Böttger der 'Macher' und erwiesen sich Höroldt und Kaendler als die kreativen Köpfe, so hatte der Manufaktur-Inspektor Johann Melchior Steinbrück bereits 1722 eine andere zündende Idee: Er schlug vor, die sächsischen Kurschwerter als Markierung zu verwenden, denn "daraus hätten die frembden Nationes gesehen, daß die damit gezeichneten Waren

'Weinlaub' und vor allem das so beliebte 'Zwiebelmuster'. Dieses Unterglasurdekor wurde schon in der Frühzeit der Manufaktur in Anlehnung an ostasiatische Vorbilder entwickelt und hat über die Jahrhunderte hinweg immer die gleiche Gestalt behalten – allerdings sind beileibe nicht Zwiebeln abgebildet, sondern Granatäpfel, Päonie und Bambusstab. Auch beim figürlichen Porzellan sind die herrlichen Genreszenen des Rokoko nach wie vor die Verkaufsschlager. Erst der Jugendstil hat mit Modellen, wie sie etwa Paul Scheurich (1883–1945), Max Esser (1885 – 1943) oder Emil Paul Börner (1888 – 1970) schufen, wieder ähnlich Originelles und Individuelles hervorgebracht.

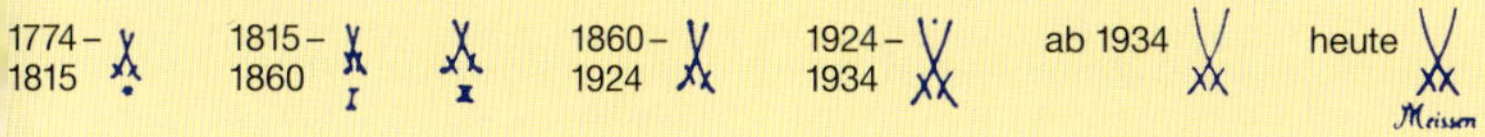

im Churfürstenthumb Sachßen fabriciert wurden" – bis heute sind die kobaltblauen Schwerter das Zeichen der Meißner Manufaktur, mithin eines der ältesten Markenzeichen der Welt. Sie lösten vorhergehende Marken wie AR (Augustus Rex) oder K.P.M. (Königliche Porzellan Manufaktur) ab.

Heute stellen in Meißen 1230 Mitarbeiter die über 150 000 in der Preisliste verzeichneten Artikel her, darunter auf Wunsch für die, die es sich leisten können, auch das 'Schwanenservice'. Die begehrtesten Dekore für das Gebrauchsporzellan stammen auch heute noch aus den ersten Jahrzehnten der Manufaktur. Am Anfang stand, der Mode entsprechend, die Indischmalerei mit den berühmten roten und grünen Drachen, den 'Bunten chinesischen Schmetterlingen' und den Landschaften der 'Höroldt-Chinoiserien'; seit 1735 dann eine eigenständig europäische Blumenmalerei ('Trockene Blumenmalerei', 'Deutsche Blumen' und 'FF-Blumenmalerei' mit Insekten, Schmetterlingen und Golddekoration), die im Laufe der Zeit erweitert wurde (klassizistische 'Marcolini-Blumenmalerei', 'Meissener Rose' und 'Streublumen' im Biedermeier, naturalistische Blumenmalerei); dazu Jagdszenen, Landschaften und Szenen nach Watteau; schließlich die Klassiker aus Meißen,

Das Geheimnis der Porzellanherstellung konnte dennoch nicht lange gewahrt bleiben. Schon bald leisteten sich auch andere Barockfürsten eigene Manufakturen: Wien, Sèvres, Fürstenberg, KPM Berlin, Nymphenburg, Ludwigsburg... – auch diese Namen lassen die Herzen der Kenner höherschlagen.

Kein anderes europäisches Porzellan aber kann mit soviel Berechtigung für sich in Anspruch nehmen, das schönste und wertvollste zu sein, wie das Weiße Gold mit den kobaltblauen Schwertern aus Meißen.

Meißen, Porzellanmanufaktur (Fts.)

Von der Eingangshalle nach rechts geht es in die Schauwerkstatt, wo man die Entstehung eines Porzellanstücks an den Arbeitsplätzen von Dreher und Former, Bossierer (er fügt die Figurenteile zusammen) und Maler (Unterglasur und Aufglasur) verfolgen kann.

Nikolaikirche

Unweit der Manufaktur, jenseits der Triebisch, steht am Neumarkt die Nikolaikirche. In dem um 1100 gegründeten und im 13. Jh. umgebauten Gotteshaus sind Reste frühgotischer Wandmalereien erhalten. Die Kirche ist als Gedenkstätte für die Gefallenen des Ersten Weltkriegs mit großen Porzellanplastiken von Emil Paul Börner aus den zwanziger Jahren ausgestattet (Öffnungszeiten: Mai – Sept. Di. – Do. und So. 14.00 – 16.00 Uhr).

Umgebung von Meißen

Meißner Weinbaugebiet

Elbaufwärts, rechtsseitig, lädt das Spaargebirge mit seinen romantischen Weinbergen und Weinstuben zu Wanderungen und natürlich Weinproben ein. Einer der ältesten Weinbauorte ist Weinböhla (→ Routenvorschläge, Sächsische Weinstraße; → *Baedeker Special* S. 358/359).

Diesbar-Seußlitz

Elbabwärts gelangt man über Niederau mit seinem Bahnhof von 1842 nach 10 km nach Diesbar-Seußlitz, einem romantischen Doppeldorf an der Elbe. Es ist der nördlichste Anbauort des sächsischen Weinbaugebietes. Mehrere Weingaststätten bieten hiesige und andere Weine und den hier angebauten Spargel an. Der zu Pfingsten stattfindende Heiratsmarkt von Diesbar-Seußlitz geht auf das 1268 gestiftete und 1541 aufgelöste Klarissinnenkloster zurück, das einmal im Jahr Verwandtenbesuch zuließ, wobei dabei die eine oder andere Novizin angesichts eines attraktiven Burschen im Glauben schwach wurde.

Barockschloß Seußlitz

Das Barockschloß in Seußlitz wurde 1726 auf dem Klostergelände nach Plänen von George Bähr für Heinrich von Bünau errichtet; es dient heute als Seniorenheim. Zur gesamten Anlage gehören auch die Heinrichsburg und die barockisierte ehemalige Klosterkirche mit vier Sandsteinskulpturen von Balthasar Permoser. Im Pavillon Luisenburg preßte man den Wein.
Nahe Diesbar befinden sich die ausgedehntesten bronzezeitlichen Befestigungsanlagen Sachsens (1500 – 400 v.Chr.).

Mittweida I 8

Landkreis: Mittweida
Höhe: 263 m ü.d.M.
Einwohnerzahl: 16 300

Lage und Allgemeines

Das rund 20 km nördlich von → Chemnitz an der Zschopau gelegene Mittweida ist die einzige sächsische Stadt, die im Zuge der Kreisreform 1994 neu in den Rang einer Kreisstadt erhoben wurde, was an ihrer etwas provinziellen Ausstrahlung allerdings wenig änderte. Bekannt ist das Technikum (Hochschule für Technik und Wirtschaft), das im Jahre 1992 sein 125jähriges Bestehen feierte. Hier studierten u. a. die Automobilpioniere Alfred Horch und Friedrich Opel.
Mittweida ist Geburtsort des Schriftstellers Erich Loest (geb. 24. 2. 1926).

Geschichte

Mittweida wurde nach 1200 im Bereich eines bestehenden Waldhufendorfes angelegt. Der Stadtgrundriß ist annähernd viereckig mit dem dreieckigen Marktplatz in der Mitte. Mitte des 15. Jh.s entstand eine Stadtmauer, von der noch heute auf der Westseite des Orts umfangreiche Teile erhalten sind.
Aus der schon im 15. Jh. vorhandenen Leinenweberei entwickelte sich im 19. Jh. eine bedeutende Textilindustrie.

Sehenswertes in Mittweida

Stadtkirche St. Marien

Bedeutendstes Baudenkmal ist die dreischiffige Stadtkirche St. Marien auf einer Anhöhe nördlich der Altstadt. Die 1303 genannte frühgotische Pfarrkirche brannte 1450 aus und wurde ab 1454 unter Mitwirkung von Arnold von Westfalen in spätgotischen Formen wiedererrichtet. Mit dem imposanten Westturm fanden die Arbeiten Anfang des 16. Jh.s ihren Abschluß. Der nach Süden verschobene Chor setzt asymmetrisch an und verbindet mit seinen sehr weiten Sterngewölben Mittelschiff und südliches Seitenschiff zur Halle. Das ältere, nördliche Seitenschiff ist bedeutend niedriger.
Bemerkenswert sind die schönen Fenstermaßwerke des Chors und der reiche Schnitzaltar von 1661 mit Figuren, gedrehten Säulen und Beschlagwerkornamenten. Er geht auf die Meißner Künstler Valentin Otte und Johann Richter zurück. Die Sandsteinkanzel aus der Hand des Dresdners Abraham Conrad Buchau (1667) wird von einer Replik der Mosesfigur Michelangelos getragen.

Altstadt
Marktplatz

Mittelpunkt der Altstadt ist der Marktplatz mit einer kursächsischen Postsäule von 1725 (1969 erneuert). Ihn säumen u. a. Weberhäuser des 18. Jh.s und der stattliche Sächsische Hof mit einem Wappen von 1554.

Emmerichsches Haus

Am Markt / Ecke Webergasse befindet sich am Emmerichschen Eckhaus (heute Café), einem Bürgerhaus aus dem 16. Jh., ein Sitznischenportal mit Frührenaissance-Bekrönung.

Stadtarchiv

Karl-May-Fans sollten noch einen Blick auf das Stadtarchiv werfen (Rochlitzer Str. 1). Es ist das ehemalige Gefängnis, dessen prominentester Insasse der Abenteuerschriftsteller in den Jahren 1869 und 1870 war.

Wasserkraftwerk

Im Ortsteil Neundörfchen wurde 1909 bis 1928 das Wasserkraftwerk Mittweida errichtet. Die Anlage ist heute ein technisches Denkmal, das einstige Kesselhaus ist zum Museum umgestaltet.

Raumfahrtmuseum

Die weltweit größte Modellsammlung zum Thema Raumfahrt kann man im Raumfahrtmuseum in der Rochlitzer Str. 62 bewundern.

Umgebung von Mittweida

Besucherbergwerk Alte Hoffnung Erbstolln

Einen Blick ins Erdreich werfen kann man im Besucherbergwerk Alte Hoffnung Erbstolln bei Schönborn-Dreiwerden-Seifersbach ca. 5 km südlich von Mittweida im Zschopautal. Auch eine unterirdische Bootsfahrt gehört zur ca. anderthalbstündigen Führung, die für Menschen mit Platzangst allerdings nicht zu empfehlen ist (Führungen: Sa. 8.00, 10.00, 13.00, 15.00; So. 10.00, 13.00, 15.00 Uhr).

Sachsenburg

Nur wenige Kilometer südlich des Besucherbergwerks kommt man zum auf einem Felsen über der Zschopau liegenden Dorf und Schloß Sachsenburg. Im Ort sollte man sich die Dorfkirche romanischen Ursprungs anschauen, deren spätgotischer Flügelaltar ein Triptychon “Anbetung der Könige” aus dem Jahr 1500 trägt.

Schloß Sachsenburg

Die heutige Sachsenburg wurde 1488 von Hans Reynhardt als Wohnschloß für die Familie von Schönberg errichtet. Er bezog dabei Reste der 1197 erstmals erwähnten romanischen Burg mit ein und paßte den dreieckigen Grundriß der Hanglage an. Von 1867 bis 1926 diente das Schloß als Gefängnis, die Nazis machten 1933 ein Konzentrationslager daraus.
Wegen Baumaßnahmen ist der Zugang zum Schloß derzeit eingeschränkt. Vor einem Besuch sollte man bei der Fremdenverkehrsgemeinschaft Zschopau-Striegistal e. V., Tel. (03 72 06) 27 68 anfragen. Ist eine Besichtigung möglich, gilt das Hauptaugenmerk der Eingangshalle mit gotischem Faltengewölbe, rundbogigen Türpforten und Vorhangbogenfenstern sowie der Kapelle. Sie weist ein Kreuzrippengewölbe und reiche Maßwerkfenster auf; ihr Flügelaltar und der Taufstein allerdings wurden nach Umnutzung zum Gefängnis 1867 nach Freiberg gebracht.

Hainichen

I 9

Gellertstadt

Das aus einem Waldhufendorf an der Striegis hervorgegangene Hainichen, 9 km östlich von Mittweida, wurde erstmals 1185 als Klosterdorf von Altzella erwähnt. Sachsen verdankt der Gellertstadt Hainichen mehrere berühmte Persönlichkeiten. Der bedeutendste unter ihnen war Christian Fürchtegott Gellert (1715–1769), dessen im aufklärerischen Geist verfaßte Fabeln und Lustspiele zu seiner Zeit sehr beliebt waren. Sein Bruder Christlieb Ehregott (1713–1795) war Mitbegründer und erster Professor der Bergakademie Freiberg. Der Dritte im Bunde ist Friedrich Gottlob Keller (1816–1895), der 1844 in der Papiermühle Kühnheide erstmals Papier aus Holz herstellte.

Markt

Vor dem klassizistischen Rathaus von 1837 am Markt steht das nach Entwürfen des Dresdner Bildhauers Ernst Rietschel entstandene Gellert-Denkmal (1865). Das äußerlich unscheinbare Hotel Goldener Löwe (1897) birgt einen Ballsaal, der zu den schönsten deutschen Neorokokosälen gehört. Am Markt stand das Geburtshaus der Gebrüder Gellert (Nr. 9), das deren Vater 1734 abreißen und an dessen Stelle das heutige Haus errichten ließ. Es beherbergt das Heimatmuseum der Stadt.

Gellert-Museum

Im Stadtpark befindet sich das Gellert-Museum, das Leben und Werk des Dichters dokumentiert und darüberhinaus auch Friedrich Gottlob Keller würdigt (Öffnungszeiten: April–Sept. Di.–Do. 10.00–12.00 und 13.00 bis 16.00, Sa. 14.00–17.00, So. 10.00–12.00 und 14.00–17.00; Okt.–März Mi. und Do. 10.00–12.00 und 13.00–16.00, Sa., So. 14.00–16.00 Uhr).

Camera obscura auf dem Rahmenberg

Die Camera obscura auf dem Rahmenberg kam durch den Kaufmann Leonhardt nach Hainichen. Er brachte die Idee von einer Italienreise mit und stiftete die 'dunkle Kammer' 1883 der Stadt (Öffnungszeiten: Mai bis Sept. Mi.–So. 10.00–12.00 und 13.00–16.00 Uhr).

*Burg Kriebstein

H 9

'Sachsens schönste Ritterburg'

Öffnungszeiten
Mai–Sept. Di.–So. 9.00–17.00; März, April, Okt., Nov. 10.00–16.00; Dez.–Feb. nach Vereinbarung, Tel. (03 43 27) 20 21

Von Mittweida nordwärts kommt man – vorbei an der Talsperre Kriebstein (s. u.) – zur 'schönsten Ritterburg Sachsens', Burg Kriebstein. Majestätisch thront sie auf einem steilen Felssporn über der Zschopau, ein Raubritternest wie aus dem Bilderbuch. Die Burg, eine der besterhaltenen des Freistaats, ist letztes Zeugnis einer Reihe kleinerer Burgen im Zschopautal, die im Zuge der Kolonisation seit dem 12. Jh. entstanden. Zur selben Zeit bildeten sich Waldhufendörfer wie Beerwalde, Tanneberg und Ehrenberg heraus. Den Burgen zugeordnet legte man später entlang der Zschopau Mühlen an, die sich im 19. Jh. teilweise zu Industriebetrieben entwickelten. Aus einer von ihnen ist die Papiermühle Kriebstein hervorgegangen.

Geschichte

Die erste urkundliche Erwähnung der Burg datiert auf das Jahr 1382. Zwischen 1384 und 1407 erfolgte unter Dietrich von Bernwalde der repräsentative Ausbau, dem nach 1471 mit Unterstützung von Arnold von Westfalen (namentlich am Küchenbau), dann 1564 und schließlich erst wieder im 19. Jh. weitere Arbeiten folgten. Letzterer fielen Teile der Umfassungsmauer und des Wehrgangs zum Opfer. Zu den Burgherren gehörte Ritter Kunz von Kaufungen, der sie während des sächsischen Bruderkriegs (1446 bis 1451) von Kurfürst Friedrich erhalten hatte. Kaum war der Krieg vorbei, wurde sie ihm wieder aberkannt. Aus Verzweiflung beging der Ritter den Altenburger Prinzenraub, der ihn jedoch schließlich das Leben kostete.

Besichtigung

Die Burg ist nicht nur ihrer Lage und ihres malerischen Anblicks wegen geradezu klassisch, auch ihre Architektur – auf ovalem Grundriß Torhaus,

So hat man sich eine Ritterburg vorzustellen: Burg Kriebstein hoch über der Zschopau ▶

Burg Kriebstein in der Umgebung von Mittweida (Fortsetzung)

Palas, Küchenhaus und Gesindehäuser – spiegelt die Idealvorstellungen einer Ritterburg wider. Herausragend im wahrsten Sinne des Wortes und von vielen Abbildungen bekannt ist der 45 m hohe gotische Palas, den sechs Türmchen krönen. Eine Führung durch die Burg berührt die gotische Halle, das Schatzgewölbe, den Rittersaal und die Kapelle. In allen Räumen fallen die Gewölbekonstruktionen und vor allem die teilweise noch aus dem 15. Jh. stammenden Balkendecken auf, viele der Treppen und Fußböden zeigen noch den Originalzustand. Stilzimmer von der Spätgotik bis ins 19. Jh. erlauben einen Einblick in die Wohnkultur des sächsischen Landadels. Der künstlerische Höhepunkt wartet in der in den Fels gehauenen romanischen Kapelle (nach 1300). Sie birgt in Sachsen einmalige spätgotische figürliche Wandmalereien in Trockentechnik sowie einen um 1520 entstandenen Flügelaltar mit der Darstellung der Legende des hl. Alexius, ebenfalls einzigartig in Sachsen.

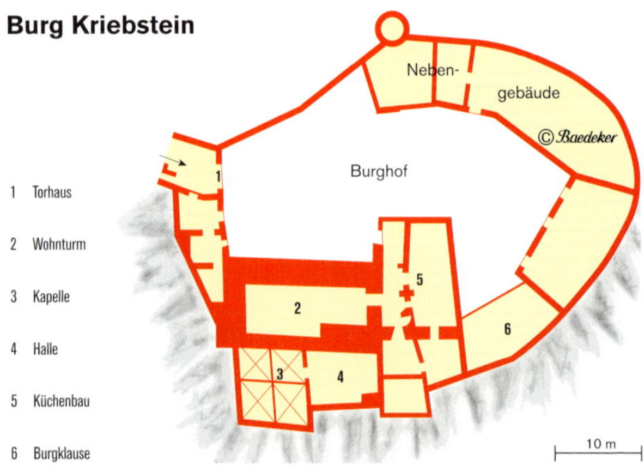

Talsperre Kriebstein

Die Kriebstein-Talsperre 2 km südlich der Burg gehört zu den schönsten Talsperren Sachsens. Die 1927 bis 1929 zum Hochwasserschutz errichtete Sperrmauer bildet einen Bogen mit einem Radius von 225 m und erreicht eine Höhe von 26 m. Auf dem 9 km langen und maximal 400 m breiten Stausee verkehren Fahrgastschiffe, romantische Zeltplätze und Freibäder komplettieren das Freizeitangebot.

Moritzburg — G 12/13

Landkreis: Meißen-Dresden
Höhe: 200 m ü.d.M.
Einwohnerzahl: 2100

Lage und Allgemeines

Inmitten des Landschaftsschutzgebiets der Moritzburger Teiche liegt 14 km nordwestlich von → Dresden das hübsche Dorf Moritzburg, früher Eisenberg, das erst 1934 seinen heutigen Namen nach dem berühmten Jagdschloß der sächsischen Herrscher erhielt. Dieses thront inmitten eines Teiches am Ende einer langen Allee am Nordrand des Dorfes. Schloß Moritzburg ist eines der meistbesuchten Ausflugsziele Sachsens.
Sensationelles hat sich im Oktober 1996 ereignet: 'Schatzsucher' entdeckten im Teichgebiet von Moritzburg Teile der verschollen geglaubten Hofsilberkammer der Wettiner, zu dem Tafelsilber und feine Stücke des Hofjuwe-

liers Dinglinger gehören. Die Pretiosen waren Ende des Zweiten Weltkriegs in Kisten verpackt und vergraben worden. Sie sollen zukünftig im Grünen Gewölbe zu Dresden ausgestellt werden.

Lage und Allgemeines (Fts.)

Zwar wird man naheliegenderweise mit dem Bus oder mit dem Auto nach Moritzburg fahren, allemal schöner ist aber die Anfahrt mit der Traditionsbahn 'Lößnitzdackel'. Die kleine Bahn schnauft von Radebeul-Ost u.a. über die Station Weißes Roß (historischer Gasthof) vorbei am Schloß Hoflößnitz, durch den Lößnitzgrund zum Moritzburger Teichgebiet und schließlich auf dem Dippelsdorfer Damm nach Moritzburg (→ Praktische Informationen, Museumsbahnen).

*Anfahrt mit dem Lößnitzdackel

**Jagdschloß Moritzburg

Die Allee zum Schloß flankieren zwei Postdistanzsäulen von 1730. Das kurfürstliche Jagd- und Lustschloß Moritzburg erstrahlt in den Farben des sächsischen Barock: Ocker und Weiß. Wie in Pillnitz entstand unter Einbeziehung der Landschaft ein Gesamtkunstwerk von großartiger Wirkung. Das Schloß beherbergt heute das Schloßmuseum mit Trophäensammlung im ersten Stock, eine Ausstellung zur Baugeschichte des Schlosses und die Käthe-Kollwitz-Gedenkstätte im Erdgeschoß sowie ein Lapidarium auf der Schloßterrasse. Ständig wechselnde Sonderausstellungen ergänzen die Dauerausstellungen.

Schloß der Diana

Mai – Okt.: Mo. – So. 10.00 – 17.30; April: Mo. geschlossen; März, Nov.: Di. bis So. 10.00 – 16.30 (halbstündliche Rundgänge); Dez.: Di. – So. 10.00, 11.00, 13.00, 14.00, 15.00 Uhr nur Rundgänge. Führungen nach Voranmeldung unter Tel. (03 52 07) 8 14 39.

Öffnungszeiten

Baugeschichte des Jagdschlosses

Der spätere Kurfürst Herzog Moritz ließ in den Jahren 1542–1546 nach Entwürfen von Hans von Dehn-Rothfelser (1500–1561) auf einer Granitkuppe in der Sumpfniederung des Friedewaldes ein erstes Jagdhaus bauen, das in der Folgezeit umgebaut und allmählich zum Jagdschloß erweitert wurde. So baute 1661 bis 1672 Wolf Caspar von Klengel (1630 bis 1691) die Schloßkapelle, bis unter August dem Starken Zacharias Longuelune, Matthäus Daniel Pöppelmann und Jean de Bodt, auch auf früheren Entwürfen basierend, von 1723 bis 1736 das Schloß in seiner heutigen Form errichten konnten. Dabei bezogen sie die alten Bauten in ihre Planung ein, schufen aber nun eine annähernd quadratische symmetrisch-harmonische Anlage, deren Dominanten die vier Ecktürme und der Hauptbau wurden. Diese finden ihre Gegenpole wiederum in den insgesamt acht Kavaliershäuschen an den Stirnseiten der Schloßinsel. So berühmte Bildhauer wie Balthasar Permoser, Johann Christian Kirchner und Benjamin Thomae gestalteten u.a. die heiter-barocken Balustradenstatuen der Auffahrt und der Schloßterrasse. Der Teich um das Schloß wurde erst 1730 angelegt. Die Gestaltung der Innenräume oblag Raymond Leplat (1664 bis 1742), der sich vom Hofmaler Louis de Silvestre (1675–1760), dem Vergolder H. Hulot und dem Tapetengestalter Pierre Mercier wesentlich unterstützen ließ.

Ein Piqueur bläst vor Schloß Moritzburg zur Jagd.

Barockmuseum

Das Barockmuseum versteht sich als die Gesamtheit der in allen Räumen des Schlosses gezeigten Sammlung: auserlesenes Kunsthandwerk des 16.–18. Jh.s, Sänften, Kutschen, Porzellan, Möbel, Öfen, Gemälde, Tapeten u.a. Das ursprüngliche Mobiliar ist heute nicht mehr vorhanden, es wurde durch Stücke aus der Zeit ersetzt.

Vom Eingang steigt man links die Treppen hoch und betritt den Steinsaal, dessen Wände über und über mit Elch-, Rentier- und Rothirschgeweihen behängt sind. Am auffälligsten aber ist das Geweih eines urzeitlichen Riesenhirschs, ein Geschenk von Zar Nikolaus I. Es folgt der zweigeschossige Audienz- oder Monströsensaal, dessen Wände mit Ledertapeten verkleidet sind, die Lorenzo Rossi (1690–1731) mit Dianamotiven bemalte, denn Moritzburg versteht sich als Residenz der Jagdgöttin Diana. Seinen Namen verdankt der Saal den 39 hier ausgestellten mißgeformten, 'monströsen' Geweihen, deren berühmtestes innen über der Eingangstür hängt: der Moritzburger 66-Ender, der es tatsächlich jedoch nur auf 27 bringt, da nur Enden über 2 cm Länge gezählt werden. Links geht es zu den beiden mit gepunzten maurischen Ledertapeten drapierten Augustzimmern; rechts setzt sich der Rundgang fort durch die Kurfürsten- und das Kupferzimmer zur Schloßkapelle. Deren Decke ziert das Gemälde "Himmelfahrt Christi" von Johann Finck (1628–1675). Ein Werk Balthasar Permosers ist der marmorne Schmerzensmann, dessen Erstfassung sich in der ehemaligen Hofkirche in Dresden befindet. Die anschließenden Zimmer mit den Damenbildnissen enthalten Portraits von Mätressen Augusts von Louis de Silvestre und seiner Werkstatt. Dann durchquert man den Billardsaal, auch er mit Ledertapeten mit Jagdmotiven ausgestattet, hin zur Moritzgalerie mit Portraits sächsischer Kurfürsten und zum Lackmöbelzimmer. Dieses enthält ostasiatische Lackmöbel sowie eine von 18 sog. Dragonervasen, die August vom preußischen König für die Überlassung von 600 sächsischen

*Ledertapeten im Monströsensaal

Schloßkapelle

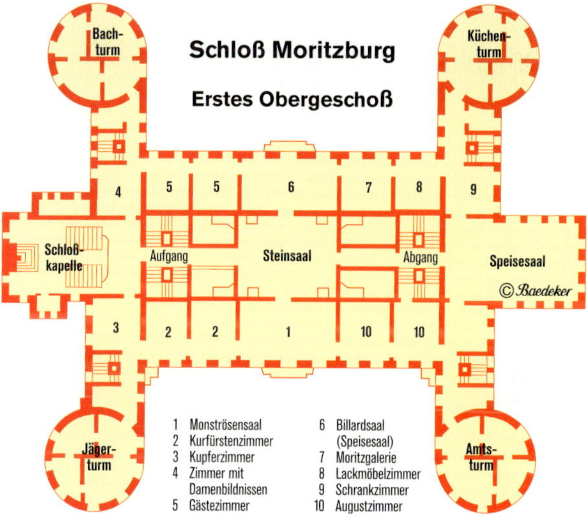

Dragonern erhielt. Nach dem Schrankzimmer hat man schließlich den größten Raum des Schlosses erreicht, den Speisesaal. Auch er ist mit Geweihen ausgeschmückt, darunter ein ungerader 24-Ender (Nr. 8), der mit 298,25 Punkten als das stärkste Rothirschgeweih der Welt gilt. Auffällig auch der sog. 'Willkomm', die rechte Stange eines 36-Enders, in die eine Weinflasche einmontiert werden konnte, damit neue Gäste daran ihre Trinkkünste beweisen konnten.

Käthe-Kollwitz-Gedenkstätten

An ihrem Lebensabend zog die von den Nationalsozialisten mit Berufsverbot belegte und verfolgte Malerin, Grafikerin und Bildhauerin Käthe Kollwitz (1867–1945) nach Moritzburg. Am 22. April 1945 verstarb sie in ihrem Haus, dem Rüdenhof (Meißner Str. 7). In den unteren Räumen des Schlosses wurde ihr zu Ehren eine Gedenkstätte mit einer kleinen Werksammlung eingerichtet, am Käthe-Kollwitz-Platz ist ein Gedenkstein aufgestellt; ihre Wohnung im Rüdenhof ist ebenfalls Gedenkstätte (Öffnungszeiten: Di.–Fr. 11.00–17.00, Sa. und So. 10.00–17.00 Uhr).

Unter den vielen Hirschgeweihen speiste es sich noch mal so gut im Schloß Moritzburg.

Schloßpark und *Waldpark

An die Nordseite des Schlosses schließt sich der kleine, nach französischem Vorbild gestaltete Schloßpark an. Wesentlich ausgedehnter ist der Waldpark, der zu einem Spaziergang einlädt und den man unbedingt erkunden sollte.

Fasanenschlößchen

Durch den Waldpark gelangt man in östlicher Richtung zum Fasanenschlößchen. Dieses zierliche, mit Chinoiserien geschmückte Schlößchen ließ Friedrich August II. von Johann Daniel Schade (1730–1798) und Johann Gottlieb Hauptmann (1755–1813) in den Jahren 1769 bis 1782 errichten und ausstatten. Zeitweilig nutzte er es als Sommerwohnsitz. Das mit Stuckdecken, Supraporten und Tapeten im Stil des Rokoko ausgestattete Gebäude beherbergt eine Ausstellung des Dresdener Museums für Tierkunde über die heimische Vogelwelt (Öffnungszeiten: Mai–Okt. tgl. 10.00 bis 18.00 Uhr).

Hafen

Vom Schlößchen blickt man schon hinab zum kleinen Hafen am See. Leuchtturm und Mole ließ ebenfalls Friedrich August II. anlegen, um von dort zu Kahnpartien zu starten. Am Westufer gar erbaute man die sog. Dardanellen, künstliche Geschützbastionen und Ruinen, die den zur Zerstreuung der sächsischen Hofgesellschaft veranstalteten 'Seeschlachten' einen realistischen Rahmen geben sollten. Selbst Fregatten im Kleinformat sind dafür gebaut worden – leider ist von solcherlei hocherrschaftlichem Speilzeug keines mehr erhalten geblieben.

Wildgehege

Das 40 ha große Wildgehege nordwestlich vom Fasanenschlößchen geht auf die Zeit Augusts des Starken zurück, der hier seinen Hirschgarten angelegt hatte. Hier leben in großen Gehegen Rudel von Muffel-, Rot-, Dam-

Augusts Hof tobte seinen Spieltrieb bei 'Seeschlachten' auf dem See unterhalb des Fasanenschlößchens aus. Vom Leuchtturm an der Mole startete man zu Bootspartien.

und Schwarzwild, in Kleingehegen befinden sich Marder, Füchse, Fasane und Beizvögel (Öffnungszeiten: Mai – Okt. tgl. 10.00 – 18.00; Nov. – April Sa. u. So. 9.00 – 16.00; Fütterung tgl. 14.30 Uhr).

Wildgehege (Fortsetzung)

*Moritzburger Teichgebiet

Landschaftsschutzgebiet

Das Gebiet rund um das Schloß Moritzburg wurde wegen seines Reichtums an seltenen Pflanzen und der vielfältigen Vogelwelt zum Landschaftsschutzgebiet erklärt. Weit über 200 Sumpf-, Wasser-, Greif- und Singvogelarten leben auf relativ kleiner Fläche. Sechs Naturbäder sind an den 25 Teichen eingerichtet, einige davon mit Campingmöglichkeiten. Fast alle Moritzburger Teiche wurden künstlich angelegt, die ersten bereits Ende des 15. Jh.s, als man begann, die zahlreich vorhandenen Sümpfe auszubauen, um darin die Delikatesse auf des Fürsten Tafel – Karpfen – zu züchten. Der alljährlich Ende Oktober stattfindende Moritzburger Fischzug mit Schaufischen, Fischverkauf und Markttreiben ist ein Ereignis, das man nicht versäumen sollte, weilt man um diese Zeit in Dresden.

*Moritzburger Fischzug

Hengstdepot (Sächsisches Landesgestüt Moritzburg)

Im Jahr 1828 wurde in Moritzburg das Hengstdepot gegründet und erhielt als Hauptgebäude die ehemalige Stallung, 1733 von Johann Christoph Knöffel erbaut. Das damalige Zuchtziel waren Halb- und Kaltblüter; heute werden hauptsächlich Halbblüter für den Reitsport gezüchtet. Die alljährlich im September veranstalteten Hengstparaden ziehen eine große Zahl von Besuchern an. Hier sieht man außer edlen Hengsten auch noch einen Sechzehnerzug und Bierkutscherpferde in Aktion.

*Hengstparaden

Müglitztal I/K 13/14

Landkreise: Sächsische Schweiz, Weißeritzkreis

*Märchental im Erzgebirge

Die Müglitz entspringt östlich von → Altenberg auf den Höhen des böhmischen Erzgebirges knapp jenseits der Landesgrenze. Sie hat sich bis zu ihrer Einmündung in die Elbe bei Heidenau in unmittelbarer Nähe der Stadtgrenze von → Dresden ein stellenweise geradezu märchenhaft anmutendes Tal durch die bewaldeten Höhenzüge gegraben, gesäumt von verträumten kleinen Ortschaften und manch romantischer Burg. Der sächsische König Johann nannte es schlicht "Sachsens schönstes Tal".

Fahrt durch das Müglitztal

Die nachstehend beschriebene Fahrt – ob mit dem Auto oder mit dem Fahrrad – beginnt in Heidenau. Dort zweigt die Müglitztalstraße von der von Dresden nach → Pirna führenden B 172 ab. Auch eine romantische Eisenbahnstrecke führt von Heidenau das Tal hinauf nach → Altenberg; dann allerdings muß der Abstecher nach Liebstadt zum Schloß Kuckuckstein entfallen.

Dohna

Man durchquert zunächst Dohna, von dessen Burg nur noch ein Turm erhalten ist. Sehenswert ist auch die spätgotische Pfarrkirche mit ihrem Flügelaltar von 1518.

***Schloß Weesenstein**

Sommer: Di. – So. 9.00 – 18.00 (Rundgang und König-Johann-Ausstellung); Winter: Di. – So. 9.00 – 17.00 (nur Rundgang)

Der nächste Halt an der Strecke gehört bereits zu den Höhepunkten der Fahrt: Schloß Weesenstein, Lieblingsaufenthalt von König Johann (reg. 1854 – 1873) und heute als Veranstaltungsort genutzt. Es ging aus einer auf einem Felssporn über der Müglitz um 1200 gegründeten Grenzburg hervor. Die unregelmäßige Anlage mit dem Rundturm von 1300 ist teilweise in den Burgfelsen gehauen und erstreckt sich – von außen nicht sichtbar – über acht Stockwerke. Seit dem 15. Jh. ist die Burg von den Grafen von Bünau zur Wohnburg ausgebaut worden; im 16. Jh. entstand das repräsentative Schloß und erhielt 1575 u.a. sein prachtvolles Renaissanceportal. An die Stelle der alten Schloßkapelle von 1504 trat 1738 bis 1741 die von Johann Georg Schmidt nach einem Entwurf von George Bähr erbaute ovale Kapelle im sechsten Stock. Herausragend ist der Altar mit Figuren von Benjamin Thomae. Der Schloßpark entstand um 1780.
Auf dem Burgrundgang wird die Baugeschichte erläutert. In den unteren Stockwerken widmet sich eine Ausstellung Leben und Werk von König Johann, der als Danteforscher und -übersetzer geschätzt war und unter dem Pseudonym 'Philaletes' schrieb. Neben Mobiliar des 19. Jh.s sieht man hier auch die außergewöhnlich vielfältigen Tapeten aus Leder, Stoff und Papier, Bildtapeten und bemalte Wandbespannungen, für die Weesenstein bekannt ist. Die Ledertapete im Festsaal – geprägt, bedruckt, bemalt, vergoldet und versilbert – wurde um 1750 in Frankreich hergestellt, das Vogeltapetenzimmer schmückt eine um 1725 in China gefertigte Tapete aus Bambus und Papyrus. Äußerst wertvoll sind weiterhin die Bildtapete des Teezimmers mit chinesischen Genreszenen, die 1820 in der Pariser Werkstatt Dufour hergestellten Tapeten "Olympische Feste" und "Amor und Psyche" sowie die aus der Werkstatt Zuber im elsässischen Rixheim stammende Tapete mit griechischen Kampfszenen.

*Tapeten

Liebstadt

War die Strecke bislang noch nicht unbedingt ansprechend, so wird sie bald hinter Weesenstein ausgesprochen malerisch. Am Ortsausgang von Oberschlottwitz biegt man zu einem Abstecher nach links ab und überquert einen Höhenrücken hinab ins Tal des Döbraer Bachs nach Liebstadt, der kleinsten Stadt Sachsens. Deren Stadtkirche besitzt einen aus den Niederlanden stammenden Altar (Ende 15. Jh.). Über dem Ort erhebt sich eine der hübschesten Burgen des Erzgebirges. Wollte man das Märchen

Schloß Weesenstein war König Johanns liebstes Refugium.

von Dornröschen verfilmen, hier wäre der rechte Ort. Seine heutige Gestalt verdankt das Schloß der Familie von Carlowitz, die es 1775 erwarb. Sie ließ zwischen 1795 und 1802 die alte Burg – die wiederum auf den Trümmern der seit 930 belegten und 1402 abgebrannten ersten Burg errichtet worden war – im Geiste der Romantik umbauen. Die Brüder Carlowitz pflegten enge Beziehungen zum romantischen Siebeneichen-Kreis und waren u. a. mit Novalis befreundet. Außerdem waren sie überzeugte Freimaurer und Napoleongegner – Carl Adolph von Carlowitz gar führte als russischer Generalmajor im Jahr 1814 das sächsische Freiwilligenkontingent. Die interessantesten Schloßräume sind daher die Freimaurerloge, die Bibliothek mit einer umfangreichen Sammlung freimaurerischer Literatur und das Napoleonzimmer, denn ausgerechnet auf dem Schloß eines erklärten Gegners nahm der Kaiser der Franzosen im September 1813 nach seinem Einmarsch in Liebstadt Quartier. Auch ein Museum zur Regionalgeschichte hat auf dem Schloß Platz gefunden (Öffnungszeiten: Mi.–So. 9.30–11.30 und 13.30–16.00; Führungen: 10.00, 11.00, 14.00 und 15.00 Uhr).

Goldsavonette-Uhr von A. Lange/ Glashütte mit Germania vor der Silhouette Dresdens (1900)

*Schloß Kuckuckstein

Man fährt nun wieder auf derselben Strecke zurück ins Müglitztal, wo es weiter nach Glashütte geht. Dieser Name hat bei Liebhabern wertvoller Uhren einen hervorragen-

Glashütte

Glashütte im Müglitztal (Fortsetzung)

den Klang, denn hier gründete 1845 der Uhrmacher Ferdinand Adolf Lange die erste Uhrenfabrik Deutschlands. Bald entstanden andere Uhrenfabriken und machten Glashütte zum Zentrum der Uhrenindustrie im Erzgebirge und 1878 zum Sitz der Deutschen Uhrmacherschule. In der DDR faßte man alle wichtigen Glashütter Betriebe zur 'Glashütter Uhrenbetrieb GUB' zusammen. Sie wurde 1990 aufgelöst und die Uhrenfabrik A. Lange & Söhne wieder ins Leben gerufen, die wie zu des Gründungsvaters Zeiten hochwertige Uhren in Handarbeit herstellt. Zum Betrieb gehört auch ein Museum (Öffnungszeiten: Di.–Fr. 9.00–12.00 und 13.00–16.00, Sa. und So. 10.00–14.00 Uhr). Wer übrigens zufällig DM 290 000.– dabei hat, kann sich Langes Spitzenmodell gleich mitnehmen.

Lauenstein

Mit einem exakten Chronometer am Handgelenk kann man nun die Fahrt nach Bärenstein fortsetzen. Hier grüßt von der Höhe eine Burg aus dem Mittelalter. Zielort aber ist Lauenstein. Auch dieses Städtchen besitzt ein malerisches Schloß (14./17. Jh.), dessen schönster Raum der prächtige Wappensaal ist. Heute ist das Heimatmuseum im Schloß untergebracht.

*Stadtkirche

Die Stadtkirche von Lauenstein ist unbedingt einen Besuch wert. Sie besitzt zwei herausragende Werke des Manierismus. Der Hauptaltar von Michael Schwenke entstand 1594 bis 1602 und diente gleichzeitig als Grabmal für R. von Bünau und seine Gemahlin, deren lebensgroße Figuren Lorenz Hornung 1615 hinzufügte. Von diesem stammt auch das monumentale Familienepitaph derer von Bünau, das auf 9 m Höhe und 5 m Breite eine Vielvölkerschar von Figuren versammelt. Unten stehen die lebensgroßen Stifterfiguren, zentrales Motiv ist das Jüngste Gericht. Taufstein und Kanzel mit Mosesfigur schuf wiederum der Pirnaer Schwenke.

Altenberg

In Lauenstein kann man das Müglitztal verlassen und in die Bergbaustadt → Altenberg weiterfahren.

Bad Muskau · Muzakow C 18

Landkreis: Niederschlesischer Oberlausitzkreis
Höhe: 110 m ü.d.M.
Einwohnerzahl: 5000

Fürst Pücklers Stadt

Bad Muskau, sorbisch Muzakow, liegt im äußersten Nordosten Sachsens am Westufer der Neiße, die hier die Grenze zu Polen bildet. Der Name kommt vom sorbischen 'muzak', was 'wilder Mann' bedeutet und als solcher noch im Stadtwappen lebendig geblieben ist. In der Stadt ist wenig Industrie angesiedelt, Kurbetrieb und Fremdenverkehr bestimmen vorrangig das Wirtschaftsleben. 1823 wurde das Hermannsbad eröffnet, eine für Rheumakuren eingesetzte Calcium-Sulfat-Quelle. Der überragende Grund aber, Bad Muskau zu besuchen, sind die berühmten, ausgedehnten Parkanlagen, mit denen sich Hermann Fürst von Pückler-Muskau (→ Berühmte Persönlichkeiten) einen Platz im Olymp der Gartengestalter sicherte.

Geschichte

Bad Muskau geht auf einen Stützpunkt der Askanier zurück, der Ende des 12. Jh. zur Christianisierung des slawischen Landes gegründet wurde und 1452 das Stadtrecht erhielt. Im 16. Jh. siedelten sich Töpfer und Papiermacher an – die Muskauer Keramik ist heute noch bekannt –, im 18. Jh. werden auch zahlreiche Tuch-, Schuh- und Glasmacher erwähnt. Erst mit der Eröffnung der Zweigbahn nach Weißwasser mit Anschluß an die Bahnstrecke Görlitz–Berlin im Jahr 1872 aber erhielten diese Produktionszweige auch überregional Bedeutung. In den letzten Tagen des Zweiten Weltkriegs verlief entlang der Neiße eine der wichtigsten Verteidigungslinien der Wehrmacht. Im Verlauf der Kampfhandlungen wurden die Stadt, die Schlösser und die Parkanlagen fast vollständig zerstört. Nach dem Krieg wurde die Neiße nun zur Grenze, die Bad Muskau von seinen Stadtteilen auf dem Ostufer trennte. Seit 1961 darf sich Muskau 'Bad' nennen. Mit der

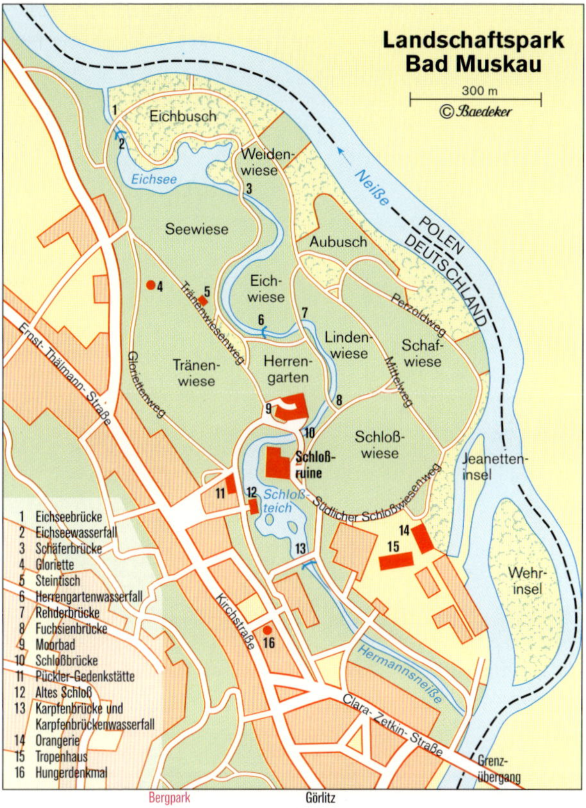

Geschichte (Fortsetzung)

Neubildung der Länder 1990 kam Bad Muskau, vor dem Krieg preußisch und in der DDR zum Bezirk Cottbus gehörend, zum Freistaat Sachsen.

**Die Parkanlagen von Bad Muskau

Idealisierte Natur

Über einen großen Teil der Neißeaue, sowohl auf dem westlichen deutschen Ufer als auch auf der östlichen polnischen Seite, erstrecken sich die Parkanlagen, die von 1815 an nach den Plänen von Hermann Fürst von Pückler-Muskau gestaltet worden sind und die Stadt Bad Muskau miteinbeziehen. Dem exzentrischen Fürsten schwebte – wie er in seinem berühmten, 1834 erschienenen Werk "Andeutungen über Landschaftgärtnerey" darlegte – eine Parklandschaft vor, "die nur den Charakter der freien Natur und der Landschaft haben [soll], die Hand des Menschen also wenig darin sichtbar seyn und sich nur durch wohlunterhaltene Wege und zweckmäßig vertheilte Gebäude bemerklich machen". Aus drei Teilen sollte der Park bestehen: Den Blumengarten beim Schloß als "vergrößerte Wohnung" verband der "Pleasureground" mit dem Park als "idealisierte Natur". Bis etwa 1845 entstanden unter der gärtnerischen Leitung von Jacob Heinrich Rehder auf einer Fläche von 200 ha der Schloß- und der Badepark,

Parkanlagen (Fortsetzung)

dann ging dem Fürsten das Geld aus, und er mußte das Schloß und den Park verkaufen. Vieles von ihm geplante blieb unrealisiert. Nach 1845 schuf einer seiner Schüler, der Landschaftsgärtner Eduard Petzold, den Bergpark und den heute auf polnischem Ufer liegenden Landschaftspark, beide zusammen etwa 345 ha groß, mit einem auf 55 km ausgedehnten Wegenetz. Im Zweiten Weltkrieg wurde der Park schwer in Mitleidenschaft gezogen. Noch heute ist er nicht in seinem ursprünglichen Zustand wiederhergestellt, doch laufen seit Jahrzehnten Bemühungen – auch in grenzübergreifender Zusammenarbeit mit Polen –, ihm wieder seinen alten Glanz zu verleihen. Dennoch ist der gesamte Park von der UNESCO in die Liste der Denkmale von großer internationaler Bedeutung aufgenommen worden.
Doch auch wenn vieles nicht vollendet oder gar zerstört worden ist, wer wachen Auges den Park durchstreift, wird immer wieder bestätigt finden, wie das Genie des Fürsten die Landschaft mit ihrem Wechsel von belebten und ruhigeren Gefilden, von Grünzonen und Wasserflächen, Natur und künstlichen Bauten in ständigem Bezug aufeinander arrangiert hat.

Altes Schloß

Über die Bad Muskauer Schloßstraße erreicht man das Alte Schloß. Es gründet auf einer im 14. Jh. entstandenen Burg des Deutschritterordens, die im 16. Jh. zum Renaissanceschloß ausgebaut wurde. Im Zweiten Weltkrieg zerstört, von 1965 bis 1980 wiederaufgebaut, wird es heute als Museum, Standesamt und Weinkeller genutzt. Von außen betrachtet, fällt vor allem das Portal mit dem farbenprächtigen Allianzwappen derer von Dohna-Callenberg auf, darüber drei erst 1968 entstandene Plastiken, Flora, Herkules und Hygieia darstellend.

Stadt- und Parkmuseum

Das im Schloß untergekommene Stadt- und Parkmuseum zeigt u. a. Muskauer Keramiken und Sammlungen zur Geschichte der Parkanlagen. Hinter dem Schloß breitet sich der Schloßsee aus (Öffnungszeiten: Mai – Sept. Di. – Fr. 10.00 – 12.00 und 13.00 – 16.00, Sa. und So. 13.00 – 17.00; Okt. – April dsgl., außer So. 13.00 – 16.00 Uhr).

Der Fürst legt eine Bombe

Ob Gartenkunst oder Exzentrik: Was nun wirklich jedermann und jedefrau von Fürst Pückler kennt, ist seine berühmte Eisbombe – obwohl er sie angeblich gar nicht selbst erfunden, sondern nur seinen wohlklingenden Namen – nicht umsonst natürlich – einem Konditormeister für dessen jüngste Kreation geliehen hat. Aber der Fürst war eben ständig auf der Suche nach neuen Geldquellen. Und so geht es:

Einen halben Liter Sahne sehr steif schlagen, mit zwei Eßlöffeln Zucker vermischen und die Masse in drei gleiche Teile teilen. Einen Teil weiß lassen, aber ein Gläschen Maraschino oder Kirschwasser untermischen, einen Teil mit einer Tasse Erdbeeren rot färben, den letzten Teil mit zwei Eßlöffeln in etwas Wasser aufgelöster Schokolade einfärben. Alle drei Teile werden noch mit 100 g kleingehackter, in Maraschino oder Kirschwasser getränkter Makronen vermischt. Dann in eine Eiskegelform zuerst die rote, danach die weiße und schließlich die braune Masse streichen, mit einem Blatt Papier abdecken und den Deckel anpressen. Die Form in gestoßenem Eis und Viehsalz 2 – 3 Stunden erstarren lassen. Zum Servieren kurz in lauwarmes Wasser tauchen und die Form stürzen.

Neues Schloß

Nördlich des Alten Schlosses stößt man auf die einerseits bedrückende, aber nicht zuletzt deswegen auch eindrucksvolle Ruine des Neuen Schlosses. Es wurde im 16. Jh. unter den Herren von Biberstein erbaut. Fürst Pückler hegte zwar Umbauabsichten und hatte dafür auch Karl Friedrich

◂ *In Schloß und Park von Bad Muskau lebt Fürst Pücklers Geist weiter.*

Neues Schloß (Fortsetzung) Schinkel beauftragt, doch kam nur die große Auffahrt zur Ausführung. 1863 und 1924 erfolgten dann gründliche Umbauten. Seit der Zerstörung 1945 steht es als Ruine.

Kavaliershaus Das barocke Kavaliershaus wurde 1772 als Sommerhaus errichtet und gelegentlich als Theaterhaus genutzt. In den letzten Kriegstagen ebenfalls zerstört, ist es in alter Schönheit rekonstruiert und dient nun als Kurhaus.

***Orangerie** Südlich des Alten Schlosses spaziert man über die Karpfenbrücke zur Orangerie, 1840 nach Plänen von Gottfried Semper erbaut und seit ihrer Restaurierung Sitz der Parkverwaltung.

Tropenhaus In den Gebäuden der ebenfalls 1840 eingerichteten und im Krieg fast völlig zerstörten Schloßgärtnerei wurde nach dem Wiederaufbau ab 1959 ein Tropenhaus eingerichtet, für das viele Länder der Welt Pflanzen spendeten. Es gedeihen u. a. Kakteen und Sukkulenten, Bromelien, Zitrusfrüchte, Bananen, Zuckerrohr, Kaffee und Kakao sowie Wasserpflanzen, darunter die größte tropische Seerose, die Viktoria (Öffnungszeiten: Mai – Okt. Mo. – Fr. 8.00 – 17.00, Sa. und So. 9.00 – 17.00 Uhr).

Bergpark Von Bad Muskau führt eine Treppe in den westlich der Stadt gelegenen Bergpark, der sich auf einer Hochfläche über dem Neißetal erstreckt. Ein sechs Kilometer langer Wanderweg streift die Große und die Kleine Schlucht, Relikte der letzten Eiszeit, sowie die Bergkirche, ein Feldsteinbau von 1386, der als einer der ältesten Kirchenbauten der Oberlausitz gilt. Der südöstliche, am Fuß des Parks liegende Teil ist der erste Park des Hermannsbades. Einige der alten Villen sind noch erhalten, nicht mehr geblieben ist die sog. Rosenvilla, Lieblingsaufenthalt der von Pückler auf dem Sklavenmarkt von Khartum erworbenen und nach Muskau gebrachten abessinischen Fürstentochter Machbuba. Sie ist auf dem alten Friedhof von Bad Muskau begraben.

Waldeisenbahn Muskau Seit 1995 dampft die 1978 stillgelegte Waldeisenbahn wieder vom Landschaftspark Bad Muskau nach Weißwasser und von dort weiter nach Kromlau. Die 600-mm-Schmalspurbahn wurde im Jahr 1897 als Gräflich-von-Arnimsche Kleinbahn eröffnet und transportierte Kohle, Ton, Torf und Holz. Der Betrieb erfolgt von April bis Oktober mit einer alten Dampf- sowie Dieselloks (Fahrplan beim Fremdenverkehrsbüro Bad Muskau).

Umgebung von Bad Muskau

Weißwasser Das 8 km westlich gelegene Weißwasser, sorb. Bela Woda, hat unter Eishockey-Fans einen wohlklingenden Namen: Dynamo Weißwasser wurde fünfzehnmal DDR-Meister (was nicht schwer war, denn die Liga bestand nur aus zwei Mannschaften). Wer aber nicht auf Eishockey oder auf den Anblick einer vom Braunkohlenabbau vergewaltigten Landschaft aus ist, für den lohnt ein Besuch in der von Fabrikschornsteinen geprägten Stadt, dem Zentrum der Lausitzer Glasindustrie und des Braunkohlentagebaus,

Glasmuseum kaum, sieht man vom Glasmuseum ab. Vom Jagdschloß aus dem 17. Jh. steht nur noch ein Turm, und aus dem einstigen Wildpark ist zunächst ein Pücklerscher Landschaftspark und heute ein Tiergarten geworden. Im nördlich davon gelegenen Naturschutzgebiet 'Urwald' entdecken Kenner noch Pflanzen des Pleistozäns.

***Waldpark Kromlau** Ein Ausflug ins benachbarte Kromlau lohnt da schon eher, lädt hier doch die Pracht blühender Azaleen und Rhododendren zum Spaziergang durch den zwischen 1840 und 1860 vom Gutsbesitzer Rötschke nach Pücklerschem Vorbild angelegten Waldpark. Dessen schönstes Bauwerk ist die auch Teufelsbrücke genannte, 35 m breite Bogenbrücke, die freitragend den Rakotzsee überspannt. Viele der Pflanzen wurden vom späteren Besitzer Friedrich Leopold von Egloffstein gesetzt.

Und noch ein verwunschener Ort: die Teufelsbrücke im Waldpark Kromlau

Im 15 km nordwestlich von Weißwasser liegenden Dörfchen Schleife, sorb. Slepo, wird heute noch recht lebendig und vor allem auch außerhalb der Fest- und Feiertage sorbisches Brauchtum in Trachten und Musik gepflegt.

Schleife in der Umgebung von Bad Muskau

Oberwiesenthal O 8

Landkreis: Annaberg
Höhe: 850 – 1050 m ü.d.M.
Einwohnerzahl: 4000

*Wintersportzentrum

Das einstige Bergstädtchen Oberwiesenthal, offiziell 'Kurort Oberwiesenthal', liegt am Fuße des 1214 m hohen Fichtelberges, der höchsten Erhebung im deutschen Erzgebirge und unmittelbar an der deutsch-tschechischen Grenze. Seit Ende des 19. Jh.s der Wintersport in dieser Region Einzug hielt, hat sich die höchstgelegene Stadt Deutschlands mit dem Fichtelberg zu einem vielbesuchten Urlaubsort entwickelt.
Oberwiesenthal war bereits zu DDR-Zeiten und ist heute noch ein Leistungssportzentrum, das zahlreiche Olympiasieger, Welt- und Europameister hervorgebracht hat, von denen der Skispringer und nunmehrige Ehrenbürger Jens Weißflog der prominenteste ist. Als Austragungsort für Wettbewerbe in Skisprung, Nordischer Kombination, Langlauf, Rennrodel (Bahn allerdings inzwischen abgebaut) und Biathlon genießt Oberwiesenthal internationalen Ruf.

Geschichte

Die Entstehung des Ortes nahe einem schon 1118 genannten Saumpfad nach Böhmen erfolgte um die Wende vom 15. zum 16. Jahrhundert. Bergleute hatten erkannt, daß die kristallinen Gesteine dieses Raumes außer Kupfer-, Zinn- und Eisenerzen auch das begehrte Silber aufwiesen. Das

Geschichte (Fortsetzung)

daraufhin angestimmte ‘Bergkgeschrey’ und der erhoffte ‘Bergsegen’ riefen die Wettiner Oberherren auf den Plan, die sich durch die Gründung von Bergstädten Reichtum erhofften. 1527 wurde, nachdem ein Jahr zuvor “Groß Hoffnung zu Wiesenthal (entstand), ein mächtig Erz zu hauen”, auch Neustadt im Wiesenthal gegründet, das heutige Oberwiesenthal. Die neue Stadt wurde planmäßig angelegt. Mit dem Anschluß an das Eisenbahnnetz 1897 begann sich ein deutlicher Wandel abzuzeichnen. Doch der eigentliche Aufschwung setzte ein, als der beim Bau der Erzgebirgsbahn beschäftigte norwegische Ingenieur Ohlsen mit einem Paar Schneeschuhe aus seiner Heimat Aufsehen erregte und die Grundlage für Oberwiesenthals Ruf als Wintersportort legte. 1906 wurde der Skiclub Unter- und Oberwiesenthal gegründet, bereits fünf Jahre später war man Gastgeber der Deutschen Skimeisterschaften.

*Anfahrt mit der Erzgebirgsbahn

Natürlich kann man mit dem Auto nach Oberwiesenthal fahren. Ungleich vergnüglicher und romantischer aber ist die Anreise mit der nostalgischen Erzgebirgsbahn ab Cranzahl (s. u.), eine der letzten im Regelbetrieb mit Dampflokomotiven befahrenen Bahnen der Deutschen Bahn AG (Anschluß über Chemnitz – Flöha – Annaberg). Die Schmalspurbahn ist 1897 eröffnet worden und überwindet auf ihrer 17,3 km langen Fahrt durch die malerische Landschaft 287 m Höhenunterschied mit teilweise 30 % Steigung. Von Mi. – So. wird bei Abfahrt Oberwiesenthal 9.23 Uhr bzw. Cranzahl 11.45 Uhr ein bewirtschafteter Salonwagen angehängt (genauer Fahrplan im DB-Kursbuch unter Nr. 518).

Sehenswertes in Oberwiesenthal

Bahnhof

Auf dem Weg hinauf zur Ortsmitte passiert man den Bahnhof. Eisenbahnfans müssen hier unbedingt halten, wenn gerade ein Dampfzug eingefahren ist und die Lok wechselt.

Markt

Im Ortszentrum trifft man auf hübsche Häuserensembles, die größtenteils nach dem Brand von 1863 errichtet und später umgebaut worden sind. Auf dem begrünten Markt steht eine Postmeilensäule von 1730, die bemerkenswert viele Enfernungsangaben verzeichnet. Von hier fährt in der Sommersaison regelmäßig eine Postkutsche zur Besichtigungstour ab.

Martin-Luther-Kirche

Unterhalb des Marktes erreicht man die 1866 geweihte Martin-Luther-Kirche, ausgestattet mit Werken einheimischer Künstler. Zur Weihnachtszeit ist in ihr eine Krippe des Erzgebirgskünstlers C. F. Hertelt aufgestellt.

*Ski- und Heimatmuseum

Das Oberwiesenthaler Ski- und Heimatmuseum ist im Alten Forsthaus an der Karlsbader Straße 3 eingerichtet. Die Ausstellung ‘Zur Entwicklung des Wintersports im Fichtelberggebiet’ zeigt u. a. teilweise recht kurios anmutende Geräte zur Fortbewegung im Schnee sowie Medaillen und Urkunden berühmter Oberwiesenthaler Wintersportler. Zweiter Themenschwerpunkt des Museums ist die Wiesenthaler Weihnacht (Öffnungszeiten: Di. – Fr. 14.00 – 17.00, Sa. und So. bis 16.00 Uhr).

Fichtelberg

*Schwebebahn

Über Oberwiesenthal ragt der Fichtelberg auf, mit 1214 m ü.d.M. die höchste Erhebung im sächsichen Erzgebirge. Will man die Fernsicht vom Gipfel genießen, muß man entweder vom Parkplatz Sachsenbaude aus marschieren, mit dem Bus fahren oder, die reizvollste Möglichkeit, per Schwebebahn hinaufgondeln. Die 1924 erbaute Bahn ist offizielles Nahverkehrsmittel. Pro Kabine werden 45 Personen die 1175 m lange Strecke hinauf-

Winterlicher Blick vom Fichtelberg die Schwebebahn entlang hinab nach Oberwiesenthal ▶

1

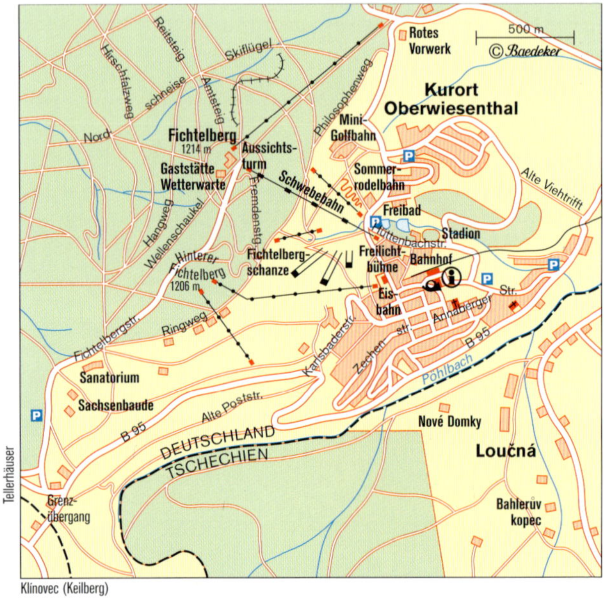

Fichtelberg (Fortsetzung)

transportiert und dabei 305 m Höhendifferenz überwunden (Betriebszeiten: tgl. 9.00 – 12.30 und 13.00 – 17.00 Uhr). Bei der Fahrt sieht man allerdings auch deutlich die erschreckenden Ausmaße des Baumsterbens.

Fichtelberghaus

**Fernsicht

Auf der Höhe steht das 1965 bis 1967 neu errichtete Fichtelberghaus mit dem 42 m hohen Aussichtsturm, von dem aus sich bei günstiger Wetterlage eine herrliche Fernsicht von über 100 km bietet.

Observatorium

Das Bergobservatorium Fichtelberg besitzt eine bereits im Jahre 1916 eingerichtete meteorologische Station. Die kälteste jemals gemessene Temperatur wurde am 9. Februar 1956 mit – 30,4° C registriert.

Sommerrodelbahn

Die 525 m lange und heftig gewundene Sommerrodelbahn an der Talstation der Schwebebahn bereitet vor allem Kindern großen Spaß (Fahrbetrieb tgl. ab 10.00 Uhr).

*Wintersportanlagen

Skilifte · Loipen

Die Skihänge unterschiedlicher Schwierigkeitsgrade im Umkreis von Oberwiesenthal sind mit zwei Sesselliften und vier Schleppliften zu erreichen (Betriebszeiten jeweils 9.00 – 17.00 Uhr; Schlepplift 5 auch bis 21.00 Uhr bei Nachtskilauf). Rings um Oberwiesenthal werden bei entsprechenden Schneeverhältnissen 70 km Langlaufloipen gespurt.

Sprungschanzen

Nur Könnern vorbehalten ist die 1972 bis 1974 erbaute und 1991 mit einer Glasspur ausgestattete Große Fichtelbergschanze, deren 102 m langer Anlauf Absprunggeschwindigkeiten von 90 km/h ermöglicht. Der Schanzenrekord steht bei 101 m. Zur Schanzenanlage gehören noch eine Klein- und zwei Jugendschanzen. Für den Sommerbetrieb werden die Schanzen mit Matten belegt.

Nordöstlich der Auffahrt zum Fichtelberg liegt das Skistadion, Start- und Zielpunkt der Biathlonwettbewerbe, die auf drei Strecken von 5, 10 und 15 km Länge über die Schießanlage mit 16 Bahnen führen.

Oberwiesenthal (Fortsetzung) Biathlonanlage

Umgebung von Oberwiesenthal

Wanderwege

Zahlreiche gut markierte Wanderwege führen in die nähere und fernere Umgebung, auch nach Tschechien (Personalausweis oder Paß mitnehmen!), dort z. B. nach Boži Dar (Gottesgab), Geburtsort des im Erzgebirge berühmten Sängers und Heimatdichters Anton Günther (1876–1937) oder zum nahen Klínovec / Keilberg, den mit 1244 m ü.d.M. höchsten Berg des gesamten Erzgebirges. Dort wartet die Bergbaude mit schmackhafter erzgebirglerisch-böhmischer Kost.
Die Wanderwege berühren oft reizvolle Naturschutzgebiete wie den Zechengrund und das Pfahlmoor mit zum Teil einzigartiger Flora.

Cranzahl

Die 20 km nördlich liegende Ortschaft Cranzahl ist vor allem bekannt als Bahnhof der Erzgebirgsbahn und wegen ihrer Talsperre. Sie entstand in den Jahren 1948 bis 1951 als erster Talsperrenbau der DDR. Die kleine Dorfkirche bewahrt einen wertvollen Schnitzaltar von Peter Breuer (1514) und ein Staffelbild von Hans Hesse (1520).

Tellerhäuser

Das seltene Handwerk des Rindenschnitzens kann man 8 km nordwestlich von Oberwiesenthal im Straßendorf Tellerhäuser beobachten, u. a. im Tellerhäuser Rindenschnitzstüb'l und in der Werkstatt von Jürgen Siegel.

Annaberg-Buchholz

→ dort

Schwarzenberg

→ dort

Oschatz **F 9**

Landkreis: Torgau-Oschatz
Höhe: 130 m ü.d. M.
Einwohnerzahl: 19 500

Lage und Allgemeines

Die Stadt Oschatz liegt an der historischen Fernbahnstrecke von Dresden nach Leipzig zwischen der Dahlener Heide und dem 316 m hohen Collmberg, der dominierenden Erhebung des nordsächsischen Tieflands. Haupterwerb ist die Land- und Forstwirtschaft, bestimmende Industriebetriebe sind u. a. mittelständische Betriebe für Glasseidenerzeugung, Kaolingewinnung und der traditionsreiche Waagenbau. Große Bedeutung hat die den Ort umgebende Dahlener Heide für Urlaub und Naherholung in den sächsischen Ballungsgebieten von Leipzig und Chemnitz. Technologisch ist Oschatz in der ersten Reihe zu finden: Das ortsansässige Baustoffwerk beheizt seine Hallen mit der größten Solaranlage Europas.
Der berühmteste Sohn der Stadt ist der Kirchenkantor Carl Gottlob Hering – kaum jemand wird ihn kennen, doch die von ihm komponierten Kinderlieder "Hopp, hopp, hopp, Pferdchen lauf Galopp!" und "Morgen, Kinder, wird's was geben" hat wohl jeder schon gesungen.

Geschichte

Die ältesten Schriftstücke, in denen ein markgräflicher Ministeriale Johannes de Ozzetz genannt wird, datieren ins Jahr 1200. Als Ursprung des Namens wird das slawische Wort 'Ozzec' (= Waldschanze) vermutet. Im Schutz eines Burgwards bildete sich eine Siedlung heraus, die noch im 13. Jh. Stadt- und Münzrechte erhielt und sich mit einer wehrhaften Mauer umgab. 1365 schlossen sich Grimma, Oschatz und Torgau zum 'Städtebund der Geharnischten' zusammen, um sich gegenüber der Vormundschaft der Meißener Bischöfe zu behaupten und den Landesfrieden zu er-

Geschichte (Fortsetzung)

halten. Der Tuchmacherzunft verdankte Oschatz seinen Wohlstand, doch unterbrach der Einfall der Hussiten 1424 die wirtschaftliche Entwicklung. Auch im Dreißigjährigen und im Siebenjährigen Krieg sowie in den Befreiungskriegen von 1813/1814 erlitt Oschatz schwere Schäden. 1842 gar brannten große Teile der Stadt ab. Erst Mitte des 19. Jh.s brachte der Bau der Eisenbahn von Leipzig nach Dresden neuen wirtschaftlichen und kulturellen Aufschwung in die Stadt.

Sehenswertes in Oschatz

Neumarkt

Rathaus

Am Neumarkt steht das Oschatzer Rathaus, 1537 anstelle eines zu klein gewordenen Vorgängerbaus von 1477 entstanden. Bei den Stadtbränden 1616 und 1842 wurde es zerstört, dann schließlich baute es der Dresdener Baumeister Gottfried Semper im Renaissancestil wieder auf und gab ihm sein heutiges Aussehen: auffälliger Staffelgiebel, schlanker Uhrturm und prächtige Freitreppe mit offener Laube und Wappen und Reliefs von Christoph Walther I. Die Ratsstuben von 1595 zeichnen sich durch ihre prunkvoll bemalte und geschnitzte Holzdecke aus. Das Ratsarchiv in den Gewölben des Turmes widerstand allen Feuersbrünsten. So blieben die Pergamentschriften des 1225 von Eike von Repkow verfassten Sachsenspiegels, Briefe von Luther und Melanchthon erhalten. Im Durchgang des Turmes steht ein käfigartiger Eisenpranger von 1532, in dem einst zänkische Weiber eingesperrt worden sind.

Marktbrunnen

Den Marktbrunnen im toskanischen Stil vor dem Rathaus hat der Leipziger Steinmetz Gregor Richter 1589 dem einstigen Goldenen Brunnen in Leipzig nachgestaltet.

St. Ägidien

Hinter dem Rathaus erheben sich die schlanken Türme der gotischen Stadtkirche St. Ägidien. Sie entstand zwischen 1443 und 1464 als Nachfol-

Herzog Georg und Gemahlin grüßen von den Reliefs an der Rathaustreppe.

St. Ägidien (Fortsetzung)

gerin für ein Gotteshaus, das in den Hussitenkriegen zerstört worden war. Dem neuen Kirchenbau war jedoch wenig Glück beschieden. Wie das Rathaus brannte es 1616 und 1842 nieder und wurde erst im 19. Jh. von dem Nürnberger Baumeister K. A. Heideloff im neugotischen Stil erneuert.

Klosterkirche

Die 1248 begonnene Klosterkirche westlich vom Neumarkt ist das einzige Gebäude, das vom 1228 gegründeten Franziskanerkloster übriggeblieben ist. Im Hussitenkrieg arg in Mitleidenschaft gezogen, erfolgte ab 1484 die Wiederherstellung des Baus auf einem erweiterten Grundriß und im gotischen Stil. Nach der Säkularisierung des Klosters nutzte man die Anlage als Lazarett, Magazin und Reithalle, bis sie zerfiel. Seit ihrer Erneuerung 1978 bis 1982 wird sie wieder als Zentrum der Kirchengemeinde genutzt. Gegenüber der Klosterkirche zieht sich entlang eines erhaltenen Teils der Stadtmauer das reizvolle Gässchen Am Zwinger hin.

Gottesacker-kirche

Die Gottesackerkirche, Baubeginn 1538, bewahrt einen Schnitzaltar mit Mariendarstellung von 1520, der ursprünglich in der Klosterkirche stand.

Ratsfronfeste mit Stadtmuseum

*Abteilung Waagenbau

Von der ehemaligen Stadtmauer blieben zwei Wachtürme aus dem 14. Jh. und an der Frongasse die sogenannte Ratsfronfeste von 1574 mit dem Torschreiberhaus erhalten. In diesem Gebäude befindet sich heute das Stadtmuseum mit einer interessanten Sammlung zur Geschichte des Waagenbaus im allgemeinen und zu den Traditionen der Oschatzer Waagen im besonderen. 1845 wurde in Oschatz mit der Firma Gebr. Pfitzer eine der ersten Waagenbaufabriken Deutschlands gegründet. Zahlreiche ihrer Erzeugnisse sind im Stadtmuseum zu sehen, darunter die Pfitzerische Personenwaage ('Ratsherrenwaage'), die 1862 auf der Weltausstellung in London präsentiert wurde (Öffnungszeiten: Di. – Fr. 10.00 – 12.00 und 13.00 bis 16.30, So. nur Mai – Sept. 13.00 – 17.00 Uhr). Der angrenzende Wachturm von 1377 kann bestiegen werden.

Umgebung von Oschatz

'Wilder Robert'

Auf nostalgische Art lernt man die südliche Umgebung von Oschatz bei einer Fahrt mit der 750-mm-Schmalspurbahn 'Wilder Robert' kennen. Von der 1884 in Betrieb genommenen Bahnstrecke werden noch 18 km – von Oschatz durch das Döllnitz-Tal über Mügeln nach Kemmlitz – befahren.

Collmberg

*Tausendjährige Linde

Etwa 6 km westlich von Oschatz erhebt sich der 316 m hohe Collmberg. Im Mittelalter bot er den Menschen Schutz bei Gefahr. Die Markgrafen von Meißen hielten zu seinen Füßen unter der bereits im Sachsenspiegel erwähnten, heute Tausendjährigen Linde die ersten Landtage ab, und die sächsischen Kurfürsten kamen gern zur Sauhatz hierher. Seit 1865 dient er der mitteldeutschen Gradmessung und seit 1932 als Station für seismologische Messungen. 1962 kam ein Richtfunkturm hinzu. Schließlich aber ist der Collmberg ein gernbesuchtes Ausflugsziel und der 1854 errichtete Albertturm ein guter Aussichtspunkt, von dessen Plattform man Leipzig, das Erzgebirge und das Lausitzer Bergland sieht. Vom Turm der romanischen Collmer Dorfkirche (12. Jh.) erklingt die älteste Kirchenglocke Sachsens.

Strehla Burg

*Stadtkirche

Das 11 km nordöstlich von Oschatz liegende Strehla wird von seiner Burg mit Schildmauer und zwei mächtigen Türmen dominiert, die König Heinrich I. im Jahr 928 auf dem steilen Fels über der Elbe zum Schutz des Elbübergangs errichten ließ. Sehenswert sind die mittelalterliche Trinkstube mit Zellengewölbe und Jagdmalereien von 1532 sowie die Vorburg mit Torhaus. Im Ort gefallen der barocke Markt mit kursächsischer Postdistanzsäule von 1729 und die spätgotische Stadtkirche mit einzigartiger Kanzel aus farbigen Keramiken, die 1565 Töpfermeister Melchior Tatze brannte. Die tönerne Kanzel brachte dem Ort den Spottnamen 'Toppstrehle' ein. Der 1605 von einem Freiberger Meister geschaffene Hauptaltar ist gleichzeitig Epitaph für den 1591 gestorbenen Otto Pflugk. Das Grabdenkmal für

Strehla (Fts.)

den Herren von Beschwitz von 1496 zeigt eine vollplastische Rittergestalt in kompletter Rüstung.

Riesa

Riesa ist kein attraktives Reiseziel, aber ein wichtiger Markstein der sächsischen Industriegeschichte. Die Stadt liegt 14 km östlich von Oschatz am Südufer der Elbe. Aufgrund der günstigen Verkehrslage entwickelten sich bereits im 18. Jh. bedeutende Eisen- und Hammerwerke. Das von den Gebrüdern Schönberg errichtete Stahlwerk brach 1843 mit seiner modernsten technischen Ausrüstung die Vorherrschaft des englischen Stahls in Deutschland und leitete die industrielle Entwicklung in Sachsen ein. Um die Jahrhundertwende gehörte Riesa mit seinen Großmühlen, Sägewerken, Zündwaren-, Seifen-, Futter- und Teigwarenfabriken zu den wichtigen Industriestädten der Region und war nach Magdeburg der zweitgrößte Binnenhafen an der Mittleren Elbe. Obwohl die Riesaer Industrie vorrangig der Kriegsproduktion diente, blieb die Stadt im Zweiten Weltkrieg vor Zerstörungen bewahrt. Mit vier großen Kasernenkomplexen und Übungsplätzen war Riesa auch eine der größten Garnisonsstädte in Sachsen.
Nach der Wende wurde das auf 72 ha angewachsene Gelände des Stahlkombinats in ein Gewerbegebiet umgewandelt, auf dem sich neue Unternehmen angesiedelt haben. Die charakteristische Silhouette von Riesa – ein Wald von 32 Schornsteinen, aus denen es unablässig und alles andere als gesund qualmte – ist seither verschwunden. Verschwunden sind auch über die Hälfte der ehemals 11 500 Arbeitsplätze des Stahlwerks.

St. Marienkirche

Einigermaßen sehenswert in Riesa ist die ehemalige Klosterkirche St. Marien von 1119, 1429 zur einschiffigen gotischen Hallenkirche umgebaut – u. a. besitzt sie einige mumifizierte Leichname.

Heimatmuseum

Das Riesaer Heimatmuseum am Poppitzer Platz widmet sich neben der Stadtgeschichte dem Bau und der Entwicklung der 1839 eröffneten Bahnlinie Leipzig – Dresden und zeigt auch interessante Details aus der Historie der Elbschiffahrt.

*Schloß Hubertusburg F 8

Geschichte

Westlich von Oschatz, etwa 12 km entfernt, liegt Schloß Hubertusburg, das größte Landschloß Europas. Bereits im 16. Jh. existierte hier ein Renaissanceschloß der Wettiner, das im 17. Jh. jedoch abgerissen und als Jagdschloß für Kurfürst Johann Georg I. neu gebaut wurde. Es ist heute das Wermsdorfer Gemeindeamt. August dem Starken und seinem Sohn, Kurprinz Friedrich August, gefiel dieses jedoch nicht mehr, und so ließ letzterer sich keine 400 m davon entfernt von 1721 bis 1733 von Obrist-Leutnant Johann Christoph Naumann Schloß Hubertusburg errichten. Es vergingen keine zehn Jahre, da war man auch dieser Anlage überdrüssig und ließ sie vollständig umbauen. Von 1743 bis 1751 schuf der Dresdener Barockbaumeister Johann Christoph Knöffel unter Beteiligung der bedeutendsten Dresdener Hofkünstler wie Lorenzo Mattielli, Benjamin Thomae und Gottfried Knöffler den heutigen Bau, eine riesige, dreigeschossige Vierflügelanlage mit auffallendem ovalen Mittelrisalit und hoher Turmhaube sowie einem Rundbau als Wirtschaftsgebäude.

Hubertusburger Friede

Der größte Teil der einst kostbaren Innenausstattung und nicht nur dieser – auch das Dach wurde teils abgedeckt und die Türen mitgenommen – wurde im Siebenjährigen Krieg auf Befehl Friedrichs des Großen durch preußische Soldaten geplündert. Er revanchierte sich damit für die teilweise Verwüstung von Schloß Charlottenburg in Berlin durch die Sachsen. Doch gerade in Schloß Hubertusburg begannen im Februar 1763 Friedensverhandlungen, die den Siebenjährigen Krieg beendeten. Die Unterzeichnung des Hubertusburger Friedens am 15. Februar 1763 fand aber unter völliger Geheimhaltung im 12 km weit entfernten Barockschloß Dahlen statt. Nach der Völkerschlacht von Leipzig diente Hubertusburg als Lazarett für gefangene Franzosen, ab 1837 als psychiatrische Anstalt. 1846 wurde hier die älteste sächsische 'Erziehungsanstalt für blödsinnige und epileptische Kinder' eingerichtet. In einem Seitenflügel befand sich außerdem bis 1874 ein sächsisches Staatsgefängnis, in dem von 1872 bis 1874 die Arbeiterführer und Sozialisten August Bebel und Wilhelm Liebknecht ihre Festungshaft verbrachten.

Oschatz, Schloß Hubertusburg (Fts.)

Einzig die Schloßkapelle im Eingangsflügel blieb von den Plünderungen weitgehend verschont und läßt heute die Pracht des Schlosses auferstehen. Sie ist als dreigeschossige Saalkirche mit Altarraum und schmaler Empore auf halbrunden Arkaden sowie zwei verglasten Fürstenlogen konzipiert. Überwältigend ist das 400 m² große Deckengemälde von Johann Baptist Grone, die Bekehrung des hl. Hubertus darstellend. Weiterhin bemerkenswert sind die Rokokokanzel aus farbigem und weißem Marmor, der Hochaltar des italienischen Bildhauers Lorenzo Mattielli mit der Madonna und die Gemälde der Seitenaltäre, die Louis de Silvestre schuf.

*Schloßkapelle

Die Kapelle kann nicht betreten werden, doch kann man sie von der Königsloge aus betrachten, die einen besonders guten Blick auf das Deckengemälde gewährt. Man erreicht die Königsloge über das Schloßmuseum, das die Geschichte von Hubertusburg dokumentiert und darüberhinaus eine Gedenkstätte für die ehemaligen Häftlinge Bebel und Liebknecht enthält (Öffnungszeiten: tgl. 10.00 – 12.00 und 14.00 – 17.00 Uhr).

Schloßmuseum

Pirna H / I 14

Landkreis: Sächsische Schweiz
Höhe: 120 m ü.d.M.
Einwohnerzahl: 43 000

Pirna, das Tor zur → Sächsischen Schweiz, liegt ca. 20 km südöstlich von → Dresden auf beiden Ufern der Elbe – in so schöner Lage, daß der Italiener Canaletto es oft auf die Leinwand gebannt hat. Der Kern der Stadt, die ihren Namen vom sorbischen 'na pernem' = 'auf dem Harten Stein' hat, war die heutige Altstadt auf dem linken Elbufer. Mit 'hartem Stein' ist der Sandstein gemeint, von dessen Verkauf Pirna jahrhundertelang sehr gut lebte und aus dem manch berühmtes Bauwerk besteht: der Dom von Meißen, das Rathaus von Antwerpen oder das Brandenburger Tor in Berlin. Ihrem Wohlstand entsprechend konnte sich die Stadt herausputzen, wie der herrliche Marktplatz und ganze von Mittelalter, Renaissance und Barock geprägte Straßenzüge bezeugen.

*Tor zur Sächsischen Schweiz

Unterhalb des wohl schon von Slawen besiedelten Burgbergs gründeten fränkische und thüringische Kaufleute an der Elbfurt eine Niederlassung, die 1233 erstmals in einer Urkunde des Bischofs von Meißen erwähnt und 1291 als Stadt bezeichnet wird. Von 1294 bis 1405 gehörte Pirna zu Böhmen. In dieser Zeit und danach bis 1639 entwickelte sich die Stadt zur wichtigsten Ansiedlung im oberelbischen Gebiet und überstand u.a. die Belagerung durch die Hussiten 1429 / 1430 schadlos. 1639 allerdings begann das 'Pirnsche Elend', als schwedische Truppen die Stadt besetzten und furchtbar hausten. Ihre völlige Zerstörung konnte nur durch den mutigen Einsatz des Apothekers Theophilus Jacobäer verhindert werden, der sich nach Dresden zur Kurprinzessin Sybilla Magdalena durchschlagen konnte. Ihr gelang es, zumindest das Niederbrennen von Pirna zu verhindern. In der Zeit danach wurde Pirna immer wieder vom Krieg heimgesucht: 1706 kamen erneut die Schweden, 1756 die Preußen und 1813 die Franzosen. Mit der Ansiedlung von Industrie, der Eröffnung der Dampfschiffahrt auf der Elbe 1837 und dem Anschluß an den Eisenbahnverkehr 1848 erlebte die Stadt einen neuerlichen Aufschwung. Eines der schwärzesten Kapitel der Stadtgeschichte schrieben die Nazis, als 1940 und 1941 in der Pflegeanstalt Burg Sonnenstein über 13000 Menschen im Zuge des Euthanasieprogramms umgebracht wurden. Noch im April 1945 traf ein US-Bombenangriff die Stadt.

Geschichte

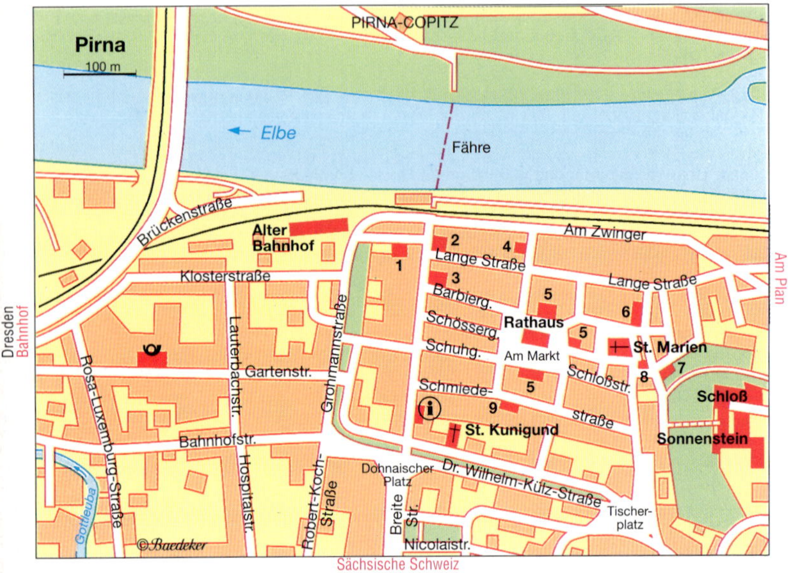

1 Klosterhof (St. Heinrich)
2 Eckkaufhaus (Lange Str.1)
3 Engelserker-Haus Barbiergasse 10 L
5 Bürgerhäuser am Markt
6 Blechschmidthaus (Niedere Burgstr. 1)
4 Haus Lange Str. 10
7 Alte Knabenschule mit Erlpeterbrunnen
8 Teufelserker-Haus (Obere Burgstr. 1)
9 Tetzel-Haus (Schmiedestr. 19)

***Markt**

Rathaus

Malerischer Mittelpunkt von Pirna ist der ebenfalls von Canaletto gemalte Marktplatz, dessen Zentrum das Rathaus einnimmt. Es geht auf das Jahr 1485 zurück, wurde aber 1555 durch Wolf Blechschmidt und nach einem Brand nochmals 1581 umgebaut, so daß es Elemente der Gotik (u. a. Türen im Erdgeschoß) und der Renaissance (erster Stock, Giebel) zeigt. Der Turm wurde erst 1718 aufgeführt. Er trägt eine Uhr mit Stadtwappen, dessen Löwen mit ihren Pranken die Viertelstunden schlagen.

Bürgerhäuser

Den Marktplatz umgeben einige sehr bemerkenswerte Bürgerhäuser aus unterschiedlichen Epochen. An der elbzugewandten Seite steht die Stadtapotheke zum Löwen (Am Markt 17 / 18) von 1578 mit einem ungewöhnlichen Sitznischenportal und einer Gedenktafel für Theophilus Jacobäer; gleich daneben das ehemalige Wirtshaus Weißer Schwan (Nr. 19), dessen Hauszeichen mit Jahreszahl noch erhalten ist. An der dem Schloß zugewandten Stirnseite fällt vor allem das hochgiebelige Haus ganz rechts auf (Nr. 7). Es ist um das Jahr 1520 erbaut worden und wird 'Canalettohaus' genannt, da es Bernardo Bellotto, genannt Canaletto, auf einem seiner Bilder von Pirna festgehalten hat. Die Südseite des Platzes überstrahlen zwei Häuser: das Handelshaus (Nr. 9) mit spätgotischem Kern, Barockfassade und Wappen

Hauszeichen "Weißer Schwan"

Hinter dem Canalettohaus ragt der Turm von St. Marien auf.

Bürgerhäuser (Fts.) des Bürgermeisters Volkamer sowie das Stadthaus (Nr. 12), in dem in den Jahren 1472 bis 1686 die kurfürstlich-sächsische Eisenkammer untergebracht war.

St. Marien

Hinter dem Canalettohaus erheben sich der Turm und das mächtige Dach der Stadtkirche St. Marien. Das Gotteshaus geht in seiner heutigen Form auf den hauptsächlich von Peter Ulrich von Pirna 1502 begonnenen Bau zurück, der 1546 vollendet war. Auffallend an der dreischiffigen Kirche sind der sehr schwach ausgebildete Chor, der in der Südostecke stehende, nach oben zwölfeckige Turm mit Barockhaube sowie das ungewöhnlich hohe Dach.

***Innenraum** Das eigentlich Sehenswerte an der Kirche ist aber der Innenraum. Hier beeindrucken die Gewölbeverzierungen in Mittelschiff und Seitenschiffen, die wahrscheinlich von Georg von Maulbronn stammen; im südlichen Seitenschiff eine höchst ungewöhnliche Hobelspanrippe in Gestalt einer Schlange. Im Chor sind nur noch zwei von ursprünglich zwölf Baumstammrippen erhalten, an denen 'wilde Männer' emporklettern. Zwischen 1544 und 1546 wurden auf Veranlassung des ersten Superintendenten Antonius Lauterbach die Gewölbe mit Motiven aus dem ersten und zweiten Buch Mose und in der Chorapsis mit den Abbildern der vier Evangelisten ausgemalt, wobei Lukas und Markus die Züge von Martin Luther bzw. Philipp Melanchthon tragen. ***Altar** Der 10 m hohe manieristische Altar aus Pirnaer Sandstein ist eine Arbeit der Gebrüder Schwenke aus den ersten Jahren des 17. Jh.s, die damit eines der bedeutendsten Werke der Spätrenaissance schufen. Er zeigt im Sockel Geburt, Abendmahl und Kreuzigung, in der Mitte die Sintflut und darüber die Auferstehung, an den Seiten Elias' Himmelfahrt und die Jakobsleiter. Die figurengeschmückte Kanzel entstand 1516 bis 1525. Schon Goethe lobte den wohl von Hans Walther II. gefertigten Taufstein wegen seiner hübschen Sockelverzierung (1561): 26 Figuren stellen den Tagesablauf eines Kindes dar. Bemerkenswert sind auch die Epitaphien sowohl in der Kirche als auch außen.

Wolf Blechschmidt wacht persönlich über dem Eingang seines Hauses und sorgt für den ruhigen Schlaf der Hotelgäste.

Blechschmidthaus

Gegenüber der Nordostecke der Marienkirche befindet sich das im 16. Jh. erbaute Blechschmidthaus mit seinem auffallenden Sitznischenportal. Wie ein Bildnis und Steinmetzzeichen belegen, wohnte hier von 1544 bis 1563 der Rathaus-Baumeister Wolf Blechschmidt. Zusammen mit den beiden Nachbarhäusern ist es heute vom Hotel Deutsches Haus belegt.

Teufelserker-Haus

Von der Südostecke St. Mariens gelangt man zum Haus Obere Burgstr. 1, dem sog. Teufelserker-Haus, dessen Namen es seinem mit einer Teufelsfratze verzierten Erker mit dem Spruch "Ich wolds so haben, was fragst tu darnach" verdankt.

Alte Knabenschule

Unweit von hier steht an der Alten Knabenschule von 1583 der seit 1384 nachgewiesene Erlpeterbrunnen.

Schmiedestraße

In der Schmiedestraße fallen unter den historischen Häusern Haus Nr. 8, die ehemalige Fronfeste, und vor allem Nr. 19 auf, das Geburtshaus des Ablaßpredigers und Luther-Widersachers Johannes Tetzel (1465–1519).

Lange Straße

In der Langen Straße nördlich vom Markt sollte man das Haus Nr. 1, das ehemalige Eckkaufhaus mit Sitznischenportal und toskanischer Mittelsäule, sowie Nr. 10 wegen seines Barockportals von 1730 beachten.

Engelserker-Haus

Gleich um die Ecke sieht man das Engelserker-Haus von 1624, quasi das Gegenstück zum Teufelserker-Haus, doch hat es mit diesem nichts zu tun.

Klosterhof St. Heinrich mit Stadtmuseum

Im Kapitelsaalgebäude des ehemaligen Dominikanerklosters St. Heinrich, 1330/1360 erbaut und 1539 aufgelöst, ist heute das Stadtmuseum untergebracht. Es zeigt im Erdgeschoß Arbeiten aus Elbsandstein sowie m ersten und zweiten Stock die Pirnaer Stadtgeschichte (Öffnungszeiten: April–Okt. tgl. außer Mo. 10.00–18.00, Nov.–März bis 17.00 Uhr).

Schloß Sonnenstein

Ein steiler Aufstieg führt hinauf zum Schloß Sonnenstein, von dessen mittelalterlicher Substanz allerdings wenig geblieben ist. Vom gemütlichen Biergarten aus am Hang hat man einen schönen Blick auf die Dächer von Pirna.
Allerdings kann dies nicht die traurige Geschichte von Schloß Sonnenstein vergessen machen. In der 1811 als erste ihrer Art in Deutschland gegründeten Pflegeanstalt ermordeten 1940 und 1941 die Nazis in Vollzug ihres 'Euthanasieprogramms' 13 720 Menschen als 'lebensunwertes Leben'. Daran erinnert ein Gedenkstein im Schloßpark am Eingang zum Biergarten. Die Tötungsaktionen fanden im Haus 14 im nordöstlichen Teil des Parks statt. Dort soll eine Gedenkstätte eingerichtet werden.

Umgebung von Pirna

Graupa H 14

Richard-Wagner-Ort

Nur wenige Kilometer nördlich von Pirna, kurz vor der südöstlichen Stadtgrenze von Dresden, liegt der Richard-Wagner-Ort Graupa. Richard Wagner (› Berühmte Persönlichkeiten), seit 1843 Hofkapellmeister in Dresden, hatte sich im Sommer 1846 auf ein Graupaer Gehöft zurückgezogen, um am "Lohengrin" zu arbeiten. 1907 wurde hier eine kleine Gedenkstätte mit dem Namen 'Lohengrin-Haus' eingerichtet, 1982 erfolgte der Ausbau zum Richard-Wagner-Museum (Richard-Wagner-Straße), in dem das Leben, die künstlerische Entwicklung und das Wirken des Musikdramatikers in seiner Dresdner Zeit dargestellt werden. Zudem veranstaltet das Museum in regelmäßigen Abständen Sonderausstellungen und Konzerte (Öffnungszeiten: Di.–So. 9.00–16.00 Uhr).

***Lochmühlenweg**

Dem Museum gegenüber beginnt der Lochmühlenweg, der zu Wagners Lieblingswegen gehörte. Gleich an dessen Anfang steht ein monumentaler Kopf des Komponisten in Bronze von Richard Guhr (1873–1956). In 1,5 Stunden Fußweg gelangt man durch das Wesenitztal und den noch immer wildromantischen Liebethaler Grund zur Lochmühle.

Richard-Wagner-Denkmal

Kurz vor dieser, inmitten des Liebethaler Grunds, erhebt sich ein Wagnermonument aus Bronze, 1933 zum 50. Todestag des Musikers als das erste in Sachsen errichtete Wagner-Denkmal eingeweiht. Der Wagner-Interpretation der damaligen Zeit folgend, stellte Richard Guhr – der das Denkmal aus eigener Tasche finanzierte – den Komponisten im mystischer Verklärung als Gralshüter dar.

Lochmühle

Am Ende des Wanderwegs steht die wasserbetriebene Lochmühle, seit langem Gaststätte. Richard Wagner schätzte diesen Ort als sehr angenehme Verweilstätte und hat hier im Garten ebenfalls an seinem "Lohengrin" gearbeitet.

**Barockgarten Großsedlitz I 14

Öffnungszeiten
April–Sept.
tgl. 7.00–20.00,
Okt.–März
tgl. 8.00–18.00

Verläßt man Pirna auf der B 172 Richtung Dresden und zweigt nach knapp 3 km noch vor Heidenau nach Großsedlitz ab, erreicht man den Elbtalhang hinauf den dortigen Barockgarten, eine der vollkommensten barocken Gartenschöpfungen Sachsens.
Zunächst war es Graf Wackerbarth, der ab 1719 nach Plänen von Johann Christoph Knöffel das Gelände bebauen und den Park gestalten ließ. Nachdem August der Starke 1723 den Besitz erworben hatte, wurden auch Matthäus Daniel Pöppelmann und Zacharias Longuelune hinzugezogen, womit die drei damals besten Baumeister am Dresdner Hof als die Schöpfer der Anlage gelten können, Longuelune aber der eigentliche Garten zu verdanken ist. 1732 wurden die Arbeiten wieder eingestellt, so daß nur ein geringer Teil der Pläne verwirklicht werden konnte, doch auch so beeindruckt der Garten durch seine Weite, die durch die sanft geschwungenen Hänge einen besonderen Reiz gewinnt.

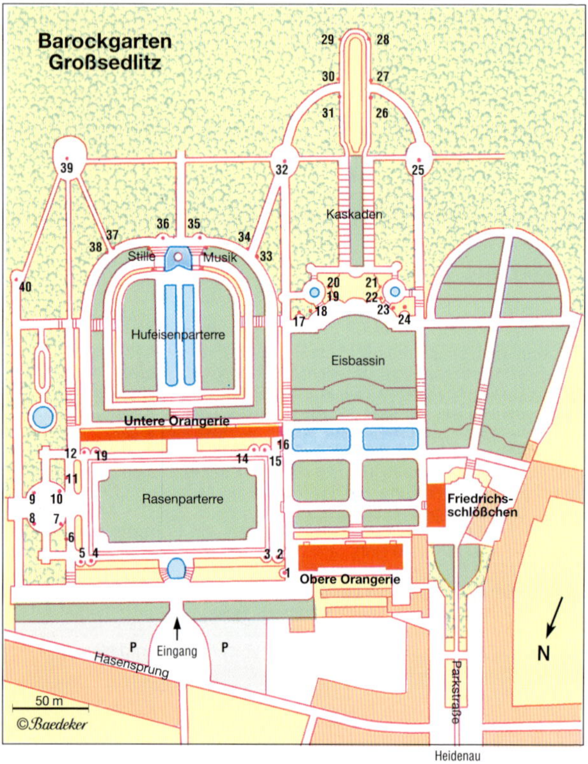

SKULPTUREN

1 Andromeda
2-5, 12-15 Göttin der Früchte (Pomona) und der Blumen (Flora)
6 Venus (Aphrodite)
7 Victoria (Nike)
8 Fischfang
9 Diana (Artemis)
10 Hygieia
11 Adonis
16 Melpomene
17 Keyx und Halkyone
18 Meleagros und Atalante
19 Apollo und Daphne
20 Narkissos und Echo
21 Orpheus und Eurydike
22 Pan und Syrinx
23 Amor und Psyche
24 Bacchus und Ariadne
25 Juno (Hera)
26 Amerika
27 Afrika
28 Luft und Erde
29 Feuer und Wasser
30 Asien
31 Europa
32 Rhea (Kybele)
33 Herbst
34 Sommer
35 Juno (Hera)
36 Jupiter (Zeus)
37 Frühling
38 Winter
39 Herkules (Herakles)
40 Merkur (Hermes)

Barockgarten Großsedlitz (Fts.)
Gebäude

Im Lauf der Zeit hat die Anlage sehr gelitten. Zunächst wüteten 1756 die Preußen, und auch 1813 war der Garten umkämpft. Danach verwahrloste er bis 1846. Die Restaurierung der übriggebliebenen Skulpturen, der Freitreppe und der Orangerie geschah 1861. 1872 bis 1874 wurde das alte Schloß durch das weit kleinere Friedrichsschlößchen ersetzt. Eine umfassende Restaurierung erfolgte nach 1960, dabei wurden das Tor mit Delphinbrunnen (etwa 1780) von der Hofseite des Dresdner Landhauses hierhergebracht und in den Eingang eingefügt. Die Obere Orangerie ist ein Entwurf Knöffels und entstand unter dem Bauherrn Graf Wackerbarth. Das Friedrichsschlößchen wurde anstelle der ehemaligen dreiflügeligen Friedrichsburg erbaut. Die Untere Orangerie ist ein eindrucksvoller Flachbau mit langgestreckter Fenstergalerie, entworfen von Longuelune.

Seinen Ruhm verdankt Großsedlitz aber seinem mit Skulpturen üppig geschmückten Barockgarten. Allerdings sind von den einst 360 Skulpturen nur 52 erhalten geblieben; die meisten fielen den marodierenden Preußen zum Opfer. Zu den Schöpfern dieser Plastiken zählen Johann Christian Kirchner (1691 – 1732) mit den "Vier Jahreszeiten", Benjamin Thomae (1682 bis 1751) mit den Figurengruppen antiker Liebespaare am Fuß der Kaskade und François Coudray (1678 – 1727) mit den beiden Sphingen. Besonders harmonisch ist die 'Stille Musik', eine barocke Treppenanlage mit geschwungenen Balustraden und Puttengruppen in lebhaft bewegter Formensprache – daher wohl der Name. Es gilt heute als gesichert, daß sie von Pöppelmann entworfen wurde. Auf dem davor liegenden Hufeisenparterre feierte der Orden vom Weißen Adler seine Feste; das Stück zwischen den beiden Wasserbassins diente als Schießbahn.

Barockgarten Großsedlitz (Fts.) Garten

In den Sommermonaten finden in der außergewöhnlichen Kulisse des Gartens Konzerte und Freilichtaufführungen statt.

Veranstaltungen

Ruhe und Frieden im Barockgarten Großsedlitz: Stille Musik, Hufeisenparterre und Untere Orangerie

Heidenau ist der Ausgangsort für eine Fahrt durch das romantische → Müglitztal (Abzweig im Ort von der B 172).

Müglitztal

Ausflug in das Osterzgebirge

Von Pirna aus läßt sich auch ein Ausflug in das östliche Erzgebirge unternehmen. Nach 15 km Fahrt in südlicher Richtung kommt man im Kneippkurort Berggiesshübel im Gottleubatal an. Daß das Flüßchen nicht immer friedlich war, bezeugt der Gedenkstein für die Hochwasserkatastrophe von 1927. In Berggiesshübel schürfte man erstmals in Sachsen nach Eisenerz; hier lebte und arbeitete von 1520 bis 1541 Hans Rabe, der Urvater des sächsischen Eisenkunstgusses.

Berggiesshübel

Pirna (Fortsetzung) Bad Gottleuba

Auch Bad Gottleuba, 3 km weiter die Gottleuba hinauf, ist heute Kurort (Moorbäder) und war einst wichtige Bergbaustätte. Zeugen der Vergangenheit sind die Stadtkirche aus dem frühen 16. Jh. und die Postmeilensäule von 1731. Interessanter aber dürfte die oberhalb des Orts gelegene Talsperre mit ihrer zu Wanderungen einladenden Umgebung sein.

Weiterfahrt

Von Bad Gottleuba kann man nach → Altenberg weiterfahren und über das → Müglitztal nach Pirna zurückkehren.

Plauen **N 3/4**

Kreisfreie Stadt
Höhe: 300–525 m ü.d.M.
Einwohnerzahl: 68 300

*Lage und Allgemeines

Plauen ist nicht nur die allseits bekannte 'Stadt der Plauener Spitzen', sie liegt auch noch landschaftlich sehr schön eingebettet in den Tälern der Weißen Elster und deren Zuflüssen. Bis in die Wohnbereiche hinein reicht der Kranz schöner Wälder, der die Stadt umgibt. Plauen ist das kulturelle und wirtschaftliche Zentrum im → Vogtland und bestreitet nach wie vor den größten Teil seines Wirtschaftsaufkommens mit der Herstellung der berühmten Spitze, die in alle Welt versandt wird. Alljährlich im Juni feiern die Plauener ihre Spitze mit einem großen Fest.

Geschichte

Als sorbische Siedlung 'vicus Plawe' (= Flußaue) im Jahr 1122 erstmals urkundlich genannt, wird der Ort 1224 dann als Stadt bezeichnet. Zu dieser Zeit ist er bereits im Besitz der Vögte von Weida, denen das gesamte Vogtland seinen Namen verdankt. 1466 fiel das inzwischen recht wohlhabende Plauen an das Kurfürstentum Sachsen und wurde 1602 zur Hauptstadt des vogtländischen Kreises erhoben. Bereits im 15. Jh. war die Tuchmacherei heimisch geworden, zu der sich ab ca. 1600 die Herstellung von Baumwollwaren, insbesondere von feinen Geweben, den sog. Schleiern, gesellte und zum wichtigsten Gewerbe aufstieg. Um 1780 wurde die Handstickerei im Vogtland eingeführt, und als 1858 die ersten Handstickmaschinen aufgestellt und in der Folge weiterentwickelt wurden, namentlich durch Theodor Bickel, der 1880 die erste maschinengestickte Tüllspitze verfertigte, löste die Maschinenstickerei die Weberei endgültig ab. Plauen wurde die weltbekannte Stadt der Spitzen und vergrößerte seine Einwohnerzahl zwischen 1871 und 1912 um das Fünffache auf 128 000 Köpfe. In den letzten Monaten des Zweiten Weltkrieges zu drei Vierteln zerstört, wurde die Stadt wiederaufgebaut und erlangte als Zentrum der Spitzenherstellung erneut Geltung.

Sehenswertes in Plauen

***Altes Rathaus**

Das schönste Gebäude Plauens ist das spätgotische, 1382 erstmals belegte Alte Rathaus am Altmarkt. Der Unterbau stammt aus dem Jahr 1508,

Auch das ist Spitze in Plauen: das Alte Rathaus

Altes Rathaus (Fortsetzung)

während der Renaissancegiebel 1548 angefügt wurde. An diesem prangt das Wahrzeichen der Stadt, eine vom Nürnberger Uhrmacher Puhkaw im selben Jahr gelieferte Uhr, die aus einer Sonnenuhr besteht, darüber eine von zwei beweglichen Figuren flankierte Viertelstundenuhr und darüber eine Mondphasenkugel und zwei Löwen, die die Viertelstunde schlagen.

*Museum Plauener Spitzen

Im Alten Rathaus illustriert das einzige Spitzenmuseum Deutschlands Geschichte und Machart der Plauener Spitzen. In den beiden Räumen und im Flur werden zahlreiche Beispiele von Ätz-, Tüll- und Luftspitzen gezeigt, hinzu kommen Musterbücher und Stickmaschinen (Öffnungszeiten: Mo. bis Fr. 10.00 – 17.00, Sa. und So. 9.00 – 17.00 Uhr).

Neues Rathaus

Mit dem Alten Rathaus verbunden ist das deutlich größere Neue Rathaus, 1912 bis 1922 in neobarocken Formen errichtet.

Hauptkirche St. Johannis

Über den Altmarkt hinweg erreicht man wenig von dessen Südostecke die nach dem Krieg wiederaufgebaute Hauptkiche St. Johannis. Ihre erste Weihe erfuhr sie 1122, im Jahre 1224 erfolgte der Neubau als dreischiffige Hallenkirche unter Beibehaltung der romanischen Türme, die im Barock neue Aufsätze erhielten. Die originale Innenausstattung ist weitgehend nicht mehr erhalten, die wertvollsten Teile – ein Kruzifix an der Chorsüdseite (um 1500) und ein Taufstein (um 1520) – stammen überwiegend aus Museen und anderen Kirchen. Die Vogtskapelle von 1322 besitzt ein schönes, siebenteiliges Sterngewölbe.

*Alte Elsterbrücke

Weiter östlich kommt man zum Neustadtplatz, wo neben einer neuen Brücke die Alte Elsterbrücke die Weiße Elster überspannt. Ein erster urkundlicher Nachweis von 1244 macht sie zur ältesten Brücke Sachsens. Sie ist heute eine reine Fußgängerbrücke.

Malzhaus

Westlich vom Altmarkt liegt das Malzhaus, 1727 bis 1730 unter Einbeziehung von Resten der mittelalterlichen Burg der Grafen Eberstein als Braustätte erbaut.

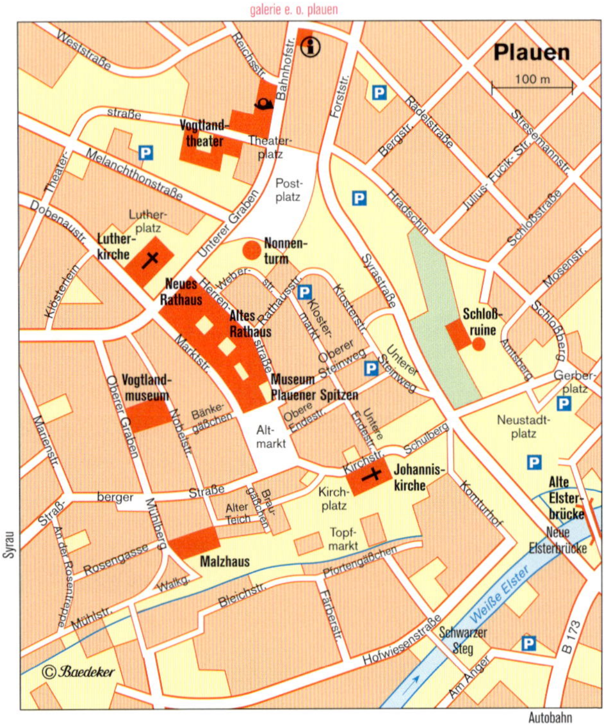

*Vogtland-Museum

Das Vogtland-Museum (Nobelstraße 9–13) ist in zwei Ende des 18. Jh.s entstandenen Bürgerhäusern eingerichtet, die zu den wenigen gehören, die die Bombenangriffe unbeschadet überstanden haben. Es bietet Ausstellungen zur Regionalgeschichte und erinnert an bedeutende Vogtländer wie den patriotischen Dichter Julius Mosen (1803–1867; "Andreas-Hofer-Lied"); gezeigt werden ferner Weberei und Kattundruckerei sowie bäuerliche Volkskunst und vogtländische Trachten (Öffnungszeiten: Di.–Fr. 9.00 bis 12.30 und 13.00–16.30, Sa. und So. 10.00–12.30 Uhr).

Vogtland-Museum (Fts.)

Lutherkirche

Die Lutherkirche jenseits des neuen Rathauses entstand zwischen 1693 und 1722 und ist damit einer der ältesten sächsischen barocken Zentralbauten. Ihr spätgotischer Flügelaltar, 1490 bis 1495 von einem Erfurter Meister gefertigt, stammt aus der Leipziger Thomaskirche.

Nonnenturm · Schloßruine

Der um 1200 erbaute Nonnenturm östlich vom Neuen Rathaus ist der einzige Überrest der Stadtbefestigung. Heute kann man hier einen Kaffee trinken und dabei über das Syratal hinweg zu den Resten des 1945 zerstörten Schlosses der Vögte schauen.

Galerie e.o. plauen

Vom Postplatz führt die Bahnhofstraße nach Norden. Wer sich für frühe Comics begeistert, kommt um das Haus Nr. 36 nicht herum. Hier zeigt die Galerie e.o. plauen Blätter des Plauener Zeichners Erich Ohser (1903 bis 1944), der unter dem Künstlernamen e.o. plauen durch seine Bildgeschichten "Vater und Sohn" bekannt wurde (Öffnungszeiten: Mo., Di., Do., Fr. 10.00–12.00 und 14.00–18.00, Sa. 10.00–17.00, So. 14.00–17.00 Uhr).

Plauen (Fortsetzung) Syratal

Im Westen Plauens überspannt die 1905 fertiggestellte Friedensbrücke 18 m hoch und 90 m lang das Syratal: die längste Steinbogenbrücke Europas. Durch das Tal – mit Freilichtbühne, und Festgelände für das Spitzenfest – fährt eine 600-mm-Kleinbahn. Den Bahnhofsdienst versehen Kinder (Abfahrt kurz nach der Brücke).

Umgebung von Plauen

Syrau

*Drachenhöhle

Die 7 km Fahrt zum nordwestlich gelegenen Syrau sollte unternehmen, wer die einzige Tropfsteinhöhle Sachsens besuchen möchte. Auf den begehbaren 550 m der Syrauer Drachenhöhle passiert man unterirdische Seen und die ‘Syrauer Gardinen’, hauchdünne, 2,5 m lange und 1 m breite Mineralgebilde (Führungen: tgl. 9.00 – 16.30 Uhr). Eine Viertelstunde Fußmarsch entfernt steht die letzte erhaltene vogtländische Windmühle. Sie war von 1887 bis 1929 in Betrieb und ist heute Museum (Öffnungszeiten: Mai. – Sept. Mo. – Fr. 11.00 – 16.00, Sa und So. ab 10.00 Uhr).

Jößnitz

Die Dorfkirche von Jößnitz, 6 km nördlich, besitzt ein Altargemälde aus der Cranach-Werkstatt. Mehr Besucher aber zieht es zur Ausflugsgaststätte im Lochbauergehöft, das über 350 Jahre alt ist.

*Talsperre Pöhl

Die 1958 bis 1964 erbaute Talsperre Pöhl 10 km nordwestlich von Plauen heißt nicht umsonst das ‘Vogtländische Meer’ – mit mehr als 62 Mio. cm^3 Fassungsvermögen ist sie die größte im Vogtland. 27 km Ufer bieten alle Möglichkeiten zum Wassersport. Ausflugsschiffe verkehren, und vom Julius-Mosen-Turm auf dem Eisenberg nahe der 312 m langen Staumauer blickt man weit ins Land.

Triebtal

In Jocketa, das 7 km nordöstlich der Talsperre liegt, beginnt ein Lehrpfad durch das geschützte Triebtal. In 68 m Höhe überqueren immer noch Züge auf der 1846 bis 1851 gebauten Elstertalbrücke das Tal.

Kürbitz

Die 1626 erbaute Salvatorkirche von Kürbitz, 4 km südlich von Plauen, gilt als die schönste vogtländische Dorfkirche. Mindestens genauso schön ist der fünfstöckige Taubenschlag gegenüber.

*Talsperre Pirk

Wie die Talsperre Pöhl ist auch die Talsperre Pirk 7 km südwestlich von Plauen ein beliebtes Naherholungsgebiet.

Oelsnitz

Noch einmal 4 km weiter verdient in Oelsnitz die Stadtkirche St. Jakobi einen Blick, denn sie besitzt einen Taufstein von Ernst Rietschel (1833). Im Heimatmuseum Schloß Voigtsberg ist neben Exponaten zur Stadt- und Kreisgeschichte eine original eingerichtete Oelsnitzer Weberstube zu besichtigen. Oelsnitz ist das Zentrum der vogtländischen Teppichweberei (Öffnungszeiten: Di. – So. 13.00 – 17.00 Uhr).

Radebeul G 12/13

Landkreis: Meißen-Dresden
Höhe: 100 – 240 m ü.d.M.
Einwohnerzahl: 32 000

Lage und Allgemeines

Die unmittelbar westlich an → Dresden angrenzende Stadt Radebeul, Station an der Sächsischen Weinstraße, wurde 1924 durch den Zusammenschluß von zehn Gemeinden gegründet und vergrößerte sich 1934 durch die Vereinigung mit Kötzschenbroda nochmals. Daher gibt es kein eigentliches Stadtzentrum, vielmehr erstreckt sich Radebeul auf 8 km zwischen Dresden und Coswig, im Süden von der Elbe und im Norden von den Weinbergen der Lößnitz eingegrenzt. Die Lößnitzhänge von Radebeul sind

Lage und Allgemeines (Fts.)

heute beliebtes Naherholungsgebiet. Nach der Anpflanzung reblausresistenter Reben ist auch der Weinbau wieder von einiger Bedeutung. Die Stadt ist Sitz der Landesbühnen Sachsen.

Geschichte

Den Bewohnern der Ursprungsgemeinden, im 13. Jh. aus Franken, Hessen und Niedersachsen gekommen, wurde Land zugewiesen, auf denen sie Landwirtschaft, vor allem Weinbau, betrieben. Diese Art der Bodenkultivierung prägte die Entwicklung der Ortschaften. Zunächst standen hier nur Preß- und Winzerhäuser. Ausgelöst durch den katastrophalen Reblausbefall 1885/1886 ging der Weinbau zurück, so daß ab 1870 eine verstärkte Wohnbebauung einsetzte, da viele Orte in der Nieder- und Oberlößnitz dank ihres günstigen Klimas nun wohlhabende Dresdner Beamte und Fabrikanten anlockten, die hier ihre Sommerhäuser oder Alterswohnsitze bauten. Bald sprach man wegen der vielen von Gärten umgebenen Villen und Kureinrichtungen an den Hängen vom 'Sächsischen Nizza'. Zu Beginn des 19. Jh.s entstanden neben den bereits stark entwickelten Handwerksbetrieben einzelne, noch kleinere Fabriken, die mit den Veränderungen nach 1830 (Beginn der Dampfschiffahrt auf der Elbe und Bau der ersten deutschen Ferneisenbahn Dresden – Leipzig) zunehmend Industrie – v.a. Arzneimittel, Lebensmittel, Druckmaschinen und Metallbetriebe – in die Lößnitzgemeinden brachten.

Sehenswertes in Radebeul

***Karl-May-Museum**

März – Okt. Di. – So. 9.00 – 18.00, Nov. – Feb. Di. – So. 10.00 – 16.00

Die Stadt Radebeul ist untrennbar verbunden mit dem Namen Karl May (→ Berühmte Persönlichkeiten). Wer mit seinen Büchern etwas anfangen kann, muß unbedingt sein Museum besuchen. Der Abenteuerschriftsteller lebte von 1896 bis zu seinem Tod 1912 in Radebeul. Sein Wohnhaus (heute Karl-May-Str. 5) taufte er stilgerecht 'Villa Shatterhand'. In diesem und in der Blockhütte 'Villa Bärenfett' ist heute das Karl-May-Museum untergebracht. Die Ausstellung in der 'Villa Shatterhand' zeigt Leben und Werk des geistigen Vaters von Winnetou, Old Shatterhand, Kara ben Nemsi, Hadschi Halef Omar und all der anderen Gestalten, die seiner Phantasie entsprungen sind. Ausgestellt sind frühe Karl-May-Ausgaben, persönliche Dokumente und Möbel, der 'Old-Shatterhand'-Anzug sowie die berühmten Gewehre 'Silberbüchse', 'Henry-Stutzen' und 'Bärentöter'. Nachdem das Museum im Mai 1994 den Nachlaß Karl Mays vom Karl-May-Verlag in Bamberg erworben hat, kehrten u. a. sein Schreibtisch und seine Bibliothek nach Radebeul zurück.

Winnetou war nie zu Besuch in der Villa Shatterhand in Radebeul.

In der 'Villa Bärenfett' ist die Sammlung indianischer Kulturgegenstände des seinerzeit berühmten

Artisten Patty Frank (1876–1959) zu sehen, die dieser bei seinen Gastspielen in Nordamerika zusammengetragen hat. In Not geraten, verkaufte er seine Sammlung 1925 an die Witwe Klara May. Laufend ergänzt, umfaßt die Sammlung Exponate von vorkolumbischer Zeit bis in die Gegenwart, darunter Kult- und Gebrauchsgegenstände, Waffen, Schmuck, Kleidung und lebensgroße Figurationen der Ureinwohner Nordamerikas. Ergänzt durch Dioramen, Fotos und Gemälde entsteht ein anschauliches Bild ihrer Lebensweise. Die 'Villa Bärenfett' gilt als eines der eindrucksvollsten Indianermuseen.

Karl-May-Museum (Fortsetzung)

Die letzte Ruhestätte von Karl May und seiner Frau Klara befindet sich in einem Niketempel auf dem Friedhof Radebeul-Ost südlich des Museums.

Grab der Familie May

Seit 1992 veranstaltet die Stadt Radebeul alljährlich zu Pfingsten die Karl-May-Tage, zu denen Karl-May-Begeisterte aus aller Welt anreisen.

Karl-May-Tage

*Lößnitz

Unmittelbar am Stadtrand beginnen die Weinberge der Lößnitz. Sie nehmen den wärmsten Abschnitt des Elbtales ein, erstrecken sich über → Meißen bis Diesbar-Seußlitz an den Südhängen des Elbufers und erbringen Qualitätsweine hauptsächlich der Sorten Müller-Thurgau, Traminer und Ruländer. Der Weinbau in der Lößnitz und im Meißner Gebiet geht bis auf das Jahr 919 zurück.

Weinbau

Mitten in den Radebeuler Weinbergen, unweit nördlich außerhalb von Radebeul-Ost am Knohllweg 37, liegt Schloß Hoflößnitz, im Auftrag des Kurfürsten Johann Georg I. 1649 von Ezechiel Eckhardt erbaut. Der äußerlich einem Weingut ähnelnde Bau besitzt eine reiche Innenausstattung, darunter vor allem die 80 Deckengemälde von Albert Eyckhout mit brasilianischen Vögeln sowie Malereien von Christian Schiebling u.a. Im Schloß befindet sich heute ein Museum zur Geschichte des Weinbaus in der Lößnitz, das in seiner Schoppenstube auch Weinproben anbietet (Öffnungszeiten: Di.–Fr. u. So. 14.00–17.00, Sa. 10.00–17.00 Uhr).

Schloß Hoflößnitz

Über eine malerische Weinbergtreppe nördlich oberhalb von Schloß Hoflößnitz steigt man hinauf zum 1622 erbauten Spitzhaus, heute eine gute Gaststätte mit reizvoller Aussicht auf Radebeul, Dresden und die gesamte Elbtalweitung.

Spitzhaus

Die jahrhundertealte Weinbautradition bezeugt auch das Bennoschlößchen, östlich unterhalb vom Spitzhaus an der Bennostr. 35. Es ist das älteste erhaltene Herrenhaus eines Weingutes in der Lößnitz, gebaut im Jahr 1600, mit Satteldach, zwei Volutengiebeln und Zwerchhäusern.

Bennoschlößchen

Ebenfalls ein ehemaliges Weingut war Haus Sorgenfrei am nahen Augustusweg 48. Die dreiflügelige Anlage ist zweigeschossig und hat ein Dachbelvedere im Zopfstil (1786–1789).

Haus Sorgenfrei

Am Westrand des heutigen Radebeul (rechts der Durchgangsstraße Richtung Coswig / Meißen) ließ sich Graf August Christoph von Wackerbarth, von 1685 bis 1728 Generalintendant des sächsischen Bauwesens, von Johann Christoph Knöffel 1728 / 1729 auf seinen hiesigen Weinbergen ein zweigeschossiges Palais für seinen Lebensabend bauen. Deutlich sind die klare Blockform und der barocke Grundaufbau zu erkennen. Umbauten des 19. Jh.s in historisierendem Stil nach Renaissancevorbildern haben das Gesicht des Baus später so stark verändert, daß seine Rekonstruktion im ursprünglichen Zustand nicht gänzlich möglich war. Die terrassenartige Gartenanlage führt in der Hauptachse des Schlosses über eine Treppe direkt hinauf zu einem kleinen achteckigen Pavillon, dem Belvedere (Schloßbesichtigung: Mi.–So. 14.00–17.00 Uhr).

***Wackerbarths Ruh**

Ganz am Rand von Radebeul hat das Sächsische Staatsweingut seinen Sitz in Schloß Wackerbarth.

Lößnitz (Fts.) Sächsisches Staatsweingut

Das Schloß ist heute Sitz des Sächsischen Staatsweinguts Schloß Wackerbarth. Seine Weine – Riesling, Traminer, Ruländer und Weißburgunder – wachsen größtenteils in Terrassenanlagen, die noch von sehr alten Trokkenmauern eingefaßt sind, sowie in den Tallagen am Elbufer. Seit 1958 wird auch Sekt produziert (Verkauf tgl. 10.00 – 18.00 Uhr).

Sternwarte Radebeul

Auf den Ebenbergen nordöstlich oberhalb von Wackerbarths Ruh wurde 1968 / 1969 die Volkssternwarte "Adolph Diesterweg" errichtet. Öffentliche Himmelsbeobachtungen finden jeden Samstag um 19.00 Uhr statt.

Schloß Hohenhaus

Hohenhaus, ein altehrwürdiges Anwesen, ehemals bischöflich-meißnischer Sommersitz am Bischofsberg, liegt westlich von Wackerbarths Ruh (Barkengasse 6). Das im Stil der Neorenaissance erbaute Schloß kam 1865 in den Besitz des Wollhändlers Berthold Thienemann. Eine seiner fünf Töchter heiratete Gerhart Hauptmann, der bereits als 18jähriger Gast des Hauses war. Die Erlebnisse in Hohenhaus hat Hauptmann in seinem Jugendwerk "Die Jungfern vom Bischofsweg" festgehalten.

*Puppentheatersammlung

Seit 1960 beherbergt Hohenhaus die ursprünglich private Puppentheatersammlung der Staatlichen Kunstsammlungen Dresden. Diese überaus große Sammlung – darunter alte sächsische Wandermarionetten (18. und 19. Jh.), Fantasiemarionetten (Fantochen), Hand-, Stab- und Stockpuppen des 19. und 20. Jh.s aus verschiedenen Ländern sowie Spielfiguren fernöstlicher Theater – zählt zu den bedeutendsten ihrer Art überhaupt. An Sonntagen finden Aufführungen statt (Öffnungszeiten: Di. – Fr. 9.00 – 16.00, letzter So. im Monat 10.00 – 17.00 Uhr).

*Bilzbad

Kulturgeschichte und Erholung läßt sich im Bilzbad am Meiereiweg verbinden. Es trägt den Namen des Naturheilkundlers Friedrich Eduard Bilz, des Gründers des ersten Licht-Luft-Bades in Deutschland. 1911 kaufte er auf der ersten Hygieneausstellung in Dresden das Undosa-Wellenbad und versetzte es nach hier in den Lößnitzgrund in seine Erholungsanlage. Auch heute noch wird im Schwimmbad regelmäßig die erste Wellenmaschine der Welt in Gang gesetzt.

Radebeul, Bilzbad (Fts.)

Ein besonderes Erlebnis ist eine Fahrt mit der 1884 erbauten Schmalspurbahn von Radebeul durch den Lößnitzgrund über → Moritzburg nach Radeburg. Die denkmalgeschützte Museumseisenbahn schnauft durch die abwechslungsreiche Wald-, Heide- und Teichlandschaft jenseits der Lößnitzer Weinberge (→ Praktische Informationen, Museumsbahnen).

Lößnitzdackel

Rochlitzer Muldental H/I 7

Landkreis: Chemnitzer Land

Das mittlere Tal der Zwickauer Mulde zwischen Rochlitz im Norden und Penig im Süden, rund 30 km nordwestlich von → Chemnitz, bietet einen Wechsel zwischen Talauen, sanften Hügeln und ab und zu einem schroffen Steinbruch – ideal für Wanderungen, die durch die Sehenswürdigkeiten des Tales um so attraktiver werden: Schlösser in Rochlitz und Rochsburg sowie die kulturgeschichtlich bedeutende Kirche in Wechselburg.

*Romantische Tallandschaft

Rochlitz H 7

Höhe : 166 m ü.d.M.
Einwohnerzahl: 7900

Zwei Dinge sind es, die einen Besuch in Rochlitz lohnend machen: das mächtige Schloß auf einem Ausläufer des Rochlitzer Bergs und die Anlage der Stadt auf einer in weitem Bogen umflossenen Flußterrasse. Rochlitz ist bekannt für das in der Umgebung gewonnene Porphyrgestein. Der 'sächsische Marmor' fand von alters her als Baustein weithin Verwendung, vom Mühlstein der Bronzezeit wurde er zum Lieblingsbaustoff des Mittelalters. Bekannte Bauwerke sind, neben dem Rochlitzer Schloß selbst, die → Augustusburg, Schloß → Colditz und das Alte Rathaus in → Leipzig. Selbst in Wien und Kopenhagen wurde Rochlitzer Porphyr verbaut.

*Stadtanlage

Rochlitz wurde 995 im Zusammenhang mit einer kaiserlichen Schenkung an Markgraf Ekkehard I. von Meißen erwähnt. Mit Ritter Dedo von Groitzsch stieg die Burg 1156 zur Residenz der Rochlitzer Nebenlinie der Wettiner auf; unter seiner Herrschaft erfolgte die Gründung der Kaufmannssiedlung, aus der Rochlitz hervorgegangen ist. Kriege und mehrere Stadtbrände sorgten seit dem 17. Jh. für einen Bedeutungsverlust, der im Grunde genommen bis in die Gegenwart anhält: Mit der Kreisreform von 1994 verlor Rochlitz seine Funktion als Kreisstadt an das neue Verwaltungszentrum → Mittweida.

Geschichte

Auch wenn die Bebauung um den Markt nach dem Stadtbrand von 1802 in einheitlich klassizistischem Stil wiedererrichtet worden ist, zeigt sich doch nach wie vor in dem langestreckten Rechteck die mittelalterliche Anlage als Straßenmarktsiedlung. Das 1828 vollendete Rathaus mit einem Wettiner-Wappen von 1370 markiert den Abschluß der Neubebauung.

Markt

Rathaus

Der Neubau (1417–1476) der rein spätgotischen Kunigundenkirche am Ostende des Markts auf den Grundmauern des Vorgängerbaus von sticht insbesondere durch seinen reichen Fassadenschmuck hervor. Der achteckige Mittelturm wurde erst 1688 errichtet. Die Kirche bewahrt einen 1513 vollendeten Hochaltar: Von Philipp Koch, dem Meister der Freiberger Domapostel, stammen die Schnitzfiguren der Festtagsseite – im Schrein die hl. Kunigunde mit ihrem Gemahl Heinrich II., deutscher König und Kaiser des

*Kunigundenkirche

Kunigundenkirche (Fortsetzung)

Heiligen Römischen Reichs, eingerahmt vom Apostel Thomas und einer Anna-Selbdritt-Gruppe –, in den Flügeln die Passionsgeschichte. Hans Dürer wird das Gemälde der mittleren Wandlung zugeschrieben, darstellend Petrus sowie Maria mit den vierzehn Nothelfern. Ein unbekannter Freiberger Meister schuf die übrige Bemalung. Weiterhin beachtenswert sind ein Flügelaltar von Lucas Cranach d. Ä. sowie am Südportal zwei seltene Tonfiguren des Kaiserpaars Heinrich und Kunigunde aus dem Jahr 1476.

Schloß Rochlitz

April – Okt.
Di. – So.
9.00 – 16.00;
Nov. – März
Sa. und So.
geschlossen

Das auf einem Ausläufer des Rochlitzer Bergs über der Mulde thronende Schloß geht auf die im 10. Jh. im Bereich des Oberschlosses erbaute Burg zurück, wurde unter Dedo von Groitzsch erweitert und entstand in seinen heutigen wesentlichen Ausmaßen und Formen im 16. Jahrhundert. Von 1485 bis 1502 lebte die Witwe des Herzogs von Bayern, Amalia, die 1475 mit ihrem Gatten Ludwig die 'Landshuter Fürstenhochzeit' beging, auf Schloß Rochlitz. Im Zweiten Weltkrieg diente das Schloß als Auslagerungsort für Dresdner und Leipziger Archive und Kunstsammlungen, von April 1945 bis Mai 1947 war es US- bzw. sowjetisches Gefangenenlager.

Malerisch spiegelt sich Schloß Rochlitz in der Mulde.

Von der Stadt her kommend, passiert man auf dem Schloßberg zunächst die 1470 errichtete Petrikirche. Danach durchquert man die Überreste des 1645 abgebrannten und 1717 abgebrochenen Unterschlosses und geht unter dem Oberschloß hindurch in den Schloßhof. Teil des Querhauses ist die

Schloßkapelle

einschiffige Schloßkapelle, nach 1482 durch Schüler Arnolds von Westfalen erbaut. Sie zeichnet sich durch feingliedrige Netzgewölbe aus Rochlitzer Porphyrtuff und spätgotische Malereien aus. Die Nordwestseite des Hofs nimmt das ebenfalls nicht zugängliche Fürstenhaus (1537 – 1590) ein.

Westtürme

Am Westende des Schlosses erheben sich 53 m hoch die beiden mächtigen quadratischen Türme, entstanden im 13. Jh. und bereits 1390 erneuert. Die spitzen, gotischen Turmhelme sind Namensgeber: Der südliche, hellere krönt die 'Lichte Jupe', der dunklere im Norden die 'Finstere Jupe', in der der Türmer seine Wohnung hatte. Als 'Jupe' bezeichnete man im 16. Jh. eine Rockhose. Beide Türme enthalten ein 14 m tiefes Verlies, weshalb sie seit dem 16. Jh. als berüchtigtes Staatsgefängnis dienten. Zwischen den Türmen verläuft ein Wehrgang. Die 'Lichte Jupe' kann bestiegen werden; auch die Küche und der Keller sind zu besichtigen.

Schloß Rochlitz (Fortsetzung)

Der Rochlitzer Berg steigt als weithin sichtbare Landmarke 3 km südwestlich von Rochlitz auf und überragt das Umland um gut 100 m. In 353 m ü.d.M. befindet sich der 1860 gebaute, 27 m hohe Aussichtsturm. Er besteht aus Porphyr und bietet eine reizvolle Fernsicht bis zum Oschatzer Collm und zum Erzgebirgskamm. Der Rudolf-Zimmermann-Weg führt von Rochlitz durch das Schloß und den Bergwald zum Muldental.

Rochlitzer Berg

Wechselburg

H 7

Höhe: 200 m ü.d.M.
Einwohnerzahl: 1200

Lage und Allgemeines

Die Zwickauer Mulde hat sich zwischen Lunzenau und Rochlitz so tief in das Hügelland eingeschnitten, daß Wechselburg, 9 km südlich von Rochlitz, obwohl auf einem von drei Seiten umflossenen Bergsporn über dem Fluß erbaut, dennoch unter dem Höhenniveau des Umlandes liegt.

Geschichte

Im Mittelalter breitete sich um Rochlitz ein slawisch besiedelter Gau – 'Rochelez' – aus, der 1143 an die Wettiner ging. Nach 1156 gründete und stiftete Dedo, Graf von Groitzsch als sein 'Hauskloster' das Stift Zschillen, aus dem Wechselburg hervorgehen sollte. Die hier lebenden Chorherren galten nicht als Mönche, vielmehr waren sie vom Rang her Priester, die als Brüder nach den Regeln des hl. Augustinus lebten. Bereits 1278 fiel das Stift an den Deutschritterorden. Vorangegangen sein sollen heftige Streitigkeiten unter den Priesterbrüdern. Der Legende nach soll der bei einem Gelage getötete Probst von der 'Mönchstaufe', einem Muldefelsen im Schloßpark, in den Fluß geworfen worden sein. Nach der Reformation erfolgte 1543 die Säkularisierung des Klosters. Zehn Jahre später fiel das Gebiet an das Haus Schönburg, aus Zschillen wurde Wechselburg. Die Schönburger bauten das Kloster zunächst zum Wohnschloß um, ließen dann aber das alte Klausurgebäude abbrechen und durch Johann Gottlieb Ohndorff 1753 bis 1756 das barocke Schloß an dessen Stelle erbauen. Seit der DDR-Bodenreform dient das Schloß als Krankenhaus. Seit 1993 gibt es in Wechselburg wieder einen Konvent, dieses Mal der Benedktiner.

Markt

Alle Wege führen zum Marktplatz, der umsäumt wird von einem kleinen Ensemble guterhaltener Bauten aus der Zeit um 1800.

St. Otto

Als Ersatz für die zur Schloßkirche umgewandelte Basilika wurde 1730 bis 1737 die Pfarrkirche St. Otto erbaut, stattlich und mit einem barocken Emporenraum, der zu den schönsten Sachsens gehört. Aufgrund ihrer Dominanz wird sie häufig mit der Stiftskirche verwechselt. Die Orgel stammt vom Silbermannschüler Johann Jakob Schramm.

****Stiftskirche**

Die Wechselburger Stiftskirche gilt als das besterhaltene romanische Bauwerk in Sachsen. Sie wurde von 1160 bis 1180 in der klassischen Gestalt einer dreischiffigen Pfeilerbasilika auf kreuzförmigem Grundriß errichtet. Mauerreste weisen auf eine frühere westliche Turmfront hin, doch als Hauptfassade wurde schon immer die zur Stadt weisende Ostseite angesehen. Nachdem 1543 die Deutschordensritter Wechselburg verlassen hatten, wurde die Stiftskirche zur Schloßkirche umfunktioniert, verfiel aber bald und wurde nur noch als Lager und wohl auch als Stall genutzt. 1683 gar brach man Krypta und Lettner ab und verteilte die einzelnen Stücke über den Kirchenraum. Nach 1871 wurde der gesamte Innenraum nach den damaligen Vorstellungen vom Ursprungsbau restauriert.

Stiftskirche Wechselburg (Fts.) Innenraum

In klarem Kontrast zum unscheinbaren Äußeren der Stiftskirche steht der helle und festliche Innenraum mit seinem Wechselspiel von weißem Putz und warmem Rot des Rochlitzer Porphyrs. Im Bogenfeld über dem östlichen Portal ist der Kampf zwischen dem Löwen als Sinnbild Christi und dem Basilisken als Verkörperung Satans dargestellt. Im linken Querhausarm steht das in der ersten Hälfte des 13. Jh.s geschaffene Grabmal für das Stifterpaar Dedo von Groitzsch (gest. 1190) und seiner Ehefrau Mechthild (gest. 1189). Dedo starb eines sehr grausamen Todes: Er hatte die kulinarischen Seiten des Ritterlebens so genossen, daß er unförmig fett wurde und schließlich kein Pferd mehr besteigen konnte. Also befahl er seinem Bader, ihm die Speckschicht unter der Haut wegzuschneiden – diese Tortur hat er nicht überlebt.

Der Kanzellettner in der Wechselburger Stiftskirche ist ein einmaliges Stück romanischer Bildhauerkunst. Er steht in enger Beziehung zur Goldenen Pforte in Freiberg.

**Kanzellettner

Bedeutendstes Ausstattungsteil der Kirche ist aber der um 1230 entstandene romanische Kanzellettner. Er zeichnet sich durch sein einmaliges Bildprogramm aus und steht in enger Beziehung zur Goldenen Pforte am Dom zu → Freiberg. Im Zentrum steht Christus, flankiert von den Evangelistensymbolen sowie von Maria und Johannes dem Täufer, ganz außen die Opferung Isaaks (rechts) und die Aufrichtung der Ehernen Schlange (links), unterhalb Kain und Abel. Die Nischenfiguren stellen oben von links nach rechts Daniel, David, Salomo sowie möglicherweise Jesaia dar sowie unten an den Vierungspfeilern Abraham und Priesterkönig Melchisedek. Die Krönung ist eine ungewöhnliche Kreuzigungsgruppe, deren Christusfigur sich mit ihren sehr menschlichen Zügen von den ansonsten heroischen Darstellungen des 12. Jh.s unterscheidet. Über Christus sieht man Gottvater mit der Taube, am Fuße des Kreuzes schaut Abraham auf. Zu beiden Seiten des Kreuzes beweinen Maria und Johannes der Evangelist den Gekreuzigten; sie stehen auf Königsfiguren, die das Christentum (unter Maria) und das Judentum (unter Johannes) symbolisieren.

***Göhrener Eisenbahnviadukt**

Ca. 3 km südlich von Wechselburg kann man ein Meisterstück sächsischer Ingenieurskunst bestaunen. Hier überquert in 68 m Höhe die Bahnstrecke Leipzig–Chemnitz auf einem 1869–1871 erbauten zweistöckigen Viadukt aus Sandstein und Granit die Muldentalbahn Penig–Rochlitz. Die 21 Bogen stützten ursprünglich 515 m Streckenlänge, die nach einer Dammschüttung auf 381 m reduziert sind. Erbauer Friedrich Rudolf Claus schuf auch das Flöhatalviadukt bei Hetzdorf (→ S. 99).

Rochsburg I 7

Höhe: 212 m ü.d.M.
Einwohnerzahl: 500

Lage und Allgemeines

Ort und Burg Rochsburg liegen 17 km südlich von Rochlitz auf einem von der Zwickauer Mulde umflossenen, 50 m hohen Bergsporn.

*Burg

Die Rochsburg entstand um 1170 zur Sicherung der wirtschaftlichen und politischen Macht im sorbisch-deutschen Siedlungsgebiet. Nach mehreren Besitzterwechseln und Bränden fiel die Burg im 16. Jh. an die Herren von Schönburg und erhielt bis 1596 in Grundzügen ihr heutiges Aussehen: ein vierflügeliger Hauptbau mit Zwerchhäusern und die Neue Kemenate mit Wendelstein. Das erste Stockwerk war den offiziellen Repräsentations- und Festräumen vorbehalten, das zweite den Wohnräumen, das Dachgeschoß enthielt die Gästezimmer. Während und nach dem Dreißigjährigen Krieg zerfielen Herrschaft und Burg. Die im 20. Jh. zunehmende Beliebtheit als Ausflugsziel führte zur landesweiten Aktion ‘Rettet die Rochsburg’, die Ende der zwanziger Jahre die Sanierungsarbeiten ermöglichte. 1932 wurde die Jugendherberge eröffnet, 1991 bezog Graf Joachim von Schönburg-Glauchau die Burg.

Burgmuseum

Das Museum Schloß Rochsburg im Südflügel beherbergt eine sehenswerte Ausstellung, darunter Barock-, Rokoko-, Empire- und Biedermeierzimmer (Öffnungszeiten: Nov.–März Di.–So. 9.00–12.00 und 13.00–16.00, April–Okt. bis 17.00 Uhr).

Dorfkirche

Die Rochsburger Dorfkirche, im letzten Viertel des 12. Jh.s von der Wechselburger Bauhütte erbaut, bewahrt das stattliche Freigrab derer von Schönburg von Samuel Lorentz (1581).

Amerika

Man darf sich wundern, aber in der Umgebung von Rochsburg gibt es ein Amerika. Man erreicht es auf einer Wanderung 3 km flußaufwärts durch das romantische Muldental. Kurz vor Amerika zweigt das Höllenbachtal zum Gasthof Höllmühle (1 km) ab.

Die Siedlung mit dem exotischen Namen Amerika entstand um 1835 für eine Baumwollspinnerei, die die Wasserkraft der Mulde nutzte und lange Zeit der einzige Ort zwischen Rochsburg und Penig war. In ihren Anfangszeiten erreichte man die Baumwollspinnerei so schwer, daß man den Marsch dorthin als ‘Fahrt nach Amerika’ bezeichnete. Mit Eröffnung der Muldentalbahn 1876 verbesserten sich nicht allein die Verkehrsverbindungen, seitdem rühmt sich Sachsens Eisenbahn der Station Amerika, ein gern fotografiertes Motiv. Seit der Produktionseinstellung 1990 verfällt die Siedlung allerdings.

Penig

Der Wanderweg erreicht nach weiteren 3 km Penig. Die verträumte Kleinstadt in einem Bogen der Zwickauer Mulde wurde im 13. Jh. gegründet. Seit alters her lebte man von Weberei und Töpferei, seit 1508 von der Papierherstellung und später von der Strumpfwirkerei. Unter dem ältesten Teil der Stadt, Altpenig, verläuft ein System als Bierkeller angelegter Gänge, die neuerlich der Öffentlichkeit zugänglich gemacht werden.

Unser Lieben Frauen auf dem Berge

Beherrschendes Bauwerk ist die um 1500 errichtete, spätgotische Stadtkirche Unser Lieben Frauen auf dem Berge. Vom Vorgängerbau blieb die Kapelle zur Herrlichkeit (1380) erhalten. Der Altaraufsatz von 1564 ist ein

Penig im Rochlitzer Muldental (Fts.)

Werk von Christoph Walter II., die Malereien der imposanten Felderdecke gehen auf den Schneeberger Constantin Seitz zurück.
An der Südostseite des Marktplatzes steht das stattliche dreigeschossige Rathaus von 1545/1546. Das Alte Schloß ist ein schlichter, zweigeschossiger Renaissancebau. Das 1557 errichtete Neue Schloß wurde 1790 klassizistisch umgebaut.

Sächsische Schweiz H/I 14–16

Landkreis: Sächsische Schweiz

Lage und **Landschaftsbild

Als Sächsische Schweiz wird der rund 360 km² umfassende sächsische Teil des Elbsandsteingebirges bezeichnet. Dieses stark zerschnittene, im Mittel 400 m hohe Tafelbergland reicht von der Lausitzer Überschiebung im Norden und dem Osterzgebirge im Westen bis hinüber in die Tschechische Republik im Südosten. Auch der dortige, etwas kleinere Teil steht unter Naturschutz und ist als Böhmische Schweiz bekannt.
Das Elbsandsteingebirge ist ein Erosionsgebirge: Mehrere hundert Meter mächtige Ablagerungen reinen, quaderförmig gebankten Quarzsandsteins wurden aus einem kreidezeitlichen Meer gehoben und anschließend durch die Elbe und ihre Nebenflüsse tief zerschnitten und in malerisch bizarre Felslandschaften aufgegliedert. So sind im Laufe der Zeit die heutigen Landschaftsformen entstanden: das cañonartige Elbtal und die 'Gründe' der kurzen Elbnebenflüsse, die landwirtschaftlich genutzten 'Ebenheiten' mit ihren Schotter- und Lehmdecken (100 bis 120 m über dem Elbtal); die tafelbergartigen 'Steine', Reste der ehemals zusammenhängenden Sandsteinplatten mit steilen Felswänden, wie Lilienstein (415 m ü.d.M.), Pfaffenstein (429 m ü.d.M.), Königstein (361 m ü.d.M.) und Großer Zschirnstein (561 m ü.d.M.); darüberhinaus die Felsreviere wie die Bastei (305 m ü.d.M.) und die Schrammsteine (386 bis 417 m ü.d.M.) – wahre Felslabyrinthe mit Türmen, Zinnen, Nadeln, Schluchten und Klammen.
Diese natürlichen Gegebenheiten bilden die Lebensgrundlage für eine reiche Flora und Fauna, wie man sie sonst nirgends in Sachsen antrifft: vom dichten Fichtenforst in den Schluchten bis zum Birken- und Kiefernwald an Hängen und auf den Höhen, zahlreiche Kräuter und allein 26 Farnarten, Rotwild, Rehe, Wildschweine, aber auch wiederangesiedeltes Gamswild, Uhus, der seltene Wanderfalke, Schwarzstörche und Kolkraben; selbst Luchse, die von Böhmen wieder herübergekommen sind, sind schon beobachtet worden.

Eine Landschaft wird Urlaubsziel

Die 'Entdeckung' der Sächsischen Schweiz und ihrer landschaftlichen Schönheit geht maßgeblich auf den Schweizer Porträtmaler Anton Graff und seinen Freund, den Kupferstecher Adrian Zingg zurück. Sie waren 1766 an die Dresdner Kunstakademie berufen worden und begannen sehr bald, das 35 km östlich von Dresden gelegene Elbsandsteingebirge mit dem Skizzenbuch zu durchwandern. Offenbar weckte die Landschaft in ihnen heimatliche Gefühle, denn ihre Briefe nach Hause versahen sie des öfteren mit "Grüßen aus der Sächsischen Schweiz", was wiederum die Neugier vieler ihrer Künstlerfreunde weckte, diesen Landstrich aufzusuchen. So tauchte um 1790 der Name "Sächsische Schweiz" erstmals in der Literatur auf und wurde durch die deutsche Romantik bald zum Allgemeingut. Bereits 1801 erschien der erste "Wegweiser durch die Sächsische Schweiz" aus der Feder des Lohmener Stadtpfarrers Heinrich Nicolai. Künstler wie Ludwig Richter und Caspar David Friedrich zogen – ganz im Rousseauschen Sinne "zurück zur Natur", dem sich die Romantiker so verpflichtet fühlten – auf dem tatsächlich so getauften Malerweg von Dresden über Pillnitz nach Wehlen, Hohnstein und Bad Schandau. Friedrich gar schuf mit dem "Wanderer über dem Nebelmeer" ein geradezu programmatisches Gemälde der romantischen Naturbegeisterung – die Anregung holte er sich in der Sächsischen Schweiz. Dieser Name wurde im übrigen

Welch herrliche Aussicht:
die Basteibrücke mit der Festung Königstein im Hintergrund

Eine Landschaft wird Urlaubsziel (Fortsetzung)

nicht allseits als glücklich empfunden, erinnerte die Sächsische Schweiz doch weder an das Alpenland, noch war sie ein echtes Gebirge und hatte vor allem ob ihrer eigenen Schönheit keinen Vergleich nötig. Schon der Pionier des deutschen Reiseführerwesens, Karl Baedeker, stellte daher 1848 in seinem "Handbuch für Reisende in Deutschland und dem österreichischen Kaiserstaate" fest: "Die sogenannte sächsische Schweiz, ein wild romantisches Gebirgsland, dessen Ruf nur die Vergleichung, welche im Namen liegt, schadet..."
Den Künstlern folgten bald die ersten Touristen, und nach Einführung der Massenverkehrsmittel Dampfschiff und Eisenbahn begann die eigentliche touristische Erschließung der Sächsischen Schweiz. Vor allem die Einwohner und Besucher Dresdens konnten nun billig und schnell 'ihre' Schweiz erreichen. Damit änderte sich auch die Lebensgrundlage der dort Lebenden: aus Flößern, Waldarbeitern und Bauern wurden Kutscher, Wanderführer, Sesselträger und Hoteliers. Alsbald nahm der Tourismus für manchen Zeitgenossen überhand, wie die grimmige Bemerkung des Schriftstellers Karl Gjellerup aus dem Jahr 1899 vermuten läßt: "Irgendwo – aber nicht gerade an einem der schönsten Punkte im Sandsteinländchen – sollte man eine Schandsäule für den Mann errichten, der den schrecklichen Namen 'Sächsische Schweiz' erfunden hat."
Heute ist die Sächsische Schweiz eine der attraktivsten touristischen Regionen in Sachsen. Alljährlich ca. 2,5 Millionen Menschen lassen sich von den verschiedenartigen Landschaftsbildern, dem Wechsel von Ebenheiten und Felsenbergen, von Fluß und Gebirge, von Waldland und offenem Land anziehen. Allein an Punkten wie der Bastei tummeln sich an schönen Tagen bis zu 50 000 Besucher. Dazu noch einmal Karl Baedeker: "In der Pfingstwoche ist ein Aufenthalt in der sächsischen Schweiz unerquicklich, weil Alles um diese Zeit reiset und die Gasthöfe u.a.O. überfüllt sind". Daran hat sich bis heute nichts geändert, und wer immer es einrichten kann, sollte die touristischen Spitzenzeiten meiden.

Wanderrevier

Die Sächsische Schweiz ist natürlich besonders für Wanderfreunde attraktiv. In den nachstehenden Beschreibungen sind mehr oder weniger kurze Wegstrecken zu den schönsten Punkten angegeben – es kann allerdings sein, daß man sich auf diesen Wegen in einer Karawane von Mitwanderern wiederfindet. Für ausführliche Touren auch abseits der ausgetretenen Pfade empfiehlt sich der im Deutschen Wanderverlag erschienene Kompass-Wanderführer "Sächsische Schweiz", der 47 Touren beschreibt.

Nationalpark Sächsische Schweiz

Noch kurz vor dem Beitritt der DDR zur Bundesrepublik Deutschland hat die letzte amtierende Regierung der DDR am 12. September 1990 den 'Nationalpark Sächsische Schweiz' geschaffen und damit die einmalige naturräumliche Eigenart des Elbsandsteingebirges auf einer Fläche von 93 km^2 unter strengsten Natur- und Landschaftsschutz gestellt. Damit wurde der Kernbereich des Gebiets vor Kletterfreaks, Ferienhausbauern und Hobbybotanikern geschützt. Der Nationalpark wurde am 25. April 1991 in Bad Schandau offiziell eingeweiht und umschließt zwei räumlich getrennte Gebiete: im Westen zwischen Stadt Wehlen und Prossen einschließlich Bastei und Hohnstein, im Osten zwischen den Schrammsteinen und der deutsch-tschechischen Grenze. Auskunft über Pflanzen- und Tierwelt, Wander-, Kletter- und Freizeitmöglichkeiten erhält man in der Informationsstelle Amselfallbaude im Amselgrund zwischen Rathewalde und Kurort Rathen oder bei der

Nationalparkverwaltung, Schandauer Str. 36
D-01824 Königstein, Tel. (03 50 21) 6 82 29.

Sehenswertes in der Sächsischen Schweiz

Anfahrt

Für die Erkundung der Sächsischen Schweiz kann man natürlich das Auto benutzen, etwa eine Rundfahrt von → Pirna, dem 'Tor zur Sächsischen Schweiz' aus auf dem linken Elbufer nach Oberrathen (von dort mit der Personenfähre nach Niederrathen und zur Bastei), weiter nach Königstein und über die einzige Straßenbrücke im Elbsandsteingebirge bei Bad Schandau über die Elbe auf das rechte Ufer, dort über Hohnstein und Stadt Wehlen zurück nach Pirna. Von → Dresden aus fährt die S-Bahnlinie S 1 am linken Elbufer entlang nach Stadt Wehlen, Königstein, Bad Schandau, zur deutsch-tschechischen Grenze bei Schmilka-Hirschmühle und weiter nach Schöna. Auch das Radwegenetz im Elbtal ist gut ausgebaut.

*Elbdampfer

Am schönsten aber ist eine Fahrt mit einem der Schaufelraddampfer der Elbschiffahrt von Dresden aus, vorbei an Loschwitz und Pillnitz mit Anlegern in Rathen, Königstein und Bad Schandau (→ Praktische Informationen, Elbschiffahrt).

Stadt Wehlen — I 15

Eine der kleinsten Städte Sachsens

Beiderseits der Elbe liegt Stadt Wehlen – zu unterscheiden vom Dorf Wehlen –, trotz ihrer gerade etwas mehr als 1100 Einwohnern mit Stadtrecht und somit eine der kleinsten Städte Sachsens. Hier bummelt man über den Marktplatz, beschaut sich Heimatstube und Pflanzengarten in der Lohmener Straße und, wer an Kunst interessiert ist, im linkselbischen Ortsteil Pötscha das Wohnhaus des Impressionisten Robert Sterl (1867–1932).

*Hohnstein — H 15

Geschichte

Das Städtchen Hohnstein am Nordrand der Sächsischen Schweiz, das man am bequemsten von Pirna-Copitz aus über Lohmen oder aber von Bad Schandau aus erreicht, ist wahrlich noch eine Idylle. Die engen, fachwerkbebauten Gassen verströmen noch einen Hauch von Mittelalter. Die Stadt entstand im Schutz der Burg, die im 12. Jh. als böhmische Grenz-

Hohnstein (Fortsetzung)

festung errichtet wurde und 1443 per Gebietstausch an Sachsen fiel. Wie auch in der übrigen Sächsischen Schweiz veränderte der im 19. Jh. einsetzende Fremdenverkehr das Leben der Einwohner. Hohnstein war einer der wichtigsten Ausgangspunkte für geführte Bergtouren; nicht umsonst stammen namhafte Alpinisten, unter ihnen Otto Ufer, Erstbezwinger des Mönchs, aus dem Städtchen. Hohnsteins Namen verbreiteten vor allem aber die Hohnsteiner Puppenspiele von Max Jacob, die von 1928 bis 1945, als man nach Hamburg übersiedelte, hier im Ort ihre Bühne betrieben. Man erkennt das am Hang stehende ehemalige Puppenspielhaus an seiner Windfahne in Gestalt eines Kaspers.

Rathaus

Das Hohnsteiner Rathaus wurde 1688 als Malzhaus einer Brauerei erbaut und erst 1917 seiner jetzigen Funktion zugeführt, nachdem zwischenzeitlich in ihm auch Deutschlands erste Korkenfabrik betrieben wurde.

Markt

Stadtapotheke
Stadtkirche

Auch die Stadtapotheke, ein stattliches Fachwerkhaus von 1721 am steilen Markt, ist ursprünglich für einen anderen Zweck gebaut worden: Bis 1846 war sie Sitz der Oberförsterei. Die quadratisch angelegte Hohnsteiner Stadtkirche ist ein relativ schlichter Entwurf von George Bähr und wurde 1728 geweiht. Im Haus Markt Nr. 4 wurde Christoph Gottlieb Schroeter (1699 – 1782) geboren, der Erfinder des Hammerklaviers.

*Burg Hohnstein

Vom Markt gelangt man hinauf zur Burg, die 140 m hoch über dem Polenztal am Fels klebt. Von 1453 bis 1853 hatte hier das sächsische Justizamt seinen Sitz, dann diente die Burg von 1866 bis 1924 als Arbeits- und Zuchthaus, bis 1925 eine Jugendherberge – damals Deutschlands größte – eingerichtet wurde. Dem setzten die Nazis ein Ende, indem sie die Burg 1933 und 1934 zum 'Schutzhaftlager' umfunktionierten und insgesamt 5600 politische Gegner einsperrten. Nach dem Zweiten Weltkrieg wurde die Burg wieder Jugendherberge und blieb es bis heute. Aus Stasi-Unterlagen wur-

Ab 22.00 Uhr herrscht Bettruhe:
Burg Hohnstein ist die größte Jugendherberge Deutschlands.

Burg Hohnstein (Fortsetzung)

de neuerdings bekannt, daß das Honecker-Regime noch im Jahr 1989 plante, mehrere hundert Mitglieder der Bürgerrechtsbewegung auf Hohnstein zu inhaftieren.
Über dem Burgeingang erkennt man das kurfürstliche Wappen und tritt dann in den Unteren Burghof. Links erhebt sich das weißgetünchte Untere Schloß mit dem Museum, das über die Geschichte der Burg informiert und auch eine Gedenkausstellung für die KZ-Opfer enthält (Öffnungszeiten: April – Okt. Di. – So. 9.00 – 17.00 Uhr).
Ein in den Stein gehauener langer Wehrgang, der am vorletzten Bogen das Wappen des böhmischen Geschlechts Berken von Duba trägt (gekreuzte Eichenäste), führt unter dem Oberen Schloß hindurch in den Oberen Burghof. Rechter Hand steht das ehemalige Brauhaus, das heute eine naturkundliche Ausstellung beherbergt (Öffnungszeiten s. vorher); links ganz am Ende des Hofes das Turmhaus mit dem Burgcafé. Dahinter beginnt der Burggarten, an dessen Spitze zwei Aussichtspunkte einen herrlichen Blick ins Polenztal bieten.

*Polenztal

Vor allem im Frühjahr lohnt eine Wanderung durch dieses wunderbare Tal, um dort die blühenden Märzenbecherwiesen und die Narzissen zu bewundern. Vom Hockstein überblickt man es noch besser als von der Burg. Richtung Süden kann man u. a. nach Rathen wandern, nach Norden verläßt man allmählich die bergige Region und kann die Wanderung bis nach → Stolpen ausdehnen.

**Brand

Auch eine Wanderung zur südlich gelegenen Hochfläche des Brand sollte man in Angriff nehmen. Der Weg führt am Puppenspielhaus vorbei zur Napoleonschanze, einer 1813 errichteten Befestigung, und weiter zum 330 m hohen Brand, wo es sogar einen Berggasthof in herrlicher Lage gibt. Dort wartet die Belohnung: ein einzigartiger Blick über das Polenztal, zum Großen Winterberg, zu den Schrammsteinen und zum Lilienstein.

Nach Niederrathen setzt man mit der Gierseilfähre über.
Dieser Fährtyp nutzt einzig die Flußströmung als Antriebskraft.

*Kurort Rathen I 15

Ausflugsort

Der kleine malerische Kurort Rathen, am Fuße der Bastei (115 m ü.d.M.) gelegen, ist mit seinen Pensionen, kleinen Hotels, Gaststätten und Fachwerkhäusern ein touristisches Zentrum der Sächsischen Schweiz. Aus der im Jahre 1261 erwähnten Burg 'Ratin' entwickelte sich bald ein Dorf der Fischer und Schiffer. Im 18./19. Jh. wurde in der Gegend Sandstein gebrochen. Mit der Eröffnung der Elbe-Dampfschiffahrt 1837 und der Bahnlinie Dresden–Schmilka 1850 begann Rathens Aufstieg zum Kurort.
Rathen teilt sich in Oberrathen am linkselbischen Ufer und in Niederrathen am rechtselbischen Ufer. Dorthin gelangt man mit einer Gierseilfähre, die sich der Stromkraft der Elbe bedient und daher ohne Motor auskommt. Rathen ist ein guter Ausgangsort für Wanderungen, u.a. zur Bastei und zur Felsenbühne. Sehenswert im Ort selbst sind eine Mühle aus dem Jahr 1567 sowie die Traditionsstube des Niederrathener Schiffervereins. Wer es ruhig haben will: Die Terrasse des Gasthofs Erbgericht ist ein herrlicher Ort, um das Treiben am Fähranleger zu beobachten.

**Bastei I 15

Schönster Aussichtspunkt der Sächsischen Schweiz

Besonderer Anziehungspunkt Rathens ist die Bastei, ein Schluchtenlabyrinth bei Niederrathen oberhalb der Elbe, dessen die Flußlandschaft 200 m hoch überragender Felsrücken zu den schönsten natürlichen Aussichtspunkten Europas zählt. Vom Kurort führt ein gekennzeichneter und gut gesicherter Wanderweg hinauf; wer partout will, kann allerdings auch mit dem Auto rechtselbisch über Pirna-Copitz und Lohmen fast direkt zum Aussichtspunkt fahren. Auf dem Fußweg zu diesem überschreitet man die steinerne Basteibrücke, 1881 erbaut als Ersatz für eine bereits seit 1826 bestehende Holzbrücke. Östlich davon sollte man auch die aus dem 13. Jh. stammende, heute durch Brücken und Stege begehbare Felsenburg Neurathen aufsuchen, denn von ihr hat man einen herrlichen Blick auf die Bastei und hinab in die tiefen Schwedenlöcher, in denen sich im Dreißigjährigen Krieg die Bevölkerung vor den Schweden verbarg.

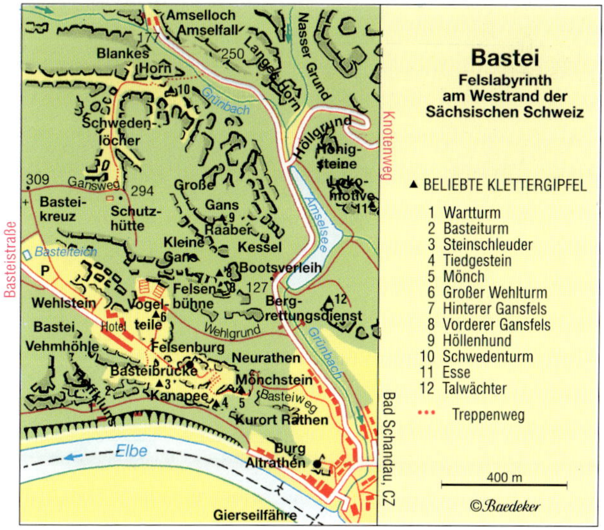

Felsenbühne Rathen

H 15

Bühne des sächsischen Winnetou

Durch die Schwedenlöcher gelangt man von der Bastei hinunter in den 160 m tiefer gelegenen Amselgrund zum 1934 angelegten Amselsee, auf dem man Boot fahren kann, und zur Felsenbühne Rathen; vom Kurort Rathen wandert man am Grünbach entlang und durch den Wehlgrund. Die Felsenbühne Rathen wurde 1936 erbaut und ist mit ihren 2000 Plätzen die größte Naturbühne Sachsens und gilt zudem als eine der schönsten Freilichtbühnen überhaupt. Sie wird im Sommerhalbjahr ausschließlich von den Landesbühnen Sachsen bespielt. Die Landschaft am Wehlgrund beeindruckte schon Ludwig Richter und inspirierte Carl Maria von Weber zu seiner berühmten Wolfsschlucht-Szene im "Freischütz". So gehört diese Oper zum ständigen Repertoire der Felsenbühne, aber auch Bearbeitungen der klassischen Weltliteratur, Operetten, Kinderstücke und die Karl-May-Spiele mit verschiedenen "Winnetou"-Inszenierungen kommen auf die Bühne.

Von der Festung Königstein überblickt man die Stadt Königstein und den Elbbogen.

Stadt Königstein

I 15

Wohl lebt das 1379 erstmals genannte Städtchen Königstein von der Berühmtheit der gleichnamigen Festung, aber ein Spaziergang lohnt sich auch hier, nicht zuletzt der Gastronomie wegen.

St. Marien

Am Aufgang zum Kirchplatz fallen die Hochwassermarken auf. Die Stadtkirche St. Marien, 1720 bis 1724 nach Plänen George Bährs erbaut und 1822 umgebaut, hat eine klassizistische Innenausstattung. Im Ort steht eine Postmeilensäule von 1727. Das Königsteiner Musikerarchiv erinnert an die in der Stadt geborenen Komponisten Julius Otto und Georg und Camillo Schumann.

Ausflüge

Von Königstein sind Ausflüge zum gegenüberliegenden Lilienstein (Personenfähre) mit Resten einer mittelalterlichen Burganlage und zum südlich gelegenen Pfaffenstein mit markanten Verwitterungsformen wie der 'Barbarine' angezeigt. Schöne Felspartien wie die bizarren Herkulessäulen weist auch das nahe Bielatal südwestlich des Orts auf.

Bielatal

*Festung Königstein **I 15**

Öffnungszeiten
Ostern – Sept. tgl. 9.00 – 20.00, Okt. tgl. 9.00–18.00, Nov. – April tgl. 9.00 – 17.00

Der wahre Grund aber, Königstein zu besuchen, ist die hoch über der Stadt das Elbtal beherrschende Festung. Vom Ort erreicht man sie in östlicher Richtung auf der B 172, von der eine Zufahrtsstraße hinauf zum Parkplatz abzweigt. Von dort muß man marschieren oder mit der Touristenbahn fahren. Wandervögel wählen den direkten, steilen Aufstieg aus der Stadt (Wanderzeichen blauer Strich an der Palmschenke vorbei).

Die wahrscheinlich um 1200 angelegte und 1241 erstmals erwähnte böhmische Königsburg kam 1459 zur Mark Meißen. 1589 begann unter Kurfürst Christian I. der sich bis zum Ende des 19. Jh.s hinstreckende Ausbau der Festung, die nie erobert werden konnte.

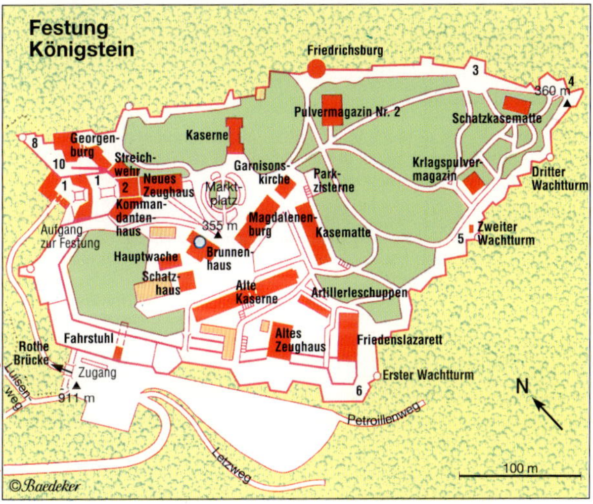

Parkplatz, Stadt Königstein

1 Eingang mit Ravelin und Zugbrücke
2 Torhaus
3 Standort der zerstören Blitzeiche
4 Ostspitze der Festung (Königsnase)
5 Pestkasematte
6 Südspitze der Festung (Zobels Ecke)
7 Das Horn mit Seigerturm
8 Georgenbastion
9 Hungerturm (Rößchen)
10 Abstieg von der Festung

Neben dem Haupteingang befindet sich die Georgenburg, in der Johann Friedrich Böttger, der Erfinder des europäischen Porzellans, von 1706 bis 1707 gefangen war, jedoch nicht experimentieren durfte, da die Feuergefahr angesichts der gelagerten Munitionsmengen zu groß war. 1563 bis 1569 wurde der 152,5 m tiefe Brunnen abgeteuft, 1589 wurde das Garnisonhaus (Alte Kaserne), der wahrscheinlich älteste Kasernenbau Deutschlands, 1594 das Alte Zeughaus mit einer Halle mit Kreuzgratgewölbe im Erdgeschoß fertiggestellt. Der Ausbau der Georgenburg unter Einbeziehung der 'Kayserburg' von 1359 ist 1619 beendet worden. Wesentliche Bauwerke sind weiterhin die Friedrichsburg (1589), das Brunnenhaus (1715 und 1736) für den vorerwähnten Brunnen, die Magdalenenburg (1622), der

Festung Königstein (Fortsetzung)

Faßkeller (bis 1819 stand hier das größte je gebaute Weinfaß der Welt mit 250000 l Fassungsvermögen), das Neue Zeughaus mit Heldensaal (1631), die Georgenbatterie (1679), das Schatzhaus (1855), die Garnisonkirche (17. Jh.) und schließlich die Kasematten (16.–18. Jh.). Das gesamte Plateau ist von einer 1700 m langen Festungsmauer umgeben.
Der Königstein hatte viele Funktionen, hauptsächlich diente er dem Dresdner Hof in Krisenzeiten als Zufluchtsstätte und zur Unterbringung der Staatsschätze, Kunstsammlungen und der persönlichen Habe, so geschehen im Siebenjährigen Krieg. Gleichzeitig war er Staatsgefängnis, außer für Böttger u.a. noch für so bekannte Persönlichkeiten der Geschichte wie Kanzler Krell (1591 bis 1601), den Anarchisten Michail Alexandrowitsch Bakunin (1849/1850), August Bebel (1874), Frank Wedekind (1899) und Thomas Theodor Heine (1899). Als freiwillige Gäste fanden sich u.a. Zar Peter I. und Napoleon ein.

Museen

In mehreren der oben erwähnten Gebäude sind Museen eingerichtet. So befinden sich in den beiden Zeughäusern Ausstellungen des Militärhistorischen Museums Dresden zu Festungsbau und sächsischer Militärgeschichte. Des weiteren gibt es im Torhaus und im Schatzhaus Sonderausstellungen, während im Georgenbau den Besuchern eine Dokumentation zur Geschichte des Staatsgefängnisses auf der Festung gezeigt wird (Öffnungszeiten: tgl. 10.00–18.00 Uhr).

*Bad Schandau — I 15/16

Bedeutendster Kur- und Ferienort

Bad Schandau ist der bedeutendste Kur- und Ferienort in der Sächsischen Schweiz sowie Ausgangspunkt für lohnende Ausflüge in die felsenreiche Umgebung. Entsprechend überlaufen ist der Ort in Ferienzeiten.

Geschichte

Zur Sicherung der damaligen Verkehrswege entstand bereits im 13. Jh. auf dem Schandauer Schloßberg die Geleitsburg Schomberg. Im 13./14. Jh. besiedelten deutsche Handwerker und Kaufleute das ursprünglich slawische Gebiet, und Mitte des 14. Jh.s entstand eine Stadtanlage, die 1430 erstmals genannt und 1445 bereits als Stadt bezeichnet wurde. Die wirtschaftliche Grundlage bildete der Handel mit Holz, Getreide, Wein und Obst, die als 'böhmische Waren' elbabwärts gingen, sowie mit Südfrüchten, Öl, Petroleum, Heringen und Salz, die als 'Hamburger Waren' stromauf ankamen. Mit der Entdeckung des 'roten Flößgen', einer eisenhaltigen Quelle, begann nach 1730 der Badebetrieb; 1799 entstand im Ort das erste Badehaus. Seit dem 19. Jh. entwickelte sich der Fremdenverkehr, der Elbhandel verlor an Bedeutung. Seit 1920 führt die Stadt offiziell den Namen Bad Schandau und machte sich als Kneipp-Kurort einen Namen.

Brauhof

Am Marktplatz (Nr. 12) steht der ehemalige Brauhof, ein Renaissancebau mit schönem Portal (1680) und einem achteckigem Treppenturm an der Hofseite.

St. Johannis

Die spätgotische, im 17. und 18. Jh. umgebaute Kirche St. Johannis, ebenfalls am Marktplatz, bewahrt eine aus einem Block gehauene, von einer Mosesfigur getragene Sandsteinkanzel; der Altar (1572) wurde von Hans Walther II. ursprünglich für die Dresdner Kreuzkirche geschaffen.

Heimatmuseum

Das Heimatmuseum im Haus Badallee Nr. 10 vermittelt eine Übersicht über die in der Umgebung herrschenden geologischen Besonderheiten. Ferner wird die Entwicklung der Elbschiffahrt und des Fremdenverkehrs in der Stadt dokumentiert.

Ostrau

Mit einem 1904 erbauten, 50 m hohen Aufzug, den Hotelbesitzer Rudolf Sendig, ein großer Förderer der Stadt, hat anlegen lassen, erreicht man die Stadtteile Ostrau und Postelwitz, wo Villen, alte Umgebinde- und Fachwerkhäuser zu sehen sind.

*Kirnitzschtal mit Lichtenhainer Wasserfall I 16

Kirnitzschtalbahn

Durch das romantische Tal der Kirnitzsch fährt von Bad Schandau aus die 1898 erbaute Kirnitzschtalbahn, eine heute überwiegend mit Solarstrom betriebene Straßenbahn, deren 8,3 km lange Strecke nach rund halbstündiger Fahrt am 1830 künstlich angelegten Lichtenhainer Wasserfall endet. Von hier bietet sich eine Vielzahl von Ausflugsmöglichkeiten an, so zum 'Kuhstall' (Felsentor), zur 'Himmelsleiter' und zum Wildenstein (336 m ü.d.M.), wo es noch Befestigungsreste gibt und man eine großartige Aussicht genießt. Erwandern läßt sich das Kirnitzschtal natürlich auch. In Bad Schandau, wo die Kirnitzsch in die Elbe mündet, beginnt der 13 km lange Flößersteig, der über den Lichtenhainer Wasserfall zur Neumannmühle führt. Der Flößersteig ist heute Lehrpfad mit über 100 Informationstafeln, auf denen von seiner ursprünglichen Bestimmung berichtet wird: Auf ihm begleiteten einst Flößer die in den Wäldern gefällten Baumstämme, die in der Kirnitzsch der Elbe zugeführt wurden. Auch das Museum in der Neumannmühle, die vom 16. Jh. bis 1945 Holz verarbeitete, nimmt diesen Faden auf.

Hinterhermsdorf

Fernab des sonstigen Trubels versetzt ein Ausflug in das Grenzland bei Hinterhermsdorf, das man von Bad Schandau das Kirnitzschtal entlangfahrend erreicht (14 km). Ist der Ort dank seiner Umgebindehäuser und der liebevoll ausgestatteten Dorfkirche allein schon eine Idylle, taucht man bei einer Wanderung in der Umgebung in eine verschwiegene, fast märchenhafte Waldlandschaft ein. Die beliebteste Route ist 5 km lang und führt vom Ort zur Oberen Schleuse, die 1567 als hölzerne Stauanlage zum Sammeln der geschlagenen Stämme entstanden ist. Heute kann man hier eine 20minütige Kahnfahrt durch die beeindruckende Landschaft unternehmen.

*Wanderung zur Oberen Schleuse

Sebnitz

In Sebnitz, 13 km nordöstlich von Bad Schandau an der Grenze zu Tschechien gelegen, sollte man den Komplex von Heimatmuseum und Seidenblumenmanufaktur besuchen. Das Heimatmuseum dokumentiert die Geschichte der Seidenblumenherstellung, die 1835 böhmische Exilanten in die Stadt brachten. Daneben besitzt es noch eine Sammlung von Scherenschnitten des Künstlers Adolf Tannert. In der zugehörigen Schauwerkstatt kann man die Entstehung von Kunstblumen mitverfolgen (Öffnungszeiten beider Einrichtungen: Di.–So. 10.00–17.00 Uhr).
Die Umgebung von Sebnitz lädt zu schönen Spaziergängen, etwa zum Finkenberg, oder auch zu einem Gang über die Grenze nach Tschechien.

*Schrammsteine I 16

Kletterfelsen

3 km elbauf von Bad Schandau beginnt das ausgedehnte Wander- und Klettergebiet der Schrammsteine, die zu den markantesten Felsmassiven der Sächsischen Schweiz gehören. Von der Haltestelle Ostrauer Brücke der Kirnitzschtalbahn führt ein Wanderweg in das Gebiet.
Die Kletterei hat hier Tradition, und kaum jemand weiß, daß das heute so als Trendsport gefeierte Free Climbing im Grunde genommen an den Felsen des Elbsandsteingebirges erfunden wurde. Bereits im letzten Jahrhundert kam man hier auf den Gedanken, Haken nur zur Sicherung vor einem Absturz und nicht zum Hochziehen einzuschlagen und die eigentliche Kletterei der Kraft der Arme und Finger zu überlassen. Schon 1913 ist das entsprechende Regelwerk niedergeschrieben worden.

Zschirnsteine I 16

Höchster Gipfel der Sächsischen Schweiz

Bad Schandau ist auch der Ausgangspunkt für eine Wanderung zum Großen Zschirnstein, mit 561 m ü.d.M. der höchste Gipfel der Sächsischen Schweiz. Der Marsch selbst beginnt am besten in Kleingießhübel 5 km jenseits der Elbe und führt in eine urtümliche Waldlandschaft, besonders auch

Kletterers Traum: Felsnadeln am Rauschengrund.
In der Ferne grüßen der Große und der Kleine Zschirnstein.

Sächsische Schweiz, Zschirnsteine (Fts.)

um den Kleinen Zschirnstein (472 m ü.d.M.), dessen Besteigung wegen der schönen Aussicht lohnt. Auch vom Mittagsplateau vom Großen Zschirnstein genießt man einen weiten Blick über die Landschaft. Zwischen beiden Gipfeln dehnt sich ein Feld von Basaltblöcken aus.

Abstecher in die Böhmische Schweiz I/K 15–17

**Pravcická braná Prebischtor

Unbedingt lohnend ist auch ein Abstecher in die Böhmische Schweiz zu Europas größter natürlicher Sandsteinbrücke, dem Prebischtor (tschech. Pravcická braná). Dazu überquert man bei Schmilka die Grenze (Personalausweis!) und wandert vom Ortsausgang von Hřensko (dt. Herrnskretschen) hinauf zum 16 m hohen und 30 m überspannenden Priebischtor. Zu bedenken: Wer mit dem Auto die Grenze überqueren will, muß oft mit langen Wartezeiten rechnen, so daß man den Beginn der Wanderung bereits in Schmilka in Erwägung ziehen sollte.

Schneeberg M 6/7

Landkreis: Westerzgebirgskreis
Höhe: 470 m ü.d.M.
Einwohnerzahl: 21 000

*Weihnachtsstadt des Erzgebirges

Schneeberg, einst eine der bedeutendsten Silbererzbergbaustädte Sachsens, liegt im westlichen Erzgebirge auf dem gleichnamigen, 470 m hohen Berg, umgeben von bis fast 600 m ansteigenden Höhen wie dem Gleesberg (593 m ü.d.M., sehr schöner Blick auf die Stadt) und der Griesbacher Höhe (578 m ü.d.M.). Die Stadt hat sich von einer der Quellen des Reichtums der sächsischen Herrscher zum Industriestandort gewandelt und ist ein Zentrum der erzgebirgischen Volkskunst und Folklore. Hier wird seit dem 17. Jh. geklöppelt, was 1878 zur Gründung einer Klöppelschule geführt hat, die heute in der Fachhochschule für angewandte Kunst aufgegangen ist, hier feiert man alljährlich traditionsreiche Feste und begeht im Juli den berühmten Bergstreittag (→ Abb. S. 342/343), vor allem aber hat sich Schneeberg zur 'Weihnachtsstadt des Erzgebirges' herausgemacht: Das Lichtelfest am zweiten Advent rund um die 8 m hohe Weihnachtspyramide auf dem Weihnachtsmarkt zieht jährlich Tausende an. Und wenn es auch noch Schnee hat, kann man in der Umgebung Wintersport treiben.

Lage und Allgemeines (Fortsetzung)

* Bergstreittag

* Lichtelfest

Geschichte

In Schneeberg erhob sich das 'Bergkgeschrey' recht spät, dafür aber um so lauter: 1470 waren reiche Silbererzvorkommen entdeckt worden, und noch im selben Jahr entstand die Stadt, die rasant wuchs und bereits 1481 die Privilegien einer freien Bergstadt erhielt. 1477 machte man einen Sensationsfund, den 20 t schweren sog. Silbertisch, der sogar Herzog Albrecht dazu verleitete, unter Tage einzufahren und an ihm zu speisen. Doch so groß die Funde auch ausfielen, so bald waren sie um 1540 auch abgebaut. Ersatz bot der Bergbau auf andere Mineralien, insbesondere auf Wismut und Kobalt, auf den man im 17. Jh. in großem Umfang stieß. Es entstanden Blaufarbenwerke, die u.a. den Farbstoff für Meissner Porzellan und Delfter Kacheln lieferten. Daneben entwickelten sich das Brauereigewerbe, der Buchdruck und die Spitzenklöppelei. Nach dem Stadtbrand von 1719 wurden die Häuser der heutigen Altstadt errichtet, größtenteils im Barock- und Rokokostil. Ein weiteres, trauriges Kapitel des Bergbaus wurde erst nach dem Zweiten Weltkrieg in Schneeberg geschrieben. Zusammen mit dem benachbarten Aue war die Stadt Zentrum der berühmt-berüchtigten Uranerzförderung der Wismut AG (→ *Baedeker Special* S. 294/295). Die riesigen Abraumhalden des Uranbergbaus ringsum – manche reichen fast bis vor die Haustüren – erkennt der Reisende kaum als solche, wurden sie doch rekultiviert. Immer noch aber strahlen sie; über eine mögliche Belastung streiten die Experten.

Sehenswertes in Schneeberg

*** Markt**

Der imposant langgestreckte, zum Kirchberg ansteigende Markt kann sich wahrlich als Mittelpunkt der Stadt fühlen. Beherrschendes Gebäude ist das neugotische, durch seinen hohen Turm auffallende Rathaus. Es wurde 1851/1852 errichtet, nachdem das ursprüngliche Barockgebäude 1849 abgebrannt war. Über dem Haupteingang sieht man ein 1852 gegossenes Stadtwappen sowie ein Sandsteinrelief 'Sage von der Fündigwerdung Schneebergs' (1911), im Treppenhaus eine bemerkenswerte Jugendstilkassettendecke. Schräg gegenüber vom Rathaus erinnert das Brotmännelhaus, jetzt Deutsche Bank, an die Hungersnot von 1771: Es soll damals für zwei Brote verkauft worden sein.

Rathaus

Brotmännelhaus

* Barockbauten

Der Schneeberger Markt und seine Umgebung stellen ein im Erzgebirge einzigartiges Ensemble barocker Bauten dar. Unter ihnen verdient am Markt das restaurierte Gasthaus Goldener Hirsch besondere Aufmerksamkeit. Schräg hinter dem Rathaus steht jenseits der Bundesstraße der Bergmannsbrunnen; hinter ihm ein aufwendig dekoriertes, leider nicht restauriertes Barockhaus. Ein Stückchen weiter beeindruckt am Postplatz das barocke Gebäude der Kreissparkasse.

Frauenmarkt

Vom Markt hinauf Richtung Kirche kommt man zunächst zum Frauenmarkt, wo das Erzgebirgische Volkskunsthaus zum Einkauf und sein Café zur Pause unter gotischem Gewölbe einladen.

* Museum für bergmännische Volkskunst

Vom Frauenmarkt geht man ein kleines Stück die Obere Zobelgasse hinab zu einem weiteren, sehr schönen Barockhaus, dem 1724/1725 errichteten Bortenreuther-Haus (Nr. 1). In diesem zweigeschossigen, ebenfalls mit Pilastergliederung sowie einem stattlichen Portal versehenen Haus residiert

Baedeker Special

Kumpeltod und Schneeberger Krankheit

Die ofiziellen DDR-Statistiken sprechen eine nüchterne Sprache: 5000 anerkannte Fälle von Lungenkrebs und 15 000 anerkannte Fälle von Staublunge, medizinisch Silikose, bis 1989. Wieviele nicht als berufsbedingt anerkannte Krankheitsfälle es im ehemaligen Uranabbaugebiet im Erzgebirge gibt, weiß niemand. Die Stasi hat ganze Arbeit geleistet.

Das finsterste Kapitel in der Geschichte des Bergbaus im Erzgebirge ist zwischen 1946 und 1989 geschrieben worden und trägt die Überschrift 'Wismut AG'.
Als die USA im Juli 1945 in der Wüste von New Mexico die erste Atombombe detonieren lassen, wird der Sowjetunion klar, daß sie dieses Rennen verloren hat. Wie hätte sie es auch gewinnen können – 97 % der Weltproduktion des Bombenrohstoffs Uran werden zu dieser Zeit von den Westalliierten kontrolliert. Da trifft es sich gut, daß in der sowjetischen Besatzungszone in Deutschland, hauptsächlich um Schneeberg, Aue, Johanngeorgenstadt und Schwarzenberg, reiche Uranerzvorkommen lagern und Deutschland – auch die Genossen von der SED – horrende Reparationszahlungen zu leisten hat.

Für die Ausbeutung der Lagerstätten wird 1946 die Wismut AG gegründet, nominell eine deutsch-sowjetische Gesellschaft, faktisch völlig unter sowjetischer Kontrolle. Ihr Leiter ist ein Mann, der zwar nichts von Bergbau versteht, aber anderweitige einschlägige Erfahrungen besitzt: General der Staatssicherheit Michail Mitrofanowitsch Malzew kommt direkt von seinem alten Posten als Kommandant des sibirischen Straflagers Workuta ins Erzgebirge. Getreu seinem Motto "Wir brauchen Erz, Genossen, keine Moral!" treibt er ein Heer von Arbeitssklaven zusammen: Altnazis, Kriminelle, Kriegsgefangene oder ganz normale Menschen, die von der Straße weg auf Lastwagen gepfercht und in die Stollen geschickt werden. Die Arbeitsbedingungen sind mörderisch. Mit Hammer und Meißel, später mit Trockenbohrern, wird das Erz gebrochen. Der Staub dringt in die Lungen, das beim Abbau von Uranerz entweichende Radon wird eingeatmet, die Erzbrocken mit bloßen Händen angefaßt, und wer Durst hat, trinkt schon mal das Grubenwasser von den Wänden. Die Kumpel erfahren keine Silbe über die Gefährlichkeit ihrer Arbeit, nur die sowjetischen Offiziere tragen Bleiwesten. Wer nicht spurt, wird mit Essensentzug bestraft, nach Sibirien geschickt oder gleich hingerichtet. Nicht einmal die deutschen Genossen erfuhren etwas über deren Schicksal. Gipfel des Zynismus: Jeder erhält monatlich zwei Liter Schnaps, der angeblich gegen die Staublunge helfen soll. Unter den Bergleuten heißt die Marke bald nur noch 'Kumpeltod'.
Die Sowjets riegeln das Urangebiet hermetisch ab. Nur mit Passierscheinen kommt man hinein oder heraus; jeder LKW-Fahrer, der das Erz in die Waschanlagen fährt, hat einen Sowjetsoldaten mit Maschinenpistole in der Hand auf dem Beifahrersitz.

1947 gehen die Sowjets dazu über, Bergleute mit deutlich höheren als den üblichen Löhnen und mit Sonderzuteilungen an Lebensmitteln zu locken. Aus der ganzen SBZ, sogar aus den Westzonen strömen Arbeitswillige ins Erzgebirge. Viele wissen nicht, worauf sie sich einlassen, genausoviele wollen es gar nicht wissen. Eine wahre Goldgräberstimmung macht sich breit. Allein das Städtchen Johanngeorgenstadt wächst zwischen 1946 und 1951 von 6000 auf 30 000 Einwohner an; nach Feierabend wird gesoffen, gespielt und gehurt. Zusammenstöße mit sowjetischem Militär und deutscher Polizei sind an der Tagesordnung. Unter Tage ändert sich nicht viel, ja man schiebt der Prämien wegen noch die eine oder andere Sonderschicht und macht seine Essenspause auch gleich unten, im radioaktiven Staub. Im Jahr 1954 erklärt die Sowjetunion die Reparationsschuld der DDR für abgegolten, die Wismut AG wird in die 'Sowjetisch-Deutsche Aktiengesellschaft Wismut' (SDAG) unter deutscher Leitung überführt. Immerhin sorgt sie für eine bessere Stollenbelüftung und für die Einführung des Naßbohrens. Das Abbaugebiet entwickelt sich zum '16. Bezirk der DDR' mit eigenen Krankenhäusern, eigenen Kfz-Kennzeichen und sogar eigener Stasi. Man ist peinlich bedacht, nichts über das geheime Tun nach außen dringen zu lassen. 585 hauptamtliche Stasi-Leute und eine Unzahl 'IM' sorgen dafür, daß die

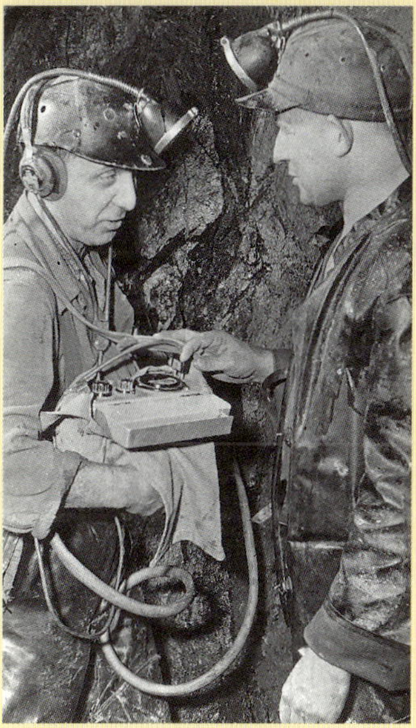

Mit dem Geigerzähler unter Tage

60 000 Wismut-Beschäftigten nicht über die Stränge schlagen, nichts ausplaudern und kräftig arbeiten. Schließlich hat man es zum drittgrößten Uranproduzenten der Erde nach den USA und Kanada gebracht: "Wismut-Kumpel erhalten der Welt den Frieden".

Berichte über merkwürdige Krankheiten stören da nur. Die Ärzte der SDAG helfen eifrig dabei mit, die Statistik sauber zu halten. Nur ab einer Lungenschädigung von 20 % wird man als Silikosekranker anerkannt und erhält eine bescheidene Rente. Auffallend viele Kumpel kommen nur auf 19,5 % Schädigung. Sie hatten wahrscheinlich nicht an eigens deklarierten sog. exponierten Arbeitsplätzen gearbeitet. Nur wer dort schuftet, hat die rein bürokratische Möglichkeit, daß seine Staublunge als Berufskrankheit anerkannt wird – wobei der Unterschied zwischen 'exponiert' und 'nicht exponiert' oft keine fünf Meter beträgt. Wer an Lungenkrebs – der 'Schneeberger Krankheit' – stirbt und Raucher war, hat nach Meinung der Mediziner keinen Schaden aus dem Bergwerk davongetragen, sondern eben einfach zuviel geraucht; ansonsten ist Herzversagen eine 'gern' attestierte Todesursache. Grubenunglücke kommen offiziell sowieso nicht vor.

Das Ende der DDR hat auch das Aus für die Uranerzförderung bedeutet. Die Geschichte der SDAG ist damit aber noch nicht zu Ende. 1991 schenkt Rußland seine Anteile an der Firma Deutschland. Teil des Geschenks ist eine Umweltkatastrophe größten Ausmaßes: strahlende Abraumhalden mit einer Gesamtfläche von 32 km^2, oft direkt neben Wohnsiedlungen und Viehweiden, 14 sog. Absatzbecken, in denen Hunderte von Millionen Kubikmetern hochgiftigen Schlamms – arsen- und schwermetallhaltig und radioaktiv – aus den Erzaufbereitungsanlagen vor sich hindümpeln, kaum oder gar nicht geschützt, mitten in der Landschaft. Die Bundesregierung macht aus der SDAG die Wismut GmbH, deren Aufgabe die Beseitigung der Umweltschäden ist. Sie wird dazu schätzungsweise 15 Jahre und 13 Milliarden DM brauchen.

Das ist die eine Hinterlassenschaft, die vielleicht reparabel ist. Nicht mehr zu beheben ist der gesundheitliche und seelische Schaden tausender ehemaliger Kumpel, deren Berufskrankheit bis heute nicht anerkannt wird und die keine entsprechende Rente erhalten. Auch Jahre nach der Schließung der Stollen geht der Kumpeltod immer noch um.

Der Stolz der Bergstadt Schneeberg zeigt sich im imposanten Rathaus.

Markt, Museum für bergmännische Volkskunst (Fortsetzung)

das Museum für bergmännische Volkskunst. Hier wird die Entwicklung der erzgebirgischen Schnitzkunst von ihren Anfängen bis zur Gegenwart gezeigt; ferner gibt es sehr schöne Scherenschnitte und Klöppelarbeiten zu sehen sowie Beispiele der in Schneeberg ebenfalls traditionell beheimateten Zinngußkunst (Öffnungszeiten: Di. – Do. und Sa. sowie So. 9.00 – 12.30 und 13.00 – 17.00, Fr. nur 13.00 – 17.00 Uhr).

St. Wolfgang

Trotz Volkskunst und Bergbau ist die wichtigste Sehenswürdigkeit Schneebergs aber die Kirche St. Wolfgang mit ihrem 72 m hohen Turm. Das spätgotische, dreischiffige Gotteshaus, nach der Annenkirche in → Annaberg die größte Hallenkirche Sachsens, ist von 1515 bis 1540 erbaut worden; die damalige Ausstattung ging bereits in den Reformationswirren wieder verloren. Ein Luftangriff im Zweiten Weltkrieg fügte der Kirche schwere Schäden zu, deren Beseitigung in vollem Umfang erst seit 1990 angegangen worden ist. Nach Abschluß der Restaurierung ist im Sommer 1996 wieder der Flügelaltar aufgestellt worden, dessen zwölf Bildnistafeln von 1539 von Lucas Cranach d. Ä. geschaffen worden sind, dabei von Luther und Melanchthon beraten. Die Tafeln gelten als eines seiner reifsten Werke und zeigen eine symbolische Darstellung des evangelischen Glaubensbekenntnisses.

*Lucas-Cranach-Altar

Neustädtel

Der südlich gelegene Stadtteil Neustädtel ist älter als Schneeberg selbst. Neben der spätgotischen Liebfrauenkirche mit ihren doppelgeschossigen Emporen ist vor allem der Bergbaulehrpfad den Abstecher wert. Der Pfad führt an vom Bergbau hinterlassenen Schächten und Halden entlang, wobei gleich zu Beginn das 1753 in Betrieb genommene Siebenschlehener Pochwerk steht, in dem man die Aufbereitung von Kobalterz miterleben kann. Der Marsch endet am bereits 1485 für die Be- und Entwässerung der Schächte angelegten Filzteich (mit Filz bezeichnete man im Erzgebirge einst Torf), somit eine der ältesten Talsperren Sachsens. Heute ist er zu einem sehr beliebten Strandbad ausgebaut, seit Sommer 1995 auch mit einer 85 m langen Wasserrutsche.

Bergbaulehrpfad

Filzteich

Umgebung von Schneeberg

Eibenstock

Ein etwas längerer Ausflug führt von Schneeberg zunächst 24 km südwestwärts nach Eibenstock, einst einer der größten sächsischen Zinnproduzenten. Heute ist der Ort dank der Talsperre und des nahen Landschaftsschutzgebiets um den Auersberg (1019 m ü.d.M.) ein beliebter Ferienort. Im Heimatmuseum erfährt man, wie die in Eibenstock traditionelle Tambourierstrickerei funktioniert (Öffnungszeiten: Di.–Fr. 9.00–12.00 und 14.00–16.00, Sa. und So. 9.30–12.00 Uhr).

Carlsfeld

Nach weiteren 20 km von Eibenstock erreicht man Carlsfeld dicht an der Grenze zum → Vogtland. Teilweise über 900 m hoch gelegen, ist Carlsfeld einer der schneesichersten Orte Sachsens und beliebtes Wintersportgebiet. Im Ort sollte man die Dreifaltigkeitskirche aufsuchen, 1684 bis 1688 von Johann Georg Roth erbaut und somit ältester barocker Zentralbau in Sachsen. Innen wandelt sich der achteckige Kirchenbau zum quadratischen Raum mit dreigeschossigen Emporen. Schönstes Ausstattungsstück ist der reiche Kanzelaltar von Johann Heinrich Böhme d. J. (1688).

Talsperre Weiterswiese

Die südlich von Carlsfeld gelegene Talsperre Weiterswiese ist mit 910 m ü.d.M. die höchstgelegene in Sachsen.

Aue

Mehr noch als mit Schneeberg wird die Geschichte des Uranbergbaus im Erzgebirge mit Aue in Verbindung gebracht. In der heutigen Kreisstadt 5 km östlich von Schneeberg hatte bis 1956 die unter sowjetischem Kommando stehende Wismut AG ihren Sitz; zu DDR-Zeiten trug der Fußballverein Wismut Aue den Firmennamen durch Europa.

Aue gilt als die älteste Stadt im Erzgebirge. Sie geht auf das 1173 am Zusammenfluß von Schwarzwasser und Zwickauer Mulde gegründete Klösterlein Zelle zurück und lebte bis in unsere Zeit hinein vom Bergbau und der Verarbeitung von Erzen. In Aue wurde bis 1810 Zinn gefördert und seit 1700 in der Weißerdenzeche St. Andreas auch Kaolin abgebaut, mit dem bis 1854 die Meissner Porzellanmanufaktur versorgt wurde; in Niederpfannenstiel verarbeitete die Farbenmühle Schneeberger Kobalt und produzierte die Wismutschmelze bis 1914 den gesamten Weltbedarf des seltenen Metalls, das als Heilmittel begehrt war. Nach dem Zweiten Weltkrieg begann die Uranerzförderung, als deren Folge bis heute nicht nur riesige Abraumhalden die Stadt umgeben, sondern auch Tausende von Bergleuten mit schwersten Gesundheitsproblemen zu kämpfen haben.

Museum der Stadt Aue

Trotz seiner langen Geschichte gibt es heute wenig Sehenswertes in Aue. Dazu gehört in erster Linie das Museum der Stadt Aue (Bergfreiheit 1), in dem naturgemäß der Bergbau breiten Raum einnimmt. Nicht umsonst ist es auch in einem ehemaligen Huthaus (wo die Ausrüstung der Bergleute 'gehütet' wurde) untergekommen (Öffnungszeiten: Mo.–Fr. 9.00–12.00 und 13.00–17.00, Sa. 9.00–17.00 Uhr).

Ebenfalls geblieben sind noch das Huthaus der Weißerdenzeche, das Umgebindehaus Bergfreiheit 11 sowie ein 2 km langer Rest der Klostermauer von Zelle.

Schwarzenberg

→ dort

Schwarzenberg N 7

Landkreis: Westerzgebirgskreis
Höhe: 427–561 m ü.d.M.
Einwohnerzahl: 20 000

*Perle des Erzgebirges

Als 'Perle des Erzgebirges' bezeichnet sich Schwarzenberg selbst nicht ganz zu unrecht, liegt es doch im Westerzgebirge recht malerisch am Zusammenfluß von Schwarzwasser und Mittweida in einem tiefen Talkessel,

Perle des Erzgebirges (Fortsetzung)

von dem es sich bis auf die Höhen ringsum hinaufzieht. Besonders die auf einem Bergsporn über der Reststadt thronende Altstadt mit Schloß und Kirche bietet ein reizendes Bild. In den Hochlagen rund um die Stadt bieten sich gute Wintersport- und Erholungsmöglichkeiten. Auch in Schwarzenberg wird Weihnachten auf traditionelle Weise begangen; dazu entzündet man auf dem Markt die älteste Weihnachtsgroßpyramide (7 m hoch, 1933) des Erzgebirges.

Geschichte

Die Burg, wahrscheinlich um 1150 von Herzog Heinrich von Melk zur Kontrolle der beiden Paßstraßen nach Böhmen errichtet, stand zusammen mit dem umgebenden Land eine Zeitlang unter der Lehenshoheit der böhmischen Krone. Die Herrschaft Schwarzenberg wird Mitte des 13. Jh.s als meißnerisches Lehen im Besitz der Burggrafen von Leisnig erwähnt. Die Gründung der Stadt geht auf Heinrich, Vogt von Gera, zurück; im Jahre 1282 wurde sie als 'civitas' bezeichnet. Neben Landwirtschaft, Handwerk und Handel erlangte um das Jahr 1500 der Eisenerzbergbau größere Bedeutung. Von den Zerstörungen des Dreißigjährigen Krieges erholten sich Stadt und Gebiet nur langsam, zumal der große Brand von 1709 Schloß und Stadt gleichermaßen schwer beschädigte. Im 19. Jh. kam es zu Unruhen in der Nagelschmiede, deren traditionelles Handwerk durch die Industrialisierung gefährdet war.
Kurios wird die Geschichte Schwarzenbergs zum Ende des Zweiten Weltkriegs, denn man vergaß, es zu besetzen. Die Sowjets hielten in Annaberg, die Amerikaner in Hartenstein. Beherzte, nicht als Nazis belastete Bürger bildeten einen Aktionsausschuß, der sieben Wochen lang von Mai 1945 an die Stadt 'regierte' und sogar eigenes Geld und eigene Briefmarken druckte. Mit dem Einrücken der Sowjetarmee am 21. Juni 1945 war es dann vorbei mit der 'Freien Republik Schwarzenberg'. Literarisch aber lebt sie immer noch weiter in Stefan Heyms Roman "Schwarzenberg". In den Jahren von 1946 bis 1958 wurde in der Umgebung der Uranbergbau betrieben.

Geldschein der 'Republik Schwarzenberg'

Sehenswertes in Schwarzenberg

Markt

Zentrum der schön restaurierten Altstadt ist der Markt mit dem stattlichen Rathaus. Rechts an ihm vorbei spaziert man hinauf zum Schloß und zur St.-Georgen-Kirche.

Meissner Glockenspiel

Etwa auf halbem Weg passiert man eine Brunnenanlage. Hier ertönt jeden Tag um 9.00, 11.00, 14.00 und 17.00 Uhr ein in einem alten Trafoturm aufgehängtes Glockenspiel aus 37 Meissner Porzellanglocken. Von der Anlage blickt man in die Untere Schloßstraße, die ein schmiedeeiserner Schwibbogen überspannt.

St.-Georgen-Kirche

*Innenraum

Dann erreicht man die Pfarrkirche St. Georgen, von Johann Georg Roth 1690 bis 1699 als einschiffiger Barockbau errichtet. Der herrliche barocke Innenraum besticht durch seine Weite und seine reiche Ausstattung. Besonders hervorzuheben sind dabei ein mit Silber belegtes Kruzifix aus dem 17. Jh. sowie die schmiedeeisernen Altarschranken, 1721 von Zacharias Georgi geschaffen.

Außen schlicht, innen ein Raumerlebnis – die Georgenkirche

Gleich darauf folgt das spätgotische Schloß Schwarzenberg, das auf die um 1150 erbaute Burg zurückgeht. Von 1433 an entstand unter Einbeziehung von Resten des alten Bergfrieds ein neues Schloß, das Kurfürst August 1555 bis 1558 zum Jagdschloß umbauen ließ. ***Schloß**

Das Schloßmuseum widmet sich der Geschichte der Stadt und des Schlosses, insbesondere auch dem Bergbau. Gezeigt werden Produkte der erzgebirgischen Gußstätten, die Arbeitsweise von Hammerwerken, Klöppelspitzen und als besondere Attraktion eine Nagelschmiede aus dem 19. Jh. und drei Miniaturwerkstätten in Puppenstubengröße (Öffnungszeiten: Di.–So. 10.30–16.30 Uhr). Schloßmuseum

Das Eisenbahnmuseum Schwarzenberg besteht seit sechs Jahren und bietet seinen Besuchern auf dem ehemaligen Bahnbetriebsgelände mit Lokschuppen und Drehscheibe von 1890 Dampflokomotiven (Baureihen 50, 52, 58, 86, 94), Dieselloks und historische Waggons (Öffnungszeiten: Sa. und So. 10.00–16.00 Uhr). Eisenbahnmuseum

Eine 1732 errichtete gedeckte Holzkastenbrücke über das Schwarzwasser verbindet die Ortsteile Untersachsenfeld und Neuwelt. Holzkastenbrücke

Die seit 1924 bestehende Naturbühne im Rockelmannpark ist in einem ehemaligen Steinbruch eingerichtet und bietet etwa 1100 Zuschauern Platz. Etwas oberhalb entstand 1934 bis 1938 eine amphitheatralische Freilichtbühne für 20 000 Zuschauer. Freilichtbühnen

Umgebung von Schwarzenberg

In Waschleithe (5 km nordöstlich) lohnt das Schaubergwerk 'Herkules-Frisch-Glück' einen Besuch. Es ist ein Untertagemuseum in 80 m Tiefe, das die Entwicklung des erzgebirgischen Bergbaus veranschaulicht (Öff- Waschleithe

Waschleithe (Fortsetzung)

nungszeiten: April – Okt. tgl. 9.00 – 16.00, Nov. – März Di. – Sa. 10.00 – 15.00 Uhr). Am Ort gibt es ferner einen Heimattierpark und eine Heimatecke, in der Gebäude und Anlagen des Erzgebirges en miniature zu sehen sind (Öffnungszeiten: Mai – Okt. tgl. 8.00 – 18.00 Uhr). Das Hotel-Restaurant Köhlerhütte lädt nicht nur zur Einkehr, es bietet auch die wunderbare historische Köhlerstube und das Jagdzimmer.

Markersbach

Die spätgotische Dorfkirche (15. Jh.) von Markersbach, 8 km östlich von Schwarzenberg, ist mit einer bemalten Holzdecke, bebilderten Emporen sowie Resten spätgotischer Wandmalereien ausgestattet. Technikfans gehen in die Holzwarenfabrik Frenzel, die sich selbst als 'arbeitendes Museum' bezeichnet, ist hier doch eine Einzylinder-Naßdampfmaschine von 1904 in Aktion zu erleben.
Südlich von Markersbach befindet sich das 1970 bis 1981 entstandene Pumpspeicherwerk mit der Talsperre 'Große Mittweida' und einem Ausgleichsbecken auf über 800 m Meereshöhe.

Bermsgrün

Harry Schmidt ist ein im Erzgebirge bekannter Schnitzmeister. In seiner Erzgebirgischen Volkskunststube in Bermsgrün 2 km südlich außerhalb von Schwarzenberg läßt er sich bei der Arbeit zusehen und stellt besonders hübsche Beispiele seiner Kunst aus.

*Besucherbergwerk Pöhla

Kein billiges Vergnügen, aber den hohen Eintrittspreis wert ist eine Besichtigung des Besucherbergwerks von Pöhla, 5 km südöstlich von Schwarzenberg. Es ist erst 1967 eröffnet worden und lag, da außer Zinn auch Uranerz gefördert wurde, in einem absoluten Sperrgebiet. Bis 1991 war es in Betrieb; seit 1992 ist es für Besucher zugänglich und gewährt einen sonst kaum gebotenen Einblick in den modernen Bergbau. Unter fachmännischer Führung eines Steigers fährt man mit der Grubenbahn u. a. in die beiden hallenartigen Zinnkammern, besucht eine Werkstatt unter Tage und kann selbst mit dem Hammer am Gestein klopfen (Führungen: Mo. bis

Postwaggon aus Kaisers Zeiten im Schmalspurbahnmuseum Rittersgrün

Fr. 10.00 Uhr ab fünf Personen, Sa. 10.00 Uhr ab 20 Personen). Wer das Glück hat, ein Konzert in den Hallen miterleben zu können, sollte das nicht versäumen.

Pöhla in der Umgebung von Schwarzenberg (Fortsetzung)

Antonsthal

Auch der 5 km südlich von Schwarzenberg zu erreichende Kurort Antonsthal bietet eine bergmännische Sehenswürdigkeit: Das Technische Museum Silberwäsche der Grube 'Unverhofft Glück' demonstriert die Technicken und Methoden der Silbergewinnung im 18. und 19. Jh. (Öffnungszeiten: Di. – So. 11.00 – 17.00 Uhr).

Breitenbrunn

Der nächste Halt südlich von Schwarzenberg (10 km) heißt Breitenbrunn, auch er herrlich gelegen zwischen den Erzgebirgshöhen. Hier wandert man und besichtigt die Ruine des 1610 erbauten Jagdschlößchens sowie im Ort das Bergmännische Traditionskabinett der Knappschaft Breitenbrunn (geöffnet nach Vereinbarung, Tel. 03 77 56 / 324).

Rittersgrün

*Schmalspurbahnmuseum

In Rittersgrün, 2 km östlich von Breitenbrunn, geht es ausnahmsweise einmal nicht um Bergbau, denn die Attraktion des Orts ist Deutschlands einziges Schmalspurbahnmuseum. Im Schmalspurbahnhof Oberrittersgrün können sich Eisenbahnfreunde an 50 Schienenfahrzeugen der 750-mm-Spur, originalen Diensträumen und Signaltechnik ergötzen (Öffnungszeiten: tgl. außer Mo. 9.30 – 12.00 und 13.00 – 17.00 Uhr).
Wer von Rittersgrün aus wandern will, kann dies u. a. zu den Naturschutzgebieten Pfahlmoor und Börnerwiese bis hin zum Fichtelberg (→ Oberwiesenthal) oder durch das Kunnersbachtal mit seinem Waldbad tun.

Johanngeorgenstadt

Den Namen ihres Gründers Kurfürst Johann Georg I. trägt die einstige Bergbaustadt und heutiger Ferienort Johanngeorgenstadt, direkt an der deutsch-tschechischen Grenze 18 km südlich von Schwarzenberg. Daß die Wismut AG hier den Untergrund auf der Suche nach Uran durchwühlte, zeigt manche inzwischen rekultivierte Abraumhalde. Dank ihrer Lage am Fuße des 1019 m hohen Auersbergs ist die Stadt auch ein wichtiger Wintersportort mit der Erzgebirgsschanze (Nachfolgerin der 1929 erbauten ersten deutschen Großschanze), einer Rennrodelbahn und einem Natureisstadion. Mit dem Schaubergwerk 'Glöckel' bietet der Ort Einblick in eine der ältesten Silbergruben des Erzgebirges (Führungen: tgl. außer Mo. 9.00, 10.00, 11.00, 13.00, 14.00 und 15.00 Uhr) und mit dem Pferdegöpel ein Beispiel früher Bergbautechnik (Führungen: tgl. außer Mo. 10.00, 11.00, 13.00, 14.00, 15.00 und 16.00 Uhr). Auch drei Postmeilensäulen gibt es in der Stadt, deren alte Bausubstanz bei einem Brand 1867 zerstört wurde.

Naturschutzgebiete

Für Wanderungen bieten sich die Naturschutzgebiete in der Nähe an: das Hochmoor Weitersglashütte mit typischer Hochmoorflora sowie der Große Kranichsee mit seltener Flora und Fauna, an dem es allerdings keine Kraniche zu sehen gibt, denn der Name leitet sich vom tschechischen 'hranice' für Grenze ab, über die das Gebiet hinausreicht. Zudem ist rund um den Auersberg manch weiterer Wanderweg markiert.

Seiffen **M 11 / 12**

Landkreis: Mittlerer Erzgebirgskreis
Höhe: 650 m ü.d.M.
Einwohnerzahl: 3500

**Spielzeugdorf

'Spielzeugdorf' und 'Spielzeugland' – Seiffens inoffizielle Beinamen lassen fast vergessen, daß die Gemeinde offiziell als 'Kurort Seiffen' firmiert. Seiffen liegt rund 40 km südöstlich von → Chemnitz im östlichen Erzgebirge, im 'Seiffener Winkel' südlich des Schwartenberges (789 m ü.d.M.) und unweit der deutsch-tschechischen Grenze. Der Ort ist Zentrum der sächsischen Spielwarenindustrie und aufgrund seiner reizvollen Lage und günstiger klimatischer Bedingungen ein bedeutender Fremdenverkehrsort, der

Baedeker Special

Das Spielzeugland im Erzgebirge

Die Jahreszahl 1168 steht für den Beginn des Silberbergbaus in Freiberg und im Erzgebirge insgesamt. Das 'Bergkgeschrey' lockte, die ergiebigen Erzvorkommen führten zur Gründung bedeutungsvoller Silberstädte wie Schneeberg (1471), Annaberg (1496) oder Marienberg (1521). Vor allem im Westerzgebirge fanden sich reiche Erzlagerstätten. Die Landschaft blühte auf, und prächtige Bau- und Kunstwerke erzählen noch heute von den Reichtümern jener Jahrhunderte.

Die Kammlandschaft des Erzgebirges ist dabei in starkem Maße von Böhmen her erschlossen und besiedelt worden. Nachweislich führten durch die Gebirgsregion, die unter anderem auch als 'Minquidi' (dunkler Wald) oder 'Behaimer Wald' (Böhmischer Wald) bezeichnet wurde, bereits vor 1100 etliche wichtige Handelsverbindungen. Entlang dieser Siedlungsbahnen entstanden um 1200 vom böhmischen Süden aus erste Befestigungen. Zisterziensermönche des Klosters Ossegg unterstützten diese Kultivierungsaktivitäten im mittleren und östlichen Erzgebirge, bei denen neben dem Glasgewerbe und der Landwirtschaft der Bergbau im Mittelpunkt stand.

Für Seiffen waren während der ersten Jahrhunderte die reichen Seifenlager im Seiffener Talgrund von Bedeutung, die infolge von Gesteinsverwitterung entstanden waren und qualitätvolle Zinngraupen enthielten. Diese wurden durch die 'Zinnseifner' ausgewaschen. Als "cynsifen" wird dann dieses Gebiet 1324 erstmals beurkundet.
Die Seiffener Bergleute waren bereits frühzeitig auch Bauern und bestellten das gerodete Land. Selbst in der Blütezeit des Seiffener Bergbaus findet sich diese Doppelberufigkeit. Im übrigen war das Berggeschehen in und um Seiffen im Vergleich zum Westerzgebirge eher bescheiden.

Gern stellt man sich vor, daß der Bergmann in der Freizeit und in Musestunden geschnitzt habe. Diese Vermutung findet sich vor allem im westlichen Teil des Gebirges bestätigt, in dem der "Bergbau auf edles Metall", nämlich Silber, zahlreiche Privilegien enthielt und den Bergleuten eine relativ gesicherte Existenz ermöglichte. Hier konnte nach des Tages Arbeit in den wenigen freien Mußestunden zum Schnitzmesser gegriffen werden.

Ganz anders die Entwicklung im Raum Seiffen. Quellen lassen die Annahme zu, daß um 1650 eine bescheidene Holzdrechselei unabhängig vom Bergbaugeschehen in Seiffen existiert hat. Bereits im Seiffener Kirchenbuch von 1644 wird Georg Frohs als Drechsler genannt. Unter der oftmals verwendeten Bezeichnung 'Teller- und Spindeldreher' lassen sich wohl ausschließlich "zum nützlichen Gebrauch" bestimmte Produkte verstehen, also Teller, Knöpfe, Spindeln, Feder- und Nadelbüchsen, deren hergestellte Mengen schnell über den örtlichen Bedarf hinausgingen und zum Lokalhandel führten. In Phasen bergbaulicher Rezession allerdings betrieben bald auch Bergleute das Drechseln als Nebenarbeit, da hier ein kleiner Zuverdienst möglich war.
Mit dem 17. Jh. ist eine interessante Wechselbeziehung zwischen dem Bergbau und der Holzdrechselei zu bemerken. Immer dann, wenn der Zinnbergbau ins Stocken gerät, nimmt die Anzahl der Drechsler zu. Die Zahlen sprechen dafür, daß in diesem Erzgebirgsteil die wirtschaftliche Not und nicht handwerkliche Muße den Bergmann zu diesem Berufswechsel zwang und daß für ihn die Frage Bergmann oder Holzdrechsler in erster Linie eine Existenzfrage war. Das 'bergmännische' Selbstverständnis der Seiffener und die außergewöhnliche sowie traditionsreiche Bergbaukultur setzten sich hier um in eine einmalige technologische

und ebenso gestalterische Qualität, die später zum Wesenszug der Spielzeugmacherei und auch des weihnachtlichen Schaffens wurde. Begünstigend auf das kulturell-gestalterische Klima Seiffens dürfte sich auch die bei Seiffen gelegene und um 1830 eingegangene Glashütte Heidelbach ausgewirkt haben, an der namhafte Glasgestalter gewirkt haben.

Zeitgenossen bemängelten, daß die frühe Seiffener Spielwaren mitunter plump gewesen wären und eine starke Unbeholfenheit in bezug auf die Gestaltung aufgewiesen hätten. Aber gerade jene wohl ungewollte Abstrahierung und Naivität erwiesen sich als ausgesprochener Vorteil für den Spielwert. Dieser Charakter, der durch die vereinfachende Wirkung der Drechseltechnik noch befördert wurde, barg und birgt noch heute mannigfaltige Möglichkeiten eines kindbezogenen und phantasievollen Spiels. In den Seiffener Preislisten um 1800 finden sich überwiegend gedrechselte Spielwaren, auch in Form miniaturisierter Hausgeräte. Kleinmusikinstrumente und besonders Dutzende verschiedenartigster Kegelspiele gingen zum Beispiel nach Frankreich. Vielgestaltig setzte der Spielzeugmacher dabei dekorative Elemente der Drechseltechnik ein, wie das Brandreifen, Zinnreifen oder Ränderieren. Die hölzerne Docke zum Klappern ist gleichsam zu einem Wahrzeichen Seiffener Spielzeugs geworden. Die einfache Dockenform bestimmte im Biedermeier auch den gedrechselten Lichterengel und wurde zum grundsätzlichen Gestaltungselement weihnachtlicher Volkskunst der Seiffener Region. Unzählige Variationen von Bewegungsspielzeugen ergänzten im 19. Jh. das Angebot, und mit der Entwicklung des auf der Welt einmaligen Reifendrehens (aus zu einem Reifen geformten Fichtenholz werden zahlreiche identische Figuren gesägt) machte die sogenannte Füll- und Schachtelware den kleinen Bergort auch in Übersee bekannt. Mit Beginn des 20. Jh.s kam schließlich das Miniaturspielzeug in das Sortiment.

In der Reifendrehwerkstatt des Erzgebirgischen Freilichtmuseums in Seiffen

Baedeker Special

Wer in den Dezembertagen ins winterliche Erzgebirge fährt, den erwartet eine besonders festlich eingestimmte Landschaft. In vielen Fenstern begrüßen ihn weihnachtliche Figuren, in den Gärten und Stuben stehen mit Lichterketten behangene Christbäume, und manches Ortszentrum ist mit einer meterhohen Weihnachtspyramide oder mit einem hell erleuchteten Schwibbogen geschmückt. Die heutige Erzgebirgsweihnacht zeigt, daß hier eine Tradition lebendig geblieben ist, die weit

Besitzerstolz: Nußknacker im Seiffener 'Knusperhäuschen'

über die wohl bekannteste Weihnachtsfigur, den Nußknacker, hinausgeht. Vielmehr war und ist mit Weihnachten ein mannigfaltiges und von Gebiet zu Gebiet gar unterschiedliches Brauchtum und Volkskunstschaffen verbunden. Die Wurzeln für dieses so überaus traditionsgebundene Tun finden sich in der Vergangenheit des Erzgebirges, im Bergbau. Nicht von ungefähr sagt man im Erzgebirge: "Alles kommt vom Bergmann her." Tatsächlich prägte das erzgebirgische Montanwesen in den Jahrhunderten nicht nur Landschaft, Wirtschaft und Architektur, vielmehr waren (und sind) das geistige und bildnerische Schaffen durchdrungen von jener Empfindsamkeit, Regsamkeit und Unerschöpflichkeit, die einst den bergmännischen Alltag ausmachten. Das Licht spielt dabei eine gewichtige Rolle, war es doch unter Tage nicht nur Beleuchtungsquelle und Werkzeug bei der Arbeit schlechthin, sondern durch die äußerst gefahrvolle Tätigkeit auch zum symbolträchtigen Sinnbild für Glück und Leben geworden. Die im Erzgebirge zur einzigartigen Blüte gekommene Bergbaukultur zeigt sich am deutlichsten in den Brauchtümern der Weihnachtszeit. Besonders im Westerzgebirge dürfte sich jene vorweihnachtliche Schnitzerei entfaltet haben, von der 1809 O. G. Wild in seinen "Interessanten Wanderungen durch das sächsische Obererzgebirge" folgendes berichtet:

"Während der ganzen Adventszeit arbeitet und schnitzt der fleißige Bergmann an allerlei mechanischen Spielereien, welche meistenteils allerlei Modelle des Bergbaues sind und ihm manchen Schweißtropfen kosten. Diese verkauft er nun entweder, damit er Feiertagsgeld habe, oder er illuminiert sie zur Freude seiner Familie am heiligen Abend. So findet man hölzerne Steiger, in deren Bauche man ein ganzes, wohllöbliches Bergamt mit den Köpfen nickend Session halten sieht; überbaute 4–5 Stock hohe Pyramiden, wo man das ganze Bergwesen, auch die Eisenhammer, Wasserkünste in völligem Gange sieht." Dieses 'Weihnachtserleben' des westlichen Gebirgsteiles wird noch lange Zeit vom Bergmann getragen und verdeutlicht sich besonders in gemeinschaftlich errichteten Weihnachtsbergen, in auf-

Lage und Allgemeines (Fts.)

bei entsprechender Schneelage auch Wintersportmöglichkeiten bietet. All das zusammen macht aus Seiffen für Kinder genauso wie für Erwachsene eines der interessantesten Reiseziele in Sachsen.

Die Seiffener Spielzeugmacher produzieren neben echtem Kinderspielzeug die klassische erzgebirgische Schnitz- und Drechselware: gedrech-

wendig gestalteten Landschaften und Krippenszenen, auch im metallenen Schwibbogen.

Andere Reiseberichte des 19. Jh.s belegen hingegen, daß die erzgebirgische Spielzeugproduktion und das weihnachtliche Gestalten in einem anderen Wechselspiel standen. Während die Herstellung der Spielwaren von Ökonomie oder (und) Technologie beherrscht war und die Produktivität mitunter zur alleinigen Triebfeder wurde, lassen die von Spielzeugmachern gefertigten festlichen Weihnachtsleuchter und Weihnachtspyramiden zwischen 1800 und 1930 eine eigentümliche, auf individuelles Erleben gerichtete Atmosphäre an den Vorweihnachtsabenden erahnen. Frei von äußerlichen Zwängen wurde dem persönlichen Schmuckbedürfnis nachgegangen, in der Absicht, für sich und die Familie ein würdevolles Abbild des Weihnachtsgedankens zu schaffen. In z. T. barocker Überfülle von Formen und Farben sowie verschiedenster Materialien wie Glasperlen, Glasstaub, Papierbilder, Zinn und glitzernde Steine entstanden aufwendige und ganz und gar nicht für den Verkauf bestimmte Dinge. Sowohl lichtertragende Figuren als auch der Räuchermann mögen anfangs wohl vorrangig für den Eigenbedarf gedacht worden sein.

Die geistigen wie materiellen Hinterlassenschaften des Zinnbergbaus, die Technologie des Drechselns und das entstandene Spielwarengewerbe im Gebiet Seiffen prägten aus gestalterischer und zugleich funktioneller Sicht eine relative Eigenständigkeit. In der Mitte des letzten Jahrhunderts, in einer Zeit, als Weihnachten erst viele seiner noch heute vorherrschenden Formen fand, begannen sich hier neue Produktionsansätze zu regen. Der sich entfaltende Charakter einer volkstümlichen Lichterweihnacht, einer Festzeit des Schenkens und der Familienfeier, führte neben der Spielzeugfertigung zu einer bescheidenen, weihnachtlich gestimmten Produktion. So erschienen um 1870 die ersten Seiffener Nußknacker auf dem Markt, und es wurden in geringen Stückzahlen gedrechselte lichtertragende Bergleute und Engelsfiguren angeboten. Größeren Umfang erreichte diese Produktion mit der Jahrhundertwende. In Kleinserie hergestellte Pyramiden brachte man gar erst nach 1920 in wesentlichen Stückzahlen zum Verkauf. Die Holzwarenfabrik Carl Ludwig Flemming in Globenstein im Westerzgebirge führte beispielsweise im Katalog des Jahres 1920 Stockwerkspyramiden mit gedrechselten Säulen auf, deren Bestückung Massefiguren waren. Als klassische Seiffener Stockwerkspyramide mit Figuren des 'Männelmachers' Karl Müller wurde 1923 von Bruno Hennig eine erste Serie von 90 Stück in den Handel gegeben.

Gewerblich entscheidend gestaltete sich diese Richtung der handwerklichen Produktion im Laufe unseres Jahrhunderts. Sie macht das Erzgebirge seitdem auch als 'Werkstatt des Weihnachtsmannes' weltberühmt. Relativ jung sind die inzwischen sehr beliebten Engelchen mit den weißen Punkten auf grünen Flügeln. Ihre Heimat ist Grünhainichen, ihr Schöpfer die Firma Wendt & Kühn. Die in Grünhainichen geborene Grete Wendt hat sie gemeinsam mit anderen Figuren in den 20er Jahren entworfen. Als 'Spiel- und Tändelkram' verknüpfen sie erzgebirgische Traditionen mit neuen künstlerisch-ästhetischen Gestaltungsweisen. Auch die Striezelkinder, um 1930 von Max Schanz in Seiffen entwickelt, sind nun seit Jahrzehnten in der Produktion und so gleichsam volkstümlich geworden. Die Nußknackerproduktion schließlich erlebte erst nach 1950 eine regelrechte Renaissance, indem viele neue Hersteller jährlich tausende Stück produzierten. Umfangreich ausgestattete Weihnachtsleuchter, mechanische Weihnachtsberge oder größere, mit dutzenden Figuren ausgestattete Pyramiden bleiben aber auch heute noch Einzelstücke und künden von jahrhundertealter bergmännischer Weihnachtstradition.

Lage und Allgemeines (Fts.)

selte Leuchterfiguren (Bergmann und Engel), Nußknacker, Räuchermännchen, Weihnachtspyramiden, Hängeleuchter und Spanbäume sowie die in Reifen (Ringen) gedrehten und davon abgespaltenen Tierfiguren. Eine Seiffener Besonderheit sind die Miniaturspielwaren. Zahlreiche Kleinbetriebe bieten ihre individuellen Arbeiten feil, und in manchen lassen sich die Mei-

Lage und Allgemeines (Fts.)

ster auch über die Schulter gucken. Authentischer kann man erzgebirgisches Holzspielzeug nicht erwerben. Und wer es irgendwie ermöglichen kann, sollte Seiffen in der Weihnachtszeit besuchen. Andererseits: Dörfliche Schönheit wird man vergebens suchen. Zu sehr ist Seiffen vom Verkaufsbetrieb geprägt: Entlang der bergan steigenden, kilometerlangen Hauptstraße reiht sich ein Schnitzereibetrieb an den anderen, drängeln sich die Autos und Reisebusse.

Geschichte

Die Siedlung Seiffen wurde 1324 erstmals urkundlich genannt. Traditionell ist hier Bergbau auf Zinnerz betrieben worden, von dem auch der Ortsname herrührt: Er wird abgeleitet vom früheren Auswaschen ('Seifen') der Zinnkörner aus dem Verwitterungsschutt der Täler. Die Herrschaft Purschenstein unterhielt in Seiffen ein eigenes Bergamt mit Pochwerk und Schmelzhütte, doch der Bergbau ging immer mehr zurück und erlosch schließlich 1849. Glücklicherweise hatte sich schon zuvor die Holzbearbeitung als neue Erwerbsmöglichkeit angeboten; bereits 1699 ist vom Seiffener Drechsler Johann Friedrich Hiemann belegt, daß er 'Seiffener Ware' auf Schubkarren zur Leipziger Messe gebracht hatte. Seit 1760 beschickte man die Messen in Leipzig und Nürnberg regelmäßig und erfolgreich mit Spielzeug. Nach dem Zweiten Weltkrieg erlebte die Spielzeugproduktion eine neue Blüte.

Sehenswertes in Seiffen

**Erzgebirgisches Spielzeugmuseum

Das erste, was man in Seiffen ansteuern sollte, ist das Erzgebirgische Spielzeugmuseum. Es zeigt u. a. die Entwicklung des Seiffener Bergmanns zum Spielzeugmacher und des Seiffener Spielzeugs zur weltbekannten Handelsware, ehrt das Werk der berühmtesten Schnitzer, dokumentiert aber auch die Lebensumstände der einstigen Heimarbeiter durch den

Seiffens hübsche Dorfkirche als Modell im Erzgebirgischen Spielzeugmuseum

Nachbau einer Werkstatt und einer Stube. Am faszinierendsten aber ist natürlich die große Sammlung alten Seiffener Kunsthandwerks aus der Zeit von 1800 bis 1930 – Schwibbögen und Nußknacker, Räuchermännchen und Weihnachtsberge, Leuchter und Puppenstuben, Arche Noah und Baukästen und, über zwei Stockwerke des Museums reichend, eine über 6 m hohe Weihnachtspyramide (Öffnungszeiten: tgl. 9.00 – 17.00 Uhr). Im Untergeschoß des Museums wartet ein reichbestückter Laden.

Erzgebirgisches Spielzeugmuseum (Fortsetzung)

Kurz hinter dem Ortseingang rechts kann man im 'Schdeeneladen' ausnahmsweise nicht Holzspielzeug, sondern Mineralien erwerben. Ein kleines Museum gehört dazu.

Seiffener Schdeeneladen

Kinderaugen werden leuchten, wenn sich die 88 Figuren des mechanischen Heimatbergs in Bewegung setzen und die Lebensweise der Bergleute um 1830 in Szene zu setzen. Zu sehen ist das mechanische Wunderwerk in einem Bergmannshaus von 1750 an der Hauptstr. 63 (Öffnungszeiten: tgl. 10.00 – 17.00 Uhr).

Beim Bergmeister

Wie all die bunten Spielsachen entstehen, kann man in der Schauwerkstatt der Seiffener Volkskunst in der Bahnhofstraße 12 (von der Hauptkreuzung links hinauf) verfolgen, wo man Reifendrehern, Schnitzern und Malern zusieht (Öffnungszeiten: Mo. – Do. 9.00 – 12.00 und 13.00 – 16.00, Fr. nur bis 15.00, Sa. und So. 10.00 – 15.00 Uhr).

*Schauwerkstatt

Ein anmutiges Bild bietet, vor allem vom rückwärtigen Friedhof aus betrachtet, die 1779 geweihte kleine Dorfkirche, steil rechts oberhalb der Hauptkreuzung liegend. Christian Reuther, ein Schüler des Dresdener Kirchenbaumeisters George Bähr, lieferte den Entwurf für den barocken achteckigen Zentralbau mit umlaufenden Emporen. Daß Seiffen einst eine Bergstadt war, signalisiert die Wetterfahne in Gestalt eines Bergmanns.

*Dorfkirche

Im Erzgebirgischen Freilichtmuseum: das Trafohäuschen und links dahinter im Tal das Reifendrehwerk

Binge

Mitten im Ort, unterhalb der Kirche, tut sich die 35 m tiefe Binge auf, wie die Geyerin Zeugin des einstigen Bergbaus. Um sie herum haben sich zahlreiche einstöckige Häuser mit steilem Satteldach erhalten. Einen guten Eindruck vom ehemaligen Bergbau vermittelt auch der umfassende Rundblick von der Bingenhalde.

*Erzgebirgisches Freilichtmuseum

(→ Abb. S. 308)

Noch einen sehr attraktiven Zeitvertreib verspricht ein Besuch im Erzgebirgischen Freilichtmuseum am östlichen Ortsausgang von Seiffen Richtung Deutscheinsiedel. Sein Thema ist das dörfliche Leben im Erzgebirge zwischen 1850 und 1930, insbesondere die verschiedenen Arten der Holzbearbeitung. Hauptanziehungspunkt ist das Wasserkraftdrehwerk aus dem Jahr 1760, in dem die Technik des Reifendrehens demonstriert wird, das einzige seiner Art in Deutschland. Im Untergeschoß ist die Stube des Reifendrehers zu sehen. Weitere aufgebaute Gebäude sind ein Seiffener Bergmannshaus, ein Flößerhaus, ein Trafo-Häuschen von 1912, die Werkstätten eines Spielzeugmachers und eines Spankorbmachers, ein Waldarbeiterhaus von 1813 mit einer Röhrenbohrwerkstatt, ein Dorfspritzenhaus, ein Wohnstallhaus aus dem 18. Jh. und ein Sägewerk. Weitere Gebäude, darunter eine Spanziehmühle, sollen in den nächsten Jahren hinzukommen (Öffnungszeiten: April – Okt. tgl. 9.00 – 17.00, Nov. – März witterungsabhängig bis 16.00 Uhr).

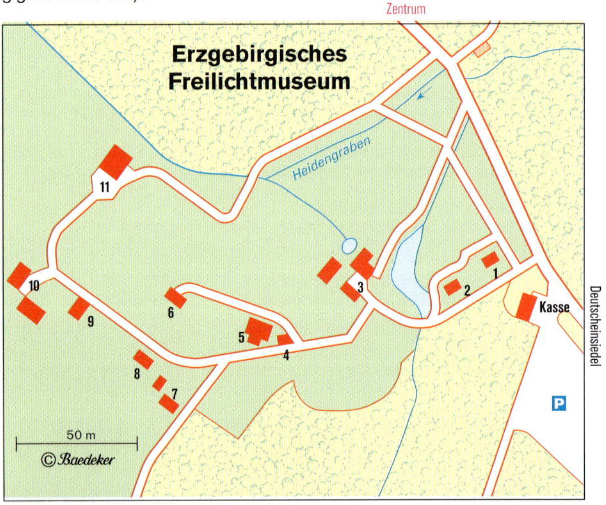

1 Bergmannshaus
2 Flößerhaus
3 Reifendrehwerk
4 Trafostation von 1912
5 Spielzeugmacherhaus
6 Spankorbmacherhaus
7 Waldarbeiterhaus mit Röhrenbohrschuppen
8 Stellmacherhaus
9 Spritzenhaus
10 Kleinbauerngehöft
11 Sägewerk

Umgebung von Seiffen

*Aussicht vom Schwartenberg

Reizvoll ist eine Wanderung von Seiffen zum Schwartenberg (789 m ü.d.M.); von dort bietet sich eine weite Aussicht bis zum Fichtelberg, sogar bis Schloß → Augustusburg, nach Frauenstein und zur Talsperre Rauschenbach.

Olbernhau

10 km westlich von Seiffen erstreckt sich Olbernhau im Tal der Flöha. Die 1434 erstmals erwähnte Stadt wird das 'Tor zum Spielzeugland' genannt. Wie in Seiffen lernt man auch in Olbernhau die beiden das Erzgebirge prägenden Industrien kennen: Spielzeug und Bergbau. Ersteres ist im

Museum 'Haus der Heimat', einem ehemaligen Rittergut, auf anschauliche Weise dokumentiert (Öffnungszeiten: Di.–Fr. 10.30–16.15, Sa. und So. 12.00–16.15 Uhr).

Olbernhau (Fortsetzung)

*Saigerhütte

Um den Bergbau, genauer gesagt um die Verhüttung von Kupfererz und Verarbeitung des Rohkupfers dreht sich alles in der Saigerhütte im Ortsteil Grünthal. Seit 1537 sind die Hütte und der sog. Althammer belegt. Heute stellen die insgesamt 22 Gebäude ein in in Europa einmaliges technisches Denkmal dar, insbesondere die drei wasserbetriebenen mächtigen Hämmer des Althammers, auf denen angeblich 1712 Zar Peter I. einen Ritt absolviert haben soll. (Öffnungszeiten: Mitte März–Okt. und Dez. Di.–So. 9.30–11.30 und 13.00–16.00 Uhr, Nov., Jan. und Feb. unregelmäßig je nach Witterungslage).

Fahrt nach Rübenau

Eine landschaftlich sehr schöne Strecke führt von Olbernhau südwärts und dann entlang der Grenze nach Tschechien durch ein romantisches, von bizarren Felsformationen gesäumtes Tal hinauf auf die windgepeitschte Hochfläche um Rübenau.

Sayda

Sayda, 5 km nördlich von Seiffen, ist wieder etwas für Kirchenfreunde. In der dreischiffigen spätgotischen Pfarrkirche St. Marien erklingt eine Silbermannorgel; außerdem besitzt sie sehr sehenswerte Epitaphien der Familie von Schönberg.

Neuhausen

Einzig und allein Nußknacker – darunter den kleinsten mit 1,15 cm und den größten mit 3,86 m – präsentiert das erste Nußknackermuseum Europas in Neuhausen 3 km nördlich von Seiffen (Öffnungszeiten: Mo.–Fr. 9.00 bis 18.00, Sa. und So. bis 17.00 Uhr). Erst im Sommer 1996 eröffnet worden ist das Glashüttenmuseum mit Schauwerkstatt, das an die Tradition der Heidelbacher Glashütte anknüpft (Öffnungszeiten: Mi.–So. 10.00–12.00 und 13.00–17.00 Uhr). Außerdem gibt es in Neuhausen noch Schloß und Park derer von Purschenstein.

Stolpen H 15

Landkreis: Sächsische Schweiz
Höhe: 356 m ü.d.M.
Einwohnerzahl: 2000

*Lage und Allgemeines

Mit dem Namen des Städtchens Stolpen und seiner Burg, die sich 20 km östlich von → Dresden an eine aus der Umgebung herausragende Basaltkuppe schmiegen, verbindet fast jeder Besucher das tragische Schicksal der Mätresse Augusts des Starken, der Gräfin Cosel (→ Berühmte Persönlichkeiten): 49 Jahre verbrachte die vom Kurfürsten Verstoßene in Einsamkeit auf der Burg.

Geschichte

"Anno 1121 haben die Deutschen auf hiesigem Berge, der mit lauter Busch umgeben war, eine Burgk von geschrothenem Holze erbaut, sind aber von denen Böhmen daraus vertrieben worden." So weiß die Böhmische Chronik von der ersten Stolpener Burg zu berichten, die zum Schutz der Kreuzung der Böhmischen Glasstraße mit dem Handelsweg von Pirna nach Bautzen erbaut wurde. Ihr Name wird vom slawischen 'stowp' (= Säule) nach den hier stehenden Basaltsäulen abgeleitet. 1218 erwarben die Bischöfe von Meißen die Burg und machten sie zur Grenzfestung des Bistums, in deren Schutz eine Siedlung entstand. Im Jahre 1320 wurde die Burg Verwaltungsmittelpunkt des Amtes Stolberg und gelangte 1559 in den Besitz der Kurfürsten von Sachsen. Im Siebenjährigen Krieg erlitt sie schwere Schäden und diente dann als Gefängnis für sächsische Staatsgefangene. Napoleon I. ließ sie wieder aufbauen, doch nach seinem Abzug sprengen. Das Zerstörungswerk vollendeten Österreicher und Russen. Mitte des 19. Jh.s begannen die Restaurierungsarbeiten; bald danach wurde die Burg zum beliebten Ausflugsziel.

Seit 1996 ziert auch wieder eine Postmeilensäule den Marktplatz von Stolpen.

Stadt Stolpen

*Marktplatz

Ein Stadtbrand im Jahr 1723 verschonte kaum ein Stolpener Haus, sodaß sich die Altstadt überwiegend im Gewand des 18. Jh.s zeigt. Beeindrukkend ist der fast quadratische, zur Burg hin ansteigende Marktplatz, ein Zeugnis der frühmittelalterlichen Kolonisation in dieser Gegend. Neben dem Rathaus von 1660 mit einem Stadtwappen mit der Jahreszahl 1549, die auf die Verleihung des Wappens hindeutet, ist die Löwenapotheke (1722) mit ihrem vergoldeten Wappen ein bemerkenswertes Gebäude. Das Alte Amtshaus trägt das kursächsische Wappen ebenso wie das Neue Amtshaus (heute Sparkasse), das zusätzlich die Jahreszahl 1673 aufweist. Nach der Verleihung des englischen Hosenbandordens an die Kurfürsten Johann Georg II. und Johann Georg IV. (1660 bzw. 1693) für deren Verdienste in den Türkenkriegen wurde auch das Motto des Ordens dort angebracht ("Honi soit qui mal y pense"). Im Amtsgericht hat im Jahre 1813 Napoleon gewohnt. Heute sind hier Verkehrsamt und Stadtmuseum eingerichtet. Erst im Sommer 1996 ist die Nachbildung der Postmeilensäule von 1732 aufgestellt worden.

*Burg Stolpen

Öffnungszeiten
April – Okt.
tgl. 9.00 – 17.00,
Nov. – März
tgl. 10.00 – 16.00

Oberhalb vom Markt erhebt sich die Burg Stolpen. Die langgestreckte Burganlage gliedert sich in vier Burghöfe und wird von vier Türmen geprägt. Sie ist fast ausschließlich aus örtlichem Basalt errichtet worden.
Man tritt von der Stadt her durch das Torhaus in den ersten Hof und sieht vor sich das Kornhaus von 1518 mit der Hauptwache und dem Marstall, in dem mittels eines Modells die Alte Wasserkunst erläutert wird, die 1561 zur Wasserversorgung der Burg konstruiert wurde. Daran grenzt die Folter-

Burg Stolpen

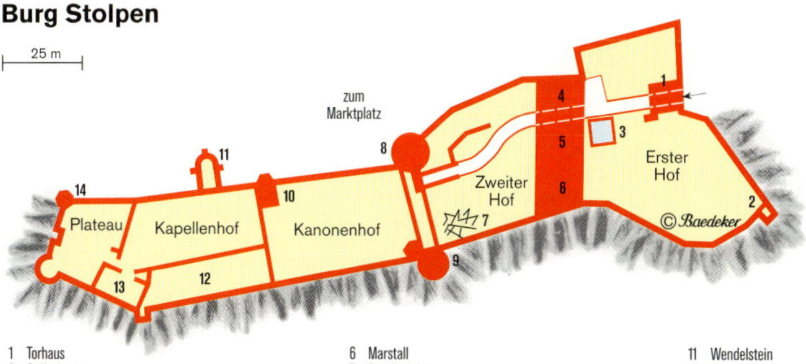

1 Torhaus
2 Grillenburg
3 Zisterne
4 Hauptwache
5 Kornhaus
6 Marstall
7 Basaltsäulen
8 Schösserturm
9 Coselturm
10 Saigerturm
11 Wendelstein
12 ehem. Zeughaus
13 ehem. Burgkapelle mit Coselgrab
14 Siebenspitzenturm

Burg Stolpen (Fortsetzung)

kammer, deren abschließende Wand aus natürlichen Basaltformationen besteht. Über den zweiten Hof – links sieht man eine weitere Basaltsäulengruppe – kommt man zum Zwinger. Rechts erhebt sich der Schösserturm, der eine Sammlung von Tür- und Truhenschlössern bewahrt, links der berühmteste der Stolpener Türme, der Johannisturm von 1509, allgemein nur als Coselturm bekannt, denn drei seiner Räume, zusätzlich Küche und Bibliothek, bewohnte die Gräfin Cosel von 1716 bis zu ihrem Tod 1765, die letzten 27 Jahre allerdings freiwillig. Diesem Schicksal widmet sich eine Gedächtnisausstellung; sehenswert sind auch der spätgotische Gerichtssaal und der Kerker sowie die Wachstube mit Umgang in der Turmspitze.

*Coselturm

Die letzten 49 Jahre ihres Lebens verbrachte Gräfin Cosel auf Burg Stolpen.

Burg Stolpen (Fortsetzung)

*Brunnen

Auf den Zwinger folgt der Kanonenhof mit dem Saigerturm in der Nordwestecke, der ein handgeschmiedetes Uhrwerk von 1562 trägt. Der letzte Hof, der Kapellenhof, bietet gleich mehrere Sehenswürdigkeiten. Zuvörderst den Burgbrunnen, der von 1608 an im bergmännischen 'Feuersetzverfahren' angelegt und 1630 fertiggestellt war – pro Tag schaffte man so einen Zentimeter! Er ist mit 82 m der tiefste Basaltbrunnen der Erde; die Wasseroberfläche in 75 m Tiefe ist nur mit einem Spiegel zu sehen. Hinter dem Brunnen lag die einst große Burgkapelle, von der nur die unterirdischen Gänge und Räume erhalten sind. Schließlich steigt am Ende des Hofs der Siebenspitzturm auf, der eine Kräuterküche enthält; daneben die Plattform des Kapellenturms, von dem man eine gute Sicht in die Landschaft und auf die achteckigen Basaltsäulen am Hang hat.

Tharandter Wald H / I 11 / 12

Landkreis: Weißeritzkreis

*Sachsens schönster Wald

Für viele ist der 6000 ha große, unter Landschaftsschutz stehende Tharandter Wald zwischen → Freiberg und → Dresden ganz einfach 'Sachsens schönster Wald'. Er erstreckt sich am nördlichen Rand des unteren Osterzgebirges zwischen Wilder Weißeritz im Osten und Colmnitzbach im Südwesten. Nicht Berge und Gipfel machen den eigentümlichen Reiz des Tharandter Waldes aus – die Niveauunterschiede betragen kaum mehr als 60 m –, sondern die geologische Eigenart der hier auftretenden Gesteine und die Artenzusammensetzung des Waldes, der nur in der Grillenburger Lichtung eine Rodungsinsel aufweist.
Auf Grauem Freiberger Gneis, der im Tal der Wilden Weißeritz angeschnitten ist, breiten sich verschiedene Arten von Porphyr aus, die in Steinbrüchen aufgeschlossen sind. Auch von kreidezeitlichen Sandsteinbecken sind ausgedehnte, aber stark aufgelöste Reste vorhanden. Schließlich durchstießen tertiäre Basalte die Gneise, Porphyre und Sandsteine. Sie bilden den Ascherhübel und den Landberg (430 m ü.d.M.) am Nordrand des Tharandter Waldes. So bietet der Wald trotz seines im allgemeinen osterzgebirgischen Hochflächencharakters, der nur durch die Quellwannen und Muldentäler der Triebisch und ihre Quellbäche eine Unterbrechung erfährt, eine interessante geologische Vielfalt.
Im Tharandter Wald, einst Forst- und Jagdrevier der Markgrafen von Meißen und Kurfürsten von Sachsen, wachsen von Natur aus überwiegend Nadelbäume, doch hat sich sein Baumbestand seit dem 19. Jh., als er unter die Obhut der Forstlehranstalt kam, verändert. Besonders der Forstbotanische Garten und die Ränder des Waldgebietes weisen artenreiche Laubmischwälder mit auffallend vielfältiger Bodenvegetation auf. Zusammen mit einer ungewöhnlich artenreichen Tierwelt ist der Tharandter Wald daher ein sehr beliebtes Naherholungsziel, den zahlreiche Wanderwege durchziehen. Auch die Sächsische Silberstraße durchquert den Wald.

Jagdschloß Grillenburg

Recht genau in dessen Mitte liegt das Jagdschloß Grillenburg. In ihm lebt die Tradition des Tharandter Waldes als Jagdrevier in der jagdkundlichen Ausstellung in der ehemaligen Schösserei wieder auf. Die Schösserei ist der Überrest des Schlosses, das sich Kurfürst August Mitte des 16. Jh.s hatte bauen lassen, um sich seine 'Grillen' (= Launen) vertreiben zu können (Öffnungszeiten: Di. – So. 10.00 – 17.00 Uhr).

Tharandt H 12

Stadt der Forstwissenschaft

Häufigster Ausgangspunkt für Wanderungen durch den Tharandter Wald ist die an dessen Nordostrand im Tal der Wilden Weißeritz gelegene Stadt Tharandt, das durch die im Jahr 1811 von Johann Heinrich Cotta (1763 bis 1844) gegründete Forstlehranstalt bekannt wurde.

Höchst idyllisch liegt Jagdschloß Grillenburg im Tharandter Wald. Es beherbergt heute eine jadgkundliche Ausstellung.

Forstbotanischer Garten

Im Forstbotanischen Garten gedeihen ca. 2000 verschiedene Arten, deren Studium man im 1842 gebauten Schweizerhaus mit der forstbotanischen Sammlung vertiefen kann (Öffnungszeiten: April–Okt. Mo., Mi., Do., Sa. und So. 8.00–17.00 Uhr). Im Park ehrt ein von Rietschel 1851 geschaffenes Denkmal den Gründer Heinrich Cotta.

Burgruine

Die aus dem 13. Jh. stammende Tharandter Burg ist heute eine malerische Ruine. Auf einem Teil des Burgbergs erhebt sich die Kirche zum Heiligen Kreuz, erbaut in den Jahren 1628 und 1629, in der noch ein Gewölbe und ein Portal der alten Burg erhalten sind. Sie birgt eine spätgotische Kreuzigungsgruppe.

Umgebung von Tharandt

Tal der Wilden Weißeritz

Von Tharandt aus bietet sich eine Wanderung flußaufwärts durch das Tal der Wilden Weißeritz an, das die Ostgrenze des Tharandter Waldes bildet. Auf dem Weg stößt man auf zahlreiche Fischteiche sowie auf manchen Überrest des Silberbergbaus wie das Bergwerk 'Edle Krone' oder den Stollen Segen-Gottes-Stollen. Für eine längere Tour kann man den Marsch bis zu den Talsperren Klingenberg und Lehnmühle fortsetzen.

Freital

Das 5 km östlich von Tharandt liegende Freital bietet zwar auch ein Heimat- und Bergmuseum, zumeist aber wird es aufgesucht, weil vom Ortsteil Haintal die dampfgetriebene Weißeritzbahn nach Kurort Kipsdorf (→ Altenberg, Umgebung) losfährt.

*Rabenauer Grund

Das Bähnchen schnauft dabei auch an der Roten Weißeritz entlang durch den wildromantischen Rabenauer Grund südöstlich von Tharandt, teils zwischen 80 m hohen Klippen hindurch und über waghalsige Brückenkonstruktionen hinweg. Selbstverständlich muß man aber nicht mit der Bahn fahren, um die Schlucht zu erforschen: Wanderwege gibt es zuhauf. Und

Rabenau

Rabenau selbst kann ein originelles Museum vorweisen: das Stuhlbaumuseum in der Lindenstraße Nr. 2 (Öffnungszeiten: 1. und 3. So. im Monat 14.00–17.00 Uhr).

Dippoldiswalde I 12

Nikolaikirche
St. Marien und Laurentius

Dippoldiswalde liegt 12 km südlich von Tharandt und ist Sitz des Weißeritzkreises. Die kleine Stadt, Station an der Weißeritzbahn, besitzt zwei recht große Kirchen: die romanisch-frühgotische, ohne Turm gebliebene Nikolaikirche mit ihrem Flügelaltar von 1520, und die Stadtkirche St. Marien und Laurentius. Die Turmbasis dieses spätgotischen Gotteshauses stammt noch aus romanischer Zeit, während die Turmspitze wie auch die Innenausstattung barock ist. Unter dieser verdienen besonders die 33 Gemälde Beachtung, die Johann Panitz zwischen den Jahren 1640 und 1642 an der Kassettendecke im Chor anbrachte. Die gotisierende Bemalung der übrigen Decken und der Holzemporen stammt allerdings aus dem 19. Jahrhundert.

Schloß
Rathaus

Gegenüber der Stadtkirche erinnert das Portal des 1540 vollendeten Schlosses ein wenig an das Georgentor am Residenzschloß in → Dresden. Das Rathaus von Dippoldiswalde ist ein stattlicher spätgotischer Bau mit Renaissancegiebel und -portal.

Lohgerberei

Wirklich interessant in Dippoldiswalde ist aber die seit 1750 bestehende Lohgerberei, die einzige derartige Schauanlage in ganz Europa (Öffnungszeiten: Mo., Di., Do. und Fr. 10.00 – 12.00 und 13.00 – 16.00, Mi. 10.00 bis 12.00 und 13.00 – 17.00, Sa. und So. 13.00 – 17.00 Uhr).

Umgebung von Dippoldiswalde

Dorfkirchen

Einige Dörfer in der näheren Umgebung von Dippoldiswalde haben sich in der Vergangenheit bemerkenswerte Kirchen gebaut. Die erste findet man wenige Kilometer nördlich in Seifersdorf. Sie geht auf das 15. Jh. zurück und besitzt einen 1518 geschaffenen Flügelaltar, der vermutlich aus dem Kloster Altzella bei Nossen stammt (→ Meißen, Umgebung). Die Kirche von Ruppendorf, 5 km westlich, hat romanische Wurzeln und besitzt ebenfalls einen Flügelaltar vom Beginn des 16. Jh.s; 6 km südlich von Dippoldiswalde kommt man nach Schmiedeberg, dessen 1716 vollendete Dreifaltigkeitskirche von George Bähr sich als einer für den Dresdener Kirchenbaumeister typischen Zentralbau präsentiert. Wer eine sehr schöne, vor allem klangprächtige Silbermannorgel sehen möchte und vielleicht auch hören kann, der fahre schließlich ins 7 km östlich gelegene Reinhardtsgrimma, dessen spätgotische, barock umgestaltete Dorfkirche 1731 ein Instrument des großen sächsischen Orgelbauers erhielt.

Talsperre Malter

Nördlich von Dippoldiswalde bietet die Talsperre Malter Gelegenheit zum Baden und Wandern.

Torgau C 8

Landkreis: Torgau-Oschatz
Höhe: 83 m ü.d.M.
Einwohnerzahl: 21 000

'Amme der Reformation'

Am südlichen Ufer der Elbe, zwischen den Ausläufern der waldreichen Annaburger, Dübener und Dahlener Heide, liegt Torgau, die einstige Residenzstadt der ernestinischen Kurfürsten. "Torgau ist immer meine Wonne gewesen", sprach einst Kurfürst Johann Friedrich über die Stadt, in der der Verbreitung der Reformation entscheidend der Weg geebnet wurde und die seither als 'Amme der Reformation' bezeichnet wird. Noch aus einem weiteren Grund kennen viele den Namen Torgau: Hier trafen sich – zumindest nach offizieller Lesart – kurz vor Ende des Zweiten Weltkriegs erstmals auf deutschem Boden US- und Sowjettruppen. Ein Besuch in der Elbestadt, deren Wirtschaft heute Landwirtschaft, Landmaschinenbau, Papier- und Steinguterzeugung und Glasfertigung bestimmen, führt also in einen Ort von historischem Gewicht, der zudem noch das älteste deutsche Renaissanceschloß sein eigen nennt.

Geschichte

Im 10. Jh. drangen die Ritterscharen um Kaiser Otto den Großen weit in slawische Gebiete östlich der Elbe und Mulde vor. Auf einem steilen Porphyrfels über der Elbe entstand am Ort des heutigen Torgau zur Sicherung des Elbübergangs eine Befestigung, die Otto II. 973 dem Erzbistum Magdeburg schenkte. In der Schenkungsurkunde erscheint erstmals der aus dem slawischen 'torgov' (= Marktort) abgeleitete Name. Mitte des 13. Jh.s erhielt Torgau das Stadtrecht. Um 1300 fiel die Stadt an die Wettiner, die sie 1456 zu ihrer Residenz erhoben. Als die wettinischen Lande 1485 geteilt wurden, forcierten die Ernestiner, die die Kurwürde behielten, den schon Jahre zuvor begonnenen Ausbau der Burg. Dank des neuen Schlosses, das vor allem in der ersten Hälfte des 16. Jh.s manch rauschendes Fest sah, lief Torgau der eigentlichen Hauptstadt Wittenberg beinahe den Rang ab. Aus Wittenberg kam auch Martin Luther 1521 zum ersten Mal nach Torgau und fand in Kurfürst Friedrich dem Weisen einen mächtigen Beschützer – er versteckte ihn auf der Wartburg. In den folgenden Jahren wurde Torgau zu einem Brennpukt der Reformation: 1526 schlossen hier die protestantischen Fürsten Philipp von Hessen, Johann der Beständige und Johann Friedrich von Sachsen den Torgauer Bund, und 1530 erarbeiteten Martin Luther, Philipp Melanchthon, Justus Jonas und Bugenhagen die sog. Torgauer Artikel, die zur Grundlage des Augsburger Religionsfriedens werden sollten. Als 1547 jedoch die Protestanten die Schlacht von Mühlberg östlich von Torgau gegen den Schmalkaldischen Bund verloren, verlor Johann Friedrich auch die sächsische Kurwürde. Torgau kam zu den Albertinern, bei denen es bald keine Rolle mehr spielte. Im Dreißigjährigen Krieg wurde die Stadt mehrfach beschossen und ausgeplündert. 1811 baute Napoleon Schloß Hartenfels zur Festung aus, die nach 1815 in preußischen Besitz überging. Torgau war nun eine Garnisons- und Beamtenstadt. Erst nach der Entfestigung der Stadt 1889 setzte in Torgau die Industrialisierung ein.

Torgau an der Elbe mit Schloß Hartenfels und St. Marien. Die berühmte 'Brücke der Begegnung' ist vor einigen Jahren abgerissen worden. Nur noch ein Pfeiler an der Stadtseite ist von ihr geblieben.

Sehenswertes in Torgau

Rathaus

Zentrum der Torgauer Altstadt ist der historische Marktplatz mit dem langgestreckten Rathaus an seiner Westseite. Es wurde 1563 bis 1579 vom Dresdener Baumeister Wegern auf dem Gelände des ehemaligen Nikolaifriedhofs errichtet. Auffallend ist der Runderker, dessen Brüstungsfelder mit reichem Skulpturenschmuck gestaltet sind, u. a. mit Bildnissen des Kurfürsten August und seiner Gemahlin Anna. Im Rathaushof steht die im 13. Jh. begonnene Nikolaikirche.

***Altstadthäuser**

Am Markt und in seinen Nebengassen haben sich etwa 100 historische Bürgerhäuser aus dem 16. und 17. Jh. mit schönen Renaissancegiebeln und Sitznischen erhalten, u. a. die Mohrenapotheke von 1503 (Markt 4), die älteste Apotheke in Kursachsen, Scheffelstraße 1 und 2 (1560), Nonnenstraße 1 und 7 (1580) und Bäckerstraße 3, das älteste deutsche Spielzeuggeschäft, sowie Nr. 8. In manchem der Häuser wurde bereits vor 500 Jahren "bestes Torgisch-Bier gebraut, das von schwarzem Coleur und aromatischem Geschmacke war" und von dem sich Luther zur Hochzeit in Wittenberg ein Faß bringen ließ.

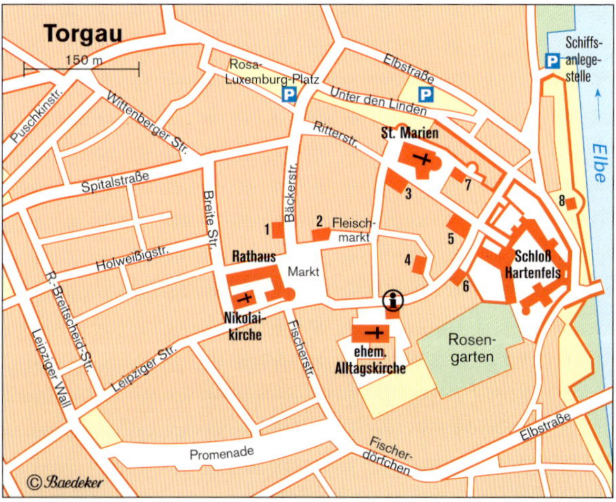

1 Ätestes Spielzeuggeschäft Deutschlands
2 Mohrenapotheke
3 Superintendentur
4 Sterbehaus der Katharina von Bora
5 ehem. Zeughaus
6 Kentmannhaus
7 ehem. kursächsische Kanzlei
8 Denkmal der Begegnung an der Elbe

Alltagskirche

Von der Südostecke vom Marktplatz geht die Schloßstraße ab. Sie führt an der Alltagskirche vorbei, einst die Kirche des Franziskanerordens, zeitweilig für Konzerte und Theater genutzt und später zur Turnhalle umgebaut. Der ursprüngliche Bau von 1243 wurde 1484 erneuert, die Bauarbeiten jedoch Anfang des 16. Jh. s eingestellt und die Mönche verjagt. In den ehemaligen Klostergebäuden brachte der sächsische Kurfürst seine Pferde und eine Fechtschule unter, 1557 übersiedelte die Torgauer Lateinschule hierher. 1834 wurden die mittelalterlichen Klosterbauten abgerissen und die Schule neugebaut.

Sterbehaus der Katharina von Bora

Bald zweigt links die Katharinenstraße ab, an der das Sterbehaus von Martin Luthers Ehefrau Katharina von Bora steht. Sie gehörte zu zwölf Nonnen aus dem Kloster Nimbschen bei → Grimma, die sich, von den Ideen der Reformation beeindruckt, an Luther um Hilfe wandten. Er fand Torgauer

Sterbehaus der Katharina von Bora (Fortsetzung)

Bürger, die den Nonnen im Jahr 1523 die Flucht aus dem Kloster ermöglichten. Zwei Jahre danach heirateten Katharina und Luther in Wittenberg. Als 1552 in Wittenberg die Pest ihre Opfer forderte, floh sie mit den Kindern nach Torgau und starb hier an den Folgen eines Unfalls. Sie ist in der Marienkirche beigesetzt.

Kentmannhaus

An der Ecke von Schloßstraße und Schloßvorplatz entstand 1567 ein Renaissancehaus für den Stadtphysikus Johannes Kentmann, der neben der Erfüllung seiner medizinischen Pflichten einen Kräutergarten anlegte, einen Mineralienkatalog und ein Fischbuch der Elbe schrieb. Im Restaurant im Kentmannhaus wird heute im einstigen Ordinations- und Studierzimmer des berühmten Universalgelehrten für die Gäste der rustikalen Bärenschenke serviert.
Zum Schloß hin erstreckt sich die Gartenterrasse, von der ein Weg in den Rosengarten führt. Der einst von Kentmann hinter dem Haus angelegte historische Kräutergarten soll rekonstruiert werden.

Kursächsische Kanzlei

Am Schloß vorbei – links das Zeughaus – kommt man zur ehemaligen Kursächsischen Kanzlei. In diesem Haus trafen sich 1711 Zar Peter I. von Rußland und der berühmte Gelehrte Gottfried Wilhelm Leibniz, der dabei die Gründung einer Akademie in St. Petersburg anregte.

*St. Marien

Hinter der Kanzlei erhebt sich die im Stadtpanorama dominierende Marienkirche. Bereits 1119 entstand an der gleichen Stelle ein Gotteshaus, das um 1200 erneuert worden ist. 1450 wurde die ursprüngliche romanische Basilika in eine spätgotische Hallenkirche umgebaut und mit sehenswerten Kreuzrippengewölben edel gestaltet. In der Marienkirche ist Katharina von Bora begraben; der Grabstein von 1617 mit einer plastischen Relieffigur der Verstorbenen befindet sich im nördlichen Nebenchor. Die reichverzierte hölzerne Kanzel schuf 1582 Georg Wittenberger, der Hochaltar stammt von Giovanni Simonetti 1698. Den größten Schatz der Kirche sieht man jedoch in der Sakristei: das 1507 von Lucas Cranach d. Ä. geschaffene eindrucksvolle Gemälde "Die vierzehn Nothelfer".

Lucas Cranach d. Ä.: "Die vierzehn Nothelfer"

**Schloß Hartenfels

Ältestes Renaissanceschloß Deutschlands

Dicht am Ufer der Elbe ragt weithin sichtbar über der Flußaue Schloß Hartenfels auf, das dominierende Bauwerk von Torgau und das älteste Renaissanceschloß in Deutschland. Es hat seinen Ursprung in der im 10. Jh. entstandenen Burg, auf die noch der Bergfried in der Nordecke verweist. Der Ausbau zum Renaissanceschloß geschah ab Mitte des 15. Jh.s unter den ernestinischen Kurfürsten und war knapp ein Jahrhundert später abgeschlossen. Das Schloß präsentiert sich als unregelmäßige Vierflügelanlage und zeigt mit seiner Nordostspitze auf die Elbe, während der Zugang von der Stadt her an der Südseite liegt. Schloß Hartenfels wurde seit dem Siebenjährigen Krieg als Zuchthaus, 1815 als preußische Kaserne und ab 1927 als Verwaltungssitz genutzt. Bei den dazu jeweils fälligen Umbauten gingen die kostbare Innenarchitektur und die Ausstattung allerdings gänzlich verloren.

Schloß Hartenfels (Fortsetzung)

Von der Stadt her kommend betritt man das Schloß über den tiefen Bärengraben hinweg, in dem tatsächlich Braunbären unter nicht sehr würdigen Umständen gehalten werden. Unter dem prunkvollen, von einem kursächsischen Wappen gekrönten Portal hindurch gelangt man in den Schloßhof.

Albrechtbau

Rechter Hand liegt der älteste Schloßflügel, der von 1470 an unter Mitwirkung von Arnold von Westfalen, dem Erbauer der Albrechtsburg in → Meißen, entstandene Albrechtbau. Der palasähnliche Bau mit vier Ecktürmchen ist von 1482 bis 1485 von Conrad Pflüger ausgebaut worden, der dabei den Kleinen Wendelstein erweiterte. Dessen gotisches Netzgewölbe kam allerdings erst 1538 hinzu. Am 13. April 1627 erlebte der im zweiten Obergeschoß gelegene Theatersaal die Uraufführung der ersten deutschen Oper "Daphne" von Heinrich Schütz (→ Berühmte Persönlichkeiten) aus Anlaß der Hochzeit der Tochter Georgs I.

Johann-Friedrich-Bau

Als eine der kostbarsten Architekturschöpfungen der deutschen Frührenaissance gilt der anschließende Johann-Friedrich-Bau, von 1533 bis 1536 unter der Bauleitung von Konrad Krebs (1492 – 1540) entstanden (sein Grabstein in der Ostecke des Schloßhofs). Im ersten Obergeschoß befand sich einst der 980 m² große Tanz- und Festsaal, dessen künstlerische Ausstattung überwiegend von Lucas Cranach d. Ä. stammt, von der allerdings so gut wie nichts mehr erhalten ist.

**Großer Wendelstein

Exakt in der Mitte des Gebäudes ragt, auf einem Altan sich aufrichtend, der einzigartige Große Wendelstein hervor, ein spiralförmiges Treppenhaus, dessen Pilaster und Brüstungen mit reicher Ornamentik, Wappenbrüstung, vorkragendem Gesims und Wasserspeiern sorgfältig aus Elbsandstein herausgearbeitet sind. Der Torgauer Wendelstein, ein analoges Kunstwerk zu ähnlichen früheren in der Meißener Albrechtsburg oder im Loireschloß Blois in Frankreich, führt bis zur vollen Dachhöhe und endet in einem Rippengewölbe mit Schlußstein, der das Porträt seines Erbauers Konrad Krebs mit der Jahreszahl 1536 zeigt. Die ganze Konstruktion ist von einem einmalig filigranen Charakter: von außen lassen die stützenden Pfeiler den Blick auf die Treppenanlage zu, innen gewährt der Schacht, um den sich die Stufen winden, freien Blick hinauf zum Schlußstein.

Wächterturm

Der Wächterturm zwischen Albrecht- und Johann-Friedrich-Bau zeichnet sich durch einen prächtig dekorierten Runderker aus. Die Reliefs stellen Martin Luther und die ernestinischen Kurfürsten dar.

Schloßkirchenflügel

Im rechten Winkel zum Johann-Friedrich-Bau im Norden der Schloßanlage steht der Schloßkirchenflügel, bei dessen Bau die alte Marienkapelle mit einbezogen worden ist. In seinem östlichen Teil wohnten die sächsischen Kurfürsten; heute belegt das Torgauer Stadtmuseum mit seinen Sammlungen zur Geschichte der Stadt und seines Schlosses, darunter auch wertvolle historische Waffen und Rüstungen aus dem 16. bis 19. Jh., die Säle (Öffnungszeiten: tgl. außer Mo. 10.00 – 16.00 Uhr). In die Mitte des Schloßkirchenflügels setzte Stefan Hermsdorf 1544 den Schönen Erker, über und über bedeckt mit Pflanzenornamenten und Schlachtenreliefs, in der Mitte die Bildnisse von Lukretia und Judith.

Stadtmuseum

*Schöner Erker

*Schloßkirche

Den gesamten Westteil dieses Flügels nimmt die Schloßkirche ein. Sie entstand von 1543 bis 1544 und ist der erste protestantische Kirchenbau in Deutschland, von Nikolaus Gromann ausgeführt, von Martin Luther am 5. Oktober 1544 geweiht. Die Schloßkirche ist eine durch drei Geschosse reichende, schlichte Saalkirche mit schmalen umlaufenden Emporen. Der Altar ist einfach gestaltet als von vier Engeln getragene Platte; er trug den 1662 hier aufgestellten und 1945 zerstörten Altaraufsatz der Dresdener Schloßkirche. Die schmuckvoller gestaltete Kanzel von Simon Schröter d. Ä. ist protestantisches Programm: Sie zeigt Jesus im Tempel, Jesus mit der Ehebrecherin und bei der Vertreibung der Händler und Wechsler. Porträtmedaillons von Martin Luther sowie von Kurfürst Johann Friedrich und seinen Söhnen zieren die bronzene Widmungstafel, die zur Weihe der Kirche angebracht wurde.

Der Schöne Erker von Schloß Hartenfels

An der Elbe

Hasenturm
Flaschenturm

Vom Elbufer unterhalb von Schloß Hartenstein hat man den besten Blick auf dessen beiden mächtigen Rundtürme, Hasenturm und Flaschenturm, letzterer mit prächtigem Doppelportal zum Hof hin.

*Denkmal der Begegnung

Hier am Elbufer erinnert das Denkmal der Begegnung an das Zusammentreffen der russischen und amerikanischen Soldaten an der Elbe am 25. April 1945. Auf der mittlerweile abgerissenen Eisenbahnbrücke – nur ein Pfeiler blieb verschont – reichten sich Soldaten der 1. US-Armee und der 1. Ukrainischen Front die Hand und besiegelten damit die militärische Teilung Deutschlands in zwei Hälften. Das Foto vom Treffen ging um die Welt – allerdings ist es einige Tage später nachgestellt worden. Tatsächlich fand die erste Begegnung zwischen sowjetischen und US-Truppen bereits einige Stunden vor der Torgauer Begegnung bei Strehla statt.
Trotzdem gilt Torgau als Ort der ersten Begegnung. Das Denkmal ist zu einem alljährlichen Treffpunkt von Kriegsveteranen am 25. April, dem 'Elbe Day', geworden. Unter dem Eindruck der historischen Ereignisse von 1945 stehend, ließ sich der amerikanische Veteran und Teilnehmer an der Begegnung Joe Polowsky, Taxifahrer aus Chicago, 1983 in Torgau beisetzen. Sein Grab auf dem Torgauer Friedhof wird häufig besucht. Die Brücke allerdings ist vor wenigen Jahren abgerissen worden.

Der Brückenkopf

Am östlichen Elbufer stehen die mächtigen Überreste von Fort Zinna, der Brückenkopf genannt. Die von Napoleon geschaffene Festungsanlage wurde bis 1889 von den Preußen besetzt, dann teilweise geschleift. Während des Zweiten Weltkrieges befand sich im Fort der Reichskriegsgerichtshof, in dem Deserteure, Kriegsdienstverweigerer und Kriegsgegner verurteilt und hingerichtet worden sind. Nach dem Krieg wurden hier ein sowjetisches Internierungslager und in der DDR ein Jugendwerkhof einge-

Torgau (Fts.)

richtet, in dem 'auffällige' Jugendliche sehr hart angefaßt wurden. Künftig soll im Brückenkopf ein Dokumentationszentrum über das Unrecht dreier Gewaltregime eingerichtet werden.

Umgebung von Torgau

Graditz

Auf dem östlichen Elbufer, etwa 7 km von Torgau entfernt, liegt das Gestüt Graditz, einst kurfürstlicher Landsitz, in dem schon 1630 eine 'Stutterey' bestand. 1722 schuf der Dresdener Zwingerbaumeister Matthäus Daniel Pöppelmann im Auftrag Augusts des Starken das Gutshaus, einen schlichten langgestreckten Bau mit hohem Mansarddach und betontem Balkonvorbau mit dem kursächsischen Wappen.

Belgern

Belgern am westlichen Elbufer, 11 km südöstlich von Torgau, entstand im 10. Jh. aus einer deutschen Grenzburg und späteren Zisterzienserkloster. Das Rathaus ist 1574 erbaut und 1661 erneuert worden. Die überdimensionale Rolandsfigur von 1610 ist die größte Symbolfigur städtischer Freiheit im Freistaat Sachsen.

***Dahlener Heide**

Südlich von Torgau erstreckt sich mit der Dahlener Heide eines der größten Waldgebiete Sachsens. 200 Kilometer markierte Wanderwege führen durch diese hügelige Waldlandschaft mit eingesprengten Seen, Höhen zwischen 100 und 200 m erreichend. Dunkle Fichtenwälder und helle Buchenhaine wachsen an sanften Hängen, sodaß man stellenweise denken könnte, bereits im Erzgebirge zu sein.

Schmannewitz

Eines der beliebten Ausflugsziele ist das Waldbad im Heidedorf Schmannewitz, das auch noch eine Bockwindmühle und ein bäuerliches Museum zu bieten hat. Am Dammühlenteich gibt es einen idyllischen Campingplatz. Schmannewitz wurde übrigens um 1870 von Tiervater Alfred Brehm als Sommerfrische 'entdeckt'.

Schildau

Einige Kilometer nördlich von Schmannewitz liegt Schildau, die Heimat der Schildbürger und Geburtsort des preußischen Feldherrn Graf August Neidhardt von Gneisenau (1760–1831). Sein Geburtshaus an der Gneisenaustr. 2 ist heute Gasthof und Gedenkstätte zugleich.

*Dübener Heide

Die geschützte Wald- und Seenlandschaft Dübener Heide westlich von Torgau erstreckt sich bis vor Bad Düben (Umgebung von → Delitzsch) und weit nach Sachsen-Anhalt hinein.

Vogtland

M–Q 3–5

Landkreise: Elstertalkreis, Göltzschtalkreis

In diesem Reiseführer wird das Sächsische Vogtland vorgestellt

Streng genommen müßte dieses Kapitel über die Grenzen Sachsens hinausweisen und nicht nur das Sächsische Vogtland zum Thema haben, denn unter der Bezeichnung 'Vogtland' versteht man im weitesten Sinne das Gebiet zwischen Thüringer Wald, Fichtelgebirge und Erzgebirge, das somit Teile von Sachsen, Thüringen und Oberpfalz im Freistaat Bayern umfaßt sowie das in der Tschechischen Republik gelegene 'Ascher Ländchen' um die Industriestadt Aš (deutsch: Asch). Die folgenden Beschreibungen stellen die sehenswerten Orte und Plätze in den sächsischen Landkreisen Elstertalkreis und Göltzschtalkreis vor. Der wichtigste Ort des Vogtlands, → Plauen, wird auf S. 270 behandelt.

Lage und *Landschaftsbild

Als 'Vogtland' bezeichnet man den von zahlreichen Kuppen belebten, teils offenen, teils von Wäldern eingenommenen, dichtbesiedelten Abschnitt der Mittelgebirgsschwelle beiderseits der oberen Weißen Elster im Südwesten des Landes Sachsen. Die wellige, durch tiefe Täler mit steilen Hängen und vielen Windungen gegliederte Hochfläche steigt vom thüringischen

Greiz im Norden bis Bad Brambach im Süden von 450 auf über 650 m ü.d.M. an. Im Elstergebirge, das an der Grenze zu Tschechien liegt, werden Höhen von 800 m überschritten. Dort steigt der Große Rammelsberg 963 m ü.d.M. auf. Bis 200 m hoch ist die Randstufe, mit der das Vogtland vom östlich benachbarten → Erzgebirge überragt wird; der Übergang zum westlich anschließenden Thüringischen Schiefergebirge erfolgt unmerklich. Als 'Vogtländische Schweiz' verstehen sich die landschaftlich besonders schönen Durchbruchstäler der Weißen Elster und der Göltzsch zwischen Plauen und Greiz. Diese Region, die großen Talsperren wie Pöhl und Pirk (→ Plauen, Umgebung), der Musikwinkel und der Bäderwinkel mit den Staatsbädern Bad Elster und Bad Brambach sind es, die das Vogtland zu einem sehr lohnenden und überaus idyllischen Ferienziel machen, das – soll man sagen Gott sei Dank? – touristisch im 'Schatten' des nahen Erzgebirges steht und daher noch manche stille Ecke feilhält.

Elstergebirge

Vogtländische Schweiz

Der Landstrich hat von alters her als Durchgangsland für den Verkehr von Norden nach Süden Bedeutung. Sein Name 'Land der Vögte' geht darauf zurück, daß hier vom Ende des 12. Jh.s an kaiserliche Reichsvögte als Landesherren von Plauen, Gera und Weida die Macht ausübten, die jedoch kaum zwei Jahrhunderte später zu bröckeln begann und bald zu Ende ging. Bereits im Mittelalter wurden im Vogtland Tuche und Leinwand hergestellt. Auch heute ist die Textilindustrie in vielen Orten der wichtigste Industriezweig, so in Plauen, wo Mitte des 19. Jh.s die Maschinenstickerei eingeführt wurde und die Plauener Spitzen zur gefragten Ware werden ließen. Neben der Textilproduktion gibt es im Vogtland einen hochentwickelten Maschinenbau und den traditionellen Musikinstrumentenbau.

Geschichte

Auerbach und Umgebung N 5

Auerbach

Wo das Vogtland ausläuft und allmählich das Erzgebirge ansteigt, liegt 27 km östlich von Plauen das Städtchen Auerbach im Tal der Göltzsch. Einst lebten seine Einwohner von der Pechsiederei und vom Zinnbergbau und schufen sich damit einigen Wohlstand, doch der Stadtbrand im Jahr 1834 ließ davon nicht mehr allzuviel übrig. So steigt man heute auf den 47 m hohen Schloßturm und blickt auf die im 15. Jh. erbaute Nikolaikirche, die einen 1701 geschaffenen Barockaltar besitzt und vor allem als Konzertplatz von sich reden macht.

Rodewisch

Das nördlich benachbarte Rodewisch genoß zu DDR-Zeiten einen guten Ruf wegen seiner vorbildlichen Schulsternwarte, die heute noch betrieben wird (Auskunft unter Tel. 03744/32313). Während man im Ort selbst die barocke Stadtkirche St. Peter vor allem wegen ihres Baumstammkruzifixes (um 1680) und den Resten eines spätgotischen Altars von Peter Breier besuchen kann, finden sich die Hauptattraktionen im Ortsteil Obergöltzsch. Dort wurden 1939 auf der Schloßinsel die Grundmauern vom 'Festen Hus' freigelegt, das auf die Anfänge der deutschen Besiedlung dieser Region im 12. Jh. zurückgeht. Was sonst noch gefunden wurde – vor allem Hausrat und Werkzeuge – wird im benachbarten Museum Göltzsch ausgestellt. Dieses ist vor allem aber bekannt wegen seiner Weihnachtsausstellung, bei der Vogtländer Weihnachtsfiguren, eine bewegliche Bergparade und eine 27 m² große Eisenbahnanlage zu bestaunen sind (Öffnungszeiten: Di.–Do., Sa. und So. 10.00–12.00 und 13.30–16.00 Uhr). Das Schlößchen Göltzsch entstand um 1500 neben dem Festen Hus.

Festes Hus

Museum Göltzsch

Passionierte Biertrinker horchen beim Namen Wernesgrün auf. Der Braueortreiort, in dem auch der Ingenieur Johann Andreas Schubert (→ Berühmte Persönlichkeiten) geboren wurde, liegt 5 km östlich von Rodewisch.

Wernesgrün

Falkenstein

Wenig südlich von Auerbach kommt nach Falkenstein. Hier und in den umliegenden Wäldern sind die Moosmännchen zu Hause, kleine sagenhafte Gestalten, die gute Menschen mit einer Handvoll Laub belohnen, die sich zu Hause in Gold verwandelt. Die größte Sammlung hölzerner Moosmän-

Fast 150 Jahre alt und immer noch stabil: Die Göltzschtalbrücke ist nicht nur die größte Ziegelsteinbrücke der Welt, sondern vor allem echte sächsische Wertarbeit.

Falkenstein (Fortsetzung)

ner kann man im Falkensteiner Heimatmuseum bewundern, außerdem u. a. noch einen Heimatberg, die große Falkensteiner Kunstuhr und eine Ausstellung zur Pechsiederei (Öffnungszeiten: Di. – Sa. 9.00 – 12.00 und 14.00 – 16.00, So. 9.30 – 12.00 Uhr). Das Museum ist im 1859 erbauten Schloß eingerichtet; von der mittelalterlichen Burg zeugt lediglich noch der Bergfried im Stadtpark.

Reichenbach und Umgebung M 4/5

Reichenbach

An der Grenze zu Thüringen, 26 km nördlich von Plauen und nach diesem der bedeutendste Ort des Vogtlands, liegt Reichenbach. Hier wurde die Theaterprinzipalin Friederike Caroline Neuber, die "Neuberin" (→ Berühmte Persönlichkeiten), geboren, und ihrem bewegten Leben widmet sich auch die Gedenkausstellung im Neuberin-Museum. Es ist in ihrem Geburtshaus Johannisplatz 3 eingerichtet, das gleichzeitig das älteste Gebäude der Stadt ist (Öffnungszeiten: Di. – Fr. und So. 10.00 – 16.00 Uhr).

*Neuberin-Museum

St. Peter und Paul

In der 1720 geweihten Stadtkirche St. Peter und Paul erklingt eine Silbermannorgel von 1725.

Mylau

*Burg

Mitten im 2 km westlich von Reichenbach liegenden Mylau erhebt sich eine trutzige Burg, die seit dem 12. Jh. nachgewiesen ist und 1367 Kaiser Karl IV. als Gast sah. Er befahl ihren Ausbau, dem weitere Baumaßnahmen unter böhmischer Herrschaft und unter späteren Besitzern folgten. Die Burg beherbergt das Museum des Altkreises Mylau, das u. a. über die Vergangenheit der Stadt als Textilzentrum berichtet (Öffnungszeiten: Di. bis Fr. 9.00 – 12.30 und 13.00 – 16.30, Sa. und So. ab 10.00 Uhr).

Stadtkirche

Auch Mylaus neugotische Stadtkirche besitzt eine Orgel von Silbermann, dieses Mal um 1731 gefertigt.

**Göltzschtalbrücke

Auf halber Strecke zwischen Mylau und dem 2 km entfernten Nachbarort Netzschkau – wo es ein kleines Renaissanceschloß zu sehen gibt – zweigt von der Bundesstraße die Zufahrt zu einer wahrhaft einmaligen Sehenswürdigkeit ab: zur größten Ziegelsteinbrücke der Welt. Für den Bau der das Göltzschtal in 78 m Höhe überspannenden Eisenbahnbrücke sind von 1846 bis 1851 26 Mio. Ziegel verbaut worden, und sie halten heute noch.

*Musikwinkel O/P 5/6

Das südöstliche Vogtland entlang der tschechischen Grenze hat als 'Musikwinkel' einen besonderen Klang im wahrsten Sinne des Wortes. Seit dem 17. Jh. ist in und um Klingenthal und Markneukirchen der von Exulanten aus dem nahen Egerland mitgebrachte Musikinstrumentenbau zu Hause und stellt noch heute den wichtigsten Wirtschaftszweig dar. Gefertigt werden Saiten-, Schlag- und Blechblasinstrumente. Die vogtländischen Instrumentenbauer genießen Weltruf und stellen ihre Leistungsfähigkeit alljährlich im Mai bei den vogtländischen Musiktagen unter Beweis. Der Nachwuchs wird in Markneukirchen ausgebildet.

Markneukirchen

*Musikinstrumentenmuseum

In Markneukirchen hat der Instrumentenbau die längste Tradition. Hier gründeten im Jahr 1677 zwölf Meister die erste Innung. Was sie und ihre Nachfolger in über drei Jahrhunderten und ihre Kollegen aus aller Welt geschaffen haben, kann im Musikinstrumentenmuseum im Paulusschlössel bestaunt werden. Die 1000 Stücke umfassende Sammlung gehört zu den größten der Welt und zeigt u. a. das fast 2 m hohe Piano-Akkordeon der englischen Tanztruppe "Doorleys", ein von Gottfried Silbermann gebautes Clavicord, Gamben aus Augsburg und Nürnberg, ein Saxophon von Adolphe Sax, eine Schweizer Hausorgel von 1838 oder eine 5 m lange Tuba. Im Ostflügel sind Muster aller im Musikwinkel gefertigten Instrumente ausgestellt (Öffnungszeiten: tgl. außer Mo. 9.00 – 17.00 Uhr).

Im Musikinstrumentenmuseum von Markneukirchen

Wohlhausen

Eine private Sammlung von Musikautomaten bis hin zur Jahrmarktsorgel findet man im 2 km östlich gelegenen Wohlhausen in Hüttels Musikwerkausstellung (Öffnungszeiten: tgl. 9.30 – 17.00 Uhr).

Klingenthal

Klingenthal, der zweite Hauptort des Musikwinkels, erstreckt sich 17 km nordöstlich von Markneukirchen als Streusiedlung über mehrere Kilometer Tal und Hänge entlang bis zum Fuß des Aschberges (935 m ü.d.M.). Zwar werden auch hier Instrumente aller Art gefertigt, doch ist Klingenthal vor allem als weltweites Zentrum des Mundharmonikabaus bekannt, seit Johann Wilhelm Glier 1829 von einer Reise eine sog. Mund-Äoline mitbrachte, die eigentlich zum Klavierstimmen gedacht ist. In der Falkensteiner Str. 31 steht die älteste Geigenmacherwerkstatt des Vogtlands für Besucher offen (Öffnungszeiten: Mo. – Do. 8.00 – 15.30, Fr. 8.00 – 12.00 Uhr).

Stadtkirche zum Friedefürsten

Wintersportort

Die 1737 geweihte Stadtkirche zum Friedefürsten ist die größte auf achteckigem Grundriß erbaute Zentralkirche Sachsens. Außer für den Instrumentenbau ist Klingenthal dank hoher Schneesicherheit auch als Wintersportort bekannt. Das neueröffnete Musik- und Wintersportmuseum stellt die beiden Schwerpunkte Klingenthals vor (Öffnungszeiten: Di. – Fr. 9.00 bis 17.00, Sa. 9.00 – 16.00, So. 10.00 – 16.00 Uhr).

Schneckenstein

Vom Weiler Mühlleiten, 6 km nordöstlich von Klingenthal, kann man eine Wanderung zum Schneckenstein unternehmen, dem einzigen Topas-Fundort in Europa.

Morgenröthe-Rautenkranz

Der prominenteste Sohn von Morgenröthe-Rautenkranz, 18 km nördlich von Klingenthal, heißt Sigmund Jähn, und er war der erste Deutsche im All. Der Oberst der Nationalen Volksarmee ist 1978 zusammen mit dem sowjetischen Kosmonauten Walerij Bykowski an Bord von Sojus 29 durch das All geflogen. Um diese und andere Eroberungen des Kosmos und deren Ergebnisse und um das dazu nötige Gerät geht es in der Deutschen Raumfahrtausstellung im alten Bahnhof (Öffnungszeiten: tgl. außer Mo. 10.00 bis 17.00 Uhr). Der Ort besaß im übrigen bis 1968 eine Glockengießerei. Eine der Morgenröther Glocken erklingt im Albert-Schweitzer-Dorf Lambarene.

Deutsche Raumfahrtausstellung

*Bäderwinkel — P / Q 4 / 5

Der Bäderwinkel füllt den ins Staatsgebiet der Tschechischen Republik hineinragenden Landzipfel entlang der Weißen Elster zwischen Adorf und Schönberg aus. Das auch Oberes Vogtland genannte Gebiet ist heute wegen seines hohen Erholungswertes ein Landschaftsschutzgebiet. Hier liegen die gepflegten Kurorte Bad Elster und Bad Brambach (→ Praktische Informationen, Heilbäder und Kurorte).

Adorf

Ein sehr seltenes Handwerk ist in Adorf, dem Eingangstor zum Bäderwinkel, zu Hause: die Perlmuttherstellung. Als Rohstoff nahm man lange Jahre die in der Weißen Elster lebenden Flußperlmuscheln, die als Folge der Wasserverschmutzung jedoch ausgestorben sind. Heute wird Importware verwendet. Dieses Handwerk ist Thema des Heimatmuseums (Öffnungszeiten: Di. – Fr. 9.00 – 12.00 und 13.00 – 17.00, Sa. 10.00 – 12.00 und 13.00 bis 16.00, So. 13.00 – 16.00 Uhr).

***Bad Elster**

Knapp 6 km südlich von Adorf erreicht man das herrlich im Tal der Weißen Elster gelegene Bad Elster, das größte Heilbad des Freistaats. 1789 wurde als erste Quelle die Moritzquelle erschlossen, seit 1849 ist es Sächsisches Staatsbad, und aus dieser Epoche stammen noch viele Bauten in der Stadt. Sachsens Könige und sonstige Prominenz kurten hier und vergaßen dabei das nahe tschechische Karlsbad. Noch heute atmen das 1895 erbaute Kurhaus, das Kurtheater von 1914 und das 1851 bis 1927 erbaute Badehaus etwas vom Geist dieser Zeit. Mittelpunkt des Badebetriebs ist das 1910 vollendete Albertbad, wo die Säulen in der Treppenhalle mit

Hier läßt sich's wohl sein – Kurpark und Albertbad in Bad Elster.

Bad Elster (Fortsetzung)

Meissner Porzellankacheln verkleidet sind und wo es sogar noch – als Teil des Bademuseums – die 'königliche Badezelle' gibt (Öffnungszeiten: Mi. und Sa. 13.00 – 17.00 Uhr). Die über der Moritzquelle errichtete Wandelhalle stammt von 1929. Im Kurtheater und im Pavillon spielt regelmäßig – wie auch in Bad Brambach – die Chursächsische Philharmonie.

Landwüst

*Vogtländisches Bauernmuseum

Fährt man auf der B 92 weiter nach Süden, sollte man auch einen Abstecher nach Landwüst einplanen, um sich das Vogtländische Bauernmuseum anzuschauen. Dessen schönstes Gebäude ist ein 1782 entstandenes Egerländer Wohnstallhaus mit imponierendem Fachwerkgiebel und originalgetreuer Ausstattung. Das Haus eines Landarbeiters, das sog. Tirphäusl, wurde 1810 erbaut. Auch eine Streichbogenwerkstatt ist zu sehen (Öffnungszeiten: Juli – Sept. tgl. außer Mo. 8.30 – 17.00, Nov. – Jan. dsgl. 10.00 – 16.00 Uhr). Vom Museum kann man zum Wirtsberg hinaufwandern und die weite Aussicht genießen.

Wirtsberg

Raun

Jenseits der B 92 liegt Raun, ein hübsches unberührtes Dorf mit Umgebinde- und Egerländer Fachwerkhäusern.

Bad Brambach

Bad Brambach ist nicht ganz so kuschelig wie Bad Elster, doch hat auch sein etwas außerhalb im Röthenbachtal liegender Kurbereich seinen Reiz. Hier sprudelt die mit 2270 Mache-Einheiten stärkste Radiumquelle der Welt, die zwar bereits seit 1812 bekannt war, ihr strahlender Charakter aber wurde erst hundert Jahre später entdeckt und kommerziell genutzt. Von 1945 bis 1957 waren die Kureinrichtungen ausschließlich der Roten Armee vorbehalten; in dieser Zeit ist die Eisenquelle mit Marmor aus Hitlers Neuer Reichskanzlei in Berlin neu gefaßt worden.

Schönberg

Die südlichste Siedlung des Bäderwinkels und damit ganz Sachsens ist Schönberg am Südhang des Kapellenberges, der höchsten Erhebung des Vogtlandes (759 m ü.d.M.). Von ihm bietet sich ein weiter Rundblick bis hinein nach Tschechien..

Wurzen E 7

Landkreis: Muldentalkreis
Höhe: 120 m ü.d. M.
Einwohner: 18 000

Lage und Allgemeines

Am Ostrand der Leipziger Tieflandsbucht, wo die meist flache Landschaft in das Nordsächsische Kuppenland übergeht, kommt man in die ehemalige Bischofsresidenz Wurzen, einst gerühmt für sein Bier und sein Gebäck, später Standort von Textil-, Kartonagen- und Metallwarenfabriken. In Wurzen wurde Hans Bötticher (1883–1934) geboren, berühmt geworden als Autor skurriler Gedichte und Kabarettist unter seinem Pseudonym Joachim Ringelnatz.

Geschichte

Um 961 entstand zum Schutz des Muldenüberganges eine slawische Burg. Die Lage am östlichen Muldeufer und am Schnittpunkt der Handelsstraßen von Rhein und Weser nach Polen und von Nord- und Ostsee nach Böhmen bot bereits am Ende des 10. Jh.s günstige Voraussetzungen für das Entstehen einer Siedlung. 1114 weihte der Bischof von Meißen die zum Burgbezirk gehörende Marienkirche, und Mitte des 12. Jh.s dehnte das Meißener Bistum seine Besitzungen in Wurzen, deshalb im ständigen Widerstreit mit den Meißener Markgrafen liegend, beträchtlich aus. 1487 gar wurde Wurzen zur Bischofsresidenz, was es allerdings nur bis 1518 blieb. Die Auseinandersetzungen gingen weiter, nun aber zwischen dem Ernestiner Kurfürst Johann Friedrich und dem Albertiner Herzog Moritz um die Einführung der Reformation, die an Ostern 1542 zum sog. Wurzener Fladenkrieg führten. Der merkwürdige Name rührt von dem Brauch her, Osterfladen zu verspeisen. Im Dreißigjährigen Krieg wurde Wurzen mehrfach zerstört und ausgeplündert. Erst 1818 gelang es, den Kirchenbesitz in den Besitz des sächsischen Staates zu überführen. 1839 profitierte Wurzen von der Eisenbahnverbindung zwischen Leipzig und Dresden, u.a. durch den Ausbau der alten Stadtmühle zur heute noch existierenden Krietschmühle, dem größten Mühlenbetrieb in Sachsen.

Sehenswertes in Wurzen

***Dombezirk**

Dom St. Marien

Der Dombezirk westlich oberhalb vom Markt atmet noch den Geist des Mittelalters. Er wird dominiert vom Dom St. Marien, 1114 als romanische Pfeilerbasilika geweiht und im 13. bis 16. Jh. zur gotischen Kathedrale ausgebaut. Der ab 1508 entstandene Altarraum enthält drei Sandsteinfiguren von 1503, u. a. Kaiser Otto I. und den Evangelisten Johannes darstellend, ferner die Bronzeempore und eine Kreuzigungsgruppe, die bei der grundlegenden Sanierung von 1928 bis 1932 Prof. Georg Wrba aus Dresden hinzufügte. Der Westchor diente als Grabstätte für den in Wurzen residierenden, 1518 gestorbenen Bischof Johann VI. von Saalhausen. Im Dom finden häufig Sommerkonzerte statt.

Schloß

Charakteristisch für die dem Dom benachbarte dreigeschossige Schloßanlage aus dem 15. Jh. sind die reichgestalteten Giebel, ein eingebauter Wendeltreppenturm und zwei starke Rundtürme. Das alte Kornhaus, ehemals Stiftsgebäude, komplettiert das Domensemble.

Markt

Vom Dombezirk hinab erreicht man den Marktplatz mit dem Ringelnatzbrunnen und einigen barocken Bügerhäusern, u. a. Markt Nr. 6 von 1676 und Markt Nr. 11 von 1720. Das Alte Rathaus von 1519 brannte fünfmal ab und wurde jedesmal wieder aufgebaut, zuletzt 1803 im klassizistischen Stil. Es wird heute als Stadtbibliothek genutzt.

Hermann-Ilgen-Haus

Dieses Renaissancegebäude in der Domgasse 2 mit reichem Volutengiebel und vierseitigem Arkadenhof stammt von 1556, erhielt aber von 1666 bis 1668 sein heutiges Aussehen. Bemerkenswert ist eine im 17. Jh. gefertigte hölzerne Wendeltreppe. Das Haus trägt den Namen des in Wurzen geborenen Apothekers, Unternehmers und Kunstmäzens Hermann Ilgen (1856–1940) – reich geworden durch die Erfindung eines Mäusegifts – und beherbergt heute das Kulturgeschichtliche Museum mit Sammlungen zur Ur- und Frühgeschichte, historische Möbel, städtischer Handwerks- und bäuerlicher Volkskunst (Öffnungszeiten: Di.–Fr. 9.00–12.00 und 13.00–16.00, So. 10.00–12.00 Uhr).

Hermann-Ilgen-Haus (Fortsetzung)

Äußerlich und literarisch ein klares Profil: Hannes Bötticher alias Joachim Ringelnatz

Ringelnatz-Haus

Südlich vom Marktplatz gelangt man, vorbei an der kursächsischen Postdistanzsäule von 1732, in die Straße namens Crostigall. Nr. 14 ist die Adresse eines Barockhauses, in dem Hans Bötticher alias Joachim Ringelnatz lebte. Seit 1983 wird hier das Leben und Werk des Mannes gewürdigt, der vor allem durch seinen "Kuddel Daddeldu" berühmt geworden ist (Öffnungszeiten: Di., Do. 14.00–16.00, Mi. 14.00–17.00, So. 10.00–12.00 Uhr).

Posttor

Noch ein Stück die Crostigall hinab kommt man zum ehemaligen Posttor, geschmückt mit einem farbenfrohen sächsisch-polnischen Doppelwappen.

Umgebung von Wurzen

Wachtelberg

Südöstlich von Wurzen beginnt das Nordsächsische Kuppenland. Bei Dehnitz, etwa 2 km von Wurzen, liegt der Wachtelberg, der auf 148 m ü.d.M. ansteigt und auf dessen Gipfel 1908 ein Aussichtsturm errichtet worden ist. Bei klarem Wetter bietet er gute Sicht auf das mäanderreiche Muldental. Seit 1911 ist die Natur des Wachtelberges geschützt, da sich hier die nördlichsten Vorkommen Europas der sog. Osterblume angesiedelt haben, etwa 3000 Exemplare der sonst nur im Süden wachsenden Frühlingskuhschelle.

Schloß Nischwitz

Der sächsische Minister Graf Heinrich von Brühl ließ sich 3 km nordwestlich von Wurzen bei Nischwitz von 1754 bis 1760 Schloß Nischwitz erbauen. Architekt war Johann Christoph Knöffel, der seinem Minister einen schlichten, zweigeschossigen Bau mit geringfügig hervorstehenden Seitenflügeln übergab. Das im Siebenjährigen Krieg zerstörte und von 1778 an wiederaufgebaute Schloß dient heute als Pflegeheim, sodaß die Innenräume – u. a. Treppenhaus von Friedrich Preller, Garten- und Festsaal mit Deckenfresken des Dresdener Hofkünstlers Torelli – offiziell nicht besichtigt werden können.

*Landschaftspark Machern

Machern ist ein langgestrecktes Straßendorf 9 km westlich von Wurzen. Hierher fährt man, um einen der schönsten sächsischen Landschaftsparks zu sehen. Der Park wurde von 1782 bis 1792 im Auftrag der Grafen von Lindenau vom preußischen Gartenbauinspektor Ephraim Wolfgang Glasewald angelegt, der so üppig plante und gestaltete, daß die Grafenfamilie daran finanziell zugrunde ging. Nachdem deswegen die Arbeiten eingestellt worden waren, begannen die Anlagen rasch zu verwildern. In weitere Mitleidenschaft geriet der Park, als 1813, kurz vor der Völkerschlacht von Leipzig, hier 33 000 Österreicher ihr Quartier aufschlugen.
An botanischen Besonderheiten kann der Landschaftspark Machern auf die Tulpenbaumallee und auf einige stattliche Ginkgobäume verweisen. Seinen großen Reiz verschaffen ihm aber die Parkarchitekturen. Dazu gehören u. a. eine ruinenartige Ritterburg, die nur durch einen Grottengang zugänglich ist und die durch Brandstiftung von der künstlichen später zur echten Ruine wurde; weiterhin das steinerne Mausoleum in Form einer ägyptischen Pyramide, das der Graf von Lindenau als praktisch denkender

Landschaftspark Machern (Fortsetzung)

Mensch bereits zu Lebzeiten als Speisesaal benutzte, der Agnestempel und der klassizistische Tempel der Hygieia. Vom einstigen Renaissanceschloß (1566), später mehrfach entstellend umgebaut, blieb wenig historische Bausubstanz erhalten.

Lübschützer Teiche

Im Norden des Landschaftsparks Machern endet einer der eiszeitlichen Moränenbögen in ausgedehnten Waldlandschaften und den Lübschützer Teichen, die die Grafen von Püchau zur Fischzucht aufgestaut hatten. Die Ufer des Sahlweidenteiches sind heute ein beliebtes Ausflugsgebiet mit Restaurant, Badebetrieb und Camping.

Zittau **I 19**

Landkreis: Sächsischer Oberlausitzkreis
Höhe: 242 m ü.d.M.
Einwohnerzahl: 33 000

Lage und Allgemeines

Wahrlich im hintersten Winkel von Deutschland, wo sich die Grenzen von Polen, Tschechien und Deutschland treffen, liegt die alte Handelsstadt Zittau. Doch so abgelegen wie es scheint, ist die Zittauer Gegend, im Westen und Süden in tschechisches Staatsgebiet hineinragend und im Osten von der die polnische Grenze markierenden Neiße begrenzt, mittlerweile nicht mehr. Führte sie zu DDR-Zeiten tatsächlich ein Dornröschendasein, trotz der Nähe zu den 'sozialistischen Bruderstaaten', hofft man nun als Teil der Euro-Region Oberlausitz/Schlesien/Böhmen auf wirtschaftlichen und kulturellen Aufschwung. Mancher Lkw-Stau am Straßenübergang nach Polen könnte diese Hoffnung nähren, zeigt er doch die Wiederbelebung der Wirtschaft durch die traditionelle Lage an Fernstraßen für den Handel. Den Reisenden erwartet in Zittau eine schöne Altstadt und zudem mit dem Zittauer Gebirge und seinen kleinen Dörfern ein doch recht unbekanntes, weil etwas versteckt liegendes Ausflugsgebiet.

Geschichte

Zittaus Name leitet sich aus dem slawischen 'zito' ab, das 'Land, wo Getreide gedeiht'. Die urkundlich erstmals 1238 erwähnte Siedlung erreichte unter dem Schutz und der Förderung der böhmischen Könige sehr schnell eine bedeutende Stellung in der Oberlausitz, war sie doch als Grenzstadt zu Brandenburg und an zwei wichtigen Pässen der Hohen Staße von großer Bedeutung für Böhmen. Tuchmacherei, Bierbrauerei, Handel mit Salz, Getreide und Fleisch mehrten den Besitz der bald stark befestigten Stadt, den die Mitgliedschaft im Lausitzer Sechsstädtebund im Jahr 1346 sichern sollte. Doch die seit 1420 tobenden Hussitenkriege, Stadtbrände, Pest und Hungersnöte unterbrachen diese Entwicklung jäh. Andererseits hatte man immer noch Zeit, sich 1491 auf den sog. Zittauer Bierkrieg einzulassen. Die Görlitzer, erbost über die besseren Geschäfte der Zittauer Brauer, weil diese das bessere Bier zustande brachten, überfielen die Zittauer Bierwagen und kippten den edlen Gerstensaft auf die Straße. Im Gegenzug stahlen die Zittauer den Görlitzern die Rindviecher. Ab ca. 1520 erlebte sie wieder einen Aufschwung. Starke Befestigungsanlagen und zahlreiche großartige Profanbauten entstanden in dieser Zeit. Mit dem Übergang der Oberlausitz an Kursachsen 1635 und der Schließung der Grenze zu Böhmen verschlechterten sich die Handelsbedingungen jedoch wieder, doch noch einmal erholte man sich sogar soweit, daß Zittau in der ersten Hälfte des 18. Jh.s nach Leipzig zur wichtigsten Handelsstadt Sachsens aufstieg. Doch im Siebenjährigen Krieg wurde die Stadt am 23. Juli 1757 durch die Österreicher schwer beschossen. Nach der Neugliederung des Gebietes durch den Wiener Kongreß hemmte die neue preußisch-sächsische Grenze im Norden die Entfaltung Zittaus. Die zunehmende Industrialisierung und der Anschluß an das Eisenbahnnetz machten jedoch eine wirtschaftliche Entwicklung wieder möglich, doch nach dem Zweiten Weltkrieg folgte erneut ein Tief durch die Abschottung des Ostblocks.

Sehenswertes in Zittau

***Markt**

*Rathaus

Auch in Zittau ist der Markt das Zentrum der Stadt, hier aber ist das Rathaus durchaus eine Besonderheit, denn es erinnert an einen italienischen Renaissancepalast. Dafür verantwortlich ist der vor allem für seine Bauten in Berlin berühmte Karl Friedrich Schinkel, nach dessen Entwürfen das Haus von 1840 bis 1845 erbaut worden ist.

Rolandbrunnen

Blickt man vom Rathaus auf die gegenüberliegende Stirnseite des Platzes, erkennt man dort den 1585 aufgestellten Rolandbrunnen, wegen der Figur des Kriegsgottes Mars auch 'Marsbrunnen' genannt. Dahinter hatte das Amtsgericht im 1678 erbauten Barockhaus Nr. 24 seinen Sitz. Zu den weiteren sehenswerten Bauten rund um den Markt gehören der barocke ehemalige Gasthof Zur Sonne, um 1710 (Nr. 9), die im Rokokostil gehaltene Fürstenherberge, 1767 als Gästehaus des Rats der Stadt eröffnet (Nr. 11), die seit dem Jahr 1519 nachgewiesene Stadtapotheke in einem Haus von 1760 (Nr. 10) und vor allem das Noacksche Haus von 1689 (Nr. 6), eines der schönsten erhaltenen barocken Patrizierhäuser der Stadt.

Dornspachhaus

Das Dornspachhaus Ecke Markt und Bautzner Straße ist 1553 für Bürgermeister Nikolaus von Dornspach errichtet worden, den Stifter des Gymnasiums. Hier sollte man einen Blick in den Arkadenhof werfen.

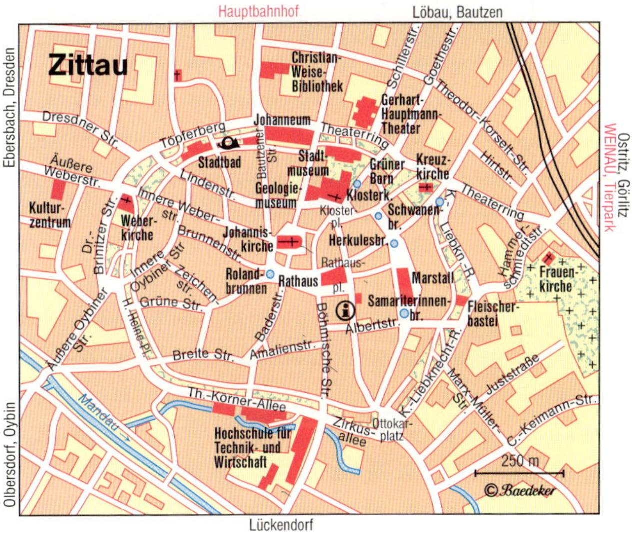

***Johanniskirche**

Über der Nordwestecke des Markts ragt der Turm der Johanniskirche auf. Sie geht auf das Jahr 1291 zurück, doch nachdem sie 1757 von den Österreichern in Brand geschossen worden war, kam ihr Wiederaufbau nur schleppend voran, bis sie endlich 1837 vollendet war. Auch hier lieferte Karl Friedrich Schinkel die Pläne; der Bau gilt als eine der wichtigsten klassizistischen Kirchen Sachsens. Wer den Turm besteigt, wird mit einer herrlichen Aussicht über die Stadt und das Zittauer Land belohnt.

Johannisfriedhof

Der Kirchenfriedhof existiert nicht mehr, lediglich einige bemerkenswerte Grabplatten an der alten Friedhofsmauer sind noch erhalten.

Altes Gymnasium

Am sehr engen Johannisplatz befindet sich das Alte Gymnasium mit einer Gedenkbüste für dessen Stifter Nikolaus von Dornspach. Sein Rektor war dreißig Jahre lang Christian Friedrich Weise (→ Literatur S. 63).

Weberkirche

Wo die vom Johannisplatz abgehende, von prunkvollen Handelshöfen gesäumte Innere Weberstraße auf den Grünen Ring trifft, steht die um 1500 erbaute Weberkirche, deren Friedhof wertvolle Grabmäler besitzt.

Stadtbad

Folgt man dem Grünen Ring entlang der ehemaligen Stadtbefestigung, erreicht man das Stadtbad, an dem eine wiederum von Schinkel entworfene korinthische Säule an Zittaus um 1600 entdeckte Stahlquelle erinnert.

Konstitutionssäule

Den Ring weiter entlang erreicht man den Haberkornplatz mit dem spätklassizistischen Johanneum. Wichtiger aber ist die Konstitutionssäule zur Erinnerung an die sächsische Verfassung von 1831, die einzige, die heute noch in ganz Sachsen erhalten ist.

Ehem. Franziskanerkloster
St. Petri und Pauli

Vom Ring geht man die Pfarrstraße hinab zum Klosterplatz. Ihn überragt der schlanke Turm der spätgotischen Kirche St. Petri und Pauli, die zum Zittauer Franziskanerkloster gehört, das 1268 gegründet und 1522 im Zuge der Reformation säkularisiert wurde. Die Kirche ist in der zweiten Hälfte des 13. Jh.s begonnen und in späteren Jahrhunderten ausgebaut worden. Eine entsprechende Stilvielfalt kennzeichnet daher ihr Aussehen. Sehenswert sind im Inneren Altaraufsatz und Kanzel von 1668.

* Heffterbau

Der schönste Teil des Klosterkomplexes ist dank seines herrlichen Volutengiebels der Heffterbau, benannt nach Bürgermeister Heinrich von Heffter. Der Bau entstand 1662 als Umbau des Klosterrefektoriums und wurde seit 1699 als Exulantenkirche (Kirche der Glaubensflüchtlinge) genutzt.

Stadtmuseum

Im Heffterbau zeigt das Stadt- und Kreismuseum u. a. eine Sammlung Zittauer Fayencen und ein bemerkenswertes Diptychon von 1519, das Kaiser Maximilian als Lebenden und als Toten darstellt (Öffnungszeiten: Di. und Do. 10.00–12.00 und 13.00–16.00, Mi. bis 18.00, Fr. 10.00–13.00, Sa. 14.00–16.00, So. 10.00–12.00 und 14.00–16.00 Uhr). In das Stadtmuseum integriert ist das Dr.-Curt-Heinke-Museum, das sich mit Mineralogie und Geologie beschäftigt (Öffnungszeiten: Di. und Do. 10.00–12.00 und 13.00 bis 15.00, Mi. bis 17.00, Fr. 10.00–13.00 Uhr).

Dr.-Curt-Heinke-Museum

August-Bebel-Platz

Vom Klosterplatz geht man weiter zum August-Bebel-Platz. Ihn beherrscht der Marstall mit seinem mächtigem Mansardendach, als Salzhaus 1511 errichtet und heute in einem beklagenswerten Zustand. Weiterhin fallen drei Brunnen auf, zunächst der Schwanenbrunnen von 1710, der Herkulesbrunnen von 1708 und schließlich hinter dem Marstall der Samariterinnenbrunnen von 1679. Unter den an sich schon schönen Renaissance- und Barockbauten um den Platz sticht der ehemalige Sächsische Hof hervor.

Kreuzkirche

Über die Frauenstraße erreicht man nordöstlich die im 15. Jh. als Einstützenraum gebaute Kreuzkirche; hier soll zukünftig das berühmte Zittauer Fastentuch von 1472 gezeigt werden. Gegenüber der Kirche steht der Schleifermännchenbrunnen, für den ein Stadtoriginal Pate stand.

Fleischerbastei

Östlich vom August-Bebel-Platz liegt am Grünen Ring die von der Stadtbefestigung einzig gebliebene Fleischerbastei. An ihr befindet sich eine Blumenuhr mit Glockenspiel aus Meissener Porzellan, die 1966 von Zittauer Handwerkern gestiftet wurde.

Heinrich Marschners Geburtshaus

Etwas weiter südlich kommt man zur Kleinen Bastei, hinter der das Geburtshaus des Opernkomponisten Heinrich Marschner (1795–1861) liegt.

Umgebung von Zittau

Großschönau

Über Bertsdorf erreicht man 12 km westlich von Zittau Großschönau, einst eines der bedeutendsten Damastweberdörfer in Europa, wo zu den besten Zeiten 800 Webstühle klapperten. Über diese mehr als dreihundertjährige Geschichte berichtet das Damast- und Heimatmuseum (Öffnungszeiten: Mai–Okt. tgl. außer Mo. 9.00–12.00. und 14.00–17.00, Nov.–April Mo.

* Damast- und Heimatmuseum

Großschönau ist dank seiner Umgebindehäuser ein Idyll geblieben.

Großschönau (Fortsetzung)

bis Fr. 9.00 – 16.00 Uhr). Doch nicht nur das Museum lohnt den Besuch, auch der Ort selbst mit seinen schönen Umgebindehäusern hat etwas zu bieten und besitzt darüberhinaus noch ein Motorrad- und Technikmuseum (Öffnungszeiten: Sa. und So. 10.00 – 12.00 und 13.00 – 17.00 Uhr).

Waltersdorf

Auch das wenig südlich gelegene Waltersdorf hat sich seinen von Umgebindehäusern geprägten Charakter bewahren können.

Hainewalde

Die Kirche von Hainewalde, wenig nördlich von Großschönau, besitzt mit der Kanitz-Kyauschen Grabkapelle ein sehr beeindruckendes Stück barocker Grabmalskunst der Oberlausitz.

Seifhennersdorf

Grenzgebiet ist bekanntlich immer auch Schmugglergebiet. Davon erzählt das Stadtmuseum des 20 km westlich liegenden Seifhennersdorf, (Öffnungszeiten: Di. – Fr. 9.00 – 12.00 und 13.00 – 16.30, Mo. und So. 13.00 bis 16.30 Uhr).

*Zittauer Gebirge

Kur- und Erholungsgebiet

Das kleine, niederschlagsreiche Zittauer Gebirge liegt südlich von Zittau zwischen der oberen Neiße und dem Lausitzer Bergland. Es besteht aus Sandstein wie das Elbsandsteingebirge. Sein Nordabfall ist steil und zeigt aufgelöste Felsformen ähnlich denen der → Sächsischen Schweiz, während sich die Abdachung nach Süden hin flach zeigt. Die höchsten Erhebungen sind Lausche (793 m ü.d.M.) und Hochwald (749 m ü.d.M.). Große Teile des Zittauer Gebirges stehen unter Naturschutz, denn hier wechseln sich malerische Wälder mit wilden Klammen und vulkanischen Kegeln ab – ein ideales Wandergebiet, wie geschaffen für Kur und Erholung.

*Zittauer Bimmelbahn

Wer die Zeit hat, sollte von Zittau aus unbedingt mit der dampflokbetriebenen Zittauer Bimmelbahn nach Oybin oder Jonsdorf fahren (→ Praktische Informationen, Museumsbahnen).

Über dem Kurort Oybin erhebt sich der Berg gleichen Namens. An ihn schmiegt sich die Dorfkirche.

***Kurort Oybin**

Hauptort des Zittauer Gebirges ist Kurort Oybin im Schatten des kegelförmigen Sandsteinberges Oybin (513 m ü.d.M.).

Berg Oybin mit Klosterruine

Auf dem Berg ist bereits 1258 eine Geleitsburg angelegt worden, die Raubritter übernahmen und die deswegen 1291 zerstört wurde; danach entstand ab 1311 die Leipaburg, deren Ruinen noch erhalten sind. 1346 an Kaiser Karl IV. gefallen, wurde die Burg zur Festung ausgebaut und den Zittauern zur Verwaltung übergeben. Zwei Jahre später siedelten Cölestinermönche aus Avignon auf dem Berg, und begannen – geführt von Schülern des Peter Parler aus Prag – mit dem Bau eines Klosters, dessen Kirche 1384 vollendet war. Nach der Reformation erfolgte die Auflösung des Klosters um das Jahr 1540; die Gebäude brannten 1577 nach einem Blitzschlag aus, die Reste verfielen allmählich. Berg und Burg waren ein vielbesuchtes Ziel und ein Motiv romantischer Maler wie Caspar David Friedrich und Ludwig Richter. Die Ruinen geben heute die malerische Kulisse ab für den Bergfriedhof mit Grabsteinen aus dem 16. Jh., für das Bergmuseum, für sommerliche Konzerte und für die ebenfalls sommerlichen, von Fackeln beschienenen Mönchszüge.

Dorf Oybin

Von der Burg führt ein Ringweg zu den schönsten Aussichtspunkten des Bergplateaus. Am Fuße des Berges steht die barocke Bergkirche von 1709 mit einer reichen Innenausstattung. Unterhalb der Bergkirche lädt der historische Burgkeller (1560) zur Rast ein. Hier ist man auch schon im Kurort, das neben der für solche Orte üblichen Gastronomie am Bahnhof der Bimmelbahn auch noch ein Museum über die Geschichte der Bahn bietet.

Kurort Jonsdorf

Im alten Zittauer Ratsdorf und heutigen Kurort Jonsdorf, 8 km nordwestlich von Oybin, gibt es Kuranlagen, eine Freilichtbühne und eine Sternwarte. An zahlreichen Türen sieht man aus Sandstein gehauene barocke Türstöcke. Im Süden von Jonsdorf liegen die bekannten Mühlsteinbrüche mit interessanten Sandsteinaufschlüssen und vulkanischem Gestein, u. a. die 'Drei Tische'.

Zwickau

L 6

Kreisfreie Stadt
Höhe: 263 m ü.d.M.
Einwohnerzahl: 107 000

Lage und Allgemeines

Die Stadt Zwickau, der Geburtsort des Komponisten Robert Schumann (→ Berühmte Persönlichkeiten) und des Malers Max Pechstein (1881 bis 1955), liegt rund 40 km südwestlich von → Chemnitz an der Mulde. Die Tuchmacherei, der Handel mit dem 'Zwickisch Tuch' und vor allem die Beteiligung am erzgebirgischen Silberbergbau begründeten Zwickaus Ansehen und Reichtum, der durch die Automobilindustrie auch im 20. Jh. gemehrt wurde. Auch nach der Wende spielt der Kraftfahrzeugbau die wichtigste Rolle im Wirtschaftsleben der Stadt, nun unter der Ägide von Volkswagen im nahen Mosel. Hinzu kommen diverse Zuliefererbetriebe sowie die chemische und pharmazeutische Industrie. Nicht zuletzt kommt Zwickau als Verkehrsknotenpunkt und als Tor zum westlichen → Erzgebirge und zum östlichen → Vogtland eine überregionale Bedeutung zu. Und natürlich hat auch die Stadt selbst – etwas verkannt, weil als bloße Industriestadt angesehen – Besuchern einen schönen Stadtkern zu bieten.

*Altstadt

Geschichte

Das 1118 erstmals urkundlich erwähnte Zwickau hatte sich bereits um 1200, zur Zeit der Erschließung des Erzgebirges, als Fernhandelsstützpunkt an der Handelsstraße Altenburg – Prag eine herausragende Position

HOFTHEATERFEST
THEATER

erworben. Tuchfertigung und Schmiedehandwerk, dazu Gewinnanteile aus dem erzgebirgischen Bergbau führten dann im 15. und 16. Jh. zu wirtschaftlicher und kultureller Blüte. Zwickau war zu dieser Zeit die größte Stadt Kursachsens und leistete sich stattliche Bauten. Wachsende Bedeutung erlangte die Stadt durch den Aufschwung des Steinkohlenbergbaus im 19. Jh., der 1977 eingestellt wurde, und durch das Entstehen zahlreicher Industriebetriebe, vor allem des Kraftfahrzeugbaues. Im Jahr 1904 gründete August Horch sein Autowerk, später dann Audi, aus dem durch Zusammenschluß mit Wanderer, DKW und den Motorradwerken Zschopau 1932 die Auto-Union wurde, deren Rennwagen in den dreißiger Jahren mit Hans Stuck und Bernd Rosemeyer am Steuer für Furore sorgten. Nach dem Zweiten Weltkrieg setzte sich der Fahrzeugbau bei Sachsenring Zwickau unter sozialistischen Vorzeichen fort und brachte den legendären 'Trabi' hervor. Trotz der hohen Industrialisierung blieb Zwickau erstaunlicherweise von Kriegsschäden einigermaßen verschont.

Geschichte (Fortsetzung)

Sehenswertes in Zwickau

Rathaus

Am Hauptmarkt, dem Zentrum des alten Zwickau, steht das 1862 neugotisch umgestaltete Rathaus, das auf das Jahr 1403 zurückgeht. Über seinem Portal prangt das sog. Ganze Wappen der Stadt. Von den alten Räumen ist noch der Rats- und Empfangssaal, die einstige Jakobskapelle und spätere Ratstrinkstube, erbaut von 1473 bis 1477, erhalten.

*Gewandhaus

Das schönste Gebäude am Hauptmarkt darf sich das Gewandhaus nennen. In ihm wurde im Obergeschoß das 'Zwickisch Tuch' gehandelt, im Erdgeschoß befanden sich die Stadtwaage und die Fleisch- und Brotbänke. Der von 1522 bis 1525 erbaute spätgotische Bau imponiert mit seinem geschwungenen Staffelgiebel, der schon auf die Renaissance verweist. Fahrende Handwerksgesellen sollten sich die 'Brille' im obersten Giebelfeld genau anschauen – wer sie gesehen hat, hat bewiesen, daß er auf seiner Wanderung in Zwickau gewesen ist. Bereits die Neuberin (→ Berühmte Persönlichkeiten), die von 1702 bis 1717 in Zwickau lebte, führte im Gewandhaus Theaterstücke auf, doch erst seit 1823 ist es offiziell Stadttheater, als welches es 1855 seinen Aufführungssaal erhielt. Im Neubau hat das Zwickauer Puppentheater sein Domizil.

Bürgerhäuser

Am Markt und in seiner unmittelbaren Umgebung findet man bemerkenswerte Bürgerhäuser, so das Kräutergewölbe bzw. Löwenapotheke (Hauptmarkt Nr. 17 / 18) aus dem frühen 16. Jh., das Eckhaus von Kaufmann Merten Römer (Hauptmarkt 8), 1479 errichtet und somit ältestes Bürgerhaus in Westsachsen, und das um 1485 erbaute Schiffchen (Münzstr. Nr. 12). Am auffälligsten zeigt sich das Dünnebierhaus aus dem Jahr 1480 gegenüber vom Gewandhaus dank seines dreigeschossigen Staffelgiebels (Innere Dresdner Straße Nr. 1). Das Renaissancehaus daneben (Regerstr. Nr. 12) ist ein Nachbau.

Dünnebierhaus

*Robert-Schumann-Haus

Haus Hauptmarkt Nr. 5 verdient gesonderte Aufmerksamkeit. Es ist das Geburtshaus des Komponisten Robert Schumann, allerdings nur eine Replik des 1955 wegen Baufälligkeit abgerissenen Originals. Seit 1956 ist es Sitz der Forschungs- und Gedenkstätte Robert Schumann und des Robert-Schumann-Archivs. In einer ständigen Ausstellung wird des großen Liederkomponisten und seiner Frau, der Pianistin Clara Schumann-Wieck gedacht. Deren Flügel ist der Mittelpunkt des Musikzimmers – und wem er bekannt vorkommt, der schaue auf die Rückseite eines Hundertmarkscheins. Ein Denkmal für Robert Schumann steht nördlich vom Dünnebierhaus (Öffnungszeiten: Di. – Sa. 10.00 – 17.00 Uhr).

◂ *Auf die 'Brille' ganz oben am Zwickauer Gewandhaus sollten fahrende Handwerksgesellen besonders achten.*

Baedeker Special

Die Legende lebt

Er stinkt, er säuft, und Dinge wie Airbag, Gurtstraffer oder ABS sind ihm Fremdworte. Er ist lahm und laut, seine Technik stammt aus der automobilen Steinzeit, und seine Form war vor 30 Jahren schon nicht mehr modern. Um es kurz zu machen: Der **Trabant** ist ein einziger Anachronismus. Und dennoch oder vielleicht gerade deshalb liebt ihn die Nation. Trabi-Clubs, Trabi-Treffen, Trabi-Rennen, Trabi-Filme – kaum ein anderes Auto, vom VW Käfer vielleicht einmal abgesehen, bewegt so viele Menschen wie der Kleinwagen aus Sachsen.

Daß es bei ihm einmal zum Kultobjekt reichen würde, ahnte bei seiner Premiere im Jahre 1957 wohl noch niemand. Dabei stammt er aus einer Hochburg des Automobilbaus: Mehr als ein halbes Jahrhundert zuvor hatte August Horch, ein ehemaliger Mitarbeiter von Carl Benz, 1904 die erste Automobilfabrik in Zwickau gegründet. Seine technisch anspruchsvollen und sportlich recht erfolgreichen Fahrzeuge verschafften sich schnell ein gediegenes Image, doch bereits 1909 kam es zum innerbetrieblichen Streit, August Horch verließ das Unternehmen und gründete in Zwickau ein zweites Automobilwerk. Bei der Namensfindung wählte er die lateinische Übersetzung des Imperativs "Horch!", und die lautet "Audi". 1932 entstand dann aus dem Zusammenschluß der Marken Horch, Audi, DKW und Wanderer die Auto-Union.

Der Zweite Weltkrieg brachte das vorläufige Aus. Das Zwickauer Werk wurde 1944 von Bomben zur Hälfte zerstört. Was 1945 noch übrig war, ließen die Russen demontieren und schickten es als Reparationsleistung in den Osten. Audi und Horch wurden 1946 dem Konzern "Sächsische Aufbauwerke" eingegliedert. An Edel-Karossen war nicht mehr zu denken, Horch fertigte fortan Lkw, bei Audi steckte man Lieferwagen zusammen. Erst ab 1949 widmete man sich wieder der Pkw-Fertigung: Der von DKW aus Chemnitz stammende F 8 und dessen noch vor dem Krieg entwickelter Dreizylinder-Nachfolger und Wartburg-Vorgänger F 9 kamen noch bis 1953 aus Zwickau. Dann wurde die Produktion der 'großen' Limousinen nach Eisenach verlagert.

Was fehlte, war ein fahrbarer Untersatz fürs Arbeiter- und Bauernvolk. Diesen Job erledigte in der Bundesrepublik bereits der vor dem Krieg entwickelte VW Käfer. Ab August 1953 gingen die Ingenieure der dem Industrieverband Fahrzeugbau (IFA) angehörenden Betriebe VEB Audi und VEB Horch das DDR-Kleinwagenprojekt verschärft an. Für den noch zu entwickelnden Pkw gab es klare Vorgaben: Er mußte robust sein, Platz für vier Erwachsene bieten, durfte nicht viel Pflege- und Wartungsaufwand verlangen und nur zum geringen Anteil aus importierten Werkstoffen und Teilen bestehen. Die Sache mit den Werkstoffen stellte die Ingenieure anfangs vor echte Probleme, denn der Kalte Krieg war voll im Gange, und das westliche Ausland, speziell die Bundesrepublik, stellte sich bei der Lieferung von Tiefziehblechen ziemlich quer. Diese Bleche wurden für die Karosseriefertigung aber dringend benötigt. Doch die cleveren Sachsen fanden eine Lösung, die sie vom sturen westlichen Ausland autark machte: Kunststoff. Das Zwickauer Entwicklungskollektiv vermengte Phenolharz – ein Braunkohleprodukt – mit Baumwollfasern und hatte damit den Duroplast geschaffen. Freilich entwickelte sich der selbstgepreßte Kunststoff durch seine im Vergleich zur Stahlblech-Preßfertigung um ein vielfaches längere Produktionszeit zum regelrechten Fluch, denn selbst wenn die Verantwortlichen in Zwickau in den folgenden Jahrzehnten gern mehr Trabis gebaut hätten, mit den vorhandenen Pressen

Lebenslange Garantie gegen Durchrostung dank Duroplast – in dieser Hinsicht kann der 'Rennpappe' kein Konkurrent das Wasser reichen.

ging einfach nicht mehr – eine gute 'Pappe' brauchte nun mal ihre Zeit. Andererseits: Vor Rost war das Auto allemal gefeit.

Der erste DDR-Kleinwagen kam 1955, doch es war noch kein Trabi. Der P 70, ein neu eingekleideter alter DKW, diente nur als Versuchsträger für die Duroplast-Karosserie. Es dauerte noch zwei Jahre, bis der Trabant vom Band lief. Das erste Exemplar der Nullserie erblickte am 7. November 1957 das Licht der Welt – rein zufällig am vierzigsten Jahrestag der Oktoberrevolution.
Das Modell hieß offiziell P 50, den viel hübscheren Namen "Trabant" brachte ein betriebsinterner Wettbewerb hervor. Für die Namensfindung gab's einen aktuellen Anlaß: Die Sowjets hatten gerade ihren Sputnik (zu deutsch "Gefährte") ins All gejagt, der Name Trabant lag also nahe. Der Serienanlauf des P 50 erfolgte am 1. August 1958.

Zum Zeitpunkt seiner Premiere war der Trabi ein durchaus modernes Auto. Der gebläsegekühlte Zweitaktmotor, das robuste Fahrwerk und die Pontonform der Karosserie konnten auch international konkurrieren, der Frontantrieb galt damals sogar als sehr fortschrittlich. Aus den ursprünglich 18 wurden bald 20 Pferdestärken, zur Limousine gesellte sich ab 1960 ein später "Universal" getauftes Kombimodell. Auch die Nationale Volksarmee bekam ein geländegängiges Modell mit Klappverdeck. Bis Anfang der sechziger Jahre blieb man in Zwickau in Sachen Modellpflege immer auf der Höhe der Zeit, doch spätestens mit dem 1964 präsentierten P 50-Nachfolger P 601 rollte der Trabi nur noch hinterher. Seine Karosserie zeigte zwar modische Kanten und Ecken, doch unter der Schale blieb fast alles beim alten. Und weil für echte Neuentwicklungen der Wille der politisch Ver- ▸

antwortlichen und damit auch die erforderlichen Mittel fehlten, war der Trabi ab Ende der sechziger Jahre vollends out. Dabei hätten die Techniker des VEB Sachsenring Automobilwerke Zwickau schon gekonnt. Wenn sie nur gedurft hätten. Im stillen Kämmerlein entwickelten sie nämlich trotz alledem hochmoderne Fahrzeuge, zum Beispiel den P 603, der bereits 1966 das Konzept des späteren VW Golf vorwegnahm. Mit dem von Skoda-Vierzylindern angetriebenen P 610 konstruierten die Zwickauer 1974 eine weitere Schrägheckllimousine, die sich ebenfalls als moderner Trabi-Nachfolger angeboten hätte. Experimente mit Wankel- und Dieselmotoren – es gab fast nichts, was die Sachsen damals nicht ausprobierten. In der Praxis blieb es jedoch bei der Politik der kleinen Modellpflege-Schritte für den P 601 – die Automobilindustrie gehörte für die DDR-Oberen nicht zu den förderungswürdigen Bereichen. Um den Absatz brauchten sich die Wirtschafts-Bonzen ja zumindest national keine Gedanken machen: Trabis wurden nicht verkauft, sondern verteilt, zuletzt mit Wartezeiten von bis zu 15 Jahren. In guten Zeiten verließen zwar täglich rund 500 Stück der schließlich auf 26 PS erstarkten Pappe das Zwickauer Werk, doch das waren immer noch viel zu wenige, um den Bedarf auch nur annähernd zu decken. Mit der Folge, daß der Trabant zu den wenigen Autos gehörte, die gebraucht oft teurer waren als neu.

Die Abschiedsvorstellung des Trabi wurde 1989 eingeläutet. Die Ankündigung, den seit mittlerweile über 30 Jahren produzierten Wagen zukünftig mit einem Viertaktmotor zu liefern, kam zwar einer technischen Revolution gleich, interessierte das DDR-Volk aber kaum noch: Man hatte im Herbst 1989 erst einmal genug mit den politischen Umwälzungen zu tun. Paradox, denn endlich hatte der Trabi einen modernen Antrieb, wirksame Bremsen und ein halbwegs modernes Fahrwerk – gefragt waren nun aber Westimporte.

Vom letzten Trabi wurden noch genau 38 865 Stück gebaut, was ihn im Vergleich mit dem Zweitakt-Vorgänger zum Flop degradierte. Im Mai 1990 lief zwar in den kurz zuvor neu errichteten Montagehallen im benachbarten Mosel der dreimillionste Trabant vom Band, gleichzeitig wurde dort aber schon der erste VW Polo montiert: VW hatte die bereits seit den siebziger Jahren bestehenden Kontakte zum Zwickauer Automobilwerk rechtzeitig genug intensiviert. Im Zwickauer Stammwerk gingen am 30.4.1991 die Lichter endgültig aus, der Trabi war tot. Von ehemals 12 500 Mitarbeitern behielten noch knapp 300 ihren Arbeitsplatz.

Doch die Zwickauer wären nicht Sachsen, wenn sie der Entwicklung tatenlos zugesehen hätten. Ihrem Schaffensdrang kam VW zu Hilfe: Die Wolfsburger stiegen in Mosel ganz groß ein und bauten dort innerhalb kürzester Zeit ein hochmodernes Werk auf. Mittlerweile produzieren dort über 2500 Mitarbeiter die Modelle Golf und Passat. In der Motorenfertigung in Chemnitz fanden weitere 500 Automobilbauer einen Arbeitsplatz. Der zweite Glücksfall war das Engagement der aus dem Sauerland stammenden Brüder Ulf und Ernst Wilhelm Rittinghaus in Zwickau. Sie übernahmen Ende 1993 das Unternehmen Sachsenring Automobilwerke von der Treuhand und sind heute mit ihrer Sachsenring Automobiltechnik GmbH unter anderem als Zulieferer für die Automobilindustrie sehr erfolgreich. Die Anzahl der Beschäftigten wächst ständig und lag Ende 1996 schon wieder bei über 800. Neben VW, BMW und Mercedes gehört auch das ehemalige Zwickauer Unternehmen Audi zu ihren Kunden. Womit sich ein Kreis in der Auto-Stadt Zwickau wieder geschlossen hat.

Und was ist mit dem Trabant? Er wird zwar nicht mehr gebaut, aber er wird umso mehr gehegt und gepflegt, die Ersatzteilversorgung ist auf viele Jahre hinaus gesichert. Der jährliche Zwickauer Trabi-Treff zieht Tausende von Besuchern an, und mittlerweile kümmern sich über 70 Clubs um die Pappe. Für den Wessi strahlt er den Charme der sechziger Jahre aus, wiegt seinen Fahrer in Ruhe und Gelassenheit und verströmt, was fast allen modernen Autos abgeht: Charakter. Für den Ossi dagegen bedeutet der Trabi ein Stück DDR-Identität. Wo sich alles wandelt und wendet, da zählt ein treuer Weggefährte eben doppelt.

Einen Straßenzug entfernt vom Hauptmarkt sieht man den Turm des spätgotischen Doms St. Marien aufragen. Das auf das Jahr 1206 zurückgehende Gotteshaus ist nach mehreren Bränden ab 1453 neu erbaut worden und erlebte 1520 Thomas Müntzer von seiner Kanzel predigen. Es birgt zahlreiche Kunstschätze, dessen wertvollster ein 1479 entstandener spätgotischer Marienaltar des Nürnbergers Michael Wolgemut ist. Er zeigt in der Mitte die Figur der Maria mit dem Kind, flankiert von insgesamt acht weiblichen Heiligen. Im Jahr 1507 schuf Michael Heuffner das bewegliche Heilige Grab; weiter beachtenswert sind die Pietà des Zwickauers Peter Breuer, eine Frühренaissancekanzel von 1538, die spätgotische Wendeltreppe am nördlichen Seitenschiff sowie zahlreiche Grabdenkmäler des 16./17. Jh.s wie das prächtige Epitaph für Baldasar Teuffel von Hans Hesse. Die Priesterhäuser am Domhof gegenüber entstanden um 1500.

*Dom St. Marien

Etwas verloren inmitten der im Zuge der Stadtsanierung entstandenen Wohnblocks wirkt die Pfarrkirche St. Katharinen nordöstlich vom Hauptmarkt. Dabei ist sie so alt wie St. Marien – sie wurde zwischen 1206 und 1219 gegründet und erfuhr einen Neubau im 14. Jh. –, und auch in ihr predigte Thomas Müntzer. Die Kirche besitzt einen Flügelaltar mit Darstellungen der Kurfürsten Friedrich der Weise und Johann der Beständige, den die Cranach-Werkstatt 1517 lieferte; außerdem einen "Christus mit Siegesfahne" aus dem Jahr 1498 von Peter Breuer.

Pfarrkirche St. Katharinen

Nachbar der Kirche ist das Restaurant Posthalterei in einem 1530 für einen Kaufmann erbauten Haus. Seinen Namen hat es von der letzten Zwickauer Posthalterei, die erst 1922 schloß.

Posthalterei

Etwas weiter nördlich liegt das düstere Schloß Osterstein. Es ist 1590 anstelle eines kurz nach 1212 errichteten Baues vollendet worden und diente vom Ende des 18. Jh.s bis 1962 als Gefängnis, mit dessen Zellen auch Karl May und August Bebel Bekanntschaft gemacht haben. Auch das benachbarte Kornhaus von 1480 wurde in das Gefängnis einbezogen.

Schloß Osterstein

Vom Schloß Richtung Süden haben sich entlang des Dr.-Friedrichs-Rings Reste der Stadtmauer erhalten, deren markantester der Pulverturm ist.

Pulverturm

Das Städtische Museum erreicht man außerhalb des Altstadtrings an der Lessingstraße. Es stellt Zeugnisse der Stadtgeschichte und des Steinkohlenbergbaus, kunst- und kulturgeschichtliche Exponate, Zwickauer Porzellan, Skulpturen und Gemälde u. a. von Peter Breuer sowie Max Pechstein und der "Brücke" sowie eine Mineralien- und Fossiliensammlung aus (Öffnungszeiten: Di. – Fr. 9.00 – 17.00, Sa. und So. 10.00 – 17.00 Uhr).
Auch das Stadtarchiv und vor allem die Ratsschulbibliothek sind hier untergebracht. Diese ist seit 1537 jedermann zugänglich und ist somit die älteste öffentliche Bibliothek Sachsens; sie besitzt Handschriften von Luther und Melanchthon, rare Erstdrucke aus der Reformation und eine stattliche Inkunabelsammlung (Öffnungszeiten: Mo. – Do. 8.30 – 17.00, Fr. bis 15.00 Uhr).

Städtisches Museum

Autofreunde kommen um einen Besuch des Automobilmuseums "August Horch" auf dem ehemaligen Fabrikgelände von Horch, Audi und DKW an der Walter-Rathenau-Str. 51 nicht herum. Zwar sind hier 'nur' etwas mehr als zwanzig Autos ausgestellt, die aber haben es in sich: vor allem die großen Limousinen von Horch gehörten in den zwanziger und dreißiger Jahren zum Feinsten, was auf deutschen Straßen rollte. Selbstverständlich fehlt auch der 'Trabi' in seinen verschiedensten Ausführungen nicht, und die Prototypen von nie in Serie gebauten DDR-Wagen sind gar eine Rarität (Öffnungszeiten: Di. und Do. 9.00 – 12.00 und 14.00 – 17.00, Sa. und So. 10.00 – 17.00 Uhr).

Automobilmuseum "August Horch"

Der Lehrpfad zum Zwickauer Steinkohlenbergbau beginnt an der Schedewitzer Brücke am Bergbaudenkmal und führt zum Forst-Schacht.

Bergbaulehrpfad

Planitz

Der Stadtteil Planitz besitzt ein barockes Schloß mit einem Park und vor allem einem hübschen Teehaus von 1769; sehenswert ist auch die Dorfkirche aus dem 16. Jh. wegen ihres Flügelaltars von Samuel Lorentz.

Umgebung von Zwickau

*Agrar-und Freilichtmuseum Schloß Blankenhain

Die B 175 führt in nordwestlicher Richtung zum 20 km entfernten Schloß Blankenhain, einer ehemaligen Wasserburg, die im 17. und 18. Jh. ihre heutige Gestalt erhielt. Das Schloß ist Mittelpunkt des großzügigen Agrar- und Freilichtmuseums, zu dem u. a. eine Dorfschule von 1740, eine Dorfbäckerei, eine Brauerei und natürlich ein Bauernhof mit Tieren gehören – ein Paradies für Kinder (Öffnungszeiten: April – Mitte Dez. tgl. 9.00 – 12.00 und 13.00 – 18.00 Uhr).

Über der Pleiße thront Burg Schönfels

Burg Schönfels

In Schönfels, 10 km südwestlich, besucht man die über der Pleiße thronende spätgotische Burg, die mit ihrem 25 m hohen Bergfried und einem Wehrgang wie kaum eine andere in Sachsen noch ihre mittelalterliche Atmosphäre bewahrt hat. Die Burgkapelle besitzt einen nach 1550 entstandenen Flügelaltar; des weiteren gibt es einen Bärenzwinger, ein Burgmuseum und natürlich eine Burgschänke.

Härtensdorf

Ein weiteres Schloß findet man im 10 km südöstlich gelegenen Wildenfels. Wer an einem außergewöhnlichen Werk von Peter Breuer interessiert ist, sollte in die Dorfkirche des benachbarten Härtensdorf schauen, denn die Mariendarstellung des Flügelaltars wird als dessen "liebenswürdigstes" Werk bezeichnet.

Hartenstein

Nach weiteren 6 km erreicht man das an der Mulde liegende Hartenstein, das sich rühmen kann, gleich drei Schlösser bzw. Burgen zu besitzen. Neben den Ruinen des 1945 zerstörten Schlosses und der Isenburg lohnt in erster Linie Burg Stein im gleichnamigen Ortsteil einen Besuch. Die ursprünglich romanische Burg mit gut erhaltenen Wehranlagen teilt sich in Nieder- und Oberburg; in letzterer ist das Heimatmuseum eingerichtet, das u. a. Leben und Werk des in Hartenstein geborenen Barocklyrikers Paul Fleming (1609 bis 1640) dokumentiert und auch einiges über den Altenburger Prinzenraub erzählt, denn Prinz Ernst war in der nahen Prinzenhöhle drei Tage lang eingesperrt worden. Zur Einkehr bietet sich in Hartenstein das Weiße Roß in einem Fachwerkbau von 1624 an.

*Burg Stein

FOTO GEORGI

Praktische Informationen von A bis Z

Praktische Informationen von A bis Z

Anreise

Mit dem Auto

Von Süden

Nürnberg – Autobahndreieck Bayerisches Vogtland – Leipzig (E 51 / A 9) bzw. Autobahndreieck Bayerisches Vogtland – Zwickau – Chemnitz – Dresden (E 51 / A 9 – E 441 / A 72 – E 40 / A 4) oder München – Autobahndreieck Holledau – Hof – Zwickau – Chemnitz – Dresden (E 45 / A 9 – A 93 – E 441 / A 72 – E 40 / A 4). Die Verbindung von Weiden (A 93) zum Anschluß an die E 441 / A 72 bei Hof soll 1997 als durchgehende Autobahn eröffnet werden.

Von Westen und Nordwesten

Kirchheimer Dreieck – Eisenach – Erfurt – Chemnitz – Dresden (E 41 / A 45 bzw. E 451 / A 5 – E 40 /A 5 – E 40 / A 4) bzw. Hermsdorfer Kreuz – Leipzig (E 51 / A 9).

Von Norden

Berlin – Lübbenau – Dresden – Chemnitz -Zwickau (E 55 / A 13 – E 40 / A 4 – E 441 / A 72) oder Berlin – Dreieck Potsdam – Schkeuditzer Kreuz – Leipzig (E 51 / A 115 – E 30 / A 10 – E 51 / A 9).

Mit der Bahn

Dresden und Leipzig sind an das EC / IC- und IR-Netz der Deutschen Bahn AG angeschlossen, nach Chemnitz und Zwickau verkehren IR-Züge. Alle wichtigen Orte sind von den größeren deutschen und vielen ausländischen Städten aus mit der Bahn zu erreichen.
Wer die nähere und weitere Umgebung seines Urlaubsortes mit der Eisenbahn kennenlernen möchte, erkundige sich bei der Bahn nach dem sogenannten Ferienticket, das bei Anreise an den Ferienort mit dem Zug erhebliche Sparmöglichkeiten bietet.

Mit dem Flugzeug

Die Deutsche Lufthansa fliegt von Düsseldorf, Frankfurt / M., Hamburg, Köln, München und Stuttgart direkt nach Dresden und Leipzig. Daneben fliegt auch die Deutsche BA von Stuttgart und Friedrichshafen nach Dresden und von Hannover nach Leipzig, außerdem United Airlines von Frankfurt nach Dresden.
Auch kleinere Fluggesellschaften fliegen die sächsischen Flughäfen Dresden und Leipzig an, so Roland Air von Bremen und Paderborn, Eurowings von Dortmund, Düsseldorf, Hannover und Münster-Osnabrück, Hamburg Airlines von Hamburg und Saarbrücken, Arcus Air von Mannheim sowie Air Straubing von München.
Crossair fliegt von Zürich und Basel, Tyrolean von Wien nach Dresden bzw. Leipzig und Hamburg Airlines von Salzburg nach Dresden.

Flughafen Dresden

Der Flughafen Dresden-Klotzsche liegt etwa 10 km nordöstlich der Landeshauptstadt. Zum Hauptbahnhof – mit mehreren Haltestellen dazwischen – verkehrt ein Zubringerbus (Fahrtdauer 30 Minuten).
Flughafenauskunft: Tel. (03 51) 881-0, Fax 881-36 65

Flughafen Leipzig-Halle

Der Flughafen Leipzig-Halle liegt ca. 20 km nordwestlich von Leipzig in der Nähe des Autobahnkreuzes Schkeuditz. Ein Zubringerbus verkehrt halbstündlich zwischen dem Flughafen und dem Hauptbahnhof in Leipzig (Fahrtdauer 30 Minuten). Während der Messen besteht ein direkter Busverkehr zum Messegelände. Flughafenauskunft: Tel. (03 41) 224-0, Fax 224-11 11

◂ *Ungeachtet des Namens ist der Schneeberger Bergstreittag eine friedliche und fröhliche Veranstaltung.*

Auskunft

Übergeordnete Auskunftstellen

Landesfremdenverkehrsverband Sachsen e.V., Friedrichstr. 24
D-01067 Dresden, Tel. (03 51) 49 17 00, Fax 4 96 93 06 — Landesfremdenverkehrsverband

Der Landesfremdenverkehrsverband unterhält die Informations- und Buchungsstelle TOURBU, die telefonische Auskünfte erteilt und auch Zimmerreservierungen vornimmt unter

Tel. (03 51) 4 98 05 40, Fax 4 96 93 06,
Mo. – Fr. 9.00 – 18.00 und Sa. 9.00 bis 14.00 Uhr

Sachsen
einfach stark

Fremdenverkehrsverband Erzgebirge,
Johannisgasse 23
D-09456 Annaberg-Buchholz, Tel. / Fax (03 733) 2 35 53 — Erzgebirge

Fremdenverkehrsverband Oberlausitz / Niederschlesien e.V.
Taucherstr. 39, D-02625 Bautzen, Tel. (03 591) 4 30 32, Fax 57 32 90 — Oberlausitz / Niederschlesien

Fremdenverkehrsverband Sächsische Schweiz e.V., Zehistaer Str. 9
D-01796 PirnaTel. (03 501) 51 54 54 oder 51 54 55, Fax 51 54 56 — Sächsische Schweiz

Ferienstraße Silberstraße e.V., Bergstr. 22
D-08301 Schlema, Tel. (03 771) 5 58 00, Fax 55 80 25 — Sächsische Silberstraße

Fremdenverkehrsverband Sächsisches Burgen- und Heideland
Niedermarkt 1, D-04736 Waldheim, Tel. (03 43 27) 96 60, Fax 9 66 19 — Sächsisches Burgen- und Heideland

Regionaler Fremdenverkehrsverband Sächsisches Elbland e.V.
Loosestr. 17 / 19, D-01662 Meißen, Tel. (03 521) 72 52 13 oder 72 52 71,
Fax 72 53 18 — Sächsisches Elbland

Fremdenverkehrsverband Vogtland, Engelstr. 18
D-08523 Plauen, Tel. / Fax (0 37 41) 22 51 66 — Vogtland

Fremdenverkehrsverband Westerzgebirge, Bergstr. 22
D-08301 Schlema, Tel. (03 771) 2 26 01, Fax 2 08 79 — Westerzgebirge

Fremdenverkehrs-Regionalverband Westsachsen / Zwickau e.V., Hauptstr. 6
D-08056 Zwickau, Tel. (03 75) 293711 oder 293712, Fax 293710 — Westsachsen

Örtliche Auskunftstellen

Fremdenverkehrsbüro Altenberg, Platz des Bergmanns 2
D-01773 Altenberg, Tel. (03 50 56) 3 33 40 oder 3 33 41, Fax 3 42 63 — Altenberg

Stadt Annaberg-Buchholz, Tourist-Information, Markt 1
D-09456 Annaberg-Buchholz, Tel. (03 733) 42 51 39, Fax 42 51 38 — Annaberg-Buchholz

Kultur- und Verkehrsamt Augustusburg, Marienberger Str. 29 b
D-09573 Augustusburg, Tel. (03 72 91) 65 51, Fax 65 52 — Augustusburg

Bautzen-Information, Hauptmarkt 1
D-02625 Bautzen, Tel. (03 591) 4 20 16, Fax 53 43 09 — Bautzen

Fremdenverkehrsverein Chemnitz und Umgebung e.V., Crusiusstr. 5
D-09120 Chemnitz, Tel. (03 71) 5 44 04, Fax 5 70 22 42 — Chemnitz

Auskunft

Colditz	Fremdenverkehrsverein Colditzer Muldenland, Markt D-04680 Colditz, Tel. (03 43 81) 4 35 19
Delitzsch	Tourist-Information Delitzsch, Kreuzgasse 10 D-04509 Delitzsch, Tel. / Fax (03 42 02) 2 21 64
Dresden	Dresden-Werbung und Tourismus GmbH, Goetheallee 18 D-01309 Dresden, Tel. (03 51) 4 91 92-0, Fax 3 10 52 47
	Tourist-Information Dresden, Prager Str. 10 D-01069 Dresden, Tel. (03 51) 4 91 92-0, Fax 4 95 12 76
Freiberg	Freiberg-Information, Burgstr. 1 D-09599 Freiberg, Tel. (03 731) 23 64 02, Fax 27 32 60
Glauchau	Glauchau-Information, Markt 1 D-08371 Glauchau, Tel. / Fax (03 763) 25 55
Görlitz	Görlitz-Information, Obermarkt 29 D-02826 Görlitz, Tel. (03 581) 40 69 99, Fax 47 57 27
Grimma	Fremdenverkehrsamt Grimma, Markt 23 D-04668 Grimma, Tel. / Fax (03 437) 91 98 53
Hoyerswerda	Tourist- und Stadtinformation Hoyerswerda, Schlossergasse 1 D-02977 Hoyerswerda, Tel. (03 571) 45 69 20 oder 45 69 21, Fax 45469 25
Kamenz	Kamenz-Information, Kirchstr. 1 D-01917 Kamenz, Tel. (03 578) 30 43 00, Fax 37 92 99
Klingenthal	Tourist-Information Klingenthal, Schloßstr. 3 D-08248 Klingenthal, Tel. (03 74 67) 6 48 32, Fax 6 48 25
Königstein	Tourist-Information Königstein, Schreiberberg 2 D-01824 Königstein, Tel. (03 50 21) 6 88 92, Fax 6 88 87
Leipzig	Leipzig Tourist Service, Sachsenplatz 1 D-04109 Leipzig, Tel. (03 41) 7 10 42 65 oder 7 10 42 75, Fax 7 10 42 76
Löbau	Löbau-Information, Altmarkt 1 D-02708 Löbau, Tel. (03 585) 45 04 50, Fax 86 20 40
Markneukirchen	Fremdenverkehrsbüro Markneukirchen, Am Rathaus 2 D-08258 Markneukirchen, Tel. (03 74 22) 4 11 43, Fax 4 11 99
Meißen	Tourist-Information Meißen GmbH, An der Frauenkirche 3 D-01662 Meißen, Tel. (03 521) 45 44 70, Fax 45 82 40
Mittweida	Mittweida-Information, Rochlitzer Str. 58 D-09648 Mittweida, Tel. (03 727) 28 04, Fax 28 06
Moritzburg	Tourist-Information, Schloßallee 3b D-01468 Moritzburg, Tel. (03 52 07) 8 54 10, Fax 8 54 20
Müglitztal	s. Erzgebirge und Pirna
Bad Muskau	Fremdenverkehrsbüro Bad Muskau, Schloßstr. 3 D-02953 Bad Muskau, Tel. / Fax (03 57 71) 5 04 92
Oberwiesenthal	Kurverwaltung Oberwiesenthal, Markt 8 D-09484 Oberwiesenthal, Tel. (03 73 48) 86 14, Fax 77 98

Oschatz-Information, Neumarkt 2
D-04758 Oschatz, Tel./Fax (03 435) 97 02 42 — Auskunft (Fts.), Oschatz

Fremdenverkehrsbüro Pirna, Dohnaische Str. 31
D-01796 Pirna, Tel. (03 501) 52 84 97, Fax 55 63 31 — Pirna

Tourist-Information Plauen, Rädelstr. 2
D-08523 Plauen, Tel. (03 741) 22 49 45 — Plauen

Fremdenverkehrsamt Radebeul, Pestalozzistr. 6a
D-01445 Radebeul, Tel. (03 51) 8 31 18 63, Fax 8 31 19 02 — Radebeul

Gästeamt Kurort Rathen, Niederrathen 17 B
D-01824 Kurort Rathen, Tel./Fax (03 50 24) 7 04 22 — Kurort Rathen

Heimat- und Verkehrsverein Rochlitzer Muldental, Markt 1
D-09306 Rochlitz, Tel. (03 737) 78 32 22, Fax 78 32 24 — Rochlitzer Muldental

Kurverwaltung Bad Schandau, Markt 8
D-01814 Bad Schandau, Tel. (03 50 22) 4 24 12, Fax 4 31 84 — Bad Schandau

Tourist-Information der Bergstadt Schneeberg, Markt 1
D-08289 Schneeberg, Tel./Fax (03 772) 2 23 47 — Schneeberg

Fremdenverkehrsamt-Stadtinformation, Oberes Tor 5
D-08340 Schwarzenberg, Tel./Fax (03 774) 2 25 40 — Schwarzenberg

Tourist-Information Seiffen, Hauptstr. 95
D-09548 Seiffen, Tel. (03 73 62) 84 38 — Seiffen

Stolpen-Information, Markt 26
D-01833 Stolpen, Tel./Fax (03 59 73) 32 73 13 — Stolpen

Fremdenverkehrsverband Sächsischer Forst-Tharandter Wald e.V.
Schillerstr. 3, D-01737 Tharandt, Tel./Fax (03 52 03) 27 33 — Tharandter Wald

Torgau-Information, Schloßstr. 11
D-04860 Torgau, Tel. (03 421) 71 25 71, Fax 71 02 80 — Torgau

Wurzen-Information, Markt 5
D-04808 Wurzen, Tel. (03 425) 92 60 00, Fax 92 58 28 — Wurzen

Tourist-Information Zittau, Markt 1
D-02763 Zittau, Tel. (03 583) 75 21 37 oder 75 21 38,
Fax 75 21 61 — Zittau

Tourist Information-Zwickau, Hauptstr. 6
D-08056 Zwickau, Tel. (03 75) 29 37 13, Fax 29 37 15 — Zwickau

Autohilfe

Automobilklubs

Allgemeiner Deutscher Automobilklub (ADAC) Sachsen e.V.
Schandauerstr. 44–46, D-01277 Dresden, Tel. (03 51) 44 78 80

Automobilklub Europa (ACE)
Ritzenbergstr. 3, D-01067 Dresden, Tel. (03 51) 4 96 11 82

Automobilklub von Deutschland e.V. (AvD)
Bautzener Str. 4, D-01099 Dresden, Tel. (03 51) 4 11 01 73
oder 4 11 07 08

Autohilfe (Fts.)
Pannenhilfe

ADAC: 24-Stunden Service Tel. (0 18 02) 22 22 22
ACE: 24-Stunden Service Tel. (0 18 02) 34 35 36 22

Über weitere Abschleppdienste und Reparaturwerkstätten kann man sich bei den Stadtinformationen (→ Auskunft) und in den örtlichen Branchentelefonbüchern informieren.

Behindertenhilfe

Informationsstellen

Bundesverband Selbsthilfe Körperbehinderter, Landesverband Sachsen e.V. Michelangelostr. 2, D-01217 Dresden, Tel. (03 51) 4 72 49 41, Fax 4 71 74 01

Dresden

Städtische Beratungs- und Hilfestelle für Behinderte, Martin-Luther-Platz 14 D-01099 Dresden, Tel. (03 51) 5 10 82
Die Tourist-Information Dresden (→ Auskunft) hält eine Broschüre "Ratgeber für geschädigte Bürger in der Stadt Dresden" bereit. Außerdem gibt es einen Stadtführer für behinderte Menschen, herausgegeben vom Stadtplanungsamt Dresden.

Leipzig

Der Behindertenverband Leipzig e.V. hat einen Stadtführer für behinderte Menschen herausgebracht, kostenlos erhältlich in der Geschäftsstelle Bernhard-Göring-Str. 152, D-04277 Leipzig, Tel. (03 41) 32 84 43
Der Verband unterhält ein Bungalowobjekt am Elsterstausee für Gruppen bis zu 30 Personen für Tagesaufenthalte und bis zu acht Personen, davon bis zu drei im Rollstuhl sitzende Personen, für Wochenendaufenthalte. Auskunft und Anmeldung beim Verband.

Hotel- und Reiseratgeber

Informationen über Unterkünfte enthält das Buch
Handicapped-Reisen, Band 1 Deutschland, FMG-Verlag, Postfach 1547, D-53005 Bonn, Tel. (02 28) 61 61 33

Ein Verzeichnis mit behindertengerecht ausgestatteten Unterkunftsmöglichkeiten und Gaststätten sowie speziellen Programmangeboten für Menschen erhält man auch bei der
Impuls GmbH, Dr.-Friedrich-Wolf-Str. 2,
D-01097 Dresden, Tel. (03 51) 80 03 30, Fax 80 03 33
Unter der Telefonnummer (03 51) 8 00 34 43 ist dort auch eine Hotline installiert, bei der Behinderte Informationen über Unterkunftsmöglichkeiten und spezielle Programme abfragen können.

Reisebegleitung

Wer Reisebegleitung wünscht, wende sich an den
Bundesverband Selbsthilfe Körperbehinderter (BSK)
Altkrautheimer Str. 17, D-74238 Krautheim / Jagst, Tel. (06 294) 68 11.

Besucherbergwerke

Allgemeines

Feste Schuhe!
Warme Kleidung!

Der Bergbau hat in Sachsen eine große, jahrhundertealte Tradition. Das Erzgebirge wurde zu einer der wirtschaftlich blühendsten Gegenden Deutschlands im späten Mittelalter. Einige der damals zahlreichen Bergwerke sind heute für Touristen zugänglich. Sie bieten in der Regel Grubenfahrten an und vermitteln in verschiedenen Ausstellungen Informationen über die Technik des Bergbaus sowie über die Arbeits- und Lebensweise der Bergleute. Festes Schuhwerk und warme Kleidung sind angeraten, Kindern wird manchenorts erst ab einem gewissen Alter der Zugang zu den Gruben gestattet. Zu den interessantesten Bergwerken gehören:

Cunersdorf

Dorotheastollen und Grubenrevier Himmlisch Heer
IG Altbergbau Dorotheastollen Cunersdorf e.V.

Besucherbergwerke, Cunersdorf (Fortsetzung)

Dorotheenstr. 2, D-09456 Cunersdorf, Tel. (03 733) 6 62 18
Führungen (Dauer 2 – 5 Stunden): Mi., Do., Fr. 8.00 – 15.00 Uhr, sonst n. V.
Es werden Informationen über den Abbau von reinem Silber, Silber-, Kobalt-, Nickel-, Kupfer- und Uranerzen vorwiegend im Altbergbau geboten, außerdem technische Anlagen, Grubenausmauerungen, Erzgänge und Drusen. Kinder ab 8 Jahre.

Ehrenfriedersdorf

Zinngrube Ehrenfriedersdorf → Reiseziele, Annaberg-Buchholz

Freiberg

Sächsisches Lehr- und Besucherbergwerk → Reiseziele, Freiberg

Johanngeorgenstadt

Lehr- und Schaubergwerk Frisch Glück Glöckl
→ Reiseziele, Schwarzenberg

Pobershau

Schaubergwerk Tiefer Molchner Stolln → Reiseziele, Marienberg

Pöhla

Besucherbergwerk Pöhla Luchsbachtal → Reiseziele, Schwarzenberg

Schönfeld

Besucherbergwerk Markus-Röhling-Stolln Frohnau
Schmatalstr. 15, D-09488 Schönfeld,
Tel. (03 733) 5 29 79
Führungen (Dauer 1 Stunde):
Mi. – So. 9.00 – 16.00 Uhr
Nach der Fahrt mit der Grubenbahn sind alte und neue Bergbautechniken im Silber- und Wismutbergbau zu besichtigen. Kinder ab 7 Jahre.

Zinnwald-Georgenfeld

Besucherbergwerk Vereinigt Zwitterfeld zu Zinnwald → Reiseziele, Altenberg

Zschorlau

Bergwerk St. Anna am Freundenstein, IG Historischer Bergbau Zschorlau e.V. 1989, Talstr. 1, D-08321 Zschorlau, Tel. (03 771) 2 39 08
Führungen (Dauer ca.1,5 Stunden): Mi. 16.00 – 19.00, Sa. 10.00 – 12.00 Uhr
Dieses Bergwerk ist eines der ältesten Silberbergwerke Sachsens, seit 1872 stillgelegt, und bietet imponierende Einblicke in die damaligen technischen Fertigkeiten der Bergleute. Angeschlossen ist ein Museum mit historischen Arbeitsgeräten und für diese Gegend typische Mineralien.

Camping

Campingführer

Eine Übersicht über Campingplätze in Sachsen findet sich im jährlich aktualisierten ADAC-Campingführer (Bd. 2: Deutschland · Nordeuropa). Der Landesfremdenverkehrsverband Sachsen (→ Auskunft) hält eine Broschüre über sächsische Campingplätze bereit.

Die nachstehend aufgeführten Preise beinhalten die Übernachtungsgebühren für zwei Erwachsene und ein Kind sowie die Stellplatzgebühren für Wohnwagen oder Zelt und einen PKW.

Preisgruppe I: bis DM 15,00
Preisgruppe II: bis DM 25,00
Preisgruppe III: über DM 25,00

Ausgewählte Campingplätze

Vogtland

Campingplatz Gunzenberg-Pöhl, Hauptstr. 51, D-08543 Pöhl,
Ortsteil Möschwitz, Tel. (03 74 39) 63 93 oder 67 78

Vogtland (Fortsetzung)

Rasenfläche mit jungem Baumbestand, an der Talsperre Pöhl gelegen, Kinderspielplatz, Einrichtungen für Behinderte, Gaststätte, Aufenthaltsraum, Einkaufsmöglichkeit, diverse Sportmöglichkeiten, Tiere erlaubt; 1000 Stellplätze (700 Dauercamper), geöffnet April – Oktober, Preisgruppe III

Campingplatz Vom Tailleur Irfersgrün, Bahnhofstr. 17, D-08485 Irfersgrün, Tel. / Fax (03 76 06) 27 87
Wiesengelände mit altem Baumbestand, Badeteich, Imbiss, Verleih von Fahrrädern, Hundezwinger mit eigenen Veranstaltungen, Feldbahn auf dem Campingplatz; 40 Stellplätze, ganzjährig geöffnet, Preisgruppe II

Campingplatz Dürrenbachtal Klingenthal, D-08248 Klingenthal, Tel. (03 74 67) 2 33 27
Im Wald gelegener, einfacher kleiner Platz mit nahegelegenem Freibad und Tierpark, Kinderspielplatz, Gaststätte, Einkaufsmöglichkeit, Tiere erlaubt; 100 Stellplätze, geöffnet Mitte Mai – Ende September

Westsachsen

Campingplatz Mannichswalde, D-08451 Crimmitschau, Ortsteil Mannichswalde, Tel. (03 66 08) 25 14
Leicht geneigtes Gelände mit angrenzendem Freibad, Einrichtungen für Behinderte, Kinderspielplatz, Fahrradverleih, Tiere erlaubt; 92 Stellplätze (60 Zeltplätze), geöffnet April – September, Preisgruppe III

Sächsisches Burgen- und Heideland

Campingplatz Falkenhain, Talsperrenstraße, D-09648 Falkenhain, Tel. (03 727) 29 52
Teilweise leicht geneigtes Wiesengelände mit lockerem Baumbestand, direkt an der malerischen Talsperre Kriebstein gelegen, Kinderspielplatz, Aufenthaltsraum, Gaststätte, Verleih von Sportgeräten, Tiere erlaubt; 60 Stellplätze, 56 Bungalows / Finnhütten, geöffnet Mai – Anfang Oktober, Preisgruppe II

Campingplatz Horstsee Wermsdorf, D-04779 Wermsdorf, Tel. (03 43 64) 239
Wiesengelände mit altem Baumbestand, am Horstsee gelegen, Kinderspielplatz, bewachter Badestrand, Gaststätte, Einkaufsmöglichkeit, Verleih von Sportgeräten, Tiere erlaubt; 200 Stellplätze, 8 Bungalows / Finnhütten, geöffnet April – Oktober, Preisgruppe III

Campingplatz Thümmlitz-Erholung Kössern, D-04668 Kössern, Ortsteil Förstgen, Tel. (03 43 84) 7 12 32

Am Stausee im Thümmlitzwald gelegen, Kinderspielplatz, Einrichtungen für Behinderte, Gaststätte, Einkaufsmöglichkeit, diverse Sportmöglichkeiten, Tiere erlaubt; 250 Stellplätze (190 Dauercamper), Fremdenzimmer / Ferienwohnungen, ganzjährig geöffnet, Preisgruppe II

Camping am Kulkwitzer See, Seestr. 1, D-04420 Markranstädt, Tel. (03 41) 9 41 15 14
Rasen- und Kiesflächen, teils mit Baumbestand, Kinderspielplatz, verschiedene Gaststätten, Bootsverleih, mehrere Badestrände; 350 Stellplätze (200 Dauercamper), geöffnet Mitte April – Mitte Oktober, Preisgruppe II

Campingplatz Lübschützer Teiche Machern, D-04827 Machern, Tel. (03 425) 81 47 20
Kinderspielplatz, Liegewiese, Bademöglichkeit, Gaststätte, Verleih von Sportgeräten und Fahrrädern; 310 Stellplätze, 30 Bungalows / Finnhütten, geöffnet Mitte April – Mitte Oktober, Preisgruppe II

Campingplatz Pressel, D-04849 Pressel, Tel. (03 42 43) 2 61 20
Ebene Rasenfläche mit Baumbestand im Naturpark Dübener Heide, Kinderspielplatz, Gaststätte, Einkaufsmöglichkeit; 162 Stellplätze (120 Dauercamper), ganzjährig geöffnet, Preisgruppe II

Sächsisches Burgen- und Heideland (Fortsetzung)

Campingplatz Talsperre Kriebstein, D-09648 Kriebethal,
Tel. (03 43 27) 9 31 54, Fax 9 31 53
Terrassen auf Wald- und Wiesenboden, Kinderspielplatz, Einrichtungen für Behinderte, Gaststätte, Aufenthaltsraum, Verleih von Sportgeräten und Fahrrädern, Tiere erlaubt; 262 Stellplätze (158 Dauercamper), 29 Bungalows / Finnhütten, geöffnet April – Oktober, Preisgruppe II

Campingplatz Lindemühlenberg Dommitzsch, D-04880 Mahlitzsch
Ruhiger, schattiger Platz im Nadelwald, Kinderspielplatz, Imbiss- und Einkaufsmöglichkeit, Sportmöglichkeiten, Fahrradverleih, Tiere erlaubt; 245 Stellplätze (85 Dauercamper), geöffnet April – September, Preisgruppe II

Erzgebirge

Campingplatz Kleiner Galgenteich Altenberg, D-01773 Altenberg,
Tel. (03 50 56) 50 07
Ebenes, buschbestandenes Wiesengelände am Wald, Kinderspielplatz, Bademöglichkeit, für Wintercamping Skileihstation, Loipen und Lift, Gaststätte, Einkaufsmöglichkeit, Fahrradverleih, Tiere erlaubt; 300 Stellplätze (100 Dauercamper), ganzjährig geöffnet, Preisgruppe III

Campingplatz Großer Teich Freiberg, D-09599 Freiberg, Tel. (03 731) 64 26
Schattiger Waldplatz, vorwiegend unter Nadelbäumen, Kinderspielplatz, naheliegendes Naturbad, Gaststätte, Einkaufsmöglichkeit, Tiere erlaubt; 60 Stellplätze (30 Dauercamper), geöffnet Mai – September, Preisgruppe II

Campingplatz Greifenbachstauweiher, D-09427 Ehrenfriedersdorf,
Tel. (03 73 46) 13 03 oder 14 54, Fax 12 18
Wiesengelände am Stauweiher, naher Wald, Klettergebiet in der Nähe, Kinderspielplatz, Einrichtungen für Behinderte, Imbiss- und Einkaufsmöglichkeit, Verleih von Sportgeräten und Fahrrädern, Tiere erlaubt; 744 Stellplätze, 292 Bungalows / Finnhütten, geöffnet Mitte Mai – September, Preisgruppe II

Campingplatz Lindenau, Am Naturbad Forstteich, D-08289 Lindenau,
Tel. (03 772) 2 81 02
Ruhiger Platz im Wald- und Wiesengelände, öffentlicher Badestrand, großer Kinderspielplatz, Einrichtungen für Behinderte, Imbiss- und Einkaufsmöglichkeit, Verleih von Sportgeräten und Fahrrädern, Tiere erlaubt; 160 Stellplätze (100 Dauercamper), geöffnet April – Oktober und 1. – 10. Dezember, Preisgruppe II

Campingplatz Seiffen, Deutschneudorfer Str. 57, D-09548 Seiffen,
Tel. / Fax (03 73 62) 85 42
Am Waldrand gelegener Ferienpark mit weitem Ausblick, Kinderspielplatz, Einrichtungen für Behinderte, Bademöglichkeit im Ort Seiffen, Gaststätte, Verleih von Sportgeräten und Fahrrädern, Tiere erlaubt; 410 Stellplätze (60 Dauercamper), zus. 14 Ferienwohnungen, ganzjährig geöffnet, Preisgruppe II und III

Camping Oberrabenstein, Thomas-Müntzer-Str. 12, D-09117 Chemnitz,
Tel. (03 71) 85 06 08, Fax 85 20 38
Im Mischwald gelegenes Gelände mit altem Baumbestand, Kinderspielplatz, Einrichtungen für Behinderte, Bademöglichkeit am nahelegenen Stausee, Aufenthaltsraum, Gaststätte, Einkaufsmöglichkeit, Verleih von Sportgeräten, Tiere erlaubt; 130 Stellplätze (80 Dauercamper), 41 Bungalows / Finnhütten, geöffnet April – Oktober, Preisgruppe II

Campingplatz Reinsberg, Badstraße, D-09629 Reinsberg,
Tel. (03 73 24) 74 39
Am Ortsrand gelegenes, von Mischwald umgebenes Wiesengelände, Kinderspielplatz, für Rollstuhlfahrer geeignet, Bademöglichkeit, Aufenthaltsraum, Imbiss; 176 Stellplätze, 10 Bungalows / Finnhütten, geöffnet Mai – September, Preisgruppe II

Erzgebirge (Fortsetzung)

Campingplatz Stausee Oberwald Reichenbach, D-09337 Callenberg, Tel. (03 723) 4 18 20, Fax 41 82 19
Wiesengelände mit jungem Baumbestand, am Stausee mit Badestrand gelegen, Kinderspielplatz, behindertengerechte Ausstattung, Imbiss- und Einkaufsmöglichkeiten, Verleihung von Fahrrädern und Sportgeräten, Autobahn in Hörweite; 100 Stellplätze (75 Dauercamper), 50 Bungalows/Finnhütten, geöffnet April–Oktober, Preisgruppe III

Campingplatz Nixi, D-01744 Paulsdorf, Tel. (03 504) 61 21 69
Am westlichen Ufer der Talsperre Malter gelegen, Kinderspielplatz, Gaststätte, Bade- und Sportmöglichkeiten, Bootsverleih; 535 Stellplätze (500 Dauercamper), ganzjährig geöffnet, Preisgruppe III

Sächsisches Elbland

Campingplatz Altfranken, D-0462 Altfranken/Dresden, Tel. (03 51) 4 10 24 00
Am Südrand von Dresden in der Parkanlage des ehemaligen Schlosses Altfranken gelegen, alter Baumbestand, Aufenthaltsraum, Imbiss- und Einkaufsmöglichkeit, Tiere erlaubt; 200 Stellplätze, Bettenhaus mit 36 Zimmern, geöffnet Februar–Oktober, Preisgruppe II

Campingplatz Mockritz, Boderitzer Str. 30, D-01217 Dresden, Tel. (03 51) 4 71 82 26
Baumbestandener Platz, Naturschutzgebiet angrenzend, Zugang zum Freibad Mockritz, behindertengerecht, Gaststätte, Einkaufsmöglichkeit, diverse Sportmöglichkeiten, Tiere erlaubt; 85 Stellplätze, 15 Bungalows/Finnhütten, geöffnet Mitte Januar–Mitte Dezember, Preisgruppe III

Campingplatz Wostra, Trieskestr. 100, D-01259 Dresden, Tel. (03 51) 2 01 32 54
Wiesengelände mit Baumbestand, Freibad angrenzend, Kinderspielplatz, Gaststätte, diverse Sportmöglichkeiten, Tiere erlaubt; 80 Stellplätze (20 Dauercamper), 9 Bungalows, geöffnet April–Oktober, Preisgruppe III

Campingplatz Waldbad Oberau, D-01689 Niederau, Tel. (03 52 43) 3 60 12
Wiesengelände mit öffentlichem Waldbad, Kinderspielplatz, Gaststätte, Einkaufsmöglichkeit, diverse Sportmöglichkeiten, Tiere erlaubt; 160 Stellplätze (90 Dauercamper), geöffnet Ostern–Mitte Oktober, Preisgruppe III

Campingplatz Am Röderstausee Radeburg, D-01471 Radeburg, Tel. (03 52 08) 24 57
Ebenes Wiesengelände mit Laubbaumbestand und einfacher sanitärer Ausstattung, Kinderspielplatz, Imbiss- und Einkaufsmöglichkeit, Verleih von Sportgeräten und Fahrrädern, Tiere erlaubt; 600 Stellplätze (400 Dauercamper), geöffnet Anfang April–Ende Oktober, Preisgruppe II

Feriendorf und Campingplatz Bad Sonnenland, Dresdner Str. 115, D-01468 Reichenberg, Tel. (03 51) 4 72 77 88, Fax 4 72 77 87
Am Dippelsdorfer Teich, Baumbestand, Kinderspielplatz, Gaststätte, Einkaufsmöglichkeit, Verleih von Fahrrädern und Sportgeräten, Bademöglichkeit, Schmalspurbahn, Tiere erlaubt; 480 Stellplätze (190 Dauercamper), 127 Bungalows/Finnhütten, geöffnet April–Oktober, Preisgruppe III

Campingplatz Rehbocktal Scharfenberg, D-01665 Scharfenberg, Tel. (03 521) 45 26 80
Leicht geneigtes Wiesen- und Waldgelände mit Bach, Aufenthaltsraum, Imbiss- und Einkaufsmöglichkeit, Verleih von Fahrrädern und Sportgeräten, Tiere erlaubt; 70 Stellplätze, 10 Bungalows/Finnhütten, geöffnet Mitte April–Oktober, Preisgruppe III

Campingplatz Strehla, Torgauer Straße, D-01616 Stehla, Tel. (03 52 64) 9 07 54
Wiesengelände mit Obstbaumbestand im Stadtbad Strehla, Kinderspiel-

Sächsisches Elbland (Fts.)

platz, Imbiss- und Einkaufsmöglichkeit, Sportmöglichkeiten, Tiere erlaubt; 50 Stellplätze, 6 Fremdenzimmer, ganzjährig geöffnet, Preisgruppe II

Elbsandsteingebirge / Sächsische Schweiz

Elbe-Camp, D-01814 Bad Schandau, Tel. (03 50 22) 21 98
Schmaler Wiesenstreifen zwischen Bundesstraße und Elbe ohne Baumbestand, einfache Ausstattung, Kinderspielplatz, Einrichtungen für Behinderte, Imbiss, Verleih von Sportgeräten, Tiere erlaubt; 90 Stellplätze (30 Dauercamper) geöffnet Mitte März – Mitte Oktober, Preisgruppe III

Campingplatz Touristencamp Hohnstein, Schandauer Straße, D-018482 Hohnstein, Tel. (03 59 75) 372
Anmeldung über: Verein zur Förderung von Kinder- und Jugendreisen e.V., Dorfstr. 118, D-01855 Ulbersdorf, Tel. (03 59 71) 26 71
Einfache Austattung, Wiesengelände, Kinderspielplatz, Imbiss, Verleih von Fahrrädern und Sportgeräten, Tiere erlaubt; 44 Stellplätze (4 Dauercamper), 6 Campinghütten, geöffnet April – Oktober, Preisgruppe II

Camping Königstein, Schandauer Str. 25 e, D-01824 Königstein, Tel. (03 50 21) 6 82 24
Leicht geneigter Wiesenstreifen zwischen Bahnstrecke und Elbe mit lockerem Baumbestand, Kinderspielplatz, Einrichtungen für Behinderte, Aufenthaltsraum, Imbiss- und Einkaufsmöglichkeit, Verleih von Fahrrädern und Sportgeräten; 140 Stellplätze (20 Dauercamper), geöffnet April – Oktober, Preisgruppe III

Oberlausitz / Niederschlesien

Campingplatz Talsperre Bautzen, An den Steinbrüchen 4, D-02625 Bautzen, Tel. (03 591) 2 14 30, Fax 21 43 22
Wiesengelände mit lockerem Baumbestand und breitem Sandstrand an der Talsperre, Kinderspielplatz, Einrichtungen für Behinderte, Gaststätte, Einkaufsmöglichkeit, Verleih von Sportgeräten und Fahrrädern, Tiere erlaubt; 340 Stellplätze (180 Dauercamper), 150 Bungalows / Finnhütten, geöffnet März – Oktober, Preisgruppe III

Campingplatz Luxoase, Stausee Kleinröhrsdorf, Arnsdorfer Straße, D-01900 Kleinröhrsdorf, Tel. (01 72) 3 58 47 87, Fax (07 581) 46 66
Neu, am Stausee, Kinderspielplatz, behindertengerecht, Gaststätte, Einkaufsmöglichkeit, Verleih von Fahhrädern und Sportgeräten, Tiere erlaubt; 250 Stellplätze (50 Dauercamper), ganzjährig geöffnet, Preisgruppe III

Campingplatz Am Waldsee Biehain, D-02923 Biehain, Tel. (03 58 92) 54 46
Naturbelassener Platz mit altem Baumbestand am Waldsee, Kinderspielplatz, Gastsstätte, Einkaufsmöglichkeit, diverse Sportmöglichkeiten, Verleih von Fahrrädern, Tiere erlaubt; 350 Stellplätze (250 Dauercamper), geöffnet Mai – September, Preisgruppe II

Campingplatz Blaue Adria Crosta, Hauptstr. 1, D-02694 Crosta, Tel. (02 694) 52 26
Ebener Platz in einem Birkenwäldchen, Kinderspielplatz, Bademöglichkeit, Imbiss, Verleih von Fahrrädern und Sportgeräten, Tiere erlaubt; 200 Stellplätze (100 Dauercamper), geöffnet Mai – September, Preisgruppe I

AZUR Camping Waldbad Deutschbaselitz, Teichstr. 30, D-01920 Deutschbaselitz, Tel. / Fax (03 578) 30 14 89
Ebenes Wald- und Wiesengelände am Großteich, Kinderspielplatz, bewachter Badestrand, Gaststätte, Einkaufsmöglichkeit, diverse Sportmöglichkeiten, Tiere erlaubt; 200 Stellplätze (80 Dauercamper), 15 Bungalows, ganzjährig geöffnet, Preisgruppe II

Campingplatz Großschönau, Jonsdorfer Straße, D-02779 Großschönau, Tel. (03 58 41) 24 93 oder 20 07
Wiesengelände mit einzelnen Bäumen direkt am Waldstrandbad gelegen, Kinderspielplatz, Gaststätte, Einkaufsmöglichkeit, diverse Sportmöglich-

Camping in der Oberlausitz/Niederschlesien (Fortsetzung)

keiten, Verleih von Fahrrädern, Tiere erlaubt; 225 Stellplätze (25 Dauercamper), 75 Bungalows/Finnhütten, geöffnet Mitte April–Mitte Oktober (Bungalows ganzjährig), Preisgruppe I

Campingplatz Halbendorf, Dorfstr. 45a, D-02953 Halbendorf,
Tel. (03 57 73) 413
Leicht geneigtes Wiesengelände am Halbendorfer See, Kinderspielplatz, Gaststätte, Einkaufsmöglichkeit, Verleih von Sportgeräten und Fahrrädern, Tiere erlaubt; 120 Stellplätze (40 Dauercamper), geöffnet Mai–Mitte Oktober, Preisgruppe II

Campingplatz Olbasee Kleinsaubernitz, D-02694 Kleinsaubernitz,
Tel. (03 59 32) 3 02 32
Bewaldetes Gelände am Olbasee, Kinderspielplatz, Imbiss- und Einkaufsmöglichkeit, Verleih von Sportgeräten, Tiere erlaubt; 250 Stellplätze (200 Dauercamper), geöffnet Mai–September, Preisgruppe II

Campingplatz Kromlau, Halbendorfer Str. 6, D-02953 Kromlau,
Tel. (03 576) 6 28 28
Ruhiger Platz in der Nähe eines Sees, Kinderspielplatz, Gaststätte, Einkaufsmöglichkeit, nahegelegene Golfanlage, Verleih von Fahrrädern; 121 Stellplätze (67 Dauercamper), 24 Bungalows/Finnhütten, geöffnet April–Oktober, Preisgruppe I

Campingplatz Waldbad Niesendorf, D-02699 Königswartha,
Tel. (03 59 31) 2 05 38
Einfacher Platz in einer Teichlandschaft, Kinderspielplatz, diverse Bade- und Sportmöglichkeiten, Gaststätte, Einkaufsmöglichkeiten, Verleih von Fahrrädern, Tiere erlaubt; 459 Stellplätze (79 Dauercamper), 74 Bungalows/Finnhütten, geöffnet Mai–September, Preisgruppe I

Campingplatz Tonschächte Niesky/See, D-02906 Niesky,
Tel. (03 588) 57 71
Naturbelassener Waldplatz mit zwei Badeseen, Kinderspielplatz, Einrichtungen für Behinderte, Imbiss- und Einkaufsmöglichkeit, Verleih von Fahrrädern und Sportgeräten, Tiere erlaubt; 450 Stellplätze (150 Dauercamper), 11 Bungalows/Finnhütten, geöffnet Mai–September, Preisgruppe II

Campingplatz Silbersee, D-02999 Lohsa, Tel. (03 57 24) 241, Fax 209
Platz im Wald am Silbersee, Kinderspielplatz, Gaststätte, Einkaufsmöglichkeit, diverse Sportmöglichkeiten, Verleih von Fahrrädern, Tiere erlaubt; 250 Stellplätze (190 Dauercamper), 6 Bungalows/Finnhütten, geöffnet April bis Oktober, Preisgruppe II

Einkäufe und Souvenirs

Spielzeug und Schnitzwerk aus dem Erzgebirge

Die Meisterwerke erzgebirgischer Holzschnitz- und Drechselkunst – Weihnachtspyramiden, Lichterengel, Nußknacker, Räuchermännchen Spieldosen und Schwibbögen (Rundbögen mit aufgesteckten Kerzen, die auf das Fensterbrett gestellt werden) – waren in früherer Zeit als Ausgleich für die Arbeit in den dunklen, engen Bergstollen gedacht. Heute sind die geschnitzten und gedrehten Produkte in aller Welt beliebt und werden allerorten im Erzgebirge, in besonders reicher Auswahl aber in Seiffen angeboten. Die Reifendreherei ist eine nur dort praktizierte Spezialität.

Backwaren

Weniger haltbar, dafür ausgesprochen lecker sind die Dresdner Weihnachtsstollen. Augenscheinlich werden dazu immense Mengen an Marzipan, viel Zitronat und andere köstliche Ingredienzen verarbeitet. Das genaue Rezept, vor allem in welcher Weise die Zutaten verarbeitet werden, wird von den Dresdner Bäckern streng gehütet. Um Etikettenschwindel zu

Ein üppig mit Schnitzwerk bestücktes Schaufenster in Seiffen

Einkäufe und Souvenirs, Backwaren (Fortsetzung)

vermeiden, haben die Bäcker sich zum 'Schutzverband Dresdner Stollen' zusammengeschlossen. Nur ein mit dem Siegel dieses Schutzverbandes gekennzeichneter Stollen darf sich Dresdner Christstollen nennen. Ein weiteres schmackhaftes Mitbringsel aus Dresden ist der Baumkuchen der Konditorei Kreutzkamm. In der Oberlausitz ist die Pfefferkuchenbäckerei (Lebkuchen) zu Hause.

Porzellan

Sehr beliebt, allerdings alles andere als billig, ist das weiße Gold aus Meißen. Das berühmte Porzellan erkennt man an den beiden gekreuzten blauen Schwertern, dem Symbol der Staatlichen Porzellanmanufaktur Meißen. Etwas weniger kostspielig sind die Erzeugnisse der Dresdner Manufaktur.

Spitzen und Borten

Ein traditionelles Erzeugnis aus dem Vogtland sind die Plauener Spitzen und Stickereien. Dort und im Erzgebirge verbreitete sich seit dem 16. Jh. die Kunst der Spitzenklöppelei und der Bortenstickerei (Posamentiererei). Ob Tischwäsche oder Gardinen, Oberbekleidung oder modische Accessoires, diese filigranen Kostbarkeiten sind ein attraktives Mitbringsel.

Sonstige Lebensmittel

Was Getränke betrifft, so ist nicht nur der sächsische Wein einen Einkauf wert, da er außerhalb Sachsens kaum erhältlich ist (→ *Baedeker Special* S. 358/359), sondern beispielsweise auch der im Osterzgebirge hergestellte Altenberger Kräuterlikör oder das Annaberger Silberwasser. Bautzens Spezialität ist der Senf.

Elbeschiffahrt

Sächsische Dampfschiffahrtsgesellschaft

Seit 1836 besteht die sächsische Personendampfschiffahrt. Mit acht historisch detailgenau renovierten und als technische Denkmäler geschützten Seitenraddampfern ist sie die älteste und größte Raddampferflotte der

Sächsische Dampfschiffahrts-gesellschaft (Fortsetzung)

Welt. Sechs der Raddampfer stammen noch aus dem letzten Jahrhundert und sind nach Städten an der Elbe benannt: "Stadt Wehlen" (1879), "Diesbar" (1884), "Meissen" (1885), "Pillnitz" (1886), "Kurort Rathen" (1896) und "Pirna" (1898). Die Raddampferflotte wird ergänzt durch zwei große und zwei kleinere moderne Motorschiffe.

Dampferparade

Alljährlich am 1. Mai findet die traditionelle Dampferparade vor den Brühlschen Terrassen statt.

Elbefahrten

Von Ende April bis Ende Oktober bietet die Sächsische Dampfschiffahrtsgesellschaft Rund- und Sonderfahrten elbaufwärts nach Dečin in der Tschechischen Republik und elbabwärts bis Diesbar-Seußlitz an. Umgeben vom Glanz und Ambiente des letzten Jahrhunderts an Schlössern und Weinbergen entlang zu fahren, ist ebenso wie ein Besuch im Maschinenraum oder auf der Brücke ein besonderes Erlebnis, und für Speis und Trank ist an Bord der Schiffe gut gesorgt.

Die "Stadt Wehlen" ist der älteste Raddampfer auf der Elbe – trotzdem versieht sie ihren täglichen Dienst ohne Panne.

Linie 1

Große Elbtal Linie: Dresden – Bad Schandau und zurück (tgl.)

Linie 2

Sächsische Weinstraße: Dresden – Seußlitz und zurück, Weinprobe an Bord (Sa. und So.)

Linie 3

Sächsische Schweiz: Pirna – Bad Schandau und zurück (tgl.)

Linie 4

Böhmische Schweiz: Bad Schandau – Dečin und zurück (Mo. – Mi.), Duty-Free-Fahrt, Reisedokument nicht vergessen!

Linie 5

Wanderexpreß: Stadt Wehlen – Schmilka und zurück (tgl.)

Schlösserfahrt

Große Dampfer-Rundfahrt: Dresden – Pillnitz und zurück (tgl.)

Elbeschiffahrt (Fortsetzung) Sonderfahrten

In den Sommermonaten werden an den Wochenenden Jazz-, Dixieland- und Sommernachtstanzfahrten veranstaltet. Wer etwas Besonderes erleben möchte, kann einen Raum auf dem Schiff oder gleich den ganzen Raddampfer chartern. Im Winter gibt es nur wenige Fahrten zu speziellen Anlässen, so etwa am Nikolaustag oder an Silvester.

Fahrkarten

Fahrkarten erhält man an der Hauptanlegestelle am Terrassenufer unterhalb der Brühlschen Terrasse, bei den Anlegestellen in Pirna, Rathen, Königstein und Bad Schandau sowie aus Fahrkartenautomaten der sonstigen Anlegestellen oder, falls die Zeit knapp ist, auch an Bord des Schiffes.

Weitere Auskunft

Sächsische Dampfschiffahrts GmbH & Co Conti Elbeschiffahrts KG
Hertha-Lindner-Str. 10, D-01067 Dresden, Tel. (03 51) 86 60 90,
Fax 4 96 93 50

Deutschlandfahrt

Eine weitere Möglichkeit, mit einem historischen Seitenraddampfer zu fahren, und zwar nicht nur auf der Elbe, sondern auf Flüssen in ganz Deutschland, bietet der Raddampfer Krippen (1892). Man erkundige sich am besten jeweils im Januar, welche Touren die Krippen im Laufe des Jahres über Kanäle und Flüsse in der Bundesrepublik machen wird, bei

Historische Dampfschiffahrts-Reederei Meißen, Junghans & Steuer GmbH,
Reedereihauptkontor Meißen, Siebeneichener Str. 29 a
D-01662 Meißen, Tel. / Fax (03 521) 45 47 10, Tel. (01 72) 3 51 23 60 (Schiff).

Elbe-Kreuzfahrten

Eine eher ungewöhnliche Art, nach Dresden zu kommen, ist die mehrtägige Reise mit Kreuzfahrtschiffen von Hamburg bzw. Lauenburg zur sächsischen Landeshauptstadt, die von zwei Veranstaltern angeboten wird:

Köln-Düsseldorfer Deutsche Rheinschiffahrt AG, Frankenwerft 15
D-50667 Köln, Tel. (02 21) 2 58 30 11
("MS Clara Schumann" und "MS Theodor Fontane")

Schiffahrtsgesellschaft Prinzessin von Preussen GmbH & Co.
Peter Deilmann Reederei, Am Hafensteig 19
D-23730 Neuenstadt in Holstein, Tel. (04 561) 6 10 60 ("MS Dresden")

Essen und Trinken

Bodenständig und deftig

Die sächischen Köche werden nicht beleidigt sein, wenn man die Landesküche insgesamt als bodenständig und deftig bezeichnet. Einiges ist weit über die Landesgrenzen hinaus bekannt geworden, so etwa der weltberühmte Dresdner Stollen, eine beliebte Spezialität zum Weihnachtsfest, oder das Leipziger Allerlei, eine Delikatesse aus frischem Gemüse und Krebsen. Aufgrund der Tatsache, daß Leipzig schon im Mittelalter am Schnittpunkt zweier bedeutender Handelsstraßen lag und der Gewürzhandel blühte, waren in Sachsen schon vor Jahrhunderten exotische Gewürze wie Muskat, Ingwer, Pfeffer oder Safran bekannt und geschätzt.

Kartoffeln und Klöße, Kaffee und Kuchen

Die vier großen "K's" (mundartlich korrekt die vier großen "G's") der sächsischen Küche, nämlich Kartoffeln und Klöße, Kaffee und Kuchen, haben eine lange Tradition. Daraus erklärt sich eine Eigentümlichkeit der Sachsen: Sie haben eine ausgesprochene Vorliebe für das "Offdiddschn", d. h. viel Soße wird mit zerdrückten Kartoffeln oder Klößen aufgetunkt. Kartoffeln gehören auch heute noch zu den Hauptnahrungsmitteln, phantasievoll verarbeitet beispielsweise in Form von Grünen Klößen oder Wickelklößen, Puffer oder Kartoffelhörnchen, aber auch als süßes Gericht wie die sächsischen Quarkkeulchen, die mit Früchtekompott serviert werden. Auch im Erzgebirge werden sie mit süßer Füllung ebenso wie die Getzen, ein in der Pfanne gebackenes Kartoffel- oder Mehlgericht, gern gegessen.

Baedeker Special

Im grünen Rebenhang, am blauen Elbestrand ...

Zwischen Pirna und Diesbar-Seußlitz liegt das kleinste deutsche Weinanbaugebiet, und zwischen diesen beiden Städten zieht sich auch entlang der Elbe die 1992 eröffnete Sächsische Weinstraße, die 13. deutsche Weinstraße insgesamt, dahin.

Fruchtbare Löß- und Granitverwitterungsböden und ein mildes Klima – vor kaltem Nordwind schützen Wälder und Berge, steile Felshänge mit z.T. weit über 20 % Hangneigung speichern und reflektieren die Sonnenwärme – schaffen günstige Bedingungen für den Weinbau. Die Weinbergterrassen werden mittlerweile als erhaltenswertes landschaftsprägendes Element betrachtet und ihre Instandhaltung durch das Sächsische Kulturlandschaftsprogramm gefördert.

Bereits vor über 800 Jahren begannen die im Elbtal ansässigen Mönche, in größerem Umfang Weinbau zu betreiben. Der genaue Beginn dieser Bewirtschaftungsform läßt sich allerdings nicht mehr feststellen, doch bereits aus dem Jahr 1161 stammt die erste urkundliche Erwähnung des sächsischen Weinbaus in Form einer Schenkungsurkunde des Meißner Markgrafen Otto an ein Zisterzienserkloster. Die Anbaufläche vergrößerte sich in der Folgezeit auf 6000 ha. Im 13. und 14. Jh. förderten vor allem Klöster den Weinbau, und etwa ab dem 15. Jh. wuchs auch das Interesse des Adels und des Bürgertums an dieser recht einträglichen Bodenbewirtschaftung. Der Weinbau entwikkelte sich neben dem Silberbergbau dazumal sogar zur zweiten wirtschaftlichen Stütze Sachsens.

Ab dem 18. Jh. allerdings drängten Bier und Schnaps den Weinkonsum zurück. Die Säkularisierung der Klöster und einige frostige Winter trugen das ihre dazu bei, und ab 1888 vernichtete die Reblaus innerhalb von wenigen Jahren nahezu alle Rebflächen: Der sächsische Weinbau war beendet. Erst mit der Aufpropfung von Edelreben auf reblausresistente Unterlagen zu Beginn dieses Jahrhunderts konnte der Niedergang gestoppt und Sachsens Weinbau wiederbelebt werden.

Die Anbaufläche beträgt heute wieder rund 350 ha, die durchschnittliche Weinerzeugung 14 000 Hektoliter pro Jahr. Den größten Teil bewirtschaften die in der Sächsischen Winzergenossenschaft Meißen zusammengeschlossenen Haupt- und Nebenerwerbsweinbauern (200 ha) und das Sächsische Staats-Weingut Radebeul (100 ha). Das Anbaugebiet ist in vier Großlagen – Dresdner Elbhänge, Radebeuler Lößnitz, Meißner Spaargebirge und Seußlitzer Schloßweinberg – und 16 Einzellagen unterteilt. Die größten Einzellagen sind Seußlitzer Heinrichsburg (79 ha), Radebeuler Johannisberg (44 ha), Weinböhlaer Gellertberg (41 ha) und Meißner Kapitelberg (36 ha).

Angebaut werden vornehmlich weiße Rebsorten, hauptsächlich Müller-Thurgau, Weißburgunder, Riesling, Kerner, Ruländer, Traminer, Scheurebe und Bacchus, daneben auch Gutedel, Goldriesling, eine Sorte, die nur noch im Elbtal angebaut wird, Perle von Zalâ, eine Neuzüchtung aus Ungarn, und Morio Muskat. An Rotwein wird lediglich Spätburgunder und Blauer Portugieser gezogen, die in der Kelter zu Spätburgunder mit Portugieser vereint werden. Ebenfalls ein Gemisch und kein Gewächs ist der Meißner 'Schieler' aus Rot- und Weiwein. Sächsische Weine gelten als trockene, durchgegorene Weine ohne Restzucker.

Seit 1995 führt die Sächsische Landesanstalt für Landwirtschaft die amtliche Qualitätsweinprüfung durch. Die Landesweinprämiierung steht unter der Trägerschaft des Weinbauverbandes Sachsen e.V. Fünf Betriebe errangen 1995 bei der Bundesweinprämiierung insgesamt 31 Preise.

Für Präsentation und Verbreitung des sächsischen Weines sorgt neben dem sächsischen Weinbauverband auch die anläßlich des Weinbautages gewählte Weinkönigin.
Der Verkauf des Weines geschieht in Weinfachgeschäften, gehobener Gastronomie und per Direktverkauf ab Weingut. Außerhalb von Sachsen sind sächsische Weine nur in wenigen ausgesuchten Weinhandlungen zu bekommen, denn die Sachsen trinken – ebenso wie die Württemberger – den allergroßten Teil ihres flüssigen Goldes selber. Bestellt werden kann direkt beim

Sächsischen Staats-Weingut
Schloß Wackerbarth,
D-01445 Radebeul,
Tel. (03 51) 72 27 28, Fax 7 46 51

oder bei der

Sächsischen Winzergenossenschaft
Meißen eG,
Bennoweg 9, D-01662 Meißen,
Tel. (0 35 21) 73 26 76 oder 73 32 93,
Fax 73 93 21.

Eine Besonderheit stellt die sogenannte Sachsenflasche dar, eine braune, keulenartig geformte Flasche mit 0,75 l Inhalt, in die die Prädikatsweine der Winzergenossenschaft und des Staats-Weinguts abgefüllt werden.

Rund um den Wein geht es entlang der sächsischen Weinstraße (→ Routenvorschläge). Es besteht auch die Möglichkeit, an der Weinlese teilzunehmen. Auskunft über Lesezeitpunkte und Standorte erteilt die Sächsische Winzergenossenschaft Meißen eG. Wer mehr über die Winzerarbeit und die Elbtalweine wissen möchte, kann seinen Urlaub auch bei einem Winzer verbringen. Die Fremdenverkehrsinformationen in Meißen und Radebeul (→ Auskunft) sowie in Diesbar-Seußlitz, An der Weinstraße 29, D-01612 Diesbar-Seußlitz, Tel. und Fax (03 52 67) 225 sowie in Weinböhla, Rathausplatz 2, D-01689 Weinböhla, Tel. (03 52 43) 3 22 41, Fax 3 22 58, vermitteln entsprechende Unterkünfte.

1995 haben in Meißen die ersten beiden sächsischen Straußenwirtschaften geöffnet. Dort wird von Mai bis Anfang Oktober eigener Wein ausgeschenkt und dazu einfache kalte und warme Speisen gereicht. Weitere Möglichkeiten, sächsischen Wein zu verkosten, bieten die Mitte September bis Anfang Oktober stattfindenden Weinfeste in Diesbar-Seußlitz, Meißen, Radebeul und Weinböhla.
Lohnend ist auf jeden Fall ein Besuch in einer der mit dem Gütesiegel 'Besonders empfohlen an der Sächsischen Weinstraße' ausgezeichneten Gaststätten. In ihnen werden vielfach eigene Weine, geführte Weinbergswanderungen und typisch sächsische Küche angeboten:

Hotel Pirna'scher Hof, Romantik Hotel Deutsches Haus und Restaurant Jacobäer in Pirna;
Meißner Weinkeller und Weinrestaurant Bacchus in Dresden;
Schoppenstube Hoflößnitz und Weinkeller anno 1845 in Radebeul;
Försters Stammlokal und Pension in Coswig-Sörnewitz;
Wald- und Sporthotel Weinböhla in Weinböhla;
Bauernhäus'l, Historische Weingaststätte Probierstube, Gaststätte Monasterium, Tagungszentrum Domherrenhof, Romantikrestaurant Vincenz Richter und Weinterrassen Kämpfe in Meißen; schließlich Gasthof Zum Roß, Merkers Weinstuben, Gaststätte Rosengarten, Seußlitzer Hof und Elbklause Niederlommatzsch in Diesbar-Seußlitz.

Eintöpfe, Suppen, Fleisch

Ebenfalls beliebt sind kräftige Eintöpfe und Suppen, Süßwasserfische wie Karpfen, Hecht oder Forelle und herzhafte Fleischgerichte mit viel Soße.

Bemmen

Bereits sprichwörtlich ist die Bemme, appetitlich angerichtete kleine, kräftig belegte Schwarzbrotscheiben für den Hunger zwischendurch.

Kuchen und Gebäck

Sachsen ist berühmt für köstlichen Kuchen und süßes Gebäck. Neben dem in aller Welt geschätzten Dresdner Stollen sind hier beispielsweise die leckeren Blechkuchen wie Dresdner Eierschecke oder Rhabarberschnitten, aber auch die berühmten Leipziger Lerchen zu nennen. Letzteres war ursprünglich ein Fleischgericht: Feldlerchen wurden mit Gewürzen gefüllt und mit Speckstreifen gebraten. Seit über hundert Jahren ist die Lerchenjagd verboten, und von diesen Zeiten kündet nur noch das Teigkreuz auf den nun als Leipziger Lerchen bezeichneten Mandeltörtchen, das der Überlieferung nach an die vielen getöteten Lerchen erinnern soll. Ein weiteres speziell sächsisches Gebäck ist der Meißner Fummel: Dieses luftige Gebilde (nichts mit süßem Teig drumherum) diente angeblich als Verpackungsmaterial für Meißner Porzellan – war der Fummel heil geblieben,

Noch fehlt diesen Dresdner Stollen das Puderzucker-Kleid – weihnachtlichen Duft verströmen sie schon.

konnte man dasselbe auch für das Porzellan annehmen. Auch der Baumkuchen aus Dresden ist eine beliebte Spezialität, ebenso die Pfefferkuchen aus der Oberlausitz.

Kaffeesachsen

Nicht umsonst werden die Sachsen gelegentlich als 'Kaffeesachsen' bezeichnet. Kaffee ist seit jeher ein hochgeschätztes Getränk. Das erste Kaffeehaus in Leipzig "Zum arabischen Coffee-Baum" soll bereits 1685 eröffnet worden sein. "Heeß und siehse muß dorr Bohngaffee sein" und wird am liebsten zusammen mit einem Stück Kuchen genossen. Herrlich belebend sind der Gewürzkaffee, angereichert mit Nelken, Kardamom, Zimt, Vanillezucker und Weinbrand und bedeckt mit einer Sahnehaube, oder die

Kaffeestärkung, ein mit Eigelb, Rum und Zucker und Sahne verfeinerter Bohnenkaffee.

Essen und Trinken (Fortsetzung)

Bier

Bier hat ebenfalls eine lange Tradition in Sachsen und kommt überwiegend in Gestalt fein gehopfter Pilsener wie dem Wernesgrüner, dem Radeberger oder dem Freiberger auf den Tisch. Eine Renaissance erleben die Schwarzbiere, eine böhmisch-sächsische Spezialität: sehr dunkel, aber gerade nicht süß, sondern kräftig und herb. Beliebt sind beispielsweise das Köstritzer Schwarzbier oder der Schwarze Steiger aus Dresden. Das dunkle Torgisch Bier aus Torgau dagegen ist süßlich-schwer und gehaltvoll. Schon Martin Luther hat es so geschmeckt, daß er ein Faß davon für seine Hochzeit bestellte.

Wein

An den südlich exponierten Hängen der Elbe von Meißen bis Pirna erstreckt sich Deutschlands kleinstes Weinbaugebiet. Hier wird fast nur Weißwein, vornehmlich Müller-Thurgau, Weißburgunder, Riesling und Kerner erzeugt (→ *Baedeker Special*, S. 358/359). Rotwein wie etwa einen Spätburgunder findet man nicht so oft, wie der Wein außerhalb von Sachsen überhaupt nur schwer zu bekommen ist, denn die Sachsen trinken ihren Wein gerne selber.

Fahrradfahren

Die reizvolle, abwechslungsreiche Landschaft Sachsens ist auch ein Paradies für Radfahrer. Der Ausbau der Radwege in Sachsen ist zwar noch nicht abgeschlossen, doch verfügt der Freistaat inzwischen über ein recht ausgedehntes Netz an regionalen und lokalen Radwanderwegen, die in der Regel gut ausgeschildert sind. Zwar muß man, wenn man nicht gerade an der Elbe entlang, durch das Burgen- und Heideland oder durch Oberlausitz/Niederschlesien fährt, mit teilweise ordentlichen Steigungen rechnen, aber dafür wird man auch mit entsprechenden Abfahrten belohnt. Die Radwanderwege führen oftmals durch Landschaftsschutzgebiete und unberührte Natur, wo man für seine Ausdauer mit herrlichen Ausblicken belohnt wird.

Auskunft

Für Informationen über Radwanderwege, geführte Radwandertouren und Fahrradverleihe wende man sich an die regionalen bzw. lokalen Fremdenverkehrsämter (→ Auskunft), die auch Kartenmaterial bereithalten. Auch die Deutsche Bahn AG hält an verschiedenen Bahnhöfen Räder zur Ausleihe bereit.

Feiertage

Arbeitsfreie Feiertage

Neujahr (1. Januar), Karfreitag, Ostersonntag, Ostermontag, Tag der Arbeit (1. Mai), Christi Himmelfahrt, Pfingstsonntag, Pfingstmontag, Tag der Deutschen Einheit (3. Oktober), Reformationstag (31. Oktober), Buß- und Bettag, 1. und 2. Weihnachtsfeiertag.

Ferien auf dem Bauernhof · Ferienwohnungen

Geruhsamer Urlaub

Ideal für Erholungssuchende, die Abstand vom hektischen Alltagsleben gewinnen wollen, ist ein Urlaub auf dem Bauernhof. Auch für Ferien mit Kindern bietet sich diese Art von Urlaub inmitten abwechslungsvoller Landschaften an.

Auskunft

Auskunft über Unterkunftsmöglichkeiten auf dem Bauernhof und Ferienwohnungen bzw. Gästezimmer in ländlichen Gegenden erteilen die örtlichen Verkehrsämter (→ Auskunft) sowie:

Ferien auf dem Bauernhof (Fts.)

Sächsischer Landesbauernverband 'Urlaub auf dem Lande'
Kreischaer Str. 3, D-01219 Dresden, Tel. (03 51) 4 71 52 61, Fax 4 72 89 32

Ferienwohnungen

Privatzimmer, Ferienwohnungen und Ferienhäuser zu erschwinglichen Preisen gibt es inzwischen in großer Zahl in vielen Orten. Die Vermieter geben sich große Mühe, ihren Gästen eine ansprechende Ausstattung zu bieten. Die regionalen und lokalen Fremdenverkehrsämter halten vollständige Verzeichnisse bereit (→ Auskunft), die jedes Jahr auf den neuesten Stand gebracht werden und detaillierte Angaben über die einzelnen Unterkünfte enthalten.

Ferien mit Kindern

Im Sommer

Für Kinder wird in Sachsen viel geboten. Manche Stauseen weisen umfangreiche Bade- und Wassersportmöglichkeiten auf, und eine Fahrt mit der Schmalspur-Museumsbahn (→ Museumsbahnen) ist nicht nur für erwachsene Eisenbahnfans ein faszinierendes Erlebnis.

Besucherbergwerke

Wer ein Schaubergwerk (→ Besucherbergwerke) besuchen will – für Kinder sicher ein Abenteuer –, sollte sich vorher über das erforderliche Mindestalter in bezug auf die Einfahrt in die Stollen informieren. Kleinkindern ist der Zutritt mancherorts nicht gestattet.

Museen

Museen finden Kinder meistens nicht gerade aufregend, aber ein Besuch etwa im Spielzeugmuseum oder in einem der schönen Freilichtmuseen wird möglicherweise auch Museumsmuffel überzeugen. Einige Museen gehen mit eigens für Kinder konzipierten Vorführungen oder Veranstaltungen auf ihre kleineren Gäste ein (→ Museen).

Im Winter

Im Winter gibt es ebenfalls manches Interessante für Kinder zu erleben. Zuallererst natürlich Wintersport (→ Sport). Und ein Besuch der zahlreichen stimmungsvollen Weihnachtsmärkte, Weihnachtsausstellungen und riesigen Freilandpyramiden, die vor allem im Erzgebirge aufgestellt werden, ist für Kinder sicher unvergeßlich.

Fraueninformationen

In einigen Städten Sachsens gibt es Einrichtungen nur für Frauen. Wer diese Cafés, Zentren oder Bibliotheken besuchen möchte, sollte sich vorher nach den Öffnungszeiten erkundigen.

Bautzen

Frauenzentrum mit Café, Reichenstr. 29
D-02625 Bautzen, Tel. (03 591) 4 23 53

Chemnitz

Frauenbegegnungszentrum Lila Villa, Kaßbergstr. 22
D-09112 Chemnitz, Tel. (03 71) 30 26 78

Dresden

Café im Frauenzentrum Sowieso, Angelikastr. 1
D-01099 Dresden, Tel. (03 51) 8 04 14 70

Leipzig

KuKu Kunst- und Kulturzentrum für Frauen e.V., Könneritzstr. 67
D-04229 Leipzig, Tel. (03 41) 4 79 74 75

Fraueninitiative Leipzig – Frauenbibliothek Mona Lisa, B.-Göring-Str. 152
D-04277 Leipzig, Tel. (03 41) 3 06 52 60

Meißen

Frauenbibliothek, Frauen auf Tour in Sachsen,
D-01662 Meißen, Tel. (03 521) 47 43 51

Geld

Die meisten Banken und Sparkassen sind in der Regel montags bis freitags von 9.00 – 12.00 und von 14.30 – 16.00 Uhr geöffnet. In allen größeren Orten gibt es Geldautomaten.

Banken

Eurocheques bzw. Zahlung mit der ec-Karte und den gängigen Kreditkarten ist in vielen Hotels, Restaurants und Geschäften möglich.
Bei Verlust von eurocheques und / oder Scheckkarten alarmiere man zur sofortigen Sperrung unverzüglich den rund um die Uhr erreichbaren zentralen Annahmedienst für Verlustmeldungen von Eurocheque-Karten in Frankfurt am Main: Tel. (0 69) 74 09 87.

Eurocheques und Kreditkarten

Grenzübergänge

Der Freistaat Sachsen grenzt im Osten an Polen und im Südosten an die Tschechische Republik. Ein Ausflug über die Grenze bietet sich allemal an. Die Grenzübergänge sind in der Regel durchgehend geöffnet.

Von Sachsen nach Polen stehen drei Grenzübergänge zur Verfügung: bei Bad Muskau, bei Görlitz und bei Zittau.

Nach Polen

Von Sachsen in die Tschechische Republik führen Grenzübergänge bei Zittau, Seifhennersdorf, Neugersdorf, Sebnitz, Bad Schandau / Schmilka, Berggießhübel, Altenberg, Marienberg, Oberwiesenthal und bei Bad Brambach im Vogtland.

Nach Tschechien

Für die Einreise nach Polen wird ein gültiger Reisepaß benötigt, in die Tschechische Republik genügt der Personalausweis, für Kinder unter 16 Jahren ist ein Kinderausweis oder Eintrag im Elternpaß erforderlich.
Nationaler Führerschein und Kraftfahrzeugschein werden anerkannt und sind mitzuführen. Die Mitnahme der Grünen Versicherungskarte wird für die Tschechische Republik dringend empfohlen, für Polen ist die Mitnahme sogar Pflicht.

Reisedokumente

Heilbäder und Kurorte

Sächsischer Heilbäderverband, Seumestr. 35
D-01129 Dresden, Tel. (03 51) 8 58 08 01, Fax 8 53 50 25

Allgemeine Auskünfte

Der Verband hält ein ausführliches Verzeichnis über Kurorte, Kurkliniken, Rehabilitationskliniken und Thermalbäder bereit.

Kurorte und Heilanzeigen

Sächsisches Staatsbad Bad Brambach, Kurverwaltung, Postfach
D-08646 Bad Brambach, Tel. (03 74 38) 82 60, Fax 82 07
Moor-, Trink- und Badekuren. Heilanzeigen: Erkrankungen des Stütz- und Bewegungsapparates, Herz- und Gefäßerkrankungen, Hautkrankheiten, Rekonvaleszens.

Bad Brambach

Kur- und Touristik GmbH Bad Düben, Schmiedeberger Str. 56
D-04849 Bad Düben, Tel. / Fax (03 42 43) 5 28 82
Moor- und Badekuren. Heilanzeigen: Erkrankungen des Stütz- und Bewegungsapparates, Herz- und Gefäßerkrankungen, Erkrankungen des Nervensystems, Rekonvaleszens.

Bad Düben

Heilbäder und Kurorte (Fts.)

Bad Elster

Sächsisches Staatsbad Bad Elster, Badeplatzkolonnaden
D-08645 Bad Elster, Tel. / Fax (03 74 37) 7 14 61
Moor-, Trink- und Badekuren. Heilanzeigen: Erkrankungen des Stütz- und Bewegungsapparates, Herz- und Gefäßerkrankungen, Frauenleiden, Harnwegserkrankungen, Erkrankungen des Nervensystems, Rekonvaleszens.

Bad Gottleuba

Klinik Bad Gottleuba GmbH & Co. Betriebs KG, Hauptstr. 39
D-01816 Bad Gottleuba, Tel. (03 50 23) 364, Fax 368
Moor- und Badekuren. Heilanzeigen: Erkrankungen des Stütz- und Bewegungsapparates, Herz- und Gefäßerkrankungen, Rekonvaleszens.

Bad Lausick

Kur-GmbH Bad Lausick, Straße der Einheit 17
D-04651 Bad Lausick, Tel. / Fax (03 43 45) 2 24 66
Trink- und Badekuren. Heilanzeigen: Erkrankungen des Stütz- und Bewegungsapparates, Herz- und Gefäßerkrankungen, Erkrankungen des Nervensystems, Rekonvaleszens.

Bad Muskau

Kurgesellschaft mbH, Schloßstr. 3
D-02953 Bad Muskau, Tel. (03 57 71) 5 04 92
Moor- und Badekuren. Heilanzeigen: Erkrankungen des Stütz- und Bewegungsapparates, Rekonvaleszens.

Bad Schandau

Kurverwaltung Bad Schandau
Markt 8, D-0184 Bad Schandau, Tel. (03 50 22) 4 24 12, Fax 4 31 84
Kneippkurort, Badekuren. Heilanzeigen: Erkrankungen des Stütz- und Bewegungsapparates, Magen-, Darm-, Leber- und Gallenerkrankungen, Stoffwechselerkrankungen.

Berggießhübel

Kurhaus Berggießhübel, Sebastian-Kneipp-Str. 10
D-01819 Berggießhübel, Tel. (03 50 23) 6 23 92, Fax 6 23 37
Kneippkurort, Badekuren. Heilanzeigen: Erkrankungen des Stütz- und Bewegungsapparates, Herz- und Gefäßerkrankungen.

Hotels und Pensionen

Allgemeines

Die nachstehend genannten Unterkunftsmöglichkeiten stellen eine Auswahl dar, vollständige Unterkunftslisten halten die regionalen und lokalen Fremdenverkehrsämter bereit. Größere Hotels, v. a. der Luxusklasse, findet man vorwiegend in den großen Städten und Tourismuszentren, in anderen Städten gibt es vorwiegend kleinere Hotels und Pensionen.

Reservierung

Für viele Hotels sind telefonische Reservierungen kostenlos möglich über die Buchungsstelle des Landesfremdenverkehrsverbandes Sachsen
TOURBU Sachsen, Friedrichstr. 24
D-01067 Dresden, Tel. (03 51) 4 98 05 40, Fax 4 96 93 06

Hotelauswahl

Preise

Die nachstehend genannten Preise sind Durchschnittspreise für ein Doppelzimmer mit Frühstück und können nach oben und unten abweichen. Sie sind nur bedingt Anhaltspunkt für eine Kategorisierung. Bei vielen Hotels lohnt sich eine Nachfrage nach den z. T. recht günstigen Gruppen-, Pauschal- oder Wochenendarrangements.

*****	400 – 550 DM
****	300 – 400 DM
***	200 – 300 DM
**	100 – 200 DM
*	unter 100 DM

Altenberg

**Hotel Am Skihang, Am Skihang 1, D-01773 Altenberg, Tel. (03 50 56) 3 16 10, Fax 3 16 18; 15 Z., Restaurant, Konferenzräume, Parkplatz, Garage.

In Hirschsprung

**Ladenmühle, Bielatalstr. 8, D-01773 Hirschsprung, Tel. / Fax (03 53 56) 3 42 40; 46 Z., Restaurant, Konferenzräume, Sauna, Solarium, Parkplatz, Garage. Ruhig gelegenes, neues Haus, Verleih von Wintersportgeräten, Organisation von Rundfahrten.

Annaberg-Buchholz

❋ **Alt-Annaberg, Farbegasse 4, D-09456 Annaberg-Buchholz, Tel. (03 733) 1 83 10, Fax 18 31 11; neues Apartment-Hotel, 7 sehr schön eingerichtete Suiten, jeweils bestehend aus Wohnraum, Schlafzimmer, kleiner Küche, Bad; 5 Minuten vom Marktplatz. Wirklich preiswerte Alternative zu gewöhnlichen Hotels.

**Parkhotel Waldschlößchen, Waldschlößchenpark 1, D-09456 Annaberg-Buchholz, Tel. (03 733) 6 45 81, Fax 6 45 88; 18 Z., 4 Nichtraucherzimmer, Restaurant, Biergarten, Wintergarten, Konferenzraum, Parkplatz.

In Cranzahl

*Pension Hannchen, Karlsbader Str. 20, D-09465 Cranzahl, Tel. (03 73 42) 73 17, Fax 75 28; 12 Z., Jugendstil-Café Rosé, Weinstube, Gartenterrasse, Fitneßraum, Kinderspielplatz, Reiterhof in der Nähe, Fahrradverleih.

Augustusburg

**Waldhaus, Am Kurplatz 7, D-09573 Augustusburg, Tel. / Fax (03 72 91) 2 03 17; 17 Z., Restaurant, Kegelbahn, Sauna, Konferenzräume, Parkplatz.

Bautzen

**Hotel Stadt Bautzen, Wendischer Graben 20, D-02625 Bautzen, Tel. (03 591) 49 20, Fax 49 21 00; 125 Z., Restaurant, Tagungsräume, Parkplatz. Zentral gelegen.

**Spreehotel Bautzen, An den Steinbrüchen, D-02625 Bautzen, Tel. (03 591) 2 13 00, Fax 21 30 10; 66 Z., 20 Nichtraucherzimmer, 2 Restaurants, Sauna, Kegelbahn, Konferenzräume, Parkplatz.Etwas außerhalb am Stausee gelegen.

Chemnitz

***Mercure Kongress, Brückenstr. 19, D-09111 Chemnitz, Tel. (03 71) 68 30, Fax 68 35 05; 386 Z., 36 Nichtraucherzimmer, Restaurant, Sauna, Solarium, Konferenzräume. Zentrale Lage.

***Dorint Parkhotel, Deubners Weg 12, D-09112 Chemnitz, Tel. (03 71) 3 80 70, Fax 3 80 71 00; 186 Z., 80 Nichtraucherzimmer, Restaurant, Terrasse, Sauna, Solarium, Fitneßraum, Konferenzraum, Parkplatz.

**Günnewitz Hotel Chemnitzer Hof, Theaterplatz 4, D-09001 Chemnitz, Tel. (03 71) 68 40, Fax 6 25 87; 111 Z., behindertengerecht, Restaurant, Bar, Parkplatz. Stilvolles, traditionsreichstes Haus der Stadt.

In Klaffenbach

***Schloßhotel, Gutsweg 6, D-09221 Klaffenbach, Tel. (03 71) 2 61 10, Fax 2 61 11 00; 51 Z., Restaurants, Biergarten, Konferenzräume.

In Meinersdorf

**Hotel Waldperle, Waldstr. 31, D-09390 Meinersdorf. Tel. (03 721) 2 25 10, Fax 2 29 23; 12 Z., 5 Suiten, 5 App., 11 Bungalows, Konferenzräume. In einem Park, Terrassencafé, Restaurant mit Wild- und Fischspezialitäten.

In Rabenstein

❋ ***Burghotel Rabenstein, Grünaer Str. 2, D-09117 Chemnitz-Rabenstein, Tel. (03 71) 856502, Fax 850579; 16 Z., 4 Suiten, Restaurant, Gartenrestaurant, Wintergarten. Inneneinrichtung im Bauhausstil.

Colditz

**Gilde Hof, Hauptstr. 4, D-04680 Colditz, Tel. (03 43 81) 8020; 23 Z., Restaurant, Konferenzraum, Parkplatz.

Eilenburg
in Delitzsch

**Goldener Adler, Hallesche Str. 13, D-04509 Delitzsch, Tel. / Fax (03 42 02) 2 10 33; 24 Z., Restaurant, Sauna, Parkplatz.

*Fürstlicher geht es nicht mehr:
das Hotel Taschenbergpalais in Dresden im nächtlichen Glanz*

Dresden

❄ *****Kempinski Hotel Taschenbergpalais, Am Taschenberg, D-01067 Dresden, Tel. (03 51) 4 91 20, Fax 4 91 28 12; 188 Z., 32 Nichtraucherzimmer, Restaurant, behindertengerechte Ausstattung, Schwimmhalle, Sauna, Solarium, Fitneßraum, Konferenzsäle. Die Nr. 1 der Stadt: Wohnen in adeligem Ambiente des wiederaufgebauten Taschenbergpalais – das hat seinen Preis.

*****Dresden Hilton, An der Frauenkirche 5, D-01067 Dresden, Tel. (03 51) 8 64 20, Fax 8 64 27 25; 321 Z., 85 Nichtraucherzimmer, mehrere Restaurants, Café, behindertengerechte Ausstattung, Hallenbad, Sauna, Fitneßraum, Bootsverleih, Konferenzräume, Parkplatz, Garage. Luxushotel im Altstadtzentrum.

*****Maritim Hotel Bellevue, Große Meißner Str. 15, D-01097 Dresden, Tel. (03 51) 5 66 20, Fax 5 59 97; 324 Z., 51 Nichtraucherzimmer, mehrere Restaurants (u.a. Canaletto, Buri-Buri mit polynesischen Spezialitäten), Spielcasino, Hallenbad, Sauna, Konferenzräume, Parkplatz. Das dritte im Bunde der Dresdner Hotels der Luxusklasse, Zimmer mit Canaletto-Blick.

❄ ****Bülow-Residenz, Rähnitzgasse 19, D-01097 Dresden, Tel. (03 51) 8 00 30, Fax 8 00 31 00; 30 Z., Dresdens Top-Restaurant Caroussel, Konferenzraum, Parkplatz. Sehr schönes Barockhaus in der Neustadt. Harte Konkurrenz für die ganz Großen, da um einiges heimeliger.

❄ ****Villa Emma, Stechgrundstr. 2, D-01324 Dresden, Tel. (03 51) 37 48 10, Fax 3 74 81 18; 17 Z., hervorragendes Restaurant, Konferenzraum, Sauna, Parkplatz. Jugendstilvilla im Stadtteil Weißer Hirsch.

❄ ***Martha Hospiz, Nieritzstr. 11, D-01097 Dresden, Tel. (03 51) 8 17 60, Fax 8 04 32 18; 30 Z., Restaurant, Konferenzraum, behindertengerechte Ausstattung. Etwas günstigere Alternative zu den Luxushäusern.

Dresden (Fortsetzung)

**Rothenburger Hof, Rothenburger Str. 15, D-01099 Dresden, Tel. (0351) 8011717, Fax 8022808; 20 Z., Restaurant, Parkplatz. Gutes Haus für Preisbewußte.

In Röhrsdorf

***Schloß Röhrsdorf, D-01809 Röhrsdorf, Tel. (0351) 285770, Fax 28577263; 22 Z., Restaurant, Bibliothek, nahegelegener Reitstall, Parkplatz. Kulturzentrum, Tagungsstätte und Hotel, in einem Obstbaugebiet ruhig gelegen, gute Küche.

Freiberg

***Alekto, Am Bahnhof 3, D-09599 Freiberg, Tel. (03731) 7940, Fax 794100; 50 Z., Restaurant, Parkplatz.

In Großwaltersdorf

*Pension-Landgasthof Trakehnerhof, Mittelsaidaer Str. 25, D-09575 Großwaltersdorf, Tel. (037203) 329; 21 Z., Restaurant, Biergarten, Kinderspielplatz, Reiterhof, Kutsch- und Kremserfahrten.

Glauchau

**Wettiner Hof, Wettinerstr. 13, D-08371 Glauchau, Tel. (03763) 5020, Fax 502299; 50 Z., Sauna, Solarium, Fitneßraum, Haustiere erlaubt, Parkplatz, zentrale, ruhige Lage.

Görlitz

❊ ***Sorat, Struvestr. 1, D-02826 Görlitz, Tel. (03581) 406577, Fax 406579; 46 Z., 6 Nichtraucherzimmer, Restaurant, Konferenzraum. Renoviertes Jugendstilhaus im Zentrum nahe Marienplatz, wenige Minuten zum Ober- und Untermarkt.

**Zum Grafen Zeppelin, Jauernicker Str. 15/16, D-02826 Görlitz, Tel. (03581) 403574, Fax 400447; 42 Z., Restaurant für Hausgäste, Haustiere erlaubt, abgeschlossener Parkplatz, ruhige Lage.

Grimma

** Hotel Kloster Nimbschen, Landstr. 1, D-04668 Grimma-Nimbschen, Tel. (03437) 9950, Fax 917104; 38 Z., Restaurant, Haustiere erlaubt, Tennisplatz, Parkplatz, ruhige Lage.

Hoyerswerda

**Achat, Bautzener Allee 1, D-02977 Hoyerswerda, Tel. (03571) 4700, Fax 470999; 79 Z., 40 Nichtraucherzimmer, Restaurant, Parkplatz.

Kamenz

❊ ****Goldener Hirsch, Markt 10, D-01917 Kamenz, Tel. (03578) 301221, Fax 304497; 20 Z., Restaurant, Konferenzräume, Parkplatz. Traditionsreiches Haus direkt am Marktplatz.

**Zur Westlausitz, Nebelschützer Str. 11, D-01917 Kamenz, Tel. (03578) 301313, Fax 5301; 35 Z., Restaurant, Sauna, Solarium, Konferenzräume.

Leipzig

*****Inter-Continental, Gerberstr. 15, D-04105 Leipzig, Tel. (0341) 9880, Fax 9881229; 447 Z., 51 Nichtraucherzimmer, gelobtes Restaurant 'Brühl', japanisches Restaurant 'Yamato', Hallenbad, Sauna, Fitneßraum, Bowling, Konferenzräume, Parkplatz.

*****Kempinski Hotel Fürstenhof, Tröndlinring 8, D-04105 Leipzig, Tel. (0341) 1400, Fax 1403700; 76 Z., behindertengerecht, Konferenzräume, Fitness, Gartenterrasse. Neues Luxushotel in Patrizierpalais aus dem 18. Jh. mit hochgelobtem Restaurant.

❊ ****Adagio (garni), Seeburgstr. 96, D-04103 Leipzig, Tel. (0341) 216699, Fax 9603078; 32 Z., Konferenzraum, kostenpflichtige Tiefgarage. Im Gründerzeitstil, zentral gelegen, Adagio-Club im Kellergewölbe mit kleinen Speisen, Bar und kulturellen Veranstaltungen.

❊ ***Sea Side Park Hotel, Richard-Wagner-Str. 7, D-04109 Leipzig, Tel. (0341) 98520; 233 Z., 78 Nichtraucherzimmer, 40 Apartments mit Küche, Restaurant, Sauna, Garage. Neueröffnung, modernes Haus hinter Jugendstilfassade.

Hotels und Pensionen

Leipzig (Fortsetzung)

**Deutscher Hof, Waldstr. 31, D-04105 Leipzig, Tel. (03 41) 71100, Fax 7 02 22; 38 Z., Restaurant, Haustiere erlaubt, Konferenzräume. Zentral gelegenes Haus.

**Gästehaus agra-Park, Bornaische Str. 219, D-04279 Leipzig, Tel. (03 41) 3 38 16 21, Fax 3 38 16 13; 53 Z., Haustiere erlaubt, Tagungsräume, Parkplatz. Sehr ruhige Lage im agra-Park.

In Markranstädt

**Consul Park Hotel, Krakauer Str. 49, D-04420 Markranstädt, Tel. (03 42 05) 600, Fax 6 02 00; 60 Z., Restaurant, Terrasse, Sauna und Fitneßgeräte (freie Benutzung), kostenloser Mountain-Bike-Verleih, bewachter Parkplatz. Ruhige Lage im Grünen.

Löbau

**Hotel Stadt Löbau, Elisenstr. 1, D-02708 Löbau, Tel. (03 585) 86 18 30, Fax 86 20 86; 33 Z., Restaurant, Konferenzraum, Parkplatz.

Meißen

✽ ***Pannonia Parkhotel, Hafenstr. 27, D-01662 Meißen, Tel. (03 521) 7 22 50, Fax 72 29 04; 93 Z., 5 Nichtraucherzimmer, Restaurant, Sauna, Solarium, Fitneßraum, Tagungsräume, Parkplatz. Parkanlage, schöner Blick auf die Albrechtsburg und die Elbe.

**Goldgrund (garni), Goldgrund 14, D-01662 Meißen, Tel. (03 521) 4 79 30, Fax 47 93 44; 22 Z., 4 Nichtraucherzimmer, Konferenzraum, Parkplatz. Ruhig in naturnaher Umgebung gelegen.

In Sora

**Zur Ausspanne, Hauptstr. 21, D-01665 Sora, Tel. (03 52 04) 52 06 08, Fax 52 09; 37 Z., Restaurant, Innenhofterrasse, Liegewiese, Pool, Grillplatz, Parkplatz.

In Weinböhla

✽ ***Waldhotel Weinböhla-Dresden, Forststr. 66, D-01689 Weinböhla, Tel. (03 52 43) 410, Fax 41 41; 114 Z., Restaurant, Bistro, Bar, Tennisschule, Kegelbahnen, Sauna, türkisches Dampfbad, Solarium, Fahrradverleih, Konferenzräume, Parkplatz. Verkostung Meißener Weine.

Mittweida

**Europäischer Hof (garni), Technikumplatz 1, D-09648 Mittweida, Tel. (03 727) 9 42 10; 30 Z., Sauna, Fitneßraum, Konferenzraum, Parkplatz.

Moritzburg

***Landhaus, Schloßallee 37, D-01468 Moritzburg, Tel. (03 52 07) 603, Fax 604; 16 Z., Restaurant, Terrasse, Sauna, Parkplatz.

✽ ***Waldschänke Moritzburg, Große Fasanenstraße, D-01468 Moritzburg, Tel. (03 52 07) 498, Fax 398; 17 Z., Restaurant, Haustiere erlaubt, Reitmöglichkeit, Parkplatz. Im Moritzburger Forst am Großteich gelegen.

**Eisenberger Hof, Kötzschenbrodaer St. 8, D-01468 Moritzburg, Tel. (03 52 07) 683, Fax 684; Restaurant, Sauna, Fitneßraum, Tagungsräume, Parkplatz.

Müglitztal

→ Altenberg, Pirna

Bad Muskau

**Hotel Am Schloßbrunnen, Köbelner Str. 68, D-02953 Bad Muskau, Tel. (03 57 71) 52 30, Fax 5 23 50; 10 Z., Restaurant, Liegewiese, Parkplatz. Ruhige Lage am Stadtrand.

Oberwiesenthal

**Hotel Am Fichtelberg, Karlsbader Str. 40-42, D-09484 Oberwiesenthal, Tel. (03 73 48) 170, Fax 1 71 72; 416 Z., Restaurants, Schwimmhalle, Sauna, Kegelbahn, Wintersportgeräteverleih, Konferenzräume.

✽ **Birkenhof, Vierenstr. 18, D-09484 Oberwiesenthal, Tel. (03 73 48) 84 81, Fax 84 85; 148 Z., Restaurants, Sauna, Solarium, Fitneßraum, Tagungsräume, Parkplatz. Behindertengerechte Einrichtungen und Zimmer, Nichtraucherzimmer, schöne Lage.

Oberwiesenthal (Fortsetzung)

**Panorama-Ringhotel, Vierenstr. 11, D-09484 Oberwiesenthal, Tel. (03 73 48) 71 90, Fax 71 98; 101 Z., Restaurants, rollstuhlgerechte Ausstattung, Vitalzentrum, Schwimmbad, Sauna, Kinderspielraum, Billardzimmer, Golfpark, Liegewiese, Konferenzräume.

Pirna

❄ **Romantik Hotel Deutsches Haus, Niedere Burgstr. 1, D-01796 Pirna, Tel. (03 501) 44 34 40, Fax 52 81 04; 40 Z., Restaurant, sommers im Innenhof Gartenrestaurant, abendliche Weinstube, kostenpflichtiger Parkplatz. In der Altstadt gelegenes Renaissancehaus, Blechschmidthaus genannt nach dem bedeutenden Baumeister des 16. Jh.s, der hier wohnte. Herrliches Renaissanceportal (→ Abb. S. 266).

**Pirnai'scher Hof, Am Markt 4, D-01796 Pirna, Tel. / Fax (03 501) 4 43 80; 23 Z., 3 Nichtraucherzimmer, Konferenzraum, Parkplatz. Galerierestaurant mit wechselnden Kunstausstellungen, reiches vegetarisches Angebot.

Plauen

**Am Theater, Theaterstr. 7, D-08523 Plauen, Tel. (03 741) 12 10, Fax 12 14 44; 118 Z., 70 Nichtraucherzimmer, Restaurant, Konferenzräume.

**Alexandra, Bahnhofstr. 17, D-08523 Plauen, Tel. / Fax (03 741) 22 67 47; 70 Z., Restaurant, Terrasse, Sauna, Solarium, Konferenzräume, Parkplatz, Garage.

Radebeul

❄ ****Flamberg Parkhotel Hoflößnitz, Nizzastr. 55, D-01445 Radebeul, Tel. (03 51) 83210, Fax 8321445; 189 Z., 45 Nichtraucherzimmer, Restaurant, behindertengerechte Ausstattung, Hallenbad, Parkplatz. Moderne Kunst (Baselitz, Bach, Adamski) im Foyer und den Gängen.

Rochlitzer Muldental

→ Chemnitz, Colditz

Sächsische Schweiz
Hohnstein

*Pension Polenztal, Polenztal 2, D-01848 Hohnstein, Tel. / Fax (03 59 75) 449; 26 Z., Restaurant, Biergarten, Haustiere erlaubt, Parkplatz. Ruhige Lage im Grünen.

Königstein

❄ **Lindenhof, Gohrische Str. 2, D-01824 Königstein, Tel. (03 50 21) 6 82 43, Fax 6 62 14; 34 Z., 2 Restaurants, Panoramaterrasse, Konferenzräume, Parkplatz. Schöne Lage mit Blick auf die Elbe und die Festung Königstein

Kurort Rathen

❄ **Erbgericht, D-01824 Kurort Rathen, Tel. (03 5024) 7 04 44, Fax 7 04 27; 37 Z., Restaurant, Hallenbad, Sauna, Solarium. Ruhig und schön gelegen, hübsche Elbterrasse. Zufahrt nur mit Sondergenehmigung, bei Reservierung bzw. Ankunft erhältlich.

Bad Schandau

❄ ***Elbhotel, An der Elbe 2, D-01814 Bad Schandau, Tel. (03 50 22) 42506, Fax 4 30 00; 50 Z., Restaurant, Café, Garten, Sauna, Solarium, Parkplatz. Schön an der Elbe gelegen.

**Parkhotel Concorde, Rudolf-Sendig-Str. 12, D-01814 Bad Schandau, Tel. (03 50 22) 4 25 05, Fax 4 24 66; 68 Z., Restaurant, Sauna, Solarium, Fitneßraum, Haustiere erlaubt, Parkplatz.

Stadt Wehlen

**Strandhotel, Markt 9, D-01829 Stadt Wehlen, Tel. (03 50 24) 7 04 24, Fax 7 06 10; 30 Z., Restaurant, Parkplatz nahebei. Schöner Elbblick, Anlegestelle der Weißen Flotte direkt vor dem Hotel.

Schneeberg

**Berghotel Steiger, Am Mühlberg, D-08289 Schneeberg, Tel. / Fax (03 772) 2 26 74; 29 Z., Restaurant, Sauna, Solarium, Sonnenterrasse, Kindereinrichtungen, Tagungsräume, Garagen, Parkplatz.

Schwarzenberg
In Waschleithe

❄ *Landhotel / Gasthof Osterlamm, Talstr. 25, D-08358 Waschleithe, Tel. / Fax (03 774) 2 22 43; 25 Z., Restaurant, Sauna, Solarium, Minigolfanlage, Tagungsmöglichkeit, Haustiere erlaubt. Im Landschaftsschutzgebiet.

Hotels und Pensionen

Seiffen

❄ **Berghof, Kurhausstr. 36, D-09548 Seiffen, Tel. (03 73 62) 77 20, Fax 772220; 20 Z., Restaurant, Konferenzraum, Parkplatz. Ruhige, waldreiche Lage, schöner Ausblick und in bergbautypischem Ambiente eingerichtet.

**Landgasthof zu Heidelberg & Bergstüb'l, Hauptstr. 196, D-09548 Seiffen, Tel. (03 73 62) 83 22, Fax 72 01; 28 Z., Restaurant, Sauna, Solarium. Neu erbautes, oberhalb vom Erzgebirgischen Freilichtmuseum gelegenes Haus, Organisation von Erzgebirgsnachmittagen, Erzgebirgsrundfahrten und Wanderführungen.

Stolpen

**Burghotel, Schloßstr. 12, D-01833 Stolpen, Tel. (03 59 73) 62 34, Fax 912; 43 Z., Restaurant, rollstuhlgerechte Ausstattung, Tennisplatz, Haustiere erlaubt, Konferenzräume, Parkplatz.

**Goldener Löwe / Zum Hirsch, Markt 3-4, D-01833 Stolpen, Tel. (03 59 73) 6211, Fax 51 11; 26 Z., Restaurant, Café, Haustiere erlaubt, Parkplatz. Rustikales Haus am historischen Marktplatz.

Tharandt

**Schützenhaus, Wilsdruffer Str. 20, D-01737 Tharant, Tel. (03 52 03) 3 04 11, Fax 3 04 22; 12 Z., Restaurant, Sauna, Fitneßraum, Parkplatz.

Torgau

**Central-Hotel, Friedrichplatz 8, D-04860 Torgau, Tel. (03 421) 71 00 26, Fax 71 00 27; 38 Z., Restaurant, Konferenzräume, Parkplatz.

Vogtland

Bad Elster

*Haus Linde, Beuthstr. 1, D-08645 Bad Elster, Tel. (03 74 37) 34 43; 8 Z., freundliche Familienpension in Waldnähe.

Klingenthal

*Waldgut am Aschenberg, Goethestr. 1, D-08248 Klingenthal, Tel. / Fax (03 74 67) 2 20 21; 24 Z., im Bauernstil.

Markneukirchen

❄ *Berggasthof Heiterer Blick, Oberer Berg 54, D-08258 Markneukirchen, Tel. (03 74 22) 26 95, Fax 4 85 18; 7 Z., hübsche Lage, bekannt für die Kaffeetafel.

Wurzen

**Zur Mühle, Eilenburger Str. 22, D-04808 Wurzen-Nischwitz, Tel. (03 425) 98 90, Fax 989100; 27 Z., Restaurant, Sauna, Solarium, rollstuhlgerechte Ausstattung, Parkplatz, ruhige Lage.

Zittau

**Riedel, Friedensstr. 23, D-02763 Zittau, Tel. (03 583) 68 60, Fax 68 61 00; 45 Z., Restaurant, Sauna, Konferenzraum, Parkplatz.

**Dresdner Hof, Äußere Oybiner Str. 9, D-02763 Zittau, Tel. (03 583) 51 08 55; 37 Z., Restaurant, Sauna, Konferenzraum, Parkplatz.

In Kurort Oybin

**Oybiner Hof, Hauptstr. 5, D-02729 Kurort Oybin, Tel. (03 58 44) 7 02 97, Fax 7 03 71; 50 Z., Restaurant, Kegelbahn, Tagungsräume, Parkplatz.

*Haus Hubertus, Hubertusweg 10, D-02729 Kurort Oybin, Tel. (03 58 44) 7 03 20, Fax 7 03 71; 55 Z., davon 14 Drei- und Vierbettzimmer, Tagungsräume, ruhige Lage im Wald.

Zwickau

***Am Weißenbrunner Park, Kohlenstraße, D- 08058 Zwickau, Tel. (03 75) 5 67 30, Fax 5 67 34 00; 113 Z., Restaurant, rollstuhlgerechte Ausstattung, Konferenzräume, Parkplatz.

**Achat, Leipziger Str. 180, D-08115 Zwickau, Tel. (03 75) 87 20, Fax 87 29 99; 209 Z., 68 Nichtraucherzimmer, Restaurant, Haustiere erlaubt, Tagungsräume, Parkplatz.

**Windberg, Werdauer Str. 160, D-08060 Zwickau, Tel. (03 75) 54 30, Fax 54 31 46; 121 Z., Restaurant, rollstuhlgerechte Ausstattung, Haustiere erlaubt, Konferenzräume, Parkplatz.

❊ **Katharinenhof (garni), Katharinenstr. 18, D-08412 Werdau, Tel. (03 761) 55 19, Fax 36 01; 18 Z., Parkplatz. Innen und außen schönes Beispiel für späten Jugendstil. — Hotels und Pensionen bei Zwickau (Fts.)

Jugendherbergen

Zur Benutzung der über 60 Jugendherbergen in Sachsen ist ein gültiger Jugendherbergsausweis erforderlich. Die Jugendherbergen bieten neben Unterkünften in der Regel auch Sport- und Freizeitmöglichkeiten an.

Auskunft — Deutsches Jugendherbergswerk, Landesverband Sachsen, Popowstr. 7, D-09116 Chemnitz, Tel. (03 71) 23 45 56, Fax 23 45 67

Affalter — Weg zur JH 4, D-01773 Affalter, Tel. (03 771) 33 940, 35 B.

Altenberg — Dresdner Str. 70, D-01773 Altenberg, Tel. (03 50 56) 3 23 18, 114 B.

Arnsfeld — Jugendherbergsstr. 1, D-09477 Arnsfeld, Tel. (03 733) 2 38 70, 42 B.

Augustusburg — Schloß Augustusburg, D-09573 Augustusburg, Tel. (03 72 91) 2 02 56, 114 B.

Bad Brambach — Roethenbach 4, D-08648 Bad Brambach, Tel. (03 74 38) 2 05 41, 34 B.

Bad Schandau — Ortsteil Ostrau, Dorfstr. 14, D-01814 Bad Schandau, Tel. / Fax (03 50 22) 4 24 08, 101 B.

Bautzen — Am Zwinger 1, D-02625 Bautzen, Tel. (03 591) 4 40 45, 50 B.

Chemnitz — Augustusburger Str. 369, D-09127 Chemnitz, Tel. (03 71) 7 13 31, 58 B.

Colditz — Haingasse 42, D-04680 Colditz, Tel. (03 43 81) 4 33 35, 32 B.

Dahlen — Belgernsche Str. 25, D-04774 Dahlen, Tel. / Fax (03 43 61) 5 13 55, 125 B.

Dresden — Maternistr. 22, D-01067 Dresden, Tel. (03 51) 49 26 20, Fax 4 92 62 99, 450 B.

Hübnerstr. 11, D-01069 Dresden, Tel. (03 51) 4 71 06 67, Fax 4 72 89 59, 75 B.

Sierksstr. 33, D-01326 Dresden-Oberloschwitz, Tel. / Fax (03 51) 3 66 72, 51 B.

Ehrenfriedersdorf — Greifensteinstr. 46, D-09427 Ehrenfriedersdorf, Tel. (03 73 46) 12 53, 46 B.

Falkenhain — An der Talsperre Kriebstein, D-09648 Falkenhain, Tel. / Fax (03 727) 29 52, 220 B. (Saison Mai – Oktober)

Frauenstein — Walkmühlenstr. 13, D-09623 Frauenstein, Tel. (03 73 26) 13 07, 86 B.

Gehringswalde — Ortsteil Warmbad, D-09429 Gehringswalde, Tel. / Fax (03 73 69) 94 37, 60 B.

Geyer — Anton-Günther-Weg 3, D-09468 Geyer, Tel. (03 73 46) 13 64, 93 B.

Görlitz — Goethestr. 17, D-02826 Görlitz, Tel. (03 581) 40 65 10, 100 B.

Grethen — Herbergsweg 5, D-04668 Grethen, Tel. (03 437) 76 34 49, 107 B.

Grumbach — Jöhstädter Str. 19, D-09477 Grumbach, Tel. (03 73 43) 22 88, 62 B.

Hohnstein — Burg Hohnstein, Am Markt 1, D-01848 Hohnstein, Tel. (03 59 75) 202, Fax 203, 210 B.

Jugendherbergen

Holzhau	Ringelstr. 6, D-09623 Holzhau, Tel. / Fax (03 73 27) 13 22, 44 B.
Hormersdorf	Am Greifenbachstauweiher, D-09648 Geyer; Tel. / Fax (03 73 46) 13 96, 205 B.
Johann-georgenstadt	Hospitalstr. 5, D-08349 Johanngeorgenstadt, Tel. (03 773) 21 94, 45 B.
Jonsdorf	Hainstr. 14, D-02796 Jonsdorf, Tel. (03 58 44) 7 02 20, 73 B.
Klingenthal	Aschberg, Grenzweg 22, D-08248 Klingenthal, Tel. / Fax (03 74 67) 22094, 122 B.
Königstein	Halbestadt 13, D-01824 Königstein, Tel. (03 50 22) 4 24 32, 94 B.
Bad Lausick	Ortsteil Buchheim, Herbergsweg 2, D-04651 Bad Lausick, Tel. (03 43 45) 2 26 57, 60 B.
Lausitz	Valtenberghaus, Karl-Berger-Str. 16, D-01904 Lausitz, Tel. (03 59 51) 3 14 84, Fax 3 71 08, 122 B.
Leipzig	Auensee, Gustav-Esche-Str. 4, D-04159 Leipzig, Tel. (03 41) 5 71 89, 43 B.
	Centrum, Käthe-Kollwitz-Str. 64, D-04109 Leipzig, Tel. (03 41) 47 05 30, Fax 47 58 88, 106 B.
Lichtenstein	An der Jugendherberge 3, D-09350 Lichtenstein, Tel. / Fax (03 72 04) 2718, 80 B.
Mutzschen	Straße der Jugend 7, D-04688 Mutzschen, Tel. / Fax (03 43 85) 51241, 100 B.
Mylau	Ortsteil Schneidenbach, D-08491 Mylau, Tel. (03 765) 3 45 84, Fax 6 44 55, 43 B.
Neschwitz	Kastanienallee 1, D-02699 Neschwitz, Tel. (03 59 33) 53 70, 38 B.
Neudorf	Vierenstr. 26, D-09465 Neudorf, Tel. (03 73 42) 82 82, 134 B.
Neugersdorf	Haydnstr. 11, D-02727 Neugersdorf, Tel. (03 586) 70 27 29, 54 B.
Oberoderwitz	Zur Lindenallee 5, D-02744 Oberoderwitz, Tel. (03 58 42) 2 65 44, 66 B.
Oelsnitz-Talsperre Pirk	Ortsteil Taltitz, Dobenecker Weg 27, D-08606 Oelsnitz, Tel. (03 74 21) 2 30 19, Fax 2 02 02, 80 B.
Ohorn	Schleißbergstr. 39, D-01896 Ohorn, Tel. (03 59 55) 7 27 62, 44 B.
Ossa	Dorfstr. 69, D-04643 Ossa, Tel. (03 43 46) 6 05 87, 52 B.
Panschwitz-Kuckau	Cisinksistr. 1, D-01920 Panschwitz-Kuckau, Tel. (03 57 96) 9 63 57, 60 B.
Pirna-Copitz	Birkwitzer Str. 51, D-01796 Pirnau-Copitz, Tel. (03 501) 52 73 16, 170 B.
Plauen	Zum Reusaer Waldhaus, D-08529 Plauen, Tel. / Fax (03 741) 43 18 81, 74 B.
Pockau	Siedlungsstr. 34, D-09509 Pockau, Tel. (03 73 67) 95 89, 44 B.
Radebeul	Weintraubenstr. 12, D-01445 Radebeul, Tel. / Fax (03 51) 8 30 52 07, 82 B.
Kurort Rathen	Niederrathen B 3, D-01824 Rathen, Tel. (03 50 24) 7 04 25, 32 B. (Anmeldung über JH Pirna-Copitz)
Reinhardtsdorf-Schöna	Am Zirkelstein Nr. 109 b, D-01814 Reinhardtsdorf-Schöna, Tel. (03 50 28) 8 04 25, 91 B.

Zur Jugendherberge 2, D-08355 Rittersgrün, Tel. (03 77 57) 72 60, 40 B. — Jugendherbergen (Fts.), Rittersgrün

Schweizerhaus, Zaßnitzer Weg 1, D-09306 Rochlitz, Tel. (03 737) 42131, 49 B. (davon 9 Saison-B.) — Rochlitz

Schloßstr. 1, D-09322 Rochsburg, Tel. (03 73 83) 65 03, 70 B. — Rochsburg

Mortelgrund 8, D-09619 Sayda, Tel. / Fax (03 73 65) 12 77, 140 B. — Sayda

Rotwasserhütte, Hauptstr. 115, D-01776 Schellerhau, Tel. (03 50 52) 42 27, 38 B. — Schellerhau

Am Stadtpark 52, D-08261 Schöneck, Tel. (03 74 64) 81 06, Fax 81 07, 52 B. — Schöneck

Rote Grube 1, D-08326 Sosa, Tel. (03 773) 32 29, 50 B. — Sosa

Skihütte Am Fröhlichwald 9, D-08326 Sosa, Tel. (03 77 52) 82 68, 28 B.

Torgauer Str. 33, D-01616 Strehla, Tel. (03 52 64) 9 07 33, 72 B. — Strehla

Umweltstudienplatz Fröbersgrün, Ortsstr. 17, D-08548 Syrau, Tel. / Fax (03 74 31) 32 56, 82 B. — Syrau

Pienner Str. 55, D-01737 Tharandt, Tel. (03 52 03) 37272, 69 B. — Tharandt

Breitenbergstr. 21, D-04736 Waldheim, Tel. (03 43 27) 9 21 16, 36 B. — Waldheim

Am Jägerwäldchen 2, D-02799 Waltersdorf, Tel. / Fax (03 58 41) 26 50, 166 B. — Waltersdorf

Jugendheimweg 1, D-08412 Werdau, Tel. (03 761) 35 14, 40 B. — Werdau

Pestalozziplatz 1, D-04603 Windischleuba, Tel. (03 447) 83 44 71, Fax 83 27 02, 146 B. — Windischleuba

Jägerhütte, Bergmannsweg 8, D-01773 Zinnwald; Tel. (03 50 56) 3 58 25, 60 B. — Zinnwald

'Hugo Klügel', Hochmoorweg12, D-01773 Zinnwald-Georgenfeld, Tel. (03 50 56) 3 58 82, 55 B.

Freiberger Str. 37, D-09517 Zöblitz, Tel. (03 73 63) 79 20, 55 B. — Zöblitz

Karten

Neben der zu diesem Reiseführer gehörenden Übersichtskarte kann es sich als nützlich erweisen, weiteres Kartenmaterial mitzuführen.

Stadtpläne Stadtatlanten

Im ADAC-Verlag sind Stadtpläne in den Maßstäben 1 : 12 500 bis 1 : 20 000 folgender sächsischer Städte erschienen:
Annanberg-Buchholz, Aue / Schneeberg, Bautzen, Chemnitz, Crimmitschau / Werdau, Delitzsch, Döbeln, Dresden, Eilenburg, Freiberg, Glauchau / Meerane, Görlitz, Leipzig, Meißen, Pirna, Plauen, Radebeul, Riesa, Schwarzenberg, Torgau, Weißwasser, Zittau, Zwickau.
Die ADAC-Stadtatlanten Dresden, Chemnitz / Zwickau und Halle / Leipzig decken den größten Teil des Freistaats mit detaillierten Plänen im Maßstab 1 : 20 000 ab.

Wanderkarten Wanderführer

Für Wanderungen empfehlen sich die vom Sächsischen Landesvermessungsamt herausgegebenen amtlichen Topographischen Karten im Maßstab 1 : 10 000. Die Kompass-Wanderkarten (Heinz Fleischmann GmbH & Co.) decken die Gebiete Vogtland, westliches, mittleres und Osterzgebir-

Karten (Fortsetzung)

ge, Sächsische Schweiz, Löbau / Zittau, Dresden / Moritzburg und Meißen / Tharandter Wald im Maßstab 1 : 50 000 ab.
Ausführlich beschriebene Wanderrouten bieten die im Deutschen Wanderverlag erschienenen Wanderführer "Erzgebirge", "Oberlausitz" und "Sächsische Schweiz".

Mietwagen

Die großen Mietwagenfirmen unterhalten in den großen Städten Mietstationen. Bei diesen Firmen lassen sich Reservierungen über bundesweit einheitliche Telefonnummern vornehmen. Die Anschriften kleinerer Firmen erfährt man aus den Gelben Seiten des örtlichen Telefonbuchs.

Reservierungen

Avis: Tel. 01 80 5 55 77
Hertz: 01 80 5 33 35 35
Europcar: 01 80 5 22 11 22
Sixt / Budget: 01 80 5 21 41 41

Museen

Hinweis

Die nachfolgend aufgeführten Museen stellen eine Auswahl nicht ganz alltäglicher Häuser dar. Die Öffnungszeiten sind sorgfältig recherchiert, Veränderungen aber erfahrungsgemäß nicht auszuschließen. Man vergewissere sich daher jeweils vor Ort.

Adorf

Heimatmuseum Adorf → Reiseziele, Vogtland

Miniaturschauanlage Klein-Vogtland → Reiseziele, Vogtland

Aue

Museum der Stadt Aue → Reiseziele, Schneeberg

Augustusburg

Motorradmuseum → Reiseziele, Augustusburg

Zweirädriger Gigant im Motorradmuseum Augustusburg

Dorfchemnitz bei Frauenstein

Eisenhammer Dorfchemnitz, D-09619 Dorfchemnitz, Tel. (03 73 20) 12 37
Öffnungszeiten: Di. – Sa. 9.00 – 11.00 und 13.00 – 15.30, Mai bis Okt. zusätzlich So. 13.00 – 16.00 Uhr, jeden 1. So. im Monat Schauschmieden
Vollständig funktionsfähig erhaltenes Hammerwerk mit seiner gesamten Anlagentechnik

Heimatmuseum Knochenstampfe → Reiseziele, Chemnitz — Dorfchemnitz bei Zwönitz

Landschaftsmuseum in der Burg Düben → Reiseziele, Delitzsch — Bad Düben

Heimatmuseum Falkenstein → Reiseziele, Vogtland — Falkenstein

Druckereimuseum Roßberg, Fa. Roßberg, Markt, D-09669 Frankenberg, Tel. (03 72 06) 33 01, 33 08 und 20 93 — Frankenberg
Öffnungszeiten: nach Vereinbarung, Führung für 5 – 15 Personen
Hölzerne Druckpresse, Faksimiles, historische Schriften, Bücher und Stiche, verschiedene Papierarten

Gottfried-Silbermann-Museum → Reiseziele, Freiberg — Frauenstein

Museum Schloß Frohburg → Reiseziele, Kohrener Land — Frohburg

Deutsches Strumpfmuseum → Reiseziele, Chemnitz — Gelenau

Uhrenmuseum Glashütte → Reiseziele, Müglitztal — Glashütte

Buchdruckmuseum, Wittenberger Str. 67, D-06773 Gräfenhainichen, Tel. (03 49 53) 2 14 41 — Gräfenhainichen
Öffnungszeiten: Mo., Di., Do., Fr. 9.00 – 12.00 und 14.00 -18.00 Uhr, Führung nach Vereinbarung

Richard-Wagner-Museum → Reiseziele, Pirna — Graupa

Forstliche und Jagdkundliche Lehrschau → Reiseziele, Tharandter Wald — Grillenburg

Wilhelm-Ostwald-Gedenkstätte → Reiseziele, Grimma — Großbothen

Heimat- und Damastmuseum, Schenaustr. 3, D-02779 Großschönau, Tel. (03 58 41) 24 61 — Großschönau
Öffnungszeiten: Mitte April – Oktober Mi. – Mo. 9.00 bis 12.00 und 14.00 bis 17.00, Di. 10.30 – 13.30 Uhr, Nov. – Mitte April n. V.
Geschichte der (Damast-) Weberei, betriebsfähige Webstühle

Spanziehmühle Grünhainichen → Reiseziele, Augustusburg — Grünhainichen

Karl-May-Geburtshaus → Reiseziele, Chemnitz — Hohenstein-Ernstthal

Textilmuseum und Schauwerkstatt der Jacquardweberei → Reiseziele, Chemnitz

Töpfermuseum Kohren-Salis → Reiseziele, Kohrener Land — Kohren-Salis

Museum Bockwindmühle / Schloßturm, D-04808 Kühnitzsch, Tel. (03 42 62) 6 12 48 — Kühnitzsch
Informationen über die Ablösung von Fron- und Hutungsleistungen, Heimatgeschichte, landwirtschaftliche Ausstellungen, naturkundliche Führungen im Park. Nach den Öffnungszeiten erkundige man sich vor Ort.

Vogtländisches Freilichtmuseum → Reiseziele, Vogtland — Landwüst

Technisches Denkmal Kalkwerk Lengefeld → Reiseziele, Marienberg — Lengefeld

Kamera- und Fotomuseum Mölkau, Gottschalkstr. 9, D-04457 Mölkau, Tel. (03 41) 6 51 57 11 — Mölkau
Öffnungszeiten Mi., So. 13.00 – 17.00 Uhr, Gruppen nach Vereinbarung
Sammlung historischer Kameras

Deutsche Raumfahrtausstellung → Reiseziele, Vogtland — Morgenröthe-Rautenkranz

Museen (Fts.) Naunhof	Turmuhrenmuseum Naunhof, Ungibauerstr. 1, D-04683 Naunhof, Tel. (03 42 93) 3 25 13 Öffnungszeiten: Mi.–So. 14.00–18.00 Uhr Uhrwerke von Turm- und elektrischen Großuhren, Läuteinrichtungen
Oelsnitz	Bergbaumuseum Oelsnitz → Reiseziel, Chemnitz
Olbernhau	Denkmalskomplex Saigerhütte Grünthal mit Technischem Museum Althammer → Reiseziele, Seiffen
Pockau	Ölmühle Pockau → Reiseziele, Marienberg
Reichenbach	Neuberin-Museum → Reiseziele, Vogtland
Rittersgrün	Eisenbahnmuseum Rittersgrün → Reiseziele, Schwarzenberg
Rositz	Technisches Museum Zechau, D-04617 Rositz, Tel. (03 44 98) 2 23 06 und 2 23 07 Öffnungszeiten: Di.–So. 10.00–16.00 Uhr Als Technisches Museum erhaltene Brikettfabrik, Geschichte der Arbeits- und Lebensweise der Beschäftigten im Bergbau
Schildau	Gneisenau-Museum → Reiseziele, Torgau
Schkeuditz	Astronomisches Zentrum Schkeuditz, Bergbreite 1, D-04435 Schkeuditz, Tel. / Fax (03 42 04) 62616 Himmelsbeobachtungen von Nov. bis März mittwochs ab 19.00, Planetariumsvorführungen jeden 4. Sonntag im Monat, 11.00 Uhr, Gruppenveranstaltungen täglich nach telefonischer Vorbestellung
Sebnitz	Schauwerkstatt Sebnitzer Blumenstuben → Reiseziele, Sächsische Schweiz
Tellerhäuser	Tellerhäuser Rindenschnitzstüb'l → Reiseziele, Oberwiesenthal
Waldenburg	Heimatmuseum und Naturalienkabinett, Linckische Kunst- und Naturaliensammlung → Reiseziele, Glauchau
Waschleithe	Heimatecke am Seifenbach → Reiseziele, Schwarzenberg
Wermsdorf	Museum im Schloß Hubertusburg, Heimat- und Schloßgeschichte, Bebel / Liebknecht-Gedenkstätte, Hofkapelle → Reiseziele, Oschatz
Wyhratal	Volkskundemuseum Neukirchen Wyhra → Reiseziele, Kohrener Land
Zöblitz	Heimatmuseum Zöblitz, Bahnhofstr. 1, D-09517 Zöblitz, Tel. (03 73 63) 77 04 Öffnungszeiten: Mo.–Do. 9.00–15.00 Uhr, Fr.–So. nach Vereinbarung Funktionstüchtige Werkstatt zur Serpentingesteinsverarbeitung (Drechseln), Stadtgeschichte, Ausgrabungen, frühgeschichtliche Entwicklung
Zwönitz	Papiermühle Niederzwönitz → Reiseziele, Chemnitz

Museumsbahnen

Sachsen: ein Dorado für Eisenbahnfans

Wer Freude an historischen, von alten Dampf- oder Dieselloks gezogenen Eisenbahnen hat, findet in Sachsen sowohl Museumsbahnen, die von Traditionsvereinen zu bestimmten Zeiten betrieben werden, als auch Schmalspurbahnen, die regelmäßig verkehren und zum regulären Eisenbahnnetz gehören. Diese Bahnen fahren durch reizvolle Landschaften, teilweise durch Naturschutzgebiete, und bieten vor allem in den Bergregionen herrliche Ausblicke.

Döllnitzbahn (Wilder Robert)

Oschatz – Mügeln – Kemmlitz
Streckenlänge: 18 km, Spurweite: 750 mm; Dampfloks vom Typ IV K, Dieselloks; früher hauptsächlich für den Abtransport des Porzellanrohstoffs Kaolin, heute Fahrbetrieb unter der Woche mit Schüler- und Güterverkehr, sonstiger Zugverkehr jeweils am letzten Sonntag des Monats, von Juni bis Sept. auch am letzten Samstag des Monats, im Dezember an jedem Sonntag, ab 1997 regulärer Reisezugverkehr zwischen Mügeln und Oschatz geplant. Bestellung von Sonderwagen oder Sonderfahrten möglich.

Auskunft
Döllnitzbahn GmbH, Bahnhofstr. 2, D-04769 Mügeln, Tel. (03 43 62) 3 23 43, Fax 3 24 47

Volldampf voraus: Lokomotive der Erzgebirgsbahn im Bahnhof Oberwiesenthal

Erzgebirgsbahn

Cranzahl – Oberwiesenthal
Streckenlänge: 17,4 km; Spurweite: 750 mm
Dampfbetriebene Schmalspurbahn der Deutschen Bahn mit täglichem Betrieb; für Dampfbahnfreunde besondere Wochenendangebote.

Auskunft
Fremdenverkehrsgemeinschaft Oberes Erzgebirge e.V.,
Karlsbader Str. 164, D-09465 Neudorf, Tel. / Fax (03 73 42) 83 88
Fahrplan im DB-Kursbuch Nr. 518

Historische Feldbahn Dresden

Spurweite: 400 – 1100 mm
Fahrbetrieb an wenigen Wochenenden im Jahr; Sammlung verschiedener alter Lokomotiven und Waggons.

Auskunft
Historische Feldbahn Dresden, Stralsunder Str. 5, D-01109 Dresden,
Tel. (03 51) 8 80 40 63 (Di. nachm. und Sa.)

Kirnitzschtalbahn

Bad Schandau – Lichtenhainer Wasserfall
Streckenlänge: 8,3 km; Spurweite: 1000 mm; ganzjähriger Betrieb.

Kirnitzschtalbahn (Fortsetzung)	Straßenbahn Baujahr 1899, die ihre Energie aus Solarzellen auf dem Dach des Depots in Bad Schandau bezieht.
Lausitzer Grubenbahn	Knappenrode – Auerhahn Streckenlänge: 20 km; Spurweite: 900 mm; Fahrbetrieb von Ostern bis Oktober Sa., So. und Fei., Sonderfahrten auf Bestellung.
Auskunft	Förderverein Lausitzer Grubenbahn e.V., Ernst-Thälmann-Str. 8, D-02979 Knappenrode, Tel. (03 571), 67 26 64, Fax 67 22 26
Lößnitzdackel	Radebeul-Ost – Moritzburg – Radeberg Streckenlänge: 16,4 km; Spurweite: 750 mm; alte Diesel- und Dampfloks; Fahrbetrieb an Sonntagen von Juni bis August, einige Tage im Mai, Oktober und Dezember (Nikolausfahrten).
Auskunft	Traditionsbahn Radebeul e.V., Postfach 01 02 56, D-01436 Radebeul, Tel. (03 51) 4 61 51 00, Fax 4 61 26 08
Museumsbahn Schönheide	Schönheide – Neuheide (– Stützengrün) Streckenlänge 1,9 km, weiterer Ausbau nach Stützengrün geplant; Spurweite: 750 mm; alte Dampf- und Diesellok; Fahrbetrieb an Ostern, Pfingsten, einige Tage im Sommer und Herbst, Nikolausfahrten.
Auskunft	Museumsbahn Schönheide / Carlsfeld e.V., Am Fuchsstein, D-08304 Schönheide / Erzgeb., Tel. / Fax (03 77 55) 43 03
Preßnitztalbahn	Jöhstadt – Schmalzgrube (– Steinbach) Streckenlänge: 3,9 km, weiterer Ausbau nach Steinbach in Arbeit; Spurweite: 750 mm; alte Dampf- und Dieselloks; Fahrbetrieb an mehreren Wochenenden. Außerhalb der Betriebszeiten Besichtigung der Loks im Lokschuppen von Jöhstadt möglich.
Auskunft	Interessengemeinschaft Preßnitztalbahn e.V., Markt 188, D-09477 Jöhstadt, Tel. / Fax (03 73 43) 23 00
Waldeisenbahn Muskau	Weißwasser – Kromlau / – Bad Muskau Streckenlänge: Weißwasser – Kromlau 4 km, Weißwasser – Bad Muskau 7,2 km; Spurweite: 600 mm; Dampflok, Dieselloks der Bauarten Ns2, Ns3 und V 10 C; Fahrbetrieb Anfang April – Anfang Mai und Mitte Sept. – Ende Okt. Sa. und So., Mitte Mai – Anfang Sept. Mi. – So.
Auskunft	Gesellschaft zur Betreibung der Waldeisenbahn Muskau mbH, Bautzener Str. 48, D-02931 Weißwasser, Tel. (03 576) 207472, Fax 207473
Weißeritzbahn (Rabenauer Bügeleisen)	Freital – Hainsberg – Kurort Kipsdorf Streckenlänge: 26,3 km; Spurweite: 750 mm; Dampfloks, z. T. Baujahr 1882; ganzjähriger Betrieb. Dienstälteste Schmalspurbahn Deutschlands; führt durch das Tal der Weißeritz und berührt drei Ausflugsziele: Rabenauer Grund, Talsperre Malter und Kurort Kipsdorf im Oberen Osterzgebirge.
Auskunft	Gemeindeverwaltung, Altenberger Str. 28, D-01776 Kipsdorf, Tel. (03 50 52) 42 26 Fahrplan im DB-Kursbuch Nr. 513
Windbergbahn	Dresden – Gittersee Streckenlänge: 12 km; Spurweite: 1435 mm; Dieselloks der Baureihen 310 und 346; Fahrbetrieb an wenigen Tagen im Jahr. 1857 eröffnete älteste deutsche Bergbahn; schöner Blick auf Dresden; Museum im restaurierten Bahnhof Obergittersee, Öffnungszeiten: Mai bis Okt. Sa. 9.00 – 15.00 Uhr.
Auskunft	Sächsischer Museumseisenbahn-Verein Windbergbahn e.V., Hermann-Michel-Str., D-01189 Dresden, Tel. (03 51) 4 03 16 02, Fax 4 01 34 63
Zittauer Bimmelbahn	Zittau – Bertsdorf – Kurort Oybin / Jonsdorf Streckenlänge: 13 km; Spurbreite: 750 mm; tägliche Fahrten mit Dampfloks. Sonderfahrten mit Altbaufahrzeugen; Museum zur Geschichte der Zittauer Schmalspurbahnen im ehemaligen Güterboden des Bahnhofs Kurort Oybin, Öffnungszeiten im Sommerhalbjahr Di. – Fr. 13.00 – 16.00,

Sa., So. und Fei. 10.00 – 12.00 und 13.00 -16.00, im Winterhalbjahr Mi., Sa., So. und Fei. 13.00 – 15.00 Uhr.

Zittauer Bimmelbahn (Fts.)

Interessenverband der Zittauer Schmalspurbahnen e.V., Konrad Springer, Bergweg 8, D-02797 Kurort Oybin, Tel. (03 58 44) 7 04 46
Fahrplan im DB-Kursbuch Nr. 238

Auskunft

Notdienste

Polizei: Tel. 110

Feuerwehr: Tel. 112

Rettungsdienst: Tel. 1 92 22

Öffnungszeiten

Nach der gesetzlichen Neureglung der Ladenöffnungszeiten ist in größeren Städten damit zu rechnen, daß die abendlichen und samstäglichen Öffnungszeiten auf 20.00 bzw. 16.00 Uhr (18.00 Uhr am langen Samstag) ausgedehnt werden. Ansonsten öffnen Kaufhäuser und Geschäfte in der Regel zwischen 8.00 und 9.00 Uhr morgens und schließen zwischen 18.00 und 18.30 Uhr am Abend.

Reisezeit

Frühjahr
Sommer
Herbst

Sachsen ist zu jeder Jahreszeit einen Besuch wert. Im Sommer locken die vielen Bade- und Wassersportmöglichkeiten, eine Fahrt auf der Elbe oder eine Klettertour in der Sächsischen Schweiz oder im Erzgebirge. Wer Ruhe und gemütliche Erholung sucht, sollte vielleicht eher im Frühjahr kommen, um bei Spaziergängen oder Wanderungen den Anblick der farbenprächtigen Blumenwiesen zu genießen, ebenso im Herbst, wenn sich die Laubwälder bunt färben und die Pilze sprießen. Wer im Urlaub auf eher ungewöhnliche Art aktiv werden möchte, kann sich beispielsweise zur Weinlese an der Elbe einfinden.

Winter

Im Winter lohnt ein Urlaub in den von Dezember bis Mitte März normalerweise schneesicheren Mittelgebirgen. Unvergeßlich bleibt ein Besuch des Erzgebirges in der Vorweihnachtszeit, wenn meterhohe Freilandpyramiden und kerzenbestückte Christbäume oder die zahlreichen Weihnachtsmärkte andachtsvolle Stimmung verbreiten.

Nach Leipzig nicht während der Messe

Noch ein Hinweis: Die Stadt Leipzig sollte man, wenn man nicht gerade zu diesem Zweck dort weilt, in den Zeiten der großen Messen meiden, da dann die Hotels in der Regel belegt und die Preise höher sind.

Restaurants und Cafés

Auswahl

In Sachsen findet man überall einen gastfreundlich gedeckten Tisch. Kulinarische Höhenflüge sollte man zwar nicht unbedingt erwarten, solide sächsische Küche gekocht wird aber in allen empfohlenen Häusern. Entlang der Elbe laden Weinstuben zur Verkostung der einheimischen Weine ein (→ *Baedeker Special,* S. 32/33). Die im folgenden aufgeführten Lokale stellen eine Auswahl dar, die selbstverständlich keinen Anspruch auf Vollständigkeit erhebt.

Restaurants und Cafés

Altenberg	Altes Raupennest, Raupennestweg 5, Tel. (03 50 56) 23 03 Rustikale Waldschänke mit sächsisch-böhmischen Spezialitäten.
Annaberg-Buchholz	Ratskeller, Markt 1, Tel. (03 733) 2 22 22 Deutsche und italienische Küche.
Augustusburg	Restaurant im Schloß, Tel. (03 72 91) 63 75 Regionale Spezialitäten in fürstlicher Umgebung, dennoch zu erschwinglichen Preisen.
Bautzen	Zum Haseneck, Kurt-Pchalek-Str. 1, Tel. (03 591) 4 79 13 Kaninchenspezialitäten.
	Lubin, Hotel Stadt Bautzen, Wendischer Graben 20, Tel. (03 591) 49 20 Gepflegtes Restaurant, v. a. zum Jagdfest im November herzhafte Wildgerichte.
	Ratskeller, Innere Lauenstr. 1, Tel. (03 591) 4 24 74 Einheimische (sorbische) Spezialitäten in historischer Umgebung.
Chemnitz	Ikarus, Stellberger Str. 100, Tel. (03 71) 22 51 66 Im ehemaligen Flughafengebäude, sächsische Spezialitäten.
Cranzahl	Café Rosé Jugendstil-Café mit originaler Handstuckarbeit, reichhaltiges Angebot aus Küche und Keller.
Dresden	Café im Italienischen Dörfchen, Theaterplatz, Tel. (03 51) 49 81 60 Traditionscafé, herrliche restaurierte Innenausstattung, die über die teils deftigen Preise hinwegtröstet.

Kuchen und Sahne mit Blick auf das Blaue Wunder im Café Toscana in Dresden-Blasewitz

Dresden (Fortsetzung)

Café Kreutzkamm, Altmarkt 18, Tel. (03 51)4 95 41 72
Noch ein bekanntes Traditionshaus – nicht des Stollens, sondern des Baumkuchens wegen.

*Café Toscana, Schillerplatz 7, Tel. (03 51) 3 07 44
Auch dies ein Traditionscafé: echt sächsische Kaffee- und sonstige Spezialitäten direkt am Blauen Wunder in Blasewitz.

*Caroussel, Hotel Bülow, Rähnitzgasse 19, Tel. (03 51) 4 40 33
Viele halten das recht neue Restaurant in der Neustadt für die Nr. 1 der Stadt. Barocke Ausstattung mit viel Blumenschmuck, hübscher Innenhof, ausgewählte Weinkarte.

*Pattis, Merbitzer Str. 53 (Dresden-Briesnitz), Tel. (03 51) 4 25 50
Der erste besternte Küchenchef Dresdens ist von der "Erholung" in sein eigenes Restaurant umgezogen: Sächsisches mit phantasievollem Pfiff.

Kahnaletto, Terrassenufer / Augustusbrücke, Tel. (03 51) 4 95 30 37
Italienische Küche auf dem Elbeschiff "Marion" mit schönem Ausblick und musikalischer Untermalung mit italienischer Klassik, große Auswahl an Grappe.

Linie 6, Schaufußstr. 24, Tel. (03 51) 3 02 68
Alteingesessenes Lokal, z. T. in einem Straßenbahnwaggon, gute regionale Küche, Kabarettprogramm.

Parkhotel Schloß Eckberg, Bautzener Str. 134, Tel. (03 51) 5 25 71
Elegantes Ambiente, herrliche Aussicht über das Elbtal.

Rossini, Hotel Dresden Hilton, An der Frauenkirche 5,
Tel. (03 51) 8 64 28 55
Beste italienische Küche verschiedener Regionen in elegantem Rahmen.

Schöne Aussicht, Krügerstr. 1, Tel. (03 51) 3 63 04
Modernes Restaurant in über 132 m Höhe, leckere einheimische Küche.

Szeged, Wilsdruffer Str. 4 – 6, Tel. (03 51) 4 95 13 71
Überlebender aus DDR-Zeiten: empfehlenswertes ungarisches Spezialitätenrestaurant, mit Stehgeiger.

*Villa Marie, Am Blauen Wunder, Tel. (03 51) 4 41 11 89
Toskanisch inspirierte Küche in südländischer Atmosphäre.

Freiberg

Ratskeller, Karl-Kegel-Str. 69, Tel. (03 731) 2 21 51
Rustikales Ambiente, gutbürgerliche Küche.

Gnandstein

Burg-Restaurant Gnandstein, Tel. (03 43 44) 6 12 20.
Deftige Speisen, mittelalterliches Ambiente in der Ritterstube, Burghof-Biergarten.

Görlitz

Kulmbacher Postillon. Aufgangstr. 6, Richtung Landeskrone,
Tel. (0 35 81) 7 81 13. Solide.

Kamenz

Al fresco im Hotel Goldner Hirsch, Markt 10, Tel. (0 35 78) 30 12 21
Italienisches in traditionsreichem Gasthof.

Leipzig

Auerbachs Keller, Mädlerpassage, Tel. (03 41) 21 61 00
Goethes Faust läßt grüßen: eine Institution in Leipzig.

Barthels Hof, Hainstr. 1, Tel (03 71) 14 13 10
Die Neueröffnung im frischrenovierten Barthels Hof will mit sächsischen Spezialitäten die Kundschaft locken.

Restaurants und Cafés

Leipzig (Fortsetzung)

Café Corso, Markt 17, Königshauspassage, Tel. (03 71) 9 60 56 52
Altes Leipziger Kaffeehaus.

Gosenschenke Ohne Bedenken, Menckestr. 5, Tel. (03 41) 5 66 23 60
Köstliches Gosen-Bier, alte Speisekarte um 1920.

*Stadtpfeiffer, Augustusplatz 8, Tel. (03 41) 28 64 94
Die am meisten gelobte Küche der Messestadt.

Varadero, Barfußgässchen 8, Tel. (03 41) 9 60 00 26
Kubanisches Spezialitätenrestaurant, 1977 durch den kubanischen Botschafter eröffnet, kreolische Küche.

Yamato, Hotel Inter-Continental, Gerberstr. 15, Tel. (03 41) 2 11 10 68
Gekonnte japanische Küche.

Markneukirchen

Zum heitern Blick, Oberer Berg 54, Tel. (03 74 22) 26 95
Vogtländisches Ambiente mit vielen Musikinstrumenten an der Wand, traditionelle vogtländische Küche.

Meißen

Die Villa, Pannonia Parkhotel, Hafenstr. 27 – 31, Tel. (03 521) 7 22 50
Sommerterrasse mit schönem Blick auf die Elbe und die Stadt Meißen, elegantes Ambiente.

1513 gegründet und immer noch eine Institution: "Vincenz Richter" in Meißen bietet sächsische Küche und Weine

*Vincenz Richter, An der Frauenkirche 12, Tel. (03 521) 45 32 85
Seit 1513 Garant für beste sächsische Küche und Weine auch aus eigenem Anbau. Historisches Ambiente einschließlich Folterkammer.

Schweizerhaus, Rauhentalstr. 1, Tel. (03 521) 45 71 62
Idyllisch gelegen, Biergarten, sächsische Küche.

Restaurants und Cafés (Fts.)

Moritzburg

Schloßallee / Reiterstuben, Schloßallee 35, Tel. (03 52 07) 783
Elegante bzw. rustikale Ausstattung, gehobene sächsische Küche.

Seeblick, Kalkreuther Str. 438, Tel. (03 52 07) 438
Direkt am Wasser gelegen, sächsische Fisch- und Wildspezialitäten.

Bad Muskau

Gasthof Bergkristall, Tel. (03 57 71) 5 11 00
Restaurant mit Schau-Glasschleiferei.

Oberwiesenthal

Central, Schulstr. 3, Tel. (03 73 48) 404
Empfehlenswert ist der Sauerbraten.

Kurort Oybin

Oybiner Hof, Hauptstr. 5, Tel. (03 58 44) 7 02 97
Beste Lausitzer Spezialitäten.

Pirna

Deutsches Haus, Niedere Burgstr. 1, Tel. (0 35 01) 44 34 40
Weinstube und Gartenlokal, nur abends.

Plauen

Gambrinus, Obere Endstr. 1, Tel. (0 37 41) 22 34 69.
Bier- und Weinkeller mit gutbürgerlicher Küche.

Radebeul

Zum Pfeiffer, Pfeiffenweg 51, Tel. (03 51) 83 75 80
Gehobene Küche mit sächsischen Spezialitäten, Terrasse mit Elbblick.

Kurort Rathen

*Zum Erbgericht, Elbufer 5, Tel. (03 50 24) 454
Gute Regionalküche, schöne Terrasse mit Blick auf den Elbanleger und die Gierseilfähre.

Rammenau

Schloß Rammenau, Tel. (03 594) 30 65
Barockes Ambiente, gehobene französische Küche.

Bad Schandau

Zum Roten Haus, Marktstr. 10, Tel. (03 50 22) 23 43

Schneeberg

Ratskeller, Markt 1, Tel. (03 772) 2 24 84
Schmackhaft-Erzgebirgisches in altem Gewölbe.

Schwarzenberg

Gasthaus Neuwelt, Talstr. 3, Tel. (03 774) 2 26 20
Hausspezialität: Schlachtplatte.

Seußlitz

Lehmann's Weinstuben, Elbestr. 26, Tel. (03 52 67) 236
Weinausschank seit dem 16. Jh., gutbürgerliche Küche, schöner Blick auf die Elbe.

Weinböhla

Laubenhöhe, Köhlerstr. 77, Tel. (03 52 43) 3 61 83
Gepflegte Atmosphäre, regionale Spezialitäten, Sommergarten.

Zwickau

Café Engelmann, Innere Plauensche Str. 12 a
Leckere Kuchen aus eigener Produktion.

Posthalterei, Katharinenstr. 27, Tel. (03 75) 2 53 50
Erste Adresse bei den Einheimischen.

Sport

Ein sportliches Land

Aus Sachsen kommen einige der bekanntesten Spitzensportler Deutschlands, die beispielsweise bei Olympischen Spielen Medaillen sammelten, so etwa der Skispringer Jens Weißflog, der Diskuswerfer Lars Riedel, die Diskuswerferin Ilke Wylluda, die Weitspringerin Heike Drechsler oder der Radsportler Jens Fiedler. Auch Helmut Schön, lange Jahre Bundestrainer, war ein Sachse.

Sport

Auskunft

Über Sportveranstaltungen und aktive Sportmöglichkeiten informieren die städtischen Touristeninformationen (→ Auskunft) und die Tagespresse.

Weitere Auskünfte erteilt der
Landessportbund Sachsen, Marschnerstr. 29
D-04199 Leipzig, Tel. (03 41) 21 63 10

Angeln

Sowohl in der Elbe als auch an vielen der zahlreichen Stauseen darf geangelt werden. Man erkundige sich bei den örtlichen Fremdenverkehrsämtern nach den einzelnen Bedingungen. Weitere Informationen:

Anglerverband Elbflorenz e.V., Käthe-Kollwitz-Ufer 101
D-01309 Dresden, Tel. (03 51) 33 01 81
Anglerverband Südsachsen, Bernsdorfer Str. 129
D-09126 Chemnitz, Tel. (03 71) 5 01 53 bzw. 5 01 04

Eishockey

Eishockey ist eine traditionsreiche Sportart in der Region Weißwasser. Nach einem Gastspiel in der Bundesliga jagt der ES Weißwasser, vielfacher DDR-Meister, nun in der 1. Liga Süd dem Puck nach, gemeinsam mit der zweiten sächsischen Mannschaft, dem ETC Crimmitschau. Die Spieltermine werden in der Tagespresse veröffentlicht.

Fahrradfahren

→ dort

Fallschirmspringen

Wer den freien Fall üben möchte, wende sich an die Fallschirmsportvereine in Eilenburg, Dresden oder Chemnitz. Die Adressen erfährt man beim

Luftsportverband Sachsen e.V., Dohnaer Str. 152
D-01239 Dresden, Tel. (03 51) 2 75 40 21, Fax 2 75 40 08

Fußball

Die Fußballfans in Sachsen konnten einst mit Helmut Schön und dem SC Dresden Erfolge feiern, zu DDR-Zeiten machten der FC Dynamo Dresden, Lokomotive Leipzig und Wismut Aue auch im Europapokal von sich reden. Nach dem unrühmlichen Abgang von Dynamo Dresden aus der Bundesliga und dem Zwangsabstieg in die Regionalliga backt man nun fußballerisch kleinere Brötchen: Zwei Vereine aus Sachsen spielen in der zweiten Liga, der VfB Leipzig und der FSV Zwickau.

Golf

Auskünfte allgemeiner Art erhält man beim
Golfsportförderverband Neue Bundesländer e.V., Pieschener Allee 1
D-01067 Dresden, Tel. / Fax (03 51) 4 94 21 10

Bereits bespielbar sind in Sachsen derzeit vier Golfanlagen:

Elbflorenz Golfclub Dresden e.V., Ferdinand-v.-Schill-Str. 2
D-01728 Possendorf, Tel. (03 52 06) 21376, Fax 2 43 17
18 Lochanlage, 9 km südlich von Dresden an der B 170.

Dresdner Golfclub e.V., Jagdschloß Herzogswalde, Hauptstr. 13
D-01723 Herzogswalde, Tel. (03 51) 8 02 59 85, Fax 8 02 59 52
9-Lochanlage fertiggestellt, 18-Lochanlage im Bau, 15 km westlich von Dresden an der B 173.

Golfclub Dresden-Ullersdorf e.V., Am Golfplatz 1
D-01454 Ullersdorf,Tel. / Fax (03 528) 4473 48
18-Loch-Meisterschaftsanlage, Clubhaus mit öffentlichem Restaurant, 4 km nordöstlich von Dresden an der B 6.

Golfzentrum Schloß Rammenau, c / o STEUDA, Süßmilchstr. 32
D-01877 Bischofswerda, Tel. (01 27) 3 52 42 56
9-Lochanlage, rein öffentliche Spielanlage ohne Clubzwang, 12 km südlich von Kamenz beim Schloß Rammenau.

Klettern

In der Sächsischen Schweiz gibt es mehr als 1000 Felstürme mit 14 000 Kletterwegen verschiedenster Schwierigkeitsgrade. Der bedeutendste Kletterfelsen ist der Falkenstein mit mehr als 100 Anstiegen. Seine Erstbesteigung 1864 gilt als die Geburtsstunde des Sächsischen Bergsteigens. Aber auch die Schrammsteine und die Affensteine bei Bad Schandau, das Gebiet um Wehlen und Rathen, die Felsen des Polenztals bei Hohnstein, das Wildensteiner Gebiet, das Zittauer Gebirge bei Oybin, das Bielatal oder die Jonsdorfer Felsenstadt sind beliebte Kletterziele.
Auch im Erzgebirge finden sich zahlreiche Felswände, an denen man seine Fähigkeiten erproben kann, z. B. im Steinicht bei Elsterberg, im Auersberggebiet bei Johanngeorgenstadt, im Gebiet der Greifensteine bei Ehrenfriedersdorf und im Katzensteingebiet bei Pobershau. Auskunft aller Art erteilt:

Deutscher Alpenverein Sektion Dresden e.V., Ermischstr. 22
D-01067 Dresden, Tel. (03 51) 4 96 09 88
Deutscher Alpenverein Sektion Chemnitz e.V., Rembrandtstr. 47
D-09111 Chemnitz, Tel. (03 71) 6 26 23
Sächsischer Bergsteigerbund e.V., Ehrlichstr. 2
D-01067 Dresden, Tel. (03 51) 4 94 14 16

Motor- und Segelflugsport

In Sachsen gibt es eine stattliche Reihe von Fliegerklubs. Auskunft über Adressen und Flugplätze erteilt

Luftsportverband Sachsen e.V., Dohnaer Str. 152
D-01239 Dresden, Tel. 0351) 2 75 40 21, Fax 2 75 40 08

Pferdesport

In Sachsen findet man zahlreiche Reiterhöfe. Manche Hotels, Gasthöfe oder Pensionen verfügen über eigene Reitställe. Nähere Auskünfte erteilen die regionalen und örtlichen Tourist-Informationen (→ Auskunft).

Wandern

→ dort

Winterlicher Spaß am Fichtelberg in Oberwiesenthal

Sport (Fortsetzung) Wassersport

Viele Rudervereine und Betriebssportgemeinschaften betreiben auf der Elbe Erholungs- und Wettkampfsport. Ruder- und Kanuregatten sowie Motorbootrennen finden z.B. auf der Elbe zwischen Blasewitz und Loschwitz statt. Neben der Elbe bieten auch die zahlreichen Talsperren die Möglichkeit, Wassersport aller Art zu betreiben. Auskunft:

Sächsischer Kanusportverein Mittweida e.V., Niederrossau, Hauptstr. 10 b
D-09661 Rossau, Tel. (03 727) 35 91
Sächsischer Seesportclub Dresden e.V., Tolkewitzer Str. 65 / 67
D-01277 Dresden, Tel. (03 51) 3 51 29

Wintersport

Wer beim Wintersport nur zuschauen will, pilgere zu den Sprungschanzen in Oberwiesenthal oder der Bobbahn in Altenberg, wo internationale Wettkämpfe stattfinden. Wer selbst aktiv sein will: Ost- und Westerzgebirge bieten eine große Auswahl an schneesicheren Abfahrten und Möglichkeiten zum Langlauf. Eines der Zentren des Wintersports ist das Fichtelberggebiet um Oberwiesenthal, auch das 'Sächsische St. Moritz' genannt. Gespurte Loipen und präparierte Abfahrtspisten sind bei normalem Winterwetter von Dezember bis in den März hinein anzutreffen. Abfahrts- und Loipenpläne sind bei den regionalen Fremdenverkehrsämtern erhältlich Ansonsten steht für Auskünfte bereit:

Skiverband Sachsen e.V., Friedrich-Ebert-Str. 105
D-04105 Leipzig, Tel. (03 41) 9 80 00 34
Sächsischer Rodel- und Bobverband, Alte Dresdner Str. 70
D-01773 Hirschsprung, Tel. (03 50 56) 3 23 47

Veranstaltungen

Allgemeines

Größere Städte wie Dresden, Chemnitz oder Leipzig informieren in monatlich erscheinenden Stadtmagazinen über alle angebotenen Veranstaltungen. Zusätzlich empfiehlt sich ein Blick in die Tagespresse. Die genauen Termine der unten angeführten Veranstaltungen erfährt man bei den örtlichen Verkehrsämtern (→ Auskunft).

Januar

Augustusburg: Wintertreffen der Motorradfans auf Schloß Augustusburg (2. Wochenende im Januar)

Februar

Dresden: Sonderkonzerte in Kreuzkirche und Semperoper zur Erinnerung an die Zerstörung der Stadt am 13. / 14. Februar 1945
Johanngeorgenstadt: Große Bergparade mit Berggottesdienst anläßlich der Stadtgründung (23. Februar)
Leipzig: Leipziger Messe Haus-Garten-Freizeit

März

Leipzig: Leipziger Buchmesse

März / April

Leipzig: Zeitgenössisches Musiktheater in der Oper; Leipziger Messe Auto Mobil International

April

Dresden: Frühlingsfest auf den Elbwiesen in Dresden-Johannstadt; Dresdner Opernfestspiel mit Werken von Richard Strauß

Ostern

Dresden: Richard Wagners "Parsifal" in der Semperoper

Pfingsten

Radebeul: Karl-May-Tage

Mai

Oberlausitz: Osterfest mit Osterreiten, am bekanntesten in Panschwitz-Kuckau
Dresden: Internationales Dixielandfestival
Klingenthal: Musiktage mit Internationalem Akkordeonwettbewerb

Markneukirchen: Internationaler Instrumentalwettbewerb, jährlich abwechselnd für Streich- (1997) und Blasinstrumente (1998)	Mai (Fortsetzung)
Dresden: Dresdner Musikfestspiele Leipzig: Leipziger Kulturwochen allerleileipzig;europäische programm- und medienmesse europrom leipzig Zwickau: Jährliches Trabi-Treffen	Mai / Juni
Annaberg-Buchholz: Annaberger Kät (ältestes Volksfest des Erzgebirges, 14 Tage nach Pfingsten) Dresden: Internationales Tanzfestival; Filmfest; Elbhangfest Frauenstein: Schloß- und Schützenfest mit historischem Markt Leipzig: Stadtfest Plauen: Plauer Spitzenfest Seiffen: Fest der Spielwarenmacher Zwickau: Westsachsenschau	Juni
Große Bergparaden in mehreren Orten des Erzgebirges: Umzüge von einheimischer und befreundeter Bergbrüderschaften und Bergkapellen in traditionellen Trachten. Am bekanntesten ist der Bergstreittag in Schneeberg im Juli (→ Abb. S. 342/343).	Juni bis September
Dresden: Filmnächte am Elbufer; Dresdner Sommer mit Freiluftkonzerten MDR Musiksommer in ganz Sachsen Kurort Rathen: Freilichttheater auf der Felsenbühne Rathen Leipzig Montagskonzerte am Bach-Denkmal	Juli / August
Augustusburg: Countryfest (erster Sonntag) Pillnitz Ope(r)n Air auf Schloß Pillnitz	August

Beim Weinfest in Radebeul-Hoflößnitz erscheint der wahre Weinzahn in barockem Kostüm. Da schmecken Riesling, Müller-Thurgau und Gutedel gleich nochmal so gut.

September	Freiberg: Freiberger Musiksommer Moritzburg: Hengstparaden
	Marienberg: Holzmarkt Leipzig: Innovationsmesse
Oktober	Diesbar-Seußlitz, Meißen, Radebeul, Weinböhla: Weinfeste
November	Chemnitz: Internationales Musik- und Theaterfestival Dresden: Dresdner Tage der zeitgenössischen Musik Leipzig: Modell & Hobby-Messe Moritzburg: Moritzburger Fischzug
Dezember	Leipzig: Leipziger Literarischer Herbst; euro-scene-leipzig: Theaterfestival der europäischen Avantgarde; Internationales Festival für Dokumentar- und Animationsfilm; Leipziger Messe Touristik & Caravaning
Wandergebiete	In vielen Städten finden Weihnachtsmärkte statt, besonders schöne in Dresden (Striezelmarkt), in Leipzig, in Schneeberg und in Seiffen.

Wandern

Wildromantische Schluchten und verwegene Felsen ebenso wie sanft geschwungene Landschaft und ausgedehnte Waldregionen – in Sachsen sind die Möglichkeiten zum Wandern fast unerschöpflich. Vor allem die waldreichen Mittelgebirgsregionen wie das Vogtland, die Sächsische Schweiz und das Erzgebirge sind beliebte Wandergebiete. Besonderes Vergnügen bereiten Wanderungen dort im Herbst, wenn die Wälder mit prächtiger Laubfärbung aufwarten. Im Nationalpark Sächsische Schweiz leben bedrohte Tierarten wie Luchs, Fischotter, Uhu oder Eisvogel, die man mit Geduld und etwas Glück auch zu Gesicht bekommt.
Entlang vieler Wanderwege sind Lehrpfade eingerichtet, die Wissenswertes über die heimische Tier- und Pflanzenwelt der Gegend vermitteln. Sehr oft werden geführte Wanderungen angeboten, bei denen man von Fachleuten über die Schönheiten und Eigenarten der einheimischen Natur informiert wird. Vorschläge für Wanderrouten ebenso wie Informationen über die zahlreichen Möglichkeiten zum Wandern ohne Gepäck erhält man bei den regionalen und lokalen Touristeninformationen (→ Auskunft).

Wandern im Naturschutzgebiet

Zwei der Europäischen Fernwanderwege führen durch Sachsen: Der Fernwanderweg E 3 vom Atlantik zum Schwarzen Meer durchquert das Vogtland und das Westerzgebirge, der Fernwanderweg E 10 von der Ostsee zum Mittelmeer führt durch die Oberlausitz / Niederschlesien und Zittau im Oberlausitzer Bergland am südöstlichen Rand Sachsens.

Wanderführer Wanderkarten

Der Nationalpark Sächsische Schweiz, das Biosphärenreservat Oberlausitzer Heide- und Teichlandschaft sowie die Naturparks Erzgebirge / Vogtland und Dübener Heide sind ausgewiesene Schutzgebiete. Die entsprechenden Bestimmungen zum besonderen Schutz dieser Gebiete sollten unbedingt beachtet werden.

Wanderführer Wanderkarten

→ Karten

Register

Verzeichnis der Karten, Pläne und graphischen Darstellungen

Bildnachweis

Archiv für Kunst und Geschichte: S. 41, 44 (Mitte), 71
Baedeker-Archiv: S. 30–35, 60, 66, 85, 87, 159, 226, 317, 327
Constantin Beyer: S. 53, 92
Rainer Eisenschmid: S. 5, 15, 27, 54, 98, 102, 103, 107, 108, 133, 137, 139, 147, 154, 158, 171, 173, 178, 179, 182, 191, 192, 220, 221, 225, 235, 247, 274, 276, 286, 288, 296, 300, 303, 307 (2×), 310, 349, 355, 356, 358, 359, 374, 377, 380, 382
HB-Verlag: S. 75, 156, 205, 244, 264, 265, 299, 360, 387
Klaus Herder / Beil: S. 337
Frank Ihlow: S. 3, 6 / 7, 7 (unten), 8 / 9, 16, 51, 82 / 83, 89, 97, 99, 122, 165, 167, 169, 175, 187, 189, 196, 223 (2×), 228, 230, 240, 249, 252, 255, 266, 278, 280, 282, 285, 292, 311, 313, 315, 323, 331, 332, 340
Jürgen Karpinski: S. 73, 143
Hans Krumbholz: S. 260
Landesfremdenverkehrsverband Sachsen: S. 345
A. Lange & Söhne: S. 249
Harald Lange: S. 6 (2×), 12, 18, 21, 25, 26, 74, 94, 105, 106, 110, 114, 115, 118, 120, 162, 184, 201, 204, 214, 215, 216, 257, 271, 302, 304, 325, 334, 342 / 343, 385
Messe Leipzig: S. 212, 213
Museum Ludwig Köln / Rheinisches Bildarchiv: S. 59
Udo Pellmann: S. 126, 132, 134 / 135, 246, 269, 366
Staatliche Kunstsammlungen Dresden: S. 7 (oben), 57
Staatliche Porzellan-Manufaktur Meißen: S. 1, 236, 237
Stadt Plauen: S. 270
Stadt Schwarzenberg: S. 298
Ullstein-Bilderdienst: S. 38, 40, 42, 44 (unten), 45, 46, 48, 295
ZEFA-Bildagentur: S. 222, 319, 322

Impressum

Ausstattung:
185 Abbildungen (Bildnachweis s. zuvor)
14 Stadtpläne, 12 Grundrisse, 9 Übersichtspläne, 6 Sonderpläne, 1 Lageskizze (Kartenverzeichnis s. zuvor), 1 große Reisekarte

Textbeiträge:
Dr. Konrad Auerbach, Seiffen (Special "Das Spielzeugland im Erzgebirge")
Isolde Bacher, Stuttgart (Praktische Informationen von A bis Z, Special "Im grünen Rebenhang, am blauen Elbestrand...")
Rainer Eisenschmid, Ludwigsburg (Natur, Kultur, Geschichte anteilig, Reiseziele von A bis Z anteilig, Specials)
Klaus Herder, Stuttgart (Special "Die Legende lebt")
Prof. Dr. Günter Jäckel, Dresden (Literatur und Sprache)
Hans Krumbholz, Berlin (Reiseziele von A bis Z anteilig)
Helmut Linde, Reutlingen (Pflanzen und Tiere, Special "Glück auf!")
Dr. Joachim Menzhausen, Dresden (Kunst in Sachsen)
Christoph Münch, Dresden (Musik in Sachsen)
Dr. Uwe Schieferdecker, Dresden (Naturraum, Klima, Reiseziele von A bis Z anteilig)

Bearbeitung: Baedeker-Redaktion (Rainer Eisenschmid)

Kartographie: Christoph Gallus, Hohberg-Niederschopfheim; Franz Huber, München; Franz Kaiser, Sindelfingen;
Mairs Geographischer Verlag GmbH & Co., Ostfildern (große Reisekarte)

Gesamtleitung: Rainer Eisenschmid, Baedeker Ostfildern

2. Auflage 1998

Urheberschaft: Karl Baedeker GmbH, Ostfildern
Nutzungsrecht: Mairs Geographischer Verlag GmbH & Co., Ostfildern

Druck: Mairs Graphische Betriebe GmbH & Co. KG, Ostfildern
Printed in Germany
ISBN 3-89525-123-2

Gedruckt auf 100% chlorfreiem Papier

Notizen

Verlagsprogramm

Städte in aller Welt

Amsterdam
Athen
Bangkok
Barcelona
Berlin
Brüssel
Budapest
Dresden
Florenz
Frankfurt/M.
Hamburg
Hongkong
Istanbul
Köln
Kopenhagen
Lissabon
London
Madrid
Moskau
München
New York
Paris
Potsdam
Prag
Reutlingen · Tübingen
Rom
San Francisco
St. Petersburg
Singapur
Stuttgart
Tokio
Venedig
Weimar
Wien

Reiseländer · Großräume

Ägypten
Australien
Baltikum
Belgien
Brasilien
China
Dänemark
Deutschland
Dominikanische Republik
Finnland
Frankreich
Griechenland
Großbritannien
Indien
Irland
Israel
Italien
Japan
Jordanien
Kanada
Karibik
Kenia
Kuba
Luxemburg
Marokko
Mexiko
Motorradtouren in Italien
Namibia
Nepal
Neuseeland
Niederlande
Norwegen
Österreich
Polen
Portugal
Schweden
Schweiz
Skandinavien
Spanien
Sri Lanka
Südafrika
Syrien
Thailand
Tschechien · Slowakei
Tunesien
Türkei
Ungarn
USA

Regionen · Inseln · Flüsse

Algarve
Andalusien
Bali
Bodensee
Bretagne
Burgund
Capri
Costa Brava
Deutsche Weinstraße
Elba
Elsaß/Vogesen
Florida
Französische Atlantikküste
Fuerteventura
Gran Canaria
Griechische Inseln
Harz
Hawaii
Ibiza
Ischia
Istrien · Dalmatinische Küste
Italienische Riviera
Kalifornien
Korfu · Ionische Inseln
Korsika
Kreta
Kykladen
Lanzarote
Loire
Lombardei · Mailand · Oberital. Seen
Madeira
Mallorca
Malta
Mecklenburg-Vorpommern
Oberbayern
Provence · Côte d'Azur
Rhodos
Rügen
Ruhrgebiet
Sachsen
Salzburger Land
Sardinien
Schottland
Schwäbische Alb
Schwarzwald
Seychellen
Sizilien
Südtirol
Sylt
Teneriffa
Tessin
Toskana
Türkische Küsten
Umbrien
USA · Südstaaten
USA · Südwesten
Zypern

Städte in Deutschland und der Schweiz

Augsburg
Bamberg
Basel
Berlin (gr. + kl.)
Bonn
Bremen
Celle
Darmstadt
Freiburg
Hannover
Heidelberg
Konstanz
Leipzig
Lübeck
Mainz
Mannheim
Nürnberg
Regensburg
Trier
Wiesbaden